Der Kaufmann

Lutz Irgel (Hrsg.)

DER KAUFMANN

Das große Praxis-Handbuch des kaufmännischen Wissens

area

Lutz Irgel (Hrsg.): Der Kaufmann

Lizenzausgabe für area verlag gmbh, Erftstadt

Einbandgestaltung: agilmedien, Köln
Einbandabbildung: artworkcreations, Köln
Printed in Germany 2005
ISBN 3-89996-410-1

Inhaltsverzeichnis

I. Der Kaufmann und sein Unternehmen... 1

von Lutz Irgel

1. Kaufmann als Ausbildungsberuf... 5

1.1 Die wichtigsten kaufmännischen Ausbildungsberufe und ihre Besonderheiten...5

1.1.1 Industriekaufmann/ -kauffrau 5

1.1.2 Kaufmann/ Kauffrau im Groß- und Außenhandel 7

1.1.3 Kaufmann/ Kauffrau im Einzelhandel...10

1.1.4 Bankkaufmann/ -kauffrau 12

1.1.5 Speditionskaufmann/ -kauffrau 13

1.2 Die Aus- und Weiterbildung des Kaufmanns......................................15

1.2.1 Die Ausbildung zum Kaufmann im Dualen Ausbildungssystem 15

1.2.2 Aufstufende Fortbildungen 17

2. Kaufmann nach dem Handelsgesetzbuch 27

2.1 Der Begriff des „Kaufmann" nach dem HGB...28

2.2 Namensrecht, Firmierung 29

2.3 Firmenangaben auf Drucksachen 30

2.3.1 Kaufleute..30

2.3.2 Nichtkaufleute..31

2.4 Eintragung ins Handelsregister 31

2.4.1 Wer wird in das Handelsregister eingetragen?...............................31

2.4.2 Was ist das Handelsregister?...32

2.4.3 Welche Folgen hat die Kaufmannseigenschaft?.............................32

2.4.4 Was ist bei der Eintragung in das Handelsregister zu beachten?32

2.4.5 Welche Kosten entstehen bei der Handelsregistereintragung? ...33

2.5 Die Gewerbeanmeldung 33

3. Kaufmann in der Praxis **35**
3.1 Der angestellte Kaufmann 35
3.2 Beauftragter Unternehmer – Manager 37
3.3 Selbstständiger Kaufmann 38

4. Grundlagen der Selbstständigkeit **40**
4.1 Unternehmensformen des privaten Rechts 40
4.2 Einzelunternehmen 43
4.3 Personengesellschaften 44
4.3.1 Offene Handelsgesellschaft (OHG) 44
4.3.2 Kommanditgesellschaft (KG) 46
4.3.3 GmbH & Co. KG 51
4.4 Kapitalgesellschaften 54
4.4.1 Gesellschaft mit beschränkter Haftung (GmbH) 56
4.4.2 Aktiengesellschaft (AG) 70
4.4.3 Die Kleine AG 72
4.5 Unternehmensgründung 83
4.5.1 Finanzierung 84
4.5.2 Franchising – ein möglicher Weg in die Selbstständigkeit 88
4.5.3 Eintritt in bestehende Unternehmen 90

II. Unternehmensplanung **93**

von Oliver Mack

1. Grundlagen wirksamer Unternehmensplanung **97**
1.1 Begriff und Merkmale der Planung 97
1.2 Das System der Unternehmensplanung 99

2. Strategische Unternehmensplanung **103**

3. Operative Unternehmensplanung und Budgetierung **107**

III. Aufbauorganisation 113

von Oliver Mack

1. Grundlagen der Organisation 117

1.1 Organisation und Organisationsbegriff 117

1.2 Organisation als Gestaltungsaufgabe – „Structure follows Strategy" 119

2. Bottom-up-Organisation 123

2.1 Stellen und Abteilungen als Organisationseinheiten 123

2.2 Stellen und Abteilungen als Ergebnis von Aufgabenanalyse und -synthese 127

3. Top-Down-Organisation 133

3.1 Auswahl der geeigneten aufbauorganisatorischen Leitungsstruktur ... 133

3.2 Aufbauorganisatorische Grundformen 134

3.2.1 Eindimensionale Organisationsstrukturen 135

3.2.2 Komplexe Organisationsstrukturen 138

4. Organisationsgestaltung – Reorganisation, Change-Management..... 145

4.1 Reorganisation als Planungs- und Implementierungsaufgabe 145

4.2 Systematische Planung und Kontrolle von (Re-) Organisationsprozessen 146

4.3 Erfolgreiche Implementierung durch Change-Management 149

IV. Personalwirtschaft 155

von Wilhelm Mülder

1. Aufgaben und Grundbegriffe der Personalwirtschaft 159

2. Personalplanung 161

2.1 Ziele der Personalplanung 161

2.2 Systematik der Personalplanung 162

2.3 Personalkennzahlen und Personalcontrolling 165

3. Personalbeschaffung 169

3.1 Beschaffungswege 169

3.2 Bewerberauswahl ... 171
3.3 Maßnahmen vor dem Eintritt ... 172

4. Personaleinsatz und Arbeitszeitmanagement ... 175
4.1 Personaleinsatzplanung ... 176
4.2 Einsatz neuer Mitarbeiter ... 178
4.3 Maßnahmen zur Arbeitsplatzanpassung ... 179
4.4 Arbeitszeitmanagement ... 181

5. Personalentlohnung ... 189
5.1 Entgeltpolitik ... 189
5.1.1 Anforderungsgerechte Vergütung ... 190
5.1.2 Leistungsgerechte Vergütung ... 192
5.1.3 Sozialgerechte Vergütung ... 196
5.1.4 Rechtliche Rahmenbedingungen ... 196
5.2 Lohnformen ... 197
5.3 Entgeltabrechnung ... 198
5.4 Personalbetreuung ... 200

6. Personalentwicklung ... 201
6.1 Ziel und Umfang der Personalentwicklung ... 201
6.2 Personalentwicklungsplanung ... 202
6.3 Durchführung von Personalentwicklungsmaßnahmen ... 204
6.4 Controlling der Personalentwicklung ... 206

7. Personalfreisetzung ... 209

V. Investieren und Finanzieren ... 211

von Hans Paul Becker

1. Zu den Begriffen Investition und Finanzierung ... 215

2. Ziele der Investition und Finanzierung ... 217

3. Investition ... 219
3.1 Investitionsplanung ... 219
3.2 Statische Methoden der Investitionsrechung ... 221

3.2.1 Kostenvergleichsrechnung 222
3.2.2 Gewinn- und Rentabilitätsvergleichsrechnung 224
3.2.3 Amortisationsvergleichsrechnung 225
3.2.4 Beurteilung der statischen Methoden 226
3.3 Dynamische Methoden der Investitionsrechnung 227
3.3.1 Kapitalwertmethode 228
3.3.2 Interne-Zinsfuß-Methode 230
3.3.3 Annuitätenmethode 231
3.3.4 Beurteilung der dynamischen Methoden 232

4. Finanzierung 235
4.1 Finanzplanung 235
4.2 Überblick über die Finanzierungsarten 236
4.3 Beteiligungsfinanzierung 237
4.3.1 Einzelfirma und Personenhandelsgesellschaft 238
4.3.2 Stille Gesellschaft 239
4.3.3 Gesellschaft mit beschränkter Haftung 240
4.3.4 Aktiengesellschaft 241
4.4 Kreditfinanzierung 242
4.4.1 Kreditprüfung und Kreditsicherheiten 242
4.4.2 Kurzfristige Kredite 245
4.4.3 Mittel- und langfristige Kredite 246
4.4.4 Schuldverschreibungen 248
4.4.5 Factoring und Leasing 248
4.5 Innenfinanzierung 251
4.5.1 Selbstfinanzierung 251
4.5.2 Abschreibungsfinanzierung 252
4.5.3 Rückstellungsfinanzierung 253

VI. Kostenrechnung und Kalkulation 255

von Udo Mildenberger

1. Konzeptionelle Grundlagen der Kostenrechnung 259
1.1 Grundbegriffe des betrieblichen Rechnungswesens 259
1.2 Rechnungszwecke des internen Rechnungswesens 264
1.3 Kostenrechnungssysteme 269
1.4 Grundaufbau der Kostenrechnung 273
2. Vollkostenrechnung als traditionelle Form des internen Rechnungswesens 277
2.1 Rechnungszwecke und Grundprinzipien 277
2.2 Kostenartenrechnung 280
2.2.1 Grundlagen der Kostenartenrechnung 280
2.2.2 Erfassung und Bewertung ausgewählter Kostenarten 283
2.3 Kostenstellenrechnung 297
2.3.1 Grundlagen der Kostenstellenrechnung 297
2.3.2 Kostenstellen und Kostenstellengliederung 298
2.3.3 Der Betriebsabrechnungsbogen (BAB) 302
2.4 Kostenträgerrechnung 316
2.4.1 Grundlagen der Kostenträgerrechnung 316
2.4.2 Kostenträgerstückrechnung (Kalkulation) 317
2.4.3 Kostenträgerzeitrechnung (Kurzfristige Ergebnisrechnung) 332
3. Teilkostenrechnung als Basis zur Entscheidungsunterstützung 337
3.1 Rechnungszwecke und Grundprinzipien der Teilkostenrechnung 337
3.2 Teilkostenrechnungssysteme 341
3.2.1 Deckungsbeitragsrechnung (Direct Costing) 341
3.2.2 Stufenweise Fixkostendeckungsrechnung 345
3.3 Entscheidungsunterstützung durch Teilkostenrechnung 349

VII. Buchführung und Bilanzierung 353

von Volker Beeck

1. Grundlagen zu Buchführung und Jahresabschluss 357

2. Abrechnungssystem von Buchführung und Jahresabschluss 361

2.1 Aufbau des Abrechnungssystems 361

2.2 Verarbeitung der Geschäftsvorfälle 363

2.3 Entwicklung des Jahresabschlusses 366

2.4 Ausgestaltung der Buchführung 368

3. Kontrolle der Buchführung und Erstellung des Jahresabschlusses 375

4. Grundsätze der Ordnungsmäßigkeit 381

5. Ansatz und Bewertung wichtiger Bilanzpositionen 383

6. Ergänzungen der Berichterstattung 391

7. Prüfung, Feststellung und Offenlegung 395

8. Bilanzanalyse 397

9. Internationalisierung der Rechnungslegung 401

VIII. Steuern 405

von Volker Beeck

1. Steuergrundlagen 409

2. Ertragsteuern 415

2.1 Einkommensteuer 415

2.1.1 Persönliche und sachliche Steuerpflicht 415

2.1.2 Systematik der Einkunftsarten und Techniken zur Einkunftsermittlung 416

2.1.3 Darstellung der Einkunftsarten 417

2.1.4 Ermittlung des zu versteuernden Einkommens 420

2.1.5 Tarif, Veranlagung und Erhebung der Einkommensteuer 422

2.2 Körperschaftsteuer 423

2.2.1 Persönliche Steuerpflicht 423
2.2.2 Bemessungsgrundlage und Tarif 424
2.2.3 Gewinnausschüttungen 425
2.2.4 Entstehung und Veranlagung der Körperschaftsteuer 426
2.2.5 Organschaft 426
2.3 Gewerbesteuer 427
2.3.1 Steuergegenstand und Steuerpflicht 427
2.3.2 Ermittlung der Höhe der Gewerbesteuer 428
2.3.3 Besteuerungsverfahren 430
2.3.4 Anrechnung der Gewerbe- auf die Einkommensteuer 430
2.3.5 Organschaft 431
3. Verkehrsteuern 433
3.1 Umsatzsteuer 433
3.1.1 Funktionsweise der Umsatzsteuer 433
3.1.2 Steuergegenstand 434
3.1.3 Bemessungsgrundlage und Steuersätze 435
3.1.4 Vorsteuerabzug 436
3.1.5 Besteuerungsverfahren 436
3.1.6 Innergemeinschaftlicher Warenverkehr 438
3.2 Grunderwerbsteuer 439
3.2.1 Steuergegenstand und Steuerbefreiungen 439
3.2.2 Bemessungsgrundlage und Steuersatz 440
3.2.3 Steuerschuldner und Besteuerungsverfahren 440
3.3 Sonstige Verkehrsteuern 441
4. Substanzbesteuerung 443
4.1 Bewertungsgesetz 443
4.2 Erbschaft- und Schenkungsteuer 446
4.2.1 Steuerpflichtige Vorgänge und Steuerpflicht 446
4.2.2 Bemessungsgrundlage der Erbschaftsteuer 447
4.2.3 Berechnung der Steuer 449
4.2.4 Erhebung und Festsetzung der Steuer 449
4.3 Grundsteuer 450

5. Verbrauchsteuern **451**

6. Übergreifende Fragestellungen **453**

6.1 Steuerbelastung unterschiedlicher Rechtsformen 453

6.2 Internationales Steuerrecht 456

6.2.1 Grundlagen und Probleme 456

6.2.2 Methoden zur Reduzierung der Doppelbesteuerung 457

6.2.3 Einkunftsabgrenzung 459

6.2.4 Außensteuergesetz 460

7. Besteuerungsverfahren **461**

7.1 Überblick 461

7.2 Ermittlungsverfahren 461

7.3 Festsetzungsverfahren 462

7.4 Erhebungs- und Vollstreckungsverfahren 462

7.5 Rechtsbehelfe gegen Steuerbescheide 464

7.6 Änderung bestandskräftiger Steuerbescheide 465

IX. Einkauf und Lagerhaltung 467

von Frank Himpel

1. Strategische Bedeutung des Einkaufs **471**

1.1 Steigender zwischenbetrieblicher Stellenwert 471

1.2 Steigender innerbetrieblicher Stellenwert 471

2. Inner- und zwischenbetriebliches Schnittstellenmanagement im Einkauf **473**

2.1 Die Abstimmung außerbetrieblicher Schnittstellen: Das Lieferantenmanagement 473

2.1.1 Das Beschaffungsmarketing und die Lieferantenauswahl 473

2.1.2 Das Management von Lieferantenbeziehungen 476

2.1.3 Die Auswertung und der Aufbau von Lieferanten 478

2.2 Die Abstimmung innerbetrieblicher Schnittstellen: Das Integrationsmanagement 479

2.2.1 Die Abstimmung von Einkauf und Forschung & Entwicklung 480

2.2.2 Die Abstimmung von Einkauf und Produktion 482

2.2.3 Die Abstimmung von Einkauf und Absatz 484

3. Organisatorische Ausrichtung des Einkaufs 487

3.1 Die innerbetriebliche Einbettung des Einkaufs 487

3.1.1 Die Abstimmung zentralen und dezentralen Einkaufs 487

3.1.2 Die Abstimmung von regionalem und globalem Einkauf 490

3.1.3 Die Abstimmung „traditionellen" und elektronischen Einkaufs 492

3.2 Das Management „neuartiger" Organisationsformen 493

3.2.1 Die Gestaltung von internetbasierten Online-Plattformen 493

3.2.2 Die Gestaltung von Einkaufsnetzwerken 495

4. Lagerhaltung im Kontext des modernen Einkaufs 497

X. Marketing 501

von Alfred Kuß

1. Kennzeichnung des Marketing 505

1.1 Von der Produktionsorientierung zum Marketing 505

1.2 Merkmale des Marketing 510

2. Charakterisierung von Märkten 515

2.1 Wesen von Absatzmärkten 515

2.2 Business-to-Consumer- und Business-to-Business-Märkte 516

2.3 Marktgrößen und Marktanteile 520

2.4 Definition der relevanten Märkte 522

3. Auswahl von Märkten 531

4. Strategien der Marktbearbeitung 535

5. Das Marketing-Mix 541

5.1 Überblick 541

5.2 Produktpolitik 543

5.3 Preispolitik 550

5.4 Kommunikationspolitik 553

5.4.1 Überblick 553

5.4.2 Werbewirkung und Werbeplanung 556

5.5 Vertriebspolitik ... 563

6. Marketingkontrolle ... 569

XI. Verkaufsorganisation und Verkäufer ... 573

von Lutz Irgel

1. Verkaufsorganisation ... 577

1.1 Handelsvertreter ... 577

1.2 Verkaufsbezirke ... 580

1.3 Umsatz-Soll-Vorgaben ... 581

1.4 Anreize ... 582

1.5 Der Computer im Absatzgeschehen ... 584

1.6 Verkaufsaktionen ... 585

1.7 Verkaufskonferenz ... 586

1.8 Laufende Kommunikation mit dem Außendienst ... 588

1.9 Entlohnung als Element der Außendienststeuerung ... 589

2. Verkäufer ... 591

2.1 Aufgaben und Ziele verkäuferischer Tätigkeit ... 592

2.2 Persönlichkeit des Verkäufers ... 592

2.3 Wirkungsvolle Sachargumentation ... 593

3. Das erfolgreiche Verkaufsgespräch ... 595

3.1 Überzeugende Gesprächseröffnung ... 595

3.2 Einwände des Kunden meistern ... 597

3.3 Das „Nein“ des Kunden positivieren ... 598

3.4 Produktqualität im Verkaufsgespräch ... 600

3.5 Präsentieren, Demonstrieren ... 601

3.6 Der Preis im Verkaufsgespräch ... 602

3.7 Gesprächsabschluss ... 605

XII. Innerbetriebliche Information 607

von Lutz Irgel

1. Informationstransparenz als Schlüssel zu Human Relations 611

1.1 Information 611

1.2 Betriebliche Informationswege 612

1.3 Betriebliche Informationsmittel 614

1.4 Betriebliche Informationsquellen 614

XIII. Rechtsfragen des Wettbewerbs 617

von Jeanette Wambach

1. Lauterer und unlauterer Wettbewerb 621

1.1 Schutz des Wettbewerbs durch das UWG und GWB 621

1.1.1 Handeln im geschäftlichen Verkehr 622

1.1.2 Handeln zu Zwecken des Wettbewerbs 622

1.1.3 Anspruchsberechtigung 623

1.2 Schutz des geschäftlich Handelnden außerhalb des UWG 623

1.3 Inhaltliche Regelungen des UWG 625

1.3.1 Sonderveranstaltungen, Räumungsverkäufe (§§ 7,8 UWG) 626

1.3.2 Irreführungsverbot (§§ 3 bis 5 UWG) 627

1.3.3 Besondere Werbe- und Vertriebsmethoden (§§ 6,6a bis 6c UWG) 627

1.3.4 Vergleichende Werbung (§ 2 UWG) 628

1.3.5 Generalklausel (§ 1 UWG) 628

1.4 Mittel zur Durchsetzung wettbewerbswidrigen Verhaltens 629

1.4.1 nach dem UWG 629

1.4.2 nach dem GWB 631

1.5 Die Preisangabenverordnung 631

XIV. Vertragsrecht 633

von Sabine Klamroth, überarbeitet von Jeanette Wambach

1. Zustandekommen eines Vertrages 637

1.1 Vertragskonstituierende Erklärungen 637

1.2 Schweigen des Kaufmanns auf Anträge 639

1.3 Einigung nicht nur über einzelne Punkte, sondern über jeden einzelnen Punkt 640

1.4 Das kaufmännische Bestätigungsschreiben 642

1.4.1 Sinn und Zweck 642

1.4.2 Verträge per Kurzkommunikation 643

1.4.3 Schweigen gilt als Zustimmung 643

1.4.4 Unwidersprochene Bestätigungsschreiben können Vertragsschluss ersetzen 644

1.4.5 Wann muss ein Widerspruch nicht sein? 645

1.4.6 Beweislast bei kaufmännischem Bestätigungsschreiben 645

2. Vertragsarten 647

2.1 Der Vertragsinhalt 647

2.1.1 Verpflichtung und Erfüllung am Beispiel des Kaufs 648

2.1.2 Werkvertrag 652

2.1.3 Mietvertrag 654

2.1.4 Pachtvertrag 655

2.1.5 Dienstvertrag 655

2.1.6 Darlehen 656

2.1.7 Bürgschaft 657

2.2 Verträge, über die das Gesetz wenig oder nichts sagt 659

2.2.1 Geschäftsbesorgungsvertrag 659

2.2.2 Lizenzvertrag 660

2.2.3 Franchise-Vertrag 661

2.2.4 Leasing-Vertrag 661

2.2.5 Factoring 663

3. Die gesetzliche Regelung bei „Leistungsstörungen“ ... 665

3.1 Der Schuldner erbringt seine Leistung nicht, weil sie ihm oder sogar jedem Dritten unmöglich geworden ist ... 666

3.2 Der Schuldner erbringt seine Leistung, aber nicht rechtzeitg ... 671

3.2.1 Voraussetzungen des Schuldnerverzugs ... 671

3.2.2 Rechtsfolgen des Schuldnerverzugs ... 674

3.3 Der Schuldner erbringt seine Leistung schlecht ... 676

3.3.1 Vorliegen eines Sachmangels ... 677

3.3.2 Maßgeblicher Zeitpunkt ... 677

3.3.3 Ansprüche des Käufers ... 677

3.3.4 Voraussetzungen für den Gewährleistungsausschluss ... 680

3.3.5 Sachmängelhaftung beim Werkvertrag ... 682

3.4 Der Schuldner erbringt seine Leistung unter Verletzung von Nebenpflichten ... 683

4. Wie und wann entgeht der Kaufmann seiner Leistungspflicht? ... 685

4.1 Garantie ... 685

4.2 Verjährungsfrist ... 685

4.3 Bedeutung der Unterscheidung Verjährungs-/ Garantiefrist ... 689

5. Verbrauchsgüterverkauf ... 691

6. Allgemeine Geschäftsbedingungen ... 693

6.1 Begriff und rechtliche Besonderheit ... 693

6.2 Wirksame Einbeziehung in den Vertrag ... 694

6.3 Auslegung und Inhaltskontrolle von AGB ... 695

6.4 Einwand unzulässiger Rechtsausübung ... 698

Glossar wirtschaftlicher Fachbegriffe ... 699

Stichwortverzeichnis ... 789

I. Der Kaufmann und sein Unternehmen

Nicht jeder, der sich als Kaufmann bezeichnet, ist tatsächlich diesem Beruf zuzuordnen. Der Beruf des Kaufmanns ist derart vielfältig, dass die schlichte Bezeichnung „Kaufmann“ nur eine grobe Richtung gibt und eine präzisere Einordnung wünschenswert bleibt. Einen Ansatzpunkt bieten hier die eigentlichen **Ausbildungsberufe zum Kaufmann**. Im Folgenden werden die Wichtigsten kurz dargestellt.

Die juristisch bedeutsamste Differenzierung des Begriffs „Kaufmann“ erliest sich aus dem **Handelsgesetzbuch** (HGB). Die Sicht des Gesetzgebers wird deshalb ebenfalls dargestellt und interpretiert. Schließlich befassen wir uns mit dem **angestellten** und dem **selbstständigen** (Unternehmer) **Kaufmann** sowie dem beauftragten Unternehmer (Manager), der zwar angestellt, jedoch in unternehmerischer Kompetenz und Verantwortung tätig ist.

Unsere Marktwirtschaft braucht den **Selbstständigen**. Er besitzt eine ungeheuere Innovationsfähigkeit und diese stellt den eigentlichen Motor unserer Wirtschaft dar. So wird der überwiegende Teil deutscher Patentanmeldungen von kleinen und mittleren Unternehmen vorgenommen, von der Großindustrie hingegen nur rd. 20 %. Diese Tatsache führt Parteien, Regierung und Behörden immer wieder zur Förderung neuer Geschäftsexistenzen. Was in diesem Zusammenhang wichtig ist, wird zum Ende dieses Teils unter Einbezug eines Überblicks über einzelne Unternehmensformen dargestellt.

1. Kaufmann als Ausbildungsberuf

1.1 Die wichtigsten kaufmännischen Ausbildungsberufe und ihre Besonderheiten

Die Vielfalt der in Deutschland anerkannten kaufmännischen Ausbildungsberufe ist immens. Wörtlich mit dem Begriff „Kaufmann“ verbunden sind z.B. die folgenden: Bank-, Büro-, Datenverarbeitungs-, Groß- und Außenhandels-, Industrie-, Reiseverkehrs-, Schifffahrts-, Speditions-, Verlags- und Versicherungskaufmann/ -kauffrau, Kaufmann/ Kauffrau im Einzelhandel. Außerdem kann der Titel Fachkaufmann/ Fachkauffrau für folgende Bereiche erworben werden: Außenwirtschaft, Bilanzbuchhalter, Einkauf/ Materialwirtschaft, Marketing, Personalwesen, Organisation, Vorratswirtschaft und in der Grundstücks- und Wohnungswirtschaft. Zudem gibt es selbstverständlich noch viele weitere kaufmännische Berufe, die jedoch nicht die Vokabel „Kaufmann“ beinhalten (z.B. Bankfachwirt). Im Folgenden werden die wichtigsten Berufe detaillierter vorgestellt.

1.1.1 Industriekaufmann/ -kauffrau

Die Bundesrepublik Deutschland gehört zu den stärksten Exportländern der Welt. Dieser wird ganz entscheidend von Industriegütern getragen. Die größten deutschen Unternehmen rekrutieren sich aus dem Industriebereich (z.B. Siemens, VW, BASF, Bayer, Thyssen-Krupp). Die hervorragende Position der Industrie innerhalb des deutschen Wirtschaftsgefüges macht den Ausbildungsberuf des Industriekaufmanns/ der Industriekauffrau besonders attraktiv und chancenreich.

2001 wurde die „Verordnung über die Berufsausbildung zum Industriekaufmann“ überarbeitet. Sie enthält folgende Regelungen:

- Die Ausbildungsdauer beträgt 3 Jahre. Diese kann im Falle entsprechender Vorbildung (z.B. Abitur) reduziert werden.
- Die Berufsausbildung soll ***mindestens Kenntnisse*** und Fertigkeiten in den folgenden Gebieten vermitteln:

1.	**Materialwirtschaft:**
1.1	Organisation der Materialwirtschaft
1.2	Einkauf
1.3	Warenannahme und Warenprüfung
1.4	Rechnungsprüfung
1.5	Lagerung von Roh-, Hilfs- und Betriebsstoffen
1.6	Materialverwaltung
2.	**Produktionswirtschaft:**
2.1	Organisation der Produktionswirtschaft
2.2	Fertigung
2.3	Fertigungsplanung
3.	**Personalwesen:**
3.1	Organisation des Personalwesens
3.2	Einstellen und Ausscheiden von Arbeitnehmern
3.3	Personalverwaltung
3.4	Berufsbildung im Ausbildungsbetrieb
3.5	Arbeitsschutz und Unfallverhütung
3.6	Lohn- und Gehaltsabrechnung
4.	**Absatzwirtschaft:**
4.1	Organisation der Absatzwirtschaft
4.2	Absatzförderung
4.3	Verkauf
4.4	Versand
5.	**Rechnungswesen:**
5.1	Organisation des Rechnungswesens
5.2	Buchführung
5.3	Zahlungsverkehr
5.4	Kosten- und Leistungsrechnung

Tabelle 1: Kenntnisse und Fertigkeiten des Industriekaufmanns/ der -kauffrau

Die ***Abschlussprüfung*** erstreckt sich auf praktische Erkenntnisse und des im Berufsschulunterricht vermittelten Lehrstoffes in folgenden Prüfungsfächern:

- Industriebetriebslehre
- Rechnungswesen/ Organisation/ Datenverarbeitung
- Wirtschafts- und Sozialkunde

- Praktische Übungen, die aufzeigen sollen, dass betriebliche und wirtschaftliche Zusammenhänge verstanden werden (mündlich).

Eine ordnungsgemäß vor der Industrie- und Handelskammer abgelegte und bestandene Prüfung eröffnet ***vielfältige Möglichkeiten***:

- Zur Selbstständigkeit – tunlichst innerhalb der warenproduzierenden Wirtschaft, um im Rahmen der Ausbildung gewonnene Erfahrungen einsetzen zu können.
- Innerhalb einer Angestelltentätigkeit – zumeist nach der Ausbildung in speziellerer Ausrichtung (z.B. als Disponent, Kalkulator, Verkaufsförderer, Werbeassistent, im Betriebsbüro, Versand, Marketing, in der Personalabteilung, Buchhaltung, Kundendienststelle).
- Weiterbildung zum ***„geprüften Industriefachwirt“***. Zugelassen zur Prüfung wird, wer den erfolgreichen Abschluss in einem anerkannten kaufmännischen oder verwaltenden Ausbildungsberuf mit mindestens 3 Jahren Berufserfahrung vorweisen kann oder ausgebildete Industriekaufleute mit 2 Jahren Berufserfahrung. Bewerber ohne Ausbildung können an der Prüfung teilnehmen, wenn sie mindestens 6 Jahre Berufspraxis in einem Industriebetrieb erworben haben.

Die ***Aufstiegschancen*** sind entsprechend der Heterogenität der Industrie mannigfach. Sie können positionell führen zu: Assistent, stellvertretender Abteilungsleiter, Abteilungsleiter, Bereichsleiter, Direktor, Vorstandsmitglied bzw. Geschäftsführer, Vorsitzender des Vorstands bzw. der Geschäftsleitung. Parallel hierzu: Handlungsbevollmächtigter (§ 54 HGB), Prokurist (Gesamtprokura, Einzelprokura; § 48 HGB). Ebenfalls synchron zu diesen aufgezeigten Entwicklungen können solche im Rahmen spezieller Fachausrichtungen liegen: Innendienstverkäufer, Außendienstverkäufer, Bezirksleiter, Gebietsverkaufsleiter, Key Account Manager, nationaler Verkaufsleiter, Vertriebsdirektor.

1.1.2 Kaufmann/ Kauffrau im Groß- und Außenhandel

Groß- und Außenhandel werden gern kombinierend zusammengefasst – z.B. im Bundesverband des Deutschen Groß- und Außenhandels. Deshalb gibt es auch ein ***gemeinsames, einheitliches Ausbildungsberufsbild*** für die Berufssparte Kaufmann/ Kauffrau im Groß- und Außenhandel.

In einigen Branchen war lange Zeit die Tendenz unübersehbar, dass die Industrie mit Nachdruck den Einzelhandel direkt und nicht nur mittelbar via Großhandel beliefern wollte. Man versprach sich hiervon eine umsatzstimulierende Wirkung, weil man unmittelbar Einfluss auf die Sortimentsgestaltung des für die Bedienung des Verbrauchers entscheidenden Einzelhandels zu installieren bestrebt war.

Die Fülle des Warenangebots und dessen Heterogenität hat jedoch in aller Regel die Notwendigkeit der ***„Filterfunktion" des Großhandels*** unter Beweis gestellt, so dass sich hieraus, aber auch aus einer umfassenden Lagerhaltung für den in relativ kleinen Mengen disponierenden Einzelhandel eine Existenzsicherung ableitete. Heute übernimmt der Großhandel oft diverse weitere übergreifende Aufgaben zugunsten des Einzelhandels, wie z.B. Werbung, Aktionsplanung, Ladenbau, Buchhaltung, Betriebsberatung, Finanzierung, elektronische Datenverarbeitung.

Der ***Außenhandel*** hat eine geradezu ungestüme Entwicklung genommen. Export und Import sind – nicht zuletzt im Rahmen unserer EU-Zugehörigkeit – immens angestiegen. Etwa jeder 4. Arbeitsplatz in der Bundesrepublik ist für den Export ins Ausland wirksam. Die deutsche Position auf den Weltmärkten ist insbesondere hinsichtlich des Investitionsgütersektors erheblich. Andererseits ist Deutschland in starkem Maße rohstoffimportabhängig. Dies insgesamt lässt unser Land eine führende Rolle im Welthandel spielen. Logischerweise ergeben sich hieraus für die entsprechenden Berufe überdurchschnittliche Erfolgschancen.

1997 wurde eine „Verordnung über die Berufsausbildung zum Kaufmann im Groß- und Außenhandel" erlassen, die die folgenden wesentlichen Regelungen enhält:

- Die Ausbildungsdauer beträgt 3 Jahre.
- Es kann zwischen den Fachrichtungen „Großhandel" und „Außenhandel" gewählt werden.
- Die Berufsausbildung soll für beide Fachrichtungen ***mindestens*** die folgenden ***Kenntnisse*** und Fertigkeiten vermitteln:

1.	**Das Ausbildungsunternehmen:**
1.1	Stellung, Rechtsform und Struktur
1.2	Organisations- und Entscheidungsstrukturen
1.3	Berufsbildung, Kompetenzen der Mitarbeiter und Mitarbeiterinnen
1.4	Personalwirtschaft
1.5	Sicherheit und Gesundheitsschutz bei der Arbeit
1.6	Umweltschutz
2.	**Warenwirtschaft und Warendistribution:**
2.1	Grundlagen der Warenwirtschaft
2.2	Warendistribution
3.	**Beschaffung:**
3.1	Anwenden von Warenkenntnissen
3.2	Beschaffungsplanung
3.3	Wareneinkauf
4.	**Absatzwirtschaft:**
4.1	Marketing
4.2	Kalkulation und Preisermittlung
4.3	Verkauf und Kundenberatung
5.	**Arbeitsorganisation, Informations- und Kommunikationssysteme:**
5.1	Arbeitsorganisation
5.2	Informations- und Kommunikationssysteme
5.3	Datenschutz und Datensicherheit
6.	**Rechnungswesen:**
6.1	Buchführung
6.2	Kosten- und Leistungsrechnung, Controlling
6.3	Zahlungsverkehr und Kredit

In mindestens den folgenden Fertigkeiten und Kenntnissen unterscheidet sich die Berufsausbildung in den beiden Fachrichtungen:

1.	**In der Fachrichtung Großhandel:**
1.1	Wareneingang, Warenlagerung und Warenausgang
1.2	Warenwirtschafts- und Lagersystem
2.	**In der Fachrichtung Außenhandel:**
2.1	Außenhandelsgeschäfte und Auslandsmärkte
2.2	Anwenden von Fremdsprachen bei Fachaufgaben

Tabelle 2: Kenntnisse und Fertigkeiten des Kaufmanns/ der Kauffrau im Groß- und Außenhandel

Die ordnungsgemäß vor der Industrie- und Handelskammer abgelegte und bestandenePrüfung eröffnet vielfältige Möglichkeiten:

- Zur Selbstständigkeit – z.B. als Importeur, Exporteur, Import- und Exportagentur, Großhandel, Handelsvertreter, Exportberater
- Innerhalb einer Angestelltentätigkeit – z.B. als Einkäufer, Disponent, Außendienstverkäufer, Kalkulator, Kundenbuchhalter, Einzelhandelsberater, Fachmann für Handelsmarketing, Logistiker, Export-Sachbearbeiter

Aufstiegschancen können z.B. führen vom Einkaufsassistenten über den Disponenten zum Einkäufer mit Zuständigkeit für einen bestimmten Warenbereich, Zentraleinkäufer (Zuständigkeit innerhalb einer Zentrale für spezifischen Warenbereich), Warenbereichsleiter, Category-Manager, Einkaufsdirektor und Vorstand bzw. Geschäftsführer Beschaffungswesen.

1.1.3 Kaufmann/ Kauffrau im Einzelhandel

Früher wurde die Industrie gern überbewertet und insbesondere der Kaufmann/ die Kauffrau im Einzelhandel unterbewertet. Abschätzig sprach man vom „Heringsbändiger" in Bezug auf den Lebensmittelkaufmann. Heute gebieten Kaufleute dieser Couleur nicht selten über Milliardenumsätze innerhalb eines Unternehmens, wenn man beispielsweise an SB-Warenhäuser und Cash & Carry (C&C-Großmärkte) denkt. Hier sind Handelsimperien entstanden, die der Industrie äußerst ernsthafte Kooperationspartner sind und denen sogar seitens der Produktionsstufe aufgrund kompromissloser Konditionsforderungen „Nachfragemacht" attestiert wird. Ein Blick in unsere modernen Städte vermittelt einen Eindruck von der Bedeutung des Einzelhandels. Dazu gehören Kaufhäuser ebenso wie Filialbetriebe, Discounter, Verbrauchermärkte und naturgemäß vorrangig Fachgeschäfte der verschiedensten Branchenausrichtungen.

Das Berufsbild des Kaufmanns/ der Kauffrau im Einzelhandel wurde 1987 als staatlich anerkannter Ausbildungsberuf geregelt:

- Die Ausbildungszeit beträgt 3 Jahre.
- Die Berufsausbildung hat ***mindestens*** die folgenden Fertigkeiten und ***Kenntnisse*** zu vermitteln:

1.	**Der Ausbildungsbetrieb:**
1.1	Stellung des Einzelhandels in der Gesamtwirtschaft
1.2	Struktur des Einzelhandels
1.3	Stellung des Ausbildungsbetriebs am Markt
1.4	Organisation des Ausbildungsbetriebs
1.5	Berufsbildung
1.6	Arbeitsschutz, -sicherheit, Umweltschutz und rationelle Energieverwendung
1.7	Warenwirtschaft
2.	**Beschaffung:**
2.1	Einkaufsplanung
2.2	Einkaufsabwicklung
3.	**Lagerung:**
3.1	Warenannahme
3.2	Warenlagerung
3.3	Bestandsüberwachung
4.	**Absatz:**
4.1	Verkaufsvorbereitung
4.2	Beratung und Verkauf
4.3	Verkaufsabrechnung
4.4	Werbung und Verkaufsförderung
4.5	Warensortimente
5.	**Personalwesen**
6.	**Rechnungswesen**

Tabelle 3: Kenntnisse und Fertigkeiten des Kaufmanns/ der Kauffrau im Einzelhandel

Die ordnungsgemäß vor der Industrie- und Handelskammer abgelegte und bestandene Prüfung als Kaufmann/ Kauffrau im Einzelhandel eröffnet vielfältige Möglichkeiten:

- Zur Selbstständigkeit – z.B. als Fachgeschäft für Herrenoberbekleidung
- Im Angestellten-Verhältnis – z.B. als Substitut, Verkäufer, Einkäufer.

Die ***berufliche Erfolgsleiter*** kann z.B. beginnen mit dem Verkäufer und sich fortsetzen über den Substituten, Abteilungsleiter, Bereichsleiter, Marktleiter- bzw. Leiter eines Kaufhauses, Leiter eines zentralen Direktionsbereiches bis hin zu Vorstand, Geschäftsführung und deren Vorsitz.

1.1.4 Bankkaufmann/ -kauffrau

Die deutschen Geschäftsbanken (z.B. Deutsche Bank, Dresdner Bank, Commerzbank) gehören zu den größten in Europa. Sie sind heute weltweit tätig, sei es durch eigene Filialen in fremden Ländern oder mittels dort ansässigen Kooperations- bzw. Korrespondenzbanken.

Banken und Sparkassen sind u. a. im Wertpapiergeschäft kaufend, verkaufend, depothaltend ebenso engagiert wie in der Geldaufnahme und Kreditvergabe, dem internationalen Zahlungsverkehr und der Finanzierung über den Kapitalmarkt. Sie haben durch ihre Tätigkeit einen tiefen und breiten Überblick über alle wirtschaftsrelevanten Branchen und Unternehmen und nehmen damit eine nicht unwesentliche Rolle in der Steuerung ökonomischer Prozesse ein.

1997 wurde eine „Verordnung über die Berufsausbildung zum Bankkaufmann" erlassen, die die folgenden wesentlichen Regelungen enthält:

- Die Ausbildungsdauer beträgt 3 Jahre.
- Die Berufsausbildung muss ***mindestens*** die folgenden ***Kenntnisse*** und Fertigkeiten vermitteln:

1.	**Das ausbildende Unternehmen:**
1.1	Stellung, Rechtsform und Organisation
1.2	Personalwesen und Berufsbildung
1.3	Informations- und Kommunikationssysteme
1.4	Sicherheit und Gesundheitsschutz bei der Arbeit
1.5	Umweltschutz
2.	**Markt- und Kundenorientierung:**
2.1	Kundenorientierte Kommunikation
2.2	Marketing
2.3	Verbraucher- und Datenschutz
3.	**Kontoführung und Zahlungsverkehr:**
3.1	Kontoführung
3.2	Nationaler Zahlungsverkehr
3.3	Internationaler Zahlungsverkehr
4.	**Geld- und Vermögensanlagen:**
4.1	Anlage auf Konten
4.2	Anlage in Wertpapieren
4.3	Anlage in anderen Finanzprodukten

5.	**Kreditgeschäft:**
5.1	Standardisierte Privatkredite
5.2	Baufinanzierung
5.3	Firmenkredite
6.	**Rechnungswesen und Steuerung:**
6.1	Rechnungswesen
6.2	Steuerung

Tabelle 4: Kenntnisse und Fertigkeiten des Bankkaufmanns/ der Bankkauffrau

Die Abschlussprüfung erstreckt sich auf folgende Fächer:

1. Bankwirtschaft
2. Rechnungswesen
3. Wirtschafts- und Sozialkunde
4. Kundenberatung (mündlich)

Betätigungs- und Aufstiegschancen ergeben sich als Kundenberater, Kreditsachbearbeiter, Hauptbuchhalter, Innenrevisor, Abteilungsleiter für das Auslandsgeschäft, Wertpapierfachmann, Börsenhändler, Anlageberater, Gruppenleiter, Zweigstellenleiter, Filialdirektor bis hin zum Vorstand.

1.1.5 Speditionskaufmann/ -kauffrau

Die Märkte wachsen immer mehr zusammen. Es sind große supranationale Wirtschaftsblöcke (z.B. EU) entstanden. So haben sich in den letzten Jahrzehnten die Transportvolumina im Inland und im grenzüberschreitenden Verkehr deutlich erhöht. Dies macht den Beruf des Speditionskaufmanns/ der Speditionskauffrau chancenreich.

Seine Ausbildung setzt drei Prioritäten: Eisenbahn; Güterkraftverkehr; Straßen – Personenbeförderung. Gut die Hälfte der Ausbildung ist hinsichtlich dieser drei Verkehrsarten identisch. Ergänzend werden spezifische Akzente gesetzt. Die Ausbildungszeit ist drei Jahre. Es begründet sich aus der Tätigkeit eines Verkehrskaufmanns, dass Sprachkenntnisse einen besonders hohen Stellenwert haben. Nach drei Berufsjahren ist die Fortbildung zum ***Verkehrsfachwirt*** möglich.

Die Tätigkeit vollzieht sich in Verkehrsbetrieben der Eisenbahn, des Güterkraftverkehrs (gewerblicher Straßenverkehr/ Verkehrsträger Lastwagen) und der

Straßen-Personenbeförderung (zumeist kommunale Unternehmen), überdies in verladenden und sonstigen Verkehrsbetrieben. Ein besonderer Spezialist stellt der Schifffahrtskaufmann dar.

Das Ausbildungsberufsbild ist lt. Verordnung über die Berufsausbildung zum/ zur Speditionskaufmann/ -kauffrau seit 1996 fixiert.

- ***Gegenstand der Berufsausbildung sind mindestens die folgenden Fertigkeiten und Kenntnisse:***

1.	**Der Ausbildungsbetrieb:**
1.1	Aufgaben, Struktur und Rechtsform
1.2	Berufsbildung
1.3	Personalwesen, arbeits- und sozialrechtliche Vorschriften
1.4	Arbeitssicherheit, Umweltschutz und rationelle Energieverwendung
2.	**Arbeitsorganisation, Informations- und Kommunikationssysteme:**
2.1	Arbeitsorganisation
2.2	Informations- und Kommunikationssysteme
2.3	Datenschutz und Datensicherheit
3.	**Anwenden von Fremdsprachen bei Fachaufgaben**
4.	**Beschaffungsmarkt:**
4.1	Träger des Güterverkehrs
4.2	Lagerung und Umschlag
5.	**Besorgen von Güterversendungen für Dritte:**
5.1	Auswählen von Verkehrsleistungen
5.2	Abschließen von Fracht-, Lager- und Umschlagsverträgen
5.3	Besorgen von Nebenleistungen
6.	**Absatz:**
6.1	Marketing
6.2	Leistungsangebot der Spedition mit oder ohne Selbsteintritt
6.3	Abschließen von Speditionsverträgen
7.	**Erbringen von Speditionsleistungen:**
7.1	Disponieren von Speditionsleistungen
7.2	Abwickeln von Speditionsaufträgen
7.3	Abrechnen von Speditionsleistungen
8.	**Speditionelle Logistik:**

9.	**Rechnungswesen:**
9.1	Zahlungsverkehr
9.2	Buchführung
9.3	Kosten- und Leistungsrechnung, Controlling

Tabelle 5: Kenntnisse und Fertigkeiten des Speditionskaufmanns/ der Speditionskauffrau

1.2 Die Aus- und Weiterbildung des Kaufmanns

Im vorangegangenen Abschnitt hatten wir beispielhaft die speziellen Anforderungen, Aufgaben und Chancen der wichtigsten kaufmännischen Ausbildungsberufe skizziert.

Die Berufsausbildung im Rahmen des dualen Ausbildungssystems ist der klassische Weg zum Kaufmannsberuf. Darüber hinaus gibt es diverse Weiterbildungsmöglichkeiten, die der gelernte Kaufmann wahrnehmen kann, um sein Know-how und damit selbstverständlich auch seine beruflichen Chancen zu erweitern. Auch praktisch erfahrenen Quereinsteigern bietet sich bei entsprechender Eignung die Möglichkeit, nachträglich die Berufsqualifikation des Kaufmanns zu erwerben.

1.2.1 Die Ausbildung zum Kaufmann im Dualen Ausbildungssystem

Die erfolgreiche Tätigkeit als Kaufmann erfordert gute Leistungen in Rechnen und Deutsch und setzt eine hohe Kommunikationsfähigkeit voraus. Grundvoraussetzungen auch für eine erfolgreiche Ausbildung.

Diese wird durch das am 1.9.1969 in Kraft getretene Berufsbildungsgesetz (BBiG) geregelt. So u.a. hinsichtlich:

- des Berufsausbildungsvertrages, der mindestens folgende Angaben enthalten muss:

  1. Art, sachliche und zeitliche Gliederung sowie Ziel der Berufsausbildung
  2. Beginn und Dauer der Berufsausbildung
  3. Ausbildungsmaßnahmen außerhalb der Ausbildungsstätte

4. Dauer der regelmäßigen täglichen Ausbildungszeit
5. Dauer der Probezeit
6. Zahlung und Höhe der Vergütung
7. Dauer des Urlaubs
8. Voraussetzungen, unter denen der Berufsausbildungsvertrag gekündigt werden kann

- der Berufsausbildung
- der Rechte und Pflichten der Auszubildenden
- der Rechte und Pflichten der Ausbildenden
- des Prüfungswesens
- der Ausbildungsordnung.

Als Grundlage für eine geordnete und einheitliche Berufsausbildung kann der Bundeswirtschaftsminister im Einvernehmen mit dem Bundesminister für Bildung und Wissenschaft durch Rechtsverordnung Ausbildungsberufe staatlich anerkennen. Jugendliche unter 18 Jahren dürfen nur in staatlich anerkannten Ausbildungsberufen ausgebildet werden.

HINWEIS

Nach § 40 BBiG (2) ist auch zur Abschlussprüfung zuzulassen, wer nachweist, dass er mindestens das Zweifache der für die Ausbildung vorgesehenen Zeit in dem Beruf tätig gewesen ist, in dem er die Prüfung ablegen will. Damit ist die Möglichkeit gegeben, auf Grund mehrjähriger kaufmännischer Praxis ggf. ohne reguläres Ausbildungsverhältnis als Externer an der Kaufmanns-Abschlussprüfung vor der IHK teilzunehmen.

Die Praxis beweist hiermit wiederum ihren hohen Stellenwert. So fordert auch das Institut der deutschen Wirtschaft eine weitreichende Umgestaltung des Bildungssystems für die Zukunft. Ein wesentliches Kriterium innerhalb dieser Vorstellungen ist ein stärkerer Praxisbezug.

Dieser soll durch die kombinierte Ausbildung in Betrieb und Schule hergestellt werden und läuft unter dem Stichwort: „Das duale System“. Die praktische Seite der Ausbildung realisiert sich im ausbildenden Unternehmen, die theoretische in der Vermittlung von Fach- und Allgemeinwissen in der Berufsschule.

Die duale Ausbildung liegt unter der Obhut von ***Selbstverwaltungsorganen der Wirtschaft***. Für den kaufmännischen Bereich sind dies ***die Industrie-***

und Handelskammern. Innerhalb dieser sind es die Berufsbildungsausschüsse. Ihnen gehören je 6 Mitglieder der Arbeitgeber, der Arbeitnehmer und der Lehrer an Berufsschulen an. Sie legen praktische Regeln für die Berufsausbildung fest.

Die Pflicht zum Besuch der Berufsschule ergibt sich für die Auszubildenden aus den Schulgesetzen der Länder, die unterschiedliche Bestimmungen haben. Das hier vermittelte Wissen splittet sich in zwei Drittel zu Gunsten der fachlichen und zu einem Drittel zu Gunsten der Allgemeinbildung. Der Unterricht vollzieht sich während ein bis zwei Tagen pro Woche oder alternativ als kompakter Blockunterricht einige Wochen lang, wohingegen die schulfreien Wochen ausschließlich zur betrieblichen Ausbildung zur Verfügung stehen.

Am Ende der dualen Ausbildung in Betrieb und Schule steht die Prüfung zum Kaufmann/ zur Kauffrau der gewählten Ausrichtung.

1.2.2 Aufstufende Fortbildungen

Aufstufend auf den kaufmännischen Ausbildungsberufen, wie sie im vorangegangenen Abschnitt 1.1 kurz dargestellt wurden, gibt es diverse Weiterbildungsmöglichkeiten die zur höheren Qualifikation des kaufmännischen Fachwirts/ der Fachwirtin führen. ***Quereinsteigern*** wird auch auf diesem Wege ermöglicht, die zertifizierte Fachqualifikation als Kaufmann zu erlangen.

1.2.2.1 Fortbildung an Fachschulen

Am Beispiel des allgemeinen Abschlusses zum „Staatlich geprüften Betriebswirt"

In den einzelnen Bundesländern gibt es eine Vielzahl an staatlichen und staatlich anerkannten Fachschulen, die in zweijährigen Vollzeitstudiengängen auf die Prüfung zum ***Staatlich geprüften Betriebswirt*** vorbereiten. Aufbauend auf einer kaufmännischen Berufsausbildung und/ oder einer entsprechenden Berufspraxis soll das kaufmännische Grundwissen erweitert und ein an betrieblichen Funktionen oder Wirtschaftszweigen orientiertes qualifiziertes Fachwissen vermittelt werden.

VORAUSSETZUNGEN

Die Voraussetzungen für die Aufnahme in die Bildungsgänge der Fachschulen sind in der Regel: Hauptschulabschluss oder ein anderer gleichwertiger Abschluss, Abschluss der Berufsschule ***und*** die erfolgreiche Abschlussprüfung in einem anerkannten Ausbildungsberuf sowie eine einschlägige Berufstätigkeit von mindestens zwei oder drei Jahren oder

ohne Abschlussprüfung in einem anerkannten Ausbildungsberuf eine einschlägige, für den Besuch der Fachschule förderliche Berufstätigkeit von mindestens sieben Jahren. Hierauf kann der Besuch einer einschlägigen Berufsfachschule angerechnet werden.

Innerhalb des Studiums können ***unterschiedliche Schwerpunkte*** gesetzt werden:

Z.B.: Absatzwirtschaft, Fertigungswirtschaft, Organisationslehre/ Datenverarbeitung, Rechnungswesen. Personal- und Ausbildungswesen, Außenhandel, Touristik, Werbung.

Im Wesentlichen werden ***folgende Fächer*** gelehrt und geprüft:

Betriebswirtschaftslehre, Organisationslehre, Volkswirtschaftslehre, Buchführung und Bilanzierung, Kostenrechnung. Steuerrecht, Wirtschaftsrecht

Darüber hinaus erfolgt Unterricht in folgenden Fächern:

EDV, Statistik, Unternehmensplanung, Informationswesen.

Die Ausbildungsdauer beträgt 2 Jahre im Falle des Besuchs einer Fachschule für Wirtschaft (Tagesschule) bzw. 3 Jahre beim Fernstudium.

1.2.2.2 Fortbildung durch Fernstudiengänge

Wissen ausschließlich aus Lehrbüchern aufzunehmen, macht ein erhebliches Maß an Selbstdisziplin erforderlich. Ohne die Impulse des Lehrers, ohne die Stimulanz des persönlichen Dialogs, mehr oder weniger nur auf sich selbst gestellt, schriftliche Informationen zu verarbeiten und dies konsequent 3 Jahre so zu praktizieren, dass Kurzzeitseminare an Wochenenden und beispielsweise zwei Langzeitseminare von je einem Monat ergänzend zum Studium der Lehrhefte schließlich zum angestrebten Abschluss führen, unterstellt auch die Fähigkeit zur Eigenmotivation. Andererseits ist der Lernende unabhängig hinsichtlich Zeit und Raum seiner Studien.

1977 trat das Fernunterrichtsgesetz in Kraft. Danach müssen alle allgemein- und berufsbildenden Lehrgänge staatlich zugelassen werden. Die zulassungsrelevanten Kriterien: Lehrinhalte und Lernziel müssen übereinstimmen, ebenso das

Niveau der Wissensvermittlung und der Pädagogen; Richtigkeit der Werbeinformationen, ein Rücktrittsrecht bzw. eine Kündigungsmöglichkeit muss eingeräumt werden. Weitere Aufkünfte erteilen

INFO

die Staatliche Zentralstelle für Fernunterricht der Länder – ZFU – Peter Welter Platz 2, 50676 Köln und das Bundesinstitut für Berufsbildung – BIBB – Robert-Schumann-Platz 3, 53175 Bonn, www.bibb.de

Für den kaufmännischen Bereich werden z.B. folgende Qualifikationen als Fernstudien angeboten:

- staatlich geprüfter Betriebswirt
- Industriefachwirt
- Handelsfachwirt
- Versicherungsfachwirt
- Bankfachwirt
- Personalfachkaufmann
- Bilanzbuchhalter
- Kreditsachbearbeiter
- geprüfte Sekretärin
- Wirtschaftsabitur
- Diplom-Betriebswirt.

Ergänzend sind sechssemestrige Vollzeitstudiengänge mit Diplom-Abschluss möglich in Betriebswirtschaft, Wirtschaftsinformatik (=vollwertige Examen mit staatlicher Anerkennung).

1.2.2.3 Voraussetzungen und Anforderungen eines Fortbildungsstudiums

Um sich ein Bild von den fachlichen Voraussetzungen und Anforderungen eines Fortbildungsstudiums an einer Fachschule oder einem Fernstudium machen zu können, stellen wir im Folgenden beispielhaft die besonderen Rechtsvorschriften für die Fortbildungsprüfung zum/ zur **„Handelsfachwirt/ Handelsfachwirtin“** eines Fortbildungsstudiums vor.

Vorraussetzungen für die Zulassung zur Prüfung sind:

- eine mit Erfolg abgeschlossene Ausbildung als Buchhändler, Drogist, Florist, Kaufmann im Einzelhandel, Kaufmann im Groß- und Außenhandel oder Musikalienhändler und eine weitere Berufspraxis von mindestens zwei Jahren in einem Handelsbetrieb

oder

- eine mit Erfolg abgeschlossene Ausbildung in einem sonstigen kaufmännischen Ausbildungsberuf und eine weitere Berufspraxis von mindestens drei Jahren in einem Handelsbetrieb.

HINWEIS FÜR QUEREINSTEIGER:

- Falls die Voraussetzungen gemäß Abs. 1 Nr. 1 und 2 nicht vorliegen, muss der Prüfungsbewerber insgesamt eine mindestens sechsjährige einschlägige Tätigkeit im Handel nachweisen.
- Über Ausnahmeregelungen entscheidet der Prüfungsausschuss.

Die Prüfung erstreckt ysich auf folgende Prüfungsfächer:

1. Betriebswirtschaftslehre des Handels, betriebliche Organisation und Unternehmensführung
2. Kosten- und Leistungsrechnung
3. Betriebliches Personalwesen
4. Beschaffung und Lagerhaltung
5. Absatz
6. Volkswirtschaftliche Grundlagen

Die einschlägigen Rechtskenntnisse werden in den entsprechenden Prüfungsfächern berücksichtigt. Die Prüfung wird schriftlich und mündlich durchgeführt.

Die Prüfung erstreckt sich insbesondere auf die nachstehenden Sachgebiete:

1. Betriebswirtschaftslehre des Handels, betriebliche Organisation und Unternehmensführung

- Betriebsfaktoren im Handel
- Handelsleistung
- Vertriebsformen
- Managementaufgaben und Managementmethoden
- Planungstechniken
- Marketing als marktorientierte Unternehmenskonzeption
- Standortwahl und Betriebsgröße
- Statistik als unternehmenspolitisches Instrument
- Entwicklung einer Betriebsorganisation
- Verfahren der Ist-Aufnahme
- Sollkonzept in Bezug auf Planung und Entwicklung von EDV-Verfahren
- Logik der Programmerstellung

2. Kosten- und Leistungsrechnung

- Kostenbegriff und Aufgaben der Kostenrechnung
- Erfassung und Abgrenzung der Kosten
- Kostenarten und Kostenabhängigkeiten
- Problematik der Kostenrechnung im Handel
- Vollkostenrechnung
- Teilkostenrechnung
- Kalkulation im Handelsbetrieb
- Kurzfristige Erfolgsrechnung
- Statistik und Betriebsvergleich

3. Betriebliches Personalwesen

- Personalpolitik
- Personalbedarf
- Aufgaben der Personalplanung
- Personalbedarfsermittlung und Personalbedarfsplanung
- Personaleinsatzplanung
- Stellenbeschreibung und Stellenplan
- Personalstatistik
- Menschenführung
- Berufsausbildung und Weiterbildung
- Mitwirkung der Arbeitnehmer und ihre Vertretung
- Spezielle Entlohnungsformen im Handel
- Personalkosten und Personalkennziffern

4. Beschaffung und Lagerhaltung

- Einkaufspolitik
- Einkaufsplanung
- Qualitäts-, Mengen und Terminsicherung
- Beschaffung von Anlagegütern
- Einkaufsstatistik
- Organisatorische Eingliederung des Einkaufs in das Unternehmen
- (zentral – dezentral)
- Lieferanten-, Bestell-, Termin- und Preiskartei
- Bedarfsermittlung
- Beschaffungswege
- Beschaffungsmarktforschung
- Optimale Bestellmengen
- Bestellzeitpunkt
- Erfolgskontrolle im Einkauf
- Volkswirtschaftliche und betriebswirtschaftliche Aspekte der Lagerhaltung
- Lagergröße, Bestimmungsgründe und Einfluss auf das Betriebsergebnis
- Lagerarten und Einrichtung von Lägern
- Wareneingang und Kontrolle
- Lagerung und Überwachung
- Warenmanipulation
- Bestandsführung und Überwachung

	• Warenausgang • Innerbetriebliches Transportwesen
5.	**Absatz**
	• Marktforschung und Marktbeobachtung • Sortimentsgestaltung und Diversifikation • Preispolitik • Umsatzplanung • Verkaufskonzept und Verkaufsstrategie • Werbemittel, Werbeträger • Einzel- und Gemeinschaftswerbung, public relations • Werbeplan • Werbekosten und Werbeerfolgskontrolle • Vertriebsformen • Warenpräsentation • Kundendienst • Mitarbeitermotivation – Mitarbeiterschulung • Versandarten • Transportkosten und Transportversicherung • Einfuhr-, Ausfuhr- und Zollfragen • Umsatzplanung und Umsatzerfolg • Kostenkontrolle • Ablaufkontrolle • Volkswirtschaftliche Grundlagen • Grundbegriffe • Wirtschaftsordnungen und Wirtschaftssysteme • Wirtschaftskreislauf • Märkte und Preisbildung • Konjunkturpolitik • Geld und Kredit • Betriebsarten • Produktionsfaktoren im Betrieb • Finanzierungsfragen • Betrieblicher Standort.

Tabelle 6: Prüfungsanforderungen des Handelsfachwirt/ der Handelsfachwirtin

Schriftliche Prüfung

Es ist eine Klausurarbeit in den angeführten Prüfungsfächern Nr. 1 bis 5 anzufertigen. Die Bearbeitungsdauer beträgt in der Regel 2 Stunden je Prüfungsfach.

Bei programmierten Prüfungsaufgaben kann die Prüfungszeit entsprechend verkürzt werden.

Einzelne Prüfungsfächer können zeitlich vorgezogen und bewertet werden.

Mündliche Prüfung

Wer in der schriftlichen Prüfung in mehr als einem Prüfungsfach keine ausreichende Leistung erzielt hat, wird zur mündlichen Prüfung nicht zugelassen.

Die mündliche Prüfung kann sich auf alle in § 2 genannten Fächer erstrecken. Der Prüfungsausschuss entscheidet, in welchen Prüfungsfächern der einzelne Prüfungsbewerber mündlich geprüft wird.

Die mündliche Prüfung wird als Einzel- oder Gruppenprüfung in Form eines freien Prüfungsgesprächs durchgeführt. Sie soll in der Regel je Prüfungsteilnehmer 30 Minuten dauern.

Gesamtergebnis der Prüfung

Die Prüfung ist bestanden, wenn in allen Prüfungsfächern mindestens ausreichende Leistungen erzielt wurden.

Der Durchschnitt aus der Bewertung der einzelnen Prüfungsfächer ergibt die Gesamtnote.

1.2.2.4 Fortbildung im Ausland

Die Carl Duisberg Gesellschaft e. V., Köln, unterstützt mit ihren jahrzehntelangen Erfahrungen deutsche Firmen bei der Vorbereitung ihrer Mitarbeiter auf Auslandsaufgaben bzw. führt berufliche Fortbildungsmaßnahmen für Deutsche in anderen Industrienationen, in Entwicklungs- und Schwellenländern sowie in Osteuropa durch. Dies gilt für den sprachlichen, aber auch für den wirtschaftswissenschaftlichen Bereich. So können zum Beispiel

- junge Kaufleute, Ingenieure, Hotelfachleute, Sekretärinnen nach einem Einführungsseminar eine berufsbezogene Tätigkeit in amerikanischen Unternehmen ausüben (Dauer 6–8 Monate)
- Bankkaufleute in England in einem Seminar ihre Kenntnisse vervollkommnen
- Hochschul- und Fachhochschulabsolventen an einem Programm in den USA zur Erlangung des Masters in International Business Studies (MIBS) teilnehmen
- junge Fachwirte, Kaufleute und praktische Betriebswirte mit nicht akademischer Ausbildung sich weltweit in besonderen Fachgebieten theoretisch und praktisch weiterbilden (3–12 Monate)
- Nachwuchskräfte aus dem kaufmännischen Bereich mittels Praktika und Intensivsprachkurs Berufserfahrungen in Japan und anderen Ländern der asiatischpazifischen Region sammeln.

INFO

Imformationen bei: Carl Duisberg Gesellschaft, Weyerstraße 79– 83, 50676 Köln, www.cdg.de

1.2.2.5 Fortbildungsalternativen

Mit diesen wenigen Konkretbeispielen erschöpfen sich selbstverständlich nicht die gebotenen Weiterbildungsmöglichkeiten. So offerieren die Industrie- und Handelskammern „Anpassungsfortbildungen" in eintägigen und alternativ zwei- bis dreitägigen Veranstaltungen z.B. zu den Themenbereichen: Finanzen und Steuern, Organisation und Verwaltung, Unternehmensführung, Betriebliches Rechnungswesen, Absatzwirtschaft, Außenwirtschaft.

Darüber hinaus bieten die IHKs ihrerseits ein reichhaltiges Aus- und Fortbildungsangebot für den kaufmännischen Bereich bis hin zum „Betriebswirt IHK" an.

INFO

Mehr Informationen über das Aus- und Weiterbildungsangebot der IHKs finden Sie einfach im Internet unter: www.ihk.de.

2. Kaufmann nach dem Handelsgesetzbuch

Das Handelsgesetzbuch (HGB) ist die entscheidende Rechtsbasis des deutschen Handelsrechts. Es wird ergänzt durch eine Reihe von handelsrechtlich wirksamen Gesetzen – z.B. dem Aktiengesetz. Soweit hierin spezifische Bestimmungen fehlen, haben auch für Handel und Wirtschaft die allgemeinen Regelungen des Bürgerlichen Gesetzbuches (BGB) Gültigkeit.

Das HGB hält den **Terminus „Kaufmann" für natürliche und juristische Personen** (z.B. GmbH) bereit, soweit ein Handelsgewerbe betrieben wird.

Das Handelsregister, das in diesem Zusammenhang eine wesentliche Rolle spielt, ist ein öffentliches Verzeichnis, das von den Amtsgerichten geführt wird und das die Rechtssicherheit stärken soll. Hierin sind rechtlich relevante Daten der Unternehmen gespeichert, in die jeder Einblick nehmen und sich damit entsprechend über den jeweiligen Stand hinsichtlich Firmenbezeichnung, Firmensitz, Inhaberverhältnisse, Haftungsbeschränkungen und vertretungsberechtigte Personen informieren kann. Neueintragungen, Berichtigungen und Löschungen müssen via Notar angemeldet werden. Durch die Eintragung erfährt das betreffende Unternehmen eine Ausschließlichkeit hinsichtlich der Firmierung im Geltungsbereich des Amtsgerichtsbezirkes. Die Eintragung ins Handelsregister führt zur Kaufmannseigenschaft (= konstitutive/ rechtsbegründende Wirkung). Im Allgemeinen jedoch ist man Kaufmann bereits durch entsprechendes Tätigwerden. In diesen Fällen hat die Eintragung ins Handelsregister deklaratorische (= rechtsbezeugende) Wirkung. Das Handelsregister gilt als Register der Kaufleute.

Zum 1. Juli 1998 hat der Gesetzgeber das seit mehr als 100 Jahren geltende Handels- und Gesellschaftsrecht reformiert. Die Neukonzeption des Kaufmannsbegriffs und Neuerungen im Firmenrecht standen im Mittelpunkt der Gesetzesnovelle.

2.1 Der Begriff des „Kaufmann“ nach dem HGB

Von zentraler Bedeutung ist die völlige Neudefinition des bisherigen Begriffs des Kaufmanns im Handelsgesetzbuch:

Muss-, Soll- und Kannkaufleute sowie auch die Rechtsfigur des Minderkaufmanns (vgl. Irgel „Gablers Praxishandbuch für Kaufleute“, 4. Auflage, Seiten 18-21) gehören der Vergangenheit an. Vielmehr gibt es jetzt einen neuen einheitlichen Kaufmannstatbestand:

EINHEITLICHER KAUFMANNSTATBESTAND

Alle Gewerbetreibenden, deren Unternehmen einen kaufmännischen Betrieb erfordern, sind Kaufleute, ohne Rücksicht auf die Branche, in der sie sich betätigen. So wird auch die in unserer arbeitsteiligen Wirtschaft immer bedeutender werdende Dienstleistung mit den klassischen Handelsgewerben auf eine Stufe gestellt. Die Eintragung ins Handelsregister ist für alle Gewerbetreibenden deklaratorisch.

Für den Kaufmann gelten die Regeln des Handelsgesetzbuches (HGB). Macht das Unternehmen einen kaufmännischen Geschäftsbetrieb nicht notwendig, handelt es sich um einen Kleingewerbetreibenden, für den als Nicht-Kaufmann das Bürgerliche Gesetzbuch (BGB) maßgeblich ist. Solche Kleingewerbetreibenden sind jedoch berechtigt, eine Handelsregistereintragung selbst herbeizuführen. Entscheiden sie sich dafür, so gelten für sie alle Rechte und Pflichten eines vollkaufmännischen Unternehmens. Und zwar nicht nur etwa wahlweise oder je nach Situation, denn hat sich der Kleingewerbetreibende für eine Handelsregistereintragung entschieden, kann er sich nicht mehr darauf berufen, zu einer Eintragung nicht verpflichtet gewesen zu sein.

Auch hierbei steht die Selbstverantwortlichkeit des Kaufmanns Pate, bei dem unterstellt wird, dass er Risiken und Chancen seiner Entscheidungen selbst abwägen kann.

Eine Verpflichtung zur Eintragung ins Handelsregister besteht jetzt auch für alle gewerblichen Unternehmen der öffentlichen Hand, womit deren bisherige Privilegierung entfällt.

In Zusammenhang mit den Neuerungen ist es bemerkenswert, dass nunmehr auch Kleinbetriebe, deren Unternehmen keinen vollkaufmännischen Geschäftsbetrieb erfordern, für die Rechtsform einer offenen Handelsgesellschaft (OHG) oder Kommanditgesellschaft (KG), beides Personengesellschaften (s. dort), optieren können.

Zum anderen entfällt der bisherige Grundsatz der Auflösung einer Gesellschaft bei Ausscheiden eines Gesellschafters. Die Neuregelung sieht vielmehr den Fortbestand des Unternehmens im Regelfall vor und damit dessen Kontinuität.

Das Handelsregisterverfahren wurde dereguliert und damit effektiver und kostengünstiger gestaltet. Hierzu gehören u.a.: Verzicht auf Hinterlegung öffentlich beglaubigter handschriftlicher Firmenzeichnung (Unterschriften); Anmeldung zum und Eintrag ins Handelsregister der Geburtsdaten der dort registrierten Personen sowie der aktuellen Geschäftsadresse des Unternehmens. Die gerichtliche Kontrolle von Gesellschaftsverträgen und Satzungen bei der Ersteintragung von GmbH's und AG' s wird reduziert.

2.2 Namensrecht, Firmierung

Das bisherige Firmenbildungsrecht ist entschärft, damit liberalisiert und vereinheitlicht worden:

FIRMENNAMEN

Kapital- und Personengesellschaften sowie Einzelkaufleute haben eine größere Wahlfreiheit bei der Bildung aussagefähiger und gleichzeitig werbewirksamer Firmennamen. Personen-, Sach- und ggfs. auch Fantasiefirmenbezeichnungen sind grundsätzlich zugelassen. Die Eintragung ins Handelsregister ist nur dann ausgeschlossen, wenn die Angaben erkennbar darauf abgestellt sind, den Verkehr, insbesondere das geschäftliche Umfeld, irrezuführen.

Das Informationsinteresse des Rechtsverkehrs sowie das Transparenzgebot machen in der Firmierung vorrangig überdies erforderlich:

- Hinweis auf die Gesellschafts- bzw. Rechtsform und damit Offenlegung der Haftungssituation
- Unterscheidungsmerkmale zu anderen Unternehmen.

Diese Pflichtangaben sind in allen Publikations- und Kommunikationsäußerungen des Unternehmens gut wahrnehmbar zu integrieren, um solchermaßen eine Transparenz zur Orientierung des Verkehrs zu gewährleisten. Hierzu gehören traditionell u.a. Briefbogen, Rechnungs- und Angebotsformulare, Visitenkarten, Preislisten, aber auch der Firmenauftritt im Internet.

Die Firmierung ist nicht länger an den Vor oder Nachnamen des Inhabers des Unternehmens oder dessen Geschäftszweck gebunden. Auch die OHG oder KG können ohne Namen persönlich haftender Gesellschafter firmieren.

2.3 Firmenangaben auf Drucksachen

2.3.1 Kaufleute

1) Alle Personen oder Personengesellschaften, die als Kaufleute im Handelsregister eingetragen sind, müssen nach dem Handelsgesetzbuch (HGB) auf allen Geschäftsbriefen, Preislisten, Rechnungen, Auftragsbestätigungen, Lieferscheinen, Quittungen, Bestellungen die für die Nachprüfung ihrer Geschäftsfähigkeit notwendigen Angaben offenlegen. Deswegen müssen sie angeben:

- die vollständige Firma in der Schreibweise, wie sie im Handelsregister eingetragenen ist;
- den Hinweis auf ihre Kaufmannseigenschaft, wie eingetragener Kaufmann, eingetragene Kauffrau, oder eine entsprechende Abkürzung, wie e.K., e.Kfm., e.Kfr., oder die Rechtsform der Gesellschaft (OHG, KG, GmbH, AG);
- den Ort der Handelsniederlassung (Sitz der Firma);
- das Registergericht und die Nummer, unter der die Firma in das Handelsregister eingetragen ist.

Wer als Kaufmann die erforderlichen Angaben unterlässt, kann vom Registergericht durch Festsetzung eines Zwangsgeldes dazu angehalten werden.

2) Bei der Rechtsform GmbH oder der AG müssen alle Geschäftsführer oder Vorstandsmitglieder mit Familiennamen und mindestens einem ausgeschriebenen Vornamen einzeln genannt werden. Bei der AG ist der Vorsitzende des Vorstandes als solcher zu benennen, wenn ein Aufsichtsrat oder Beirat besteht, auch dessen Vorsitzender mit Familiennamen und mindestens einem ausgeschriebenen Vornamen. Befinden sich GmbH oder AG in Liquidation, treten die Liquidatoren an die Stelle der Geschäftsführer, was ebenfalls anzugeben ist.

3) Bei Personengesellschaften (OHG, KG), bei denen kein Gesellschafter eine natürliche Person ist, muss zusätzlich ein Hinweis auf die Haftungsbeschränkung gegeben werden. Dies geschieht üblicherweise durch einen Rechtsform-

zusatz wie GmbH & Co. OHG oder GmbH & Co KG. Außerdem müssen auch noch die Firmen der beschränkt haftenden Gesellschafter (GmbH, AG) in ihrer vollständigen Form sowie mit einem Hinweis auf ihre Rechtsform, ihren Sitz, das Registergericht des Sitzes und die Handelsregisternummer sowie alle Geschäftsführer bzw. Vorstandsmitglieder mit Familiennamen und mindestens einem ausgeschriebenen Vornamen angegeben werden. Wenn ein Aufsichtsrat besteht, muss der Familienname und mindestens ein ausgeschriebener Vorname des Vorsitzenden genannt werden.

2.3.2 Nichtkaufleute

Gewerbetreibende, die nicht im Handelsregister eingetragen sind, gelten nicht als Kaufleute. Sie sind deswegen auch nicht berechtigt, eine von ihrem Personennamen abweichende „Firma" zu führen. Von ihnen verlangt die Gewerbeordnung (GewO), dass sie nicht nur deutlich lesbar am Eingang zu ihrem Betrieb, sondern auch auf allen Geschäftsbriefen, die an einen bestimmten Empfänger gerichtet werden, ihren Familiennamen mit mindestens einem ausgeschriebenen Vornamen angeben (§ 15 b GewO). Dies gilt auch für die Gesellschafter einer Gesellschaft bürgerlichen Rechts (GbR oder BGBGesellschaft).

2.4 Eintragung ins Handelsregister

2.4.1 Wer wird in das Handelsregister eingetragen?

Grundsätzlich ist jeder Gewerbetreibende verpflichtet, sich in das Handelsregister eintragen zu lassen, es sei denn, der Geschäftsumfang ist so gering, dass er keinen kaufmännischen Geschäftsbetrieb erfordert. Aber auch diese so genannten Kleingewerbetreibenden können sich in das Handelsregister eintragen lassen und erwerben damit unter anderem das Recht, eine von ihrem Personennamen abweichende Firma zu führen. Wenn es zum Streit darüber kommt, ob ein Gewerbetreibender Kaufmann ist oder die für ihn zum Teil günstigeren Vorschriften des Bürgerlichen Gesetzbuches (BGB) Anwendung finden, dann muss er gegebenenfalls nachweisen, dass sein Unternehmen keinen in kaufmännischer Weise eingerichteten Geschäftsbetrieb darstellt.

2.4.2 Was ist das Handelsregister?

Das Handelsregister ist das Verzeichnis der Kaufleute. Es wird von den Amtsgerichten als öffentliches Register geführt, um für den rechtsgeschäftlichen Verkehr wie z.B. für den Abschluss von Verträgen für alle Beteiligten die notwendige Rechtssicherheit zu schaffen. Es gibt Auskunft über tatsächliche und rechtliche Verhältnisse der Unternehmen wie die genaue Firmenbezeichnung, den Sitz des Unternehmens, die Inhaberverhältnisse, eventuelle Haftungsbeschränkungen und vertretungsberechtigte Personen. Beim Amtsgericht können auch die Bilanzen und Gesellschafterlisten der Kapitalgesellschaften eingesehen werden. Alle Eintragungen im Handelsregister wie z.B. Geschäftsführerwechsel, Prokura und Löschungen werden im Bundesanzeiger, im Handelsblatt und in der örtlichen Zeitung veröffentlicht und gelten damit als allgemein bekannt.

2.4.3 Welche Folgen hat die Kaufmannseigenschaft?

Im Gegensatz zum so genannten Kleingewerbetreibenden hat ein Kaufmann erweiterte Rechte und Pflichten, die sich aus dem Handelsgesetzbuch (HGB), dem Gesetzbuch der Kaufleute, ergeben. Das gilt vor allem für die Buchführungs- und Bilanzierungspflicht. Er kann Angestellte mit weitreichenden Geschäftsführungs- und Vertretungsbefugnissen, der so genannten Prokura, ausstatten, die wegen ihrer besonderen Bedeutung in das Handelsregister eingetragen wird.

2.4.4 Was ist bei der Eintragung in das Handelsregister zu beachten?

Eine Eintragung in das Handelsregister kann nur über einen zugelassenen Notar beantragt werden. Er hilft bei der Formulierung des Eintragungsantrags, beglaubigt diesen und reicht ihn beim zuständigen Amtsgericht – Abteilung Handelsregister – ein.

Die Industrie- und Handelskammer unterstützt das Amtsgericht bei der Führung des Handelsregisters. Sie prüft, ob die gewählte Firmenbezeichnung den gesetzlichen Vorgaben entspricht. Sie muss zur Kennzeichnung des Kaufmanns geeignet sein und Unterscheidungskraft besitzen. Sie darf keine Angaben enthalten, die geeignet sind, über geschäftliche Verhältnisse, die für die angesprochenen Verkehrskreise wesentlich sind, irrezuführen. Um nachträgliche Beanstandungen und kostspielige Änderungen zu vermeiden sowie die Eintragung zu beschleunigen, sollte die geplante Firmenbezeichnung daher schon im Vorfeld mit der Industrie- und Handelskammer abgestimmt werden.

2.4.5 Welche Kosten entstehen bei der Handelsregistereintragung?

Die Höhe der Eintragungskosten einer Personengesellschaft oder eines Einzelunternehmens ist abhängig vom vorhandenen Betriebsvermögen. Die Kosten für Notar und Registergericht bei der Gründung einer GmbH bemessen sich nach dem so genannten Geschäftswert, der nach den jeweiligen Vorschriften der Kostenordnung errechnet wird. Je höher das Stammkapital der GmbH ist, desto höher sind deshalb die Eintragungskosten.

2.5 Die Gewerbeanmeldung

Bis auf wenige Ausnahmefälle, wie z.B. bei Transporten, Gaststätten oder bestimmten Vermittlungstätigkeiten, reicht eine einfache Gewerbeanmeldung aus, um sich selbstständig machen zu können. Dafür muss man nur dem zuständigen Ordnungsamt der Stadt oder Gemeinde den Beginn der selbstständigen Tätigkeit auf dem dafür vorgeschriebenen Formular unverzüglich schriftlich anzeigen. In der Anzeige ist die beabsichtigte Tätigkeit möglichst genau zu beschreiben. Anzeigen muss man aber auch, wenn sich die Geschäftsadresse oder die Geschäftstätigkeit ändert oder der Betrieb ganz oder teilweise wieder aufgegeben wird. Wer diese Anzeigepflicht vergisst und verspätet anmeldet, muss mit einem Bußgeld rechnen.

Bei der Anmeldung eines Einzelunternehmens wird die Gewerbeanzeige, der so genannte Gewerbeschein auf den Namen des anmeldenden Inhabers ausgestellt. Bei einer Gesellschaft bürgerlichen Rechts (GbR) müssen alle Gesellschafter eine eigene Gewerbeanzeige erstatten.

Bei einem im Handelsregister eingetragenen Einzelkaufmann (e.K, e.Kfm., e.Kfr.), einer Offenen Handelsgesellschaft (OHG), Kommanditgesellschaft (KG), Gesellschaft mit beschränkter Haftung (GmbH) oder Aktiengesellschaft (AG) wird die Firma, wie sie im Handelsregister geführt wird, auch in die Gewerbeanzeige eingetragen. Dabei muss in der Regel der Auszug aus dem Handelsregister vorgelegt werden.

Bei Personengesellschaften wie OHG und KG sind alle persönlich haftenden Personen anzeigepflichtig, bei einer GmbH kann ein Geschäftsführer diese Aufgabe für die Gesellschaft und die anderen Geschäftsführer übernehmen.

Wenn das Gewerbe angemeldet ist, teilt das Ordnungsamt dies dem zuständigen Finanzamt, der Berufsgenossenschaft und der Industrie- und Handelskammer mit. Damit wird man automatisch Mitglied der Industrie- und Handelskammer und dort somit auch grundsätzlich beitragspflichtig.

Personen aus den Mitgliedsstaaten der Europäischen Union brauchen für ihre selbstständige Tätigkeit keine Aufenthaltsberechtigung.

INFO

Ausländer aus einem Staat, der nicht der Europäischen Union angehört, benötigen für die selbstständige Gewerbeausübung eine unbeschränkte Aufenthaltsberechtigung, auch wenn sie diese Tätigkeit als angestellter Geschäftsführer in einer GmbH ausüben wollen. Diese ausländerrechtlichen Fragen sollten vor der Anmeldung eines Gewerbes mit der Ausländerbehörde geklärt werden.

3. Kaufmann in der Praxis

Der Kaufmann in der Praxis steht im Mittelpunkt dieses Nachschlagewerks. Ihn soll es in der Erfüllung seiner Aufgaben und Funktionen unterstützen. Ihm wird es somit auch die nötigen Anregungen zur erfolgreichen Berufsausübung bieten. Deshalb befassen wir uns ausschließlich mit praxisrelevanten Faktoren. Dies trifft selbstverständlich auch schon für die vorangestellte Darstellung des „Kaufmann nach dem HGB" zu. Denn auch für Alltagsaktivitäten ist es von Belang zu wissen, wo man sich aus der Sicht des Gesetzgebers einzuordnen hat und welche Voraussetzungen wofür erfüllt sein müssen.

Im Folgenden aber eine kurze Charakterisierung des Kaufmanns, wie wir ihn in der unmittelbaren Praxis täglich erleben.

3.1 Der angestellte Kaufmann

Ein Angestellter ist weder gewerblicher Arbeitnehmer (Arbeiter) noch beauftragter Unternehmer (Manager) oder Eigentümer-Unternehmer und schon gar nicht freier Mitarbeiter (wie z.B. Handelsvertreter).

Der Angestelltenbegriff ist nicht klar umrissen. Deshalb wird er in verschiedenen Gesetzen unterschiedlich ausgelegt und interpretiert. Angestellte leisten – im Gegensatz zu Arbeitern – überwiegend geistige Arbeit. Dieser Grundsatz erscheint heute reichlich antiquiert. Die Grenzen überlappen sich zunehmend, nicht nur hinsichtlich der Tätigkeit: auch im Büro wurde inzwischen derart viel rationalisiert, so dass ein gewisser schematischer Tätigkeitsablauf unvermeidbar geworden ist, für den keineswegs mehr geistige Potenz erforderlich ist als etwa für die Steuerung komplizierter Vorgänge in der Fertigung, die von Arbeitern gehandhabt werden.

KAUFMÄNNISCHER ANGESTELLTER NACH HGB

Laut Handelsgesetzbuch gehört der kaufmännische Angestellte zur Gruppe der ***„Handlungsgehilfen“.*** Er darf ohne Einwilligung der Leitung des Unternehmens, bei dem er angestellt ist, weder ein Handelsgewerbe betreiben noch im Handelszweig der Firma, bei der er tätig ist, für eigene oder fremde Rechnung Geschäfte machen. Verletzt er dieses gesetzliche ***Wettbewerbsverbot,*** kann Schadensersatzanspruch gegen ihn geltend gemacht werden. Überdies kann ein vertragliches Wettbewerbsverbot nach Beendigung des Dienstverhältnisses zum Tragen kommen. Es muss schriftlich fixiert sein und ist nur verbindlich, wenn sich die Firma verpflichtet, für die Dauer des Verbots eine Entschädigung zu zahlen, die mindestens die Hälfte des zuletzt bezogenen Entgelts ausmacht. Ein solches Verbot wird nur wirksam, wenn es zum Schutz eines berechtigten geschäftlichen Interesses des bisherigen Unternehmens dient, unter der Berücksichtigung der gewährten Entschädigung keine unbillige Erschwerung des Fortkommens des Handlungsgehilfen darstellt und sich nicht über mehr als zwei Jahre erstreckt.

Der kaufmännische Angestellte hat die Pflicht, die im Rahmen seines Arbeitsvertrages anfallenden Arbeiten sorgfältig und nach bestem Wissen und Können auszuführen und Geschäftsgeheimnisse zu wahren. Er hat das Recht auf Gehaltszahlung am Monatsende, darauf, dass Geschäftsbetrieb und Arbeitszeit so geregelt sind, dass keine Gefährdung der Gesundheit eintritt und die Aufrechterhaltung der guten Sitten und des Anstands gesichert ist (Fürsorgepflicht des Arbeitgebers lt. § 62 HGB), auf Urlaub und Zeugniserteilung beim Ausscheiden.

Im Krankheits- oder sonstigen Verhinderungsfall erhält der Angestellte 6 Wochen sein Gehalt (ggf. zusätzlich Mittelwerte von Provisionen, Prämien o.ä., die laufend anfallen) weitergezahlt. Urlaubsregelungen ergeben sich u. a. aus den Tarifvereinbarungen zwischen Arbeitgebern und Gewerkschaften. Die gesetzlichen Kündigungsfristen für Angestellte und Arbeiter sind seit 15.10.1993 einheitlich. Laut § 622 BGB kann das Arbeitsverhältnis eines Arbeiters oder Angestellten mit einer Frist von 4 Wochen zum Monatsende oder zum 15. eines Kalendermonats gekündigt werden. Andere Fristen sind bei längerer Beschäftigungsdauer zu beachten. In der Probezeit, die nicht länger als 6 Monate dauern darf, kann das Arbeitsverhältnis in 2 Wochen gekündigt werden.

ANGESTELLTENBEGRIFF NACH DEM ANGESTELLTENVERSICHERUNGSGESETZ

Als beispielhaft für die Eingrenzung des Begriffs „Angestellter“ gilt die Darstellung in § 1des ***Angestelltenversicherungsgesetzes,*** weshalb hierauf auch in anderen Gesetzen abgehoben wird – wie etwa in § 5 des Betriebsverfassungsgesetzes. Danach sind Angestellte u. a.:

- Angestellte in leitender Stellung
- technische Angestellte in Betrieb, Büro und Verwaltung
- Werkmeister
- Büroangestellte, soweit sie nicht ausschließlich z.B. mit Botengängen beschäftigt werden
- Handlungsgehilfen und andere Angestellte für kaufmännische Dienste
- Angestellte in Berufen der Erziehung, des Unterrichts, der Fürsorge, der Kranken- und Wohlfahrtspflege.

Bemerkenswert ist, dass zu den Angestellten in leitender Stellung nicht die Mitglieder des Vorstands einer Aktiengesellschaft gehören, wohl aber stellvertretende Vorstandsmitglieder, die freilich wiederum nach dem Aktiengesetz eindeutig zum Vorstand gehören und von daher eigentlich genauso zu behandeln wären wie Vollmitglieder. Wir stoßen mithin immer wieder auf Schwierigkeiten der klaren Abgrenzung und Definition. Im Gegensatz zum Vorstand einer AG fallen Organmitglieder anderer Kapitalgesellschaften unter das Angestelltenversicherungsgesetz, z.B. Geschäftsführer einer GmbH (wenn er nicht gleichzeitig beherrschender Gesellschafter ist).

3.2 Beauftragter Unternehmer – Manager

Der beauftragte Unternehmer ist weder der typische (= Eigentümer-) Unternehmer noch Angestellter. Gemeint ist die an der Spitze der Unternehmung stehende Führungskraft, gemeinhin auch in der deutschen Sprachlandschaft als „Manager“ bezeichnet. Auch hier sind die Grenzen fließend. Unter diesen Begriff fallen ebenfalls Angehörige des ***middle management,*** wie z.B. in der Bezeichnung ***„Verkaufsmanager“*** sichtbar wird. Wir wollen uns bei dieser Betrachtung hier an den Führungskräften der ersten und obersten Linie ausrichten.

BEGRIFF DES MANAGERS ALS BEAUFTRAGTER UNTERNEHMER

Dem beauftragten Unternehmer ist die verantwortliche Leitung einer in aller Regel größeren Gesellschaft anvertraut. In dieser Position ist er Arbeitgeber und kann deshalb nicht als Angestellter im Sinne eines Arbeitnehmers gelten. Er unterscheidet sich vom wirklichen Unternehmer dadurch, dass dieser nicht nur die Leitung innehat, sondern zudem und im Gegensatz zum Manager auch im Firmenkapital verankert ist. Die Arbeitgeberfunktion ist der Grund dafür, dass im Falle einer prozessualen Auseinandersetzung beispielsweise zwischen einem Geschäftsführer (= Organ) einer GmbH und der Gesellschaft selbst hinsichtlich des Dienstvertrages üblicherweise nicht das Arbeitsgericht, sondern etwa das Landgericht, Kammer für Handelssachen, zuständig ist. Der wohl typischste Repräsentant des beauftragten Unternehmers ist der Vorstand einer Aktiengesellschaft.

Laut Aktiengesetz ist die Berufung eines Vorstands durch den Aufsichtsrat nur immer für jeweils 5 Jahre möglich. Der Vorstand der AG muss (von der Hauptversammlung) ebenso wie der der Genossenschaft bzw. die Geschäftsführung einer GmbH (von der Gesellschafterversammlung) entlastet werden. Dies gilt uneingeschränkt auch für am Kapital Beteiligte. So bedarf auch der Gesellschafter-Geschäftsführer der Entlastung, ohne dass er freilich mit seiner eigenen Stammeinlage hierfür stimmen kann.

Der entscheidende Unterschied zwischen dem beauftragten und dem Eigentümer-Unternehmer liegt darin, dass Letzterer nicht nur die Arbeitgeberfunktion, sondern überdies auch das Kapital repräsentiert. Er trägt mithin das totale Risiko. Dies entfällt konsequenterweise für jeden Manager. Hieraus folgt, dass dieser wesentlich flexibler hinsichtlich seines Tätigkeitsrahmens und nicht so auf das Unternehmen fixiert ist.

Es sei schließlich noch darauf hingewiesen, dass die Arbeitgeber in der tarif-, sozial- und gesellschaftspolitischen Diskussion stets als „Unternehmer" apostrophiert werden. Hiermit sind selbstverständlich alle im Arbeitgeberverband zusammengefassten Unternehmen bzw. deren Leiter angesprochen, unabhängig davon, ob es sich um angestellte oder Eigentümer-Unternehmer handelt.

3.3 Selbstständiger Kaufmann

BEGRIFF DES SELBSTSTÄNDIGEN KAUFMANN

Die Gründung und der Aufbau eines Unternehmens, für das die verantwortliche Leitung und das Kapitalrisiko übernommen wird, führen zum selbstständigen Kaufmann und damit zum Eigentümer-Unternehmer. Der selbstständige Kaufmann kann selbstverständlich nur eine natürliche Person sein. Unternehmer kann dagegen ebenso ein selbstständiger Kaufmann wie aber auch eine juristische Person sein, die einen Gewerbebetrieb unterhält (z.B. Aktiengesellschaft).

Der selbstständige Kaufmann ist für die freie Marktwirtschaft unentbehrlich. Er ist ein ausschlaggebender Faktor für Expansion und Fortschritt. Männer wie Josef Neckermann, Max Grundig und Axel Springer haben in ihrem Metier immer wieder Anstöße zu erfolgreichen Entwicklungen gegeben. Schumpeter sieht vom Unternehmer neue Anregungen ausgehen, die der Tatsache der begrenzten Produktionsmittel Rechnung tragen und damit die Wirtschaft stimulieren und dynamisieren. Danach umfasst unternehmerische Tätigkeit: Entwicklung, Erzeugung und Marktdurchsetzung neuer Problemlösungen; Etablierung rationeller Fertigungsmethoden; Erschließung neuer Organisationsformen, Absatzmärkte und Bezugsquellen.

Im Umsatzsteuergesetz heißt es, dass „Unternehmer ist, wer eine gewerbliche oder berufliche Tätigkeit selbstständig ausübt" (§ 2). Laut Absatz 2 ist dies nicht der Fall, „soweit natürliche Personen, einzeln oder zusammengeschlossen, einem Unternehmen so angegliedert sind, dass sie den Weisungen des Unternehmers zu folgen verpflichtet sind...". Diese Formulierung schließt ein, dass z.B. der (angestellte) Vorstand einer Aktiengesellschaft als Unternehmer verstanden werden muss.

Dies entspricht freilich nicht dem Bild des typischen Unternehmers. Es wird eher mit dem Inhaber bzw. Gesellschafter einer Firma verbunden, desjenigen also, der nicht nur die Leitung wahrnimmt, sondern zudem über das Kapital gebietet. Dieser Eigentümer-Unternehmer wäre vom „beauftragten" Unternehmer, dem Manager, zu unterscheiden.

Auf Bankier Abs geht die Feststellung zurück: „Ich bin kein Direktor, ich ernenne welche". Das macht wiederum deutlich, dass Banken-Bosse – zumal als Aufsichtsräte – beides darstellen können. Sie sind Vorstandsmitglieder ihrer Häuser (somit Manager) und repräsentieren das Kapital innerhalb anderer Firmen. In dieser Konstellation sind sie beauftragte und quasi Eigentümer-Unternehmer zugleich (obgleich das Kapital nur anvertraut und kein eigentliches Eigentum ist).

Im Einkommensteuergesetz differenziert man zwischen Einkünften aus Gewerbebetrieb und selbstständiger Arbeit. Wer hiernach als Inhaber einer Tanzschule selbst tanzt, ist selbstständig, wer tanzen lässt, gilt als Gewerbebetrieb. Der Arzt firmiert nach EstG unter „selbstständig" (§ 18): seine Umsätze sind laut UStG steuerbar: Er übt seine berufliche Tätigkeit selbstständig aus und ist mithin Unternehmer.

4. Grundlagen der Selbstständigkeit

Derjenige, der seine unternehmerische Selbstständigkeit plant, sieht sich mit einem ganzen Bündel von Grundsatz- und Detailfragen konfrontiert, die abgewogen und schließlich entschieden werden müssen. Sie sind aufgrund der Vielfalt an Möglichkeiten naturgemäß stark individuell geprägt. Wir werden uns daher im Folgenden auf grundlegende Fragen konzentrieren.

Ein Aspekt von höchster Wichtigkeit ist die Festlegung der Unternehmensform. Wir unterscheiden zunächst solche des ***privaten*** und des ***öffentlichen Rechts.*** Letztere mögen hier nur der Vollständigkeit halber interessieren:

- Körperschaften des öffentlichen Rechts – z.B. Sparkassen, Funkanstalten
- gemeindeeigene Betriebe – z.B. Wasserwerke. Energieversorgungsunternehmen, Verkehrsbetriebe.

4.1 Unternehmensformen des privaten Rechts

Unternehmen können entweder von Einzelpersonen allein oder von mehreren als Personen- oder Kapitalgesellschaft etabliert und geführt werden. Folglich unterscheiden wir Einzelunternehmen und Gesellschaften.

Zunächst werden wir die wichtigsten Unternehmensformen des privaten Rechts und die Punkte, in denen sie sich unterscheiden, tabellarisch im Überblick darstellen. Im Anschluss gehen wir detaillierter auf verschiedene Spezifika ein. Besonders die abgebildeten Musterverträge werden Ihnen zeigen, in welchen Kernfragen, je nach gewählter Unternehmensform, Sie sich juristisch absichern sollten.

Die wichtigsten Unternehmensformen und ihre spezifischen Unterschiede

Unternehmensart	Einzelunternehmen	Stille Gesellschaft	OHG	KG
Trägerschaft	*Privater Inhaber*	*Einzelunternehmer und stille(r) Teilhaber*	*mindestens 2 gleichberechtigte Gesellschafter*	*mindestens 1 Komplementär (Vollhafter) und mindestens 1 Kommanditist (Teilhafter)*
Rechtspersönlichkeit, Firma	*Keine eigene Rechtspersönlichkeit, Personenfirma (Name des Inhabers)*	*keine eigene Firma wie Einzelunternehmen, Gesellschaftsverhältnis nicht erkennbar*	*Personenfirma, Name mindestens eines Gesellschafters mit Hinweis auf Gesellschaftsverhältnis*	*Personenfirma, Name der Vollhafter (mit Zusatz „KG")*
Geschäftsführung	*beim Inhaber (allein)*	*beim Inhaber (allein)*	*jeder Gesellschafter hat Einzelvertretungsbefugnis*	*nur Komplementäre, Widerspruchs- und Kontrollrecht der Kommanditisten.*
Finanzierung	*Eigenkapital Kreditbasis durch Bonität des Inhabers bestimmt*	*wie Einzelunternehmen, dazu Einlage des stillen Teilhabers*	*Eigenkapital und Privatvermögen der Gesellschafter, Kreditbasis entsprechend Bonität der Gesellschafter*	*wie bei OHG und feste Einlagen der Kommanditisten, dazu Fremdkapital*
Haftung	*allein, unbeschränkt*	*stiller Teilhaber mit Einlage (als konkursberechtigte Forderung)*	*jeder Gesellschafter haftet unbeschränkt unmittelbar solidarisch*	*Komplementäre wie Gesellschafter d. OHG, Kommanditisten mit Einlage*
Gewinnverteilung	*allein*	*stiller Teilhaber erhält vertragliche Gewinnbeteiligung, Anteil am Verlust kann ausgeschlossen werden*	*nach Vertrag, sonst 4 % auf Kapitaleinlage, Rest nach Köpfen*	*nach Vertrag, sonst 4 % auf Kapitaleinlage, Rest in „angemessenem" Verhältnis*
Besonderheiten	*Kleingewerbetreibender; kann OHG oder KG gründen, ins Handelsregister eintragen lassen.*	*nach außen wie Einzelunternehmung*	*Seit 1998 auch für Kleingewerbetreibende*	*Erweiterung der Kapitalbasis möglich durch Aufnahme von Kommanditisten*

Unternehmensart	GmbH	AG	KGaA	Genossenschaft
Trägerschaft	*ein und mehr Gesellschafter bringen das Stammkapital auf*	*bei Gründung mindestens 5 Gründer, später Aktionäre, bei breiter Aktienstreuung „Publikumsgesellschaft" genannt*	*mindestens 1 persönlich haftender Gesellschafter, dazu Aktionäre wie bei AG*	*bei Gründung und Bestand mindestens 7 Genossen*
Rechtspersönlichkeit, Firma	*juristische Person, Personen oder Sachfirma mit Zusatz GmbH*	*juristische Person, Personen oder Sachfirma mit Zusatz AG*	*juristische Person, Firma wie AG, Zusatz KGaA*	*juristische Person, Sachfirma mit Zusatz eG (eingetragene Genossenschaft)*
Geschäftsführung	*Geschäftsführer; weitere Organe: - Gesellschafterversammlung - Aufsichtsrat (ab 500 Arbeitnehmer vorgeschrieben)*	*Vorstand, weitere Organe: - Hauptversammlung (Beschlüsse) - Aufsichtsrat (Kontrolle)*	*persönlich haftender Gesellschafter, weitere Organe: - Hauptversammlung - Aufsichtsrat*	*mindestens 2 Vorstandsmitglieder, weitere Organe: - Generalversammlung - Aufsichtsrat*
Finanzierung	*Eigenkapital durch „Stammeinlagen" der Gesellschafter, Kreditbasis durch Haftungsbeschränkung eingeengt*	*durch „Beteiligungsfinanzierung" aller Aktionäre, auch durch Fremdkapital und Schuldverschreibungen (Industrieobligationen)*	*durch Komplementär(e) und Aktionäre, Fremdfinanzierung wie AG*	*durch Geschäftsanteile der Genossen*
Haftung	*alle Gesellschafter mit Geschäftsanteil*	*alle Aktionäre mit Aktienbetrag*	*persönlich haftender Gesellschafter wie Komplementär der KG, Aktionäre wie AG*	*mindestens mit Geschäftsanteil oder je nach Statut*
Gewinnverteilung	*im Verhältnis der Geschäftsanteile oder nach Geschäftsvertrag*	*nach Beschluss über die Gewinnverwendung mit anteiligem Gewinnbetrag (Dividende)*	*zuerst 4 % an Komplementär, aus Überschuss 4 % an Aktionäre, Rest angemessen*	*nach Verhältnis der Geschäftsguthaben oder Zuführung zum Reservefonds*
Besonderheiten	*Mindestkapital 25.000,- EUR (davon mindestens 1/4 eingezahlt) Geschäftsanteil mindestens 250,- EUR*	*Mindestkapital 50.000,- EUR (davon mindestens 1/4 eingezahlt), Mindestnennwert einer Aktie 5,- EUR*	*Komplementär ist nicht absetzbarer Geschäftsführer, sonst wie AG („geborener Vorstand")*	*Eintragung in Genossenschaftsregister, Prüfung durch Prüfungsverband, besondere Bilanzierungsvorschriften*

4.2 Einzelunternehmen

Einzelunternehmen kommen vorzugsweise als Plattform für eine selbstständige Tätigkeit in Frage. Sie sind besonders stark auf den Inhaber als Unternehmer zugeschnitten. Er hat die alleinige ***Entscheidungsbefugnis*** und konsequenterweise die entsprechende ***Gewinnerwartung.*** Es trägt seinen Namen: Familiennamen mit mindestens einem ausgeschriebenen Vornamen. Bei übernommenen Unternehmen kann vorbehaltlich der Zustimmung des bisherigen Inhabers die ursprüngliche Firmenbezeichnung mit oder ohne Ergänzung hinsichtlich Nachfolge weitergeführt werden. Eine deutliche namentliche Unterscheidung zwischen den am Ort tätigen Unternehmen ist notwendig. Seit 1998 können neben Personen- und Sach- auch ggf. Fantasiebezeichnungen in den Firmennamen einfließen.

HAFTUNG

Der Einzelunternehmer ist Eigner und Manager zugleich. Freilich hat er auch Risiko und Verantwortung allein zu tragen. Das Unternehmen steht und fällt mit ihm. Die ***Haftung*** gegenüber Gläubigern ist unbeschränkt, bezieht also neben seinem Geschäfts- auch das Privatvermögen mit ein.

Das Einzelunternehmen wird durch Aufnahme der Tätigkeit gegründet. Die Eintragung ins Handelsregister ist möglich. Eine schriftliche Fixierung hinsichtlich der Ausrichtung der Geschäftstätigkeit (Gewerbebetrieb, Großhandel, Einzelhandel, Agentur) ist im Gegensatz zu Kapitalgesellschaften (Satzung) nicht zwingend. Ein Einzelunternehmer kann Prokura und Handlungsvollmacht erteilen, wobei die Prokura ins Handelsregister eingetragen wird.

Der Einzelunternehmer ist mit seinen Einkünften (z.B. aus Land- und Forstwirtschaft, Gewerbebetrieb, selbstständiger Arbeit) einkommensteuerpflichtig, im Falle eines Gewerbebetriebes fällt Gewerbesteuer an.

4.3 Personengesellschaften

4.3.1 Offene Handelsgesellschaft (OHG)

Gesellschafter der OHG sind in aller Regel natürliche Personen. Aber auch juristische Personen können Gesellschafter sein. Zur Gründung sind mindestens zwei Gesellschafter erforderlich. Eine Beschränkung der gesamtschuldnerischen Haftung gegenüber Gläubigern der Gesellschaft ist nicht möglich. Alle Gesellschafter haften deshalb auch mit ihrem Privatvermögen.

Muster eines OHG-Vertrages

§ 1 Firma und Sitz

Die Herren Erwin Koblenz und Fritz Unna errichten unter der Firma Erwin Koblenz OHG eine Offene Handelsgesellschaft. Sitz der Gesellschaft ist Köln.

§ 2 Gegenstand des Unternehmens

Gegenstand des Unternehmens ist der Einzelhandelsvertrieb von Herrenkonfektion der gehobenen Preisklasse.

§ 3 Dauer der Gesellschaft und Geschäftsjahr

Die Gesellschaft beginnt am 1. Januar 2004 und wird auf unbestimmte Zeit abgeschlossen. Ein Gesellschafter kann den Gesellschaftsvertrag jeweils zum Ende eines Geschäftsjahres unter Einhaltung einer sechsmonatigen Frist kündigen. Das Geschäftsjahr ist das Kalenderjahr.

§ 4 Kapitalbeteiligung und Einlagen

Das Gesellschaftskapital wird bei Gründung der Gesellschaft auf 100.000 EUR festgesetzt. Die Gesellschafter erfüllen ihre Einlageverpflichtungen durch Bareinlagen, Herr Erwin Koblenz mit 60.000 EUR und Herr Fritz Unna mit 40.000 EUR.

§ 5 Geschäftsführung und Vertretung

Beide Gesellschafter sind je allein zur Geschäftsführung und Vertretung der Gesellschaft berechtigt und verpflichtet.

§ 6 Verteilung von Gewinn und Verlust

Gewinn und Verlust werden auf die Gesellschafter im Verhältnis ihrer Kapitalanteile verteilt.

§ 7 Gesellschafterkonten

Die Kapitalkonten der Gesellschafter sind beweglich. Der Kapitalanteil eines jeden Gesellschafters ist nach Verrechnung von Entnahmen und Einlagen in jeder Jahresbilanz erneut festzustellen.

§ 8 Besondere Bestimmungen zur Fortführung der Gesellschaft

Bei Kündigung oder Tod eines Gesellschafters kann die Gesellschaft als Einzelunternehmen fortgeführt werden.

§ 9 Schlussbestimmungen

Änderungen und Ergänzungen dieses Vertrages sind nur wirksam, wenn sie schriftlich erfolgen.

Abbildung 1: Vertragsmuster zur Gründung einer Offenen Handelsgesellschaft (OHG)

Die OHG entsteht mit dem Geschäftsbeginn. Für den Abschluss des Gesellschaftsvertrages gibt es keine Formvorschriften. Eine Eintragung ins Handelsregister ist anschließend erforderlich. Sie hat eine rechtsbezeugende (deklaratorische) Wirkung.

Die Firma der OHG muss den Namen mindestens eines Gesellschafters und einen Zusatz, der die Gegebenheit einer Gesellschaft reflektiert, oder die Namen aller Gesellschafter enthalten.

Für die Geschäftsführung sind üblicherweise alle Gesellschafter verantwortlich, es sei denn, der Gesellschaftsvertrag sieht eine andere Regelung vor (z.B. Ausschluss eines Gesellschafters von der Geschäftsführung). Zur Vertretung der Gesellschaft nach außen ist jeder Gesellschafter ***allein*** berechtigt. Auch hier kann der Gesellschaftsvertrag anderes vorsehen (z.B. die ***Gesamt***vertretung). Diese individuellen Regelungen müssen ins Handelsregister eingetragen werden.

Gesetzlich kann jeder Gesellschafter 4 % seines eingelegten Kapitals pro Jahr als Gewinnanteil beanspruchen. Der verbleibende Gewinn wird nach Köpfen verteilt. Letzteres gilt auch für die Umlage von Schulden. Der ausgezahlte Gewinn unterliegt der Einkommensteuer beim Mitunternehmer, während Gewerbeertrag und Gewerbekapital der Gesellschaft gewerbesteuerpflichtig sind.

VORTEILE DER OHG

Aufgrund seiner unternehmerischen Struktur ist die OHG besonders für eine partnerschaftliche Zusammenarbeit unter gleichberechtigten Vorzeichen geeignet. Die unbeschränkte Haftung der Gesellschafter hat eine günstige Kreditwürdigkeit zur Folge. Sie bedingt hohe Risikobereitschaft, wechselseitiges Vertrauen sowie allseits anerkannte Qualifikationen und Kompetenzen, weil üblicherweise alle Gesellschafter aktiv im Unternehmen tätig sind.

4.3.2 Kommanditgesellschaft (KG)

Sie ist eine Personengesellschaft, die von mindestens zwei Gründern ins Leben gerufen wird. Im Gegensatz zur OHG haften nicht alle Gesellschafter einschließlich ihres Privatvermögens. Wir unterscheiden bei der KG den ***Komplementär,*** der Vollhafter ist und deshalb Gläubigern gegenüber uneingeschränkt für das Unternehmen geradesteht, sowie ***Kommanditisten,*** die lediglich mit ihrer Einlage haften ***(Teilhafter).*** Für die Gründung einer KG ist mindestens ein Komplementär und ein Kommanditist erforderlich. Beides kann auch von juristischen Personen wahrgenommen werden (vgl. GmbH & Co. KG).

Die KG etabliert sich mit dem Abschluss des Gesellschaftsvertrages. Sie muss schließlich durch alle Beteiligten beim Handelsregister angemeldet werden. Hierbei sind auch die Einlage- (und damit Haft-)Summen der Kommanditisten einzutragen. Selbstverständlich können die Komplementäreinlagen in Geld- und/ oder Sachwerten bzw. – selten – in Diensten vorgenommen werden, die der Kommanditisten lediglich in Geld- bzw. Sachwerten.

Die Firmenbezeichnung geht auf den Namen (Vorname nicht zwingend) mindestens seines Komplementärs zurück. Der eines Kommanditisten darf wegen dessen Haftungsbeschränkung und der hieraus resultierenden Möglichkeit der Irreführung der Öffentlichkeit nicht verwendet werden. Überdies ist ein Zusatz erforderlich, der das Gesellschaftsverhältnis andeutet (Mayer KG).

Muster eines KG-Vertrages

§ 1 Gesellschafter, Firma und Sitz

(1) Die Herren Fritz Kamen und Siegfried Bremen errichten unter der Firma Fritz Kamen KG eine Kommanditgesellschaft.

(2) Sitz der Gesellschaft ist Berlin.

§ 2 Gegenstand des Unternehmens

(1) Gegenstand des Unternehmens sind Herstellung und Vertrieb von Plastikerzeugnissen.

(2) Die Gesellschaft ist berechtigt, andere Erzeugnisse herzustellen, zu bearbeiten, zu erwerben und zu vertreiben. Sie darf sich an anderen Unternehmen beteiligen. Sie darf auch Zweigniederlassungen errichten.

§ 3 Dauer der Gesellschaft, Geschäftsjahr

(1) Die Gesellschaft beginnt am 1. Januar 2004. Sie wird auf unbestimmte Zeit errichtet.

(2) Der Gesellschaftsvertrag kann zum Schluss eines Geschäftsjahres unter Einhaltung einer Frist von sechs Monaten gekündigt werden. Die Kündigung hat durch eingeschriebenen Brief an alle Mitgesellschafter zu erfolgen.

(3) Das Geschäftsjahr ist das Kalenderjahr.

§ 4 Einlagen der Gesellschafter

(1) Der Gesellschafter Fritz Kamen bringt seine Arbeitskraft, seine geschäftlichen Beziehungen und Erfahrungen sowie einen Barbetrag von 20.000 EUR in die Gesellschaft ein.

(2) Der Gesellschafter Siegfried Bremen bringt als Kommanditist einen Betrag in Höhe von 50.000 EUR als Bareinlage in die Gesellschaft ein.

§ 5 Geschäftsführung und Vertretung

Fritz Kamen ist zur Geschäftsführung berechtigt und verpflichtet. Die Vertretung der Gesellschaft und Zeichnung der Firma erfolgen durch den persönlich haftenden Gesellschafter Fritz Kamen.

§ 6 Beschränkung der Geschäftsführung

Fritz Kamen bedarf zu Maßnahmen und Handlungen, die über den gewöhnlichen Geschäftsbetrieb hinausgehen, der Zustimmung des anderen Gesellschafters. Das gilt besonders für

- Eingehung von Wechselverbindlichkeiten,
- Übernahme von Bürgschaften,
- Einstellung und Entlassung von leitenden Angestellten,
- Erteilung und Widerruf von Prokuren,

- Kauf, Verkauf und Belastung von Grundstücken,
- Beteiligung an anderen Unternehmungen,
- Errichtung von Zweigniederlassungen.

§ 7 Gewinn- und Verlustverteilung

Am Gewinn und Verlust nehmen beide Gesellschafter je zur Hälfte teil. Eine Tätigkeitsvergütung zu Gunsten des Gesellschafters Kamen ist nicht vereinbart.

§ 8 Aufstellung und Prüfung der Bilanz

(1) Die jährliche Bilanz nebst Gewinn- und Verlustrechnung ist von dem Gesellschafter K. innerhalb der ersten sechs Monate nach dem Ablauf des Geschäftsjahres aufzustellen und dem Gesellschafter B. zur Genehmigung vorzulegen.

(2) Zweifelt der Gesellschafter B. die Richtigkeit der Gewinn- und Verlustrechnung an, so ist auf sein Verlangen ein Wirtschaftsprüfer hinzuzuziehen, der über die strittigen Bilanzierungsfragen mit rechtsverbindlicher Wirkung für alle Vertragsbeteiligten, ihre Rechtsnachfolger und Erben als Schiedsgutachter entscheidet. Können sich die Vertragspartner über die Person des Wirtschaftprüfers nicht einigen, so wird dieser von der Industrie- und Handelskammer bestimmt. Die Prüfungskosten gehen je zur Hälfte zu Lasten beider Gesellschafter.

§ 9 Entnahmen

(1) Jeder Gesellschafter ist berechtigt, in Anrechnung auf seinen zur Verteilung kommenden Gewinnanteil jährlich vorab zu entnehmen

a) diejenigen Beträge, die zur Bezahlung der durch die Beteiligung an der Gesellschaft anfallenden Steuern erforderlich sind,

b) monatlich bis zu 5.000 EUR.

(2) Soweit die voraussichtlichen Gewinnanteile im laufenden Geschäftsjahr die nach a und b zu entnehmenden Beträge nicht erreichen oder die Erhaltung der Liquidität oder das notwendige Investitionsbedürfnis der Gesellschaft es erfordern, kann jeder Gesellschafter verlangen, dass die Entnahmeberechtigung nach Abs. 1 entsprechend gekürzt wird. Bestreitet der andere Gesellschafter die Notwendigkeit der Kürzung, so entscheidet über diese Frage ein Schiedsgutachter nach näherer Maßgabe des § 8 Abs. 2.

§10 Aufnahme neuer Gesellschafter

(1) Jeder Gesellschafter ist berechtigt, schon zu seinen Lebzeiten seinen Kapitalanteil ganz oder teilweise auf einen Erben zu übertragen, sofern der oder die anderen Gesellschafter zustimmen. Die Zustimmung darf nur aus einem wichtigen, in der Person des neu eintretenden Gesellschafters liegenden Grund verweigert werden.

(2) Die Aufnahme anderer Gesellschafter bedarf in jedem Fall der Zustimmung sämtlicher Gesellschafter; sie kann auch ohne Vorliegen eines wichtigen Grundes verweigert werden.

(3) Auf die Geschäftsführungs- und Vertretungsbefugnis neu eintretender Gesellschafter finden alle Bestimmungen des §5 und §6 entsprechende Anwendung.

§11 Tod eines Gesellschafters

(1) Durch den Tod eines Gesellschafters wird die Gesellschaft nicht aufgelöst. An die Stelle eines verstorbenen Gesellschafters treten der oder die von ihm in einer Verfügung von Todes wegen bestimmten Erben in die Gesellschaft ein.

(2) Der oder die in die Gesellschaft eintretenden Erben eines Gesellschafters können verlangen, dass der Kapitalanteil des verstorbenen Gesellschafters in eine Kommandit- oder stille Beteiligung umgewandelt wird.

(3) Auf die Geschäftsführungs- und Vertretungsbefugnis der in die Gesellschaft eintretenden Erben, sofern sie die Stellung von persönlich haftenden Gesellschaftern oder Kommanditisten einnehmen, finden sämtliche Bestimmungen des § 6 entsprechende Anwendung.

§ 12 Abfindung

(1) Die Abfindung eines ausscheidenden Gesellschafters oder der ausscheidenden Erben eines verstorbenen Gesellschafters erfolgt zum Buchwert des Kapitalanteils gemäß der letzten Jahresschlussbilanz.

(2) Eine Sicherheitsleistung kann der ausscheidende Gesellschafter für sein Abfindungsguthaben nicht verlangen.

§ 13 Auflösung der Gesellschaft

(1) Beschließen beide Gesellschafter die Auflösung der Gesellschaft, so steht ihnen der Liquidationserlös zu gleichen Teilen zu. Das gleiche gilt, wenn die Auflösung der Gesellschaft nach dem Tod eines Gesellschafters zwischen dessen Erben und dem verbleibenden Gesellschafter vereinbart wird.

§14 Schlussbestimmungen

Änderungen und Ergänzungen dieses Vertrages sind nur wirksam, wenn sie schriftlich erfolgen und von allen Gesellschaftern unterzeichnet werden.

Abbildung 2: Vertragsmuster zur Gründung einer Kommanditgesellschaft (KG)

GRÜNDE FÜR DIE KG

Die KG wird gerne dann als Unternehmensform gewählt, wenn zusätzliches Kapital, nicht aber eine weitere aktive unternehmerische Mitwirkung benötigt wird bzw. wenn jemand zwar Geld investieren, seine Haftung aber auf die Einlage beschränkt wissen und nicht im Unternehmen tätig sein will. In diesen Ausgangssituationen finden sich Vollhafter, die die Geschäftsführung wahrnehmen, und Teilhafter, die „nur“ Geld einbringen, im Rahmen einer KG zusammen.

Die Geschäftsführung liegt ausschließlich bei den Komplementären. Kommanditisten sind hierzu weder berechtigt noch verpflichtet. Im Außenverhältnis wird die KG durch die persönlich haftenden Gesellschafter vertreten. Es kann aber durchaus einem Teilhafter Prokura oder Handlungsvollmacht erteilt werden. Im Gesellschaftsvertrag kann abweichend von der gesetzlichen Regelung vorgesehen werden, dass der Kommanditist Mitgeschäftsführer neben dem Komplementär oder sogar zum alleinigen Geschäftsführer bestellt wird (BGH vom 15.1.1968: II ZR 221/65; DB 1968, S. 797). Die alleinige Geschäftsführung des Kommanditisten führt grundsätzlich nicht zu einer Vollhaftung.

Es ist naheliegend, dass den Komplementären ein höherer Anteil am Unternehmensergebnis zusteht. Schließlich haften sie auch mit ihrem Privatvermögen und sind aktiv im Unternehmen tätig. Lt. gesetzlicher Regelung werden alle Kapitalanteile mit 4 % verzinst und der Rest in angemessenem Verhältnis verteilt. Hierbei werden die individuell erbrachten Beiträge für das Unternehmen gewertet. Ähnlich wird hinsichtlich eines möglichen Verlustes verfahren. Es liegt auf der Hand, dass derartige vage Formulierungen (was ist „angemessen"?) zu Kontroversen führen. Deshalb sind in aller Regel präzisere Regelungen im Rahmen des Gesellschaftsvertrages beschrieben.

Hinsichtlich der Gewerbesteuer gilt die KG als selbstständiges Steuersubjekt. Die Firma zahlt demzufolge diese Steuerart unmittelbar. Dagegen besteht keine selbstständige Steuer- (wohl aber eine Erklärungs-)Pflicht im Blick auf Einkommensteuer. Sie wird Gesellschaftern auferlegt.

Die Kommanditgesellschaft ist eine für die Praxis sehr attraktive Variante der OHG, auf der sie rechtlich basiert: Die KG kennt zwei Arten von Gesellschaftern und ermöglicht deshalb die Differenzierung zwischen vollem kapitalmäßigem (Vollhaftung) und arbeitsmäßigem (aktive Tätigkeit) Engagement seitens des Komplementärs, der die Geschicke des Unternehmens in der Hand hat und das uneingeschränkte Risiko trägt, und schließlich dem Kommanditisten, der sein Geld im Unternehmen anlegt, nur mit diesem haftet und nicht in der Geschäftsführung involviert ist. Auf diese Weise kommt das Unternehmen – im Gegensatz zur OHG – zu ergänzendem Kapital und der Kommanditist zu einer entsprechenden Anlage seines Geldes.

4.3.3 GmbH & Co. KG

Sie stellt eine Sonderform der KG dar und gehört somit zu den Personengesellschaften. Da wir in ihr jedoch auch Merkmale von Kapitalgesellschaften finden, haben wir es hier mit einer Grundtypenmischung zu tun.

VORTEILE DER GMBH & CO. KG

Komplementär und damit Vollhafter ist – obwohl Personengesellschaft – eine juristische Person, nämlich eine GmbH, deren Gesellschafter nur beschränkt haften. Damit sind weder diese noch die Kommanditisten der GmbH & Co. KG ggf. mit ihren Privatvermögen heranzuziehen. Dieser Vorteil zugunsten der Beteiligten, der allerdings auch konsequenterweise zu einer geringeren Kreditwürdigkeit führt, wird durch einen weiteren und für eine solche Konstruktion nicht unerheblichen Pluspunkt ergänzt. Die GmbH & Co. KG gilt trotz der quasi Haftungsbeschränkung als Personengesellschaft und ist damit nicht körperschaftsteuerpflichtig.

Selbstverständlich unterliegt die Komplementär-GmbH der Körperschaftsteuer, ähnlich wie andere Gesellschafter, die juristische Personen sind. Wie bei der KG werden Kommanditisten als natürliche Personen mit ihren Gewinnen aus der GmbH & Co. KG zur Einkommensteuer herangezogen, die Gesellschaft selbst in jedem Falle zur Gewerbesteuer.

Für die Gründungsmodalitäten, Eintragung ins Handelsregister und viele weitere Aspekte gelten die Bestimmungen für die KG bzw. ergänzend die für die GmbH. Die GmbH & Co. KG darf nicht den Namen eines Kommanditisten führen. Deshalb übernimmt sie zumeist den Namen der GmbH mit einem entsprechenden Zusatz (GmbH & Co. oder GmbH & Co. KG). Die Geschäftsführung liegt selbstverständlich bei der Komplementär-GmbH und damit üblicherweise bei deren Geschäftsführer.

Die hier behandelte ***Mischform*** der GmbH & Co. KG hat nicht das beste Image. Oft wird vorschnell geurteilt, und es werden Bedenken angemeldet. Der Grund hierfür ergibt sich aus der Tatsache, dass die GmbH mit ihrem gesamten Gesellschaftsvermögen haftet, nicht aber darüber hinaus die GmbH-Gesellschafter mit ihrem Privatvermögen, wie bei Komplementären einer KG oder bei der OHG üblich bzw. notwendig. Aber wie wir gesehen haben, gibt es auch steuerliche Pluspunkte und schließlich auch das Faktum der Bestandssicherung der GmbH & Co. KG. denn der Vollhafter ist eine juristische Person und damit existenzstabiler.

Muster eines GmbH & Co. KG-Vertrages

§ 1 Gesellschafter, Firma und Sitz

Die Baufinanz GmbH, vertreten durch den allein vertretungsberechtigten Geschäftsführer Adam Elmshorn und die Herren Hans Memmingen und Friedrich Kempten errichten unter der Firma „Baufinanz GmbH & Co. KG" eine Kommanditgesellschaft mit Sitz in Stuttgart.

§ 2 Gegenstand des Unternehmens

Gegenstand des Unternehmens ist die Finanzierung und Vermietung von Eigentumswohnungen.

§ 3 Gesellschaftereinlagen

Die Baufinanz GmbH ist persönlich haftende Gesellschafterin, die Herren M. und K. sind Kommanditisten. An dem Gesellschaftskapital in Höhe von 100.000 EUR sind die Kommanditisten wie folgt beteiligt: Herr M. mit 40.000 EUR und Herr K. mit 60.000 EUR. Die Einlagen der Kommanditisten sind sofort zur Zahlung fällig. Die Baufinanz GmbH hat keine Bareinlage zu leisten, sie stellt der Gesellschaft alle in ihrem Eigentum befindlichen Verwaltungseinrichtungen unentgeltlich zur Verfügung.

§ 4 Dauer der Gesellschaft und Geschäftsjahr

Die Gesellschaft beginnt am 1. Januar 2004 und wird auf unbestimmte Dauer errichtet. Sie kann unter Einhaltung einer Frist von 12 Monaten jederzeit gekündigt werden. Die Kündigung ist mit Einschreibebrief an alle Gesellschafter zu richten. Das Geschäftsjahr ist das Kalenderjahr.

§ 5 Geschäftsführung und Vertretung

Die Geschäftsführung und Vertretung erfolgt durch die Baufinanz GmbH. Die Kommanditisten sind nicht zur Geschäftsführung berechtigt.

Die Baufinanz GmbH und ihre Geschäftsführer sind von der Beschränkung des § 181 BGB – Verbot des Selbstkontrahierens – befreit.

§ 6 Gesellschafterbeschlüsse

Gesellschafterbeschlüsse müssen mit einer 2/3-Mehrheit der abgegebenen Stimmen erfolgen. Änderungen des Gesellschaftsvertrages können nur einstimmig beschlossen werden.

Die Abstimmung erfolgt nach den in der jeweils letzten Jahresbilanz festgestellten Kapitalanteilen. Je 1.000 EUR gewähren 1 Stimme, die Baufinanz GmbH hat 50 Stimmen.

§ 7 Informations- und Kontrollrechte

Die Gesellschafter können jederzeit in Angelegenheiten der Gesellschaft Auskunft verlangen. Dabei dürfen ihnen bzw. den von ihnen bestellten Sachverständigen keinerlei Behinderungen die Wahrnehmung des Informations- und Kontrollrechtes erschweren.

§ 8 Jahresabschluss

Die Baufinanz GmbH hat den Jahresabschluss innerhalb von 6 Monaten nach Geschäftsjahresschluss aufzustellen und den Kommanditisten zur Genehmigung durch Einschreibebrief zuzustellen.

§ 9 Verteilung von Gewinn und Verlust

Der Baufinanz GmbH sind alle Auslagen zu erstatten, die mit der Geschäftsführung der Kommanditgesellschaft zusammenhängen. Der Jahresgewinn wird nach Abzug von 6 % für die Baufinanz GmbH entsprechend dem Verhältnis der Kapitalanteile auf die Kommanditisten verteilt. Ein Verlust wird entsprechend der Gewinnverteilungsregelung von allen Gesellschaftern getragen.

§ 10 Gesellschafterkonten

Die Kapitalkonten der Gesellschafter sind fest. Über eine Erhöhung oder Verminderung des jeweiligen Kapitalanteils hat die Gesellschafterversammlung zu beschließen.

§11 Abtretung der Beteiligung

Jeder Gesellschafter kann seine Beteiligung nur mit Genehmigung der übrigen Gesellschafter abtreten. Das gilt auch für die Abtretung an einen Mitgesellschafter.

§12 Kündigung und Tod eines Gesellschafters

Bei Kündigung durch einen Gesellschafter oder Tod eines Gesellschafters kann die Gesellschaft von den übrigen Gesellschaftern fortgeführt werden.

§ 13 Schlussbestimmungen

Änderungen und Ergänzungen dieses Gesellschaftsvertrages bedürfen der Schriftform. Gerichtsstand für alle Streitigkeiten aus diesem Vertrag ist der Sitz der Gesellschaft.

Abbildung 3: Vertragsmuster zur Gründung der Mischform „GmbH & Co. KG“

4.4 Kapitalgesellschaften

Im Zuge der Angleichung von Rechtsvorschriften des deutschen Rechts an EU-Richtlinien über den Jahresabschluss haben sich für alle Kapitalgesellschaften die Prüfungs- und Offenlegungspflichten seit 1.1.1987 geändert.

Die Kapitalgesellschaften werden größenabhängig in drei Gruppen eingeteilt. ***Wenn zwei der drei Kriterien*** gegeben sind, werden Unternehmen eingestuft als

EINGRUPPIERUNG VON KAPITALGESELLSCHAFTEN

- **groß**
  Bilanzsumme: größer als 27 Mio EUR
  Umsatz: höher als 40 Mio EUR
  Beschäftigte: mehr als 250
- **mittel**
  Bilanzsumme: höchstens 27 Mio EUR
  Umsatz: höchstens 40 Mio EUR
  Beschäftigte: weniger als 250
- **klein**
  Bilanzsumme: bis 5 Mio. EUR
  Umsatz: bis 7,0 Mio EUR
  Beschäftigte: 10 bis 49
- **Kleinstunternehmen** beschäftigen weniger als 10 Personen und erzielen einen Jahresumsatz oder eine Bilanzsumme von bis zu 2 Mio EUR.

Die Europäische Kommission hat am 06.05.2003 eine ***neue Definition*** für ***kleine und mittlere*** Unternehmen (KMU) angenommen, die ***ab dem 01.01.2005*** gelten wird.

Die Definition legt Schwellenwerte für die Beschäftigtenzahl, finanzielle Schwellenwerte (Umsatz und Bilanz) ***und Kriterien bezüglich der Unabhängigkeit des Unternehmens*** fest, auf Basis derer die Einstufung als KMU erfolgt. Sie ist auch die Grundlage für die Eingrenzung des Empfängerkreises für EU-Maßnahmen zugunsten des Mittelstandes, d.h. die Förderprogramme.

Im Einzelnen bringt die zukünftige Definition folgende Änderungen:

- **Mittleres Unternehmen**
  Bilanzsumme: max. 43 Mio EUR
  Umsatz: max. 50 Mio EUR
  Beschäftigte: unter 250
- **Kleines Unternehmen**
  Bilanzsumme: max. 10 Mio. EUR
  Umsatz: max. 10 Mio EUR
  Beschäftigte: unter 50

Von allen Kapitalgesellschaften ist der Jahresabschluss (Bilanz, G+V) mit Anhang (Erläuterungen) und Lagebericht zu erstellen.

Das Ausmaß der Publizitätspflicht ist wiederum größenabhängig gestaffelt:

Kleine Kapitalgesellschaften müssen nur die Bilanz (verkürzt) und den Anhang (ohne G+V-Erläuterung) beim Handelsregister einreichen, auf jeden Fall auch das Jahresergebnis, den Vorschlag und den Beschluss über die Verwendung.

Mittlere Unternehmen müssen Bilanz (verkürzt, aber mit bestimmten Pflichtangaben), G+V, Anhang (mit Erleichterungen § 327 HGB) und den Lagebericht beim Handelsregister einreichen.

Kleine und mittlere Kapitalgesellschaften veröffentlichen im Bundesanzeiger einen Hinweis auf die Handelsregistermeldung.

Große Kapitalgesellschaften sind zur Veröffentlichung ihres kompletten Jahresabschlusses im Handelsregister und Bundesanzeiger verpflichtet.

Darüber hinaus müssen mittlere und große Gesellschaften ihren Jahresabschluss prüfen lassen (§§ 316 ff. HGB).

4.4.1 Gesellschaft mit beschränkter Haftung (GmbH)

Sie gehört zu den klassischen Kapitalgesellschaften mit eigener Rechtspersönlichkeit.

Das GmbH-Gesetz wurde bereits Ende des 19. Jahrhunderts gültig. Die letzte Modifikation ist wirksam seit 1984.

ETABLIERUNG DER GMBH

Zur Etablierung der GmbH sind ein oder mehrere Gründer notwendig. Diese können natürliche oder juristische Personen sein. Sie schließen und unterzeichnen den zu beurkundenden ***Gesellschaftsvertrag*** notariell. Er muss enthalten: Firma und Sitz der Gesellschaft; Gegenstand des Unternehmens; Höhe des Stammkapitals; Höhe der Stammeinlage je Gesellschafter. Für spätere Änderungen sind drei Viertel der abgegebenen Stimmen erforderlich. Die GmbH entsteht erst durch die unabdingbare Eintragung ins Handelsregister. Sie wirkt damit konstitutiv. Das Stammkapital muss mindestens EUR 25.000,- betragen: hiervon müssen wenigstens 50 % eingezahlt werden. Alle Gesellschafter haften nur mit ihrem Einlagekapital. Der Gesellschaftsvertrag kann eine beschränkte oder unbeschränkte ***Nachschusspflicht*** der Gesellschafter gegenüber der GmbH vorsehen. Selbstverständlich haftet die GmbH mit ihrem vollen Geschäftsvermögen.

Die Anteile der Gesellschafter können veräußert oder vererbt werden. Dies muss jedoch wiederum in notarieller Form erfolgen. Der Gesellschaftsvertrag kann eine Zustimmung der Gesellschafterversammlung oder der GmbH und damit seitens der Geschäftsführung für den Fall der Abtretung vorsehen.

Die Firmenbezeichnung kann sach- (Gegenstand des Unternehmens) oder personenbezogen (Gesellschafter) ausgelegt sein. Zum Beispiel: Import- und Export-Gesellschaft mbH oder Robert Müller GmbH. Der Zusatz „Gesellschaft mit beschränkter Haftung“ ist unabdingbar; allerdings ist nach herrschender Auffassung das Kürzel „GmbH“ akzeptabel. Die GmbH muss einen, kann aber mehrere Geschäftsführer, die das Unternehmen gemeinsam nach außen vertreten, haben. Nach der Satzung ist auch Einzelvertretung statthaft. Die Bestellung erfolgt durch Gesellschaftsvertrag, meistens jedoch durch die Gesellschafterversammlung. Sie ist das neben der Geschäftsführung weitere notwendige Organ der GmbH. Ein Aufsichtsrat ist erst ab 500 ständig Beschäftigten erforderlich, kann aber auch bereits darunter institutionalisiert werden. Geschäftsführer kann ein Gesellschafter (geschäftsführender Gesellschafter) oder ein nicht am Stammkapital Beteiligter werden.

Die Gesellschafterversammlung bestimmt als das oberste Organ der GmbH u. a. über die Verwendung des Jahresreingewinns, Bestellung, Abberufung und Entlastung von Geschäftsführern, über Satzungsänderungen und die Auflösung der Gesellschaft. Sie muss von der Geschäftsführung einberufen werden, und zwar mindestens einmal im Jahr (Jahresabschluss), wenn Gesellschafter mit mindestens 10 % Geschäftsanteilen dies fordern und wenn 50 % des Stammkapitals verloren sind.

Steuerlich ist die Tatsache von Bedeutung, dass es sich bei der GmbH um eine Kapitalgesellschaft handelt. Sie ist damit als juristische Person körperschaftsteuerpflichtig. Dies gilt auch für Gewerbesteuer. Die Gesellschafter können indes den auf ihre Gewinnausschüttung entfallenden Körperschaftsteueranteil einkommensteuermindernd berücksichtigen. Damit ist bereits festgestellt, dass die Gesellschafter als natürliche Personen Gewinne aus ihren Stammeinlagen der Einkommensteuer unterwerfen müssen.

Die GmbH ist die mit Abstand am häufigsten praktizierte Form einer Kapitalgesellschaft. Der Grund hierfür ist wohl in erster Linie ihre recht überschaubare Konstruktion, die sie auch für mittlere und sogar kleine Firmen anwendbar sein lässt. Wir finden sie deshalb im gesamten Spektrum der Wirtschaft, in allen Branchen und Dimensionen. Als vorteilhaft werden überdies die Gesellschafter die Haftungsbeschränkung und die Möglichkeit, eine Kapitalgesellschaft mit relativ geringen Geldmitteln (insgesamt EUR 25.000,-; einzuzahlende Summe mindestens EUR 12.500,-) zu etablieren, empfinden. Aufgrund der Attraktivität dieser Unternehmensform stellen wir im Folgenden gleich mehrere Mustervarianten des GmbH-Vertrages vor:

Muster eines Notar- Vertrags für die Einpersonen-GmbH

Verhandelt zu ......, den ....

Vor mir *Notar*. . . . . .erschien:

Herr . . . ., geboren am . . . ., wohnhaft . . . .

Der Erschienene wies sich aus durch Vorlage seines Personal- Ausweises.

Der Erschienene erklärte:

Zwecks Errichtung einer Gesellschaft mit beschränkter Haftung wird der nachstehende

Gesellschaftsvertrag

geschlossen:

§ 1 Firma, Sitz

Die Firma der Gesellschaft lautet: . . . . GmbH

Der Sitz der Gesellschaft ist . . . .

§ 2 Gegenstand des Unternehmens

Gegenstand des Unternehmens ist . . . .

Die Gesellschaft kann sich an ähnlichen oder gleichartigen Unternehmen im In- und Ausland beteiligen und deren Geschäftsführung übernehmen sowie Zweigniederlassungen errichten.

§ 3 Dauer, Geschäftsjahr

Die Gesellschaft wird auf unbestimmte Zeit errichtet.

Das Geschäftsjahr ist das Kalenderjahr. Das erste Geschäftsjahr ist ein Rumpf-Geschäftsjahr, beginnend mit der Eintragung der Gesellschaft in das Handelsregister und endet mit dem auf die Eintragung in das Handelsregister folgenden 31. Dezember.

§4 Stammkapital, Stammeinlagen

Das Stammkapital der Gesellschaft beträgt EUR 25.000,- (in Worten : fünfundzwanzigtausend Euro).

Als alleiniger Gesellschafter übernimmt hiermit Herr . . . . die Stammeinlage in Höhe von EUR 25.000,-.

Die Stammeinlage ist in voller Höhe in Geld vor Eintragung der Gesellschaft in das Handelsregister zu entrichten.

§ 5 Geschäftsführung und Vertretung

Die Gesellschaft hat einen oder mehrere Geschäftsführer. Ist nur ein Geschäftsführer vorhanden, so vertritt er die Gesellschaft allein. Sind mehrere Geschäftsführer vorhanden, so wird die Gesellschaft durch zwei Geschäftsführer gemeinsam oder durch einen Geschäftsführer mit einem Prokuristen vertreten.

Durch Beschluss der Gesellschafterversammlung kann einem oder mehreren Geschäftsführern die Befugnis übertragen werden, die Gesellschaft allein zu vertreten.

Durch Beschluss der Gesellschafterversammlung können einzelne oder alle Geschäftsführer von den Beschränkungen des § 181 BGB befreit werden.

§ 6 Gesellschafterversammlungen

Die Gesellschafter fassen ihre Beschlüsse in Gesellschafterversammlungen. Anstelle der Beschlussfassung in einer Gesellschafterversammlung ist auch schriftliche, fernmündliche oder E-Mail-Abstimmung zulässig, falls kein Gesellschafter einem solchen Verfahren widerspricht.

Die schriftliche, fernmündliche oder E-Mail-Abstimmung ist unzulässig, wenn durch sie eine Änderung des Gesellschaftervertrages herbeigeführt werden soll oder nach dem Gesetz eine andere Form vorgeschrieben ist.

Die Gesellschafter können sich bei Gesellschafterversammlungen durch einen mit ordnungsmäßiger schriftlicher Vollmacht versehenen anderen Gesellschafter oder einen zur Berufsverschwiegenheit verpflichteten Dritten vertreten lassen.

Jeder Anteil von EUR 100,00 (in Worten: hundert Euro) des Stammkapitals gewährt eine Stimme.

Die Beschlüsse werden, sofern nicht zwingend etwas anderes bestimmt ist, mit der Mehrheit der abgegebenen Stimme gefasst.

§ 7 Jahresabschluss und Gewinnverteilung

Die Bilanz und Gewinn- und Verlustrechnung (Jahresabschluss) nebst Anhang und Lagebericht ist von dem oder den Geschäftsführern innerhalb der gesetzlichen Frist aufzustellen und von sämtlichen Geschäftsführern zu unterschreiben.

Der Anspruch der Gesellschafter auf den Jahresabschluss richtet sich nach § 29 Abs. 1 GmbH-Gesetz. Beschlüsse über Gewinnrücklagen oder Gewinnvorträge dürfen nur mit Zustimmung aller Gesellschafter gefasst werden.

§ 8 Abtretung von Geschäftsanteilen

Die Abtretung von Geschäftsanteilen sowie deren Verpfändung oder die Bestellung eines Nießbrauchs daran bedürfen der Zustimmung aller Gesellschafter und der Gesellschaft.

§ 9 Wettbewerb

Die Gesellschafterversammlung ist berechtigt, mit einfacher Mehrheit jeden Gesellschafter und jeden Geschäftsführer vom Wettbewerbsverbot zu befreien,

die Abgrenzung der Tätigkeitsbereiche des Gesellschafters bzw. des Geschäftsführers durch eine Abgrenzungsvereinbarung festzulegen und eine angemessene Gegenleistung als Entschädigung für die Befreiung vom Wettbewerbsverbot festzusetzen.

§ 10 Bekanntmachungen

Alle Bekanntmachungen der Gesellschaft erfolgen im Bundesanzeiger.

§ 11 Schlussbestimmungen

Die mit dieser Urkunde verbundenen Kosten und Steuern trägt die Gesellschaft. Sofern vorstehend nicht etwas anderes bestimmt ist, gelten die Vorschriften des Gesetzes betreffend die Gesellschaft mit beschränkter Haftung.

Sollte eine Bestimmung dieses Vertrages nichtig sein oder nichtig werden, so wird dadurch die Gültigkeit der übrigen Bestimmungen nicht berührt. Die beteiligten Gesellschafter sind alsdann verpflichtet, eine dem Sinn und Zweck der nichtigen Bestimmung möglichst gleichkommende Bestimmung zu vereinbahren.

Der Erschienene erklärte sodann:

Unter Verzicht auf sämtliche gesetz- und satzungsmäßigen Frist- und Formvorschriften wird hiermit in Form einer

G e s e l l s c h a f t e r v e r s a m m l u n g

beschlossen.

Zum Geschäftsführer der Gesellschaft wird bestellt:

Herr ...., geboren am ....,
wohnhaft in ....

Herr .... ist stets allein zur Vertretung der Gesellschaft berechtigt, auch wenn weitere Geschäftsführer bestellt werden sollten und von den Beschränkungen des § 181 BGB befreit.

Alle Genehmigungserklärungen sollen wirksam werden mit ihrem Eingang bei dem beurkundenden Notar.

Der Notar hat darauf hingewiesen, dass die Gesellschaft mit beschränkter Haftung als solche erst mit ihrer Eintragung in das Handelsregister entsteht und bis dahin die für die Gesellschaft Handelnden und der Gesellschafter für Verbindlichkeiten der noch nicht eingetragenen Gesellschaft persönlich und gesamtschuldnerisch in Anspruch genommen werden können.

Vorstehende Verhandlungen wurde dem Erschienenen vom Notar vorgelesen, von ihm genehmigt und von ihm und dem Notar eigenhändig, wie folgt, unterschrieben:

...

Abbildung 4: Vertragsmuster zur Gründung einer Einpersonen-GmbH

Muster eines Mehrpersonen-GmbH-Gesellschaftsvertrages

GmbH-GESELLSCHAFTSVERTRAG

§ 1 Firma und Sitz

Die Firma der Gesellschaft lautet .... GmbH

Der Sitz der Gesellschaft ist ....

§ 2 Gegenstand des Unternehmens

Gegenstand des Unternehmens ist ....

Die Gesellschaft ist berechtigt, alle Geschäfte vorzunehmen und alle Maßnahmen zu ergreifen, die mit dem Gegenstand des Unternehmens zusammenhängen und ihm unmittelbar oder mittelbar förderlich erscheinen, insbesondere andere Unternehmen gleichen oder ähnlichen Geschäftszweiges zu übernehmen, zu vertreten und sich an solchen zu beteiligen.

Die Gesellschaft ist berechtigt, Zweigniederlassungen zu errichten.

§ 3 Stammkapital und Stammeinlagen

Das Stammkapital der Gesellschaft beträgt EUR 25.000,00 (in Worten: Fünfundzwanzigtausend Euro).

Als Einlagen haben übernommen:

1. Herr ....

   eine Stammeinlage in Höhe von EUR 12.500,00

2. Frau ....

eine Stammeinlage in Höhe von EUR 12.500,00

Die Stammeinlagen sind zur Hälfte sofort, der Rest auf Anforderung durch die Geschäftsführung zu leisten.

§ 4 Geschäftsführung und Vertretung

Die Gesellschaft hat einen oder mehrere Geschäftsführer.

Ist nur ein Geschäftsführer bestellt, vertritt er die Gesellschaft allein. Ist mehr als ein Geschäftsführer vorhanden, so wird die Gesellschaft gesetzlich durch zwei Geschäftsführer oder durch einen Geschäftsführer in Gemeinschaft mit einem Prokuristen vertreten.

Einzelnen Geschäftsführern kann durch Beschluss der Gesellschafterversammlung Einzelvertretungsbefugnis erteilt werden. In gleicher Weise kann einzelnen Geschäftsführern gestattet werden, im Namen der Gesellschaft mit sich im eigenen Namen oder als Vertreter eines Dritten Rechtsgeschäfte vorzunehmen.

Die Gesellschafterversammlung kann für die Geschäftsführer eine Geschäftsordnung erlassen.

§ 5 Verfügungen über Geschäftsanteile

Zur Abtretung von Geschäftsanteilen, zur Teilung, zur Verpfändung sowie zur Bestellung eines Nießbrauchs an Geschäftsanteilen ist die vorherige Zustimmung der Gesellschaft und aller Gesellschafter erforderlich.

Will ein Gesellschafter seinen Anteil oder Teile seines Anteils an Dritte veräußern, so steht den Mitgesellschaftern ein Ankaufsrecht zu. Das Ankaufsrecht ist innerhalb eines Monats nach schriftlicher Bekanntgabe der Veräußerungsabsicht durch den veräußerungswilligen Gesellschafter an die Gesellschaft diesem gegenüber durch schriftliche Erklärung auszuüben. Mehreren Mitgesellschaftern steht das Ankaufsrecht im Verhältnis ihrer Beteiligung am Stammkapital zu. Höhe, Fälligkeit und Ermittlung des dem veräußernden Gesellschafter zu zahlenden Entgeltes bestimmen sich nach § 7 dieses Vertrages.

Wird das Ankaufsrecht nicht ausgeübt, so gilt die Zustimmung zur Veräußerung durch die Gesellschafter und die Gesellschaft nach Ablauf eines weiteren Monats als erteilt, wenn nicht zwischenzeitlich die förmliche Zustimmung erteilt worden ist.

§ 6 Einziehung

Die Gesellschafterversammlung kann die Einziehung von Geschäftsanteilen mit Zustimmung des betroffenen Gesellschafters jederzeit beschließen.

Der Zustimmung des betroffenen Gesellschafters bedarf es nicht in folgenden Fällen:

a) Eröffnung des Insolvenzverfahrens über das Vermögen des Gesellschafters;

b) Zwangsvollstreckung in den Geschäftsanteil des betroffenen Gesellschafters;

c) wenn ein Gesellschafter Klage auf Auflösung der Gesellschaft erhoben hat, ohne hierzu durch einen wichtigen Grund veranlasst worden zu sein;

d) bei Vorliegen eines in der Person eines Gesellschafters liegenden wichtigen Grundes, der seinen Ausschluss aus der Gesellschaft rechtfertigen würde.

Bei Beschlüssen gemäß Abs. 2. kann aus dem Geschäftsanteil, über dessen Einziehung oder Übertragung beschlossen wird, das Stimmrecht nicht ausgeübt werden.

Anstelle der Einziehung kann die Gesellschafterversammlung die Übertragung an die Gesellschaft selbst oder an einen von der Gesellschafterversammlung bestimmten Dritten beschließen. Für die Abfindung gilt § 7.

§ 7 Abfindung

In den Fällen der vorstehenden § 5 und § 6 sowie der nachstehenden § 8 und § 9 steht den betroffenen Gesellschaftern eine Abfindung zu.

Schuldner der Abfindung ist im Falle der Einziehung die Gesellschaft, ansonsten der Erwerber. Mehrere Erwerber haften als Teilschuldner im Verhältnis der von ihnen erworbenen Anteile.

Im Falle des Ausscheidens eines Gesellschafters, gleich aus welchem Rechtsgrund, ist für die Berechnung des Abfindungsguthabens eine Auseinandersetzungsbilanz auf den Ausscheidungsstichtag aufzustellen.

a) In der Auseinandersetzungsbilanz sind Grundstücke und Gebäude mit den Werten anzusetzen, die der Gutachterausschuss nach dem Baugesetzbuch auf den Zeitpunkt des Ausscheidens ermittelt. Das gesamte übrige Vermögen ist entsprechend den Regeln des Bewertungsgesetzes in seiner jeweils gültigen Fassung anzusetzen, insbesondere sind stille Reserven aufzudecken. Ein Firmenwert wird ausdrücklich nicht mit angesetzt.

b) Kommt eine Einigung über die Abfindung binnen 2 Monaten nach dem Tag des Ausscheidens nicht zustande, so wird das Abfindungsguthaben von einem Schiedsgutachter verbindlich festgesetzt, den das Institut für Wirtschaftsprüfer in Düsseldorf auf Antrag der Gesellschaft oder des ausscheidenden Gesellschafters bestimmt. Die Kosten dieses Verfahrens sind von der Gesellschaft und dem ausscheidenden Gesellschafter je zur Hälfte zu tragen.

Das Abfindungsguthaben ist in fünf gleichhohen Jahresraten, beginnend 6 Monate nach dem Ausscheiden auszuzahlen. Eine vorzeitige Auszahlung – auch in Teilbeträgen – ist jederzeit zulässig. Das jeweilige Abfindungsguthaben ist mit 2 % über dem Basiszinssatz gem. § 1 Diskontsatz-Überleitungs Gesetz zu verzinsen.

Das Ergebnis einer Betriebsprüfung beeinflusst das Abfindungsguthaben nach dem Ausscheiden entsprechend.

§ 8 Erbfolge, Unternehmensnachfolge

Stirbt ein Gesellschafter, so treten an seine Stelle seine Erben oder etwaige Vermächtnisnehmer, sofern es sich um eheleibliche Abkömmlinge und/oder Ehegatten oder Mitgesellschafter handelt. Fällt ein Geschäftsanteil an einen nicht Nachfolgeberechtigten, so kann der Anteil eingezogen werden bzw. die Gesellschaftsversammlung beschließen, dass der Anteil auf einen 3. zu übertragen ist.

Sind mehrere Erben oder Vermächtnisnehmer eines Gesellschafters vorhanden, so haben sie unverzüglich, auch ohne besondere Aufforderung durch die Gesellschaft, einen gemeinsamen Bevollmächtigten zu bestellen.

Bis zur Bestellung des Bevollmächtigten ruhen alle Rechte der Rechtsnachfolger des verstorbenen Gesellschafters, mit Ausnahme des Gewinnbezugsrechtes. Die Ernennung des Bevollmächtigten muss mindestens für die Dauer bis zur Beendigung der Erbauseinandersetzung erfolgen.

Sind mehrere Erben und/oder Vermächtnisnehmer vorhanden, so ist nur einer zur Nachfolge berechtigt. Auf den Nachfolger gehen alle Rechte und Pflichten des verstorbenen Gesellschafters aufgrund seiner Gesellschafterstellung über, ausgenommen Sonderrechte und Sonderpflichten, die dem Verstorbenen höchst-persönlich zustanden.

§ 9 Dauer der Gesellschaft, Geschäftsjahr, Bekanntmachungen, Gründungskosten

Die Gesellschaft ist auf unbestimmte Zeit geschlossen.

Das Geschäftsjahr der Gesellschaft ist das Kalenderjahr.

Das erste Geschäftsjahr läuft von der Eintragung der Gesellschaft in das Handelsregister bis zum darauffolgenden 31. Dezember.

Bekanntmachungen der Gesellschaft erfolgen im Bundesanzeiger.

Die Kosten der Gründung einschließlich anfallender Steuern gehen zu Lasten der Gesellschaft.

.... den ...., 2004

Abbildung 5: Vertragsmuster zur Gründung einer Mehrpersonen-GmbH

Muster für einen (GmbH-) Geschäftsführervertrag

GESCHÄFTSFÜHRERVERTRAG

Zwischen: . . . . GmbH, vertreten durch die Gesellschafterversammlung

- nachfolgend „Gesellschaft" genannt -

und Herrn . . . . geb. . . . . wohnhaft . . . .

- nachfolgend „Geschäftsführer" genannt.

§ 1 Geschäftsführung und Vertretung

(1) Der Geschäftsführer ist berechtigt und verpflichtet, die Gesellschaft nach Maßgabe der Gesetze, des Gesellschaftsvertrages und einer etwaigen Geschäftsführungsordnung zu vertreten und die Geschäfte der Gesellschaft zu führen.

Ist nur ein Geschäftsführer bestellt, vertritt dieser die Gesellschaft allein. Sind mehrere Geschäftsführer berufen, wird die Gesellschaft durch zwei Geschäftsführer oder einen Geschäftsführer in Gemeinschaft mit einem Prokuristen gesetzlich vertreten.

Der Geschäftsführer hat die ihm obliegenden Pflichten mit der Sorgfalt eines ordentlichen und gewissenhaften Kaufmannes unter Wahrung der Interessen der Gesellschaft wahrzunehmen.

§ 2 Einzelne Aufgaben

Dem Geschäftsführer obliegt die Leitung und Überwachung des Unternehmens im Ganzen.

Der Geschäftsführer nimmt die Rechte und Pflichten des Arbeitgebers im Sinne der arbeits- und sozialrechtlichen Vorschriften wahr.

Der Geschäftsführer hat die steuerlichen Interessen der Gesellschaft zu wahren. Er ist verpflichtet, innerhalb der gesetzlichen Frist nach Ablauf des Geschäftsjahres unter Beachtung der handels- und steuerrechtlichen Bilanzierungsregeln den Jahresabschluss (Bilanz, Gewinn- und Verlustrechnung sowie Anhang) zu erstellen. Ihm obliegt es, für eine den handels- und steuerrechtlichen Vorschriften entsprechende Buchführung und eine dem Unternehmen entsprechende Betriebsabrechnung zu sorgen.

Soweit kein abweichender Gesellschafterbeschluss gefasst wird, ist der Geschäftsführer berechtigt, die Gesellschafterversammlung unter Beachtung der gesetzlichen und satzungsmäßigen Bestimmungen einzuberufen. Dem Geschäftsführer, bei mehreren Geschäftsführern dem an Jahren ältesten, obliegt die Leitung und ordnungsgemäße Abwicklung sowie die Protokollierung der Gesellschafterbeschlüsse.

Außer in den im Gesetz vorgesehen Fällen darf der Geschäftsführer folgende Geschäfte nur mit ausdrücklicher Zustimmung der Gesellschafterversammlung vornehmen:

• den Erwerb, die Veräußerung und / oder die Belastung von Grundstücken;

• die Errichtung oder Veräußerung von Gebäuden auf Grundstücken oder grundstücksgleichen Rechten der Gesellschaft;

• die Errichtung oder Aufhebung von Zweigniederlassungen;

• den Erwerb, die Veräußerung oder die Belastung von Beteiligungen an anderen Unternehmen;

• den Erwerb oder die Veräußerung von Betrieben oder Teilbetrieben;

• die Übernahme von Bürgschaften, Garantien oder sonstigen Haftungen für Dritte sowie die Hingabe von anderen Sicherheiten;

• die Aufnahme von Darlehen und die Eingehung von Wechselverbindlichkeiten, soweit die Gesellschaft hierdurch mit einer Verpflichtung von mehr als Euro. . . . . . . im Einzelfall belastet wird;

• die Begründung von Investitionsverpflichtungen, soweit die Gesellschaft hierdurch mit einem Betrag von mehr als Euro . . . . im Einzelfall verpflichtet wird, und zwar ohne Rücksicht darauf, ob die Investitionen in einem Geschäftsjahr getätigt werden oder sich nach der Planung auf mehrere Geschäftsjahre verteilen;

• die Aufgabe von Geschäftszweigen, die Übernahme neuer Geschäftszweige;

• die Ausgabe von Schuldverschreibungen;

• die Ernennung und Abberufung von Generalbevollmächtigten und Prokuristen sowie von Geschäftsführern von Tochtergesellschaften;

• Abschluss oder Änderung von Unternehmensverträgen, insbesondere Beherrschungs- und Gewinnabführungsverträgen.

Die Gesellschafterversammlung kann in einer Geschäftsordnung für den Geschäftsführer oder durch Beschluss anordnen, dass bestimmte weitere Geschäfte ihrer Zustimmung bedürfen.

§ 3 Dienstleistung

Der Geschäftsführer hat seine gesamte Arbeitskraft und seine gesamten fachlichen Kenntnisse und Erfahrungen ausschließlich der Gesellschaft zu widmen. Die Übernahme einer entgeltlichen oder unentgeltlichen Nebentätigkeit, von Ehrenämtern sowie von Aufsichts-, Beirats- oder ähnlichen Mandaten bedarf der vorherigen Zustimmung der Gesellschafter, die diese jedoch nur aus wichtigem Grund verweigern dürfen.

An bestimmte Arbeitszeiten ist der Geschäftsführer nicht gebunden.

§ 4 Treuepflichten, Betriebsgeheimnisse

Der Geschäftsführer ist verpflichtet, Dritten gegenüber strengstes Stillschweigen über alle Angelegenheiten der Gesellschaft zu wahren. Die Pflicht besteht nach Beendigung des Anstellungsverhältnisses fort.

Geschäftliche und betriebliche Unterlagen aller Art, einschließlich persönlicher Aufzeichnungen über dienstliche Angelegenheiten dürfen nur zu geschäftlichen Zwecken verwendet werden und sind sorgfältig aufzubewahren. Bei Beendung des Anstellungsverhältnisses sind vorstehende Unterlagen der Gesellschaft auszuhändigen.

§ 5 Bezüge des Geschäftsführers

Der Geschäftsführer erhält ein festes Jahresgehalt von brutto Euro . . . . Das Gehalt wird unter Einbehaltung der gesetzlichen Abzüge in 12 gleichen Teilbeträgen zu je brutto Euro . . . ., fällig jeweils bis zum Ende eines jeden der Kalendermonate, ausgezahlt.

Ein Anspruch auf Vergütung von Überstunden, Sonntags-, Feiertags- oder sonstiger Mehrarbeit besteht nicht.

Im Krankheitsfall oder bei sonstiger unverschuldeter Verhinderung bleibt der in Absatz 1 genannte Gehaltsanspruch für die Dauer von . . . Monaten bestehen. Bezogenes Krankengeld wird angerechnet. Die Gesellschaft behält sich die Anrechnung von Ersatzansprüchen gegenüber Dritten vor. Die Gewinntantieme ist zu kürzen, wenn der Geschäftsführer . . . Monate im Kalenderjahr ununterbrochen seine Dienstgeschäfte aus vorgenannten Gründen nicht wahrnehmen konnte. Die Kürzung beträgt 1/12 für jeden vollen Krankheitsmonat, der die Frist von . . . . . Monaten überschreitet.

Im Falle des Todes des Geschäftsführers wird das in Absatz 1 genannte Festgehalt auf die Dauer von . . . Monaten, wobei der Todesmonat nicht mitzählt, sowie die zeitanteilige Tantieme an seinen Ehegatten fortgezahlt. Das Gleiche gilt, wenn der Ehegatte bereits verstorben, der Geschäftsführer jedoch ehelichen Kindern gegenüber noch unterhaltspflichtig ist.

Neben den in Abs. 1 und Abs. 3 geregelten festen Bezüge erhält der Geschäftsführer eine Gewinntantieme.

a) Die Gewinntantieme beträgt 15 % des handelsrechtlichen Jahresüberschusses. Die Tantieme beträgt höchstens 25 % der Gesamtvergütung des Geschäftsführers. Soweit neben dem Geschäftsführer noch weitere Geschäftsführer der Gesellschaft Tantiemeansprüche besitzen, dürfen alle Tantiemeansprüche 50 % des handelsrechtlichen Jahresüberschusses der Gesellschaft nicht überschreiten.

b) die Gewinntantieme ist einen Monat nach Feststellung des Jahresabschlusses durch die Gesellschafterversammlung fällig.

§ 6 Spesen, Aufwendungsersatz

Trägt der Geschäftsführer im Rahmen seiner ordnungsgemäßen Geschäftsführertätigkeit Kosten und Aufwendungen, so werden diese ihm von der Gesellschaft erstattet, sofern der Geschäftsführer die Geschäftsführungs- und Betriebsbedingtheit belegt oder sie offenkundig ist.

Bei Geschäftsreisen hat der Geschäftsführer Anspruch auf Ersatz seiner Reisespesen bis zu den jeweils geltenden steuerlich zulässigen Höchstsätzen.

Dem Geschäftsführer wird ein PKW zur Verfügung gestellt. Er ist berechtigt, diesen auch für private Zwecke zu nutzen. Dieser private Nutzungsanteil muss entsprechend den steuerlichen Vorschriften versteuert werden.

§ 7 Urlaub

Der Geschäftsführer hat Anspruch auf . . . Arbeitstage bezahlten Urlaubs im Geschäftsjahr. Der Geschäftsführer hat den Zeitpunkt seines Urlaubs so einzurichten, dass den Bedürfnissen der Gesellschaft Rechnung getragen wird . Der Urlaub ist mit etwaigen Geschäftsführern abzustimmen.

Kann der Geschäftsführer seinen Jahresurlaub nicht nehmen, weil Interessen der Gesellschaft entgegenstehen, so hat er Anspruch auf Abgeltung des Urlaubes unter Zugrundelegung der Höhe des ihm gemäß § 5 Abs. 1 zustehenden Festgehaltes. Die Abgeltung wird mit dem ersten Gehalt des folgenden Geschäftsjahres gezahlt.

§ 8 Dauer, Kündigung

Der Vertrag tritt mit Wirkung zum . . . . in Kraft.

Der Vertrag wird auf unbestimmte Zeit geschlossen und ist mit einer Frist von . . . Monaten zum Ende eines Monats kündbar.

Eine außerordentliche Kündigung aus wichtigem Grund ist jederzeit möglich. Als wichtiger Grund für die Kündigung des Vertragsverhältnisses durch die Gesellschaft vereinbaren die Parteien insbesondere

a) schwere Verstöße des Geschäftsführers gegen Anweisungen der Gesellschafterversammlung;

b) die grobe Verletzung von Pflichten aus diesem Vertrag durch den Geschäftsführer;

c) den Fall der Arbeitsunfähigkeit des Geschäftsführers für einen Zeitraum von über . . . . Monaten;

d) die Unfähigkeit des Geschäftsführers zu einer ordnungsgemäßen Geschäftsleitung;

e) die Niederlegung des Geschäftsführersamtes durch den Geschäftsführer.

Die Kündigung ist stets schriftlich per eingeschriebenem Brief mit Rückschein auszusprechen.

Die Abberufung des Geschäftsführers ist jederzeit zulässig. Für die Abberufung ist Schriftform erforderlich.

Nach einer Kündigung des Vertrages ist die Gesellschaft berechtigt, den Geschäftsführer von seiner Verpflichtung zur Arbeitsleistung freizustellen.

§ 9 Schlussbestimmungen

Die Ungültigkeit einzelner Bestimmungen berührt die Rechtswirksamkeit des Vertrages im Ganzen nicht. Anstelle der unwirksamen Vorschriften sind andere Regelungen zu vereinbaren, die der wirtschaftlichen Zielsetzung der Parteien am ehesten entsprechen.

Alle Streitigkeiten aus dem Vertrag werden im ordentlichen Rechtsweg entschieden.

Abbildung 6: Vertragsmuster zur Einstellung eines (GmbH-) Geschäftsführers

4.4.2 Aktiengesellschaft (AG)

Sie kommt in aller Regel als Plattform für eine selbstständige Tätigkeit, zumal in deren erster Phase, nicht in Frage. Sie ist die Rechtsform für Großunternehmen: ihre Anteile ***(Aktien)*** sind – im Gegensatz zu denen der GmbH – wertpapierrechtlich verbrieft und können von börsenzugelassenen Gesellschaften an der Börse ge- und verkauft werden. Die AG ist eine Kapitalgesellschaft und hat eigene Rechtspersönlichkeit (juristische Person).

GRÜNDUNG DER AG

Zur Gründung sind mindestens 5 Gesellschafter ***(Aktionäre)*** erforderlich. Strenge Vorschriften sind im Aktiengesetz vom 6.9.1965 u. a. hinsichtlich der Gründungsmodalitäten (Gründungsprüfung) fixiert. Wie bei der GmbH ist eine notarielle Beurkundung der Satzung notwendig, sind Satzungsänderungen gemäß Gesetz nur mit drei Viertel der vertretenen Stimmen gelegentlich einer ***Hauptversammlung*** möglich und ist die Eintragung ins Handelsregister nicht nur erforderlich, sondern zudem konstitutiv. Die AG entsteht erst mit der Eintragung. Die Satzung muss enthalten: Firma und Sitz; Gegenstand des Unternehmens; Höhe des Grundkapitals; Nennbetrag der Aktien; Zusammensetzung des Vorstands und Form der Bekanntmachungen der Gesellschaft.

Das ***Grundkapital*** muss mindestens EUR 50.000,- betragen. Hiervon müssen mindestens 25 % eingezahlt sein. Es ist in Aktien aufgeteilt, deren geringster Nennbetrag EUR 1,- ist.

Wir unterscheiden u. a. Inhaber- und Namensaktien. Inhaberaktien sind übertragbar durch Einigung und Übergabe. Namensaktien sind durch Indossament übertragbar. Stammaktien resultieren aus der ersten Emission. Vorzugsaktien sind hinsichtlich Dividenden mit Prioritäten versehen. Der Aktionär haftet lediglich mit seiner Einlage. Eine Nachschusspflicht ist ausgeschlossen.

Die Firmenbezeichnung ist in aller Regel dem Gegenstand des Unternehmens entlehnt. Sie muss den Zusatz „Aktiengesellschaft" bzw. AG beinhalten.

Organe der AG sind:

- Die ***Hauptversammlung*** – sie ist das oberste Organ. Sie bestellt die Mitglieder des ***Aufsichtsrats*** (AR), entscheidet über die Verwendung des Jahresgewinns (wozu der Vorstand Empfehlungen unterbreitet), entlastet Aufsichtsrat und Vorstand, entscheidet über Satzungsänderungen und Maßnahmen zur Kapitalbeschaffung und Herabsetzung.

- Der ***Aufsichtsrat*** – er ist das Kontrollorgan des Vorstands und besteht aus mindestens 3 Mitgliedern.
- Der ***Vorstand*** – er führt die laufenden Geschäfte. Er rekrutiert sich aus mindestens einem, meistens jedoch mehreren Mitgliedern. Diese werden vom Aufsichtsrat für jeweils maximal 5 Jahre bestellt.

Die AG ist selbstständiges Steuersubjekt. Sie unterliegt der Körperschaft- und Gewerbesteuer, wobei die bei der GmbH geschilderten Prinzipien gelten.

Die AG ist die geeignetste Rechtsform für groß angelegte Unternehmen, die einen erheblichen Kapitalbedarf haben. Durch die Aufteilung in Aktien in relativ kleine Nennbeträge können sich viele in unserer modernen Industriegesellschaft erwerbsmäßig beteiligen, ohne selbst für das Unternehmen tätig zu sein. Der Ausschluss einer Haftung über das Einlagekapital hinaus ist ein weiterer Grund für das Engagement breiter Kreise am Aktienmarkt („Volksaktien"). Das erweitert die Kapitalbasis der Unternehmen und macht sie international leistungsfähiger. Publizitätspflicht ist im Blick auf die üblicherweise gegebene Vielzahl und Heterogenität der Aktionäre obligatorisch.

4.4.3 Die Kleine AG

Wir hatten festgestellt, dass die AG vorzugsweise für Großunternehmen in Frage kommt. Da insbesondere mittelständische Unternehmen notorisch unter Eigenkapitalmangel leiden und keinen Zugang zum Kapitalmarkt haben, hat der Gesetzgeber durch eine Reform im Aktienrecht z.T. essentielle Formalitäten geändert, die diese Unternehmensform damit ggf. auch für kleinere Firmen akzeptabel werden lassen – gewissermaßen als Alternative zwischen den mehr als 500.000 GmbHs und den nur rund 3.000 Aktiengesellschaften.

VORTEILE DER KLEINEN AG:

Die Kleine AG bietet u. a. folgende Vorteile für mittelständische Unternehmen gegenüber der AG:

- Gründung einer 1-Mann-AG (ggf. auch mit GmbH als „Muttergesellschaft")
- Gründung und Verwaltung sind vereinfacht (ähnlich GmbH)
- Größere Entscheidungsvariationen hinsichtlich Gewinn-Verwendung
- Mitbestimmung von Arbeitnehmern ist erst ab 500 Beschäftigten Vorschrift.

Die Kleine AG bietet sich mithin jetzt auch für den Mittelstand an. Sie lässt den Zugang zum Kapitalmarkt zu, ist geeignet, die Unternehmenskontinuität bei Generationswechseln zu sichern und lässt Variationen, wie z.B. AG & Co. KG, zu.

Auf den folgenden Seiten stellen wir Ihnen beispielhaft eine Mustersatzung für die Kleine AG vor, inklusive weiterführender Erläuterungen zum Verständnis einzelner Punkte der Satzung.

Muster-Satzung und Erläuterung zur Kleinen Aktiengesellschaft

Mustersatzung	Erläuterung
I. Allgmeines	
§ 1 Firma	
Die Gesellschaft führt die Firma Y-Aktiengesellschaft.	Der Begriff „Aktiengesellschaft" darf in der Satzung und übrigens auch im Handelsregister nicht abgekürzt werden
§ 2 Sitz	
Die Gesellschaft hat ihren Sitz in Z-Stadt.	Ein Sitz im Ausland ist unzulässig.
§ 3 Gegenstand des Unternehmens	
(1) Gegenstand des Unternehmens sind Herstellung und Vertrieb von ...	Es dürfen keine Widersprüche zwischen dem Gegenstand des Unternehmens und der Firma entstehen. Der Zweck soll möglichst präzise gefasst werden, „Produktion und Vertrieb von Waren aller Art" wäre zu allgemein.
(2) Die Gesellschaft darf alle Geschäfte vornehmen und Maßnahmen treffen, die geeignet sind, den Zweck des Unternehmens unmittelbar und mittelbar zu fördern. Sie darf zur Erfüllung dieses Zweckes auch andere Unternehmen gründen, erwerben oder sich an diesen beteiligten, deren Geschäftsführung übernehmen und Unternehmensverträge abschließen. Dies alles ist solange erlaubt, solange es sich im Rahmen der EU bewegt.	Soll der Gesellschaft nur die mittelbare Verwirklichung des Zwecks erlaubt werden, etwa durch abhängige Gesellschaften, so muss dies in der Satzung verankert sein. Dagegen muss die Geschäftsführung nicht eigens ermächtigt werden, Zweigniederlassungen zu errichten.

§ 4 Bekanntmachungen

Die Gesellschaft veröffentlicht ihre Bekanntmachungen nur im Bundesanzeiger.

Im Bundesanzeiger muss die AG auf jeden Fall ihre Bekanntmachungen platzieren. Ohne Not sollte die AG nicht gezwungen werden, noch in anderen Organen zu veröffentlichen. Dann bleibt es der AG unbenommen, dies von Fall zu Fall doch zu tun.

§ 5 Dauer der Gesellschaft

Die Gesellschaft ist auf unbestimmte Zeit errichtet.

§ 6 Geschäftsjahr

Geschäftsjahr ist das Kalenderjahr, jedoch ist das erste Kalenderjahr ein Rumpfgeschäftsjahr. Es beginnt mit der Eintragung der Gesellschaft im Handelsregister und endet mit dem nächsten 31. Dezember.

II. Aktien

§ 7 Grundkapital

(1) Das Grundkapital der Gesellschaft beträgt EUR 100.000,- (in Worten: EURO Einhundert Tausend).

EUR 50.000,- ist das Mindestgrundkapital (abgesehen von bestimmten Gesellschaften mit besonderem Zweck ***§ 2 II KAGG***).

(2) Das Grundkapital ist eingeteilt in 200 Aktien im Nennbetrag von je EUR 500,-

Mindestnennbetrag EUR 1,-.

§ 8 Namensaktien

(1) Die Aktien lauten auf die Namen der Aktionäre.

(2) Eine Übertragung der Aktien darf nur mit Zustimmung der Gesellschaft erfolgen. Die Hauptversammlung hat die Zustimmung dazu zu erteilen.

Ohne eine Bestimmung über die Zustimmung hat der Vorstand die Zustimmung zu erteilen (§ 68 II AktG).

(3) Die Form der Aktienurkunden und der Gewinn- und Erneuerungsanteile bestimmt der Vorstand.

Nach neuem Aktienrecht kann auf diese Bestimmung verzichtet werden.

(4) Die Gesellschaft kann die Aktien ganz oder teilweise in Aktienurkunden zusammenfassen, die eine Mehrheit von Aktien verbriefen.

(5) Wird eine Kapitalerhöhung vorgenommen und sagte der Erhöhungsbeschluss nichts darüber, ob die neuen Aktien auf den Namen oder auf den Inhaber lauten sollen, so haben sie ebenfalls auf den Namen der Aktionäre zu lauten.

(6) Wird über die Aktien der Gesellschaft nur eine Urkunde ausgestellt,dann gibt es keinen Anspruch auf Einzelverbriefung. Jedoch kann jeder Aktionär verlangen, dass die Gesellschaft auf seine Kosten eine Mehrfachurkunde über sämtliche von ihm gehaltene Aktien ausstellt.

(7) Findet künftig eine Kapitalerhöhung statt, so können die sich daraus ergebenden jungen Aktien mit Vorzügen bei der Gewinnverteilung versehen werden. Die Gewinnberechtigung dieser jungen Aktien für das Geschäftsjahr, in dem die Kapitalerhöhung durchgeführt wird, kann abweichend von § 60 III 3 AktG geregelt werden.

Zu denken wäre an die Auflage stimmrechtsloser Vorzugsaktien.

III. Vorstand, Aufsichtsrat und Hauptversammlung

§ 9 Vorstand

(1) Der Vorstand besteht aus drei Personen. Er wird vom Aufsichtsrat auf höchstens fünf Jahre bestellt.

Die Regelung muss entweder die Zahl benennen oder den Grundsatz, nachdem die Zahl festgelegt wird (§ 23 III Nr. 6 AktG).

(2) Jedes Vorstandsmitglied ist zur Alleinvertretung berechtigt.

Ohne besondere Regelung besteht Gesamtvertretung für alle Vorstandsmitglieder. Dies ist zumeist unpraktisch. Wenn den einzelnen Vorstandsmitgliedern aber nicht Alleinvertretung gegeben werden soll, so ist an die so genannte unechte Gesamtvertretung zu denken, bei der ein Vorstandsmitglied zusammen mit einem Prokuristen handeln kann.

(3) Der Vorstand kann sich mit Zustimmung des Aufsichtsrats eine Geschäftsordnung geben. Ein Geschäftsverteilungsplan des Vorstands bedarf der Zustimmung des Aufsichtsrats.

Gibt es eine Ressortverteilung unter den Vorstandsmitgliedern, so enthebt das das einzelne Vorstandsmitglied nicht seiner Gesamtverantwortung.

§ 10 Aufsichtsrat

(1) Es gibt drei Aufsichtsratsmitglieder.

Der erste Aufsichtsrat wird von den Gründern bestellt. Die Mindestzahl ist drei. Hier ist eine Kleine AG unterstellt, die also weniger als 500 Mitarbeiter hat und deshalb mitbestimmungsfrei ist. Sonst müsste eines der Aufsichtsratsmitglieder aus den Reihen der Arbeitnehmerschaft stammen.

(2) Die Mitglieder des Aufsichtsrats werden längstens für die Zeit bis zur Beendigung der Hauptversammlung gewählt, die über die Entlastung für das vierte Geschäftsjahr nach dem Beginn ihrer Amtszeit beschließt. Das Geschäftsjahr, in dem die Amtszeit beginnt, wird dabei nicht mitgerechnet. Scheidet ein Aufsichtsratsmitglied vor Ablauf seiner Amtszeit aus, so amtiert das an seiner Stelle gewählte und eintretende Mitglied nur für die Zeit bis zum Ablauf der Amtszeit der übrigen Aufsichtsratsmitglieder.

(3) Der Aufsichtsrat wählt nach jeder Hauptversammlung, die über die Entlastung für das Geschäftsjahr beschließt, aus seiner Mitte einen Vorsitzenden und den stellvertretenden Vorsitzenden. Diese amtieren jeweilsfür die Zeit bis zur Beendigung der nächsten Hauptversammlung, die über die Entlastung für das Geschäftsjahr beschließt.

(4) Die Einberufung der Aufsichtsratssitzungen geschieht durch den Vorsitzenden, ansonsten durch den stellvertretenden Vorsitzenden.

(5) Der Aufsichtsrat gibt sich eine Geschäftsordnung. Er ist beschlussfähig, wenn alle seine Mitglieder an der Beschlussfassung teilnehmen. Die Beschlüsse bedürfen der Mehrheit der Mitglieder des Aufsichtsrats. Über die Sitzungen muss eine Niederschrift angefertigt werden, die vom Vorsitzenden zu unterschreiben ist.

(6) Als Vergütung erhält jedes Aufsichtsratsmitglied neben dem Ersatz seiner Auslagen eine feste jährliche Zahlung in Höhe von EUR 2.500,-, darüber hinaus erhält jedes Mitglied des Aufsichtsrats für jeden Prozentpunkt, um den die an die Aktionäre ausgeschüttete Dividende vier Prozent übersteigt, EUR 450,-.

Der Anspruch auf Auslagenersatz ergibt sich aus dem Gesetz (§§ 675, 670 BGB). Für den ersten Aufsichtsrat kann nur die Hauptversammlung eine Vergütung gewähren (§ 103 II AktG).

(7) Der Aufsichtsrat ist befugt, Satzungsänderungen, die nur die Fassung der Satzung betreffen, zu beschließen

Diese Klausel ist bei der Ein-Mann-AG nicht notwendig, da Satzungsänderungen dort einfach möglich sind.

(8) Der Vorsitzende des Aufsichtsrats erhält den doppelten, der stellvertretende Vorsitzende den eineinhalbfachen Betrag der Vergütungen der einfachen Aufsichtsratsmitglieder. Umsatzsteuer, die auf die Vergütungen zu zahlen ist, erstattet die Gesellschaft.

Die Umsatzsteuerregelung sollte sicherheitshalber in der Satzung festgelegt werden.

(9) Aufsichtsratsmitglieder können durch einen mit einer Mehrheit von 75 % des Grundkapitals zu fassenden Beschluss der Hauptversammlung ihres Amtes enthoben werden.

(10) Jedes Aufsichtsratsmitglied kann ohne Angabe von Gründen sein Amt niederlegen, jedoch unter Einhaltung einer Frist von vier Wochen, bei Vorliegen eines wichtigen Grundes, der dann auch angegeben werden muss, jederzeit. Die Niederlegung hat durch schriftliche Erklärung gegenüber dem Vorstand zu erfolgen, wobei der Vorsitzende des Aufsichtsrats zu benachrichtigen ist.

Es ist strittig, wer der Adressat der Niederlegungserklärung zu sein hat, daher ist eine Regelung in der Satzung anzuraten.

§11 Hauptversammlung

(1) Die Hauptversammlung hat jährlich mindestens einmal stattzufinden, und zwar innerhalb der ersten acht Monate eines Geschäftsjahres am Sitz der Gesellschaft. Darüber hinaus ist die Hauptversammlung abgesehen von den Fällen, in denen dies das Gesetz oder diese Satzung bestimmen, dann einzuberufen, wenn es das Wohl der Aktiengesellschaft erfordert.

Zwar soll die Hauptversammlung börsennotierter Aktiengesellschaften am Sitz der Gesellschaft stattfinden. Jedoch sagt § 121 VI AktG n.F.: „Sind alle Aktionäre erschienen oder vertreten, kann die Hauptversammlung Beschlüsse ohne Einhaltung der Bestimmungen dieses Unterabschnittes fassen, soweit kein Aktionär widerspricht“. Dies bedeutet, dass die Vollversammlung (im Gegensatz zur Hauptversammlung), wenn alle sonstigen Voraussetzungen gegeben sind, auch an einem dritten Ort abgehalten werden

(2) Die Einberufung der Hauptversammlung geschieht durch den Vorstand. Mit eingeschriebenem Brief an die der Gesellschaft zuletzt bekannte Adresse der Aktionäre ist die Tagesordnung mitzuteilen, wobei eine Frist von mindestens einem Monat einzuhalten ist. Der Tag der Absendung und der Tag der Hauptversammlung werden dabei nicht mitgerechnet.

(3) Berechtigt, an der Hauptversammlung teilzunehmen und das Stimmrecht auszuüben, sind am Tag der Hauptversammlung alle im Aktienbuch eingetragenen Aktionäre bzw. deren bevollmächtigte Vertreter. In den letzten acht Tagen vor der Hauptversammlung darf keine Umschreibung im Aktienbuch mehr erfolgen.

(4) Das Stimmrecht richtet sich nach der Anzahl der Aktien, die in einer Hand vereinigt ist. Eine Aktie entspricht einer Stimme. Das Stimmrecht besteht, sobald die gesetzliche Mindesteinlage geleistet ist.

(5) Der Vorsitzende des Aufsichtsrates hat den Vorsitz der Hauptversammlung inne, bei seiner Verhinderung sein Stellvertreter. Der Vorsitzende entscheidet über die Reihenfolge der Behandlung der Tagesordnungspunkte sowie über die Art und Reihenfolge der Abstimmungen.

(6) Über den Verlauf der Sitzung und die Verhandlung wird ein Protokoll erstellt, das vom Vorsitzenden des Aufsichtsrats zu unterzeichnen ist. Soweit Beschlüsse gefasst werden, für die gesetzlich eine ¾-

kann (ob dies auch im Ausland sein darf, ist strittig, dürfte aber im Falle der Kleinen AG deshalb möglich sein, weil für sie keine notarielle Niederschrift mehr erfolgt).

Bei Namensaktien sind die Aktionäre der Gesellschaft namentlich bekannt. Es ist darauf zu achten, dass die Frist ausreichend lang ist. Bei Aktiengesellschaften, bei denen die Teilnahmeberechtigung an der Hauptversammlung von der Hinterlegung der Aktien abhängig gemacht wird oder (bei Namensaktien anzuraten) von der Anmeldung der Aktionäre, ist eine längere Frist nötig.

Strittig ist, ob bei einer Hauptversammlung, in der Grundlagenbeschlüsse gefasst werden, für die gesamte Sitzung ein Notar hinzuzuziehen ist (wie dies nach altem Recht immer der Fall war). Die

oder größere Mehrheit vorgeschrieben ist, muss über diese ein notarielles Protokoll aufgenommen werden.

Literatur ist hier einhellig: Nur der konkrete Grundsatzbeschluss bedarf der notariellen Beurkundung. Das Handelsregister erhält dann sowohl das vom Vorsitzenden der Hauptversammlung unterzeichnete Protokoll als auch den notariell aufgenommenen Grundlagenbeschluss (§ 130 V AktG n.F.)

(7) Abgesehen von den Fällen, in denen das Gesetz zwingend eine andere Mehrheit verlangt, werden die Beschlüsse der Hauptversammlung mit einfacher Mehrheit der abgegebenen Stimmen gefasst. In den Fällen, in denen das Gesetz eine Mehrheit des Grundkapitals vorschreibt, erfolgt die Abstimmung mit einfacher Kapitalmehrheit, soweit nicht zwingende gesetzliche Vorschriften entgegenstehen.

IV. Rechnungslegung

§ 12 Jahresabschluss

(1) In den ersten Monaten des Geschäftsjahres hat der Vorstand den Jahresabschluss (Bilanz nebst Gewinn- und Verlustrechnung sowie Anhang) und den Lagebericht für das vergangene Geschäftsjahr aufzustellen und dem Abschlussprüfer zu übersenden. Sobald der Prüfungsbericht des Abschlussprüfers eingegangen ist, hat der Vorstand den Jahresabschluss, den Lagebericht und den Prüfungsbericht des Abschlussprüfers dem Aufsichtsrat vorzulegen. Dabei hat der Vorstand dem Aufsichtsrat den Vorschlag, den er der Hauptversammlung für die Verwendung des Finanzgewinns zu machen gedenkt, mitzuteilen.

(2) Der Aufsichtsrat hat den Jahresabschluss, den Lagebericht des Vorstandes und dessen Vorschlag für die Verwendung des Bilanzgewinns zu prüfen und das Ergebnis der Prüfung schriftlich der Hauptversammlung zur Verfügung zu stellen.

(3) Der Aufsichtsrat muss seinen Bericht innerhalb eines Monats nach dem Zugang der Vorlagen dem Vorstand zukommen lassen. Sofern der Aufsichtsrat den Jahresabschluss nach Prüfung billigt, ist der Jahresabschluss festgestellt. Andernfalls beschließen Vorstand und Aufsichtsrat, die Feststellung des Jahresbeschlusses der Hauptversammlung zu überlassen.

Diese Monatsfrist kann nicht verlängert werden (§ 171 AktG).

(4) Sobald der Bericht des Aufsichtsrats eingegangen ist, hat der Vorstand die ordentliche Hauptversammlung unverzüglich einzuberufen.

§ 13 Rücklagen

(1) Wenn Vorstand und Aufsichtsrat den Jahresabschluss festgestellt haben, kann die Hauptversammlung im vollen Umfang die Entscheidung über die Bildung von (anderen) Gewinnrücklagen treffen (Hinweis auf § 58 II 2 AktG).

(2) Stellt die Hauptversammlung den Jahresabschluss fest, dann ist ein Viertel des Jahresüberschusses in andere Gewinnrücklagen einzustellen. Vorweg jedoch sind Zuweisungen zur Kapitalrücklage und Verlustvorträge abzuziehen.

§ 14 Verwendung der Gewinne

Die Hauptversammlung beschließt über die Verwendung des Bilanzgewinns, der sich aus dem festgestellten Jahresabschluss ergibt. Die Hauptversammlung kann über die Verwendung der Gewinne auch andere Entscheidungen treffen, als in § 58 III 1 AktG vorgesehen, andere als auch die Verteilung unter die Aktionäre.

§ 15 Gründungsaufwand

Gerichts- und Notarkosten, die mit der Gründung der Gesellschaft zusammenhängen, sowie die Veröffentlichungskosten trägt die Gesellschaft bis zu einem Höchstbetrag von EUR 3.500,-.

Fallen besondere Honorare oder Kosten im Zusammenhang mit der Gründung an und sollen sie von der Gesellschaft getragen werden, dann muss dies in der Satzung geregelt werden. Der Gesamtbetrag ist dabei zu nennen und notfalls zu schätzen.

Abbildung 7: Vertagsmuster einer Satzung zur Gründung einer Kleinen Aktiengesellschaft

Soweit der Überblick über die wichtigsten, d.h. praktisch relevantesten Unternehmensformen. Wir verzichten hier bewusst auf die nähere Kommentierung selten vorkommender Konstruktionen, wie z.B.

- die ***stille Gesellschaft*** – nach außen tritt nur der Geschäftsinhaber auf; „stiller" Gesellschafter haftet nur mit Einlage
- die ***BGBGesellschaft*** – Gesellschaft bürgerlichen Rechts: keine Handelsgesellschaft: keine Registereintragung: für temporäre Kooperation gleichberechtigter Partner geeignet
- die ***KGaA*** – Kommanditgesellschaft auf Aktien als Mischform von KG und AG; mindestens ein Komplementär (Vollhafter) und Kommanditaktionäre
- die ***eG – eingetragene Genossenschaft;*** kein festes Stamm- oder Grundkapital; keine geschlossene Mitgliederzahl (jedoch mindestens 7 erforderlich).

4.5 Unternehmensgründung

Eine nicht unerhebliche Frage bei der Gründung eines Unternehmens ist die des richtigen Standorts. Hierbei sollten folgende Aspekte mit einbezogen werden:

KRITERIEN FÜR DEN RICHTIGEN STANDORT IHRES UNTERNEHMENS

- Wo stehen geeignete Objekte zu welchen Grundstücks- bzw. Miet/ Pacht-Preisen zur Verfügung?
- Was ergibt die Flächennutzungs- und Bebauungsplanung?
- Sind Umweltschutz- oder sonstige Auflagen, beispielsweise hinsichtlich Wohngebieten, zu beachten?
- Handelt es sich um öffentliches Förderungsgebiet?
- Bestehen steuerliche Präferenzen?
- Wie ist die Infrastruktur gelagert? (Verkehrswege, Post, Feuerwehr usw.)
- Stehen geeignete Mitarbeiter zur Verfügung? (Evtl. Spezialisten)
- Liegt der Standort entfernungsgünstig zu Kunden und Lieferanten? (Insbesondere bei Industriebetrieben)
- Mit welcher Kaufkraft ist im Aktionsradius des Unternehmens zu rechnen? (Insbesondere bei Handel und Dienstleistung)

Nicht nur hinsichtlich des Standorts gehen Anregungen seitens der ***Existenz- und Gründungsbörsen*** der Industrie- und Handelskammern aus. Es handelt sich hierbei um einen Vermittlungsdienst, der Unternehmer und Existenzgründungswillige zusammenzubringen sucht. Die IHKn wollen damit einen Beitrag leisten, um volkswirtschaftliche Verluste durch Betriebsstilllegungen zu verhindern und andererseits „Patenhilfe“ bei der Übernahme durch Existenzgründungswillige zu bieten. Wir verweisen hier auch auf IHK-Kurse: „Wie mache ich mich selbstständig?“

Dieses kostenlose Serviceangebot bringt aber auch an Existenzgründungen Interessierte zusammen, so dass hieraus Partnerschaften innerhalb neu zu etablierender Firmen entstehen können, sei es vorrangig unter dem Aspekt der Arbeitsteilung (ein Partner übernimmt den technischen, der andere den kaufmännischen Part) oder unter dem der Addition von finanziellen Mitteln.

Selbstverständlich ist die Kombination beider Faktoren am ehesten erfolgversprechend.

Wo aber muss denn überhaupt die Anmeldung der Neugründung eines Unternehmens erfolgen?

WO MUSS DIE UNTERNEHMENSANMELDUNG ERFOLGEN?

- beim Amtsgericht bezüglich der Handelsregistereintragung
- beim Gewerbeamt
- bei der IHK (wird automatisch von der Gewerbemeldestelle informiert)
- bei der Berufsgenossenschaft (soweit Mitarbeiter beschäftigt werden)
- bei der Krankenkasse (soweit Mitarbeiter beschäftigt werden)
- beim Finanzamt (wird automatisch von der Gewerbemeldestelle informiert)

4.5.1 Finanzierung

Eine der empfindlichsten Fragen bei einer Unternehmensneugründung ist die Frage einer soliden Finanzierung. Sie führt üblicherweise zu offenen Fragen und Problemen. Detaillierteres zum Thema Finanzierung wird an anderer Stelle (vgl. „Investieren und Finanzieren“) behandelt. Vorab soll in direktem Themenbezug zur Etablierung einer neuen Existenz nur Folgendes gesagt werden: Eine ungenügende Finanzierung kann eine erhebliche Belastung für das neue Unternehmen darstellen und sich schnell als Gefahr für die Existenz auswirken. Deshalb muss die ***Eigenkapitalbasis*** gesund und darf die ***Fremdfinanzierung*** nicht zu teuer sein, weil hierunter notwendigerweise die Ertragskraft leiden muss.

Das Eigenkapital (Eigenmittel und ggf. solche von Teilhabern) ist Ausdruck individueller Möglichkeiten. Doch Fremdkapital rekrutiert sich neben Krediten von Banken, Sparkassen bzw. Privatkrediten häufig auch aus öffentlichen Mitteln, die deshalb an dieser Stelle hier im speziellen Blick auf ***staatliche Förderungsmaßnahmen*** behandelt werden sollen.

Hiervon existieren eine Vielzahl: Sie reichen von ***EU-Kreditbürgschaften*** (hiermit soll durch Kreditgarantien für beschäftigungswirksame Investitionen die Schaffung neuer Arbeitsplätze in kleinen und mittleren Unternehmen gefördert werden) über das ***ERP-Innovationsprogramm*** (zur Finanzierung von Kosten für Forschung und Entwicklung neuer Produkte, Verfahren oder Dienstleistungen) bis zu ***Regionalmaßnahmen***, wie z.B.Darlehen für arbeitsplatzschaffende Investitionen im Gebiet Bonn/ RheinSieg/ Ahrweiler aufgrund des Beschlusses des Deutschen Bundestages, Parlament und wesentliche Teile von Regierungsfunktionen nach Berlin zu verlagern.

Das Dickicht aus rund 3.000 Förderprogrammen, mit denen ca. 50 Milliarden EUR jährlich „distribuiert" werden und ergänzend eine Vielzahl von Steuervorteilen für Innovationen, Investitionen und Neugründungen aus regionalen, Bundes- und EU-Zuschüssen zinsverbilligten Darlehen usw. ist kaum überblickbar und entzieht sich deshalb einer Darstellung im Rahmen des vorliegenden Werkes.

Wir wollen im Folgenden nur die wichtigsten nennen.

4.5.1.1 Förderungen – Maßnahmen und Angebote

Vor dem Hintergrund einer geringeren Anzahl von Firmenneugründungen und der Notwendigkeit der Stärkung des Mittelstands zum Abbau der hohen Arbeitslosigkeit hat die Regierung eine Reihe von Maßnahmen auf den Weg gebracht – u.a. ***Erleichterungen bei Buchführungspflichten***, Anreize für Existenzgründer bis hin zu ***Eigenkapitalhilfen*** und ***steuerlichen Präferenzen*** im Rahmen von ***„Ich-AG's"***.

Zuschuss für Existenzgründer: Die Ich-AG

Ab 01.01.2003 erhält ein Arbeitsloser, der sich selbständig macht, einen *Existenzgründungszuschuss* vom Arbeitsamt von 600,- EUR monatlich im 1. Jahr, 360,- EUR im 2. und 240,- EUR im 3. Jahr.

ERP- Eigenkapitalhilfe

Gründer können ohne Übereignung von Sicherheiten Darlehen bei der Mittelstandsbank (01.06.2003 aus Zusammenführung Kreditanstalt für Wiederaufbau, KfW, und Deutsche Ausgleichsbank, DtA, entstanden) beantragen: 25 % der Investitionen, Obergrenze 500.000,- EUR .

Gründungsbeteiligungen

Die Beteiligungsgesellschaften der Länder bieten günstige stille Beteiligungen an Gründungsunternehmen, meist in Höhe des Eigenkapitals, höchstens 150.000,- EUR.

DtA Betriebsmittelprogramm

Hierunter werden zinsgünstige Darlehen mit 40 bis 50 % Haftungsfreistellung gewährt, maximal 2 Mio. EUR .

Alle Fördermittel müssen über Hausbanken beantragt und abgewickelt werden.

Lohnkostenzuschüsse

Arbeitsämter gewähren Gründern bis zu 50 % der Bruttolöhne, limitiert auf 2 Personen und je 6 Monate.

DtA-Förderdarlehen für Investitionsvorhaben in Deutschland

Darlehensform	ERP-Eigenkapitalhilfe (EKH)	ERP-Existenzgründung (ERP-Ex)
Laufzeit	20 Jahre	*alte Länder:* bis 15 Jahre *neue Länder:* bis 20 Jahre
Tilgungsfreiheit	10 Jahre	*alte Länder:* bis 3 Jahre *neue Länder:* bis 5 Jahre
Höchstbetrag in EUR	500.000	*alte Länder:* 500.000 *neue Länder:* 1.000.000
Was wird gefördert?	- gewerbliche oder freiberufliche Existenzgründungen - Kauf eines Unternehmens oder Erwerb einer tätigen Beteiligung (mit Geschäftsführungsbefugnis) - Festigungsinvestitionen innerhalb von zwei Jahren (alte Länder) bzw. vier Jahren (neue Länder) nach Gründung	- gewerbliche oder freiberufliche Existenzgründungen (ohne Heilberufe) - Kauf eines Unternehmens oder Erwerb einer tätigen Beteiligung (mit Geschäftsführungsbefugnis) - Festigungsinvestitionen innerhalb von drei Jahren nach Gründung - Betriebsverlagerungen

Vorteile	- keine Sicherheitenstellung (Antragsteller haftet persönlich) - Zinssatz für zehn Jahre fest - Null Prozent Zins im 1. und 2. Jahr - kombinierbar mit ERP-Ex und DtA-Ex	Zinssatz unter allgemeinen Marktkonditionen - Zinssatz für 10 Jahre fest - vorzeitige Darlehensrückzahlung ohne Mehrkosten - kombinierbar mit EKH und DtA-Ex

Tabelle 7: Die wichtigsten Förderdarlehen der KfW-Mittelstandsbank für Investitionsvorhaben

INFO

Aktuelle Zinssätze und weitere Informationen im Internet unter www.kfw-mittelstandsbank.de

KfW – Finanzierungsmodell(e)

Wie in der tabellarischen Aufstellung schon ersichtlich, können sich verschiedene Förderungen ergänzen.

Beim folgenden Beispiel einer Unternehmensübernahme betragen die Fördersummen zusammen 75 % des Gesamtfinanzierungsbedarfs.
Finanzierungsbedarf 290.000 Euro:

43.500 Euro	Eigenmittel	15 %
72.500 Euro	ERP-Eigenkapitalhilfe	25 %
145.000 Euro	ERP-Existenzgründung	50 %
29.000 Euro	Hausbankfinanzierung	10 %
290.000 Euro		

4.5.2 Franchising – ein möglicher Weg in die Selbstständigkeit

Auch und nicht zuletzt die hohe Arbeitslosigkeit löst bei vielen den Initialfunken aus, sich zu fragen, ob sie sich für eine selbstständige Tätigkeit hinreichend qualifiziert und/ oder berufen fühlen.

Welche Möglichkeiten bieten sich ggf. zur näheren Prüfung an?

Franchise (engl. Privileg, Konzession, Lizenz) stellt eine relativ neue Absatz/ Vertriebsmethode dar, die sich international schnell, erfolgreich verbreitete. Mc Donald's ist allseits bekannt, aber auch Burger King und in Deutschland z.B. Foto Quelle, Mister Minit ...

Lt. Deutschem Franchise-Verband existieren derzeit über 800 Franchise-Systeme mit mehr als 37.000 Franchise-Nehmern, die mit rund 350.000 Beschäftigten ca. 22 Milliarden Euro erwirtschafteten.

42 % der Systeme sind in der Dienstleistung angesiedelt, 37 % im Handel, 11% im Gastgewerbe, 10 % im Handwerk.

METHODE DES FRANCHISING

Der Franchise-Geber stellt Idee, Image, Konzeption, Kompetenz, Produktkriterien, sorgt für Werbung, Logistik, Beratung, Schulung, Bezugsquellen und nimmt Einfluss bis hin zur Gestaltung von Verkaufsräumen.

Der Franchise-Nehmer reflektiert auf und zieht Nutzen aus dem umfassenden Erfahrungspotenzial = Know-how des Franchise-Gebers.

Lt. Creditreform geben 20 % aller Existenzgründer im ersten Jahr wieder auf. Bei Franchise-Nehmern liegt die Quote bei „nur" 8 %.

Insoweit scheint Franchising ein praxisbewährter Ansatz zur Selbstständigmachung zu sein – und ist es dies auch in vielen Fällen (s.o.).

Aber auch hier gelten die üblichen bei Gründung eines Unternehmens notwendigen Prüfungs- und Vorsichtsregeln, denn schließlich ist auch in Franchising nicht alles Gold, was glänzt. So gibt es auch „Fallstricke", die in den Verträgen stecken können, die sich üblicherweise über 5 Jahre erstrecken (mit Option für weitere Jahre).

Aber „Bangemachen gilt nicht“: 97 % der von der Deutschen Ausgleichsbank geförderten Franchise-Existenzgründungen sind nach 10 Jahren noch existent!

Damit Sie als Franchise-Nehmer bei der KfW-Mittelstandsbank Fördermittel beantragen können, muss das Franchise-System bestimmte Voraussetzungen erfüllen. Folgende Vertragsbestimmungen sind für die Förderung relevant:

VORAUSSETZUNGEN FÜR DIE FÖRDERUNG VON FRANCHISE-NEHMERN

- Der Franchise-Nehmer ist rechtlich und wirtschaftlich selbstständig und handelt in eigenem Namen und auf eigene Rechnung.
- Der Franchise-Nehmer kann mindestens 20 Prozent der eingesetzten Ware und Dienstleistungen frei beziehen.
- Der Franchise-Geber nimmt keinen Einfluss auf die Preisgestaltung seiner Systempartner.
- Wird ein Mindestumsatz oder eine Mindestabnahmemenge vorgeschrieben, so muss dies für den Franchise-Nehmer rentabel und der geplante Umsatz realistisch sein.
- Die Leistungen des Franchise-Gebers müssen transparent und nachvollziehbar, die Gebühren angemessen sein.
- Als Vertragslaufzeit sollten fünf Jahre mit einer Verlängerungsoption für den Franchise-Nehmer vereinbart werden.
- Konventionalstrafen bei Verstößen des Franchise-Nehmers dürfen keine unbilligen Härten darstellen, die Fortführung des Unternehmens darf dadurch nicht gefährdet sein.

Als Fanchise-Nehmer investieren Sie die Einstiegs- oder Franchise-Gebühr für den Erwerb des Konzeptes sowie laufende Gebühren, die sich am Umsatz orientieren (zwischen zwei und zehn Prozent).

HINWEIS

Die KfW-Mittelstandsbank unterstützt Franchise-Gründer mit umfassender Finanzierungsberatung und dem nötigen Startkapital. Informieren Sie sich vorab im Internet unter www.kfw-mittelstandsbank.de.

4.5.3 Eintritt in bestehende Unternehmen

Knapp 400.000 Unternehmer werden in den nächsten Jahren in Deutschland als „Aktivisten" aus ihren Betrieben ausscheiden (müssen) – oft in Etappen, nämlich zunächst aus dem operativen Management, später auch aus der kapitalseitigen Verantwortung.

Von den rd. 31 Millionen Beschäftigten sind in Deutschland ca. 25 Millionen in inhabergeführten Familienbetrieben tätig.

Auch hier ergeben sich mithin mannigfache Möglichkeiten zum Einstieg in unternehmerische Verantwortung, ohne selbst eine Firma gründen zu müssen, denn lt. Institut für Mittelstandsforschung, Bonn, geben jährlich rund 80.000 Unternehmer ihren Betrieb ab, von denen jeder Zweite auf einen Nachfolger von „draußen" angewiesen ist. Jedes Jahr schließen gar 5.000 Firmen, weil sich kein qualifizierter und/ oder bereiter Nachfolger anbietet.

Es gibt aber auch eine „Gegenbewegung". So stellen erfahrene Inhaber und Manager i.R. Existenzgründern bzw. Jungunternehmern temporär ihr reichhaltiges Wissen zur Verfügung. Bislang haben sich insbesondere Expertengespräche und Coaching vor und nach der Gründung eines Unternehmens als ergiebig und nützlich erwiesen.

HINWEIS

Weitere Informationen zum Mentoren-Netz finden Sie im Internet unter: www.ihk.de.

Beispiele aus der Praxis zu den wichtigsten Unternehmensformen zur Gründung selbstständiger Existenzen

Einzelunternehmen: Fritz Köln hat das Elektro-Handwerk erlernt und danach fünf Jahre in verschiedenen Unternehmen der Elektroinstallation als Geselle und Meister gearbeitet. Er möchte sich jetzt selbstständig machen, weil er Vertrauen zu seiner fachlichen Qualifikation und Mut zum Risiko der Tätigkeit in eigener Verantwortung hat. Er kann sein Vorhaben selbst finanzieren, braucht mithin keine Gesellschafter und will auf jeden Fall sein „eigener Herr“, also alleinverantwortlicher Leiter der zu etablierenden Firma sein.

Er gründet deshalb das Einzelunternehmen „Fritz Köln Elektrohandel und Installation“. Er mietet ein Ladenlokal, in dem seine Frau Elektrogeräte, Zubehör und Installationsmaterial verkauft und er mit einem Lehrling Bauaufträge ausführt. Eintragung ins Handelsregister ist nicht erforderlich (kein Vollkaufmann). Der Unternehmer K. ist sich darüber im Klaren, dass er mit seinem ganzen Vermögen für das Unternehmen einzustehen hat.

Offene Handelsgesellschaft: Erwin Bochum und Martin Herford sind gemeinsam viele Jahre erfolgreich Markenartikelreisende bei einem Unternehmen der Nahrungsmittelindustrie gewesen. In dieser Zeit hat sich eine Freundschaft entwickelt, die bei beiden die Idee entstehen lässt, sich mit einer Handelsagentur selbstständig zu machen. Als Verkaufsexperten wissen sie, dass einer auf sich allein gestellt wenig bewirken kann. Ein zumindest kleines Team, kooperieren, Hand in Hand tätig sein, sich ergänzen können, ist notwendig. Deshalb bietet sich die Konstruktion einer OHG an.

Beide haben gut verdient, können sich also zu gleichen Teilen im Unternehmen engagieren – finanziell wie auch arbeitsmäßig: beide weitgehend im Außendienst als Handelsvertreter. Als solche wollen sie für Industriefirmen beim Lebensmittelhandel akquirieren. Sie gründen die „Bochum & Herford OHG“ durch einen Vertrag, der Basis für die notwendige Eintragung ins Handelsregister ist.

Eine Handelsvertretung stellt eine Dienstleistung dar. Der Finanzbedarf ist relativ gering. Beide bringen je EUR 10.000,- in bar ein, so dass EUR 20.000,- Arbeitskapital vorhanden sind. Jeder nutzt seinen Privat-PKW, für dessen Nutzung die OHG Kilometergeld zahlt. Ein kleines Büro steht in der Wohnung des H. zur Verfügung, wo die Frau des Gesellschafters den Telefondienst gegen ein Entgelt von monatlich EUR 500,- übernimmt. Beide wissen, dass sie auch mit ihrem Privatvermögen haften.

Kommanditgesellschaft: Elfriede Neuss hat als Chemologin eine Erfindung gemacht, von der sie so überzeugt ist, dass sie sie nicht verkaufen oder hierfür Lizenzen vergeben, sondern sie selbst kommerziell realisieren will. Sie sieht für ihre Technologie international gute Marktchancen und zögert nicht, ihr gesamtes Kapital einzusetzen. Um aber alle Chancen wahrzunehmen, benötigt sie zusätzliche Finanzen. Sie denkt deshalb an eine KG, die wegen der Vollhaftung des Komplementärs bei Banken kreditwürdiger ist und die es zulässt, diverse Kommanditisten aufzunehmen, die mit der Leitung des Unternehmens nichts zu tun haben.

Im Rahmen eines Vertrages wird die Neuss-Patentverwertungs-KG gegründet, an der neben Komplementärin Elfriede N. mit 30.000,- EUR Kapital, Steuerberater Oskar Wermelskirchen und Franziska Roisdorf mit je 12.500,- EUR Einlage beteiligt sind. Die Eintragung ins Handelsregister bestätigt die neue Firmenexistenz. Die Geschäftsführung liegt ausschließlich bei Elfriede N.

GmbH: Emil Jülich, Manfred Hildesheim und Egon Sonthofen haben sich im Boxerclub kennengelernt und kommen überein, eine Firma zu gründen, die sich mit der Zucht und dem Verkauf von Boxern sowie der Betreuung von Gasthunden befasst. Jülich und Hildesheim wollen sich lediglich beteiligen und mit ihrer Einlage haften, während Sonthofen die Leitung des Unternehmens obliegen soll. Auch er legt allerdings großen Wert auf eine Ausklammerung seines Privatvermögens hinsichtlich der Haftung, weil seine Frau viel Geld mit in die Ehe gebracht hat, das er nicht aufs Spiel setzen will.

Dies führt zur Gründung der „Hundezucht- und Betreuungsgesellschaft mit beschränkter Haftung" durch Abschluss eines Gesellschaftsvertrages, der von J., H. und S. unterschrieben und notariell beglaubigt wird. Am Stammkapital in Höhe von EUR 25.000,- sind die Gesellschafter J. mit EUR 12.500,-, H. mit EUR 2.500,- und S. mit EUR 10.000,- beteiligt. Je 50 % werden sofort bar eingebracht. S. wird als alleiniger Geschäftsführer (geschäftsführender Gesellschafter) eingesetzt. S. weiß, dass die GmbH erst durch Eintragung ins Handelsregister entsteht, und er forciert diese, bevor er Firmenaktivitäten startet, weil bis dahin die Handelnden persönlich und solidarisch haften.

II. Unternehmensplanung

Die Unternehmensplanung stellt eine wesentliche **Basis** für ein systematisches **unternehmerisches Handeln** dar. Möchte man ein zielloses „Durchwurschteln" verhindern, so ist zumindest ein gewisses Maß an vorausschauendem Durchdenken zukünftigen Handelns notwendig. Im folgenden Kapitel werden Begriff, Merkmale und Formen der Planung näher erläutert, sowie ein Überblick über die Zusammenhänge der verschiedenen **Teilplanungen** gegeben, wie sie normalerweise in einem Unternehmen, je nach Größe differenziert oder auch nur rudimentär, durchgeführt werden.

1. Grundlagen wirksamer Unternehmensplanung

1.1 Begriff und Merkmale der Planung

Jede Entscheidung und Handlung des Menschen muss unter einer gewissen Unsicherheit getroffen werden. So ist die Zukunft mit ihren Rahmenbedingungen und Situationen mehrdeutig und damit in der Gegenwart nur vermutbar. Ein sinnvolles und an Zielen ausgerichtetes Handeln erfordert den bewussten Umgang mit dieser Unsicherheit. Planung versteht sich dabei nicht nur in Unternehmen, sondern ganz allgemein, als eine Möglichkeit hierzu. Planung kann als aktive Gestaltung der Zukunft verstanden werden, indem sie zukünftiges Handeln gedanklich vorwegnimmt, verschiedene Handlungsalternativen abwägt und sich dann für die aus heutiger Sicht beste Lösung entscheidet. Dabei wird versucht, sich über die nicht beeinflussbaren Umfeldfaktoren ein möglichst realistisches Bild zu machen und beeinflussbare Entscheidungsgrößen mess- und prognostizierbar zu machen. Ein Plan als Ergebnis der Planung beinhaltet dabei grundsätzlich die folgenden Bestandteile:

- Problem: Was ist zu tun und warum sollte dies getan werden?
- Ziele: Was wollen wir mit unserem Handeln erreichen?
- Bedingungen: Unter welchen Rahmenbedingungen arbeiten wir?
- Ressourcen: Was kann eingesetzt werden, um das Ziel zu erreichen?
- Maßnahmen: Womit können die Ziele erreicht werden? Welche Aktionen sind konkret zu tun?
- Verantwortliche: Wer macht was?
  - ***Termine:*** Bis wann ist etwas zu erreichen?
  - ***Ergebnis:*** Wann gelten die Ziele als erreicht?

Die Planung ist eng mit der ***Steuerung*** und ***Kontrolle*** verbunden. (Siehe hierzu Abbildung 1.) So muss erstens sichergestellt werden, dass das Vorgedachte auch umgesetzt wird, wobei die Kontrolle das „Soll" aus der Planung mit dem tatsächlichen „Ist" vergleicht. Treten Abweichungen auf, sind geeignete Maßnahmen zur Gegensteuerung einzuleiten („feed back"-Lernen). Hieraus ergibt sich auch der geeignete Detaillierungsgrad der Planung, der im Regelfall dem des Detailgrades der Ist-Daten, die für den Kontrollprozess erhoben werden, entsprechen sollte. Eine detailliertere Planung kann jedoch dennoch sinnvoll sein, wenn der Planungsprozess als kontinuierlicher Lernprozess des ganzen Unternehmens verstanden wird. Hierbei fließen in zukünftige Planungsprozesse Erkenntnisse aus vergangenen Planungsprozessen sowie den Steuerungs-/ Kontrollprozessen ein („feed forward"-Lernen). Eine differenzierte Planung kann dabei ein tieferes Verständnis über Wirkzusammenhänge fördern.

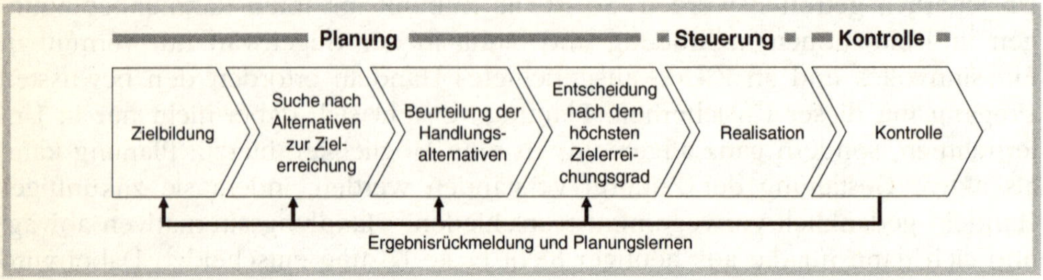

Abbildung 1: Der Planungsprozess in Phasen

Planung – Begriff und Wesen

Unter Planung versteht man die systematische zukunftsbezogene Festlegung von Zielen sowie der Mittel, Wege und Maßnahmen, die notwendig sind, um diese zu erreichen.
Hauptzwecke der Planung sind die Koordination, Integration und einheitliche Ausrichtung des gesamten Unternehmensgeschehens, das Erkennen von Risiken sowie die Reduktion von Komplexität und Risiken. Hierdurch wird sichergestellt, dass die richtigen Dinge getan werden (Effektivität) sowie die durchgeführten Aktivitäten richtig getan werden (Effizienz).
Eng verbunden mit der Planung ist die Kontrolle, da nur durch sie ein Vergleich von Soll- und Istgrößen möglich ist und so eine Erfüllung des Plans sichergestellt werden kann.

1.2 Das System der Unternehmensplanung

Unternehmen jeglicher Größenordnung – ob Start-up, Handwerksbetrieb, Mittelständler oder Großunternehmen – alle sehen sich in der heutigen Zeit einem zunehmend unsicher werdenden Umfeld, ständig wachsendem Wettbewerb und immer höheren Anforderungen der Kunden gegenüber. Nicht zuletzt deshalb ist es wichtig, sich im Rahmen der unternehmerischen Tätigkeit nicht auf ein reines „muddling through" („Durchwurschteln") zu beschränken, sondern zielstrebig das eigene Tun systematisch und regelmäßig zu überdenken. Hierzu dient die Unternehmensplanung, die als Instrument zur systematischen Entscheidungsvorbereitung verstanden werden kann. Das Planungssystem eines Unternehmens kann anhand der Elemente Pläne/ Planungsinhalt, Planungsprozesse und Planungsträger beschrieben werden.

In Unternehmen gibt es nicht die eine Planung. Vielmehr werden, wiederum je nach Unternehmensgröße und Branche, verschiedene Pläne unterschiedlichen Detailgrads und Tiefe erstellt, um der komplexen unternehmerischen Aufgabe Rechnung zu tragen. So kann zunächst zwischen einer Projektplanung und einer funktionalen Planung unterschieden werden. Während die ***Projektplanung*** eine zeitlich und inhaltlich begrenzte Aufgabe plant (z.B. Einführung eines neuen Softwaresystems), zielt die im Folgenden tiefer betrachtete ***funktionale Planung*** auf die in regelmäßigen Abständen wiederkehrende Beplanung der verschiedenen betrieblichen Funktionsbereiche. Nach Fristigkeit und Zeitraum kann zwischen strategischer und operativer Planung unterschieden werden. Die ***strategische Planung*** legt dabei fest, wo und wie sich das Unternehmen grundsätzlich im Markt betätigen will und welche Ziele hiermit realisiert werden sollen. Hierzu werden neben den Stärken und Schwächen des eigenen Unternehmens auch die Chancen und Risiken berücksichtigt, die sich aus dem weitestgehend unbeeinflussbaren Unternehmensumfeld ergeben. Der Planungshorizont (Zeitraum der Inhalte der Planung) erstreckt sich dabei i.d.R. auf fünf Jahre. Die strategische Planung gibt damit den Rahmen für die ***operative Planung*** vor. Diese konkretisiert die strategischen Ziele und Rahmenbedingungen für einzelne Teilbereiche und Teilfunktionen der Unternehmung und bricht diese auf kürzere Zeiträume (i.d.R. ein Jahr auf Monatsebene) herunter. Während die strategische Planung vorrangig fragt „Are we doing the right things?" geht es bei der operativen Planung um die Frage „Are we doing the things right?". Sowohl strategische, wie auch operative Planung sollen in den nächsten Kapiteln inhaltlich genauer betrachtet werden.

Hinsichtlich des ***Prozesses*** der komplexen unternehmerischen Planungsaufgabe können ***drei grundsätzliche Verfahren*** unterschieden werden: Die ***top-down-Planung*** leitet untergeordnete Teilpläne im Laufe des Planungsprozesses aus übergeordneten Plänen ab. Vorteilhaft ist hierbei die strikte Ausrichtung an den übergeordneten Unternehmenszielen. Im Rahmen der ***bottom-up-Planung*** folgen übergeordnete Pläne der Zusammenfassung untergeordneter Planungen und aggregiert so die Teilpläne der einzelnen Abteilungen und verbindet diese zu einem Gesamtplan. Hierbei erweist sich die genauere Detailkenntnis sowie eine höhere Motivation hierarchisch tieferer Ebenen als vorteilhaft.

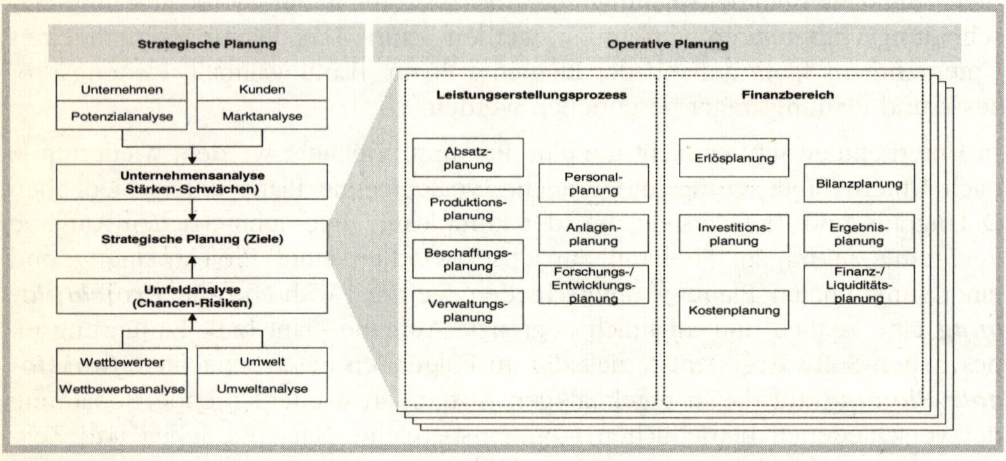

Abbildung 2: Strategische und operative Planung im Überblick

Das ***Gegenstromverfahren*** verbindet die Vorteile der beiden ersten Verfahren. So gibt zunächst die Unternehmensleitung Planungsziele als Eckwerte vor, die in einem top-down-Prozess detailliert und konkretisiert werden. In einem bottom-up-Prozess erfolgt dann eine Planung aus Sicht der einzelnen Teilbereiche, wobei schließlich durch eine Aggregation der Teilpläne die Einhaltung der Eckwerte überprüft wird. Bei Abweichungen erfolgt ein „Einrütteln" der Teilbereichsplanungen durch eine gegenseitige Abstimmung.

Die Planerstellung erfolgt in der Regel rollierend, d.h. dass bei einer strategischen 5-Jahres-Planung in 2002, die Jahre 2003 bis 2008 beplant werden. In der operativen Planung wird das Jahr 2003 konkretisiert. Im Jahre 2003 wird dann basierend auf dem letztjährigen Plan, die gesamte Planung überprüft und die

Periode von 2004 bis 2009 beplant, wobei das Jahr 2004 im operativen Plan konkretisiert wird.

Je nach Unternehmensgröße kann die Planung von unterschiedlichen Personen bzw. Stellen durchgeführt bzw. unterstützt werden (***Planungsträger***). Die Verantwortung für die Planung sollte aufgrund des damit verbundenen Lerneffekts sowie der Identifikation mit den geplanten Zielen immer beim Management liegen. Dieses wird jedoch in kleinen Unternehmen oft von einem Assistenten oder Mitarbeiter aus dem Rechnungswesen unterstützt. In großen Unternehmen erfolgt die Koordination der Planung i.d.R. durch das Controlling oder gar durch spezielle Planungsabteilungen. Während die strategische Planung in der Regel im Wesentlichen durch die Unternehmensspitze und deren unternehmerische Vision geprägt ist, erfolgt die operative Planung auf breiter Basis, um eine Identifikation mit den geplanten Zielen und damit eine entsprechende Mitarbeitermotivation zu erreichen.

BEISPIEL

ÜBERSICHT Planungskalender Jahresplanung 2003

Planungsschritte	Verantwortlich	Termine: Anfang	Termine: Ende
1. Unternehmenszielplanung	Geschäftsführung	Okt. 2001	Dez. 2001
2. Auswertung Vorjahresplanung und Prognose	Controlling	Jan. 2002	Feb. 2002
3. Erarbeitung Planungsprämissen	Controlling	Feb. 2002	Mrz. 2002
4. Strategieentwicklung	Geschäftsführung/ Führungskräfte/ Controlling	Jan. 2002	Apr. 2002
5. Erstellung Strategieplan	Controlling/ Geschäftsführung/ Führungskräfte	Apr. 2002	Mai 2002
6. Vorgaben für operative Planung	Controlling/ Führungskräfte	Jun. 2002	Aug. 2002
7. Erarbeitung der operativen Pläne	Führungskräfte/ Bereichsverantwortliche/ Controlling	Jul. 2002	Sep. 2002
7.1 Erste Planungsrunde	Führungskräfte/ Bereichsverantwortliche/ Controlling	Jul. 2002	Aug. 2002
7.2 Zweite Planungsrunde	Führungskräfte/ Bereichsverantwortliche/ Controlling	Aug. 2002	Sep. 2002
8. Ausarbeitung der Budgets	Führungskräfte/ Bereichsverantwortliche/ Controlling	Okt. 2002	Dez. 2002

Abbildung 3: Planungskalender (Beispiel)

Zur Einhaltung der Termine und Klärung von Verantwortlichkeiten hinsichtlich der Erstellung der Teilpläne wird i.d.R. ein ***Planungskalender*** erstellt, der ein abgestimmtes Vorgehen im Unternehmen sicherstellt. (Siehe hierzu Abbildung 3.)

2. Strategische Unternehmensplanung

Im Rahmen der strategischen Planung geht es um die Planung der grundsätzlichen Entwicklung des gesamten Unternehmens über einen längeren Zeitraum. Sie soll helfen, die unternehmerischen Visionen und Absichten in die Tat umzusetzen. Hierzu ist ein Handlungskorridor vorzugeben, der als Rahmen für operative Planungen und Entscheidungen dienen kann. Die strategische Planung baut dabei auf zwei Grundpfeilern auf: Der Analyse der Umfeldsituation und damit der Chancen und Risiken für das Unternehmen sowie der Analyse der internen Möglichkeiten im Sinne der Stärken und Schwächen des eigenen Unternehmens. Diese Überlegungen führen in Verbindung mit den Zielen und Vorstellungen des Unternehmers zu verschiedenen strategischen Alternativen, aus denen diejenige ausgewählt wird, die den größten Erfolg in Anbetracht der Chancen und Risiken des Umfelds sowie der Stärken und Schwächen des Unternehmens verspricht. (Siehe hierzu auch Abbildung 2.)

Strategische Planung – Wesen und Inhalte

Die strategische Planung beschäftigt sich dabei vor allem mit der Beantwortung der Frage,
- welche Produkte und Services,
- auf welchen Märkten,
- für welche Kunden,
- unter Einsatz welcher Mittel

vom Unternehmen längerfristig angeboten werden sollen. Unterstützt wird die Beantwortung dieser Frage durch die Analyse des Umfelds sowie des eigenen Unternehmens.

Die **Umfeld-Analyse** untersucht die Chancen und Risiken außerhalb der Unternehmung. Dies erfolgt einerseits im Rahmen der **Umweltanalyse** im Hinblick auf allgemeine Entwicklungen in den Bereichen Politik/ Recht, Natur, Soziales/ Kultur, Ökonomie und Technologie, andererseit im Rahmen der **Wettbewerbsanalyse** im Hinblick auf das Marktumfeld mit Marktsituation, Lieferanten, Abnehmern und potenziellen Neueinsteigern.

Umfeldanalyse

Die Analyse der ***allgemeinen Umweltbedingungen*** stellt sich die Frage, welche Veränderungen in folgenden fünf Sektoren zukünftig Einfluss auf das eigene Unternehmen ausüben werden:

- Ökonomie: Wie entwickeln sich die wichtigsten ökonomischen Größen, wie Bruttoinlandsprodukt, Arbeitslosenquote, Wechselkurse oder Konjunkturprognosen?
- Politik/ Recht: Welchen Einfluss auf die Marktentwicklung haben Wirtschafts-, Finanz-, Tarifpolitik oder neue Gesetzgebungsverfahren, wie bspw. Zölle, Haftungsfragen, Zulassungsbestimmungen für Lebens- oder Arzneimittel?
- Soziales/ Kultur: Wie entwickeln sich Demographie (z.B. Überalterung der Gesellschaft) und vorherrschende Wertemuster (z.B. Stellung der Frau in der Gesellschaft)?
- Natur: Welche ökologischen Belange bestehen hinsichtlich geplanter/ angebotener Produkte, Produktionsprozesse und benötigter Rohstoffe?
- Technologie: Welche Veränderungen ergeben sich im technologischen Umfeld – hinsichtlich der Fertigungstechnologie/ hinsichtlich der in den Produkten eingesetzten Technologien? Sind ältere Technologien dabei, von neueren abgelöst zu werden (z.B. mechanische Rechenmaschine und Computer)? Welche Implikationen ergeben sich hieraus für das eigene Geschäft?

Die zweite Analyseebene betrifft das ***engere ökonomische Umfeld***. Es wird versucht, die Wirkkräfte des direkten Markt- und Wettbewerbsumfelds zu identifizieren sowie Schlüsse für das zukünftige Agieren hieraus abzuleiten:

- Marktanalyse: Hierbei geht es um die Situation der Märkte, auf dem das Unternehmen tätig ist bzw. von denen es abhängig ist. Wie hat sich der Absatz der eigenen Produkte sowie des Marktes insgesamt entwickelt und wie wird er sich zukünftig entwickeln? Welche Absatzwege hat unser Unternehmen und wie entwickeln sich diese (Handelsmacht)? Wie entwickeln sich die wichtigsten Beschaffungsmärkte (Engpässe, Machtkonzentration bei Lieferanten etc.)?
- Wettbewerbsanalyse: Dieser Bereich betrifft die konkreten Wettbewerber des Unternehmens. Welche Wettbewerber gibt es, wie a-

gieren diese und was planen diese für die Zukunft? Welche Marktanteile haben sie? Gibt es potenzielle neue Wettbewerber oder Anbieter von Substitutprodukten?

Unternehmensanalyse

Im Gegensatz zur Umfeldanalyse gibt die Unternehmensanalyse Aufschluss über das Potenzial, die Leistungsfähigkeit des eigenen Unternehmens, seine Stärken und Schwächen. Ziel ist es, den ***strategischen Wettbewerbsvorteil*** des Unternehmens zu erarbeiten; den Vorteil also, der es gegenüber Wettbewerbern für die Kunden unverwechselbar macht. Hiermit ergeben sich auch hier zwei Analyserichtungen: Eine ***wertschöpfungszentrierte*** Untersuchung ermittelt die eigenen Stärken und Schwächen anhand der Unternehmensressourcen und -potenziale gegenüber der Konkurrenz. Eine ***kundenzentrierte*** Sichtweise setzt die eigenen Stärken und Schwächen in Relation zu den kritischen Erfolgsfaktoren des Marktes und damit der aus Kundensicht erwarteten Anforderungen an das eigene Unternehmen.

Die ***wertschöpfungszentrierte Analyse*** konzentriert sich auf die Identifikation von besonderen Fähigkeiten oder Kompetenzen des eigenen Unternehmens. Um diese aufzuspüren, ist eine systematische Betrachtung aller Aktivitäten des Unternehmens notwendig:

- Eingangslogistik: Alle Aktivitäten, die mit dem Eingang, der Lagerung und der Bereitstellung von Betriebsmitteln und Werkstoffen zusammenhängen.
- Operations: Alle Aktivitäten, die mit der Produkterstellung zusammenhängen.
- Ausgangslogistik: Alle Aktivitäten zur Auslieferung der Produkte.
- Marketing/ Vertrieb: Alle Aktivitäten der Werbung, Verkaufsförderung, Außendienst, Preisbestimmung, Vertriebswegewahl, etc.
- Service: Alle Tätigkeiten des Kundendienstes, der Wartung sowie besonderer Zusatzleistungen zu den angebotenen Produkten.
- Beschaffung: Alle Einkaufsaktivitäten des Unternehmens.
- Technologieentwicklung: Aktivitäten der Forschung und Entwicklung, der Bürokommunikation, Instandhaltungsverfahren, etc.
- Personalwirtschaft: Alle Aktivitäten der Beschaffung, Weiterbildung, Entlohnung, etc. des Personals.

- Unternehmensinfrastruktur: Alle Aktivitäten des Verwaltungsbereichs, wie Rechnungswesen, Finanzen, Public Relations, Planung.

Es geht darum einerseits Stärken des eigenen Unternehmens in einem oder mehreren dieser Bereiche aufzuspüren, die es von Konkurrenzunternehmen unterscheidet, andererseits die Schwächen gegenüber der Konkurrenz zu identifizieren.

Die ***kundenzentrierte Sichtweise*** ergänzt die wertschöpfungszentrierte Sichtweise, indem sie auf die aus Sicht des Marktes bzw. der Kundenanforderungen wichtigen Faktoren fokussiert. Es geht darum, die kaufentscheidenden Faktoren zu identifizieren. Sie kann damit auch als zusätzlicher Filter im Rahmen der Stärken- und Schwächenanalyse verstanden werden. Konkret gilt es, die subjektiv vom Kunden wahrgenommenen Vorteile des eigenen Unternehmens bzw. der Unternehmensleistung bspw. hinsichtlich Preis, Qualität, Service, Flexibilität und Termintreue zu ergründen.

Zusammen ergibt sich in Kombination mit den unternehmerischen Visionen und Zielvorstellungen ein Gesamtbild aus Stärken und Schwächen sowie Chancen und Risiken (SWOT – Strenghts/ Weaknesses/ Opportunities/ Threats), das es ermöglicht, aus dem Spektrum verschiedener strategischer Optionen ein erfolgversprechendes ***strategisches Programm*** zu bilden. Hierbei entsteht i.d.R. eine ***strategische Lücke***, als Diskrepanz zwischen der gewünschten Unternehmensentwicklung sowie der aktuellen Unternehmenssituation. Im Rahmen der operativen Planung gilt es, diese weiter zu konkretisieren und Maßnahmen zu planen, diese Lücke zu schließen.

3. Operative Unternehmensplanung und Budgetierung

Die operative Planung konkretisiert den strategischen Plan für einen kürzeren Zeitraum. Dabei kann zwischen einer Planung des tatsächlichen Leistungserstellungsprozesses und der Planung aus Finanzsicht (Budgetierung) unterschieden werden. Im Folgenden sollen die Komponenten einer operativen Planung in der groben Reihenfolge des Planungsablaufs beschrieben werden. (Siehe hierzu im Überblick nochmals Abbildung 2.) Dabei sei jedoch auf die Interdependenz der Teilpläne verwiesen. Dies führt in der Praxis dazu, dass mehrere Planungsrunden notwendig werden, in denen die Teilpläne sukzessive aufeinander abgestimmt und zu einem schlüssigen Ganzen integriert werden (Gegenstromverfahren). Je nach Unternehmensgröße und -branche schwanken auch hier der Detailgrad sowie die konkrete Ausgestaltung.

Operative Planung und Budgetierung – Wesen und Inhalte

Die **operative Planung** besteht aus eine Reihe von Teilplänen, die versuchen, das gesamte Unternehmensgeschehen in einem kurzen Zeitraum (i.d.R. 1 Jahr) aufeinander abzustimmen (Koordinationsfunktion) sowie die Umsetzung der Strategie sicherzustellen (Umsetzungsfunktion). Ausgehend von den geplanten Absatzmengen werden alle übrigen Bereiche sowohl mengenmäßig, inhaltlich wie auch monetär geplant. Unter **Budgetierung** als Element der operativen Planung wird die Aufstellung eines monetären Plans je Verantwortungsbereich für den beplanten Zeitraum verstanden. Dieser ist für den Bereichsverantwortlichen verbindlich.

Marketing-/ Absatzplanung

Ausgehend vom vorgegebenen Rahmen der strategischen Planung erfolgt zunächst die ***Marketingplanung***, die aus drei Teilen besteht. In einem ***Absatzplan*** wird festgelegt, wie viele Leistungen die Unternehmung in der zu planenden Periode absetzen kann und welcher Preis hierfür voraussichtlich erzielt wird. Hieraus lässt sich der geplante Umsatz ableiten. Der Absatzplan kann bei komplexeren Mehrproduktunternehmen bspw. produktbezogen, regional oder nach Kundengruppen differenziert erarbeitet werden. In einem ***Maßnahmenplan*** werden die marketingpolitischen Instrumente als angestrebte Maßnahmen im Marketing-Mix (4P's) festgelegt. Ein ***Kostenplan*** fasst die Marketingkosten zusammen, die sich aus dem Absatzplan und den hierfür notwendigen Maßnahmen ergeben.

Produktionsplanung

Die Produktionsplanung umfasst die Planung des ***Fertigungsprogramms***. Hierunter werden die Menge der im Planungszeitraum zu fertigenden Produkte und Produktvarianten verstanden. Aufbauend auf dem Absatzprogramm werden hierzu bspw. die bereits vorhandenen Lagerbestände oder möglicher Ausschuss bei der Produktion berücksichtigt. Im Rahmen der Planung des ***Fertigungsablaufs*** werden die für die Leistungserbringung des Fertigungsprogramms notwendigen Arbeitsschritte und damit auch notwendigen Anlagen- und Personalkapazitäten geplant. Hierbei werden auch die rückwirkenden Restriktionen auf die Absatzplanung deutlich. So können ggf. nicht die gesamten absetzbaren Bedarfe aufgrund von Kapazitätsbeschränkungen produziert werden.

Beschaffungsplanung

Mit der Festlegung des Fertigungsprogramms sind auch die für die Leistungserbringung notwendigen Rohstoffe, Komponenten, Halbfertigprodukte und nicht zuletzt Dienstleistungen Dritter über Stücklisten, Rezepturen und Arbeitspläne ableitbar, womit der ***Materialbedarfsplan*** abgeleitet werden kann. Zusammen mit der ***Materialbestandsplanung***, die die bereits auf Lager befindlichen Materialbestände plant, ergibt sich der ***Materialbeschaffungsplan***. Dieser stellt letztlich sicher, dass die benötigten Güter in den richtigen Mengen, zur richtigen Zeit, in der gewünschten Qualität, am richtigen Ort bereitgestellt werden.

Verwaltungsplanung

Im Rahmen der Verwaltungsplanung werden die Funktionsbereiche beplant, die nur einen indirekten Bezug zum Leistungserstellungs- und -vermarktungsprozess haben, wie das Rechnungswesen, der Servicebereich oder der Geschäftsführungsbereich. Hierbei werden die notwendigen Ressourcen und Kosten geschätzt, die zur Erbringung der geplanten Leistungen notwendig sind. (z.B. Ressourcenbedarf für die Bewältigung von x Lieferantenrechnungen in der Kreditorenbuchhaltung.)

Personalplanung

Die Personalplanung fasst die Elemente der funktionalen Teilpläne aus Personalsicht zusammen. Hieraus ergibt sich die ***Personalbedarfsplanung*** für das gesamte Unternehmen, die neben der quantitativen Dimension (Anzahl der Mitarbeiter) vor allem die benötigten Qualifikationen berücksichtigt. Im Rahmen der ***Personalentwicklungsplanung*** werden Veränderungen der Fähigkeiten des vorhandenen Mitarbeiterstamms berücksichtigt und der Mitarbeiterstamm so durch entsprechende Weiterbildungs- und Personalentwicklungsmaßnahmen ständig weiterentwickelt. Auch hier gilt es neben den inhaltlichen Aspekten und der Maßnahmenplanung eine entsprechende wertmäßige Personalkostenplanung zu erstellen.

Anlagenplanung

Im Rahmen der Anlagenplanung werden die aus der Produktionsplanung abgeleiteten Notwendigkeiten an Anlagen geplant. Zum einen sind dies ***Ersatzinvestitionen***, die für den Ersatz alter, nicht mehr zu gebrauchender Anlagegüter am Ende ihrer Lebensdauer notwendig werden. Andererseits sind dies ***Erweiterungsinvestitionen,*** die einer Erweiterung der Maschinenkapazitäten durch Anschaffung zusätzlicher Anlagegüter dienen.

F&E-Planung

Die F&E-Planung versucht, den Forschungs- und Entwicklungsbereich sowohl inhaltlich, wie auch wertmäßig zu planen. Hierzu gilt es festzulegen, welche F&E-Projekte mit welcher Intensität in der beplanten Periode durchgeführt werden sollen und welche Ressourcen hierzu notwendig sind. Dies ist insbesondere deshalb schwierig, weil der F&E-Bereich als „kreativer Wissenspool" nur sehr schwer hinsichtlich seines Outputs gemessen werden kann.

Bilanz-/ Ergebnisplanung

Die Erstellung der Planbilanz/ -ergebnisrechnung erfolgt auf Basis des geplanten Produktprogramms und der anderen operativen Teilpläne. Im Rahmen der Planergebnisrechnung gibt die Planung der Aufwendungen und Erträge eine Vorstellung vom planmäßigen Erfolg (Gewinn/ Verlust) der Periode. Die Planbilanz gibt Auskunft über die erwartete Vermögens- und Kapitalstruktur und kann der Ermittlung von Plan-Rentabilitätsgrößen dienen, so dass bei unbefriedigenden Situationen Abhilfe eingeplant werden kann. Diese können sich entweder auf Umplanungen im Leistungserstellungsprozess (höherer Absatz für höhere Erträge) oder aber im Finanzbereich (Umschichtungen Eigenkapital/ Fremdkapital; Verkauf von Vermögensgegenständen) führen.

Finanz-/ Liquiditätsplanung

Der Finanzplan ist eine Gegenüberstellung von Einnahmen und Ausgaben und hat das Ziel, die Liquidität des Unternehmens während der gesamten Planungsperiode sicherzustellen. Liquidität ist dabei die Fähigkeit des Unternehmens, seinen Zahlungsverpflichtungen jederzeit nachkommen zu können. So können rechtzeitig Liquiditätsengpässe identifiziert und durch geeignete Maßnahmen (Kreditaufnahme, etc.) behoben werden, um eine Zahlungsunfähigkeit und damit Insolvenz des Unternehmens zu verhindern oder aber zeitweilige Liquiditätsüberschüsse gewinnbringend anzulegen.

Investitionsplanung

Basierend auf den operativen Teilplanungen, vorrangig auf der Anlagenplanung, erfolgt im Rahmen der ***Investitionsprogrammplanung*** eine Zusammenschau all jener Anschaffungen/ Investitionen, die als Vermögensgegenstände in der Bilanz erscheinen und damit über einen mehrjährigen Zeitraum abgeschrieben werden. Neben den operativen Teilplanungen helfen auch ***Einzelinvestitionsplanungen***, die u.a. die notwendigen Zahlungsströme der individuellen Investitionsvorhaben auf Projektbasis ermitteln.

Ein wesentliches Element der operativen Planung stellt die ***Budgetierung*** dar. Ein Budget ist die verbindlich festgelegte und schriftlich fixierte Zusammenfassung der Sollgrößen für einen bestimmten Verantwortungsbereich bzw. Abteilung in einem Unternehmen. Der jeweilige Bereichsverantwortliche ist in engen Grenzen an dieses Bereichsbudget gebunden und wird an ihnen gemessen. In der Regel wird das Budget monetär festgelegt, so dass der Budgetverantwortliche für die von seinem Bereich zu erbringenden Leistungen eine gewisse Menge an Geld in der Planungsperiode zur Verfügung gestellt bekommt. (z.B. Vertrieb: Der Vertriebsleiter erhält ein Vertriebsbudget von 1,9 Mio. € für das nächste Jahr, um einen festgelegten Mindestumsatz zu erreichen.)

Abschließend soll festgehalten werden, dass die Planung einen wichtigen übergreifenden Bereich im Unternehmen darstellt. Sie lässt sich nur dann ausreichend verstehen, wenn man ein Gespür für die unternehmerischen Gesamtzusammenhänge, die Tätigkeiten und Ziele der einzelnen Unternehmensbereiche und damit die Verknüpfung der einzelnen Pläne entwickelt. Je nach Unternehmensgröße sollte bei der Planung der richtige Grad an Formalisierung und Detaillierung getroffen werden. So sollten insbesondere kleine Unternehmen ein gewisses Maß an systematischen planerischen Aktivitäten durchführen. Sie sollten sich hierbei jedoch auf die wesentlichen Schlüsselgrößen konzentrieren, um nicht durch einen übermäßig formalisierten Planungsprozess vom tatsächlichen Tun allzu sehr abgelenkt zu werden.

III. Aufbauorganisation

Die organisatorische Gestaltung eines Unternehmens soll die bestmögliche Voraussetzung zur Bewältigung zukünftiger Aufgaben schaffen. Ihre Gestaltung stellt so seit jeher eine der wichtigsten Aufgaben der Unternehmensführung dar. Geeignete Organisationsstrukturen haben für eine effiziente Umsetzung der Unternehmensstrategie zu sorgen und sind nicht zuletzt aufgrund eines sich stetig verändernden Unternehmensumfelds in wiederkehrenden zeitlichen Abständen einer kritischen Prüfung zu unterziehen. Das folgende Kapitel stellt hierzu die Grundlagen dar. Dabei stehen neben grundlegenden Organisationsstrukturmustern und der konkreten Aufgabenverteilung die Determinanten einer zielführenden Organisationsgestaltung sowie der Reorganisationsprozess selbst im Mittelpunkt der Betrachtung.

1. Grundlagen der Organisation

1.1 Organisation und Organisationsbegriff

Der Begriff der Organisation wird in Theorie und Praxis unterschiedlich verwendet. Man spricht in der Regel dann von einer ***Organisation***, wenn mehrere Personen in arbeitsteiligem Handeln mit einer gewissen Beständigkeit an einem gemeinsamen Ziel bzw. einer gemeinsamen Aufgabe arbeiten. Dabei ist es wichtig, die auf Einzelpersonen verteilten Aktivitäten aufeinander abzustimmen und durch eine formale Ordnung auf ein gemeinsames Ziel hin auszurichten. Gerade diese Merkmale sind es, die Organisationen wie Unternehmen – aber auch Vereine, Verbände, etc. – von anderen Menschenansammlungen, wie der Warteschlange am Bahnschalter unterscheiden.

So ***„ist“*** das Unternehmen nicht nur eine Organisation, es ***„hat“*** auch eine Organisation, die sich in einer entsprechenden Ordnung bzw. Regelungen niederschlägt, nach der das gemeinsame Miteinander abläuft. Das „***Organisieren***“ als Tätigkeit kann daher auch als das Schaffen solcher Ordnungen verstanden werden. Es handelt sich dabei um Regeln zur Festlegung der Aufgabenverteilung und Koordination, Verfahrensrichtlinien zur Vorgangsbearbeitung, Kompetenzabgrenzungen und Beschwerdewege, Weisungsrechte oder Unterschrifts- und Vertretungsbefugnisse. Sie alle sollen dazu dienen, das Handeln der Organisationsmitglieder, in Unternehmen also der Mitarbeiter, durch gewisse Einschränkungen zu bestimmen und damit vorhersehbar zu machen.

Traditionell wird in der deutschen Betriebswirtschaftslehre zwischen Aufbau- und Ablauforganisation unterschieden, obwohl diese Grenzen durch neue Konzepte wie Business Process Reengineering, Prozessorganisation oder Netzwerkorganisation zunehmend verschwimmen. Die ***Aufbauorganisation*** beschäftigt sich vorrangig mit der Zuordnung von Aufgaben, Personen und Sachmitteln auf Organisationseinheiten (Arbeitsteilung), sowie der Festlegung des Zusammenspiels selbiger durch Regelungen. Durch die Definition von Verantwortungsbereichen und Über- und Unterordnungsverhältnissen (Leitungssystem) ergibt sich hieraus die Organisationsstruktur. Die ***Ablauf-/ Prozessorganisation*** hingegen beschäftigt sich mit der Gestaltung und dauerhaften Strukturierung von

Arbeitsprozessen im Sinne logisch zusammenhängender Aktivitäten über mehrere Organisationseinheiten hinweg. Hierbei geht es vor allen Dingen um das Ziel eines möglichst reibungslosen Zusammenspiels der Akteure zur effizienten Erbringung eines Prozessergebnisses. Obwohl der Schwerpunkt der folgenden Ausführungen vorrangig im Bereich der Aufbauorganisation liegt, wird durch die enge Verwobenheit jedoch auch immer auf Aspekte der Ablauforganisation zurückgegriffen werden.

Wichtige Begriffe zur Beschreibung von Organisationen

Spezialisierung (Arbeitsteilung) – Grad, zu dem Tätigkeiten im Unternehmen auf verschiedene Stellen verteilt sind. (z.B. Anzahl unterschiedlicher Stellen)
Koordination – Grad, zu dem arbeitsteilige Stellen durch entsprechende Mechanismen aufeinander abgestimmt werden.
Standardisierung – Grad, zu dem Tätigkeiten von wiederkehrenden Routineverfahren bestimmt werden.
Konfiguration (Leitungssystem) – Grad der Hierarchie in Unternehmen. (z.B. Anzahl der Hierarchiestufen, Anzahl der einem Manager unterstellen Mitarbeiter)
Delegation (Kompetenzverteilung) – Grad der Verlagerung der Entscheidungsbefugnisse auf untere Hierarchieebenen. (z.B. Bedeutung, Anzahl der Entscheidungen auf der unteren Ebene)
Formalisierung – Grad, zu dem Regelungen schriftlich fixiert sind und Vorgänge dokumentiert werden.
(Kieser/ Kubicek (1992), S. 74 ff.)

Im Folgenden werden in einem ***ersten Schritt*** zunächst Ziele, Anforderungen und Entscheidungsfaktoren der Organisationsgestaltung aus Sicht des Managements erläutert. In einem ***zweiten Schritt*** geht es „bottom-up" um die bereits erwähnte Zuordnung von Aufgaben, Personen und Sachmitteln auf die kleinste organisatorische Einheit – die Stelle – sowie deren Aggregation zu größeren Organisationseinheiten, wie Abteilungen und Bereichen. Der ***dritte Schritt*** betrachtet „top-down" grundsätzliche Möglichkeiten der Gestaltung der Organisationsstruktur bzw. des Leitungssystems in Form gebräuchlicher Strukturtypen. Hierbei werden verschiedene Typen vorgestellt und bewertet. Der ***vierte Abschnitt*** schließlich betrachtet nicht mehr das Ergebnis einer Organisationsgestaltung, sondern vielmehr den (Re-) Organisationsprozess selbst. Dieser wird zum einen als Planungsproblem („Welche Schritte sind zur Gestaltung einer optimalen Organisationsstruktur nötig?") und zum anderen als Implementierungsproblem („Was muss zur erfolgreichen Einführung und Akzeptanzschaffung bei den Mitarbeitern beachtet werden?") erläutert.

1.2 Organisation als Gestaltungsaufgabe – „Structure follows Strategy"

Die Erfüllung der Unternehmensaufgaben bedingt einen gewissen Ordnungsrahmen, der die Zusammenarbeit zwischen Mitarbeitern und Führungskräften im Unternehmen sowie die Interaktion mit der Umwelt, den Lieferanten, Kunden, usw. festlegt. Die Gestaltung dieses relativ dauerhaft angelegten Rahmens in Form entsprechender Organisationsstrukturen hat für Unternehmen eine wichtige Bedeutung, da dieser nicht zuletzt über deren Wettbewerbsfähigkeit mitentscheidet.

Er muss einerseits innerhalb des Unternehmens für ***Stabilität*** sorgen, indem er die Entscheidungs- und Handlungsfreiheit der Organisationsmitglieder einschränkt. Dies hilft, bei wiederkehrenden Aufgaben entsprechende Abläufe und Entscheidungen nicht immer wieder aufs Neue durchdenken zu müssen und so die Effizienz zu steigern. Andererseits muss der Rahmen soviel ***Flexibilität*** besitzen, dass das Unternehmen auf wechselnde Umfeldbedingungen umfassend und zügig reagieren und neue sich bietende Marktchancen proaktiv nutzen kann. Organisation wird damit zu einer Herausforderung, die mit dem Dilemma Stabilität versus Flexibilität umzugehen hat.

Organisatorische Effektivität und Effizienz

Ziel der Organisationsgestaltung als Managementaufgabe ist die Etablierung „guter" Organisationsstrukturen. Diese gelten vor allem dann als „gut", wenn sie die organisatorische Effektivität und Effizienz sicherstellen:
Effektivität bezieht sich darauf, dass in der Organisation die richtigen Dinge getan und erreicht werden („do the right things"). Aktivitäten sind dann effektiv, wenn sie zur Erreichung eines angestrebten Ziels geeignet sind.
Effizienz bezieht sich darauf, mit welchem Mitteleinsatz die Ziele erreicht werden („do the things right"). Aktivitäten sind dann effizient, wenn sich die angestrebten Ziele möglichst kostengünstig und schnell erreichen lassen.
Für Organisationen sind dabei folgende konkretisierende Aspekte von Bedeutung, die im Rahmen der Organisationsgestaltung berücksichtigt und gegeneinander abgewogen werden müssen, da sie oft zu verschiedenen Organisationslösungen führen:

Markteffizienz – Wie gut hilft die Organisationsstruktur, den Markt und Kundenanforderungen Rechung zu tragen?

Prozesseffizienz – Wie gut stellt die Organisationsstruktur wirtschaftliche Abläufe und einfache Abstimmung innerhalb des Unternehmens sicher?

Ressourceneffizienz – Wie gut trägt die Organisationsstruktur einem wirtschaftlichen Einsatz der vorhandenen Ressourcen Rechnung?

Motivationseffizienz – Wie gut trägt die Organisationsstruktur zur Motivation und damit Arbeitseffizienz der Mitarbeiter bei?

Ein wichtiger Entscheidungsfaktor für die Gestaltung der Organisationsstruktur ist die Unternehmensstrategie. Ausgehend von der These des amerikanischen Historikers und Organisationsforschers CHANDLER ***„structure follows strategy“*** kann die Organisation als ein Instrument zur Umsetzung der unternehmerischen Visionen und Strategien verstanden werden. Je nach verfolgter Strategie können verschiedene Gestaltungsalternativen unterschiedlich bewertet werden. Strebt ein Unternehmen bspw. eine Preisführerschaft in seinem Marktsegment an, so gilt es, die Organisationsstruktur so zu gestalten, dass Kostenvorteile gegenüber der Konkurrenz erzielt werden können. Ausgehend von einem effizienten Fertigungsprozess sind auch die übrigen Prozesse, wie Vertrieb, F&E etc. möglichst kostensparend zu gestalten. Wird jedoch hingegen eine Differenzierungs-/ Qualitätsführerschaftsstrategie verfolgt, so sind die Prozesse eher flexibel zu gestalten, um möglichst schnell auf Kundenanforderungen reagieren zu können. Ferner sollten die Strukturen die nötigen Handlungsspielräume für Innovationen lassen.

Neben der Strategie des Unternehmens gilt es bei der Gestaltung von Organisationsstrukturen weitere ***Merkmale*** zu berücksichtigen:

- ***Unternehmensumwelt:*** Die Gestaltung der Organisationsstruktur wird zunächst durch Umweltbedingungen, wie der Wettbewerbsintensität auf den Märkten, soziokulturelle Aspekte oder dem politischen Klima beeinflusst. So führt eine hohe Sicherheit, Stabilität und Einfachheit in der Umwelt eher dazu, dass die Aufgaben im Unternehmen über längere Zeit konstant bleiben und sich eher stärker formalisierte und hierarchisch starrere Organisationen ausbilden. Im dynamischen, unsicheren und eher komplexeren Umfeld hingegen wird die Organisation eher weniger formalisiert, dezentral und an Aufgaben orientiert sowie netzwerkartiger geformt sein. Schließlich wird die Organisationsgestaltung durch gesetzliche Rahmenbedingungen eingeschränkt. So werden bspw. bestimmte Stellen vorgeschrieben. Teil- oder vollzeitliche Beauftragte sind für verschiedene Funktionen einzusetzen, wie Datenschutzbeauftragte (§§28 BDSG), Beauftragte für Arbeitssicherheit (§§5 ArbSichG, §719 RVO), Schwerbehindertenbeauftragte (§25 SchwbG), etc.

- ***Menschen***: Eine Organisationsstruktur kann nicht ohne Berücksichtigung der Menschen stattfinden, die in ihr als Organisationsmitglieder tätig sind. Außer bei Unternehmensneugründungen werden immer bereits Mitarbeiter mit spezifischem Know-how und Charaktereigenschaften vorhanden sein, die zumindest überwiegend in der neuen Organisationsstruktur ihren Platz finden müssen. Des Weiteren ist zu berücksichtigen, dass die Mitarbeiter bestimmte Erwartungen an die Organisation haben. So kann Unterforderung oder allzu monotone Arbeit ebenso wie Überforderung zur Demotivation führen und damit die Effizienz verringern.

- ***Technologie:*** Auch die eingesetzte Technologie im Unternehmen beeinflusst die Gestaltung der Organisationsstruktur. So gibt die eingesetzte Fertigungstechnologie (z.B. Einzelfertigung oder Massenfertigung) bestimmte Strukturen vor. Die Fließfertigung verlangt bspw. stabile eher starre Organisationsstrukturen, während eine Werkstattfertigung eher von Flexibilität geprägt ist. Im Verwaltungsbereich hat die eingesetzte Technologie (EDV-Systeme) vor allem Einfluss auf die Kommunikation und Leitungsstruktur. So können dem einzelnen Mitarbeiter zunehmend mehr Informationen zur eigenen Entscheidungsfindung bereitgestellt und so dezentrale Entscheidungsstrukturen geschaffen werden. Verbesserte Kommunikationsmöglichkeiten (E-Mail, Video-Conferencing) fördern die nichthierarchische Kommunikation im Unternehmen, die zu eher netzwerkartigen Strukturen denn Hierarchien führt.

- ***Lebenszyklus:*** Schließlich wird die Organisationsgestaltung auch durch die Entwicklungsphase beeinflusst, in der sich ein Unternehmen befindet. In ***Gründung*** befindliche Unternehmen oder recht junge Unternehmen ermöglichen einen vergleichsweise hohen Handlungsspielraum und Spontaneitätsfreiraum. Umfassende starre formale Regelungen bilden i.d.R. aufgrund eines geringen Maßes an repetitiven Tätigkeiten eher die Ausnahme. Mit zunehmendem ***Wachstum*** wird eine stärkere Differenzierung notwendig. Die hiermit verbundene abnehmende Überschaubarkeit und schwieriger werdende Steuerung und Kontrolle führt vermehrt zu formalen Organisationsregelungen. Unternehmen in der ***Reifephase*** können schließlich zu einer übermäßigen Formalisierung und Hierarchisierung tendieren. Diese muss durch entsprechende Revitalisierungs- und Reorganisationsmaßnahmen aufgefangen werden, um den ***Niedergang*** zu vermeiden. Neben diesem Lebenszyklus hat jedes Unternehmen ferner eine eigene Historie, die im Rahmen der Organisationsgestaltung zu berücksichtigen ist. So sind in eigentümergeführten Unternehmen oft stark auf eine Führungspersönlichkeit hin zugeschnittene Strukturen zu finden.

2. „Bottom-up-Organisation" – Bildung von Stellen, Abteilungen und Bereichen

2.1 Stellen und Abteilungen als Organisationseinheiten

Die Schaffung des organisatorischen Ordnungsrahmens erfordert i.d.R. die Aufteilung der unternehmerischen Gesamtaufgabe auf mehrere Personen (Differenzierung) sowie deren Abstimmung (Integration). Neben der schlichten Notwendigkeit zur Arbeitsteilung aufgrund der Aufgabenkomplexität ergeben sich auch Lern- und Spezialisierungsvorteile, die so ausgeschöpft werden können und so zu höherer Effizienz in der Problembearbeitung führen. Je stärker eine Organisation jedoch differenziert wird, umso mehr „Zentrifugalkräfte" werden frei, die eine konsequente ***Integration*** der Aktivitäten notwendig machen, also eine Ausrichtung der einzelnen Aufgaben auf das Gesamtziel der Organisation. Die organisatorische Strukturierungsaufgabe besteht nun darin, die Organisationseinheiten möglichst zweckmäßig zu bilden und zu institutionalisieren.

Die kleinste Organisationseinheit stellt die ***Stelle*** dar. Sie kann als ein nach Art und Menge festgelegter, von gewisser Dauerhaftigkeit geprägter Aufgabenkomplex für eine Person beschrieben werden, welcher zur Erfüllung ihrer Aufgaben entsprechende Informationen und Sachmittel zur Verfügung gestellt werden. Die Stelle ist dabei jedoch von einer konkreten Person unabhängig. So kann eine Stelle mit einer Person, mit mehreren Personen gleichzeitig (Personen sind untereinander austauschbar) oder mit mehreren Personen in zeitlicher Abfolge (z.B. Schichtarbeit) besetzt werden. Mit den Aufgaben werden dem Stelleninhaber gewisse Rechte und Befugnisse (***Kompetenzen***) übertragen, die er zur Erfüllung seiner Aufgaben benötigt.

Dabei sind zwei Arten von Kompetenzen zu unterscheiden: ***Durchführungskompetenzen*** beziehen sich auf die Ausführung der übertragenen Sachaufgaben (z.B. Entscheidungen über die Art und Weise der Aufgabenerfüllung). ***Leitungskompetenzen*** hingegen bestimmen das Verhalten zu anderen Stellen und stellen die Grundlage für Vorgesetzten-Mitarbeiter-Verhältnisse (hierarchische Über- und Unterordnung) dar.

Basierend auf dem Aufgabenspektrum sowie der Art der Kompetenzen können unterschiedliche ***Stellenarten*** unterschieden werden. Während Ausführungs- und Leitungsstellen als Linienstellen mit der unmittelbaren Durchführung der betrieblichen Hauptaufgaben betraut sind, haben Stabs-, Assistenz- und Dienstleistungsstellen als unterstützende Stellen nur indirekte Funktionen:

- Ausführungsstelle: Diese ist mit der Durchführung betrieblicher Aufgaben betraut (z.B. Produktion, Vertrieb, Schadensabwicklung in der Versicherung, etc.). Sie hat keine Leitungskompetenzen und kann somit anderen Stellen keine Weisungen erteilen. Entscheidungsspielräume beschränken sich ausschließlich auf ihren Aufgabenbereich.
- Leitungsstelle: Im Rahmen der Abteilungsbildung werden i.d.R. mehrere Stellen einer Leitungsstelle unterstellt. Diese ist mit fachlichen und disziplinarischen Leitungsbefugnissen ausgestattet und kann untergeordneten Stellen entsprechende Weisungen erteilen. Fachliche Leitungsbefugnisse beziehen sich auf die Art und Weise der Aufgabendurchführung („Wer soll was, bis wann, wo, wie oft tun?"). Disziplinarische Leitungsbefugnisse beziehen sich auf Umgang und Verhalten der untergeordneten Mitarbeiter (z.B. Regelung von Urlaubszeiten, Anwesenheitskontrolle, Bewilligung von Dienstreisen, Einstellung, Beförderung, Entlassung, etc.). Den Befugnissen steht die Verantwortung der Leitung für seine Mitarbeiter gegenüber. So müssen z.B. Anleitungs-, Informations- und Kontrollpflichten wahrgenommen werden (Einlernen der Mitarbeiter, Unterstützung und gemeinsame Problemlösung, etc.).
- Stabs-/ Assistenzstelle: Stabsstellen unterstützen Leitungsstellen in einem bestimmten Spezialgebiet. Sie helfen bei der fachspezifischen Informationssammlung und Entscheidungsvorbereitung oder durch fachliche Beratung, haben jedoch keinerlei Weisungsbefugnisse (z.B. Stabsstelle „Unternehmensplanung", Stabsstelle „Strategische Projekte"). Assistenzstellen haben ebenfalls keine Weisungsbefugnisse und dienen der allgemeinen Unterstützung einer Leitungsstelle (z.B. Vorstandsassistentin, Projektassistent, Chefsekretärin).
- Dienstleistungsstelle: In großen Unternehmen werden häufig Aufgaben von Linienstellen in zentralen Dienstleistungsstellen (Service-Centern) zusammengefasst. Oft weist der Begriff „Zentralabteilung"

auf diesen Umstand hin. Diese Stellen haben im Gegensatz zu reinen Stabsstellen beschränkte Weisungsbefugnisse in Form von Richtlinienkompetenzen und fachlichen Weisungskompetenzen. Mit Richtlinienkompetenzen können unternehmensweit gültige Rahmenregelungen vorgegeben werden (Einkaufsrichtlinie, Planungsrichtlinie, etc.).

Die Ziele und Aufgaben sowie Kompetenzen und Verantwortlichkeiten können für jede Stelle in Form von ***Stellenbeschreibungen*** (job descriptions) zusammengefasst werden. Dies hilft, alle Stellen im Unternehmen klar und lückenlos zu beschreiben, Leistungserwartungen schriftlich vorzugeben, Beziehungen und Abgrenzungen zu anderen Stellen zu regeln sowie klare Anforderungen an den Stelleninhaber zu formulieren. Ein Beispiel für eine Stellenbeschreibung liefert Abbildung 1.

Problematisch an Stellenbeschreibungen ist jedoch ihre Zeitpunktbezogenheit. So veralten sie in dynamischen Umfeldern recht schnell, so dass ein hoher Pflege- und Änderungsaufwand entstehen kann. Ferner fördern sie bei zu detaillierter Festlegung eine Überorganisation und unterstützen ein Verhalten bei Mitarbeitern, sich auf die in der Stellenbeschreibung genannten Aufgaben zu beschränken. Dies ist insbesondere kritisch, wenn von diesen eine gewisse Flexibilität und Spontaneität verlangt wird. In diesen Fällen sollten Stellenbeschreibungen relativ knapp und offen formuliert werden und ggf. durch stellenübergreifende Prozessbeschreibungen ergänzt bzw. gänzlich ersetzt werden.

STELLENBESCHREIBUNG	
Stelleninhaber	Herr Stubbe
Stellenbezeichnung	Leiter Rechnungswesen
Rang	Abteilungsleiter
Organisatorische Eingliederung	
Direkter Vorgesetzter	Geschäftsführer Finanzen und Rechnungswesen (Hr. Dr. Gmelner) Stellvertreter: Vorsitzender der Geschäftsführung (Hr. Benz)
Direkt unterstellte Stellen	Gruppenleiter Bilanzbuchhaltung (Fr. Metz) Gruppenleiter Debitorenbuchhaltung (Fr. Schmidt) Gruppenleiter Kreditorenbuchhaltung (Hr. Maier)
Stelleninhaber vertritt	Geschäftsführer Finanzen und Rechnungswesen (Hr. Dr. Gmelner)
Stelleninhaber wird vertreten durch	Gruppenleiter Bilanzbuchhaltung (Fr. Metz)
Inhaltliche Ausgestaltung	
Stellenziele	Zeitnahe Bereitstellung der Quartals- und Jahresabschlüsse sowie der Steuerbilanz Sicherstellung der Angemessenheit, Aktualität und Richtigkeit der Rechnungswesendaten sowie deren effiziente Bereitstellung Sicherstellung einer jederzeitigen Zahlungsfähigkeit (Liquidität)
Aufgaben	Erstellung Jahres-/Quartalsabschlüsse nach IAS Erstellung Steuerbilanz nach geltendem Recht Erstellung aller Steuervoranmeldungen und –erklärungen Steuerung und Kontrolle des Zahlungsverkehrs (Zahlungseingang und Forderungsmanagement) Geldanlage und Cash-Management Führung der unterstellten Bereiche und Mitarbeiter
Berichtspflichten	Monatsreport „Finanzen“ Sonderanalysen und -berichte nach eigenem Ermessen oder Aufforderung
Befugnisse	Bankvollmacht für folgende Konten: - Bankhaus Schlemm&Ertler, Kto: 273 22 22 - Volksbank Hofhausen, Kto: 222 21 23 Prokura gemeinsam mit einem Geschäftsführer
Unterschriften und Datum	

Abt. Organisation	GF Finanzen/ Rechnungswesen	Stelleninhaber

Abbildung 1: Beispiel Stellenbeschreibung

Zur Visualisierung der gesamten Leitungs-/ Stellenstruktur im Unternehmen dient das ***Organigramm***. Es stellt die Verteilung der betrieblichen Aufgaben, die Anzahl der hiermit betrauten Mitarbeiter sowie die hierarchische Ordnung der Stellen im Unternehmen dar. Durch Ergänzung um Namensangaben kann es ferner die personelle Besetzung der Stellen transparent machen. Ein Beispiel liefert Abbildung 2, die auch gebräuchliche Konventionen hinsichtlich der Darstellung aufzeigt. Bei großen Unternehmen werden zur besseren Übersichtlichkeit oft mehrere Organigramme verwendet, die über verschiedene Hierarchieebenen hinweg die einzelnen Bereiche differenzierter aufbrechen. In den Symbolen für die Stellen im Organigramm werden die Stellenbezeichnungen angegeben. Diese können durch weitere Informationen, wie den Namen des aktuellen Stelleninhabers, die Anzahl aller dieser Stelle unterstellten Mitarbeiter sowie ggf. ein Stellenkürzel ergänzt werden (vgl. hierzu ebenfalls Abbildung 2).

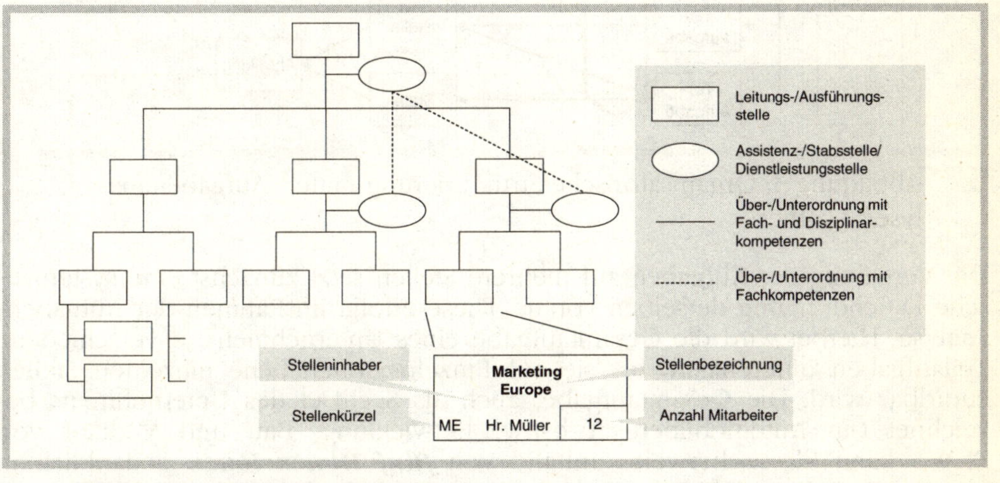

Abbildung 2: Organigramm

2.2 Stellen und Abteilungen als Ergebnis von Aufgabenanalyse und -synthese

Eine zielgerichtete Strukturierung der Gesamtaufgabe des Unternehmens sowie deren Verteilung auf mehrere Stellen in Form der ***Stellenbildung*** erfolgt in einem systematischen Prozess der ***Aufgabenanalyse und -synthese***. Dabei gilt es, die Gesamtaufgabe des Unternehmens zunächst in Teilaufgaben bzw. -prozesse zu unterteilen ***(Aufgaben-/ Prozessanalyse)***. Diese Aufgabenkomplexe werden dann einzelnen Organisationseinheiten dauerhaft zugeteilt ***(Aufgabensynthese und Stellenbildung)***. Um mehrere Stellen zu koordinieren, werden diese dann einer einheitlichen Leitungsstelle unterstellt, von der sie geführt werden ***(Abteilungsbildung)***. Die Abstimmung zwischen den Abteilungen erfolgt schließlich durch die ***Koordination*** der jeweiligen Schnittstellen mittels verschiedener Instrumente. (Einen Überblick über den Gesamtprozess liefert Abbildung 3.)

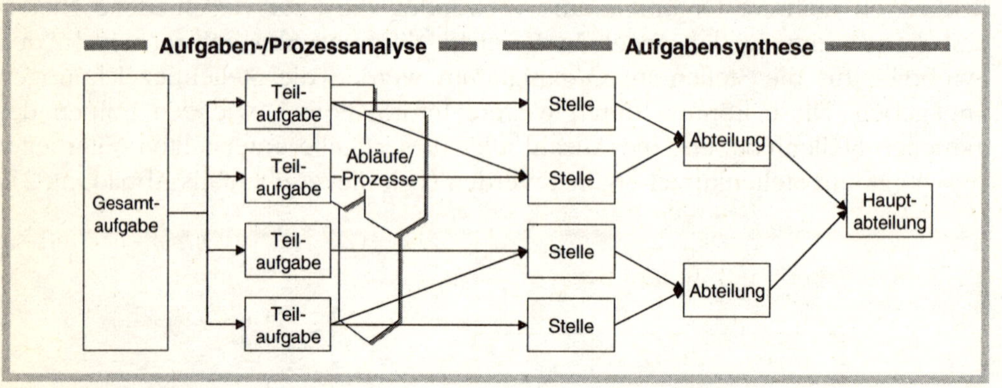

Abbildung 3: Organisatorische Strukturierung mittels Aufgabenanalyse/ -synthese

Die Verteilung der Aufgaben auf mehrere Stellen setzt zunächst eine systematische Durchdringung derselben voraus. Diese erfolgt im Rahmen der Aufgabenanalyse. Hierbei wird die Gesamtaufgabe eines Unternehmens in verschiedene Teilaufgaben differenziert, bis sie auf Einzelpersonenebene einzelnen Stellen zuordbar wird. Die Gesamtaufgabe, auch als Sachziel des Unternehmens bezeichnet (im Automobilbereich bspw. Entwicklung, Bau und Verkauf von PKW), kann klassischerweise anhand von ***fünf Dimensionen*** gedanklich in kleinere Einheiten zerlegt werden:

- Nach ***Verrichtungen*** (z.B. Pressen, Fräsen, Bohren, Nieten, Verkaufen),
- Nach ***Objekten*** (z.B. Aufgaben an Karosserie, Motor, Sitzen),
- Nach ***Phasen*** (nach Planungs-, Umsetzungs-, Kontrollaufgaben),
- Nach ***Rang*** (nach Entscheidungs- und Ausführungsaufgaben),
- Nach ***Zweckbestimmung*** (nach unmittelbar oder mittelbar auf die Erfüllung der Hauptaufgabe gerichteten Teilaufgaben).

Während die ersten beiden Dimensionen im Mittelpunkt der Analyse stehen, haben die übrigen drei Dimensionen unterstützende Funktion. Je nach Unsicherheiten im Marktumfeld oder Veränderlichkeit der Aufgaben sollten bei der Analyse weitere Dimensionen berücksichtigt werden, wie ***Variabilität*** (Unterschiedlichkeit der Aufgabe im Zeitverlauf), ***Neuartigkeit*** (Umfang an Ausnahmen), ***Interdependenz*** (Abhängigkeit von vor-/ nachgelagerten Stellen), ***Eindeutigkeit*** (Analysierbarkeit und Vorausbestimmbarkeit der Aufgabe). Hieraus wird auch deutlich, dass die Aufgabenanalyse nicht losgelöst von den Abläufen bzw. Prozessen gesehen werden kann. Vielmehr muss sie um eine ***Ablauf-/ Prozessanalyse*** ergänzt werden, die die Gesamtaufgabe von Unternehmen nach Prozessen zerlegt. Diese können als ganzheitliche Tätigkeitsfolgen mit klarem Anfang und Ende (i.d.R. vom Kunden her zum Kunden hin) verstanden werden. Ziel hierbei ist es, sich Klarheit über die Zusammenhänge zwischen den Aufgaben zu verschaffen, so dass keine unnötige Zerteilung der Arbeitsabläufe erfolgt. Im Ergebnis entsteht ein ***Aufgabengliederungsplan***, der neben den Teilaufgaben auch Erkenntnisse aus der Ablaufanalyse enthält.

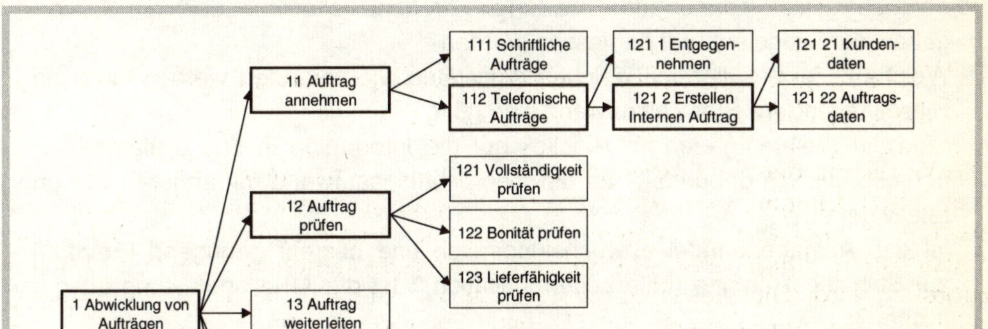

Abbildung 4: Beispiel Aufgabengliederungsplan

Aus dem Aufgabengliederungsplan können nun durch Zusammenfassung von (Teil-)aufgaben Stellen gebildet werden, die ein auf das durchschnittliche Leistungspotenzial eines Mitarbeiters zugeschnittene Pensum an (Teil-)Aufgaben umfassen. Bei der Zuordnung ist zu berücksichtigen, dass zu den so zugewiesenen bekannten überschaubaren Aufgaben im Alltagsgeschäft zwei weitere Aufgabentypen hinzukommen, die die Kapazität eines Mitarbeiters beeinflussen.

Einerseits sind dies ***dispositive Aufgaben***, die relativ überschaubar, aber erst gewisse Zeit im Voraus bekannt sind. Diese werden dem Mitarbeiter i.d.R. in Form von Projekten übertragen (z.B. Einführung einer neuen Software, etc.). Andererseits sind es plötzlich auftauchende, im Voraus nicht bekannte ***Ad-hoc-Aufgaben***, die dem Mitarbeiter spontan übertragen werden („Der Vorstand benötigt morgen früh eine Aufstellung der Marketingausgaben der letzten 5 Jahre!"). Schließlich sollten dem Mitarbeiter auch gewisse Freiräume zur Eigeninitiative eingeräumt werden, in denen er Aufgaben selbst wählen kann.

Checkliste zur Stellenbildung

Welches Ziel wird mit der Stelle verfolgt? Welchen Bezug hat es zu den Unternehmenszielen? Können die Erwartungen an den Stelleninhaber durch Sollvorgaben klar festgelegt und gemessen werden?
Welche Objekte sollen mit welchen Aktivitäten wie verändert werden? Welche Hilfsmittel und welcher Zeitaufwand sind nötig?
Sind die (Teil-)aufgaben im Hinblick auf die Integration in das Gesamtunternehmen sinnvoll gebündelt? Ist der Koordinationsaufwand mit anderen Stellen relativ gering?
Ist das Aufgabenbündel abwechslungsreich und besteht genügend Freiraum zur Selbstbestimmung (Mitarbeitermotivation)? Ist die Arbeitsbelastung ausgeglichen?
Ist das Stellenprofil realistisch besetzbar? Sind bestehende Berufsbilder ausreichend berücksichtigt?

Die einzelnen Stellen sind im Unternehmen nicht unabhängig nebeneinander. Vielmehr werden sie in einem weiteren Schritt nach Kriterien geordnet und zu Abteilungen zusammengefasst. Dies ermöglicht zum einen die Entlastung der Unternehmensleitung über die Möglichkeiten der Delegation ganzer Aufgabenbereiche. Zum anderen erleichtert die Zusammenfassung von Stellen zu relativ geschlossenen Verantwortungsbereichen die Abstimmung der Stellen innerhalb der Abteilung sowie die Kommunikation mit anderen Abteilungen. Hinsichtlich der Frage, welche Stellen in einer Abteilung zusammengefasst werden sollen, gilt es, einerseits darauf zu achten, dass die Stellen relativ homogen und zusammengehörig sind. Dies ermöglicht die Minimierung des Koordinationsaufwandes über Abteilungsgrenzen hinweg. Andererseits sollten nur so viele Stellen zusammengefasst werden, wie durch einen Abteilungsleiter geführt werden können. Die Anzahl der geführten Stellen wird auch als ***Leitungsspanne*** bezeichnet. Sie sollte eher gering sein und beträgt meist zwischen 6 und 40 Personen.

3. „Top-Down-Organisation" – Grundformen als Basismodelle der Organisation

3.1 Auswahl der geeigneten aufbauorganisatorischen Leitungsstruktur

Nachdem im letzten Kapitel die detaillierte Zuweisung von Aufgaben an Stellen beschrieben wurde, geht es im Folgenden um die Bildung der grundsätzlichen Leitungsstruktur des Unternehmens (***Primärorganisation***). Auch diese hat sich an den organisatorischen Gestaltungskriterien der Effizienz und Effektivität auszurichten und zielt auf die hierarchische Willensbildung und -durchsetzung innerhalb der Organisation. Die verschiedenen Stellen und Abteilungen können hierzu in unterschiedlichster Weise miteinander kombiniert werden, was in der Praxis auch in vielfältigster Weise erfolgt. Die wichtigste gestalterische Entscheidung ist hierbei die dominante Art der dauerhaften Arbeitsteilung auf der zweiten Führungsebene (***Organisationsform der Primärorganisation***). Es muss also entschieden werden, nach welchen Kriterien die Aufgaben auf der zweiten Ebene unterhalb der Geschäftsführung differenziert werden sollen. Da die Art der Primärorganisation zentrale Auswirkungen auf die Entscheidungsfindung/ -durchsetzung und Koordination im Unternehmen hat, gilt es, die Vor- und Nachteile verschiedener Alternativen abzuwägen.

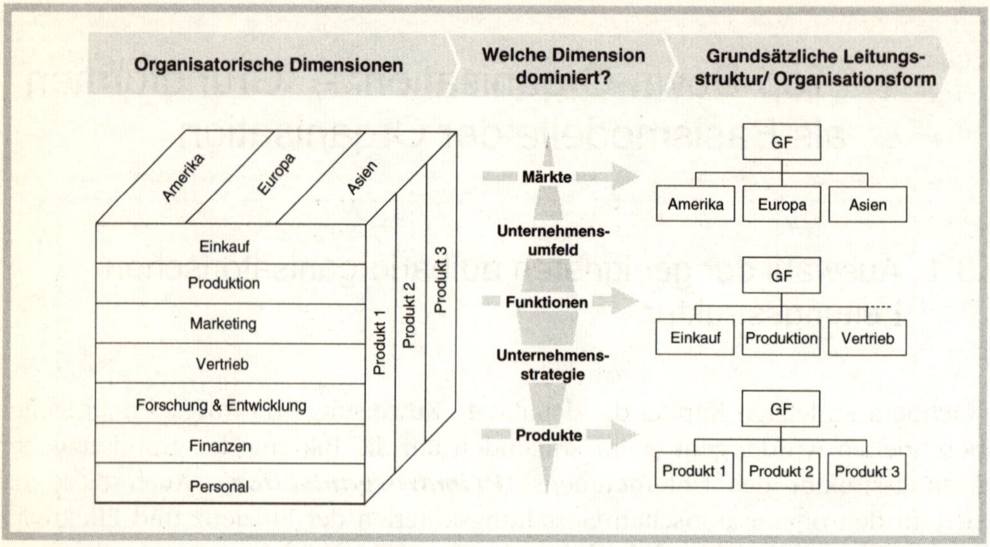

Abbildung 5: Von organisatorischen Dimensionen zur grundsätzlichen Leitungsstruktur (In Anlehnung an Nauer (1993), S. 227.)

Am Beispiel der wichtigsten organisatorischen Dimensionen Markt, Produkt und Funktion kann dies erläutert werden (vgl. hierzu Abbildung 5). Hierzu gilt es vor dem Hintergrund der Strategie und Umfeldsituation des Unternehmens, die dominante Dimension auszuwählen. Der Abwägungsprozess von Vor- und Nachteilen führt dann letztlich zur entsprechenden Organisationsform. Agiert ein Unternehmen beispielsweise auf sehr unterschiedlichen Märkten, in denen relativ heterogene Kundenbedürfnisse vorliegen, so kann eine Gliederung der Organisation nach Märkten sinnvoll sein. Besitzt es hingegen ein sehr heterogenes Produktportfolio, so ist eher eine produktorientierte Gliederung sinnvoll.

3.2 Aufbauorganisatorische Grundformen

Für die Gestaltung der Primärorganisation haben sich verschiedene Grundformen herausgebildet, die nachfolgend betrachtet werden. Hierbei kann zwischen eindimensionalen und mehrdimensionalen Grundformen unterschieden werden. Bei ***eindimensionalen*** Organisationsformen dominiert eine einzelne Dimension, nach der die Organisation wie bereits beschrieben gestaltet wird. Kann keine einzelne Dimension gefunden werden, die eine dominante Rolle hinsichtlich der unternehmerischen Zielerreichung einnimmt, so sind auch komplexere, ***mehrdimensionale*** Formen denkbar, die auf mehr als eine Gliederungsoption zurückgreifen. Neuere Organisationsstrukturen können auch unter Hinzunahme der Ausgliederung rechtlich und wirtschaftlich selbstständiger Unternehmenseinheiten gebildet werden. Dabei arbeiten diese selbstständigen Unternehmen gemeinsam an der Erreichung bestimmter Ziele zusammen.

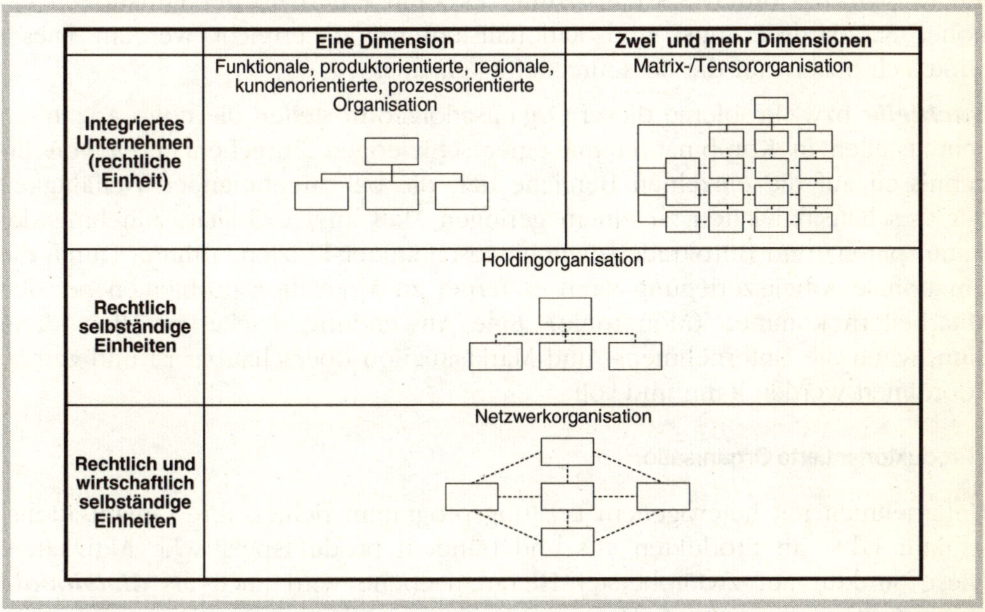

Abbildung 6: Aufbauorganisatorische Grundformen

3.2.1 Eindimensionale Organisationsstrukturen

Bei eindimensionalen Organisationsstrukturen dominiert eine organisatorische Dimension, nach der das Unternehmen zielführend gestaltet werden kann. Konkret kommen hierfür die Dimensionen ***Funktion, Produkte, Märkte/ Kundengruppen oder Unternehmensprozesse*** in Frage.

Funktionale Organisation

Von einer funktionalen Organisationsstruktur wird dann gesprochen, wenn die zweitoberste Hierarchieebene einer Unternehmung eine Spezialisierung in Funktionen aufweist. Kernfunktionen sind hierbei gewöhnlich die Bereiche Forschung & Entwicklung, Einkauf, Produktion, Marketing/ Vertrieb. Wichtige unterstützende Funktionen sind hierbei z.B. Finanzen und Personal. Die Funktionalstruktur stellt die einfachste in der Praxis vorkommende Organisationsform dar und findet in der Regel bei kleineren Unternehmen oder Einproduktunternehmen Verwendung. Bei zunehmender Größe oder Diversifikation nimmt der Koordinationsaufwand funktionaler Stellen meist überproportional zu.

Vorteile der funktionalen Organisation sind die maximale Nutzung funktionalen Know-hows durch Spezialisierung. Es kann innerhalb der Funktionen ein hoher Standardisierungs- und Rationalisierungsgrad erreicht werden. Dieser wirkt sich positiv auf die Ressourceneffizienz aus.

Nachteile bzw. Probleme dieser Organisationsform stellen die hohe Anzahl an Schnittstellen in Kombination mit einer schwierigen Zurechenbarkeit von Ergebnissen auf die einzelnen Bereiche dar, die bei zunehmender Vielfältigkeit der Geschäftsaktivitäten zu einem geringen Maß an Flexibilität, zunehmender Intransparenz und Bürokratie sowie eingeschränkter Effizienz führen. Durch die funktionale Arbeitszerlegung kann es ferner zu Motivationsproblemen bei den Mitarbeitern kommen (Monotonie). Eine Anwendung macht vor allem dann Sinn, wenn die Unternehmens- und Marktsituation überschaubar ist und zentral koordiniert werden kann und soll.

Produktorientierte Organisation

Unternehmen mit heterogenem Leistungsprogramm richten ihre Organisationsstruktur i.d.R. an Produkten aus und bündeln produktspezifische Aktivitäten. Diese Struktur auf zweitoberster Hierarchieebene wird auch als ***divisionale Organisation*** bezeichnet. Die einzelnen produktbezogenen Divisionen oder Sparten werden dann weitgehend autonom mit entsprechender Ergebnisverantwortung geführt und damit als „Unternehmen im Unternehmen" (***Profit-Center***) verstanden. Jede Division hat daher die notwendigen Funktionalbereiche untergeordnet.

Vorteile der produktorientierten Organisation sind die maximale Nutzung des produktbezogenen Know-hows durch Fokussierung und Bündelung. Die Geschäftsführung wird in ihrer Koordinationsfunktion wesentlich entlastet – bei gleichzeitig höherer Ergebnistransparenz (Profit-Center-Gedanke).

Nachteile hat diese Organisationsform vor allem hinsichtlich einer schwierigen einheitlichen Ausrichtung des Gesamtunternehmens, da Geschäftsbereichsegoismen oft gesamteffizientes Agieren verhindern können. Die effektive Nutzung des funktionalen Know-hows sowie das Wissensmanagement werden durch mehrere gleichartige Funktionalbereiche erschwert. Die Gesamtkoordination erfordert fortschrittliche und umfassende Führungs- und Kontrollinstrumente, die durch Spezialisten auf Ebene der Gesamtleitung betreut werden.

Eine Anwendung macht damit vor allem bei größeren Unternehmen mit vielfältigem heterogenem Leistungsprogramm Sinn.

Regionale/ kundenorientierte Organisation

Diese Organisationsform ist auf zweitoberster Führungsebene an Märkten ausgerichtet, welche i.d.R. wie die divisionale Organisation als Profit-Center geführt werden. Hinsichtlich der Führung und Organisation unterscheidet sie sich daher kaum von dieser. Basis für die Bildung der Subsysteme stellt im Unterschied zur eher technologischen produktbezogenen Orientierung der bisher betrachteten Organisationsformen eine explizit am Markt ausgerichtete Struktur dar, wobei sich regionale und kundenorientierte Formen unterscheiden lassen. Im Rahmen der ***regionalen Organisationsstruktur*** erfolgt eine Spezialisierung auf räumliche Regionen. Entscheidende Kriterien sind hierbei bspw. die Marktnähe, sprachliche oder soziokulturelle Unterschiede der Absatzpartner. Eine internationale Regionengliederung ist vor allem bei Großunternehmen zu finden. Auf nationaler Ebene sind i.d.R. Filialbetriebe regional gegliedert (z.B. Handelsunternehmen, Banken, Systemgastronomie).

Vorteile dieser Form liegen in einer klaren Verantwortungszuweisung für eine regionale Markterschließung, Flexibilität und Kundennähe durch unmittelbaren Marktkontakt sowie hohe Transparenz. Sie wirkt sich damit positiv auf die Markteffizienz aus.

Nachteilig wirken sich demgegenüber notwendige Doppelbesetzungen in den Regionen mit den hieraus entstehenden Kosten und Koordinationsproblemen aus. Eine zweite Ausprägung dieser Organisationsform stellt die ***kundenorientierte Organisationsstruktur*** dar. Sie ist nach Kundengruppen segmentiert und findet in der Regel dann Anwendung, wenn sehr unterschiedliche Kundengruppen mit ähnlichen Leistungen bedient werden. Als Beispiele können die Lebensmittelindustrie (Einzelhandel, Großhandel, Gastronomie/ Großküchen), Pharmaindustrie (Einzelpatienten/ Ärzte, Krankenhäuser), Softwarefirmen (Banken/ Versicherung, Handel, Industrie, Öffentlicher Bereich) dienen.

Prozessorientierte Organisation

Eine Weiterentwicklung der funktionalen Organisation bei gleichzeitig stärkerer Ausrichtung auf den Kunden ist die ***Prozessorganisation***. Diese trägt der in neuerer Zeit verstärkt fokussierten Dominanz der Ablauf- über die Aufbauorganisation Rechnung. Gliederungskriterium hier sind die wichtigsten ***Kernprozesse*** im Unternehmen, die es in der Aufbauorganisation abzubilden gilt. Kernprozesse werden verstanden als die zur Bewältigung der Gesamtaufgabe wichtigsten Aktivitätenketten, die den Wettbewerbsvorteil des Unternehmens ausmachen. Sie beginnen in der Regel beim Kunden und enden bei diesem. Als Beispiele seien der Leistungserbringungsprozess (Aufnahme der Kundenwünsche, über die Leistungserstellung, Auslieferung an den Kunden, Rechnungsstellung bis hin zur Nachkaufbetreuung des Kunden) oder der Produktentwicklungsprozess (Identifikation der Kundenbedürfnisse bis hin zur Fertigstellung eines produktions- und vermarktungsfähigen Produktes) genannt. Eine weitere Arbeitsteilung innerhalb der Prozesse kann dann nach Funktionen, Falltypen (z.B. Standard-, Problemfälle) oder Kundengruppen erfolgen. ***Supportprozesse*** unterstützen die Kernprozesse ohne einen direkten Marktbezug quasi als Zulieferer. Übergreifende funktionale Aufgaben, wie Personal, Recht, Rechnungswesen, etc. werden ergänzend in Zentralabteilungen organisiert und nicht in die Kernprozesse eingegliedert. Aufgaben werden bei dieser Organisationsform unter zunehmender Auflösung der Abteilungsgrenzen zunehmend auf Teams übertragen.

Vorteilhaft bei dieser Form ist die durchgängige Prozesssicht, die eine Kundenorientierung mit effizienten Abläufen verbinden soll, so dass eine positive Wirkung auf die Prozesseffizienz ausgeht. Die vielfältigen Tätigkeiten der einzelnen Mitarbeiter in Teams wirken positiv auf deren Motivation.

Damit direkt verbundener ***Nachteil*** sind jedoch die hohen Anforderungen an die Mitarbeiter. Ferner führt diese Form der Organisation zu hoher interner Komplexität und kann zu Instabilität neigen.

3.2.2 Komplexe Organisationsstrukturen

Reicht eine einzelne organisatorische Dimension zur Gliederung aus Strategiesicht nicht aus, so können komplexere Organisationsformen Verwendung finden. Zum einen kann gleichzeitig auf zwei (Matrixorganisation) oder mehr (Tensororganisation) Dimensionen zurückgegriffen werden. Zum anderen sind Konstellationen mit rechtlich eigenständigen Gesellschaften (Holdingstruktur) oder gar Strukturen mit rechtlich und wirtschaftlich selbstständigen Einheiten denkbar (Netzwerkorganisation).

Matrixorganisation/ Tensororganisation

Im Rahmen der ***Matrixorganisation*** überlappen zwei Führungs-/ Organisationsdimensionen auf einer Ebene. Hierbei ist die Idee, die Koordinationsprobleme eindimensionaler Divisionsstrukturen durch eine gleichberechtigte zweite

Ebene zu beheben. So können bspw. eine regionale Struktur (Länderbereiche Amerika, Europa, Asien) und eine Produktstruktur (Medizingeräte, Telekommunikations-/ Netzwerktechnik, Haushaltsgeräte) parallel bestehen. Von einer ***Tensororganisation*** wird gesprochen, wenn eine Segmentierung nach drei oder mehr Dimensionen erfolgt. Die folgenden Ausführungen sind hierauf übertragbar, wobei eine noch höhere Komplexität als bei Matrixorganisationen vorliegt. Durch die Mehrdimensionalität kommt es bei dieser Organisationsform zu einem Mehrliniensystem und Kompetenzüberschneidungen. D.h., dass Stellen fachlich von zwei oder mehr Vorgesetzten geführt werden. In einer Regionen-Produkt-Matrix hat bspw. ein deutscher Produktmanager sowohl zur Sicherstellung einer einheitlichen Produktpolitik einen internationalen Produktmanager, wie auch zur Durchsetzung der Länderinteressen einen Regionen-/ Länderverantwortlichen als fachlichen Vorgesetzten.

Vorteile dieser Organisationsform liegen vor allem in einer höheren Flexibilität in der Berücksichtigung wettbewerbsrelevanter Aspekte, kürzeren Kommunikationswegen, der Notwendigkeit der Konsensfindung unter Einbezug mehrerer Sichtweisen und Standpunkte sowie der Vorrang von Sachkompetenz vor hierarchischer Position.

Nachteilig erweist sich vor allem die mit der Mehrlinienstruktur zusammenhängende Gefahr von Machtkämpfen und Kompetenzkonflikten, eine schwerfällige Entscheidungsfindung sowie eine aufwendige Regelung von Kompetenzen. Ferner ist für die Einführung dieser Organisationsform ein hoher Bedarf an qualifizierten Managern gegeben. Auch die Zuweisung von Erfolgen und Misserfolgen erweist sich aufgrund der Mehrdeutigkeit als schwierig. Eine Anwendung ist vor allem in großen Unternehmen und komplexen und heterogenen Marktsituationen sinnvoll, bei denen mehr als eine Gliederungsdimension für die Wettbewerbsfähigkeit des Unternehmens notwendig ist.

Holdingorganisation

Die Holdingorganisation ist ein Verbund mehrerer rechtlich selbstständiger Gesellschaften unter einer einheitlichen Leitung (Konzern). Die Dachgesellschaft des Konzerns wird auch als ***Holding*** bzw. ***Konzernzentrale*** bezeichnet, während die untergeordneten Gesellschaften rechtlich selbstständige Tochtergesellschaften sind. In ihrer Ausrichtung ähnelt die Holdingorganisation der funktionalen bzw. divisionalen Organisation, jedoch mit rechtlich selbstständigen Gesellschaften anstelle von Bereichen bzw. Abteilungen. So können bspw. unter der Holding eine Produktions-GmbH, eine Vertriebs-GmbH Inland sowie unterschiedliche ausländische Vertriebsgesellschaften gebildet werden. Je nach Umfang und Art der von der Holding ausgeübten Steuerungseingriffe in die Tochtergesellschaften können drei Arten der Holdingorganisation unterschieden werden: Die *„**Operative Holding**“* übernimmt die strategische wie auch die operative Leitung der Tochtergesellschaften und ist durch eine große Einflussnahme in das Geschäft derselben gekennzeichnet. Die Töchter sind i.d.R. zu einer umfassenden operativen Berichterstattung verpflichtet (z.B. Bestände, Absatzmengen, Kosten). Die *„**Management Holding**“* konzentriert sich hingegen vorrangig auf die strategische Führung des Konzerns. In das operative Geschäft der Tochtergesellschaften greift sie nur im Notfall ein. Demnach obliegen den Tochtergesellschaften die operative Leitung sowie die regelmäßige ergebnisorientierte Berichterstattung (z.B. Gewinn, Umsatz nach Segmenten, Kosten). Operative Details werden lediglich auf Anfrage an die Holding geleitet. Die *„**Finanzholding**“* steuert den Konzern lediglich über die Vorgabe finanzieller Ziele. Sowohl die strategische, als auch die operative Leitung obliegt vollständig den Tochtergesellschaften, welche zur aggregierten Berichterstattung über die finanzielle Zielerreichung (z.B. Gewinn, Rendite) verpflichtet sind. Vor- und Nachteile entsprechen denen der funktionalen bzw. divisionalen Organisation.

Ergänzend erweisen sich als ***Vorteile*** überwiegend die höher Flexibilität des Gesamtunternehmens sowie die hohe Transparenz und Klarheit hinsichtlich der Verantwortlichkeiten und Kompetenzen wie auch der Zurechenbarkeit der Ergebnisse zu den Teilbereichen. Neben einer Förderung des unternehmerischen Denkens des Managements der Tochtergesellschaften erleichtert die rechtliche Selbstständigkeit auch die Umstrukturierung sowie den Verkauf einzelner Geschäftsfelder/ Tochtergesellschaften.

Als ***Nachteil*** ist der höhere Aufwand zu nennen, der mit der rechtlichen Selbstständigkeit der Töchter einhergeht (rechtliche Gestaltung, Bilanzierungs-/ Buchführungspflichten, Geschäftsführer in den Tochtergesellschaften, etc.). Eine Holdingstruktur ist damit vor allem für mittlere und große Unternehmen geeignet, die ein recht breites Leistungsspektrum aufweisen.

Netzwerkorganisation

Mit zunehmend dynamischer und unsicherer Umfeldfaktoren lösen sich auch die klaren Unternehmensgrenzen in bestimmten Bereichen zunehmend auf. Im Ergebnis entstehen Netzwerkorganisationen aus rechtlich und wirtschaftlich selbstständigen Unternehmen. Diese arbeiten in einem ***Kooperationsverbund*** abgestimmt zusammen und verfolgen dabei langfristig einheitliche Ziele. Die Art der Zusammenarbeit in einem Netzwerk sowie die Koordination der Aktivitäten kann dabei auf einem breiten Spektrum sehr unterschiedlich sein: So ist auf der einen Seite eine hierarchische Zusammenarbeit mit strikten Über- und Unterordnungsverhältnissen denkbar, wie es in der Automobilindustrie in Form der Zuliefererpyramiden üblich ist, die von einem Automobilunternehmen strategisch geführt werden. Franchising stellt bspw. eine Zwischenform dar, bei der einerseits die Franchisenehmer vom Gesamtsystem profitieren (Einkaufsvorteile, Marke) und daher entsprechende Vorgaben vom Franchisegeber in Kauf nehmen. Ansonsten agieren die Franchisenehmer mit entsprechenden unternehmerischen Freiheiten mehr oder weniger unabhängig. Auf der anderen Seite können die Unternehmen in einer partnerschaftlichen Weise gleichberechtigt zusammenarbeiten, wie dies bspw. bei F&E-Kooperationen oder in umfassender Weise bei Airline-Kooperationen der Fall ist (siehe auch folgendes Fallbeispiel „Star Alliance“).

Aufgrund der rechtlichen und wirtschaftlichen Unabhängigkeit der Partner ist die ***hierarchische Unterordnung*** letztlich mehr oder weniger freiwillig, so dass diesem Koordinationsmechanismus Grenzen gesetzt sind. Dieser wird um den ***Marktmechanismus Preis*** („Wer ist am effizientesten und bietet die Leistung am günstigsten?“) sowie die ***vertrauensvolle Abstimmung*** („Wie können wir uns im Sinne einer längerfristigen Zusammenarbeit einigen?“) ergänzt.

Als ***Vorteile*** können die hohe Anpassungsfähigkeit sowie die Flexibilität dieser Organisationsform bei gleichzeitig hoher Effizienz gelten. Auf Marktveränderungen kann durch Aufnahme neuer Mitglieder reagiert werden und Effizienz entsteht durch den Druck, bei schlechter Leistung aus dem Netzwerk auszuscheiden.

Als ***Nachteile*** können eventuelle Redundanzen und zusätzliche Übergabe- und Pufferzeiten an den Schnittstellen der Unternehmen gelten, sowie die relative Instabilität gelten. Die Stabilisierung des Netzwerks erfordert von den Unternehmen einen hohen Kommunikations- und Koordinationsaufwand und setzt ein gewisses Vertrauen zwischen den Partnern voraus. Einsatzgebiete der Netzwerkorganisation sind neben internationalen Unternehmen mit globalem Geschäft vor allem kleinere und mittlerer spezialisierte Unternehmen. Diese können in der Zusammenarbeit mit anderen neue Märkte, Ressourcen und Technologien erschließen, die ihnen im Alleingang verwährt blieben.

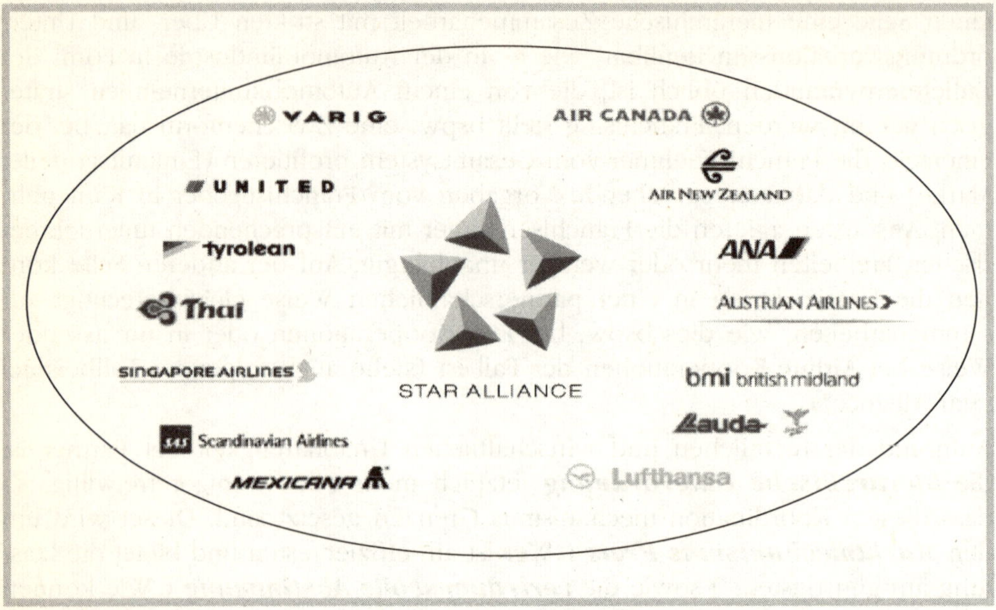

Netzwerkorganisation – Fallbeispiel Star Alliance

Das Star Alliance Netzwerk wurde im Mai 1997 aus bereits bestehenden bilateralen Kooperationen heraus zwischen Air Canada, Lufthansa, Thai Airways International und United Airlines gegründet. Inzwischen umfasst das Netzwerk 14 Mitglieder mit einer Flotte von über 2.000 Flugzeugen und 270.000 „virtuellen" Mitarbeitern. Das Netzwerk bedient jährlich 292 Mio. Passagiere, hat ein Streckennetz von rund 120 Ländern und 730 Flughäfen mit über 10.000 täglichen Starts und generiert einen Gesamtumsatz von ca. 67,5 Mrd. US$. Die rechtlich und wirtschaftlich weitestgehend selbstständigen Fluglinien streben einen verbesserten Kundenservice, eine zunehmende Integration der Mitglieder sowie die Realisierung von Kosteneinsparungen an. Sie kooperieren hierzu auf verschiedenen Gebieten. Neben kundenorientierten Aktivitäten, wie bspw. Codessharing (Angebot verschiedener Flüge der Kooperationspartner unter einer Flugnummer) und der Betrieb gemeinsamer Flughafenlounges oder Abfertigungsterminals erfolgt bspw. die Anstimmung der Flugpläne, aber auch die Vereinheitlichung und Vernetzung der IT-Systeme. Ferner erfolgt ebenso ein regelmäßiger Austausch einzelner Fachbereiche der Partnerairlines bis hin zum Personalaustausch, der ein Verständnis der verschiedenen Unternehmenskulturen fördert und zu einem besseren Know-how-Austausch auf bestimmten Gebieten beiträgt. Während auch operative Entscheidungen nach der Gründung zunächst partnerschaftlich in einem Gremium erfolgten, dem alle CEO's (Chief Executive Officer/ Vorstandsvorsitzenden) der beteiligten Airlines angehörten, erfolgt mit zunehmender Zusammenarbeit eine zunehmend stärkere Hierarchisierung der zwischenbetrieblichen Entscheidungen. Die Koordination der Zusammenarbeit im Tagesgeschäft erfolgt nun in einem gewählten Alliance Management Team (AMT), dem ein Star Alliance CEO vorsteht.

(Quelle und weitere Informationen: www.staralliance.com)

4. Organisationsgestaltung und -umgestaltung – Reorganisation und Change-Management

4.1 Reorganisation als Planungs- und Implementierungsaufgabe

Eine Unternehmensneugründung oder ein Unternehmenszukauf, Veränderungen der Umfeldbedingungen oder auch der Unternehmensstrategie können es notwendig machen, die Organisationsstrukturen im Zeitverlauf durch Veränderungsprozesse anzupassen. Je höher die Dynamik des Umfelds und je häufiger der Richtungswechsel in der Unternehmensstrategie, desto knapper werden die Zeitabstände zwischen Organisationsveränderungen. Dies widerspricht zwar einerseits der stabilisierenden Wirkung, die durch die Formalisierung von Organisationsstrukturen ausgehen soll, scheint aber andererseits notwendig, um in sich wandelnden Märkten wettbewerbsfähig zu bleiben. Einige Autoren propagieren gar die ***„Lernende Organisation"***, in der die einzige Kontinuität der stetige Wandel der Organisation ist und fordern teilweise undifferenziert Unternehmensstrukturen, die sich fast täglich neu erfinden. Die folgenden Ausführungen jedoch zeigen, dass die Veränderung von Organisationsstrukturen stets auch mit Aufwand und Widerständen verbunden ist, die auch hier immer einen Abwägungsprozess notwendig machen, ob die Vorteile der Modifikationen die Nachteile und Risiken der Veränderung überwiegen.

Reorganisationsprozesse können grundsätzlich auf zwei Arten ablaufen: Einerseits als eher revolutionärer, andererseits als eher evolutionärer Prozess. Bei einem ***revolutionären Prozess*** werden die geplanten Neuerungen schlagartig und unwiderruflich in Kraft gesetzt. Das neue Organisationskonzept wird in einer kurzen Analyse- und Konzeptionsphase von einer kleinen Gruppe „am grünen Tisch" erarbeitet und zügig zu implementieren versucht. Als vorteilhaft wird dabei angesehen, dass so revolutionäre Konzepte erarbeitet und umgesetzt werden können, ohne durch die Einbindung vieler „zerredet zu werden". Dies erweist sich jedoch bei der Implementierung oft als Nachteil, da Akzeptanzprobleme bei den Mitarbeitern auftreten und nicht selten durch Widerstände die Implementierungsphase erheblich in die Länge ziehen. Ein eher ***evolutionäres Vorgehen*** bezieht die betroffenen Mitarbeiter bereits in der Analyse- und Konzeptphase aktiv und intensiv in den Reorganisationsprozess mit ein. Die Veränderung vollzieht sich nicht radikal und schlagartig, sondern wird als langsamer und stetiger Entwicklungsprozess verstanden. Dies schafft einerseits mehr Akzeptanz, so dass mit weniger Widerständen bei der Implementierung und damit einer kürzeren Implementierungsphase gerechnet werden muss. Andererseits führt es zu einer relativ längeren Analyse- und Konzeptphase. Dabei besteht die Gefahr, dass revolutionäre Veränderungen eher zerredet und abgeschwächt werden, so dass mit dieser Vorgehensweise eher kleinere schrittweise Veränderungen möglich sind.

Je nach Grundverständnis und Schwerpunktsetzung können (Re-)Organisationsprozesse damit unter zwei Aspekten betrachtet werden: Zum einen können sie als ***rationale Planungs- und Gestaltungsprozesse*** gesehen werden, deren Ziel die Entwicklung rational sinnvoller Lösungen ist. Die Implementierung wird dabei als eher nebensächlich und unproblematisch betrachtet. Zum anderen können (Re-)Organisationsprozesse auch primär als ***Implementierungsproblem*** verstanden werden. Dabei rückt weniger die Frage nach der optimalen Zielstruktur, sondern vielmehr die Frage in den Mittelpunkt, wie Organisationsveränderungen im Unternehmen erfolgreich und nachhaltig durchgesetzt werden können.

4.2 Systematische Planung und Kontrolle von (Re-) Organisationsprozessen

Betrachtet man den (Re-)Organisationsprozess als rationales Planungs- und Kontrollproblem, so ist ein systematisches Vorgehen für eine erfolgreiche Organisationsgestaltung notwendig. Es geht dabei um die zielgerichtete Lösung eines vorhandenen Organisationsproblems.

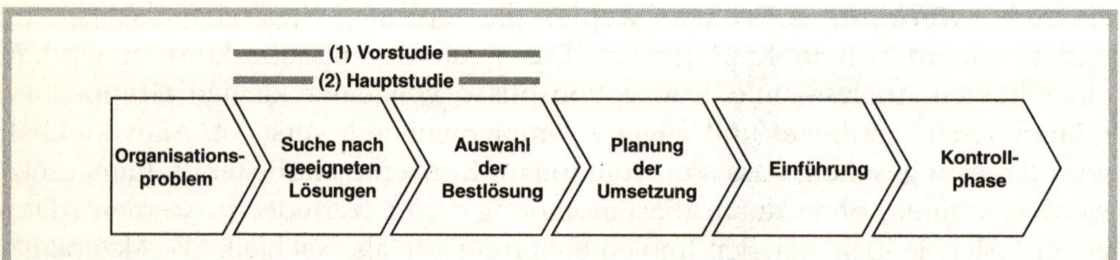

Abbildung 7: Reorganisationsprozess als Planungs- und Kontrollprozess

Der hierzu notwendige idealtypische Prozess soll im Folgenden in seinen Phasen näher dargestellt werden (siehe hierzu auch Abbildung 7):

- ***Organisationsproblem:*** Den Anstoß für Reorganisationsprozesse stellt in der Regel die Wahrnehmung eines organisatorischen Missstandes dar. Der Anstoß kann dabei entweder durch das Management selbst oder aber von außen, wie z.B. durch einen Revisionsbericht veranlasst sein. Die Probleme können relativ klar sein oder aber lediglich vage Vorstellungen bezüglich eines gewünschten Zustandes darstellen. Die Entscheidung, etwas Konkretes bezüglich des Problems zu unternehmen, drückt sich in der Definition eines konkreten Projekts aus. In einem ***Projektauftrag*** werden dabei die ersten Inhalte festgelegt, Ressourcen und Budgetmittel freigegeben und verantwortliche Personen (Projektleitung, Projektmitarbeiter) benannt.
- ***Vorstudie:*** Oft liegt zu Beginn bei Reorganisationsprojekten eine recht große Unsicherheit vor. So ist nicht selten das Organisationsproblem nur vage bekannt, die Lösungsmöglichkeiten sind vielfältig und offen oder es bestehen lediglich vage Vorstellungen hinsichtlich des gewünschten Sollzustandes. Ziel der Vorstudie ist es, erste Klarheit zu schaffen und Einvernehmen bei oft sehr konträren Vorstellungen der Organisationsmitglieder herzustellen. Im Rahmen der Vorstudie soll in Form eines ***Rahmenkonzepts*** mit geringem Aufwand geklärt werden, ob und wenn ja, welche Strukturen geändert werden sollen und welche Lösungsansätze hierfür präferiert werden. Hierbei sind Fragen zu klären, wie: Wird das richtige Problem betrachtet? Welche Ziele sollen erreicht werden? Welche Anforderungen leiten sich hieraus für mögliche Lösungsalternativen ab? Welche Lösungsalternative scheint technisch, wirtschaftlich, sozial und zeitlich sinnvoll und realistisch?
- ***Hauptstudie:*** Die Hauptstudie soll das Rahmenkonzept der Vorstudie näher präzisieren und ein ***detailliertes Gesamtkonzept*** erstellen. In einem ersten Schritt wird im Rahmen der Hauptstudie die ***Ist-Analyse*** der Vorstudie verfeinert. Dabei wird das Problemfeld näher konkretisiert und Problembereiche werden nach ihrer Beeinflussbarkeit bewertet. Neben einer messbaren Operationalisierung der mit der Reorganisation angestrebten Ziele werden verschiedene Lösungsalternativen, die innerhalb des Rahmenkonzepts liegen, erarbeitet und bewertet. Schließlich wird die anhand der angestrebten Ziele für am besten eingeschätzte Alternative ausgewählt und inhaltlich entsprechend konkretisiert. Diese Lösung kann dann in abgrenzbare Teil- bzw. Unterkonzepte differenziert werden, die dann separat weiter konkretisiert, geplant und realisiert werden können.
- ***Umsetzungsplanung:*** Hierbei geht es um die systematische Erarbeitung eines Konzeptes zur zeitlichen und inhaltlichen Einführung der angestreb-

ten Veränderungen. So müssen bspw. Schulungsmaßnahmen zeitlich aufeinander abgestimmt werden und Informationen, wie z.B. Prozessbeschreibungen oder Handlungsanweisungen erarbeitet und häufig auch neue Arbeitsmittel (Formulare, etc.) erstellt werden.

- ***Einführungsphase:*** Die Einführungsphase startet in der Regel mit einer offiziellen Mitteilung der Geschäftsführung. Wurden nicht alle betroffenen Mitarbeiter in der Planungsphase einbezogen, so sind i.d.R. entsprechende Schulungsmaßnahmen notwendig. Die Einführung kann entweder schlagartig oder auf Probe erfolgen. Eine schlagartige Einführung ist nur bei kleineren Projekten bzw. geringen Veränderungsgraden zu empfehlen. Eine probeweise Einführung ermöglicht, zunächst Erfahrungen mit der neuen Lösung zu sammeln. Eine stufenweise Einführung mit so genannten „Piloten“ (einzelnen abgegrenzten Bereichen) ermöglicht es, nachträglich Adaptionen vorzunehmen und die Lösung dann endgültig einzuführen. Im Rahmen so genannter „Toleranzphasen“ können ferner sowohl alte, wie auch neue Regelungen parallel verwendet werden, bevor die neue Lösung zur Pflicht wird.
- ***Kontrollphase:*** Im Rahmen der Kontrollphase wird überprüft, ob die angestrebten Ziele tatsächlich erreicht wurden. Die im Konzept angestrebte Sollkonzeption wird hierzu nach einer gewissen Zeit mit der realisierten neuen Ist-Situation verglichen und bewertet.

Dieses strukturierte Verfahren erlaubt eine systematische Planung von Organisationsveränderungen. Für eine erfolgreiche Umsetzung greift es jedoch zu kurz. Für eine erfolgreiche Implementierung müssen nicht zuletzt die Mitarbeiter der Organisation im Rahmen eines Change-Prozesses aktiv begleitet werden. Dieser Prozess wird im Folgenden näher betrachtet.

4.3 Erfolgreiche Implementierung durch Change-Management

Meist scheitert eine Organisationsanpassung nicht aufgrund schlecht durchdachter Konzepte oder Planungen, sondern vielmehr aufgrund von Widerständen und Akzeptanzproblemen bei den Betroffenen im Rahmen der Implementierung. Widerstände sind dabei auf verschiedene Ursachen zurückzuführen:

- ***Festhalten an der erreichten Position*** – Jede Position in einer Organisation ist mit einer gewissen Rolle und Status verbunden. Mit Veränderungen besteht die Gefahr, dass mit einer neuen Rolle neue Erwartungen an den Mitarbeiter gestellt werden. Während selbstbewusste und tüchtige Mitarbeiter diese Veränderungen als Herausforderung sehen, fürchten sich ängstliche Mitarbeiter vor den neuen Aufgaben.
- ***Erfahrungen aus früheren Projekten*** – Hierin spiegelt sich das Gedächtnis der Organisation. Haben Mitarbeiter schlechte Erfahrungen bei früheren Reorganisationsprojekten mit oder ohne Beteiligung externer Berater gemacht (z.B. versprochene Veränderungen/ Verbesserungen wurden nicht erreicht), so stehen sie auch neuen Vorhaben eher skeptisch gegenüber.
- ***Vorgehen des Organisators*** – Oft können Widerstände auch auf das methodische Vorgehen und die Interaktion der Projektverantwortlichen mit den Betroffenen zurückgeführt werden und in der Organisation Blockadehaltungen hervorrufen. So sind beim Projektverantwortlichen besondere kommunikative und psychologische Fähigkeiten und Methoden notwendig, die es ihm ermöglichen, die Betroffenen in geeigneter Form in das Projekt einzubeziehen („ins Boot holen“) und ihre Beweggründe für ihr jeweiliges Verhalten im Projekt zu analysieren („Warum werden wir geblockt oder unterstützt?“). (Siehe hierzu auch folgende Zusammenfassung der „Mitarbeitertypen bei Veränderungsprojekten“.)

Das ***Change-Management*** versucht an diesen Punkten anzuknüpfen und einen Implementierungserfolg sicherzustellen. Es kann damit als die systematische und gezielte Steuerung von Veränderungsprozessen verstanden werden. Hierbei haben sich verschiedene goldene Regeln herausgebildet, die einen erfolgreichen Wandel ausmachen:

- ***Aktive Integration der Betroffenen:*** Die betroffenen Mitarbeiter sollten bereits frühzeitig über den anstehenden Wandel informiert werden. Im Rahmen des Veränderungsprozesses sollten sie zumindest teilweise aktiv an den Entscheidungen partizipieren können. Eine Kooperation mit den Betroffenen fördert die Wandelbereitschaft und ermöglicht es auch, Ideen derselben im Wandelprozess zu berücksichtigen.
- ***Nutzung von Gruppen als wichtiges Change-Instrument:*** Findet der Wandelprozess in einer Gruppe statt, so ist dieser für die Betroffenen weniger beängstigend und kann im Durchschnitt schneller vollzogen werden. Es muss daher versucht werden, einerseits ein Gruppenverständnis herzustellen und andererseits die Gruppe positiv hinsichtlich der geplanten Änderungen einzustellen. Hilfreich sind hierbei gedankliche Einteilungen der Mitarbeiter nach verschiedenen Typen. (Siehe hierzu auch folgende Zusammenfassung der „Mitarbeitertypen bei Veränderungsprojekten".)
- ***Beachtung des Change-Zyklus:*** Erfolgreiche Wandelprozesse durchlaufen in der Regel einen dreiphasigen Change-Zyklus, der bestimmte Vorgehensweisen innerhalb der einzelnen Phasen notwendig macht. Die Phasen des Change-Zyklus sollen im Folgenden näher betrachtet werden.

Mitarbeitertypen bei Veränderungsprojekten

Um Veränderungsprozesse erfolgreich durchzuführen hilft es, sich im Rahmen des Change-Managements Gedanken über verschiedene Mitarbeitertypen zu machen und diese mit besonderen Maßnahmen für die Veränderung zu gewinnen. Hierbei kann zwischen der Gruppe der „Positiven", der „Neutralen" und der „Negativen" unterschieden werden:

Die „ Positiven"

„ Aufsteiger oder Karrieretypen" – Diese fühlen sich in der jetzigen Situation unterfordert und sehen die Chance, zukünftig ihre Position zu verbessern. Sie sollten aktiv in das Projekt eingebunden werden.

„ Unterdrückte" – Sie betrachten ihre Einstufung in der Organisation als Fehler, der durch die Veränderungsprozesse korrigiert werden könnte. Trifft die Fehleinstufung zu, sollte der Change-Manager eine Neueinstufung einleiten, im anderen Falle sollte er den Mitarbeiter motivieren.

„ Experten" – kennen seit längerem exakt die organisatorischen Schwachstellen der Organisation, können jedoch wegen fehlenden Kompetenzen oder fehlendem Mut keine Veränderungen herbeiführen. Diese Mitarbeiter helfen bei der Analysephase sowie bei der Konkretisierung von Verbesserungsvorschlägen.

Die „Neutralen“

„Selbstbewusste“ – Diese erfahrenen Mitarbeiter genießen aufgrund ihrer bisherigen Leistungen hohe Wertschätzung. Es besteht keine Gefahr eines Verlustes ihres sozialen Status durch das Projekt. Aus taktischen Gründen entscheiden sie sich erst recht spät für oder gegen das Projekt.

„Geschützte“ – Aufgrund ihrer relativ autarken Position oder anderer „Pfründe“ genießen sie organisatorische Privilegien, die sie schützen. Diese Unabhängigkeit kann als Vorteil und damit gute Grundlage für ein neutrales Projektengagement gewertet werden.

„Gleichgültige“ – Diese haben ihre Karriere bereits anderweitig gesichert oder betrachten die derzeitige Position als Übergangslösung. Da keine Identifikation mit dem Unternehmen vorliegt, kann von dieser Gruppe kaum aktive Unterstützung erwartet werden.

Die „Negativen“

„Fasadenbauer“ – Diese Gruppe weiß, dass ihr Arbeitsbereich und ihre organisatorische Einstufung einer kritischen Prüfung nicht standhalten würde. Um an liebgewonnenen aber überholten Aktivitäten festzuhalten, stellen sie alle Bereiche ihrer Arbeit als essenziell dar. Bei Verbesserungsvorschlägen zeigen sie lediglich Nachteile auf, um diese abzuwehren. Bei dieser Gruppe sollte die zur Diskussion stehende Position sowie die Zielsetzung des Aufgabenbereichs sorgfältig hinterfragt werden.

„Ängstliche und Geschädigte“ – Diese Gruppe hat aus ihrer Sicht teilweise berechtigte Gründe für eine negative Einstellung. Die vorhandenen Konflikte sollten mit Einverständnis des Mitarbeiters im Prozess an geeigneter Stelle offen diskutiert und nach Lösungen gesucht werden. Gelingt dies, erhält man einen neuen Projektunterstützer.
Quelle: Nauer (1993), S. 102 ff.

Der Change-Zyklus bzw. Change-Management-Prozess beruht auf praktischen Erfahrungen und Beobachtungen von Lewin, der in den 50er Jahren feststellte, dass die Änderungsbereitschaft in manchen Gruppen nur von kurzer Beständigkeit ist („Eintagsfliegen“), während in anderen Gruppen Veränderungen nachhaltig implementiert werden. Als Ursache identifizierte er die Notwendigkeit, den neuen Zustand gegen Rückfallkräfte abzusichern. Ferner erkannte er die Notwendigkeit, die Beharrung in der alten Situation zunächst ausreichend zu erschüttern, um Veränderungen überhaupt herbeiführen zu können. Dies führt zu einem dreiphasigen Change-Zyklus:

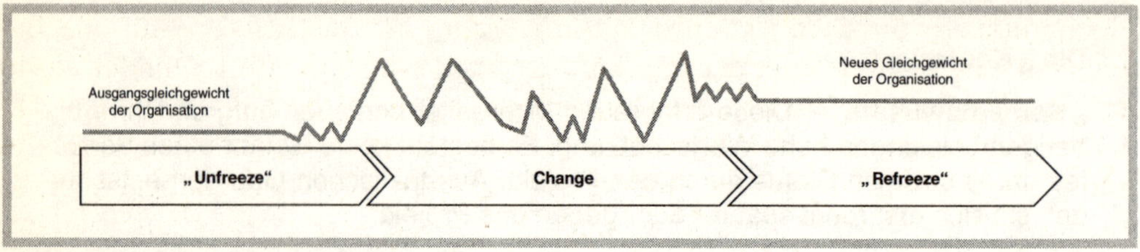

Abbildung 8: Reorganisationsprozesse als Change-Management-Prozess

- ***„Unfreeze“-Phase:*** Änderungen haben nur dann Aussicht auf Erfolg, wenn die bisherige Praxis in Frage gestellt wird und den Beteiligten die Notwendigkeit eines Wandels deutlich vor Augen geführt wird. Im Rahmen der „Unfreeze“-Phase wird versucht, den bisherigen Gleichgewichtszustand der Organisation zu verlassen, um eine Bereitschaft für einen Wandel herzustellen. Neue Ideen werden hierbei diskutiert und alte Vorgehensweisen offen in Frage gestellt. Es geht darum, gegen widerstrebende Kräfte zu wirken. Als Anstoß für einen „Unfreeze“ kommen hierbei sowohl ***interne*** Gründe (z.B. Erkennen von Fehlern, neue Mitarbeiter, etc.) als auch ***externe*** Gründe (z.B. öffentliche Kritik, sinkender Marktanteil, sinkender Börsenwert oder gar Insolvenz, etc.) in Frage. Oft reicht die Veränderungsbereitschaft alleine nicht aus, so dass zusätzlich die Einschaltung externer Berater notwendig werden kann, um aktiv zu werden, den Blick der internen Organisationsmitglieder zu schärfen und gemeinsam mit ihnen neue Wege zu finden. Das Fehlen einer aktiven „Unfreeze“-Phase führt oft zum Scheitern von Veränderungsprojekten.
- ***Change-Phase:*** Während des Change-Prozesses wird eine neue Vision der zukünftigen Organisation entwickelt. Hierdurch kann die Richtung der Veränderung vorgegeben werden. Sie ist ferner durch den konkreten strukturellen Wandel sowie die Einführung und das Erlernen der neuen Verhaltensweisen charakterisiert.
- ***„Refreeze“-Phase:*** Im Rahmen einer abschließenden „Refreeze“-Phase müssen die Veränderungen in der Organisation bewusst verankert und diese auf einem neuen Gleichgewichtszustand stabilisiert werden. Es geht darum, wieder Ruhe und Sicherheit in die neue Organisation zu bringen. Ansonsten besteht die Gefahr, durch alte Gewohnheiten oder kleine Rückschläge in die alten, latent noch lange vorhandenen Strukturen zurückzufallen.

Reorganisationsprozesse stellen damit immer eine Herausforderung für alle Beteiligten dar. Je grundlegender und häufiger die Reorganisation stattfindet, desto kritischer wird ihre nachhaltige Implementierung. Es besteht dabei das Dilemma, einerseits über den Einsatz der Hierarchie die Mitarbeiter zur Veränderung überhaupt zu bewegen. Andererseits wehren sich die Mitarbeiter, umso mehr, je hierarchischer und je weniger „organisch" die Veränderung verläuft und je weniger sie aktiv einbezogen werden. Es ist daher wichtig, dass die Führungskräfte ihre Mitarbeiter im gesamten Veränderungsprozess ausreichend einbeziehen und ihnen in Form einer Transformations-Story die Fragen des „Warum?", „Wohin geht die Reise?" und „Was bedeutet dies für mich persönlich? Was habe ich davon?" erläutern. Ferner muss ihnen neben diesen eher theoretischen Erläuterungen vorab, während des Prozesses die Veränderungen und deren Vorteile praktisch erlebbar gemacht werden, um sie bei den Mitarbeitern erfolgreich zu verankern.

IV. Personalwirtschaft

Viele Unternehmen bezeichnen die Abteilung, die sich mit der Beschaffung, Betreuung, Entlohnung, Entwicklung und Entlassung von Mitarbeitern beschäftigt, als **Personalwesen** oder Personalabteilung. Wenn die betriebswirtschaftliche Sicht dominiert, deren Ziel in der kostengünstigen Durchführung von personenbezogenen Aufgaben besteht, wird häufig von „**Personalwirtschaft**" gesprochen. **Aufgabe** der Personalwirtschaft ist es, die richtigen Mitarbeiter in der richtigen Anzahl zur richtigen Zeit zur Verfügung zu stellen.

1. Aufgaben und Grundbegriffe der Personalwirtschaft

Unter dem Begriff **„Personal“** werden alle Mitarbeiterinnen und Mitarbeiter eines Unternehmens zusammengefasst. Aus betriebswirtschaftlicher Sicht ist die menschliche Arbeitsleistung ein Produktionsfaktor, der neben Finanzmitteln, Maschinen und Werkstoffen für die Erstellung von Produkten oder Dienstleistungen unbedingt erforderlich ist. In zahlreichen Unternehmen haben die Personalkosten inzwischen den größten Anteil an den gesamten Kosten erreicht. Zugleich wird das Personal jedoch auch als das wichtigste Investitionsgut angesehen. Diese Wertschätzung kommt in der anglo-amerikanischen Bezeichnung **„Human Resources“** zum Ausdruck.

Wenn – wie in den letzten Jahren häufig geschehen – die strategische Bedeutung des Personals im Mittelpunkt steht, dann hat sich hierfür der Begriff ***„Personalmanagement“*** durchgesetzt. Das Personalmanagement erhält hierdurch die gleiche Bedeutung wie die übrigen Managementfunktionen im Unternehmen. Weitere typische Merkmale von Personalmanagement sind:

- Die stärkere Professionalisierung der betrieblichen Personalarbeit (Personalmanager anstatt Lohnbuchhalter),
- die besseren Gestaltungsmöglichkeiten („unternehmerisches Handeln anstatt ausschließlich Personal verwalten“) und
- die höhere Integrationsfähigkeit (ganzheitliche Sichtweise anstatt Spezialistentum).

Der Unterschied zwischen dem primär auf Verwaltungsaufgaben ausgerichteten Personalwesen und den strategisch ausgerichteten Ansätzen Personalwirtschaft bzw. Personalmanagement wird in Tabelle 1 verdeutlicht.

Personalwesen und Personalverwaltung	Personalmanagement und Personalwirtschaft
Verwaltende Grundhaltung	Unternehmerische Grundhaltung
Nachgelagerte betriebliche Teilfunktion (z.B. wird die Personalplanung reaktiv aus der Unternehmensplanung abgeleitet)	Integrierter Bestandteil der Unternehmensstrategie (z.B. ist die Personalplanung vollständig in die Unternehmensplanung integriert)
Zentrale Personalfunktion in Stabsabteilungen	Dezentrale Personalfunktion im Linienmanagement mit zentraler Koordination und Unterstützung
Spezialisten nehmen die operativen Funktionen wie Personalbeschaffung und -entwicklung wahr.	Das Linienmanagement ist verantwortlich für den Einsatz und die Koordination aller Ressourcen einer Unternehmenseinheit zur Erreichung der strategischen Ziele.
Linienmanager führen die Mitarbeiter nach bestimmten Regeln und Abläufen.	Personalspezialisten unterstützen das Linienmanagement bei der Erfüllung der strategischen Funktionen.
Zweck ist der Einsatz der richtigen Personen am richtigen Ort zur richtigen Zeit und die kostengünstige Entlassung ungeeigneter Personen.	Zweck ist die Abstimmung der verfügbaren menschlichen Ressourcen, Fähigkeiten und Möglichkeiten mit den Aufgaben und Zielen des Unternehmens.
Die Mitarbeiter sind Produktions- und Kostenfaktoren.	Die Mitarbeiter sind wichtige Ressourcen und Teil der Investitionen.

Tabelle 1: Unterschiede zwischen Personalverwaltung und Personalmanagement

2. Personalplanung

Die zentrale Aufgabe der Personalwirtschaft besteht darin, für zukünftige Arbeitsanforderungen eine ausreichende Zahl qualifizierter Mitarbeiter zur Verfügung zu stellen. Eine solche Aufgabe kann heute in den allermeisten Unternehmen nicht mehr durch improvisierte Spontanmaßnahmen erledigt werden, sondern bedarf einer systematischen **Personalplanung**. Sowohl die Arbeitgeber, als auch die direkt von Planungsmaßnahmen betroffenen Arbeitnehmer verfolgen eigenständige **Ziele** im Rahmen der Personalplanung. Die Arbeitnehmer bzw. ihre gewählten Intereressenvertreter, die Betriebsräte, verfügen über Informations- und Mitwirkungsrechte bei der Personalplanung ihres Arbeitgebers. Die Personalplanung untergliedert sich in mehrere, eng miteinander verbundene **Teilplanungen**. Von besonderer Bedeutung sind schließlich personalwirtschaftliche **Kennzahlen**, die im Rahmen eines umfassenden **Personalcontrolling** ermittelt werden.

2.1 Ziele der Personalplanung

Das wichtigste Ziel der Personalplanung besteht darin, personelle Engpässe und Überhänge frühzeitig zu erkennen und durch geeignete Maßnahmen rechtzeitig gegenzusteuern. Weitere ***Ziele*** aus Sicht des ***Arbeitgebers*** sind:

- Verringerung der Abhängigkeit vom Arbeitsmarkt durch rechtzeitige Personalbeschaffung und -entwicklung;

- Höhere Arbeitsproduktivität und Produktqualität durch Personalentwicklung;

- Vermeidung von Kosten durch ungeplante und damit teure personelle Maßnahmen, vor allem durch kurzfristige Personalbeschaffung oder -freisetzung.

Aus Sicht der ***Arbeitnehmer*** kann Personalplanung die Sicherheit des Arbeitsplatzes erhöhen. Es sollen frühzeitig unbedingt erforderliche Um- bzw. Freisetzungen bekannt werden. Zum Schutz der Arbeitnehmer vor willkürlichen Personalabbaumaßnahmen sind im ***Betriebsverfassungsgesetz*** (BetrVG) Informations-, Beratungs- und Mitbestimmungsrechte des Betriebsrats bei der Planung und Durchführung personeller Angelegenheiten verankert. Demnach ist der Betriebsrat über die Personalplanung, insbesondere über den gegenwärtigen und zukünftigen Personalbedarf sowie über die sich daraus ergebenden personellen Maßnahmen rechtzeitig und umfassend zu unterrichten (§ 92 BetrVG).

2.2 Systematik der Personalplanung

Personalplanung findet in enger Abstimmung mit der ***Unternehmensplanung*** statt. Die Absatzplanung beeinflusst Art und Anzahl des zukünftig benötigten Personals: wenn ein neues Produkt stark nachgefragt wird, können zusätzliche Produktionsmengen im Rahmen von Sonderschichten oder Überstunden gefertigt werden. Wenn im Rahmen der Investitionsplanung die Gründung neuer Niederlassungen im In- und Ausland beschlossen wird, entsteht hieraus zusätzlicher Personalbedarf. Umgekehrt haben alle personalplanerischen Maßnahmen direkte Auswirkungen auf Finanz- und Kostenplanung.

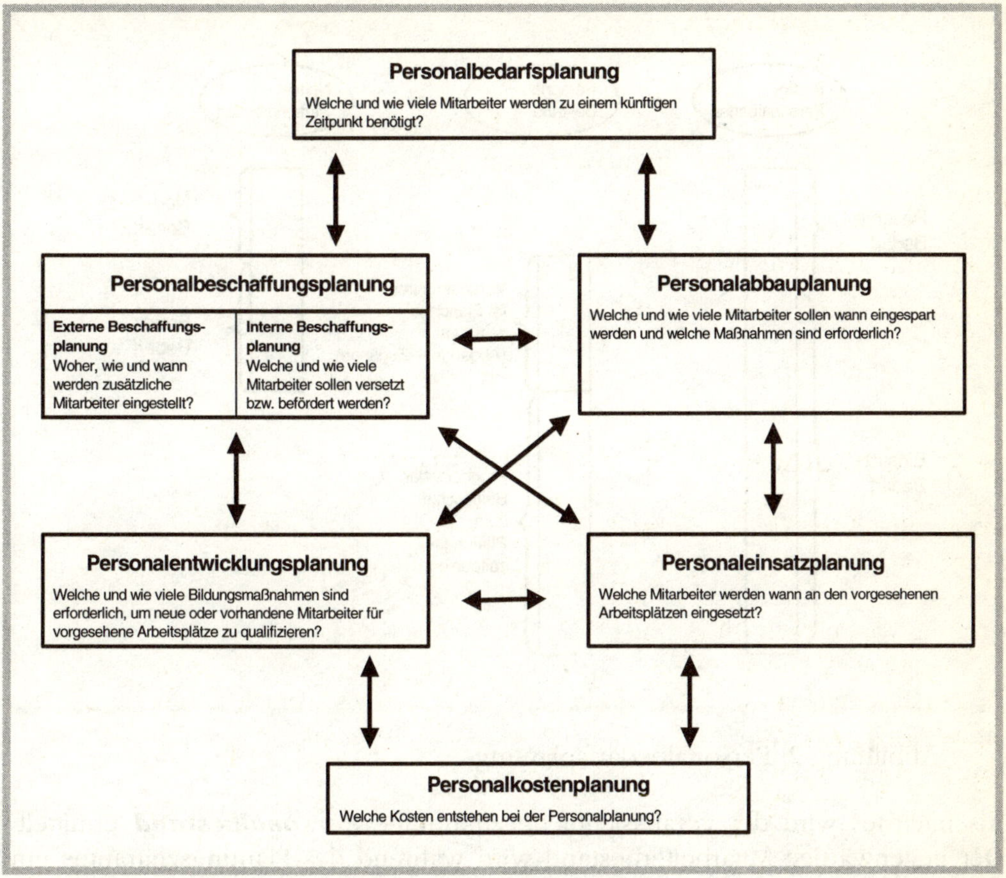

Abbildung 1: Systematik der Personalplanung

Die Personalplanung erstreckt sich auf alle wichtigen Teilbereiche der Personalwirtschaft (vgl. Abbildung 1). Ausgangspunkt und Kernstück der Personalplanung ist die ***Personalbedarfsplanung***. Sie hat die Aufgabe, den quantitativen und qualitativen Bedarf an Mitarbeitern zu ermitteln. Der gesamte zukünftige Personalbedarf (***=Bruttopersonalbedarf***) setzt sich zusammen aus Einsatzbedarf und Reservebedarf. Einsatzbedarf ist der Personalbestand, der sicherstellt, dass alle Arbeitsplätze besetzt sind und keine Arbeitsrückstände entstehen. Reservebedarf ist der zusätzliche Bedarf an Mitarbeitern, der über den Einsatzbedarf hinaus zur Verfügung stehen muss, um Ausfälle aufgrund von Krankheit, Urlaub oder Weiterbildung auszugleichen.

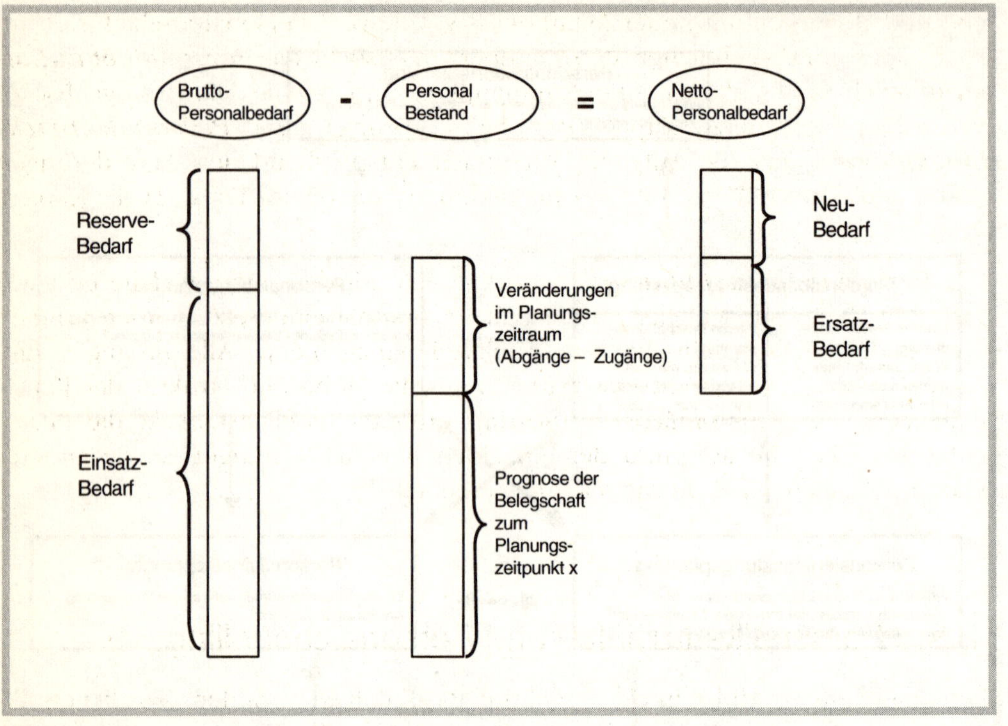

Abbildung 2: Personalbedarfsplanung

Als nächstes wird der voraussichtliche zukünftige ***Personalbestand*** ermittelt. Der gegenwärtige Mitarbeiterbestand wird während des Planungszeitraums um vorhersehbare (z.B. Pensionierungen, betriebsbedingte Kündigungen) und unvorhersehbare (z.B. Krankheit, Unfall, Kündigung) Abgänge reduziert. Andererseits erhöhen erwartete Zugänge (z.B. durch Rückkehr aus Erziehungsurlaub) den zukünftigen Personalbestand.

Aus der Differenz zwischen Bruttopersonalbedarf und prognostiziertem Personalbestand errechnet sich der ***Nettopersonalbedarf***. Eine Unterdeckung verweist auf einen Personalneubedarf, d.h. es müssen neue Mitarbeiter eingestellt werden. Bei einer Überdeckung handelt es sich um einen Personalüberhang, der durch geeignete Maßnahmen, z.B. betriebsbedingte Kündigungen, reduziert werden muss. Das Prinzip der Personalbedarfsplanung wird in Abb. 2 veranschaulicht.

Falls die Personalbedarfsplanung eine Unterdeckung feststellt (Ersatz- oder Neubedarf), dann befasst sich die ***Personalbeschaffungsplanung*** mit der Suche und Bereitstellung neuer Mitarbeiter (vgl. Kap. 3 Personalbeschaffung). Im Falle eines voraussichtlichen Personalüberhangs sucht die ***Personalabbauplanung*** nach Möglichkeiten, um Kündigungen und soziale Härte möglichst zu vermeiden (vgl. hierzu Kap. 7 Personalfreisetzung). Die ***Personalentwicklungsplanung*** hat die Aufgabe, Mitarbeiter entsprechend den Anforderungen durch Aus- und Weiterbildungsmaßnahmen zu qualifizieren (vgl. Kap. 6 Personalentwicklung).

Die ***Personaleinsatzplanung*** beschäftigt sich mit der Frage, welche und wie viele Mitarbeiter an welchen Arbeitsplätzen optimal eingesetzt werden können (vgl. Kap. 4 Personaleinsatz und Arbeitszeitmanagement). Alle bislang aufgeführten Aktivitäten haben Auswirkungen auf die Höhe und Struktur der Personalkosten. Die ***Personalkostenplanung*** ermittelt möglichst exakt die Personalkosten, die sich aufgrund der einzelnen Personalplanungen sowie anderer Planungsbereiche (z.B. Absatzplanung) ergeben.

2.3 Personalkennzahlen und Personalcontrolling

Personalplanung erfolgt in der Regel auf Basis von Kennzahlen. Sie dienen allgemein als Kontroll- und Steuerungsinstrument des Managements und informieren außerdem die Öffentlichkeit, den Aufsichtsrat, den Betriebsrat und die Mitarbeiter über die aktuelle wirtschaftliche Situation im Unternehmen.

Personalkennzahlen enthalten Aussagen über das Personal (z.B. Wie viele Mitarbeiter sind derzeit in unserem Unternehmen als Vollzeitkräfte beschäftigt?). Einige Beispiele für Personalkennzahlen werden in Abb. 3 aufgeführt. Von Personalkennzahlen wird erwartet, dass sie

- aktuell sind,
- kurzfristig zur Verfügung stehen,
- grafisch aufbereitet werden können und
- ad-hoc, d.h. je nach Problemstellung für einzelne Adressaten zusammengestellt werden können.

Zur Erfüllung dieser Anforderungen ist der Aufbau eines Kennzahlensystems für den Personalbereich erforderlich. Um eine Vergleichbarkeit der Kenngrößen über mehrere Jahre hinweg zu gewährleisten, ist die Festlegung und Beibehaltung eines eindeutigen Verfahrens zur Berechnung der Personalkennzahlen wichtig. Die Kennzahlen können entweder als absolute Zahlen oder als Verhältniszahlen errechnet werden. ***Absolute Kennzahlen*** sind

- ***Summen*** (z.B. Personalbestand an einem Stichtag),
- ***Differenzen*** (z.B. Fehlzeit als Differenz zwischen Soll- und Istarbeitszeit),
- ***Mittelwerte*** (z.B. Altersdurchschnitt sämtlicher Mitarbeiter).

Bei ***Verhältniszahlen*** setzt man relevante Mengen und Werte zueinander in Beziehung:

- ***Gliederungszahlen***, hierbei wird eine Teilmenge zu einer Gesamtmenge in Beziehung gesetzt (z.B. Anteil der ausländischen Mitarbeiter an der Gesamtbelegschaft),
- ***Beziehungszahlen***, hierbei werden wesensverschiedene Zahlen zueinander in Beziehung gesetzt (z.B. Verhältnis von Leistung zu Arbeitseinsatz),
- ***Indexzahlen***, hierbei werden gleichartige Werte, die aber zu unterschiedlichen Zeitpunkten anfallen, zu einem Basiswert in Beziehung gesetzt (z.B. Gehaltsentwicklung der außertariflichen Mitarbeiter über mehrere Jahre auf Basis eines bestimmten Jahres).

Unter ***Personalcontrolling*** wird die systematische Planung, Kontrolle und Analyse der gesamten Personalarbeit verstanden. Personalcontrolling beschränkt sich damit nicht auf die Errechnung vergangenheitsbezogener Kennzahlen oder ausschließlich auf die Betrachtung von Personalkosten.

$$\text{Fluktuationsrate} = \frac{\text{Abgänge x 100}}{\text{Bestand 1. Januar + Zugänge}}$$

$$\text{Facharbeiterquote} = \frac{\text{Zahl der Facharbeiter x 100}}{\text{Gesamtpersonalbestand}}$$

$$\text{Überstundenquote} = \frac{\text{Zahl der Überstunden x 100}}{\text{Sollarbeitsstunden}}$$

$$\text{Einstellungsquote} = \frac{\text{Zahl der Einstellungen x 100}}{\text{Gesamtzahl der Bewerber}}$$

$$\text{Krankenquote} = \frac{\text{Zahl der erkrankten Arbeitnehmer x 100}}{\text{durchschnittlicher Personalbestand}}$$

$$\text{Krankheitsausfallquote} = \frac{\text{Krankheitsausfall (h) x 100}}{\text{Sollarbeitszeit}}$$

Abbildung 3: Beispiele für einige Personalkennzahlen

3. Personalbeschaffung

Aufgabe der Personalbeschaffung ist es, freie Stellen mit geeigneten Mitarbeitern zu besetzen. Personalbeschaffung kann als ein Prozess betrachtet werden, der mit einer Vakanz (z.B. neu eingerichtete Stelle oder Neubesetzung aufgrund einer vorausgegangenen Kündigung) beginnt. Im Rahmen einer Stellenausschreibung werden die genauen Anforderungen an die zu besetzende Stelle festgehalten. Die Personalbeschaffung kann auf unterschiedlichen Wegen erfolgen: Bei der **internen Beschaffung** wird zunächst versucht, die offene Stelle mit im Unternehmen vorhandenen Arbeitskräften zu besetzen. Die **externe Beschaffung** rekrutiert neue Mitarbeiter von außerhalb des Unternehmens. Die eingegangenen Bewerbungen können aufgrund unterschiedlicher Verfahren geprüft werden. Ziel ist es hierbei, die geeignete Person für die zu besetzende Stelle zu finden. Der Rekrutierungsprozess endet mit vorbereitenden Maßnahmen bei Eintritt des neuen Mitarbeiters ins Unternehmen, z.B. betriebsärztliche Untersuchung, Erstellung des Arbeitsvertrags.

3.1 Beschaffungswege

Auslöser für Personalbeschaffungsaktivitäten sind die Kündigung bzw. Versetzung eines Mitarbeiters oder zusätzlicher Personalbedarf als Folge neu eingerichteter Stellen. Bevor sich die Personalabteilung auf die Suche nach geeigneten Kandidaten zur Stellenbesetzung macht, müssen die Anforderungen an den zukünftigen Stelleninhaber bekannt sein. In vielen Unternehmen existieren zu diesem Zweck ***Stellenbeschreibungen***, in denen genaue Informationen über die geforderten Qualifikation sowie die organisatorische Einordnung beschrieben sind (vgl. Tabelle 2).

Es gibt verschiedene Möglichkeiten, neues Personal zu gewinnen. Bei einer ***internen Personalbeschaffung*** wird versucht, die im Unternehmen vorhandenen Arbeitskräfte zu nutzen, und zwar entweder durch Versetzung, durch Personalentwicklung (z.B. Weiterbildung, Umschulung) oder durch interne Stellenausschreibungen (Stellenausschreibung am schwarzen Brett oder im Intranet). Bei ***externer Personalbeschaffung*** werden die Mitarbeiter außerhalb des Unternehmens rekrutiert. Neben der traditionellen Stellenanzeige in einer Wochen- oder Fachzeitschrift existieren weitere Möglichkeiten, wie z.B. durch Einschaltung einer Personalberatung (eines „Head Hunters“), durch Hochschulmarketing (Beteiligung an Informationsveranstaltungen und Karrieremessen für Studenten) oder durch Nutzung elektronischer Jobbörsen. Hierbei handelt es sich um Stellenmärkte, die im Internet betrieben werden.

<table>
<tr><th colspan="2">Stellenbeschreibung</th></tr>
<tr><td>1. Stellenbezeichnung:
Abteilungsleiter Einkauf</td><td>2. Rangstufe:
Abteilungsleiter</td></tr>
<tr><td colspan="2">3. Kurzbeschreibung des Aufgabengebiets:
Eigenverantwortliche Leitung der Abteilung im Rahmen der organisatorischen und budgetmäßigen Richtlinien der Geschäftsleitung ...</td></tr>
<tr><td>4. Stellenbezeichnung des direkten Vorgesetzten:
Betriebsleiter</td><td>5. Stelleninhaber erhält zusätzliche fachliche Weisungen von:
Geschäftsleiter Zentraleinkauf</td></tr>
<tr><td>6. Stellenbezeichnung und Anzahl der direkt unterstellten Mitarbeiter:
Einkäufer 3
Mitarbeiter Lieferantenretouren 1
Sekretärin 1</td><td>7. Stelleninhaber gibt zusätzliche fachliche Weisungen an: –</td></tr>
<tr><td>8. Stelleninhaber vertritt: –</td><td>9. Stelleninhaber wird vertreten von:
Mitarbeitern der Abteilung</td></tr>
<tr><td colspan="2">10. Beschreibung der Tätigkeiten, die der Stelleninhaber selbstständig durchzuführen hat:
Organisation und Kontrolle des gesamten Geschäftsprozesses Einkauf
Überwachung der Einzeltätigkeiten der Mitarbeiter
Auswahl und Bewertung strategisch wichtiger Lieferanten
...</td></tr>
<tr><td>11. Dazu erforderliche fachliche Kompetenzen:
Warenkenntnisse
Verhandlungsgeschick
Führen von Einkaufsgesprächen ...</td><td>12. Dazu erforderliche soziale Kompetenzen:
- Mitarbeiter motivieren, beurteilen, entwickeln (fördern) ...</td></tr>
<tr><td>13. Datum, Unterschrift Stelleninhaber:</td><td>14. Datum, Unterschrift unmittelbarer Vorgesetzter:</td></tr>
</table>

Tabelle 2: Beispiel einer Stellenbeschreibung

3.2 Bewerberauswahl

Die Bewerber verschicken ihre Bewerbungsunterlagen (Anschreiben, Lebenslauf, Lichtbild, Schul- und Studienzeugnisse sowie Arbeitszeugnisse) entweder in Papierform oder in elektronischer Form (z.B. als Anhang einer E-Mail). Die Unterlagen werden im Unternehmen zunächst auf Vollständigkeit und formale Kriterien, wie z.B. Ordentlichkeit, Fehlerfreiheit) geprüft. Während diese Vorprüfung häufig in der Personalabteilung stattfindet, erfolgt die genaue Analyse der schriftlichen Bewerbungsunterlagen meistens durch den zukünftigen Vorgesetzten des neuen Mitarbeiters. Normalerweise werden für eine Stelle mehrere aussichtsreiche Kandidaten zu einem persönlichen Bewerbungsinterview eingeladen.

An diesem ***Bewerbungsinterview*** nehmen seitens des Unternehmens der zukünftige Vorgesetzte, ggf. eine weitere Führungskraft aus der einstellenden Abteilung sowie ein Mitarbeiter aus dem Personalwesen teil. Nach der gegenseitigen Vorstellung erhält der Bewerber die Gelegenheit, seinen persönlichen und beruflichen Werdegang zu schildern. Es schließen sich Fragen der Interviewer zur Selbstdarstellung des Bewerbers und zu seinen schriftlichen Bewerbungsunterlagen an. Damit sich der Bewerber ein möglichst realistisches Bild von der Stelle machen kann, benötigt er detaillierte Informationen über die Anforderungen, die Arbeitsbedingungen, Kompetenzen und Verantwortlichkeiten der zu besetzenden Stelle. Anschließend kann ein Bewerber mit arbeitsplatztypischen Situationen konfrontiert werden, z.B. „Ein Kunde beschwert sich bei Ihnen über einen unfreundlichen Mitarbeiter Ihrer Abteilung. Sie kennen den Fall noch nicht genau, müssen aber trotzdem direkt dem Kunden antworten. Was teilen Sie dem Kunden mit?“ Während des Bewerbergesprächs wird selbstverständlich auch über die Gehaltsvorstellungen des Bewerbers und die Entwicklungsmöglichkeiten (auch in finanzieller Sicht) seitens des Unternehmens diskutiert. Das konkrete Gehaltsangebot erfolgt in der Regel erst dann, wenn das Unternehmen sich für einen Bewerber entschieden hat. Zum Abschluss des Bewerbungsinterviews kann das Gesprächsergebnis zusammengefasst und das weitere Vorgehen festgelegt werden.

Die Aussagekraft eines Bewerbungsinterviews wird allerdings durch verschiedene Effekte gestört. Die Bewertung des Bewerbers hängt stark von den persönlichen Einstellungen des Interviewers ab. Bei mehreren Interviews hintereinander sinkt die Aufmerksamkeit und es verändern sich die individuellen Bewertungskriterien. Zur Vermeidung derartiger Verfälschungen empfiehlt sich eine standardisierte Durchführung der Interviews.

Manche Unternehmen setzen ***psychologische Testverfahren*** zur Personalauswahl ein. Ziel ist es, aus den Testergebnisse eine Prognose über das Verhalten und die Leistung im zukünftigen Arbeitsumfeld abzuleiten.

Das ***Assessment Center*** (AC) ist ein Gruppenauswahlverfahren, wobei mehrere Kandidaten (8 bis 12) von mehreren geschulten Beobachtern (meistens 4 bis 6 Führungskräfte) eine Vielzahl von Aufgaben (Postkorbübung, psychologische Tests, Präsentationen, Interviews) an 1 bis 2 Tagen bewältigen müssen. Durch die Kombination mehrerer Methoden und die Teilnahme mehrerer Beobachter kann eine fundierte Bewerberauswahl erfolgen. Allerdings sind hierfür umfangreiche Vorbereitungen notwendig (unternehmensspezifische Konzipierung des AC, Schulung der Beobachter, meistens Einsatz psychologisch geschulter Personalberater). Am Ende des Auswahlverfahrens legen die Interviewer die am besten geeigneten Kandidaten fest.

3.3 Maßnahmen vor dem Eintritt

Vor der Unterzeichnung des Arbeitsvertrags durch den Arbeitgeber wird regelmäßig eine ***ärztliche Eignungsuntersuchung*** vom zukünftigen Arbeitnehmer verlangt. Hierbei soll festgestellt werden, ob die betreffende Person den Belastungen ihrer zukünftigen Tätigkeit gewachsen ist.

Der ***Betriebsrat*** muss rechtzeitig über den neu einzustellenden Mitarbeiter informiert werden und seine Zustimmung geben. Unter bestimmten Umständen kann der Betriebsrat seine Zustimmung verweigern, z.B. wenn der Arbeitgeber vorher keine vom Betriebsrat verlangte innerbetriebliche Stellenausschreibung vorgenommen hat.

Der ***Arbeitsvertrag*** begründet das Arbeitsverhältnis und regelt die Rechte und Pflichten von Arbeitgeber und Arbeitnehmer. Der Arbeitnehmer verpflichtet sich hierdurch zu weisungsgebundener Tätigkeit, die er höchstpersönlich auszuüben hat. Der Arbeitgeber verpflichtet sich zur Zahlung eines Arbeitsentgelts (vgl. Tabelle 3).

Pflichten	Arbeitnehmer	Arbeitgeber
Hauptpflicht	Arbeitspflicht	Zahlung Arbeitsentgelt
Nebenpflichten	Treuepflichten: • Verschwiegenheit • Unbestechlichkeit • Wettbewerbsverbot (Verbot der Ausübung einer gleichartigen Tätigkeit während des Arbeitsverhältnisses • Überwachungspflicht zur Abwendung von Schäden am Arbeitsplatz	Fürsorgepflichten: • Gesundheitsschutz • Gewährung von Erholungsurlaub • Gleichbehandlung im Betrieb • Beschäftigung (keine Suspendierung bei Fortzahlung des Entgelts)

Tabelle 3: Arbeitsvertragliche Pflichten

Neben dem Arbeitsvertrag existieren weitere Vertragsformen, wie z.B. Werkvertrag, Arbeitnehmerüberlassungsvertrag, Heimarbeitsvertrag.

4. Personaleinsatz und Arbeitszeitmanagement

Beim Personaleinsatz wird die optimale Zuordnung vorhandener Mitarbeiter auf Arbeitsplätze (Stellen) in quantitativer, qualitativer, zeitlicher und örtlicher Sicht angestrebt (vgl. Abbildung 4). Die Fähigkeiten der Mitarbeiter sollen den Arbeitsanforderungen entsprechen. Dies erreicht man durch Einsatz der „richtigen" Personen. Andererseits können auch die Arbeitsanforderungen den Fähigkeiten der Mitarbeiter angepasst werden, z.B. durch Veränderung der Arbeitsplätze und Arbeitsbedingungen. Schließlich kann die Arbeitszeit den menschlichen Bedürfnissen oder betrieblichen Anforderungen angepasst werden, etwa durch die Festlegung von Pausen- und Urlaubszeiten. Die drei „Stellschrauben" des Personaleinsatzes werden meistens nicht kurzfristig verändert, sondern beruhen auf einer Einsatzplanung.

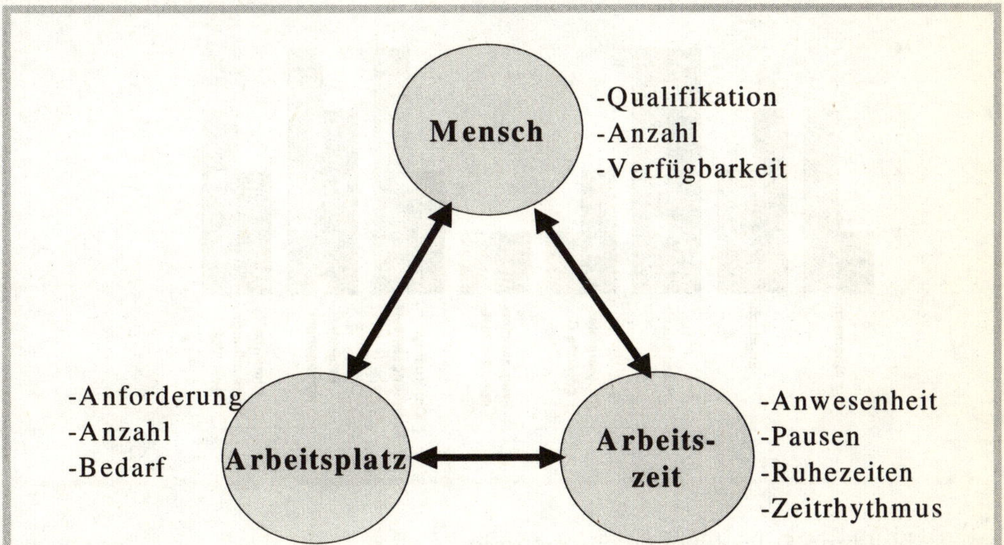

Abbildung 4: Grundproblem der Personaleinsatzplanung

4.1 Personaleinsatzplanung

Personaleinsatzplanung ist erforderlich, weil sich durch Urlaub, Krankheit, Kündigung etc. die Zahl der einsetzbaren Mitarbeiter verändert. Gleichzeitig schwankt der Einsatzbedarf infolge variabler Arbeitsmengen (Auslastungsgrad). Eine wichtige Rolle spielt bei der Einsatzplanung die Qualifikation. Im Idealfall werden nur diejenigen Personen eingesetzt, deren Qualifikation den Arbeitsplatzanforderungen entsprechen. Mitarbeiter, die unter- bzw. überfordert sind, schöpfen ihr Leistungsspektrum nur unzureichend aus und sind oftmals unzufrieden mit ihrer Arbeit. Der Abgleich zwischen den Arbeitsplatzanforderungen und Personalqualifikationen kann mit Hilfe der ***Profilvergleichsmethode*** erfolgen (vgl. Abbildung 5).

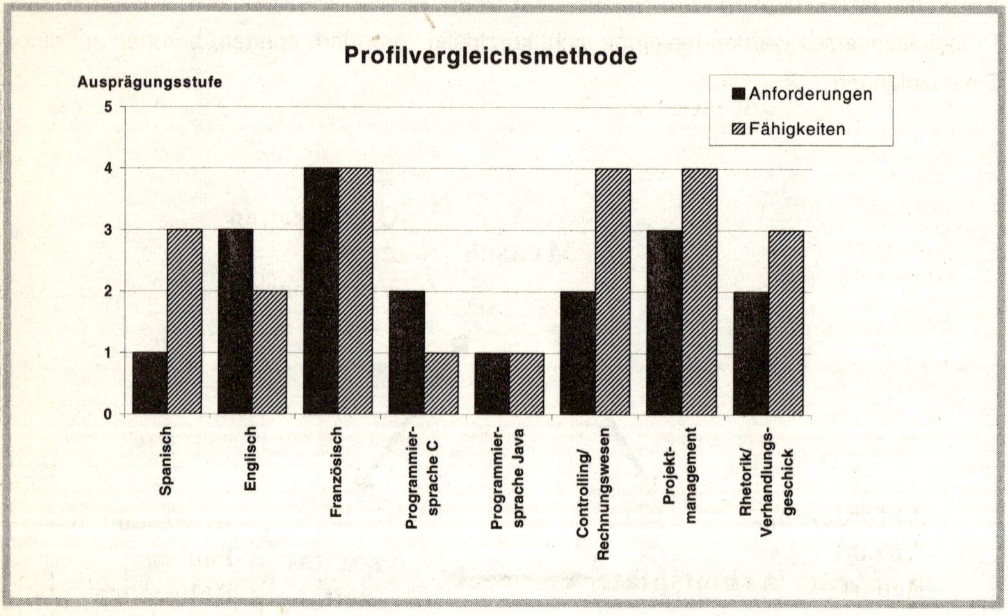

Abbildung 5: Profilvergleichsmethode

Für jeden Arbeitsplatz wird ein Anforderungsprofil erstellt, das die Anforderungshöhen pro Anforderungsmerkmal angibt. Analog dazu wird für jeden Mitarbeiter ein gleich strukturiertes Fähigkeitsprofil erstellt. Die Ergebnisse von Profilvergleichen sind Über- bzw. Unterdeckungen oder Übereinstimmungen bei den einzelnen Ausprägungen. In Tabelle 4 werden wichtige Anforderungs-

bzw. Fähigkeitsmerkmale zusammengestellt. Durch einen computerunterstützten Profilvergleich kann die optimale Zuordnung von Mitarbeiter auf Arbeitsplätze erleichtert werden.

Hauptkritikpunkt an der computergestützten Profilmethode ist die unzureichende informationstechnische Abbildbarkeit eines Menschen durch Einzelmerkmale. Es werden hauptsächlich Daten über die Leistungsfähigkeit (messbare Daten) eines Mitarbeiters erhoben, während die Leistungsbereitschaft (Motivation) kaum messbar ist und im Rahmen der Methode nicht berücksichtigt wird. Hinzu kommt, dass zahlreiche Fähigkeitsausprägungen nur kurze Zeit gültig sind (z.B. Fremdsprachenkenntnisse) und daher eine ständige Datenpflege zur Erhaltung der Aktualität erforderlich ist.

Anforderungs- bzw. Fähigkeitsmerkmale	Beispiele
Hard Facts (objektiv messbar)	
Berufsausbildung	Ausbildung zum Bankkaufmann
Studienabschluss	Dipl.-Kaufmann
Sprachkenntnisse	Spanisch
Berufserfahrung	Versicherungsunternehmen
Dauer Berufstätigkeit	4 Jahre nach Studium
Besondere Erfahrungen	1 Jahr Auslandsaufenthalt
Soft Facts (subjektiv)	
Teamverhalten	Kommunikation, Kooperation
Arbeitsverhalten	Belastbarkeit, Selbstständigkeit
Führungsverhalten	Delegation, Motivation
Verhalten gegenüber Kunden	Überzeugungskraft, Freundlichkeit

Tabelle 4: Anforderungs- bzw. Fähigkeitsmerkmale

Das ***Arbeitsvolumen*** ist neben der Qualifikation eine weitere wichtige Einflussgröße für die Personaleinsatzplanung. Es wird je nach Branche unterschiedlich gemessen. In einem Call-Center wird das Arbeitsvolumen und damit letztlich die erforderliche Anzahl an Mitarbeitern durch die Anzahl der telefonischen Kontakte bestimmt. Im Einzelhandel kann anhand der prognostizierten Tagesumsätze eine recht genaue Bedarfsplanung der erforderlichen Mitarbeiter vorgenommen werden. In Abb. 6 wird beispielhaft die unterschiedliche Besetzungsdichte (zwischen 2 und 10 Mitarbeitern) an einem Tag in einer Abteilung eines Supermarktes dargestellt.

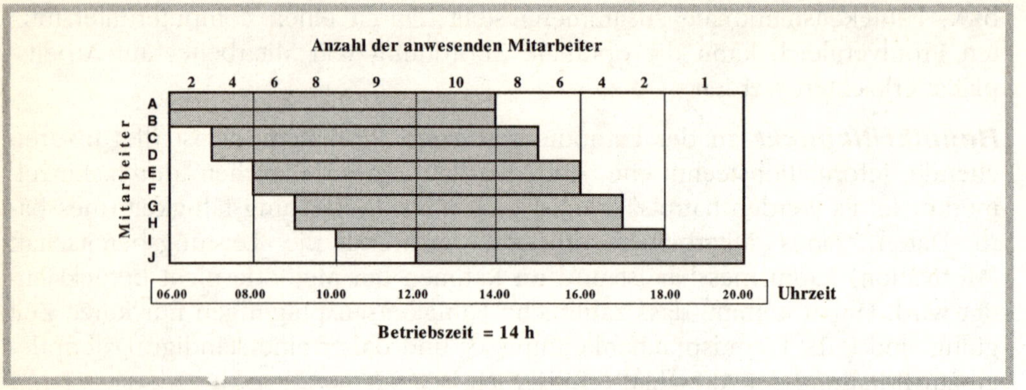

Abbildung 6: Personaleinsatzplanung für einen Tag

4.2 Einsatz neuer Mitarbeiter

Der Einsatz neuer Mitarbeiter im Anschluss an eine Bewerberauslese bedarf besonderer Sorgfalt und Planung. Die neuen Mitarbeiter sollen alle nötigen Informationen und Schulungen erhalten, damit sie möglichst schnell ihre volle Arbeitsleistung erbringen können. Außerdem kann durch die systematische Einarbeitung eine frühzeitige Fluktuation in den ersten Monaten nach der Einstellung verhindert werden. An seinem ersten Arbeitstag sollte ein neuer Mitarbeiter von seinem Vorgesetzten begrüßt werden und es sollte ein Einarbeitungsplan für die ersten Tage bzw. Wochen besprochen werden. Zahlreiche Informationsbroschüren sind auszuhändigen, wie z.B. Unternehmensleitlinien, Zuständigkeiten und Organisation, Arbeitszeiten, Pausen, Urlaubsregeln, Sicherheits- und Gesundheitsvorschriften. In vielen Unternehmen hat sich die Betreuung durch einen „Paten“ oder „Mentor“ bewährt, der dem neuen Mitarbeiter die soziale Integration erleichtern soll. Zu den Einführungsaktivitäten gehört schließlich auch die Personalbeurteilung, die vor Ablauf der vereinbarten Probezeit durch den Vorgesetzten erfolgt und eine Entscheidung über den Verbleib oder das Ausscheiden des neuen Mitarbeiters bedeutet.

4.3 Maßnahmen zur Arbeitsplatzanpassung

Eine andere Möglichkeit, Personen und Stellen in Übereinstimmung zu bringen, stellt die Anpassung von Arbeitsplätzen dar. Die Gestaltung von Arbeitsinhalten und Arbeitsteilung wird als „***Arbeitsstrukturierung***“ bezeichnet. Ausgehend von den Ideen Taylors vor knapp 100 Jahren bemühten sich Industriebetriebe auf der ganzen Welt, die Arbeit in kleinste Arbeitsschritte zu zerlegen und zu optimieren („Fließbandprinzip“). Die extrem hohe Spezialisierung und Arbeitsteilung führte bei den Arbeitnehmern allerdings zu Monotonie, gesundheitlichen Belastungen und fehlender Motivation, wodurch letztlich erhebliche Qualitätsmängel auftraten. Daher wurden in den letzten Jahren neue Konzepte der Arbeitsstrukturierung in der Massenfertigung erprobt, beispielsweise durch Bildung von Fertigungsteams und Fertigung kompletter Baugruppen und Komponenten. Die moderne Arbeitsstrukturierung befasst sich außerdem mit ergonomischer Arbeitsplatzgestaltung (Verminderung körperlich belastender Arbeitsplätze) sowie Gesundheits- und Unfallschutz.

Eine spezielle Form der Arbeitsplatzanpassung an Mitarbeiterbedürfnisse ist die Einrichtung von Telearbeitsplätzen. Hierbei erbringen die Mitarbeiter ihre Arbeitsleistung – zumindest zeitweilig – in ihrer Wohnung oder zumindest in einer dezentralen Betriebsstätte unter hauptsächlicher Nutzung der Informations- und Kommunikationstechnik. Die verschiedenen Formen der vor allem im Bürobereich praktizierten ***Telearbeit*** sind in Abb. 7 zusammengefasst. Hierbei werden unterschieden:

- ***Telearbeit in der eigenen Wohnung***

Bei ***Teleheimarbeit*** wird ausschließlich zu Hause gearbeitet wird. Bei dieser Extremform der Telearbeit besteht die Gefahr der sozialen und beruflichen Isolation. In meisten Fällen kommt der Telearbeiter jedoch an mindestens einem Tag pro Woche für Besprechungen und den Austausch von Unterlagen ins Unternehmen (***alternierende Telearbeit***). Durch diesen regelmäßigen persönlichen Kontakt mit Arbeitskollegen werden soziale Nachteile für die Telearbeiter vermieden.

- ***Mobile Telearbeit***

Durch mobile Kommunikationstechnik im Auto oder vom Hotelzimmer aus kann die Verbindung mit der Zentrale hergestellt werden. Typisch ist diese Form der Telearbeit für Handelsvertreter, Kundenberater und Außendienstmitarbeiter.

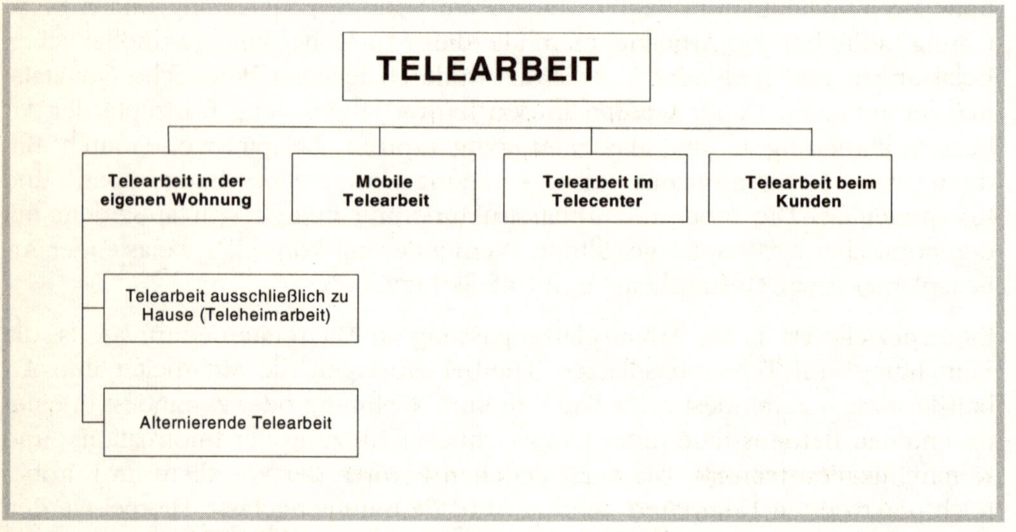

Abbildung 7: Telearbeit

- ***Telearbeit im Telecenter***

Liegt der Arbeitsplatz außerhalb der zentralen Betriebsstätte, zusammen mit anderen Tele-Arbeitsplätzen, so spricht man von Telearbeit im Telecenter.

- ***Telearbeit beim Kunden***

Hierbei wird für eine bestimmte Zeit der Arbeitsplatz in die Geschäftsräume eines Kunden verlagert. Diese Arbeitsform existiert z.B. bei Wirtschaftsprüfern und Unternehmensberatern.

4.4 Arbeitszeitmanagement

Durch Arbeitszeitverkürzung und -flexibilisierung weichen betriebliche Nutzungs- bzw. Öffnungszeiten und individuelle Arbeitszeiten immer stärker voneinander ab. Die Planung flexibler Arbeitszeiten im Hinblick auf veränderte Betriebsnutzungs- bzw. Öffnungszeiten wird als ***Arbeitszeitmanagement*** bezeichnet (vgl. Abbildung 8).

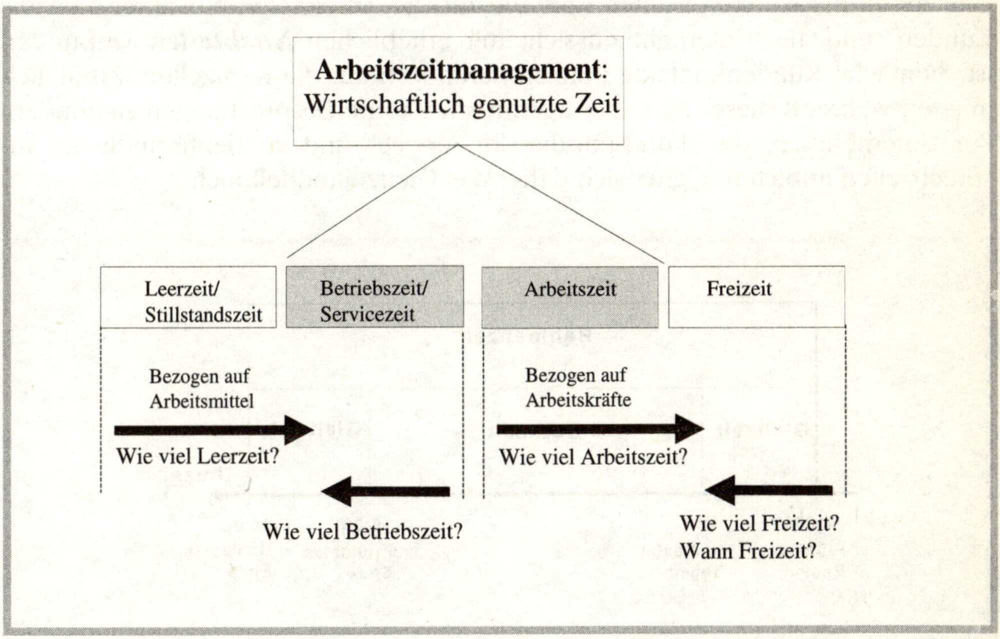

Abbildung 8: Grundbegriffe beim Arbeitszeitmanagement

Bei ***Gleitzeit*** besteht für die Arbeitnehmer eine Anwesenheitspflicht während der Kernzeit. Innerhalb der vor- bzw. nachgelagerten Gleitzeitspanne können die Mitarbeiter den Arbeitsbeginn bzw. das Arbeitsende weitgehend selbst bestimmen. Die Rahmenzeit begrenzt den frühest möglichen Beginn bzw. das spätest mögliches Ende der Arbeit (vgl. Abbildung 9). Bei Gleitzeit können die Beschäftigten sowohl die Lage (Beginn und Ende) als auch die Dauer ihrer Arbeitszeit permanent verändern. Wenn an einem Tag länger gearbeitet wird als vertraglich festgelegt wurde, entsteht ein Zeitguthaben, welches innerhalb eines bestimmten Zeitraumes durch Freizeitnahme ausgeglichen werden muss. Seltener entstehen Zeitschulden (als Defizit zwischen der tatsächlich erbrachten und vertraglich geschuldeten Arbeitszeit).

Gleitzeitregelungen sind bei den Arbeitnehmern beliebt, weil sie ein großes Maß an ***Zeitsouveränität*** ermöglichen. Durch die minutengenaue Erfassung gehen keine Zeiten verloren. Die meisten Mitarbeiter bauen ein Zeitguthaben durch tägliche Mehrarbeit auf (selbst wenn dies vom betrieblichen Arbeitsanfall her gar nicht erforderlich ist), wobei die Inanspruchnahme eines Ausgleichstages für viele den Charakter eines zusätzlichen Urlaubstages pro Monat hat. Gleitzeit bringt somit vor allem ***Vorteile*** für die Arbeitnehmer, während es aus Kunden- und aus Unternehmenssicht mit erheblichen ***Nachteilen*** verbunden ist. Sämtliche Kundenkontakte konzentrieren sich auf die Kernzeiten. Zusätzlich müssen während dieser Zeit aber auch noch interne Besprechungen stattfinden. Für Unternehmen, die „Rund-um-die-Uhr-Service" und kundenfreundliche Ansprechzeiten anbieten, eignet sich daher das Gleitzeitmodell nicht.

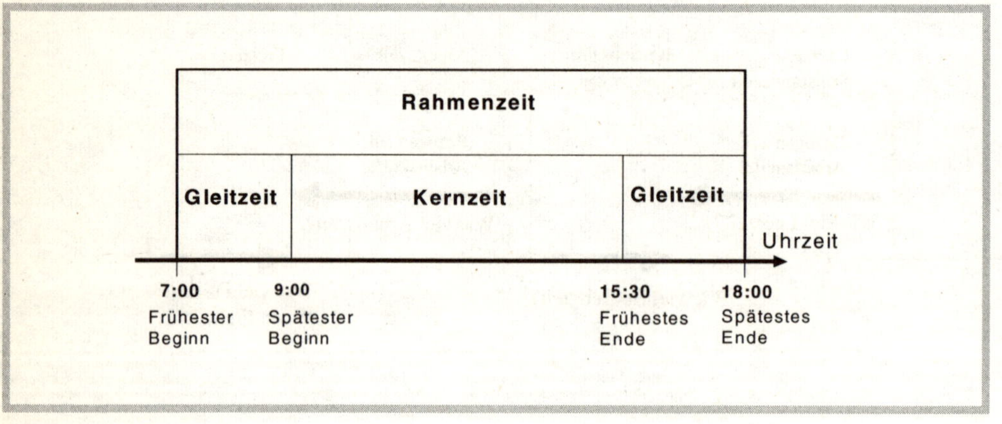

Abbildung 9: Gleitzeit

Bei ***Teilzeitarbeit*** liegt die vereinbarte Arbeitszeit unterhalb der regelmäßigen tariflichen Wochenarbeitszeit. Wenn also beispielsweise der Tarifvertrag 37 Stunden als regelmäßige Wochenarbeitszeit festlegt, zählen alle kürzeren Arbeitszeiten als Teilzeitbeschäftigung. Die Vergütung reduziert sich bei Teilzeitarbeit anteilmäßig.

Je nach der Phase des Berufslebens, in der sich ein Mensch befindet, ist der Wunsch nach Teilzeitarbeit mehr oder weniger stark ausgeprägt. Beim Einstieg in das Berufsleben kann es für junge Menschen attraktiv sein, neben dem Studium einen Teilzeitarbeitsvertrag abzuschließen. Während der Kindererziehung bevorzugen vor allem Frauen eine Teilzeitbeschäftigung. Nach mehrjähriger Berufsdauer entscheiden sich Mitarbeiter für eine mehrmonatige Arbeitsunterbrechung („Sabbatical"), um sich weiter zu qualifizieren oder eine längere Urlaubsreise anzutreten. Durch Altersteilzeit wird der gleitende Übergang vom Erwerbsleben in den Ruhestand erreicht.

Zukünftig werden sich im Berufsleben der meisten Arbeitnehmer Phasen der Vollzeit- und Teilzeitbeschäftigung abwechseln. Hierdurch entstehen sog. „Patchwork-Biografien" mit unterschiedlichen Arbeitszeiten in den jeweiligen Berufs- und Lebensphasen (vgl. Abbildung 10).

Für die erfolgreiche Schaffung von Teilzeitarbeitsplätzen müssen mehrere Voraussetzungen erfüllt sein. Die Arbeit sollte teilbar sein. Die Arbeit darf nicht an starre Termine gebunden sein und sollte sich klar von anderen Aufgaben abgrenzen lassen. Komplexe, ganzheitliche Aufgaben (z.B. Managementaufgaben) eignen sich weniger gut für Teilzeitbeschäftigung als einfache Tätigkeiten. Je stärker ein Arbeitsplatz spezialisiert ist, umso schwieriger wird die Aufteilung auf mehrere Personen. Allerdings zeigt sich an dieser Stelle auch das Dilemma von Teilzeitarbeit: Für hochqualifizierte Personen und Führungskräfte ist die Teilbarkeit ihrer Tätigkeit häufig kaum möglich. Hinzu kommt, dass diese Gruppe einen Karriereknick befürchtet, wenn sie sich für Teilzeit entscheidet. Diejenigen, die einfachere Arbeiten verrichten, können es sich finanziell nicht leisten, ihre Arbeitszeit zu reduzieren.

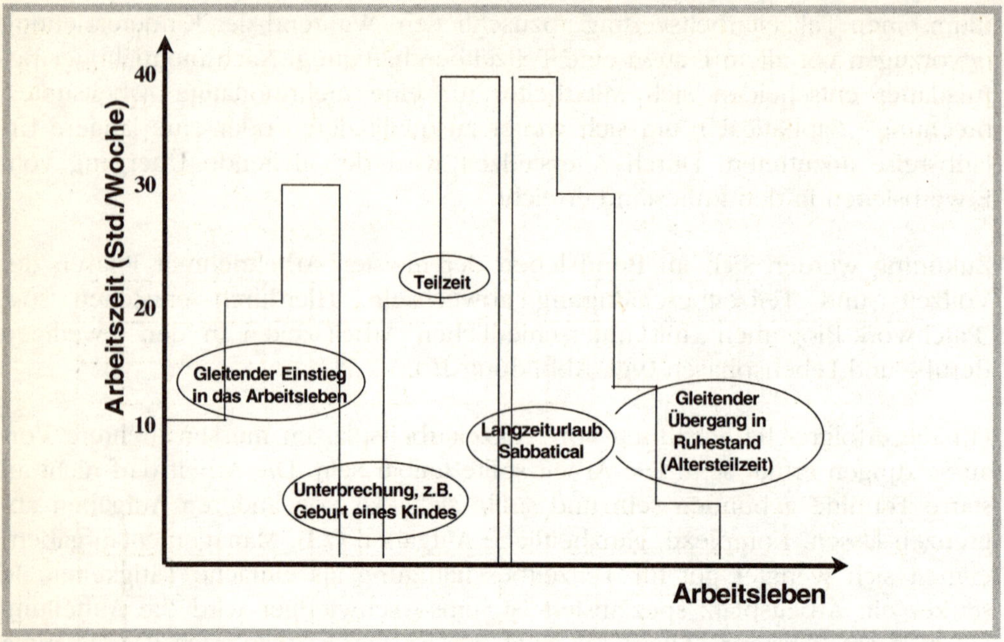

Abbildung 10: Mehrfacher Wechsel von Voll- und Teilzeitarbeit

Bei ***Mehrschichtarbeit*** (Mehrfachbesetzungssystem) werden zwei, drei oder mehr, mit unterschiedlichen Arbeitskräften besetzte Schichten hintereinander gelegt, um hierdurch die betriebliche Nutzungszeit auf bis zu 24 Stunden pro Tag auszudehnen. Neben der Schichtanzahl pro Tag haben weitere Parameter Einfluss auf die Ausgestaltung der betriebsindividuellen Schichtmodelle. Daher praktizieren viele Industrieunternehmen inzwischen nicht mehr die starren Schichtrhythmen (z.B. jeweils eine Woche Früh-, Spät-, Nachtschicht im festen Zyklus), sondern arbeiten mit flexiblen Schichtmodellen, bei denen es gelingt, die betrieblichen Interessen nach Flexibilität und die Mitarbeiterinteressen nach Planbarkeit ihrer Arbeitszeit besser miteinander in Einklang zu bringen. Ein Beispiel für ein flexibles Schichtmodell wird in Abb. 11 dargestellt. Der Schichtplan wiederholt sich im 3-Wochen-Rhythmus. Aus Sicht des Unternehmens (in diesem Fall Daimler Chrysler, die das Schichtmodell für die Fertigung der A-Klasse einsetzen) weist das Modell mehrere Vorteile auf: Nachfrageschwankungen können durch flexible Arbeitszeiten ausgeglichen werden, d.h. es sind pro Jahr 39 Zusatzschichten möglich, der Ausgleichszeitraum beträgt 24 Monate. Die Schichtgruppen sind homogen zusammengesetzt und Meister haben gleiche Arbeitszeiten wie die Mitarbeiter.

Aus Mitarbeitersicht bestehen die Vorzüge dieses Schichtplans darin, dass täglich nicht länger als 8,5 Stunden gearbeitet wird, nur wenig Nachtschicht erforderlich ist und nur an jedem dritten Samstag gearbeitet wird. Alle drei Wochen haben die Mitarbeiter ein verlängertes Wochenende mit fünf freien Tagen.

Individueller Schichtplan

1. Woche	Mo	Di	Mi	Do	Fr	Sa	So
F.-schicht	8,25 h	8,25 h					
S.-schicht			8,5 h	8,5 h	8,5 h		
N.-schicht							

2. Woche	Mo	Di	Mi	Do	Fr	Sa	So
F.-schicht							
S.-schicht	8,5 h	8,5 h					
N.-schicht			6,7 h	6,7 h	6,7 h		

3. Woche	Mo	Di	Mi	Do	Fr	Sa	So
F.-schicht			8,25 h	8,25 h	8,25 h	7,9 h	
S.-schicht							
N.-schicht	6,7 h						

Besetzungsplan mit 3 Schichtgruppen

1. Woche	Mo	Di	Mi	Do	Fr	Sa	So
F.-schicht	1	1	3	3	3	3	
S.-schicht	2	2	1	1	1		
N.-schicht			2	2			

2. Woche	Mo	Di	Mi	Do	Fr	Sa	So
F.-schicht	3	3	2	2	2	2	
S.-schicht	1	1	3	3	3		
N.-schicht			1	1			

3. Woche	Mo	Di	Mi	Do	Fr	Sa	So
F.-schicht	2	2	1	1	1	1	
S.-schicht	3	3	2	2	2		
N.-schicht			3	3			

F= Früh
S= Spät
N=Nacht

Abbildung 11: Flexibles Schichtarbeitsmodells bei Daimler Chrysler

Bei ***Jahresarbeitszeit*** wird die individuell zu erbringende Anzahl Arbeitsstunden auf der Basis eines Jahres geplant. Das monatliche Entgelt bleibt dabei konstant. Durch Jahresarbeitszeitmodelle kann die Mitarbeiterkapazität an den Arbeitsanfall im Jahresverlauf angepasst werden. In den meisten Tarifverträgen ist es inzwischen möglich, dass die Arbeitszeit von Woche zu Woche schwankt und lediglich im Durchschnitt eines Zeitraumes von 12 Monaten oder mehr der regelmäßigen Wochenarbeitszeit von beispielsweise 35 Stunden entsprechen muss. In Spitzenzeiten kann täglich bis zu 10 Stunden länger gearbeitet werden, in ruhigeren Phasen entsprechend weniger. Jahresarbeitszeit eignet sich für saisonal schwankende Personalkapazitäten. Allerdings muss der Kapazitätsbedarf planbar sein, da im Regelfall die entsprechenden Betriebsvereinbarungen eine Ankündigungsfrist von mehreren Wochen oder Monaten vorsehen. Im Werk Mannheim der Daimler Chrysler AG kann die Bandbreite der Wochenarbeitszeit zwischen 30 und 45 Stunden schwanken bei konstantem Monatsentgelt für die Beschäftigten (vgl. Abbildung 12). Die Arbeitszeit wird jeweils für drei Monate im Voraus zwischen Betriebsrat und Geschäftsleitung vereinbart. Die Ankündigungsfrist bei Veränderungen der Arbeitszeit beträgt vier Wochen. Im Rahmen der flexiblen Arbeitszeiten werden keine Mehrarbeitszuschläge bezahlt.

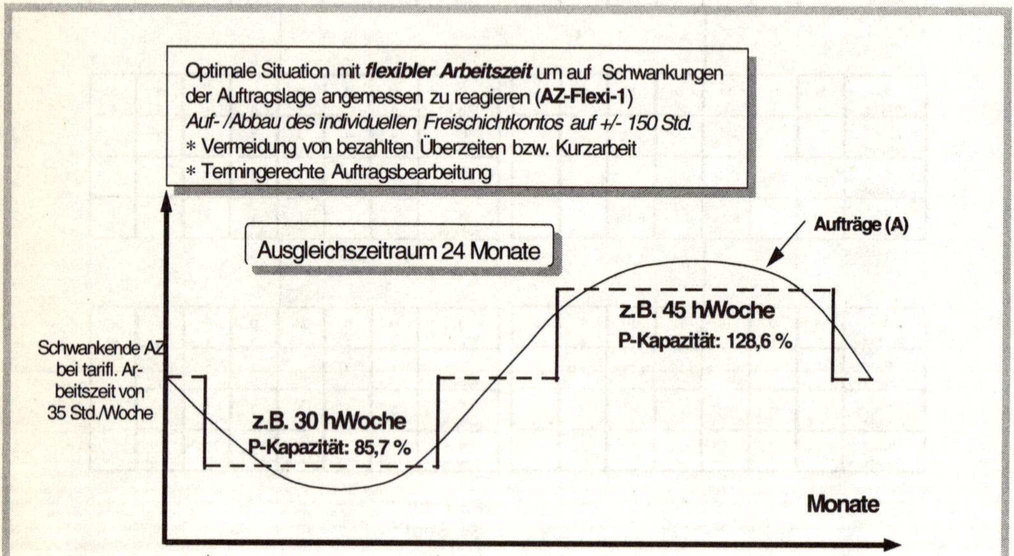

Abbildung 12: Jahresarbeitszeitmodell mit schwankenden Wochenarbeitszeiten

Der Vorteil von Jahresarbeitszeiten besteht darin, dass nicht automatisch Mehrarbeitszuschläge in Zeiten hoher Kapazitätsauslastung bezahlt werden müssen. Allerdings funktioniert dieses Modell nur bei planbaren Auslastungsschwankun-

gen. Vor allem im Produktionsbereich steigt hierdurch die Flexibilität. Nicht geeignet ist dieses Modell dagegen in Abteilungen mit kurzfristig schwankenden Kapazitäten.
Bei ungleichmäßiger Verteilung der Arbeitszeiten im Zeitverlauf werden Differenzen zwischen der vereinbarten und der tatsächlichen Arbeitszeitdauer auf einem ***Zeitkonto*** verbucht. Mit dem ***Ampelkonto*** erhalten Arbeitnehmer und ihre Vorgesetzten ein einfaches Instrument zur besseren Steuerung von Zeitsalden (vgl. Abbildung 13). Zwar wird wie bisher die geleistete Arbeitszeit mit der Sollzeit (der durchschnittlichen Tagesarbeitszeit) saldiert. Der Mitarbeiter disponiert seine Arbeitszeit jedoch selbstständig innerhalb eines Korridors (grüner Bereich) zwischen beispielsweise 50 Plus- und 50 Minusstunden. Ein zweiter Zeitkorridor (gelber Bereich) zwischen 50 und 80 Stunden Positiv- bzw. Negativsaldo ist nur in Absprache mit dem Vorgesetzten nutzbar. Gelangt der Mitarbeiter mit seinen Arbeitszeiten in den roten Korridor (Saldo größer als 80 Stunden), dann vereinbaren Mitarbeiter und Vorgesetzte geeignete Maßnahmen zur Rückführung in den gelben bzw. grünen Bereich. Oftmals werden bei Erreichen der roten Phase Personalabteilung und Betriebsrat automatisch hierüber informiert.

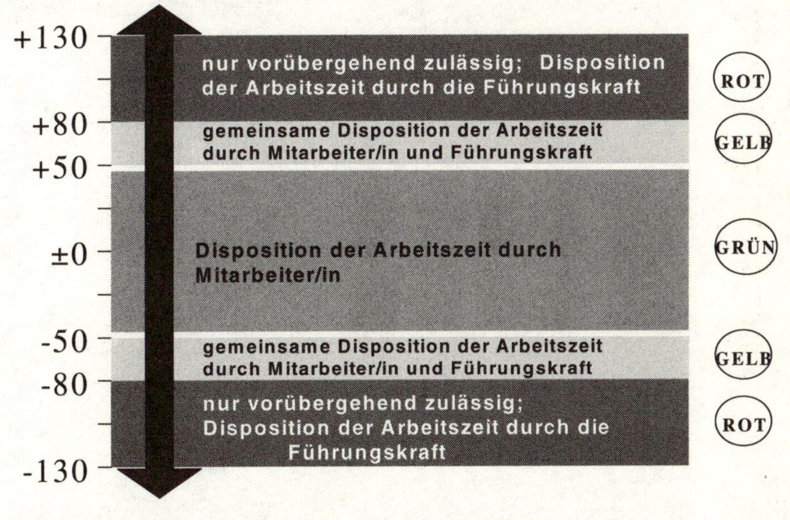

Abbildung 13: Ampelkonto

Zielsetzung des Ampelkontos ist die eigenverantwortliche Steuerung der Arbeitszeiten durch die Mitarbeiter. Je größer die Schwankungsbreite des Arbeitsanfalls etwa im Zusammenhang mit Jahresarbeitszeiten und je selbstständiger die Mitarbeiter sind, um so großzügiger können die einzelnen Ampelphasen ausgelegt werden.

Im Rahmen von ***Vertrauensarbeitszeit*** verzichtet der Arbeitgeber auf die elektronische Erfassung und die damit verbundene exakte Kontrolle von Anwesenheitszeiten seiner Arbeitnehmer. Hierbei planen die Mitarbeiter ihre Arbeitszeiten sowie den Zeitausgleich eigenverantwortlich. Durch den Fortfall der Zeiterfassung fehlt allerdings die objektive Zeitaufschreibung. Der Vorgesetzte muss seine Mitarbeiter auf andere Art und Weise kontrollieren. Zudem ist ein völliger Verzicht auf die Dokumentation von Arbeitszeiten nach § 16, Abs. 2 des Arbeitszeitgesetzes nicht zulässig; zumindest die werktäglich über 8 Stunden hinausgehende Arbeitszeit muss dokumentiert werden. Als Lösung kann eine vereinfachte Zeitaufschreibung in Form von Excel oder über das Intranet durchgeführt werden.

5. Personalentlohnung

Löhne und Gehälter (allgemein wird von Arbeitsentgelt gesprochen) sind die materiellen Vergütungen eines Unternehmens für die Arbeitsleistungen jener Personen, die sich vertraglich verpflichtet haben, diese Leistungen zu erbringen. Das Arbeitsentgelt ist für die meisten Unternehmen der höchste Kostenfaktor, während es für die Arbeitnehmer die wichtigste und oftmals einzige Einkommensquelle darstellt. Innerhalb der **Entgeltpolitik** wird versucht, gerechte Löhne und Gehälter festzulegen unter Berücksichtigung von unterschiedlichen Arbeitsplatzanforderungen, individuellen Leistungsunterschieden und sozialen Komponenten wie z. B. Lebensalter und Familienstand. Letztlich soll ein geeignetes Anreizsystem geschaffen werden, damit die im Unternehmen beschäftigten Personen dauerhaft eine hohe Leistung erbringen. Unter **Entgeltabrechnung** wird die periodische Berechnung und Auszahlung von Löhnen und Gehältern verstanden. Zur **Personalbetreuung** zählen alle über das vereinbarte Entgelt hinausgehenden, nicht-monetären Leistungen eines Unternehmens für seine Mitarbeiter.

5.1 Entgeltpolitik

Die gerechte Entlohnung ist eine wichtige Voraussetzung für Arbeitszufriedenheit und Motivation eines Arbeitnehmers. Eine absolut gerechte Vergütung gibt es hierbei nicht, weil objektive Maßstäbe fehlen und sich außerdem die Vorstellungen von Entgeltgerechtigkeit im Laufe der Zeit ändern. Vielmehr kommt es darauf an, ein möglichst gerechtes Entgelt zu finden, welches sich aus einer

Anforderungs-, ***Leistungs***- und ***Sozialkomponente*** zusammensetzt. Hierbei müssen auch ***rechtliche Rahmenbedingungen*** berücksichtigt werden.

5.1.1 Anforderungsgerechte Vergütung

Ein allgemein akzeptierter Grundsatz der Entgeltpolitik lautet: Die Entgelthöhe steigt mit den Anforderungen des Arbeitsplatzes. Die anforderungsabhängige Entgeltdifferenzierung wird in den Tarifverträgen geregelt, sie kann ebenfalls für außertarifliche Arbeitsverträge angewandt werden. Als Methode dient die ***Arbeitsbewertung***. Eine Arbeitsbewertung untersucht und vergleicht die objektiv feststellbaren Unterschiede bei den Anforderungen einzelner Arbeitsplätze. Im Gegensatz zur Personalbeurteilung (vgl. Kap. 5.1.2 Leistungsgerechte Vergütung), bei der die persönlichen Leistungen von Mitarbeitern bewertet werden, stehen bei der Arbeitsbewertung die Arbeitsplatzanforderungen im Vordergrund.

Die in der Unternehmenspraxis angewandten Verfahren werden unterteilt in

- Summarische Arbeitsbewertung
- Analytische Arbeitsbewertung.

Die ***summarische Arbeitsbewertung*** erfasst die Anforderungen einer Tätigkeit in ihrer Gesamtheit. Auf den systematischen Vergleich einzelner Anforderungskriterien wird verzichtet, die Arbeitsschwierigkeiten werden global beurteilt. Als Ergebnis entsteht eine Eingruppierung in eine Lohn- oder Gehaltsgruppe. Die Erarbeitung eines Lohngruppenkatalogs (vgl. Tabelle 5) erfolgt normalerweise durch die Tarifpartner. Im Unternehmen werden lediglich die einzelnen Stellen den passenden Lohngruppen zugeordnet.

Arbeitsbewertung mittels Lohngruppenverfahren am Beispiel IG-Metall		
Grp.	Lohngruppen-Definition	Lohnschlüssel
1	Arbeiten, die nach kurzfristiger Einarbeitungszeit und Unterweisung ausgeführt werden	85 %
2	Arbeiten, die nach nicht nur kurzfristiger Einarbeitungszeit und eingehender Unterweisung ausgeführt werden und über die Anforderungen der vorhergehenden Lohngruppe hinausgehen	85%
3	Arbeiten, die Arbeitskenntnisse und Fertigkeiten voraussetzen und eine Anlernung erfordern	86,33 %
4	Arbeiten, die Sach- und Arbeitskenntnisse und Fertigkeiten mit zusätzlicher Erfahrung voraussetzen, die über die Anforderungen der vorhergehenden Lohngruppe hinausgehen	88,6 %
5	Arbeiten, die umfassende Sach- und Arbeitskenntnisse und Fertigkeiten voraussetzen wie sie durch eine Sonderausbildung und entsprechende Erfahrung erreicht werden	90,5 %
6	Arbeiten, die ein Spezialkönnen voraussetzen, das entweder durch eine abgeschlossene zweijährige Ausbildung oder eine Ausbildung wie in der vorhergehenden Lohngruppe mit zusätzlicher längerer Erfahrung erreicht wird	94,5 %
7	Facharbeiten, die ein Können voraussetzen, das durch eine fachentsprechende, ordnungsgemäß (Ecklohn) abgeschlossene Ausbildung erreicht wird oder Arbeiten, deren Ausführung gleichwertige Spezialfähigkeiten und Spezialkenntnisse erfordern, auch wenn sie nicht durch eine fachentsprechende, ordnungsgemäß abgeschlossene Ausbildung erworben sind	100 %
8	Schwierige Facharbeiten, die besondere Fertigkeiten und langjährige Erfahrungen voraussetzen	110 %
9	Besonders schwierige oder hochwertige Facharbeiten, die an das fachliche Können und Wissen hohe Anforderungen stellen und große Selbstständigkeit und hohes Verantwortungsbewusstsein voraussetzen	120 %
10	Hochwertige Facharbeiten, die überragendes Können, völlige Selbstständigkeit, Dispositionsvermögen, umfassendes Verantwortungsbewusstsein und entsprechende theoretische Kenntnisse voraussetzen	133 %

Tabelle 5: Summarische Arbeitsbewertung mittels Lohngruppenverfahren – am Beispiel IG Metall

Die ***analytische Arbeitsbewertung*** zerlegt die Arbeitsplatzanforderungen in einzelne Anforderungsarten und bewertet jede einzelne Anforderungsart. Die Werte pro Anforderungsart werden gewichtet und anschließend aufsummiert. Als Summe resultiert der Arbeitswert der gesamten Tätigkeit, der die Arbeitsschwierigkeit dieser Tätigkeit quantifiziert. Die ermittelten Arbeitswerte werden anschließend durch Multiplikation mit einem Geldfaktor in Entgelte umgerechnet. Viele analytische Arbeitsbewertungsverfahren greifen auf das bereits 1950 während einer Konferenz in Genf erarbeitete Schema zurück (vgl. Abbildung 14).

5.1.2 Leistungsgerechte Vergütung

Eine leistungsgerechte Vergütung wird gezahlt für Leistungen, die ein Arbeitnehmer in der Vergangenheit erbracht hat (und die er voraussichtlich auch zukünftig erbringen wird). Um die Leistung sowie das Verhalten bei der Leistungserbringung eines Mitarbeiters zu bewerten, muss regelmäßig eine Leistungsbewertung oder ***Personalbeurteilung*** durch den Vorgesetzten erfolgen. Diese Beurteilung gibt Auskunft darüber, inwieweit ein Mitarbeiter im Beurteilungszeitraum den Anforderungen seines Arbeitsplatzes gerecht geworden ist. Personalbeurteilungen helfen nicht nur bei der leistungsgerechten Entgeltfindung sondern auch bei der Auswahl von Führungsnachwuchs und zur Ermittlung des Personalentwicklungsbedarfs. Die wichtigsten Beurteilungsmerkmale sind Fachkönnen, Arbeitsmenge, Arbeitsgüte, Leistungsbereitschaft und Zusammenarbeit. Bei Führungskräften kommt „Führungsqualität" als weiteres Kriterium hinzu. Für jedes Beurteilungsmerkmal wird eine Bewertung auf Basis von zumeist fünf Skalenwerten (vergleichbar mit Zeugnisnoten) abgegeben, beispielsweise

- Die Leistung des Mitarbeiters übertrifft die Anforderungen erheblich
- Leistung übersteigt die Anforderungen
- Leistung entspricht den Anforderungen (Normleistung)
- Anforderungen werden nicht ganz zufriedenstellend erfüllt
- Anforderungen werden unzureichend erfüllt, Leistung genügt in wesentlichen Punkten nicht den Anforderungen.

Zusätzlich können freie Formulierungen die standardisierte Beurteilung ergänzen. Die meisten Unternehmen setzen Formulare zur Personalbeurteilung ein (vgl. z.B. Abbildung 15). Trotzdem bleibt Personalbeurteilung ein subjektiver Akt. Vergleicht man die ausgefüllten Beurteilungsbögen, so stellt man oftmals eine Tendenz zu mittleren Werten fest, weil Mitarbeiter mit dauerhaft schlechten Leistungen versetzt bzw. entlassen werden und solche mit sehr guten Leistungen befördert werden. Hinzu kommen Beurteilungsfehler. Wenn sich ein Beurteiler in schlechter Stimmung befindet, wird er möglicherweise an diesem Tag ebenfalls eine eher negative Beurteilung seiner Mitarbeiter abgeben. Auch die Selbstwahrnehmung des Beurteilers spielt eine wichtige Rolle. Wenn die Schwächen anderer mit den eigenen übereinstimmen, fallen die Beurteilungen milder aus.

Genfer Schema – Prüfen einer Licht- und Kraftanlage und Fehlerbeseitigung

	Anforderung	Bewertung: Höchst-werte	Bewertung: Spezielle Werte	Bewertungsbegründung
Aktive Anforderungsmerkmale	**I. Fachkönnen**			**Fachkönnen**: Kenntnisse eines Elektroinstallateurs. Vieljährige Erfahrung im Aufsuchen und Beseitigen von Fehlern in großen elektrischen Anlagen. Kenntnis und Übung im Lesen umfangreicher Installationspläne und Stromläufe. Kenntnis der Anwendungen und Wirkungsweise elektrischer Messgeräte. Geschicklichkeit und Körpergewandtheit beim Einkreisen und Beseitigen der Fehler an schwer zugänglichen Stellen.
	a) Ausbildung Erfahrung, Denkfertigkeit	8	7	
	b) Körpergewandtheit Geschicklichkeit	4	2	
	Fachkönnen insgesamt	12	9	
	II. Belastung			**Belastung**: Aufmerksames und überlegtes Beobachten und Auswerten der Messergebnisse sowie der Funktionen der elektrischen Geräte und Messinstrumente. Vielfach anstrengende Körperhaltung beim Aufsuchen und Beseitigen der Fehler.
	a) Aufmerksamkeit, Denken	5	5	
	b) Belastung der Muskeln	5	2	
	Belastung insgesamt	10	7	
	III. Verantwortung			**Verantwortung**: Verantwortung für die schnellste Beseitigung von Betriebsstörungen, für die sachgemäße Behandlung von Betriebsmitteln und Messinstrumenten sowie für das sachgemäße und unfallsichere Arbeiten der Helfer. Von der schnellen, zielbewussten Arbeit ist das zeitliche Maß einer Betriebsstörung wesentlich abhängig.
	a) Betriebsmittel und Erzeugnisse	4	3	
	b) für die Arbeit anderer	3	1	
	c) f. die Gesundheit anderer	3	1	
	Verantwortung insgesamt	10	5	
Passive Anforderungsmerkmale	**IV. Umwelt**			**Umwelt**: Verschmutzung beim Aufsuchen und Beseitigen der Fehler unter Putz, in Kabelkanälen, an Maschinen usw., Unfallgefährdung beim Arbeiten an den teilweise unter Spannung befindlichen Leitungen und auf Leitern.
	a) Schmutz	2	1	
	b) Staub	1,5	0	
	c) Oel	1	0	
	d) Temperatur	2	0	
	e) Nässe, Säure, Lauge	1	0	Aktive Anforderungsmerkmale (I-III) können vom Arbeitnehmer beeinflusst werden.
	f) Gase, Dämpfe	2	0	
	g) Lärm	2	0	Passive Anforderungsmerkmale (IV) können vom Arbeitnehmer nicht beeinflusst werden.
	h) Erschütterung	1,5	0	
	i) Blendung, Lichtmangel	1	0	Das Punkteverhältnis zwischen aktiven und passiven Merkmalen (hier 63% zu 37%) wird branchenverschieden in Rahmentarifverträgen festgelegt.
	k) Erkältungsgefahr	1	0	
	l) hinderliche Schutzkleidung	2	0	
	m) Unfallgefahr	2	2	
	Umwelt insgesamt	19	3	
	Arbeitswert	**51**	**24**	

Abbildung 14: Beispiel für analytische Arbeitsbewertung nach dem Genfer Schema

Name, Vorname:			
Geburtstag:	Eintrittsdatum:	Tätig auf diesem Arbeitsplatz seit:	Tarifeinstufung:
Arbeitsplatz/ Tätigkeitsbezeichnung:		Arbeitsplatz-Nr.:	
Betrieb/Abteilung/Bereich		Kostenstellen-Nr.	

Für diese Beurteilung Verantwortlicher:	Letzte Beurteilung durch:	Letzte Beurteilung am:

Beurteilungsanlässe: Neueinstellung	Umgruppierung	Versetzung	Jahresbeurteilung

Beurteilungsstufen / Beurteilungsmerkmale	Genügt den Anforderungen nicht immer	Genügt den Anforderungen in ausreichendem Maße	Genügt den Anforderungen durchschnittlich	Übertrifft die Anforderungen	Übertrifft die Anforderungen in hohem Maße
Arbeitsmenge	☐	☐	☐	☐	☐
Arbeitsgüte	☐	☐	☐	☐	☐
Leistungsbereitschaft	☐	☐	☐	☐	☐
Zusammenarbeit	☐	☐	☐	☐	☐
Führungsqualität	☐	☐	☐	☐	☐

Beurteilungsgespräch hat stattgefunden am:	
Zur Kenntnis genommen (Datum, Unterschrift des Mitarbeiters)	(Datum, Unterschrift des Beurteilers) (Datum, Unterschrift des nächsthöheren Vorgesetzten)

Erläuterungen der Beurteilungsmerkmale:

Arbeitsmenge: Intensität und Stetigkeit der Arbeit, Zuverlässigkeit, Ausbringungsmenge, Arbeitsgeschwindigkeit

Arbeitsgüte: Sorgfalt, Genauigkeit, planvolles Vorgehen beim Lösen von Problemen

Leistungsbereitschaft: Einsatzfreude, Eigeninitiative, Verantwortungsbewusstsein, Selbständigkeit

Zusammenarbeit: Bereitschaft zur Teamarbeit, Kontaktfähigkeit, Hilfsbereitschaft

Führungsqualität: Förderung und Motivation von Mitarbeitern, Vertrauenswürdigkeit, Delegationsfähigkeit, Durchsetzungsvermögen, Entscheidungsfreude

Abbildung 15: Musterformular für eine Personalbeurteilung

5.1.3 Sozialgerechte Vergütung

Gesetze, Tarifverträge und Betriebsvereinbarungen sichern den Arbeitnehmern in bestimmten Lebenssituationen auch dann ein Arbeitsentgelt zu, wenn sie gar keine Arbeitsleistung erbracht haben. Hierzu zählen beispielsweise die Zahlung von Löhnen und Gehältern während des Erholungsurlaubs, die Entgeltfortzahlung im Krankheitsfall, bei Schwangerschaft. Einige Tarifverträge, vor allem im öffentlichen Dienst, machen die Entgelthöhe zusätzlich von Alter, Familienstand und Betriebszugehörigkeit abhängig, obwohl dies dem Prinzip „gleicher Lohn für gleiche Arbeit" widerspricht. Betriebsvereinbarungen gewähren den Arbeitnehmern zusätzliche finanzielle Leistungen, z.B. Erstattung von Fahrtkosten, Kantinenzuschüsse oder betriebliche Altersversorgung.

5.1.4 Rechtliche Rahmenbedingungen

Das Entgelt kann in der Regel nicht völlig frei zwischen Arbeitgeber und Arbeitnehmer ausgehandelt werden. Vielmehr sind unterschiedliche rechtliche Rahmenbedingungen zu beachten.

Im ***Grundgesetz*** ist beispielsweise geregelt, dass bei der Entlohnung der Gleichheitsgrundsatz zwischen Männern und Frauen zu beachten ist (Art. 3 Grundgesetz), während die eigentliche Entgeltregelung den Tarifvertragsparteien überlassen wird (Artikel 9 GG). Zur Vergütung finden sich Vorschriften im BGB, HGB und im Entgeltfortzahlungsgesetz.

Tarifverträge sind schriftliche Abmachungen zwischen Gewerkschaft und Arbeitgeberverband (bzw. einzelnen Arbeitgebern, wie z.B. Volkswagen AG). Dadurch, dass auf der Arbeitnehmerseite nicht der einzelne Arbeitnehmer als Vertragspartner einem Unternehmen gegenübersteht, können Benachteiligungen der schwächeren Vertragsseite vermieden werden. Die bislang üblichen Flächentarifverträge, die für alle, einem regionalen Arbeitgeberverband zugehörigen Unternehmen gelten, werden allerdings zunehmend kritisiert, weil die wirtschaftliche Situation der einzelnen Firmen zu wenig berücksichtigt wird. Andererseits vereinfacht aber ein Tarifvertrag die Diskussion über Entgelterhöhungen, weil nicht jedes einzelne Unternehmen mit den Gewerkschaften verhandeln muss.

Betriebsvereinbarungen sind schriftliche Vereinbarungen zwischen Betriebsrat und Unternehmensleitung. Sie regeln z.B. Grundsätze zur Entlohnung und zur Leistungsbeurteilung. Schließlich wird das Entgelt in den ***Einzelarbeitsverträgen*** festgelegt. Sie sind besonders für außertarifliche Mitarbeiter bedeutsam.

5.2 Lohnformen

Beim ***Zeitlohn*** dient die vom Mitarbeiter geleistete Arbeitszeit als Grundlage für die Berechnung des Arbeitsentgelts, beispielsweise als Stunden-, Tages-, Wochen- oder Monatslohn (= Gehalt). Eine Trennung von Lohn und Gehalt ist inzwischen nicht mehr sinnvoll; sie war historisch bedingt, wobei die gewerblichen Arbeiter den Lohn und die Angestellten das Gehalt erhielten. Inzwischen existiert der konstante Monatslohn auch in den meisten Industriebetrieben. Zeitlohn errechnet sich nach folgender Formel:

Zeitlohn = Lohnsatz pro Zeiteinheit * Anzahl Zeiteinheiten

Beim ***Leistungslohn*** wird neben der erbrachten Arbeitszeit die Arbeitsleistung des Mitarbeiters berücksichtigt. Abweichungen des tatsächlichen Arbeitserfolges von einer vorgegebenen Norm beeinflussen direkt die Höhe des Verdienstes. Die gebräuchlichsten Leistungslohnformen sind Akkordlohn und Prämienlohn. Bei Akkordlohn wird die geleistete Arbeitsmenge entlohnt. Der Lohn steigt proportional zum Leistungsanstieg. Der ***Zeitakkord*** errechnet sich nach folgender Formel:

Zeitakkord = Stückzahl * Vorgabezeit * Minutenfaktor

Unter Stückzahl ist die geleistete Menge pro Stunde gemeint. Die Vorgabezeit ist die Zeit, die für eine einmalige Arbeitsverrichtung bei Normalleistung benötigt wird. Der Minutenfaktor (ausgedrückt in EUR/min) entspricht dem Akkordrichtsatz. Dieser setzt sich aus einem garantierten Mindestlohn und dem Akkordzuschlag zusammen. Im Vergleich zum Zeitlohn sind Akkordlöhne höher, da von einer höheren Arbeitsintensität ausgegangen wird. Der Akkordrichtsatz wird pro Tariflohngruppe in den jeweiligen Tarifverträgen festgelegt. Die Berechnung des Zeitakkords wird anhand des folgenden Beispiels verdeutlicht:

Akkordrichtsatz:	12, der Minutenfaktor beträgt somit 0,2 (12:60)
Vorgabezeit:	20 Minuten pro Stück
Geleistete Menge:	4 pro Stunde

Als Stundenlohn ergibt sich hieraus:

$$\text{Zeitakkord} = 4 * 20 * 0{,}2 = 16{,}-\ \text{EUR pro Stunde}$$

Der ***Prämienlohn*** honoriert sowohl quantitative als auch qualitative Leistungen. Die Prämien können gewährt werden für Zeitersparnis, Reduzierung von Ausschuss und Mängeln, den sparsamen Umgang mit Rohstoffen etc. Für die Termineinhaltung bei Montage- und Projektarbeiten kann beispielsweise ein Zeitersparnisgrad nach folgender Formel berechnet werden:

$$\text{Zeitersparnisgrad (in \%)} = \frac{\text{Vorgegebene Zeit} - \text{benötigte Zeit} * 100}{\text{Vorgegebene Zeit}}$$

Je früher der Mitarbeiter mit seiner Arbeit fertig ist, um so größer wird der Zeitersparnisgrad und um so größer ist auch die hierfür vergütete Prämie.

5.3 Entgeltabrechnung

Die periodische Lohn- und Gehaltsabrechnung wird inzwischen in fast allen Unternehmen mit mehr als 5 Mitarbeitern automatisch durchgeführt. Hierzu werden Entgeltabrechnungsprogramme (Standardanwendungssoftware) eingesetzt, die entweder auf einem eigenen Computer laufen oder über die Rechner eines Dienstleistungsunternehmens bzw. Steuerberaters. Im Kern handelt es sich bei Entgeltabrechnungssoftware um sog. Stapelverarbeitungsprogramme. Hinzu kommen Dialogprogramme zur Erfassung und Pflege von Daten sowie zur Anzeige von Auswertungsergebnissen. Der grundsätzliche Ablauf der Entgeltabrechnung besteht aus folgenden Schritten (vgl. Abbildung 16):

- Datenerfassung
- Bruttoermittlung
- Nettoermittlung
- Monatsauswertungen
- Jahresauswertungen

Ein leistungsfähiges ***Bruttoermittlungsprogramm*** errechnet automatisch alle im Unternehmen vorkommenden Bezüge. Hierzu gehört vor allem die Ermittlung von Zeitlohn, Leistungslohn und Gehalt. Einmalige Bruttobezüge wie z.B. Weihnachtsgeld oder Jubiläumszuwendungen werden in der Regel per Bildschirm-Dialog erfasst. Bewegungsdaten fallen hauptsächlich an bei Urlaubsgeld, Zeitlohnberechnung, Leistungslohnberechnung, Mehrarbeits- und Fehlzeiten.

Im Anschluss an die Bruttoermittlung findet die ***Nettoberechnung*** statt. Die unterschiedlichen gesetzlichen Abzüge (z.B. Steuern, Sozialversicherungsbeiträge) und vertraglichen Abzüge (z.B. Mietzahlungen für Werkswohnungen, Darlehenstilgungen, Pfändungen) müssen berechnet und abgeführt werden.

Die wichtigste Monatsauswertung innerhalb einer Entgeltabrechnung ist die ***Verdienstbescheinigung***. Sie dokumentiert das Ergebnis der Entgeltabrechnung für jeden einzelnen Mitarbeiter des Unternehmens. Aus diesem Grunde werden hohe Anforderungen an Übersichtlichkeit und Lesbarkeit gestellt. Neben den Brutto- und Nettoabrechnungsergebnissen enthält die Verdienstbescheinigung häufig noch zusätzliche, für den Arbeitnehmer interessante Daten wie z.B. Urlaubsrestbestand und Mehrarbeitsnachweis.

Eine wichtige Arbeitsgrundlage für den Personalsachbearbeiter ist das ***Lohnkonto***. Diese gesetzlich vorgeschriebene Auswertung enthält pro Arbeitnehmer und Monat sämtliche Lohnarten. Korrekturen müssen mit Angabe des Monats, in dem korrigiert wurde, separat ausgewiesen werden.

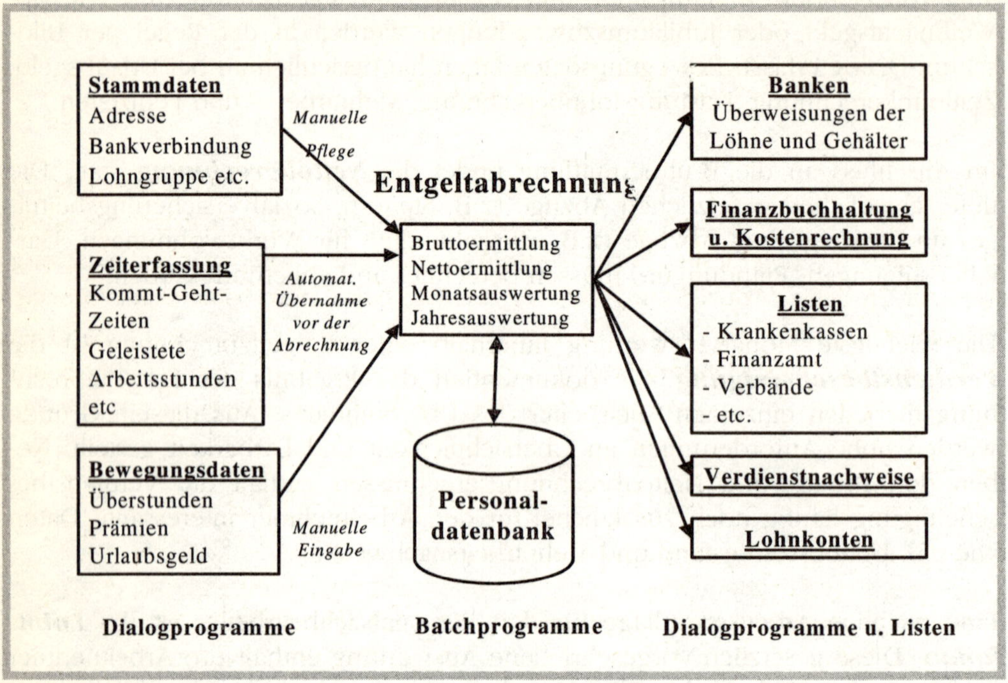

Abbildung 16: Ablauf der Entgeltabrechnung

5.4 Personalbetreuung

Zur Personalbetreuung zählen alle sozialen Serviceaufgaben eines Unternehmens, die im Rahmen des Arbeitsverhältnisses und auch außerhalb des Arbeitsverhältnisses (für ehemalige Mitarbeiter, wie z.B. Rentner) anfallen. Zum Teil übernimmt ein Unternehmen diese Aufgaben aus seiner sozialen und gesellschaftlichen Verantwortung heraus, andererseits dient die Personalbetreuung auch zur Motivation und Leistungserhaltung der Mitarbeiter.
Das Spektrum der Personalbetreuung reicht von dem Ausstellen von Bescheinigungen und Formularen über den Unfall- und Gesundheitsschutz im Rahmen des betriebsärztlichen Dienstes bis hin zur Organisation von Betriebsfesten, Sportveranstaltungen und dem Betrieb von Betriebskindergärten und unternehmenseigenen Wohnungen.

6. Personalentwicklung

Personalentwicklung umfasst alle Maßnahmen zur beruflichen Aus- und Weiterbildung der Mitarbeiter. Unter **Ausbildung** wird die berufliche Erstausbildung verstanden, die einem jungen Menschen den Einstieg in das Arbeitsleben ermöglicht. **Fort- oder Weiterbildung** dient zur Erhaltung (Aktualisierung) oder Erweiterung bisher erworbener Qualifikationen. Personalentwicklung beginnt mit der Planung des Entwicklungsbedarfs; im nächsten Schritt werden Entwicklungsmaßnahmen für die verschiedenen Personen (-gruppen) durchgeführt. Zum Schluss erfolgt das Controlling der Personalentwicklung.

6.1 Ziel und Umfang der Personalentwicklung

Ziel der Personalentwicklung ist es, jeden einzelnen Mitarbeiter so zu qualifizieren, dass er seine gegenwärtigen und zukünftigen Aufgaben optimal erledigen kann. Personalentwicklungsmaßnahmen erstrecken sich auf folgende inhaltliche Bereiche (vgl. Abbildung 17):

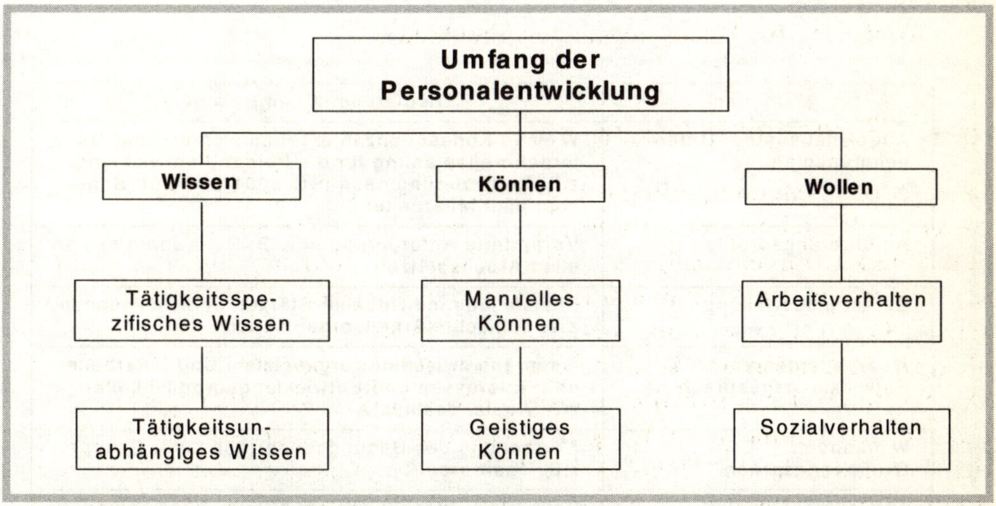

Abbildung 17: Umfang der Personalentwicklung

Bei der ***Wissensvermittlung*** stehen grundlegende Kenntnisse über Abläufe und Zusammenhänge im Vordergrund. Hierbei handelt es sich entweder um tätigkeitsunabhängiges Wissen (z.B. Ziele, Strategien und Produkte des Unternehmens) oder um tätigkeitsspezifisches Wissen (z.B. welche Werkzeuge am Arbeitsplatz vorhanden sind, welche Sicherheitsvorschriften zu beachten sind).

Können bedeutet, das erworbene Wissen bei einer geistigen oder manuellen Tätigkeit auch praktisch anzuwenden. Die Voraussetzungen hierfür sind Übung und Erfahrung. Die Bedienung eines Gabelstaplers setzt beispielsweise neben dem grundsätzlichen Wissen über die einzelnen Schalter auch Fahrpraxis (= Können) voraus.

Beim ***Wollen*** soll durch Personalentwicklung eine Verhaltensänderung im persönlichen Bereich erzielt werden. Hierbei kann ein verändertes Arbeitsverhalten angestrebt werden (z.B. zur Reduzierung von Ausschussprodukten) oder ein anderes Sozialverhalten (z.B. bessere Teamarbeit durch gegenseitige Unterstützung).

6.2 Personalentwicklungsplanung

Personalentwicklung kann nur dann sinnvoll betrieben werden, wenn man den Entwicklungsbedarf aus Unternehmens- und aus Mitarbeitersicht kennt. Zur Ermittlung des Entwicklungsbedarfs können verschiedene Methoden genutzt werden (vgl. Tabelle 6).

Methoden	Erläuterungen und Beispiele
Abgeleitet aus der Unternehmensplanung	Welche Konsequenzen ergeben sich aus der Unternehmensplanung für die Personalentwicklung, z.B. Zertifizierung nach ISO 9001 erfordert Schulung aller Mitarbeiter
Anforderungsprofile	Veränderte Anforderungen, z.B. PC-Kenntnisse an allen Arbeitsplätzen
Personalbeurteilung	Feststellung individueller Stärken und Schwächen, z.B. schlechte Arbeitsorganisation
Mitarbeitergespräch/ Entwicklungsgespräch	Gespräch zwischen Vorgesetztem und Mitarbeiter über Interessen und Entwicklungsmöglichkeiten, z.B. Auslandseinsatz
Workshop / Gruppengespräch	Erarbeitung des Bildungsbedarfs in einer Gruppe, z.B. Teamarbeit
Assessment Center	Potenzialaufdeckung in speziellem Auswahlverfahren, z.B. für Führungsnachwuchskräfte

Tabelle 6: Methoden zur Ermittlung des Entwicklungsbedarfs

Somit stützt sich die Planung von Personalentwicklungsmaßnahmen einerseits auf unternehmerische Anforderungen. Andererseits entsteht Entwicklungsbedarf aus persönlichen Beurteilungen und Gesprächen zwischen Vorgesetzten und Mitarbeitern sowie durch individuelle Karrierewünsche. Ein individueller Personalentwicklungsplan kann mit Hilfe eines Formulars aufgestellt werden (vgl. Abbildung 18).

Persönlicher Weiterentwicklungsplan

Name: Abteilung: Tätigkeit:

I. Aktuelle Aufgaben- und Tätigkeitsschwerpunkte:
1.
2.
...

II. Aktuelle Fähigkeiten und Fertigkeiten:
1.
2.
...

III. Geplante Weiterentwicklung im nächsten Jahr:
1. Halbjahr:
Ziel:
Maßnahme:
2. Halbjahr:
Ziel:
Maßnahme:

IV. Mittelfristige Planung:

Datum: ________ Vorgesetzter: ________ Mitarbeiter: ________

Abbildung 18: Muster eines persönlichen Entwicklungsplans

Die individuellen Entwicklungspläne werden zu einem Entwicklungsprogramm zusammengefasst mit folgenden Themenschwerpunkten (vgl. Abbildung 19):

- Zielgruppen
- Lernziele und Inhalte
- Art der Durchführung (am Arbeitsplatz oder außerhalb)
- Zeiten Lernmedien und Lernmethoden
- Mitarbeiter mit

ähnlichen Qualifikationen werden zu ***Zielgruppen*** zusammen geschlossen, beispielsweise Auszubildende, Sachbearbeiter mit abgeschlossener Berufsausbildung, Berufsanfänger mit Hochschulabschluss, Führungsnachwuchskräfte. ***Lernziele und -inhalte*** sind die gewünschten Kenntnisse und Verhaltensweisen, die die Mitarbeiter nach Abschluss von Bildungsmaßnahmen erwerben sollen. Das Personalentwicklungsprogramm enthält ferner Angaben darüber, ob die Trainingsmaßnahme am Arbeitsplatz oder außerhalb durchgeführt wird, zu welchen ***Zeiten*** das Training durchgeführt wird und welche ***Lernmedien*** und ***Lernmethoden*** eingesetzt werden.

6.3 Durchführung von Personalentwicklungsmaßnahmen

Personalentwicklung findet statt am Arbeitsplatz des Mitarbeiters (= Training on the Job) oder außerhalb des Arbeitsplatzes (= Training off the Job). Eine umfassende Befähigung zur Erfüllung der betrieblichen Aufgaben lässt sich nur durch praktische Arbeit erwerben. Deshalb macht das Lernen am Arbeitsplatz einen bedeutenden Teil der beruflichen Erst-Ausbildung aus. Das arbeitsplatzbezogene Lernen bedeutet eine besondere Verpflichtung für die jeweiligen Vorgesetzten und Kollegen in Form von Anleitung und Betreuung (vgl. Tabelle 7: Methoden der Personalentwicklung).

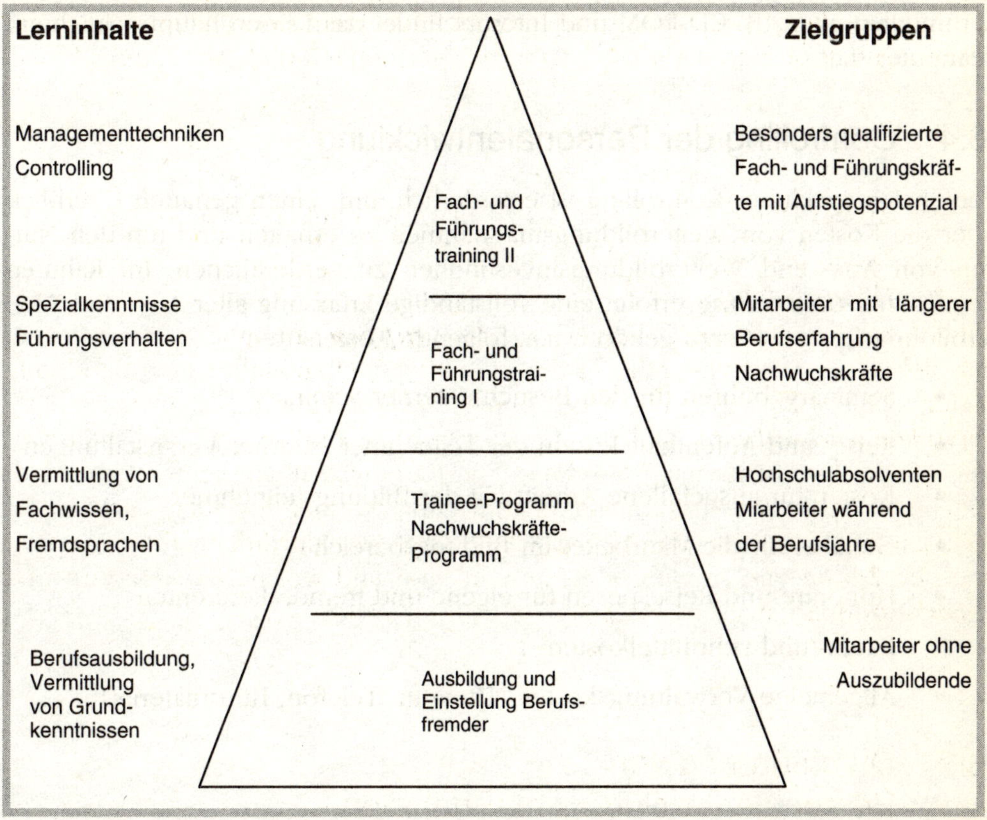

Abbildung 19: Beispiel für ein Personalentwicklungsprogramm

Durch das Lernen am Arbeitsplatz können in der Regel nicht alle beruflichen Kenntnisse und Fertigkeiten vermittelt bzw. erworben werden. Insofern wird das arbeitsplatzbezogene Lernen regelmäßig durch begleitende Trainingsmaßnahmen „off-the-job“ ergänzt. Neben traditionellen Seminaren können zur besseren Simulation der Unternehmensrealität auch Planspiele genutzt werden, wobei mehrere Gruppen gegeneinander über mehrere Spielperioden die modellhafte Leitung von Unternehmen simulieren. In Förderkreisen kommen neue Mitarbeiter oder Führungsnachwuchskräfte regelmäßig zum Erfahrungsaustausch zusammen. Eine zunehmende Bedeutung erlangen berufliche Qualifizierungsmaßnahmen mit einem akademischen Abschluss, beispielsweise durch eine enge Verzahnung von Berufsausbildung und berufsbegleitendem Studium (sog. Duale Studiengänge) oder durch Aufbau- bzw. Masterstudiengänge mit zeitweiliger Freistellung durch den Arbeitgeber. Beim Einsatz elektronischer Lernmedien, wie z.B. CD-ROM und Internet findet das Lernen hauptsächlich am Computer statt.

6.4 Controlling der Personalentwicklung

Personalentwicklungs-Controlling ist erforderlich, um einen genauen Überblick über die Kosten von Weiterbildungsmaßnahmen zu erhalten und um den Nutzen von Aus- und Weiterbildungsinvestitionen zu verdeutlichen. Im Rahmen des ***Kosten-Controlling*** erfolgt eine vollständige Erfassung aller Aus- und Weiterbildungskosten. Hierzu gehören u.a. folgende Kostenarten:

- Seminargebühren für den Besuch externer Seminare
- Reise- und Aufenthaltskosten der Teilnehmer externer Veranstaltungen
- Kosten für ausgefallene Arbeitszeit der Bildungsteilnehmer
- Gehälter für die Mitarbeiter im Bildungsbereich
- Honorare und Reisespesen für eigene und fremde Referenten
- Raum- und Lehrmittelkosten
- Allgemeine Verwaltungskosten (Literatur, Telefon, Büromaterial)

Training on the Job	Training off the Job
Gründliche Einarbeitung neuer Mitarbeiter	Seminare mit Lehrvorträgen, Rollenspielen, Fallstudien
Lernen durch Anleitung und Beratung von Vorgesetzten und Kollegen	Planspiele zur Simulation komplexer, realer Unternehmensprozesse
Regelmäßiger planmäßiger Arbeitsplatzwechsel (Job Rotation)	Förderkreise, wobei die Teilnehmer (z.B. Führungsnachwuchskräfte) in bestimmten zeitlichen Abständen ihre Erfahrungen austauschen
Übernahme zeitlich befristeter Sonderaufgaben und Projektarbeiten	Fern-, Aufbau- und Master- Studiengänge, die eine nebenberufliche wissenschaftliche Qualifizierung ermöglichen
Auslandseinsatz zum Kennenlernen anderer Arbeitsweisen, Kulturen und Fremdsprachen	Duale Studiengänge mit enger Verzahnung von Berufsausbildung und Studium
Tätigkeit als Assistent zur Vorbereitung auf Führungsaufgaben	Telelernen (E-Learning), wobei die Wissensvermittlung über PC und/oder Internet erfolgt

Tabelle 7: Methoden der Personalentwicklung

Das ***Erfolgs-Controlling*** zielt auf den Lern- und Anwendungserfolg von Bildungsmaßnahmen. Es soll festgestellt werden, inwieweit die benötigten Qualifikationen vermittelt werden konnten (***Lernerfolg***) und ob die Mitarbeiter die neu erworbenen Kenntnisse auch anwenden (***Anwendungserfolg***). Der Lernerfolg kann durch Prüfungen, Tests und Feed-Back durch die Teilnehmer von Bildungsmaßnahmen ermittelt werden. Der Anwendungserfolg ist wesentlich schwerer zu messen. Im Mittelpunkt steht die Beziehung zwischen Bildungskosten und Bildungserfolg (z.B. weniger innerbetriebliche Konflikte nach einem Seminar zur Teamarbeit oder höhere Umsätze als Ergebnis eines Verkaufstrainings). Der Erfolg einer Bildungsmaßnahme wird als Return on Investment (Bildungs-ROI) nach folgender Formel berechnet:

$$\text{Bildungs-ROI} = \frac{\text{Bildungserfolg}}{\text{Bildungskosten}} * 100$$

$$\text{Bildungs-ROI} = \frac{\text{Umsatzsteigerung nach dem Seminar}}{\text{Schulungskosten für Verkaufstraining}} * 100$$

In der Unternehmenspraxis ist der Bildungs-ROI jedoch kaum messbar. Der Bildungserfolg kann nur dann eintreten, wenn der Mitarbeiter sein erworbenes Wissen auch anwenden kann. Der Umfang der Anwendung ist jedoch nicht allein von den Aus- und Fortgebildeten abhängig, sondern auch von den Vorgesetzten und anderen betrieblichen Rahmenbedingungen. Eine nicht eingetretene Leistungssteigerung kann somit nicht sofort als Misserfolg einer Bildungsmaßnahme bewertet werden. Entscheidend für den Bildungserfolg ist ferner die Zeit. Manche Erfolge sind erst längerfristig spürbar. Größtes Problem beim Controlling der Personalentwicklung bleibt die Zurechenbarkeit zwischen einer Qualifizierungsmaßnahme und dem Erfolg. Weniger Kundenbeschwerden und Retouren können zwar (auch) auf ein Seminar zum Thema „Verkaufsgesprächsführung" zurückgeführt werden, möglicherweise waren aber noch andere Einflussfaktoren hierbei ausschlaggebend, wie z.B. stabilere Verpackung, anderes Logistikunternehmen.

7. Personalfreisetzung

Jedes Arbeitsverhältnis endet irgendwann einmal. Der Grund hierfür kann Kündigung, Ruhestand oder Tod sein. Die Kündigung kann durch den Arbeitnehmer oder durch den Arbeitgeber erfolgen. Bei der Beendigung des Arbeitsvertrags müssen – ähnlich wie beim Beginn – rechtliche Rahmenbedingungen berücksichtigt werden.

Durch die Kündigung soll ein Arbeitsverhältnis von einem zukünftigen Zeitpunkt an aufgehoben werden. Die Kündigung ist ein einseitiges Rechtsgeschäft, d.h. sie wird auch gegen den Willen der jeweils anderen Partei wirksam. Bei einer ***ordentlichen Kündigung*** muss die Einhaltung von gesetzlichen oder vertraglichen Kündigungsfristen berücksichtigt werden. Die gesetzliche (Mindest-) Frist steigt – in Abhängigkeit von der Beschäftigungsdauer – auf bis zu 7 Monate an. Die ***außerordentliche*** (fristlose) ***Kündigung*** erfolgt ohne Einhaltung der vertraglichen Kündigungsfrist, ist allerdings nur bei wichtigen Gründen möglich. Wichtige Gründe bei der fristlosen Kündigung durch den Arbeitgeber sind die beharrliche Arbeitsverweigerung, Diebstahl oder eigenmächtiger Urlaubsantritt. Für den Arbeitnehmer ist eine außerordentliche Kündigung gerechtfertigt im Falle wiederholter Zahlungsverzüge beim Arbeitsentgelt, bei grober Missachtung von Sicherheitsvorschriften seitens des Arbeitgebers sowie bei Tätlichkeiten oder Beleidigungen gegen den Arbeitnehmer.

Nach §102 BetrVG hat der Betriebsrat ein Anhörungsrecht vor jeder Kündigung, andernfalls ist die Kündigung unwirksam.

Jede vom Arbeitnehmer initiierte Kündigung und die anschließende Neubesetzung einer Stelle ist mit teilweise erheblichen Kosten für die Personalbeschaffung und anschließende Einarbeitung des neuen Mitarbeiters verbunden. Viele Unternehmen führen ein ***Abgangsinterview*** durch, um die Motive für die Kündigung zu erfahren.

Jeder Arbeitnehmer hat das Recht, beim Ausscheiden ein ***Zeugnis*** über Art und Dauer seiner Tätigkeit sowie über seine Leistung zu erhalten. Hierbei wird zwischen dem einfachen und dem qualifizierten Zeugnis unterschieden. Das einfache Zeugnis ist ausschließlich eine Bestätigung über die Art und Dauer einer Beschäftigung. Das qualifizierte Zeugnis enthält zusätzliche Angaben über die Leistung und Führung des Arbeitnehmers und ist heute als Regelfall zu betrachten.

V. Investieren und Finanzieren

Unternehmen sind nicht zuletzt dadurch gekennzeichnet, dass sie ständig **Kapital verwenden** (Investition) und **Kapital beschaffen** (Finanzierung). Die beiden Bereiche Investieren und Finanzieren sind eng miteinander verbunden, was sich auch in den gemeinsamen Zielen äußert. Darüber hinaus haben Investitions- und Finanzierungsentscheidungen einen wesentlichen Einfluss auf den Erfolg eines Unternehmens. Somit sollten diese Vorhaben sorgfältig geplant, berechnet und ausgewählt werden. Welche Möglichkeiten es gibt für die Investitions- und Finanzplanung, für die Ermittlung der Vorteilhaftigkeit von Investitionen sowie für die Beschaffung von Kapital, steht im Mittelpunkt der folgenden Ausführungen.

1. Zu den Begriffen Investition und Finanzierung

Investition (Investieren) bedeutet, ***Kapital in Vermögen umzuwandeln***. Das Kapital ist längerfristig in Vermögenswerten gebunden; es handelt sich also um eine Kapitalverwendung.

Je nach Investitionsobjekt lassen sich folgende Arten unterscheiden:

- ***Sachinvestitionen***: Hierzu zählen die Anschaffung und Herstellung von Sachvermögen wie Grundstücke und Gebäude, Anlagen und Maschinen, Betriebs- und Geschäftsausstattung.
- ***Finanzinvestitionen***: Hierzu zählen beispielsweise Beteiligungen an anderen Unternehmen, längerfristig gehaltene Wertpapiere (Aktien, Schuldverschreibungen usw.) und gewährte Darlehen.
- ***Immaterielle Investitionen***: Hierzu zählen beispielsweise Forschung und Entwicklung, Schulungsmaßnahmen, Werbung und Öffentlichkeitsarbeit.

Eine weitere Unterscheidungsmöglichkeit ergibt sich anhand der Wirkungsart der Investition:

- ***Nettoinvestitionen*** (Neuinvestitionen): Sie fallen erstmalig oder einmalig an, zum Beispiel bei der Gründung oder wesentlichen Erweiterung eines Unternehmens.
- ***Reinvestitionen*** (Ersatzinvestitionen): Sie dienen der Wiederbeschaffung von verbrauchten oder veralteten Investitionsobjekten.
- ***Bruttoinvestitionen***: Sie entsprechen der Summe aus Netto- und Reinvestitionen, das heißt sie stellen die gesamten Investitionen eines Unternehmens während einer bestimmten Periode dar.

Finanzierung (Finanzieren) ist zunächst einmal die Beschaffung von Kapital. Das Kapital kann Geld oder so genannte geldwerte Güter sein. Bei den geldwerten Gütern handelt es sich um Sacheinlagen wie zum Beispiel Fahrzeuge, um Rechte wie zum Beispiel Patente oder um Dienstleistungen wie zum Beispiel Vermittlung von Geschäftskontakten. Neben der Kapitalbeschaffung hat die Finanzierung zusätzliche Aufgaben, sodass die Finanzierung im weitesten Sinne folgende vier Maßnahmen umfasst:

- ***Kapitalbeschaffung***: Die Kapitalbeschaffung erfolgt durch externe Kapitalgeber (Außenfinanzierung) oder durch das Unternehmen selbst (Innenfinanzierung).
- ***Kapitalumschichtung***: Es wird eine Kapitalart durch eine andere ausgetauscht; beispielsweise vereinbart das Unternehmen mit einem Kreditgeber, dass der Kredit in Eigenkapital gewandelt wird.
- ***Kapitalsicherung***: Hier geht es um die Vermeidung von Geldabfluss, beispielsweise durch Verhandlungen mit der Bank über die Verschiebung einer Kreditratenzahlung.
- ***Kapitalreduzierung***: Auch die Verringerung von Kapital wie zum Beispiel die Tilgung von Krediten zählt zu den Aufgaben des Finanzmanagements.

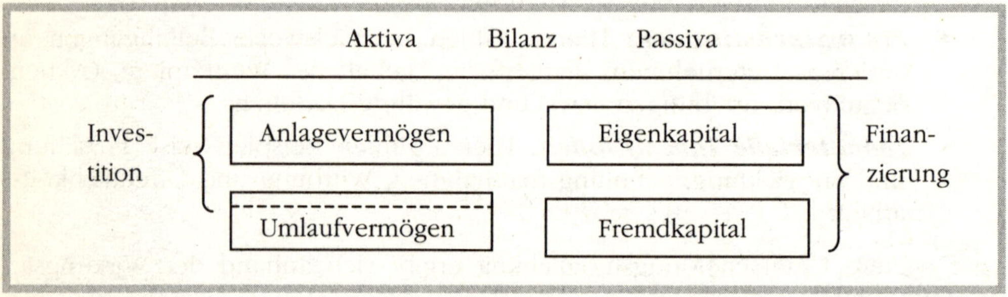

Abbildung 1: Investition und Finanzierung in der Bilanz

Die Auswirkungen der Investitions- und Finanzierungsentscheidungen sind zu einem großen Teil aus der Bilanz eines Unternehmens ersichtlich. Die Finanzierungsmaßnahmen zeigen sich auf der Passivseite als Eigenkapital oder Fremdkapital. Die stillen Reserven eines Unternehmens zählen zwar auch zum Eigenkapital, erscheinen aber nicht in der Bilanz. Die Mehrzahl der Investitionen schlägt sich auf der Aktivseite nieder, nämlich als Anlagevermögen und als der Teil des Umlaufvermögens, der längerfristig gebunden ist (zum Beispiel der eiserne Bestand an Vorräten). Außerdem gibt es Investitionen, die nicht in der Bilanz erscheinen wie zum Beispiel die Investitionen in die Aus- und Weiterbildung der Mitarbeiter.

2. Ziele der Investition und Finanzierung

Bei seinen Investitions- und Finanzierungsentscheidungen muss ein Unternehmen mehrere Ziele gleichzeitig berücksichtigen. In der Regel handelt es sich um die Ziele Rentabilität, Liquidität und Sicherheit. Diese Ziele werden oft ergänzt um das Streben nach Unabhängigkeit.

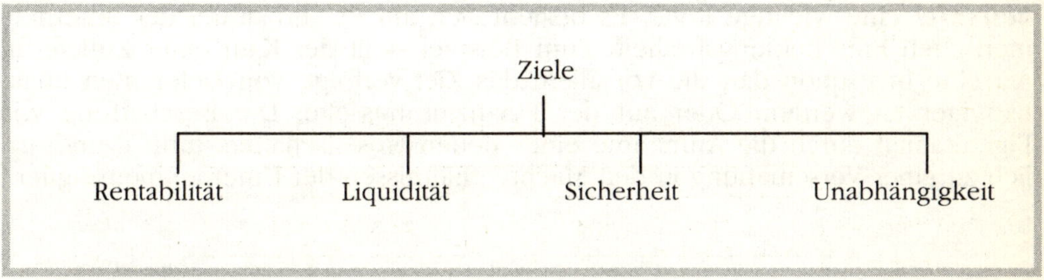

Abbildung 2: Finanzwirtschaftliche Ziele

Welches Ziel an erster Stelle steht, hängt von jedem Einzelfall ab. Eine möglichst hohe ***Rentabilität*** zu erreichen ist aber häufig das finanzielle Hauptziel eines Unternehmens. Die größte Bedeutung hat die Eigenkapitalrentabilität (auch bezeichnet als Eigenkapitalrendite). Sie errechnet sich aus dem Verhältnis zwischen Gewinn und Eigenkapital.

BEISPIEL ZUR EIGENKAPITALRENTABILITÄT

Für eine geplante Investition ist ein Kapitalbedarf von 1 Mio. EUR erforderlich. Es stehen 400.000 EUR als Eigenkapital zur Verfügung, sodass zusätzlich ein Kredit über 600.000 EUR aufgenommen werden muss. Die Investition erwirtschaftet nach Abzug aller Kosten, Kreditzinsen und Steuern einen jährlichen Gewinn von 50.000 EUR. Die Eigenkapitalrentabilität beträgt folglich 12,5 % pro Jahr.

Die ***Liquidität*** bezeichnet als finanzwirtschaftliches Ziel die Fähigkeit eines Unternehmens, seine fälligen Zahlungsverpflichtungen erfüllen zu können.

Diese Zahlungsfähigkeit muss jederzeit gewährleistet sein, weil Zahlungsunfähigkeit und drohende Zahlungsunfähigkeit Insolvenzgründe sind. Die Existenz eines jeden Unternehmens ist gefährdet, wenn seine Liquidität nicht gegeben ist.

Das ***Ziel der Sicherheit*** bedeutet, dass ein Unternehmen seine finanziellen Risiken begrenzen muss. Dabei besteht das Problem, dass die Rentabilität eines Investitionsobjekts in aller Regel umso höher ist, je größer das Risiko ist. Beispielsweise ist einerseits der mögliche Gewinn bei einem Aktienkauf höher als bei einem Sparbuch. Andererseits ist das Risiko, mit der Investition in Aktien Verluste zu erleiden ebenfalls größer als im Fall des Sparbuchs.

Speziell im Investitions- und Finanzierungsbereich spielt das ***Unabhängigkeitsziel*** eine wichtige Rolle. Es bezieht sich auf die Erhaltung der unternehmerischen Entscheidungsfreiheit. Zum Beispiel stellt der Kauf einer Zulieferfirma eine Investition dar, die vor allem das Ziel verfolgt, von Lieferanten unabhängiger zu werden. Oder auf der Finanzierungsseite: Die Beschaffung von Eigenkapital durch die Aufnahme eines neuen Gesellschafters führt grundsätzlich zu einer Verschiebung in den Machtverhältnissen der Unternehmenseigner.

3. Investition

Ein wesentliches Merkmal von Investitionen ist ihre Langfristigkeit. Da sich Investitionen über mehrere Jahre erstrecken und zudem ein großes Kapitalvolumen bewegen, ergeben sich zwei Aspekte: Erstens haben die Investitionen für jedes Unternehmen eine erhebliche strategische Bedeutung und zweitens sind die damit verbundenen Ergebnisse unsicher. Infolgedessen muss für jedes Investitionsvorhaben eine sorgfältige Investitionsplanung einschließlich fundierter Investitionsrechnungen durchgeführt werden.

3.1 Investitionsplanung

Die betriebswirtschaftliche Investitionsplanung ist ein Prozess, der sich auf die Beschaffung/ Herstellung und Kontrolle von Investitionsobjekten bezieht. Dieser Prozess kann je nach Vorhaben unterschiedlich gestaltet sein. Typischerweise vollzieht er sich in mehreren Schritten, die wie folgt aussehen können:

Investitionsziele
⇩
Investitionsanregung und Informationssammlung
⇩
Investitionsbewertung ⟶ Investitionsrechnung
⇩
Investitionsentscheidung und -realisierung
⇩
Investitionskontrolle ⟶ Investitionsrechnung

Abbildung 3: Prozess der Investitionsplanung

Basis für den Investitionsplanungsprozess sind die ***Ziele*** Rentabilität, Liquidität, Sicherheit und Unabhängigkeit. Die Ziele dienen als Maßstab dafür, ob die Investitionsalternative A oder B geeigneter ist.

Anregungen für eine Investition kommen in der Praxis von verschiedenen Stellen. Häufig ist es der Fertigungsbereich, insbesondere wenn Anhaltspunkte für eine notwendige Verbesserung oder Ausweitung der Fertigungskapazität vorliegen. Auch der Verkauf, das Marketing und die Beschaffung können Hinweise geben. Nicht zuletzt wird das Controlling Investitionsanregungen geben, wenn es ungünstige Kosten-Erlös-Relationen feststellt. Es ist eine wichtige Aufgabe, all diese Hinweise zu sammeln und auszuwerten; hierzu hilft ein organisiertes ***Vorschlagswesen***.

Das betriebliche Vorschlagswesen trägt dazu bei, die Mitarbeiter zu Verbesserungsvorschlägen zu motivieren, die Anregungen systematisch zu erfassen und zu bewerten und damit einen erforderlichen Investitionsbedarf frühzeitig zu erkennen.

In der Phase der ***Investitionsbewertung*** geht es darum, die infrage kommenden Alternativen unter technischen, rechtlichen, wirtschaftlichen und sonstigen Kriterien zu beurteilen. Die wirtschaftlichen Kriterien sind die oben genannten Ziele. Während Rentabilität, Liquidität und Sicherheit primär quantitative Ziele darstellen, handelt es sich bei der Unabhängigkeit um ein qualitatives Ziel. ***Investitionsrechnungen*** können sich ausschließlich auf die quantitativen Ziele beziehen.

Bei großvolumigen Projekten fällt im Allgemeinen die Geschäftsleitung die ***Investitionsentscheidung***. Es kann auch vorkommen, dass keine Entscheidung getroffen wird und die zuständigen Unternehmensbereiche gebeten werden, beispielsweise zusätzliche, relevante Informationen zu beschaffen oder detailliertere Investitionsrechnungen vorzulegen.

Kontrollen treten bereits in frühen Planungsschritten auf. So ist etwa in der Anregungsphase zu prüfen, welche Vorschläge weiterverfolgt werden sollen und welche nicht. Besonders wichtig ist die ***Investitionskontrolle***, nachdem das Projekt realisiert worden ist. Im Rahmen der wirtschaftlichen Kontrolle sind Soll-Ist-Vergleiche durchzuführen. Diese beantworten die Frage, ob die Investition die finanzwirtschaftlichen Ziele erreicht hat oder nicht. In dieser Phase kommen wiederum ***Investitionsrechnungen*** zum Einsatz.

BEISPIEL ZUR INVESTITIONSKONTROLLE

Ziel einer Investition ist es, im Planjahr eine Eigenkapitalrendite von 12,5 % zu erwirtschaften. Nach Ablauf des Jahres zeigt der Soll-Ist-Vergleich, dass tatsächlich nur 10,5 % erreicht worden sind, was eine Abweichung von 2 Prozentpunkten bedeutet. Eine Abweichungsanalyse ist erforderlich, um die Ursachen festzustellen (erhöhte Kosten, Umsatzausfälle, zu optimistisches Ziel?). Im Anschluss daran können Maßnahmen zur Gegensteuerung eingeleitet werden, damit in Zukunft eine bessere Zielerreichung gewährleistet ist. Die Investitionskontrolle und Abweichungsanalyse dienen folglich als Helfer für Lernprozesse.

Wie zuvor erwähnt, kommen Investitionsrechnungen in zwei Planungsphasen vor, nämlich bei der Bewertung und der Kontrolle. Die Methoden der Investitionsrechnung lassen sich in statische und dynamische unterteilen. Diese Methoden werden im Folgenden am Beispiel von Nettoinvestitionen verdeutlicht. Nettoinvestitionen stellen Neu- oder Erweiterungsinvestitionen dar, sodass die Frage zu beantworten ist, welche von mehreren zur Auswahl stehenden Investitionsalternativen die vorteilhafteste ist.

3.2 Statische Methoden der Investitionsrechung

Charakteristisch für die statischen Verfahren ist die einperiodische Betrachtung: Die Werte einer einzigen Durchschnittsperiode werden als repräsentativ für die gesamte Investitionsdauer angesehen. Als repräsentativ gelten die Werte des ersten Jahres oder Jahresdurchschnittswerte.

BEISPIEL ZUR EINPERIODISCHEN BETRACHTUNG

Ein Unternehmen prüft, ob es eine bestimmte Produktionsanlage – geplante Nutzungsdauer 4 Jahre – kaufen soll oder nicht. Als wichtiges Entscheidungskriterium ist die Höhe der jährlichen Energiekosten zu berücksichtigen. Die Energiekosten werden wie folgt prognostiziert: 1. Jahr = 10.000 EUR, 2. Jahr = 11.000 EUR, 3. Jahr = 11.800 EUR, 4. Jahr = 12.000 EUR.

Geht man vom Wert des ersten Jahres aus, fließen 10.000 EUR als Energiekosten pro Jahr in die Investitionsrechnung ein. Repräsentativer ist in diesem Beispiel offensichtlich der Durchschnittswert aus den 4 Jahren, d.h. 11.200 EUR pro Jahr. Werte des ersten Jahres sollten nur dann zugrunde gelegt werden, wenn die Daten der späteren Jahre so unsicher sind, dass sie nicht oder kaum verlässlich prognostiziert werden können.

In Abhängigkeit davon, welches Entscheidungskriterium im Vordergrund steht, kann ein Unternehmen zwischen folgenden statischen Verfahren wählen: Kosten-, Gewinn-, Rentabilitäts- und Amortisationsvergleichsrechnung.

3.2.1 Kostenvergleichsrechnung

Die Kostenvergleichsrechnung ermittelt, welche Investitionsalternative die kostengünstigste ist. Sie ist die ***Basismethode der statischen Investitionsrechnung***; die Gewinn-, Rentabilitäts- und Amortisationsvergleichsrechnung bauen auf der Kostenvergleichsrechnung auf.

Die jährlichen Kosten, die mit einer Investition verbunden sind, können fix oder variabel sein:

- ***Fixe Kosten*** sind beschäftigungsunabhängig. Sie sind in dem betrachteten Zeitraum immer gleich hoch – egal wie viele Produkte ein Unternehmen herstellt. Das bedeutet, fixe Kosten fallen auch dann an, wenn die Beschäftigung null ist. Zu den fixen Kostenarten zählen vor allem planmäßige Abschreibungen, Zinsen, Gehälter und weitere vertraglich festgelegte Kosten wie Mieten und Versicherungsprämien.
- ***Variable Kosten*** verändern sich mit zunehmender Beschäftigung. Im Allgemeinen steigen die variablen Kosten einer Periode, wenn sich die Beschäftigung erhöht. Typische variable Kostenarten sind Rohstoffkosten und Akkordlöhne.

Neben den Löhnen, Gehältern und Materialkosten kommt den Abschreibungen und Zinsen eine besondere Bedeutung zu. Abschreibungen und Zinsen werden auch unter dem Begriff Kapitalkosten zusammengefasst.

Mit den ***Abschreibungen*** erfasst man den jährlichen Verbrauch, der sich durch Abnutzung oder Veralterung des Investitionsobjekts ergibt. Die Investitionsrechnung berücksichtigt so genannte kalkulatorische Abschreibungen. Diese gehen im Gegensatz zu den Abschreibungen der Bilanz und Gewinn- und Verlustrechnung nicht von den Anschaffungskosten des Objekts, sondern von den Wiederbeschaffungskosten aus.

Beispielsweise will ein Unternehmen eine Produktionsanlage kaufen, wobei die geplante Nutzungsdauer vier Jahre beträgt. Die Anschaffungskosten belaufen sich auf 300.000 EUR. Soll nach vier Jahren eine vergleichbare Anlage gekauft werden, ist mit Wiederbeschaffungskosten von 320.000 EUR zu rechnen. Schreibt das Unternehmen die Wiederbeschaffungskosten linear ab, ermitteln sich kalkulatorische Abschreibungen von 80.000 EUR pro Jahr. Das Unternehmen kann dann nach 4 Jahren mit den verdienten Abschreibungen eine neue Anlage im Wert von 320.000 EUR kaufen. Wenn es nur die Anschaffungskosten abgeschrieben hätte, ergäbe sich eine Finanzierungslücke von 20.000 EUR.

Sollte das Unternehmen nach vier Jahren für die alte Produktionsanlage noch einen Resterlöswert erzielen, muss dieser Betrag von den Wiederbeschaffungskosten abgezogen werden. Somit lautet die Formel zur Berechnung der linearen kalkulatorischen Abschreibung:

$$\text{Kalkulatorische Abschreibungen} = \frac{\text{Wiederbeschaffungskosten} - \text{Resterlöswert}}{\text{Anzahl der Nutzungsjahre}}$$

Auch in Bezug auf die ***Zinsen*** besteht ein Unterschied zwischen dem Zinsaufwand der Gewinn- und Verlustrechnung und den kalkulatorischen Zinsen der Investitionsrechnung. Der Zinsaufwand umfasst ausschließlich die Zinsen für aufgenommene Kredite und ähnliche Verbindlichkeiten. Demgegenüber setzen sich die kalkulatorischen Zinsen aus dem Zinsaufwand und den Eigenkapitalzinsen zusammen.

Zum Beispiel sei angenommen, dass das Unternehmen für den Kauf einer Produktionsanlage im Wert von 300.000 EUR von den Anteilseignern 150.000 EUR als Eigenkapital erhält. Die übrigen 150.000 EUR müssen über die Aufnahme eines Bankkredits finanziert werden, wobei der Kreditzins 6 % beträgt.

Hinsichtlich des Eigenkapitalzinssatzes gehen die Eigenkapitalgeber davon aus, dass sie für die Investition in eine sichere Geldanlage (zum Beispiel in Bundesanleihen) einen Zins von 5 % erhielten. Ihr Risiko ist größer, wenn sie 150.000 EUR dem Unternehmen zur Verfügung stellen. Deshalb verlangen sie einen Risikoaufschlag von 3 %, sodass der geforderte Eigenkapitalzinssatz 8 % ausmacht.

Da der Kreditzins 6 % und der Eigenkapitalzins 8 % betragen und da das Volumen für das Eigen- und Fremdkapital jeweils gleich hoch ist, ergibt sich für das Unternehmen ein durchschnittlicher Kalkulationszinssatz von 7 %. Um die kalkulatorischen Zinsen zu berechnen, muss der Kalkulationszinssatz mit dem gebundenen Kapital multipliziert werden.

Wird ein Investitionsobjekt linear abgeschrieben, ist im Durchschnitt pro Jahr die Hälfte der Anschaffungskosten gebunden, wobei ein möglicher Resterlöswert zu addieren ist. Da bei der betrachteten Investition kein Resterlöswert anfällt, errechnen sich die kalkulatorischen Zinsen wie folgt: 7 % von 150.000 EUR = 10.500 EUR pro Jahr.

$$\text{Kalkulatorische Zinsen} = \text{Kalkulationszinssatz} \cdot \frac{\text{Anschaffungskosten} + \text{Resterlöswert}}{2}$$

3.2.2 Gewinn- und Rentabilitätsvergleichsrechnung

Üblicherweise reicht es nicht aus, nur zu wissen, welche Investitionsalternative kostengünstiger ist; entscheidend ist vielmehr, wie hoch die jeweiligen Gewinne oder Renditen sind. Voraussetzung hierfür ist, dass den Investitionen Erträge wie zum Beispiel Umsatzerlöse zugeordnet werden können.

Der Gewinn eines Investitionsobjekts errechnet sich, indem man von den Erlösen die Kosten abzieht. Der Gewinn beläuft sich dann auf beispielsweise 100.000 EUR. Ob dieser Gewinn ausreichend ist oder nicht, hängt davon ab, mit welchem Kapitaleinsatz er erwirtschaftet worden ist. Aussagefähiger als eine isolierte Gewinngröße ist deshalb die Rentabilität. Die Rentabilität (Nettorendite) einer Investition erhält man, indem der Gewinn durch das gebundene Kapital dividiert wird.

BEISPIEL ZUR KOSTEN-, GEWINN- UND RENTABILITÄTSVERGLEICHSRECHNUNG

Zur Auswahl stehen zwei Maschinen. Die Anschaffungskosten entsprechen den Wiederbeschaffungskosten. Mit den Maschinen werden Produkte hergestellt, deren Mengen und Verkaufspreise mit den übrigen Plandaten wie folgt gegeben sind:

	Maschine A	Maschine B
Anschaffungskosten (EUR)	300.000	300.000
Nutzungsdauer (Jahre)	4	4
Resterlöswert (EUR)	20.000	0
Kalkulationszinssatz (%)	7	7
Personalkosten (EUR/ Jahr)	81.600	78.000
Variable Kosten (EUR/ Stück)	4,20	4,50
Menge (Stück/ Jahr)	12.000	12.000
Verkaufspreis (EUR/ Stück)	18	20

Welche Maschine ist vorzuziehen, wenn man die genannten Methoden der Investitionsrechnung anwendet?

Kostenvergleich	**Maschine A**	**Maschine B**
Kalkulatorische Abschreibungen	70.000	75.000
Kalkulatorische Zinsen	11.200	10.500
Personalkosten	81.600	78.000
Variable Kosten	50.400	54.000
Gesamtkosten	213.200	217.500

Nach der Kostenvergleichsrechnung ist die Maschine A vorzuziehen, weil sie im Jahresdurchschnitt 4.300 EUR weniger Kosten verursacht.

Gewinnvergleich	**Maschine A**	**Maschine B**
Gesamtkosten	213.200	217.500
Umsatzerlöse	216.000	240.000
Resterlöswert	20.000	0
Gewinn	22.800	22.500

Auch nach der Gewinnvergleichsrechnung ist die Maschine A günstiger, weil ihr jährlicher Gewinn um 300 EUR höher ist als bei B.

Rentabilitätsvergleich	**Maschine A**	**Maschine B**
Gewinn	22.800	22.500
Gebundenes Kapital	160.000	150.000
Nettorendite	14,25 %	15,0 %

Nach der Rentabilitätsvergleichsrechnung ist die Maschine B vorteilhaft, weil ihre Nettorendite um 0,75 Prozentpunkte höher als bei A ausfällt. Dies ist durch das unterschiedliche gebundene Kapital verursacht.

Von den drei Methoden ist die Rentabilitätsvergleichsrechnung die aussagekräftigste. Als Fazit kann somit festgehalten werden, dass das Unternehmen sich für die Maschine B entscheiden sollte.

3.2.3 Amortisationsvergleichsrechnung

Die Amortisationsvergleichsrechnung ermittelt, in wie vielen Jahren der Kapitaleinsatz (Anschaffungskosten) wiedergewonnen wird. Danach ist dasjenige Investitionsobjekt das vorteilhafteste, das die kürzeste Amortisationsdauer aufweist. Zur Berechnung der Amortisationsdauer dividiert man die Anschaffungskosten durch die jährlichen Gewinne und Abschreibungen. Ist ein Resterlöswert zu berücksichtigen, muss dieser von den Anschaffungskosten abgezogen werden:

$$\text{Amortisationsdauer} = \frac{\text{Anschaffungskosten} - \text{Resterlöswert}}{\text{Gewinne} + \text{Abschreibungen}}$$

BEISPIEL ZUR AMORTISATIONSVERGLEICHSRECHNUNG

Es gelten die zuvor genannten Daten zu den Maschinen A und B. Da die Maschine A eine etwas kürzere Amortisationsdauer aufweist, ist sie gemäß Amortisationsvergleichsrechnung die vorteilhaftere Alternative:

$$\text{Maschine} \quad A = \frac{300.000 \quad - 20.000}{22.800 \quad + 70.000} = 3{,}02 \text{ Jahre}$$

$$\text{Maschine} \quad B = \frac{300.000}{22.500 \quad + 75.000} = 3{,}08 \text{ Jahre}$$

3.2.4 Beurteilung der statischen Methoden

Der ***Vorteil*** der ***statischen Investitionsrechnungsmethoden*** ist darin zu sehen, dass relativ wenige Daten ermittelt werden müssen, sodass sie nur einen geringen Informationsbeschaffungs- und Zeitaufwand verursachen.

Dieser Vorteil wird jedoch mit erheblichen ***Nachteilen*** erkauft. Der wichtigste besteht in der einperiodischen Betrachtung, also darin, einen für die gesamte Investitionsdauer repräsentativen Jahreswert errechnen zu müssen.

Die Daten des ersten Jahres als repräsentativ zu unterstellen, entspricht kaum der Realität. Auch wenn man Jahresdurchschnitte heranzieht, ist dies wenig aussagefähig. Denn dabei wird nicht beachtet, dass ein Betrag heute mehr wert ist als derselbe Betrag in zehn Jahren. Den heutigen Betrag kann man investieren und damit Zins und Zinseszins erwirtschaften. So werden aus 100 EUR bei einem Zins von 7 % in zehn Jahren rund 200 EUR.

Die statischen Investitionsrechnungsmethoden haben den Nachteil, dass sie den zeitlich unterschiedlichen Anfall der Zahlungen nicht berücksichtigen.

Aufgrund ihrer sehr begrenzten Aussagekraft sind die statischen Verfahren nur bedingt einsetzbar, zum Beispiel wenn:

- Der Investitionswert gering ist;
- eine vorläufige, schnelle Schätzung nötig ist;
- die Daten so unsicher sind, dass eine Verwendung exakterer und aufwändigerer Verfahren nicht angebracht wäre;
- qualitative Kriterien wie die Zuverlässigkeit des Lieferanten ausschlaggebend sind und eine Investitionsrechnung lediglich zur Abrundung erstellt wird.

3.3 Dynamische Methoden der Investitionsrechnung

Gegenstand der statischen Verfahren sind Begriffe wie Kosten oder Gewinne pro Jahr. Demgegenüber basieren die dynamischen Investitionsrechnungsmethoden auf ***Ein- und Auszahlungsströmen***. Als Beispiel seien die Anschaffungskosten einer Maschine genannt: Während in die statischen Methoden die jährlichen Abschreibungsbeträge einfließen (Zeitraumbetrachtung), rechnen die dynamischen mit den Anschaffungsauszahlungen (Zeitpunktbetrachtung).

Die Zahlungsströme werden für jede Periode bis zum Ende des Planungszeitraumes ermittelt. Da die Ein- und Auszahlungen nach Höhe und zeitlichem Anfall unterschiedlich sein können, wird die Vergleichbarkeit dadurch hergestellt, dass die Zahlungen auf den Zeitpunkt unmittelbar vor Investitionsbeginn (Zeitpunkt null) abgezinst werden. Die Abzinsung, auch Diskontierung genannt, bildet das zentrale Merkmal der dynamischen Methoden.

Die ***Abzinsung*** beantwortet die Frage, wie viel eine Zahlung, die zu einem späteren Zeitpunkt erfolgt, heute wert ist. Dieser Gegenwartswert einer künftigen Zahlung heißt ***Barwert***. Mathematisch ergibt sich der Barwert durch Multiplikation des Zahlungsbetrags mit dem Abzinsungsfaktor. Dieser Faktor errechnet sich auf folgende Weise:

$$\text{Abzinsungsfaktor} = \frac{1}{(1+i)^t}$$

Dabei symbolisieren i den Diskontierungszinssatz und t das Jahr, in dem die Zahlung anfällt. Bei einem Zinssatz von i = 0,05 (d.h. 5 %) und einer Zahlung am Ende des 2. Jahres beträgt der Abzinsungsfaktor:

$$\text{Abzinsungsfaktor} = \frac{1}{(1+0{,}05)^2} = \frac{1}{1{,}05^2} = 0{,}907029$$

Welchen Betrag muss ein Anleger heute investieren, wenn er nach zwei Jahren bei einer Verzinsung von 5 % mit Zins und Zinseszins 50.000 EUR erhalten möchte? Er muss heute folgenden Betrag anlegen: 50.000 EUR x 0,907029 = 45.351,45 EUR. In der Sprache der Investitionsrechnung ist der Betrag von 45.351,45 EUR der Barwert von 50.000 EUR.

Die drei dynamischen Verfahren sind die Kapitalwertmethode, die Interne-Zinsfuß-Methode und die Annuitätenmethode. Welche Methode anzuwenden ist, hängt davon ab, welches Kriterium für den Investor wichtig ist:

- Die ***Kapitalwertmethode*** ermittelt, welchen Überschuss die Investition insgesamt erwirtschaftet (in Euro), und zwar berechnet auf den Zeitpunkt unmittelbar vor Investitionsbeginn. Sie gibt Auskunft über den Totalerfolg einer Investition.
- Die ***Interne-Zinsfuß-Methode*** ermittelt die Effektivrendite der Investition (in Prozent pro Jahr).
- Die ***Annuitätenmethode*** ermittelt einen jährlich gleich hohen Überschuss (in Euro pro Jahr). Sie errechnet also den Periodenerfolg einer Investition.

3.3.1 Kapitalwertmethode

Die Kapitalwertmethode zinst alle künftigen Ein- und Auszahlungsströme, die einem Investitionsobjekt zugeordnet werden können, auf ihren jeweiligen Barwert ab. Die Summe der Barwerte ergibt dann den Kapitalwert der Investition:

$$K_0 = -A_0 + \frac{E_1 - A_1}{(1+i)^1} + \frac{E_2 - A_2}{(1+i)^2} + \cdots + \frac{E_n - A_n}{(1+i)^n}$$

K_0 = Kapitalwert im Zeitpunkt null
A_0 = Anschaffungsauszahlung
$E_n - A_n$ = Differenz zwischen Ein- und Auszahlungen des Jahres
n = Nutzungsjahre des Investitionsobjekts
i = Diskontierungszinssatz (Kapitalisierungszinssatz)

Zu den ***Einzahlungen*** gehören vor allem die Umsatzerlöse, die das Investitionsobjekt (Maschinen, Produktionsanlagen usw.) erwirtschaftet. ***Auszahlungen*** sind neben den Anschaffungskosten beispielsweise die Materialkosten, Löhne, Gehälter und Reparaturkosten.

Der ***Diskontierungszinssatz*** (i) stellt die geforderte Mindestverzinsung der Investoren dar. Wie bereits im Abschnitt zur Kostenvergleichsrechnung erläutert, kann man diesen Zinssatz als gewichteten Durchschnitt aus dem Eigenkapital- und Fremdkapitalzins errechnen.

Zwischen dem Diskontierungszinssatzes und dem Kapitalwert besteht ein unmittelbarer Zusammenhang: Je höher der Diskontierungszins, desto niedriger der Kapitalwert und umgekehrt.

Der Kapitalwert entspricht dem ***Totalerfolg einer Investition***. Er kann einen positiven Betrag, einen Betrag von null oder einen negativen Betrag aufweisen, zum Beispiel:

- Kapitalwert ist 1.000 EUR: Der Kapitalwert ist positiv, was bedeutet, dass sich die Investition höher als mit dem Mindestzinssatz verzinst. Die Zahlungsüberschüsse reichen aus, um die Anschaffungsauszahlungen wieder zu gewinnen, das gebundene Kapital mit seiner geforderten Mindestverzinsung zu verzinsen und zusätzlich einen barwertigen Überschuss von 1.000 EUR zu erzielen.
- Kapitalwert ist 0 EUR: Die Investition erzielt genau die Mindestverzinsung.
- Kapitalwert ist –1.000 EUR: Der Kapitalwert ist negativ, das heißt die geforderte Mindestverzinsung wird nicht erreicht.

Eine Investition ist dann vorteilhaft, wenn ihr Kapitalwert positiv oder null ist. Ist zwischen mehreren Investitionsalternativen zu entscheiden, ist diejenige mit dem höchsten positiven Kapitalwert vorzuziehen.

BEISPIEL ZUR KAPITALWERTMETHODE

Ein Unternehmen plant den Kauf einer Produktionsanlage, was mit Anschaffungsauszahlungen von 280.000 EUR verbunden ist. Die geforderte Mindestverzinsung beträgt 12 %, die Nutzungsdauer drei Jahre. Für die einzelnen Jahre sind nachstehende Zahlungsströme geplant:

Jahr 1: 100.000 EUR Einzahlungen und 30.000 EUR Auszahlungen; Jahr 2: 160.000 EUR Einzahlungen und 20.000 EUR Auszahlungen; Jahr 3: 175.000 EUR Einzahlungen und 15.000 EUR Auszahlungen. Wie hoch ist der Kapitalwert der Produktionsanlage?

$$K_0 = -280.000 + \frac{70.000}{1{,}12^1} + \frac{140.000}{1{,}12^2} + \frac{160.000}{1{,}12^3} = 7.992$$

Der Kapitalwert beläuft sich auf 7.992 EUR. Dies bedeutet, die Investition erwirtschaftet den Anschaffungswert von 280.000 EUR und eine Kapitalverzinsung, die den Mindestzins von 12 % übersteigt, d.h. einen zusätzlichen Überschuss, der bezogen auf den Zeitpunkt unmittelbar vor Investitionsbeginn 7.992 EUR ausmacht.

3.3.2 Interne-Zinsfuß-Methode

Dieses Verfahren errechnet die ***jährliche Rendite*** einer Investition. Eine Investition ist vorteilhaft, wenn ihr interner Zinsfuß mindestens so hoch wie die geforderte Verzinsung ist. Ist über mehrere Investitionsalternativen zu entscheiden, so ist die Alternative mit dem höchsten internen Zinsfuß vorzuziehen.

Die Interne-Zinsfuß-Methode kann als Umkehrung der Kapitalwertmethode verstanden werden. Denn gesucht ist nunmehr ein Zinssatz, nämlich derjenige, der zu einem Kapitalwert von genau null Euro führt. Dementsprechend ist die zuvor genannte Kapitalwertformel gleich null zu setzen. Aus Unterscheidungsgründen wird außerdem i durch r ersetzt, wobei r den internen Zinsfuß darstellt:

$$0 = -A_0 + \frac{E_1 - A_1}{(1+r)^1} + \frac{E_2 - A_2}{(1+r)^2} + \cdots + \frac{E_n - A_n}{(1+r)^n}$$

Diese Formel enthält eine Gleichung höheren Grades. Für Werte von n > 3 bereitet die Lösung Schwierigkeiten. Deshalb kann man sich mit einer Näherungslösung behelfen. Für eine Investition berechnet man zunächst mit einem relativ niedrigen Versuchszinssatz eine positiven Kapitalwert und danach mit einem relativ hohen Versuchszinssatz einen negativen Kapitalwert. Der interne Zinsfuß der Investition muss dann zwischen den beiden Versuchszinssätzen liegen. Die entsprechende Näherungsformel zur Berechnung des internen Zinsfußes lautet:

$$r = p_1 - K_{01} \cdot \frac{p_2 - p_1}{K_{02} - K_{01}}$$

r = Interner Zinsfuß

p_1 / p_2 = Versuchszinssatz 1 bzw. 2

K_{01} / K_{02} = Kapitalwert bei p_1 bzw. p_2

BEISPIEL ZUR INTERNEN-ZINSFUSS-METHODE

Es gelten die Daten für das Beispiel zur Kapitalwertmethode. Als erster Versuchszinssatz kann der geforderte Mindestzins herangezogen werden. Daraus ergibt sich: p_1 = 12 % und K_{01} = 7.992 EUR.

Gesucht ist der Zinssatz, bei dem der Kapitalwert genau 0 ist. Da der Kapitalwert umso niedriger ausfällt, je höher der Diskontierungssatz ist, sollte der zweite Versuchszinssatz größer als 12 % sein – beispielsweise 15 %. Mit einem Diskontierungssatz von 15 % errechnet sich ein Kapitalwert von –8.068 EUR. Gemäß der Näherungsformel beträgt der interne Zinsfuß 13,49 %:

$$r = 0{,}12 - 7.992 \cdot \frac{0{,}15 - 0{,}12}{-8.068 - 7.992} = 0{,}1349$$

3.3.3 Annuitätenmethode

Der Kapitalwert ist ein Betrag, der für einen bestimmten Zeitpunkt (den Zeitpunkt unmittelbar vor Investitionsbeginn) berechnet wird und den Totalerfolg eines Investitionsobjekts widerspiegelt. Demgegenüber bestimmt die Annuitätenmethode den ***Periodenerfolg einer Investition***, und zwar als Annuität, das heißt als einen jährlich gleich hohen Überschuss.

Eine Investition ist vorteilhaft, wenn ihre Annuität größer oder gleich null ist. Bei mehreren Investitionsalternativen ist diejenige mit der höchsten Annuität vorzuziehen. Dazu wird der Kapitalwert auf die Jahre der Investitionsdauer gleichmäßig verteilt, und zwar in der Weise, dass die Barwerte der Annuitäten genau dem Kapitalwert entsprechen. Die Annuität pro Jahr ergibt sich aus der Multiplikation des Kapitalwertes mit dem Wiedergewinnungsfaktor:

$$a = K_0 \cdot q^n \cdot \frac{q-1}{q^n - 1}$$

a = Annuität pro Jahr

q = 1+i

BEISPIEL ZUR ANNUITÄTENMETHODDE

Es gelten wieder die Daten für das Beispiel zur Kapitalwertmethode. Der Kapitalwert beträgt 7.992 EUR. Daraus resultiert eine Annuität, also ein rechnerisch gleich hoher Jahresüberschuss, von 3.327 EUR pro Jahr:

$$a = 7.992 \cdot 1{,}12^3 \cdot \frac{1{,}12 - 1}{1{,}12^3 - 1} = 7.992 \cdot 0{,}41635 = 3.327$$

3.3.4 Beurteilung der dynamischen Methoden

Der große ***Vorteil*** dynamischer Methoden ist darin zu sehen, dass sie die Zahlungsströme pro Periode differenziert erfassen. Damit wird dem Sachverhalt Rechnung getragen, dass der unterschiedliche Zeitpunkt einer Zahlung ihren Wert beeinflusst: Ein Betrag heute ist mehr wert als derselbe Betrag in zehn Jahren.

Demgegenüber ist bei der Anwendung der dynamischen Verfahren Voraussetzung, dass die künftigen Ein- und Auszahlungsströme dem Investitionsobjekt hinreichend genau zugeordnet werden können. Beispielsweise führen Löhne und Gehälter zu Auszahlungen. Wenn ein Mitarbeiter mehrere Maschinen bedient, muss sein Gehalt für jede Planperiode anteilsmäßig auf diese Maschinen verteilt werden.

Darüber hinaus gehen die vorgestellten dynamischen Methoden von der Annahme eines vollkommenen Kapitalmarktes aus:

- Den Investoren steht unabhängig von ihrer Bonität beliebig viel Kapital zur Verfügung.
- Es herrscht vollständige Markttransparenz, sodass es keinen Unterschied zwischen Soll- und Habenzinsen gibt, sondern ein einheitlicher Markzinssatz existiert.

Diese nicht der Realität entsprechenden Annahmen können in der Praxis durch die gegebenen Bedingungen korrigiert werden.

4. Finanzierung

Im Mittelpunkt der folgenden Abschnitte steht die Kapitalbeschaffung. Dargestellt wird zunächst das Wesen der Finanzplanung. Danach werden die wichtigsten Möglichkeiten der Kapitalbeschaffung erläutert.

4.1 Finanzplanung

Hauptaufgabe der Finanzplanung ist die Wahrung der ***Liquidität*** (Zahlungsfähigkeit). Ein Unternehmen ist illiquide, wenn es nicht in der Lage ist, die fälligen Zahlungsverpflichtungen zu erfüllen. Zahlungsunfähigkeit und drohende Zahlungsunfähigkeit sind Gründe für die Eröffnung eines Insolvenzverfahrens.

Bei der Finanzplanung geht es um Ein- und Auszahlungen. Einzahlungen führen zu einer Erhöhung der liquiden Mittel, das heißt des Kassenbestandes oder des Bankguthabens, während Auszahlungen eine Verringerung der liquiden Mittel bewirken.

Das Kernelement der Finanzplanung bildet die ***Kapitalbedarfsrechnung***. Ein Kapitalbedarf entsteht, wenn in einer Periode die Auszahlungen größer als die Einzahlungen sind. Folglich ermittelt sich der Kapitalbedarf zu einem bestimmten Zeitpunkt als Differenz zwischen den bis zu diesem Zeitpunkt aufgelaufenen Aus- und Einzahlungen. Die Finanzplanung erfasst zum einen die künftigen Ein- und Auszahlungen und stellt die Zahlungen möglichst betrags- und zeitpunktgenau einander gegenüber. Auf diese Weise soll eine mögliche Unter- oder Überdeckung früh erkannt werden, um rechtzeitig Maßnahmen zum Liquiditätsausgleich einleiten zu können.

Zum anderen hat die Finanzplanung dafür Sorge zu tragen, dass nicht nur Liquiditäts-, sondern auch Rentabilitätsaspekte Berücksichtigung finden. Da die liquiden Mittel keine oder nur geringe Erträge erzielen, sollte ihr Bestand so hoch wie nötig, aber auch so gering wie möglich gehalten werden.

Die Finanzplanung kann kurz-, mittel- oder langfristiger Art sein. Je kürzer der Prognosezeitraum ist, umso detailliertere Angaben muss der Finanzplan enthalten. Die konkrete Gestaltung der Finanzpläne ist je nach Unternehmen unterschiedlich und könnte wie in der Tabelle dargestellt aussehen:

Finanzplan	Prognosezeitraum	Planungseinheit
Kurzfristiger Finanzplan	Bis zu einem Monat	Tag
Mittelfristiger Finanzplan	Ein Jahr	Woche oder Monat
Langfristiger Finanzplan	Bis zu fünf Jahren	Jahr

Tabelle 1: Arten von Finanzplänen

4.2 Überblick über die Finanzierungsarten

Die verschiedenen Alternativen der Kapitalbeschaffung lassen sich unter anderem nach ihrer Herkunft und ihrer Bilanzzuordnung unterscheiden:

- ***Mittelherkunft***: Danach ist zwischen Außen- und Innenfinanzierung zu trennen. Merkmal der Außenfinanzierung ist, dass die Finanzmittel dem Unternehmen von externen Kapitalgebern zur Verfügung gestellt werden. Dies können die Eigentümer des Unternehmens oder Kreditgeber sein. Bei der Innenfinanzierung erwirtschaftet das Unternehmen selbst die liquiden Mittel.
- ***Bilanzzuordnung***: Die Passivseite einer Bilanz unterteilt sich in Eigen- und Fremdkapital. Demgemäß kann eine Eigenfinanzierung oder Fremdfinanzierung vorliegen. Die Eigenfinanzierung führt zu einer Erhöhung des Eigenkapitals. Dabei muss nicht unbedingt das gesamte Eigenkapital in der Bilanz ausgewiesen sein – so zählen stille Reserven, die durch Unterbewertung der Aktiva und durch Überbewertung der Passiva entstehen, ebenfalls zum wirtschaftlichen Eigenkapital eines Unternehmens, sind jedoch nicht aus der Bilanz ersichtlich. Die Fremdfinanzierung bedeutet eine Zuführung von Fremdkapital, das heißt von Verbindlichkeiten und Rückstellungen.

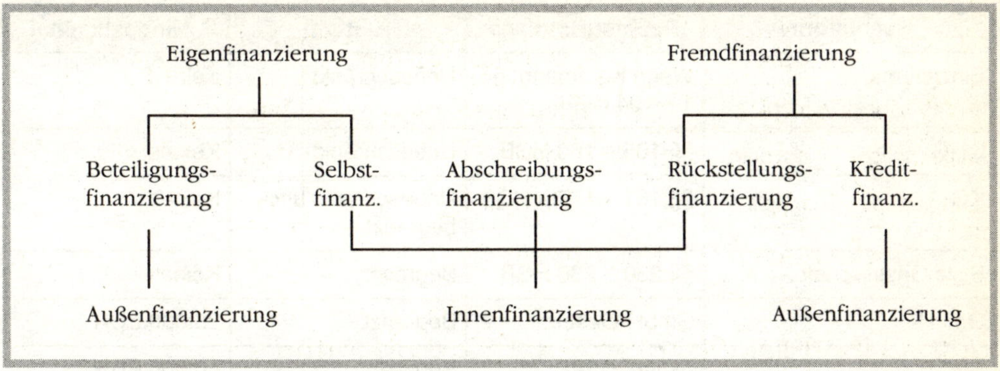

Abbildung 4: Finanzierungsarten

Die Kombination von Mittelherkunft und bilanzieller Zuordnung führt zur Abgrenzung von fünf Finanzierungsarten: ***Beteiligungs-, Selbst-, Abschreibung-, Rückstellungs- und Kreditfinanzierung***. Wie die Abbildung verdeutlicht, zählt zum Beispiel die Kreditfinanzierung sowohl zur Fremd- als auch zur Außenfinanzierung, während es sich bei der Selbstfinanzierung sowohl um Eigen- als auch um Innenfinanzierung handelt. Die Abschreibungsfinanzierung ist eine Form der Innenfinanzierung, lässt sich aber nicht der Eigen- oder Fremdfinanzierung zuordnen; sie stellt eine Vermögensumschichtung dar.

4.3 Beteiligungsfinanzierung

Die Beteiligungsfinanzierung erhöht das Eigenkapital eines Unternehmens (Eigenfinanzierung), wobei das Kapital von den bisherigen oder neuen Inhabern des Unternehmens zur Verfügung gestellt wird (Außenfinanzierung). Grundsätzlich ist die Kapitalüberlassung unbefristet. Gerade weil die Beteiligungsfinanzierung die Eigenkapitalbasis auf Dauer stärkt, ist sie ein wichtiger Maßstab für die Beurteilung der Güte (Bonität) eines Unternehmens.

Die Vorgehensweise und die Höhe der Beteiligungsfinanzierung hängen im Wesentlichen von der Rechtsform des Unternehmens ab. Die wichtigsten Charakteristika der nachfolgend vorgestellten Rechtsformen sind aus der Tabelle ersichtlich.

Rechtsform	Rechtsgrundlage	Haftung	Mindestkapital
Einzelfirma	Wenn Kaufmann: §§ 1 – 104 HGB	Unbeschränkt	Keines
OHG	§§ 105 – 160 HGB	Unbeschränkt	Keines
KG	§§ 161 – 177 a HGB	Unbeschränkt und begrenzt	Keines
Stille Gesellschaft	§§ 230 – 236 HGB	Begrenzt	Keines
GmbH	GmbH-Gesetz	Begrenzt	25.000 EUR
AG	Aktiengesetz	Begrenzt	50.000 EUR

Tabelle 2: Beteiligungsspezifische Rechtsformmerkmale

4.3.1 Einzelfirma und Personenhandelsgesellschaft

Einzelfirmen sind dadurch gekennzeichnet, dass der Unternehmer der alleinige Inhaber ist. Unter ***Personenhandelsgesellschaften*** versteht man den Zusammenschluss von zwei oder mehr Personen zum Betrieb eines Handelsgewerbes; hierzu zählen die OHG und die KG. Darüber hinaus gibt es Mischformen zwischen Personen- und Kapitalgesellschaft, wie insbesondere die GmbH & Co. KG. Sie ist eine KG, bei der die GmbH als Vollhafter fungiert.

Die überwiegende Mehrzahl der Unternehmen in Deutschland sind Einzelfirmen. Der Inhaber kann über die Art und Höhe des Eigenkapitals frei entscheiden; allerdings haftet er allein und unbeschränkt für sämtliche Verbindlichkeiten seines Geschäfts.

Die Offene Handelsgesellschaft (OHG) ist für den Zusammenschluss von gleich berechtigten Gesellschaftern geeignet. Charakteristisch ist, dass alle Gesellschafter unbegrenzt für die Verbindlichkeiten der OHG haften. Die Eigenkapitalkonten sind meistens variabel, da sie aufgrund von zusätzlichen Einlagen, Entnahmen, nicht entnommenen Gewinnen und Verlustzuweisungen in der Höhe schwanken können.

In Bezug auf die Kommanditgesellschaft (KG) ist eine Differenzierung vorzunehmen. Auf der einen Seite gibt es mindestens einen Gesellschafter, der als Komplementär unbeschränkt haftet. Auf der anderen Seite sind die Kommanditisten zu nennen; sie haften nur bis zur Höhe ihrer Einlage.

Die Einzelfirmen und Personenhandelsgesellschaften haben gemeinsam, dass der Umfang der Beteiligungsfinanzierung limitiert ist. Bei den Vollhaftern –

Einzelunternehmer, OHG-Gesellschafter und KG-Komplementäre – bildet die Grenze das betreffende persönliche Vermögen und bei den Kommanditisten die Kapitaleinlage. Da die Banken regelmäßig nur dann bereit sind, Kredite zu gewähren, wenn ausreichendes Eigenkapital und Haftungsvermögen vorliegen, gelangen diese Unternehmen schnell an ihre Wachstumsgrenzen.

Die Eigenkapitalausstattung deutscher Unternehmen ist unterdurchschnittlich. Vor allem mittelständische Unternehmen scheitern oft wegen ihres zu geringen Eigenkapitals.

4.3.2 Stille Gesellschaft

Der stille Gesellschafter ist Kapitalgeber, der Kaufmann ist Kapitalnehmer. Beide haben einen gemeinsamen Geschäftszweck, nämlich die Beteiligung am Handelsgeschäft des Kaufmanns. Das wesentliche Merkmal besteht darin, dass die Beteiligung für Außenstehende nicht erkennbar ist; es erfolgt keine Eintragung ins Handelsregister.

Der Kapitalnehmer wird auch als Unternehmensträger bezeichnet. Er kann ein Einzelkaufmann sein, aber auch Personen- und Kapitalgesellschaften kommen in Betracht. Demgegenüber muss der stille Gesellschafter kein Kaufmann sein – jede natürliche oder juristische Person kann eine stille Beteiligung eingehen. Der Stille hat einen Anspruch auf Gewinn und die jeweils vertraglich festgelegten Rechte.

Während eine Verlustbeteiligung ausgeschlossen werden kann, stellt die Gewinnbeteiligung ein unverzichtbares Element dar; fehlt die Gewinnbeteiligung, liegt keine stille Gesellschaft vor. Sollte etwa eine Festverzinsung vereinbart sein, handelt es sich nicht um eine stille Gesellschaft, sondern um ein Darlehen.

Der stille Gesellschafter muss eine Einlage leisten, die in das Vermögen des Kaufmanns übergeht. Der Stille haftet nicht für die Verbindlichkeiten des Unternehmens, sondern nur dem Kaufmann im Innenverhältnis bis zu Höhe der vereinbarten Einlage.

Die wichtigste Unterscheidung ist die in typische und atypische stille Gesellschaften:

- ***Typische stille Gesellschaft***: Die Gesellschaft besteht aus nur zwei Personen: dem Kaufmann und dem Stillen. Der Stille hat nur begrenzte Kontrollrechte und insbesondere kein Recht zur Geschäftsführung. Er ist am Gewinn beteiligt; die Beteiligung am Verlust kann ausgeschlossen werden. Bei Austritt oder Auflösung der Gesellschaft hat er einen Anspruch auf Rückzahlung seines Nominalbetrags.

- ***Atypische stille Gesellschaft***: Aufgrund der großen Freiräume bei der Vertragsgestaltung gibt es eine breite Typenvielfalt. Zum einen kann eine mehrgliedrige stille Gesellschaft vorliegen, was bedeutet, dass sie mehrere stille Gesellschafter umfasst. Zum anderen kann der Stille sehr weit gehende Rechte haben: Zustimmungs-, Widerspruchs- und Weisungsrechte bis hin zum alleinigen Geschäftsführungsrecht. Außerdem kann er am Firmenvermögen einschließlich der stillen Reserven beteiligt sein, sodass er bei Austritt oder Auflösung einen zusätzlichen Anspruch auf seinen Anteil am Wertzuwachs geltend machen kann.

4.3.3 Gesellschaft mit beschränkter Haftung

Eine Gesellschaft mit beschränkter Haftung (***GmbH***) kann durch eine oder mehrere Personen gegründet werden. Der Gesellschaftsvertrag bedarf der notariellen Form. Die GmbH ist an ihrem Gerichtsort in das Handelsregister einzutragen. Erst mit dieser Eintragung ist die GmbH als juristische Person entstanden. Für das Stammkapital und die Stammeinlagen gelten folgende Vorschriften:

- Das Stammkapital beträgt mindestens 25.000 EUR, wobei mindestens 12.500 EUR vor der Handelsregistereintragung eingezahlt sein müssen.
- Die Stammeinlage (der Geschäftsanteil) muss mindestens 100 EUR pro Gesellschafter betragen, wobei jeder Gesellschafter mindestens ein Viertel seiner Stammeinlage vor der Registereintragung eingezahlt haben muss.
- Die Erhöhung des Stammkapitals setzt eine Dreiviertelmehrheit der Gesellschafterstimmen voraus. Der Beschluss ist notariell zu beurkunden und ins Handelsregister einzutragen.

Seinen Geschäftsanteil kann ein GmbH-Gesellschafter nur durch Abtretung verkaufen. Da hierzu ein notarieller Vertrag, die Eintragung des Verkaufs ins Handelsregister und grundsätzlich auch die Zustimmung der anderen Gesellschafter erforderlich sind, ist die Übertragung der Geschäftsanteile erschwert. Aus diesem Grunde und wegen der Abhängigkeit von den Finanzmitteln der Gesellschafter sind der Beteiligungsfinanzierung einer GmbH enge Grenzen gesetzt.

4.3.4 Aktiengesellschaft

Die Grenzen, die die bisher beschriebenen Rechtsformen in Bezug auf die Höhe ihres beschaffbaren Beteiligungskapitals haben, gelten für eine ***AG*** nur bedingt. Denn der entscheidende Vorteil einer AG besteht darin, dass sie Aktien ausgeben und auf diesem Wege hohe Kapitalbeträge mobilisieren kann.

Der Aktienkäufer stellt der AG Beteiligungskapital zur Verfügung und ist Gesellschafter der AG. Wenn die Aktien an der Börse gehandelt werden, hat er im Vergleich zu den Gesellschaftern der anderen Rechtsformen die Möglichkeit, seine Anteile jederzeit und formlos zu veräußern.

Bei einer AG bewirkt die Ausgabe (Emission) von neuen (jungen) Aktien eine Erhöhung des Grundkapitals und der Kapitalrücklage. Will eine AG ihr Kapital erhöhen, ist ein Beschluss mit Dreiviertelmehrheit der Aktionäre erforderlich – genauer: mit Dreiviertelmehrheit des bei der Entscheidung in der Hauptversammlung vertretenen Grundkapitals.

Wie die Tabelle zeigt, hat die AG bei der Emission junger Aktien die Wahl zwischen mehreren Aktienarten. Zum Beispiel gibt die ABC-AG Aktien aus, die Nennwert-, Vorzugs- und Namensaktien zugleich sind, während die Emission der XYZ-AG aus Aktien besteht, die Stück-, Stamm- und Inhaberaktien darstellen.

Aktienart	Merkmale
Nennwertaktie	Nennbetrag muss mindestens 1,-- Euro sein
Stückaktie	Anteil am Grundkapital, der rechnerisch mindestens 1,-- Euro sein muss
Vorzugsaktie	Gewährt meistens eine Vorzugsdividende, aber ohne Stimmrecht
Stammaktie	Gewährt dem Aktionär alle im Aktiengesetz vorgesehenen Rechte wie Stimmrecht, Bezugsrecht und Recht auf Dividende
Inhaberaktie	Formlose Übertragung durch Einigung und Übergabe
Namensaktie	Übertragung meistens durch Indossament, außerdem Umschreibung im Aktienregister der Gesellschaft

Tabelle 3: Aktienarten

Eine AG muss die Aktien zu einem Preis ausgeben, der mindestens dem Nennwert oder – bei Stückaktien – dem rechnerischen Nennwert entspricht. Im Allgemeinen liegt der Emissionspreis erheblich darüber. Den Differenzbetrag zwischen Emissionspreis und Nennwert bezeichnet man als Agio. Der Nennwert erhöht das Grundkapital und das Agio die Kapitalrücklage der AG.

BEISPIEL ZUR EMISSION VON STÜCKAKTIEN

In der Hauptversammlung der XYZ-AG beschließen die Aktionäre mit Dreiviertelmehrheit folgende Kapitalerhöhung: Emission von 5 Mio. Stückaktien, rechnerischer Anteil einer Aktie am Grundkapital 1,-- EUR, Emissionspreis 12,-- EUR. Das gesamte Emissionsvolumen beträgt folglich 60 Mio. EUR, wobei sich das Grundkapital um 5 Mio. EUR und die Kapitalrücklage um 55 Mio. EUR erhöhen.

4.4 Kreditfinanzierung

Die Kreditfinanzierung stellt gleichzeitig eine Fremd- und Außenfinanzierung dar. Das Unternehmen erhöht sein Fremdkapital (Fremdfinanzierung), indem es extern Kapital von Kreditgebern beschafft (Außenfinanzierung). Das Unternehmen bezeichnet man als Schuldner, die Kreditgeber als Gläubiger. Im Vergleich zur Beteiligungsfinanzierung weist die Kreditfinanzierung ***folgende Merkmale*** auf:

- Die Kreditgeber haben keine unternehmerischen Entscheidungsrechte wie zum Beispiel Stimmrechte.
- Sie haften nicht für Verluste und Verbindlichkeiten des Unternehmens.
- Sie haben Anspruch auf die vereinbarten Zins- und Tilgungszahlungen; die Kreditlaufzeit ist in aller Regel begrenzt.

4.4.1 Kreditprüfung und Kreditsicherheiten

Gläubiger wie zum Beispiel Banken und Lieferanten führen vor Vertragsabschluss und auch während der Kreditlaufzeit eine Prüfung der Kreditwürdigkeit des Schuldners durch. Unter ***Kreditwürdigkeit*** (Bonität) versteht man die erwartete Fähigkeit und Bereitschaft des Schuldners, seinen vereinbarten Verpflichtungen – vor allem zur Zahlung der Zinsen und Tilgungen – rechtzeitig und in vollem Umfang zu erfüllen.

Die Prüfung umfasst die Analyse und Bewertung der Risiken, die mit der Kreditvergabe verbunden sein können. Zu diesem Zweck verwenden Banken und große Handelsunternehmen detaillierte Systeme, mit denen sie namentlich die Jahresabschlussdaten und Finanzplanung, das Unternehmenskonzept und Management, die Marktposition und Branche sowie die rechtlichen und politischen Rahmenbedingungen des Kreditnehmers beurteilen.

Die ***Kreditwürdigkeitsprüfung*** bezeichnet man auch als ***Rating***. In der Mehrzahl der Fälle führen die Banken die Kreditprüfung und -überwachung selbst durch – es handelt sich um ein bankinternes Rating. Demgegenüber wird bei einem externen Rating eine spezialisierte Ratingagentur beauftragt, die Beurteilung des Schuldners vorzunehmen. Wegen der hohen Mindestkosten kommen externe Ratings in Deutschland im Wesentlichen nur für große Schuldner infrage, in erster Linie für Emittenten von Schuldverschreibungen.

Basel II

Die Banken werden voraussichtlich ab Ende 2006 verpflichtet sein, die Höhe ihres Eigenkapitals stärker als bisher an der Bonität der Kreditnehmer auszurichten. Die Kreditwürdigkeitsprüfung kann durch internes oder externes Rating erfolgen. Je schlechter die Bonität eines Schuldners eingestuft wird, umso höher ist das notwendige Bankeigenkapital. Da das Halten von Eigenkapital mit Kosten verbunden ist, werden die Banken diese Eigenkapitalkosten an ihre Kreditkunden weitergeben. Somit werden Unternehmen mit geringerer Bonität höhere Zinsbelastungen haben als solche mit erstklassiger Bonität.

Kredite ohne Sicherheiten heißen Blankokredite. Oft jedoch verlangen die Kreditgeber Sicherheiten für ihre Ansprüche, falls die Schuldner ihren Verpflichtungen nicht nachkommen. Diese Sicherheiten lassen sich in zwei Gruppen unterteilen, in Personen- und in Sachsicherheiten.

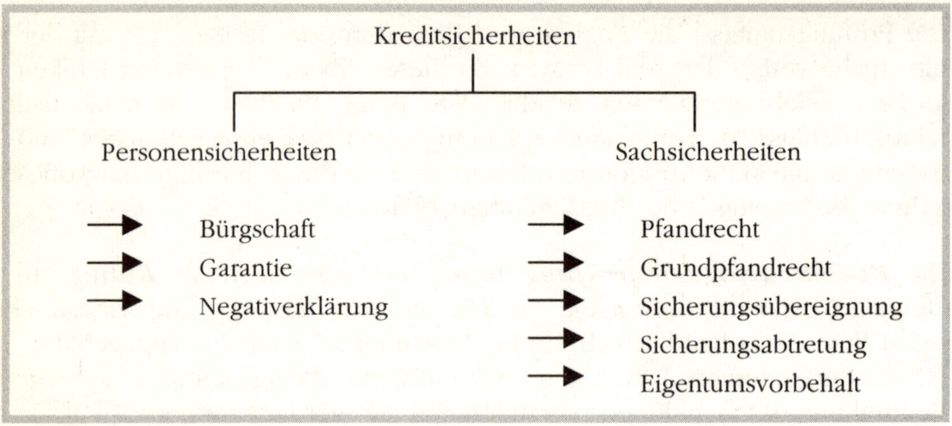

Abbildung 5: Wichtige Kreditsicherheiten

- ***Bürgschaft***: Sie ist im BGB geregelt. Damit verpflichtet sich der Bürge gegenüber dem Gläubiger des Hauptschuldners, für die Verpflichtungen des Hauptschuldners einzustehen. Wird der Bürge in Anspruch genommen, geht die Forderung des bisherigen Gläubigers auf ihn über.
- ***Garantie***: Der Garantiegeber ist verpflichtet, für einen künftigen Erfolg einzustehen oder das Risiko eines künftigen Schadens zu übernehmen. Sie ist im Gegensatz zur Bürgschaft nicht gesetzlich geregelt.
- ***Negativerklärung***: Gibt der Schuldner eine Negativerklärung ab, darf er während der Kreditlaufzeit sein Vermögen zum Nachteil des Gläubigers nicht verändern.
- ***Pfandrecht***: Mit der Verpfändung von beweglichen Sachen und Rechten überträgt der Schuldner das Recht an Vermögensgegenständen, die als Pfänder hinterlegt werden, auf den Gläubiger; das Eigentum an den Vermögenswerten bleibt beim Schuldner (Beispiel: Verpfändung von Wertpapieren).
- ***Grundpfandrecht***: Hierbei handelt es sich um ein Pfandrecht an unbeweglichen Sachen wie Grundstücke, Gebäude und Eigentumswohnungen. Grundpfandrechte müssen ins Grundbuch eingetragen werden (Beispiele: Hypotheken und Grundschulden).
- ***Sicherungsübereignung***: Sie bezieht sich grundsätzlich auf bewegliche Sachen wie Maschinen und Kraftfahrzeuge. Das Eigentum geht auf den Gläubiger über, während der Schuldner im Besitz der Sache bleibt und weiter damit arbeiten kann.

- ***Sicherungsabtretung***: Sie wird auch als Sicherungszession bezeichnet. Der Schuldner verpflichtet sich, Forderungen und andere Rechtsansprüche an den Gläubiger abzutreten.
- ***Eigentumsvorbehalt***: Diese Sicherheit kommt hauptsächlich im Zusammenhang mit Lieferantenkrediten vor. Das Eigentum an einer Sache geht erst mit der vollständigen Bezahlung des Kaufpreises vom Verkäufer auf den Käufer über.

4.4.2 Kurzfristige Kredite

Kurzfristige Kredite haben eine Laufzeit von unter einem Jahr. Die häufigsten Formen sind Lieferanten- und Kontokorrentkredite. Diese unterscheiden sich bezüglich des Kreditgebers: Während bei Lieferantenkrediten Zulieferer als Kreditgeber auftreten, handelt es sich bei Kontokorrentkrediten um Banken.

Im Fall eines ***Lieferantenkredits*** gewährt der Verkäufer einer Ware oder Dienstleistung dem Käufer ein Zahlungsziel. Das bedeutet, der Käufer muss nicht sofort, sondern bis zu einem festgelegten späteren Zeitpunkt zahlen. Bis zur vollständigen Begleichung der Rechnung sind der Verkäufer Gläubiger und der Käufer Schuldner.

Für den Käufer hat ein Lieferantenkredit mehrere Vorteile. Erstens kann er den Kredit mit den bis dahin erzielten Umsatzerlösen zurückzahlen. Zweitens ist die Kreditaufnahme einfach und formlos. Und drittens kann er bestehende Kreditlinien bei seiner Bank für andere Zwecke nutzen. Allerdings darf nicht übersehen werden, dass Lieferantenkredite für den Käufer oft zu einer ***erheblichen Kostenbelastung*** führen, und zwar dadurch, dass er nicht das Skonto nutzt.

BEISPIEL ZUM LIEFERANTENKREDIT

Ein Unternehmen kauft Waren in Höhe von 10.000 EUR. Der Lieferant schickt eine Rechnung mit folgenden Zahlungsbedingungen: „Der Betrag ist zahlbar innerhalb von 7 Tagen abzüglich 3 % Skonto, spätestens aber nach 30 Tagen." Der effektive Jahreszins ist in diesem Fall sehr hoch und beläuft sich auf 48,4 %, wie sich mit folgender Näherungsformel errechnen lässt:

$$\text{Kreditzinssatz} = \frac{\frac{\text{Skonto}}{1-\text{Skonto}} \cdot 360}{\text{Zahlungsziel} - \text{Skontofrist}} = \frac{\frac{0{,}03}{0{,}97} \cdot 360}{30-7} = 0{,}484$$

Den ***Kontokorrentkredit*** stellt die Bank dem Unternehmen auf dessen Kontokorrentkonto zur Verfügung. Vereinbart wird ein Limit, bis zu dem das Unternehmen den Kredit in Anspruch nehmen kann (Kreditlinie). Die Banken gewähren die Kredite bis auf weiteres oder bis zu einer vereinbarten Frist. Diese Kreditart ist also nichts anderes als ein Dispositionskredit für Unternehmen.

Da das Unternehmen den Kontokorrentkredit je nach Bedarf in flexibler Höhe beanspruchen kann, dafür aber einen relativ hohen und außerdem im Zeitablauf schwankenden Sollzins zahlen muss, ist diese Kreditart nur zur Begleichung kurzfristiger Verpflichtungen geeignet. Für die Finanzierung langfristiger Investitionen sollte ein Unternehmen langfristige Darlehen aufnehmen.

> Kontokorrentkredite sind kurzfristiger Natur und dürfen nicht zur Finanzierung langfristiger Vorhaben herangezogen werden.

Vielmehr finden Kontokorrentkredite ihren Einsatz als:

- ***Betriebsmittelkredite*** zur Beschaffung von Vorräten und zur Gewährung von Zahlungszielen;
- ***Saisonkredite*** zur Deckung eines saisonalen Liquiditätsbedarfs;
- ***Zwischenkredite*** zur Zwischenfinanzierung langfristiger Darlehen;
- ***Liquiditätsreserve*** für ungeplante Zahlungsverpflichtungen.

4.4.3 Mittel- und langfristige Kredite

Im Allgemeinen bezeichnet man Laufzeiten von einem Jahr bis unter vier Jahren als mittelfristig und von vier Jahren und länger als langfristig. Als primäre Kreditgeber treten ***Banken*** auf. Das Unternehmen kann einen Festzins für einen bestimmten Zeitraum festschreiben oder einen variablen Zins vereinbaren, der bei Veränderungen des Marktzinses angepasst wird.

Vorteil des Festzinssatzes ist, dass sich das Unternehmen eine sichere Kalkulationsgrundlage für eine längere Zeitspanne schaffen kann. Der Vorteil des variablen Zinses besteht darin, dass das Unternehmen während der Kreditlaufzeit von fallenden Marktzinsen profitieren kann – allerdings besteht das Risiko steigender Zinsen.

Auch hinsichtlich der Tilgung kann das Unternehmen zwischen mehreren Alternativen wählen. Bei Annuitätendarlehen sind die jährliche Raten für Zins und Tilgung gleich hoch; dadurch nimmt im Zeitablauf der Tilgungsanteil zu und der Zinsanteil ab. Weitere häufige Formen sind: Tilgung in einer Summe am Laufzeitende (endfällige Tilgung), Sondertilgungen und tilgungsfreie Perioden.

Die Effektivverzinsung von mittel- und langfristigen Krediten hängt vor allem ab von dem Nominalzins, der Laufzeit, den Zahlungsterminen, der Tilgungsart und dem Disagio. Das ***Disagio*** ergibt sich aus der Differenz zwischen Rückzahlungs- und Auszahlungsbetrag und stellt einen Vorababzug von Kreditzinsen und weiteren Kosten dar.

BEISPIEL ZUR EFFEKTIVVERZINSUNG EINES DARLEHENS

Für die Erweiterung der Produktionskapazität benötigt ein Unternehmen einen langfristigen Kredit über 490.000 EUR. Es vereinbart mit seiner Bank folgende Konditionen: Laufzeit 5 Jahre mit endfälliger Tilgung, Nominalbetrag (Rückzahlungsbetrag) 500.000 EUR, Disagio 2 % (das ergibt einen Auszahlungsbetrag von 490.000 EUR), Nominalzinssatz 6,0 %. Der jährliche Effektivzinssatz (r) lässt sich mit folgender Näherungsformel errechnen:

$$r = \frac{\text{Nominalzinssatz} + \frac{\text{Disagio}}{\text{Laufzeit}}}{\text{Auszahlung in Prozent}} = \frac{0{,}06 + \frac{0{,}02}{5}}{0{,}98} = 0.0653$$

Der Effektivzins ist wegen des Disagios höher als der Nominalzins und beläuft sich auf 6,53 % pro Jahr.

Eine besondere Rolle spielen ***öffentlich geförderte Kreditprogramme***. Eine breite Palette zinsvergünstigter Darlehen steht speziell mittelständischen Unternehmen zur Verfügung. Damit wollen Bund, Länder, Gemeinden und andere Einrichtungen

- Existenzgründungen,
- Innovationen,
- Markterschließung,
- Umweltschutz und
- weitere betriebliche Investitionen

zwecks Förderung der Wirtschaft unterstützen. Die Unternehmen erhalten die Darlehen von so genannten Hauptleihinstituten, wie zum Beispiel auf Bundesebene von der KfW-Mittelstandsbank.

4.4.4 Schuldverschreibungen

Unternehmen haben – wie auch Staaten und Banken – die Möglichkeit, das notwendige Kapital durch die Ausgabe von Schuldverschreibungen zu beschaffen. Synonyme Begriffe sind ***Anleihen***, ***Obligationen*** und ***Bonds***. Die Unternehmen emittieren Wertpapiere, die im Gegensatz zu Aktien keine Anteilseignerrechte, sondern Forderungsrechte verbriefen. Die Käufer der Schuldverschreibungen sind somit Gläubiger der Unternehmen und haben das Recht auf Verzinsung und Rückzahlung.

Da sich das Volumen einer Schuldverschreibungsemission in aller Regel im mehrstelligen Millionen- und manchmal im Milliarden-Euro-Bereich bewegt, steht diese Finanzierungsmöglichkeit nur großen Unternehmen offen. Daher können auch nur große Unternehmen die spezifischen Vorteile nutzen: die im Vergleich zu Bankkrediten geringeren Zinskosten. Auf den Finanzmärkten haben sich vielfältige Varianten durchgesetzt, wobei die wichtigsten sind:

- ***Festzinsanleihe***: Für die gesamte Laufzeit der Anleihe wird ein fester Nominalzinssatz (fester Zinskupon) vorgegeben, zum Beispiel 7 % für 10 Jahre.
- ***Floating-Rate-Note (Floater)***: Darunter versteht man eine variabel verzinsliche Anleihe, deren Zinssatz regelmäßig, beispielsweise alle sechs Monate, an einen Bezugszinssatz angepasst wird. Als Bezugszinssätze sind hauptsächlich Euribor (European-Interbank-Offered-Rate) und Libor (London-Interbank-Offered-Rate) zu nennen.
- ***Zero-Bond***: Es handelt sich um eine Nullkuponanleihe, das heißt um eine Schuldverschreibung ohne Zinskupon. Der Emittent zahlt die Zinsen nicht regelmäßig während, sondern einmalig am Ende der Anleihelaufzeit, und zwar zusammen mit Zinseszins und Tilgung des Emissionsbetrags. Das Volumen der Rückzahlung ist infolgedessen immer höher als das der Emission. Beispiel: Emission = 100 Mio. EUR, Rückzahlung nach 10 Jahren = 200 Mio. EUR; daraus errechnet sich eine Verzinsung von rund 7 % pro Jahr.

4.4.5 Factoring und Leasing

Diese beiden Sonderformen der Finanzierung gewinnen immer mehr an Bedeutung. Das Factoring zählt zur kurzfristigen und das Leasing zur mittel- und langfristigen Finanzierung. Ein weiterer Unterschied ist darin zu sehen, dass sich das Unternehmen mit dem Factoring liquide Mittel beschafft, mit dem Leasing Sachvermögen.

Als ***Factoring*** bezeichnet man den laufenden Verkauf von Forderungen aus Lieferungen aus Leistungen an eine Factoringgesellschaft (Factor). Das Unternehmen, das seine Forderungen verkauft bzw. abtritt, erhält sofort eine Bankgutschrift durch die Factoringgesellschaft. Forderungen, die im Rahmen des Factorings verkauft werden können, haben eine maximale Laufzeit von 90 Tagen, im Exportfactoring von 180 Tagen.

Bilanziell betrachtet liegt eine Vermögensumschichtung vor: Der Forderungsbestand des Unternehmens verringert sich und gleichzeitig erhöht sich sein Bankguthaben. Die Factoringgesellschaft ihrerseits erhält die durch den Kunden des Unternehmens später getätigte Zahlung.

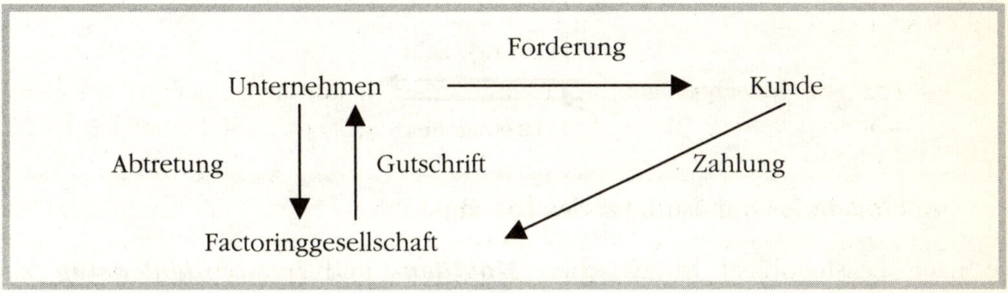

Abbildung 6: Ablauf des Factorings

Der ***Finanzierungseffekt*** des Factorings besteht darin, dass das in den Forderungen gebundene Kapital freigesetzt wird. Allerdings macht der Vorschuss der Factoringgesellschaft nur etwa 90 % des Rechnungsbetrages aus. Grund hierfür sind mögliche berechtigte Zahlungsminderungen des Kunden wegen Mängelrügen, Skonti etc. Über die restlichen 10 % kann das Unternehmen erst dann verfügen, wenn der Kunde seine Zahlungen ungekürzt geleistet hat. Für die Dauer und die Höhe des Vorschusses muss das Unternehmen der Factoringgesellschaft die marktüblichen Sollzinsen zahlen.

Je nach Vertrag kann die Factoringgesellschaft neben der Finanzierung weitere Funktionen übernehmen, nämlich das Delkredere und Dienstleistungen. Dabei ist zu beachten, dass die Factoringkosten umso höher ausfallen, je mehr Aufgaben dem Factor übertragen werden.

Die ***Delkrederefunktion*** bedeutet, dass die Factoringgesellschaft das Ausfallrisiko im Rahmen des eingeräumten Kreditlimits trägt. Sollte der Kunde seine

Zahlungspflichten nicht erfüllen, geht der Kreditausfall vollständig zulasten der Factoringgesellschaft.

Das ***Dienstleistungsangebot*** der Factoringgesellschaften ist breit gefächert und kann bis zu einem umfassenden Debitorenmanagement reichen. Dazu zählen insbesondere die Debitorenbuchhaltung sowie das Mahn- und Inkassowesen.

Leasing bezeichnet die Vermietung und Verpachtung von Vermögensgegenständen gegen Entgelt. Der Leasinggeber stellt dem Leasingnehmer das Leasingobjekt zur Verfügung. Dafür erhält er vom Leasingnehmer die Leasingrate. Darüber hinaus ist für das Finanzierungsleasing charakteristisch, dass das Objektrisiko – beispielsweise der Verlust oder die Funktionsunfähigkeit des Vermögensgegenstandes – beim Leasingnehmer liegt.

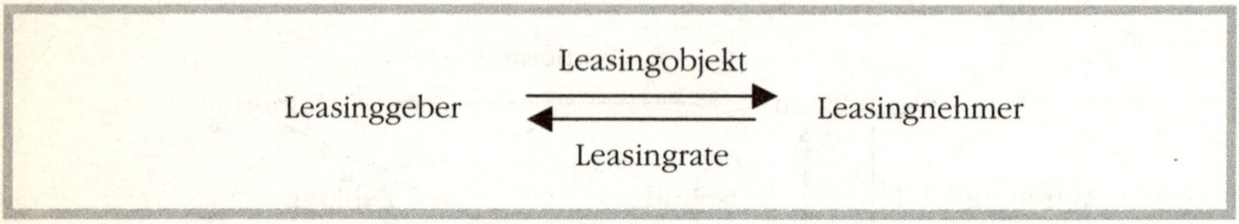

Abbildung 7: Grundstruktur des Leasings

Je nach Leasingobjekt ist zwischen ***Mobilien***- und ***Immobilienleasing*** zu unterscheiden. Beim Mobilienleasing werden bewegliche Gegenstände vermietet, zum Beispiel Kraftfahrzeuge, EDV-Anlagen und Büroausstattungen. Das Immobilienleasing umfasst Grundstücke und Gebäude bis hin zu vollständigen Fabrikanlagen.

Das ***Finanzierungsleasing*** ist durch mittel- und langfristige Verträge gekennzeichnet. Üblicherweise wird eine feste Grundmietzeit vereinbart, in der eine Kündigung ausgeschlossen ist. Nach Ablauf der Grundmietzeit hat der Leasingnehmer je nach Vertragsgestaltung die Option, das Leasingobjekt weiterhin zu mieten, zu kaufen oder zurückzugeben.

Die Leasingraten, die der Leasingnehmer während der Grundmietzeit zahlt, sind so kalkuliert, dass sie die Kosten des Leasinggebers entweder vollständig oder nur zum Teil decken. Im ersten Fall liegt ein ***Vollamortisationsvertrag*** vor, im zweiten Fall ein ***Teilamortisationsvertrag***, bei dem ein Restwert bestehen bleibt.

Die Frage, ob das Leasing oder der Kauf des Gegenstands und Finanzierung mit einem Bankkredit günstiger ist, lässt sich nur für den Einzelfall beantworten. Es kommt entscheidend auf die konkreten Verträge und die steuerlichen Auswirkungen an. In der Mehrzahl der Fälle dürften die Kosten des Leasings etwas höher liegen. Allerdings sind zusätzliche Kriterien zu beachten. Beispielsweise benötigt das Unternehmen aufgrund des Leasings für eine Investition weniger Liquidität und kann bestehende Kreditlinien anderweitig nutzen.

4.5 Innenfinanzierung

Bei der Innenfinanzierung erwirtschaftet das Unternehmen liquide Mittel über seine Umsatzprozesse. Dazu müssen zwei Voraussetzungen gegeben sein. Zum einen sind die Verkaufserlöse dem Unternehmen in liquider Form zugeflossen, haben also das Bankguthaben oder den Kassenbestand erhöht. Zum anderen steht dem Geldmittelzufluss in derselben Periode kein auszahlungswirksamer Aufwand gegenüber.

Diese Bedingungen werden von den folgendenden Finanzierungsarten erfüllt: Selbstfinanzierung, Abschreibungsfinanzierung und Rückstellungsfinanzierung.

4.5.1 Selbstfinanzierung

Selbstfinanzierung liegt vor, wenn ein Unternehmen Gewinne einbehält. Die Gewinne fließen nicht als Ausschüttungen an die Eigenkapitalgeber oder als Steuern an die Finanzbehörden; das Unternehmen kann die Mittel für andere Zwecke verwenden.

Zu unterscheiden ist zwischen offener und stiller Selbstfinanzierung. Die ***offene Selbstfinanzierung*** ist aus dem Jahresabschluss des Unternehmens ersichtlich. Der einbehaltene Gewinn erhöht die Gewinnrücklagen von Kapitalgesellschaften.

BEISPIEL ZUR OFFENEN SELBSTFINANZIERUNG

Eine GmbH erzielt einen Jahresüberschuss nach Steuern von 60.000 EUR. Die Gesellschafter beschließen, ein Viertel des Gewinns einzubehalten und drei Viertel auszuschütten. Folglich erhöhen sich die Gewinnrücklagen der GmbH durch Selbstfinanzierung um 15.000 EUR.

Im Gegensatz zur offenen ist die ***stille Selbstfinanzierung*** im Jahresabschluss nicht zu erkennen. Oft wissen nicht einmal die Unternehmen, wie hoch ihr betreffendes Finanzierungsvolumen ist. Die stille Selbstfinanzierung resultiert aus der Unterbewertung von Aktiva und aus der Überbewertung von Passiva.

- ***Unterbewertung von Aktiva***: Insbesondere führen überhöhte Abschreibungen zur stillen Selbstfinanzierung. Wird beispielsweise eine Maschine in einem Jahr mit 10.000 EUR abgeschrieben, obwohl der tatsächliche Wertverlust nur 6.000 EUR entspricht, beträgt das Potenzial der stillen Selbstfinanzierung 4.000 EUR.
- ***Überbewertung von Passiva***: Eine wichtige Rolle spielen überhöhte Rückstellungen. Beispiel: Ein Unternehmen bildet in einem Jahr Garantierückstellungen über 30.000 EUR. Im Folgejahr stellt sich heraus, dass nur 20.000 EUR erforderlich waren. Das Potenzial der stillen Selbstfinanzierung beläuft sich in diesem Beispiel auf 10.000 EUR.

4.5.2 Abschreibungsfinanzierung

Abschreibungen erfassen die ***jährlichen Wertminderungen*** von Vermögensgegenständen. Daneben führen Abschreibungen zu Finanzierungseffekten. Während überhöhte Abschreibungen zur stillen Selbstfinanzierung zählen, geht es bei der Abschreibungsfinanzierung um verbrauchsgerechte Abschreibungen.

Voraussetzung für die Finanzierung aus Abschreibungsgegenwerten ist, dass das Unternehmen die Abschreibungen in seine Selbstkosten mit einkalkuliert. Sofern die Verkaufpreise der Produkte die Selbstkosten decken, können die Abschreibungen über die Umsatzerlöse als liquide Mittel in das Unternehmen zurückfließen. Es liegt ein ***Kapitalfreisetzungseffekt*** vor.

Wenn das Unternehmen diese Abschreibungsgegenwerte im selben Jahr nicht für notwendige Investitionen verwenden muss, stehen sie als Geldmittel zur Verfügung. Das Unternehmen könnte die Beträge sammeln und später zur Ersatzbeschaffung des abgeschriebenen Gegenstands verwenden.

Sogar ***Kapazitätserweiterungseffekte*** lassen sich mit Abschreibungen erzielen. So kann ein Unternehmen dadurch, dass es die Abschreibungsgegenwerte sofort in gleichartige Gegenstände reinvestiert, die Anzahl der in einem Jahr vorhandenen Gegenstände erhöhen.

BEISPIEL ZUM KAPAZITÄTSERWEITERUNGSEFFEKT

Ein Unternehmen hat zu einem Zeitpunkt 4 gleichartige Maschinen zu je 4.000 EUR gekauft. Die Nutzungsdauer ist 4 Jahre und die Maschinen werden linear abgeschrieben. Nach einem Jahr haben sich Abschreibungen über 4.000 EUR angesammelt, mit denen das Unternehmen eine neue Maschine erwirbt; der Gesamtbestand beläuft sich somit auf 5 Maschinen. Nach dem zweiten Jahr betragen die Abschreibungen 5.000 EUR. Davon kauft das Unternehmen für 4.000 EUR eine weitere Maschine, sodass die Kapazität auf 6 Maschinen steigt. Die übrigen 1.000

EUR werden zurückgelegt. Auf diese Weise kann die Rechnung fortgeführt werden. Die Anzahl der Maschinen wird sich aber nicht unendlich erhöhen, weil die Maschinen nach jeweils 4 Jahren aus dem Bestand verschwinden. Langfristig wird sich die Periodenkapazität bei 6 Maschinen einpendeln.

4.5.3 Rückstellungsfinanzierung

Rückstellungen sind ***Verbindlichkeiten***, die bezüglich der Höhe und/ oder Fälligkeit ***unbestimmt*** sind. Sie lassen sich auch definieren als Aufwendungen, die in diesem Jahr verursacht worden sind, aber erst in einem späteren Jahr wahrscheinlich zu Auszahlungen oder Mindereinzahlungen führen. Als Beispiele seien Pensions-, Steuer-, Garantie- und Prozesskostenrückstellungen genannt.

Analog zu den Abschreibungen ergibt sich das Finanzierungspotenzial daraus, dass die über die Umsatzerlöse zurückgeflossenen Rückstellungsaufwendungen im selben Jahr nicht zu Auszahlungen geführt haben. Stattdessen finden die Auszahlungen (bzw. Mindereinzahlungen) erst in einem späteren Jahr statt. Für die Stärke des Finanzierungseffekts sind folgende Faktoren verantwortlich:

- ***Höhe und Fristigkeit***: Je höher das Rückstellungsvolumen und je länger die Fristigkeit der Rückstellungen sind, umso größer ist der Finanzierungseffekt. Dies erklärt die besondere Bedeutung von Pensionsrückstellungen als Finanzierungsinstrument.
- ***Verhältnis zwischen Rückstellungszuführungen und Auszahlungen***: Ein zusätzlicher Finanzierungseffekt stellt sich nur dann ein, wenn in dem betrachteten Jahr die Zuführungen höher als die mit den Rückstellungen verbundenen Auszahlungen sind.
- ***Gewinnverwendung***: Schließlich hängt der Finanzierungseffekt davon ab, in welchem Umfang das Unternehmen Gewinne ausschüttet. Die größte Wirkung hat die Rückstellungsfinanzierung, falls das Unternehmen den gesamten Jahresgewinn ausschüttet. Wird andererseits der gesamte Gewinn einbehalten, besteht der Finanzierungseffekt lediglich in der Einsparung (genauer: Stundung) von Ertragsteuern.

VI. Kostenrechnung und Kalkulation

Kostenrechnung und Kalkulation sind klassische Themen der Unternehmensführung. Seit jeher musste sich ein Kaufmann intensiv mit der **Kostenbestimmung, -steuerung** und **-kontrolle** auseinandersetzen. Die Frage nach der richtigen Methode zur Ermittlung der Kosten eines Produkts oder die Frage der richtigen Instrumente zur wirtschaftlichen Steuerung des Betriebsablaufs, sind jedoch heute noch genauso aktuell wie vor 100 Jahren. Die lange Tradition des Fachs bringt es mit sich, dass heute eine Fülle unterschiedlicher kostenrechnerischer Weltanschauungen und/ oder kostenrechnerischer Instrumente und Vorgehensmuster parallel nebeneinander existieren. Die „richtige" Kostenrechnung im Sinne der einzig wahren Lösung gibt es nicht; Kostenrechnung ist immer nur mehr oder weniger passend/ unpassend im Hinblick auf die spezifischen Bedingungen des Unternehmens und im Hinblick auf die mit der Kostenrechnung verfolgten Zwecke. Bevor man sich daher mit der Vielzahl einzelner „Tools" aus dem Instrumentenkoffer der Kostenrechnung beschäftigt, ist es zunächst notwendig, sich die Grundlagen der Kostenrechnung zu vergegenwärtigen.

1. Konzeptionelle Grundlagen der Kostenrechnung

1.1 Grundbegriffe des betrieblichen Rechnungswesens

Die ***Finanzbuchhaltung*** (siehe nachfolgendes Kapitel) ist in erster Linie an den Informationsbedürfnissen von Außenstehenden wie Kapitalgeber oder dem Staat orientiert und wird daher auch als ***Externes Rechnungswesen (ERW)*** bezeichnet. Sie erfasst alle finanziellen Vorgänge zwischen einem Unternehmen und seiner Umwelt; m.a.W., das ERW bildet die Nominalgüter-Sphäre eines Unternehmens ab. Zwangsläufig steht beim ERW immer das gesamte Unternehmen im Fokus der Betrachtung; eine Disaggregation nach einzelnen Unternehmensbereichen oder einzelnen Wirtschaftsgüter ist im ERW nicht oder nur sehr eingeschränkt möglich. Primäres Ziel des ERW ist die vergangenheitsorientierte Dokumentation und Rechenschaftslegung. Um zu gewährleisten, dass diese Rechenschaftslegung inhaltlich korrekt ist und um unterschiedliche Unternehmen vergleichbar zu machen, liegen dem ERW zwingend zu berücksichtigende gesetzliche (insbesondere handels- und steuerrechtliche) Vorschriften zugrunde.

Im Gegensatz zum externen Adressatenkreis der Finanzbuchhaltung richtet sich die ***Kosten- und Leistungsrechnung*** primär an das Management bzw. an die Entscheidungsträger eines Unternehmens. Aus diesem Grund wird sie auch als ***Internes Rechnungswesen (IRW)*** bezeichnet. Gegenstand des IRW ist die Dokumentation wirtschaftlicher Vorgänge innerhalb eines Unternehmens. Darüber hinaus soll das IRW Entscheidungshilfen für Planungs- und Steuerungsaufgaben des Managements liefern. Bei dieser Zielsetzung dürfte es unmittelbar einsichtig sein, dass die rein am Gesamtunternehmen orientierte Nominalgütersicht des ERW nicht ausreichend ist. Um beispielsweise Aussagen über die Vorteilhaftigkeit bestimmter Einsatzstoffe, Produktionsverfahren oder Technologien sowie Aussagen über die Vorteilhaftigkeit der art- und mengenmäßigen Zusammensetzung des Produktionsprogramms treffen zu können, müssen Real- und Nominalgüter-Sphäre miteinander gekoppelt werden. Extrem vereinfacht ausgedrückt, ist die Leitfrage des ERW „Wie viel Geld?"; die Leitfrage des IRW heißt dagegen: „Wie viel Geld für welche Dinge?. Darüber hinaus ist es notwendig, die Unternehmensgesamtsicht zugunsten einer differenzierteren Betrachtung von einzelnen Unternehmensbereichen und einzelnen Produkten aufzugeben. M.a.W., das IRW muss detailliert darstellen, welche Inputs (Materialien, Personal, Maschinen usw.) und welche Outputs (Produkte, Dienstleistungen) in welcher Menge und zu welchem Wert vom Unternehmen beschafft bzw. an den Markt abgegeben werden und welche funktionalen Beziehungen zwischen In- und Outputmengen sowie zwischen In- und Outputwerten bestehen. Sieht man von wenigen Ausnahmen wie beispielsweise der Kalkulation von Produkten im Rahmen öffentlicher Aufträge ab, sind die vom IRW gelieferten Zahlen und Informationen ausschließlich für interne Informationsempfänger bestimmt. Aus diesem Grund existieren auch keine gesetzlichen Vorschriften, an die Unternehmen bei der Gestaltung oder Durchführung interner Rechnungen gebunden sind.

Etwas vereinfacht ausgedrückt, bilden ERW und IRW die gleichen Sachverhalte aus einer unterschiedlichen Perspektive und mit unterschiedlichen Zielen ab. Um eine Abgrenzung zwischen interner und externer Rechnung zu ermöglichen, ist es notwendig, dass die beiden Rechnungsarten auch deutlich unterscheidbare Rechnungsgrößen verwenden. Die im allgemeinen Sprachgebrauch mehr oder weniger synonym verwendeten Begriffe Aufwand und Kosten oder Erträge und Erlöse müssen daher in der Fachsprache deutlich differenziert werden. Die Begriffe ***Aufwand*** und ***Ertrag*** stellen ***Grundbegriffe des Externen Rechnungswesens*** dar und sind gesetzlich fixiert. In einer ersten Annäherung können als Aufwand somit alle nach handels- und/ oder steuerrechtlichen Konventionen monetär bewerteten Verbräuche von Gütern und Dienstleistungen einer Periode bezeichnet werden. Analog dazu ist Ertrag der nach handels- und/ oder steuerrechtlichen Konventionen bewertete, monetäre, d.h. in Geldeinheiten ausgedrückte, Wertzuwachs einer Periode. Durch die Gegenüberstellung von Aufwendungen und Erträgen in einer Periode ergibt sich der Periodenerfolg eines Unternehmens. Da dieser Erfolg nicht weiter differenziert ist und das Unternehmen als Ganzes betrifft, bezeichnet man ihn auch als Unternehmensergebnis bzw. (handels- und/ oder steuerrechtlichen) Gewinn.

Mit dem ***handels- bzw. steuerrechtlichen Aufwandsbegriff*** werden alle in einer Abrechnungsperiode anfallenden Verbräuche von Gütern und Dienstleistungen mit ihrem Anschaffungswert erfasst. Für das ERW ist es völlig unerheblich, ob die Verbräuche betriebsbedingt sind oder nicht. Als betriebsbedingt werden dabei alle Verbräuche bezeichnet, die einen unmittelbaren Zusammenhang mit dem Sachziel des Unternehmens aufweisen (das Sachziel der VW AG ist beispielsweise die Herstellung und der Vertrieb von Automobilen). Dieser Teil des gesamten Aufwands einer Periode wird deshalb auch als Zweckaufwand bezeichnet. Typische Beispiele hierfür sind der Verbrauch von Roh-, Hilfs- und Betriebsstoffen, bezahlte Mieten, der Wertverlust von Maschinen und

Anlagen, Versicherungsbeiträge oder Steuern. Neben diesen betriebsbedingten Verbräuchen werden im ERW auch diejenigen Verbräuche von Gütern und Dienstleistungen erfasst, die keinen oder nur einen indirekten Zusammenhang zum Betriebszweck aufweisen. Typische Beispiele für derartige „neutrale" Verbräuche sind Spenden eines Unternehmens an karitative oder politische Organisationen sowie Spekulationsverluste aus Wertpapiergeschäften bei einem industriellen Unternehmen.

Der Begriff ***Ertrag im handels- und steuerrechtlichen Sinne*** bildet die gesamte monetäre Wertentstehung oder Werterbringung eines Unternehmen während einer Periode ab. Wie schon beim Begriff Aufwand ist es auch beim Ertragsbegriff völlig unerheblich, ob sich die Wertentstehung auf Realgüter oder Nominalgüter bezieht. Des Weiteren spielt es keine Rolle, ob ein Ertrag aus Tätigkeiten resultiert, die mit dem eigentlichen Betriebszweck eines Unternehmens korrespondieren (z.B. Umsatzerlöse aus dem Verkauf der erzeugten Produkte) oder ob ein Ertrag mit sachzielfremden Tätigkeiten erwirtschaftet wird (z.B. Spekulationsgewinne aus Finanzanlagen bei einem industriellen Unternehmen).

Kosten und Leistungen unterscheiden sich zunächst dadurch von Aufwendungen und Erträgen, dass jeweils nur der betriebsbedingte Wertverbrauch/ Wertentstehung berücksichtigt wird. Aus diesem Grund bezeichnet man den Saldo von Kosten und Leistungen einer Periode auch als Betriebsergebnis eines Unternehmens. Warum im IRW nur der betriebsbedingte bzw. leistungsbezogene Erfolg ermittelt wird, dürfte unmittelbar einleuchten, wenn man sich das primär verfolgte Rechnungsziel in Gedächtnis ruft. Das ***IRW*** soll dem Management eines Unternehmens in erster Linie ***Informationen zur Planung, Steuerung und Kontrolle*** der Realgüterprozesse liefern. M.a.W., es soll aufzeigen, welche wertmäßigen Konsequenzen die spezifische Art und Weise der Leistungserstellung eines Unternehmens hat.

Der zweite wesentliche Unterschied zwischen Aufwand und Kosten ist die Art und Weise der ***Bewertung von Güterverbräuchen***. Leitlinie der gesetzlichen Vorgaben des ERW ist das Prinzip der nominellen Kapitalerhaltung. M.a.W., als Wertansatz für die Bestimmung des Aufwands wird stets der Anschaffungswert des jeweilig verbrauchten Gutes gewählt. Völlig anders sieht dies im ***IRW*** aus. Dort rückt allein der ***leistungsbezogene Güterverbrauch*** in den Mittelpunkt des Interesses. Entgelte oder Zahlungsströme für diesen Güterverbrauch spielen hier keine Rolle. Dass der Verbrauch monetär bewertet werden muss, ist völlig klar; wie das zu geschehen hat, bleibt jedoch völlig offen. Je nach Zweck der Rechnung wird deshalb auch auf ***völlig unterschiedliche Wertansätze*** zurückgegriffen (z.B. Anschaffungswert, Wiederbeschaffungswert, Tageswert usw.). Neben der Offenheit in Bezug auf den Wertansatz hat die Fokussierung auf den Güterverbrauch auch noch eine zweite wesentliche Konsequenz. Im IRW können auch Güterverbräuche existieren, die keine Zahlungsvorgänge auslösen. Kern dieser Argumentation ist die Überlegung, dass bestimmte im Unternehmen gebundene Potenziale (z.B. Eigenkapital) vom Unternehmer auch auf andere Art eingesetzt werden und dadurch Erträge erzielen könnten (z.B. Anlage des Kapitals auf dem Kapitalmarkt). Durch den Einsatz der Potenziale im Unternehmen verzichtet der Unternehmer auf diese potenziellen Erträge, m.a.W., es entgeht ihm ein Nutzen. Dieser Nutzenentgang wird als ***Opportunitätskosten*** bezeichnet und muss auch in den Kosten Berücksichtigung finden.

- Zusammenfassend können **Kosten** damit definiert werden als der bewertete Verbrauch von Produktionsfaktoren und Dienstleistungen, der zur Herstellung und/ oder dem Absatz der betrieblichen Leistungen sowie zur Aufrechterhaltung der Betriebsbereitschaft erforderlich ist.
- In der Kurzform lässt sich das ausdrücken als, Kosten sind der bewertete leistungsbezogene bzw. betriebsbedingte Güter- oder Dienstleistungsverbrauch einer Periode.

Die unterschiedliche Bedeutung von Aufwand und Kosten wird durch Gegenüberstellung in einer Grafik besonders deutlich (vgl.). Auf der Aufwandsseite wird unterschieden in Zweckaufwand, d.h. Aufwand, dem Kosten in gleicher Höhe gegenüberstehen sowie neutraler Aufwand, d.h. Aufwand, dem keine Kosten gegenüberstehen. Analog dazu wird von Grundkosten gesprochen, wenn den Kosten Aufwendungen in gleicher Höhe gegenüberstehen. Kosten, denen keine oder betragsmäßig andere Aufwendungen gegenüberstehen, werden als ***kalkulatorische Kosten*** bezeichnet. Um eine eindeutige Abgrenzung zu ermöglichen, werden die kalkulatorischen Kosten noch weiter in ***Anderskosten*** und ***Zusatzkosten*** unterteilt.

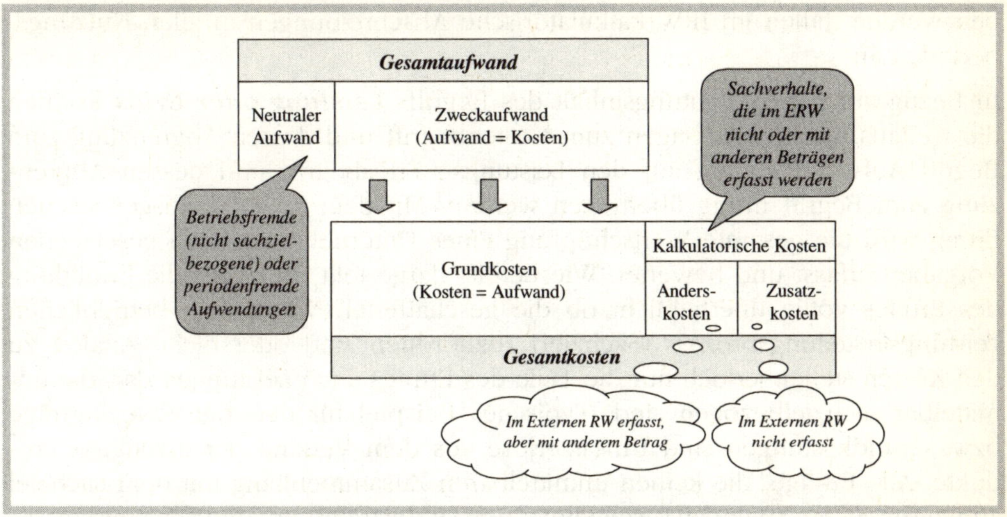

Abbildung 1: Gegenüberstellung von Aufwand und Kosten

Anderskosten, also Kosten, denen Aufwand in anderer Höhe gegenübersteht, kennzeichnen Güterverbräuche, die sowohl im ERW als auch im IRW erfasst werden, jedoch zu unterschiedlichen Wertansätzen.

BEISPIEL

Im Internen Rechnungswesen wird ein Güterverbrauch durch Nutzung einer bestimmten Maschine (kalkulatorische Abschreibung) in Höhe von 1.200 EUR angesetzt. Dieser Güterverbrauch wird auch im Externen Rechnungswesen berücksichtigt (bilanzielle Abschreibung); aufgrund gesetzlicher Vorschriften darf er dort jedoch nur mit 1.000 EUR bewertet werden. In diesem Beispiel liegen somit Grundkosten bzw. aufwandsgleiche Kosten in Höhe von 1.000 EUR und Anderskosten in Höhe von 200 EUR vor.

Unter dem Begriff ***Zusatzkosten*** werden alle Güterverbräuche subsumiert, die nur im Internen Rechnungswesen Berücksichtigung finden. In erster Linie handelt es sich dabei um die Opportunitätskosten. Typische Beispiele sind kalkulatorischer Unternehmerlohn, kalkulatorische Zinsen und kalkulatorische Mieten. Neben den Opportunitätskosten umfassen die Zusatzkosten auch jene Sachverhalte, die im IRW und ERW in unterschiedlichen Rechnungsperioden abgebildet werden, d.h. Güterverbräuche, bei denen der Verbrauch und der korrespondierende Zahlungsstrom auseinander fallen. Ein typisches Beispiel hierfür sind Abschreibungen auf geringwertige Wirtschaftsgüter. Während diese Wirtschaftsgüter im ERW i.d.R. im Jahr der Beschaffung vollständig abgeschrieben werden, fallen im IRW kalkulatorische Abschreibungen in allen Nutzungsperioden an.

In Bezug auf den Bedeutungsinhalt des Begriffs ***Leistung oder Erlös*** können die weitaus meisten Aussagen zum Kostenbegriff und dessen Abgrenzung zum Begriff Aufwand analog auf den Leistungs-/ Erlösbegriff und dessen Abgrenzung zum Begriff Ertrag übertragen werden. Mit dem im ERW ausgewiesenen Ertrag wird die gesamte Wertschöpfung eines Unternehmens nach gesetzlichen Vorgaben erfasst und bewertet. Wie bereits dargestellt, ist es für die Ermittlung des Ertrags völlig unerheblich, ob die geschaffenen Werte dem betrieblichen Leistungserstellungsprozess (Sachziel) zuzuordnen sind oder nicht. Analog zu den Kosten stellen jedoch nur die Teile des Ertrags auch Leistungen dar, die unmittelbar sachzielbezogen sind. Typisches Beispiel für derartige Zweckerträge bzw. Grundleistungen sind Umsatzerlöse aus dem Verkauf der erzeugten Produkte. Alle Erträge, die keinen unmittelbaren Zusammenhang mit dem Sachziel aufweisen (z.B. Spekulationsgewinne von Industrieunternehmen) werden als neutrale Erträge bezeichnet und nicht im Internen Rechnungswesen berücksichtigt.

Das Äquivalent zu den ***kalkulatorischen Kosten*** stellen die ***kalkulatorischen Leistungen*** dar. Mit Andersleistungen werden dabei alle Sachverhalte bezeichnet, die in IRW und ERW mit unterschiedlichen Wertansätzen eingehen. Typisches Beispiel für Andersleistungen stellen Lagerbestände von Halb- oder Fertigprodukten dar. Während diese Lagerbestände im ERW stets zu Anschaffungs- oder Herstellungskosten bewertet werden, greift man im IRW i.d.R. auf die Herstellkosten als Wertansatz zurück. Während sich Andersleistungen nur in einer Bewertungsdifferenz niederschlagen, sind Zusatzleistungen dadurch gekennzeichnet, dass ihnen überhaupt keine Erträge gegenüberstehen. Ein Beispiel für Zusatzleistungen stellen selbsterstellte Patente dar, mit denen ein Unternehmen zwar einen Wert geschaffen hat; dieser Wert darf jedoch im ERW aufgrund gesetzlicher Vorschriften nicht angesetzt werden.

1.2 Rechnungszwecke des internen Rechnungswesens

Wie die Bezeichnung IRW bereits deutlich macht, dient dieses Teilgebiet des Rechnungswesens primär als Informations- und Lenkungsinstrument des Managements bzw. der Entscheidungsträger eines Unternehmens. Prozessorientiert betrachtet, besteht die Aufgabe des ***IRW*** damit in einer detaillierten und ***vollständigen Erfassung, Aufbereitung, Auswertung, Verdichtung und Bereitstellung aller für Entscheidungszwecke relevanten Informationen***.

Die Frage welche Informationen denn nun relevant sind, kann jedoch nicht allgemeingültig, sondern nur für den Einzelfall beantwortet werden. Aus diesem Grund ist es auch kaum möglich, konkrete inhaltliche Zwecke und Aufgaben des IRW zu formulieren. Stattdessen nähert man sich dem Problemkreis in etwas abstrakterer, systematisierender Art und Weise.

In ganz grober Form lassen sich die Aufgaben des IRW in ***Dokumentation, Planung*** und ***Kontrolle*** unterteilen. Durch die Erfassung und Gegenüberstellung aller Kosten und aller Leistungen einer Periode zeigt das IRW die aktuelle wirtschaftliche Situation des Betriebsgeschehens auf. Es dokumentiert den Erfolg des betrieblichen Leistungsgeschehens als Ganzes und macht darüber hinaus offensichtlich, wie hoch der Erfolgsanteil von Unternehmensbereichen, Produktgruppen oder einzelner Produkte ist. Ein IRW, mit dem ausschließlich Dokumentationszwecke verfolgt werden, ist zwangsläufig eine reine Vergangenheitsrechnung und basiert immer auf Ist-Zahlen.

Um auch ***Steuerungs***- oder ***Lenkungsaufgaben*** erfüllen zu können, reicht eine vergangenheitsorientierte Ist-Rechnung nicht aus. Das IRW muss stattdessen auch Zukunftswerte enthalten. Diese Zukunftswerte, die in Form von Plan-, Soll- oder Richtwerten ausgedrückt sind, sollen einem Entscheidungsträger die monetären Konsequenzen von ***unterschiedlichen Handlungsalternativen aufzeigen*** und ihn so in seiner Entscheidung unterstützen. Ist in Bezug auf einen spezifischen Sachverhalt erst einmal eine Entscheidung gefällt, muss das IRW auch realistische Vorgabeinformationen in Form eines Kosten- oder Leistungssolls liefern, wie die Entscheidung wirtschaftlich sinnvoll umgesetzt werden kann. Etwas vereinfacht ausgedrückt, fungiert das IRW damit quasi als Routenplaner für einen Entscheidungsträger, der ihm einen ***‚optimalen‘ Weg zur Erreichung der Unternehmensziele*** aufzeigt.

Im Rahmen der ***Kontrollaufgabe*** überwacht das IRW die ***Einhaltung der Vorgabeinformationen*** durch einen ständigen Abgleich von Soll- und Ist-Werten. Treten hierbei größere Diskrepanzen auf, muss das IRW auch Instrumente zur Ursachenforschung bereitstellen, d.h. es muss aufzeigen, ob die Diskrepanz auf falsche Sollwerte zurückzuführen oder ob sie durch ein unwirtschaftliches Verhalten der Mitarbeiter begründet ist. Mit diesem als Abweichungsanalyse bezeichneten Vorgehen liefert das IRW dem Management Ansatzpunkte zum Erkennen und Beseitigen von Fehlern oder wirtschaftlichen Gefahren.

Eine der wesentlichen ***Schwächen der klassischen Systematisierung*** ist das grobe Differenzierungsraster, mit dem die Rechnungszwecke kaum scharf abgegrenzt werden können. So kann beispielsweise eine Kontrollfunktion niemals ohne Ist-Werte und damit niemals ohne Dokumentation erfüllt werden. Zum anderen sagt die abstrakte Unterscheidung von Dokumentation, Planung und Kontrolle nichts über konkrete Aufgabeninhalte aus. Es bleibt völlig unklar, was und wofür konkret geplant werden soll. Genau diese Frage stellt den Ansatzpunkt eines ***neueren Systematisierungsansatzes*** dar, der die Einteilung von Zwecken des IRW an der Frage orientiert, für welche Verwendung welche Informationen benötigt werden. Wird dieser „modernen Einteilung“ gefolgt, lassen sich folgende ***übergeordneten Aufgabenfelder*** des IRW identifizieren:

- ***IRW als Instrument zur Überwachung des Betriebsgeschehens;***
- ***IRW als Instrument zur Entscheidungsfundierung und -kontrolle;***
- ***IRW als Instrument zur Verhaltenssteuerung.***

Ein ***IRW***, das als Instrument zur Überwachung des Betriebsgeschehens dient, erfüllt im Wesentlichen die Aufgaben, die im klassischen Systematisierungsansatz als ***Dokumentation und Kontrolle*** bezeichnet werden. Dazu gehört in erster Linie die Ermittlung des sachzielbezogenen Erfolgs des Unternehmens; m.a.W. die Ermittlung des Betriebsergebnisses. Darüber hinaus spielen Wirtschaftlichkeitskontrollen eine bedeutende Rolle, die ein differenziertes Bild der Kosten-Leistungs-Situation eines Unternehmens ermöglichen. Objekte solcher Wirtschaftlichkeitskontrollen können Produktgruppen, Produkte, Unternehmensbereiche, Technologien, Produktionsprozesse, Kostenstellen und/ oder Kostenarten sein. Neben der Ermittlung des Betriebsergebnisses und der Durchführung von Wirtschaftlichkeitskontrollen stellt die Bestandsbewertung, d.h. die Ermittlung von Wertansätzen für gelagerte Halb- und Fertigerzeugnisse, ein nicht zu vernachlässigendes Aufgabengebiet des IRW dar. Obwohl dies häufig übersehen wird, ist die Bestandsbewertung eine ‚Muss-Aufgabe‘ des IRW, da das Externe Rechnungswesen die ermittelten Wertansätze als Basisinformation benötigt.

Das unumstritten zentrale Aufgabenfeld des IRW ist die ***Fundierung und Kontrolle unternehmerischer Entscheidungen***. Um einen kleinen Eindruck über die Breite dieses Aufgabenfelds zu geben, sind im Folgenden typische Probleme unterschiedlicher Funktionsbereiche eines Unternehmens zusammengestellt, bei denen die Informationen des IRW als eine der Entscheidungsgrundlagen herangezogen werden.

Bereiche	Entscheidungsprobleme
Beschaffung	• Festlegung optimaler Beschaffungsmengen und -termine • Festlegung des Beschaffungswegs • Festlegung von Lieferanten und Lieferquoten
Produktion	• Wahl von Eigenerstellung oder Fremdbezug • Bestimmung von optimalen Losgrößen • Festlegung der Bearbeitungsreihenfolge von Aufträgen • Festlegung von Bearbeitungsterminen • Wahl der Technologie bzw. der Poduktionsprozesse • Wahl der Produktionsintensität • Festlegung des Produktionsprogramms (operativ) nach Art und Menge
Absatz	• Festlegung des Produktionsprogramms (strategisch) • Bestimmung von Verkaufspreisen • Festlegung von Vertriebsgebieten • Festlegung der Vertriebswege • Festlegung von Lieferbedingungen

Abbildung 2: Typische betriebswirtschaftliche Entscheidungsprobleme

Seit den Anfängen der Auseinandersetzung mit Fragen des IRW überstrahlt ein Rechnungszweck alle anderen, nämlich die ***Entscheidungsunterstützung für die unternehmerische Preispolitik***. In den dreißiger Jahren stand dieser Rechnungszweck vor allem deshalb im Mittelpunkt, weil viele Märkte durch gesetzliche Vorschriften reguliert waren. In Bezug auf die Preisbildung war der Tenor dieser Vorschriften, dass Preise aus den bei der Herstellung der Produkte angefallenen Kosten abzuleiten sind. Heute ist die Situation für den größten Teil aller Unternehmen fundamental anders. Nur noch wenige Märkte sind staatlich reguliert, so dass sich Preise durch den Marktmechanismus, d.h. durch Angebot und Nachfrage bilden. Ohne ins Detail zu gehen, kann daher davon ausgegangen werden, dass Unternehmen beim ***Festlegen von Verkaufspreisen*** auch die Nachfrage- und die Konkurrenzsituation des jeweiligen Marktes berücksichtigen. Obwohl damit die Kosten nicht mehr der einzige Bestimmungsfaktor für die Preisbildung sind, lassen sich Produktpreise auch heute i.d.R. nicht ohne Kosteninformationen bestimmen. Dies gilt vor allem für solche Märkte bzw. Marktbeziehungen, bei denen qualitative Merkmale (Ausstattung, Image des Herstellers, Liefertreue, Innovationsgrad usw.) die Kaufentscheidung bestimmen. Auf diesen Märkten bzw. bei solchen Marktbeziehungen sind Preise nach wie vor häufig an der Höhe der Kosten ausgerichtet. Ein typisches Beispiel für solche Marktbeziehungen sind Wertschöpfungspartnerschaften bzw. langfristig angelegte Hersteller-Zulieferer-Beziehungen.

Im „Normalfall" sehen sich Unternehmen jedoch mit einer Wettbewerbssituation konfrontiert, die durch hohe Konkurrenz bei gesättigter Nachfrage gekennzeichnet ist. Der Preis stellt für diese Unternehmen häufig ein Datum dar, d.h. um am Markt überleben zu können, hat ein einzelnes Unternehmen keine Möglichkeit seinen auf den Kosten basierenden Preis zu realisieren, sondern es muss sich dem jeweils herrschenden Marktpreis anpassen. Die Informationen des IRW dienen in diesem Fall nicht zur ***Preisbildung***, sondern zur ***Preisbeurteilung*** bzw. ***Preiskontrolle***. Die Frage, ob und inwieweit der Marktpreis ausreicht, um die Kosten der Herstellung und des Vertriebs eines Produkts zu decken, wird damit zur Schlüsselfrage des IRW. Betrachtet man die Situation etwas differenzierter, muss das IRW in der Lage sein, kostendeckende Preisuntergrenzen für völlig unterschiedliche Situationen auf dem Absatzmarkt (z.B. kurzfristige Preiskriege, kurzfristige Zusatzaufträge eines Kunden, langfristige Markt- und Marktpreisentwicklungen usw.) aufzuzeigen. Analog dazu sieht die Problemstellung auf dem Beschaffungsmarkt aus. Hier muss das IRW der Einkaufs- oder Beschaffungsabteilung Auskunft darüber geben, wie hoch die maximalen Preisobergrenzen für einen bestimmten Einsatzstoff sein dürfen, um bei gegebenen Verkaufspreisen und bei gegebenen sonstigen Produktionskosten noch mindestens kostendeckend zu arbeiten.

Nach der Unterstützung preispolitischer Entscheidungen ist die ***Hilfestellung*** bei typischen Entscheidungsproblemen ***im Produktions- oder Fertigungsbereich*** das zweite wesentliche Einsatzgebiet des IRW. Als konkrete Instrumente wären hier beispielsweise die ***Kostenvergleichsrechnung*** bei Investitionsentscheidungen über Fertigungsanlagen, Verfahrensvergleiche oder Make-or-Buy-Entscheidungen zu nennen. Hinter dem Ausdruck Verfahrensvergleich verbirgt sich nichts anderes als die Gegenüberstellung der Kosten von unterschiedlichen Fertigungsverfahren (z.B. Einsatz von traditionellen Drehmaschinen mit hohem manuellen Fertigungsanteil oder Einsatz von hochautomatisierten CNC-Maschinen oder Fertigungszentren). Informationen des IRW bilden auch die Grundlage für sog. Make-or-Buy-Entscheidungen, d.h. dem Auswahlproblem, ob ein bestimmtes Vor-, Halb- oder Fertigprodukt selbst hergestellt werden soll oder ob es kostengünstiger von einem Lieferanten bezogen werden kann.

Während ***Wirtschaftlichkeitskontrolle*** und ***Entscheidungsunterstützung ‚klassische' Rechnungszwecke*** des IRW darstellen, tritt in jüngster Zeit der Rechnungszweck Verhaltenssteuerung vermehrt in den Vordergrund der Diskussion in Wissenschaft und Praxis. Da jedoch die Konzeption eines IRW, das in erster Linie der Verhaltenssteuerung dient, den Weg von der Wissenschaft in den Unternehmensalltag noch nicht ganz geschafft hat, werden hier nur einige grundlegende Gedanken dargestellt. Grundidee aller Ansätze zu einem ***verhaltensorientierten IRW*** ist die Überlegung, dass das IRW nicht nur einen Instrumentenkasten voller Rechenwerkzeuge darstellt, sondern darüber hinaus als eine „Sprache" bezeichnet werden kann, mit deren Hilfe die vom Top-Management formulierten Unternehmensziele für dezentrale Entscheidungsträger im Unternehmen kommunizierbar gemacht werden können. Eines der Grundprobleme von Unternehmen mit dezentralen Entscheidungsspielräumen liegt darin, dass die einzelnen Entscheidungsträger nicht oder kaum in der Lage sind, die Interdependenzen (= wechselseitigen Abhängigkeiten) einer spezifischen Entscheidung mit allen anderen dezentral getroffenen Entscheidungen im Unternehmen zu berücksichtigen. Dieses Interdependenzproblem kann einerseits dazu führen, dass die Gesamt-Unternehmensziele nicht erreicht werden können, andererseits führt es nahezu zwangsläufig zu Konflikten zwischen den dezentralen Entscheidungseinheiten. Die Informationen des IRW können in solchen Konfliktsituationen als ***Verhandlungshilfe*** und als ***Mittel zur Konfliktregelung*** eingesetzt werden.

1.3 Kostenrechnungssysteme

Bei der Vielfalt der z.T. völlig unterschiedlichen Rechnungszwecke, die ein Unternehmen mit einem IRW verfolgt, erscheint es unmittelbar einsichtig, dass es DAS Interne Rechnungswesen im Sinne eines eindeutigen, klar strukturierten und immer identisch gestalteten Rechnungssystems kaum geben kann. Das IRW eines Unternehmens ist stets ***zweckorientiert*** gestaltet. Sowohl die Frage „WAS wird erfasst?" als auch die Frage „WIE wird es abgebildet?" können nicht generell und allgemeingültig beantwortet werden, sondern die Antwort ist immer davon abhängig, ob die Art der Erfassung und Strukturierung zielführend für den ***primär verfolgten Rechnungszweck*** ist. Passend zu den unterschiedlichen Rechnungszwecken wurden im Laufe der Zeit deshalb vielfältige Strukturformen eines IRW entwickelt.

Auf der obersten Ebene lassen sich diese Strukturformen gliedern in ***periodische*** und ***aperiodische Rechnungen***. Als aperiodische Rechnungen werden dabei all die Ausprägungsformen eines IRW bezeichnet, die keine feste, über die Zeit gleichbleibende Struktur aufweisen. Beim Auftreten von spezifischen Einzelproblemen werden diese Rechnungen jeweils individuell zur Lösung des

Problems neu konzipiert. Im Gegensatz dazu stehen periodische Rechnungen, die einzelfallunabhängig konzipiert sind und in gleichbleibenden Zeitabständen durchgeführt werden. Obwohl diese Zeitabstände bei Unternehmen aus unterschiedlichen Branchen stark schwanken können, geht man im Regelfall von monatlichen Rechnungen aus. Da mit diesem Beitrag grundlegende, allgemein gültige Fakten und Zusammenhänge des IRW vermittelt werden sollen, beschränken sich alle weiteren Ausführungen auf die Darstellung der periodischen Varianten eines IRW.

Zur weiteren Differenzierung von periodischen Strukturformen wird traditionell auf die Kriterien ***'Ausmaß der Kostenverrechnung'*** und ***'Zeitbezug der Rechnungsgrößen'*** zurückgegriffen. Da die einzelnen Ausprägungsformen jeweils ein in sich geschlossenes Set an Instrumenten und methodischen Be- und Verarbeitungsregeln beinhalten, werden sie auch als Kostenrechnungssysteme bezeichnet. Nach dem Kriterium ***'Zeitbezug der verwendeten Kostengrößen'*** lassen sich Istkosten, Normalkosten und Plankosten sowie entsprechend Istkosten-, Normalkosten- und Plankostenrechnungssysteme unterscheiden.

In den vergangenheitsorientierten ***Istkostenrechnungssystemen*** werden nur die in der jeweils aktuellen Rechnungsperiode angefallenen Kosten erfasst, auf die in dieser Periode erzeugten Produkte verrechnet und den Leistungen der Periode gegenübergestellt. Die gravierendsten Nachteile reiner Istkostenrechnungen sind die ***Vergangenheitsorientierung*** und die Abhängigkeit von zufälligen Ereignissen. Würde eine Istkostenrechnung als alleiniges Instrument zur Preisermittlung eingesetzt, könnten die Produktpreise streng genommen erst nach Ablauf der Periode ermittelt werden. M.a.W., während der jeweils aktuellen Rechnungsperiode könnte das Unternehmen nichts verkaufen. Da bei der Istkostenrechnung darüber hinaus stets die aktuellen Kosten als Basis herangezogenen werden, wären die Produktpreise auch stark von zufälligen Ereignissen abhängig. So würden beispielsweise stark schwankende Rohmaterialpreise zwangsläufig auch stark schwankende Absatzpreise bedingen. Istkostenrechnungen erfüllen aus diesen Gründen in erster Linie Dokumentationsaufgaben im Rahmen der Funktion zur Überwachung des Betriebsgeschehens.

Normalkostenrechnungen versuchen die Schwächen von Istkostenrechnungen dadurch auszugleichen, dass nicht die aktuellen Kosten, sondern vergangenheitsorientierte Durchschnittskosten (=Normalkosten) zugrunde gelegt werden. Durch die Durchschnittsbildung gelingt es, die Abrechnung maßgeblich zu beschleunigen und zu verbessern. Kostenorientierte Preisermittlungen sind mit einer Normalkostenrechnung beispielsweise auch vor oder während einer Abrechnungsperiode möglich. Darüber hinaus können Zufallsschwankungen in der Rechnung weitgehend ausgeschaltet werden. Für Steuerungszwecke oder für Wirtschaftlichkeitskontrollen sind Normalkostenrechnungen jedoch nur bedingt geeignet, da die verwendeten Durchschnittswerte immer noch rein vergangenheitsorientiert sind.

Im Gegensatz zu Ist- und Normalkostenrechnungssystemen wird in ***Plankostenrechnungssystemen*** mit zukünftigen Größen (=Plankosten) gearbeitet. Ausgehend von der Absatzplanung werden sämtliche Kosten und Erlöse detailliert geplant und nach Ablauf der Periode den realisierten Größen gegenübergestellt. Erst durch einen derartigen Soll-Ist-Vergleich können Wirtschaftlichkeitsdefizite in einem Unternehmen offenbart und behoben werden.

Das zweite wesentliche Kriterium zur Einteilung von Kostenrechnungssystemen bildet das ‚Ausmaß der Kostenverrechnung'. Hier unterscheidet man zwischen Vollkosten- und Teilkostenrechnungen. Um jedes Missverständnis bereits im Vorfeld auszuschließen, sei hier gleich deutlich darauf hingewiesen, dass der Begriff Teilkostenrechnung nicht bedeutet, dass nur ein Teil der Kosten berücksichtigt wird. In beiden Systemen werden grundsätzlich sämtliche Kosten einer Periode vollständig erfasst. Der Unterschied zwischen der ***Teil-*** und der ***Vollkostenrechnung*** besteht lediglich in der Art und dem Ausmaß der Verrechnung der Kosten auf die Kostenträger, d.h. auf die am Markt angebotenen Produkte und Dienstleistungen des Unternehmens. Bei der Vollkostenrechnung werden sämtliche Kosten auf die Kostenträger verrechnet, während bei der Teilkostenrechnung nur ein Teil der erfassten Kosten auf die Kostenträger umgewälzt werden. Der nicht verrechnete Anteil der Kosten bleibt jedoch nicht vernachlässigt; er geht nur in anderer Art und Weise in die Betriebsergebnisrechnung ein.

Basis sämtlicher ***Teilkostenrechnungssysteme*** ist die Differenzierung der Gesamtkosten eines Unternehmens in ***variable*** und ***fixe Kostenbestandteile***. Variable Kosten sind dadurch gekennzeichnet, dass ein direkter, funktionaler Bezug zwischen der produzierten Outputmenge und der Höhe der Kosten besteht. Fixe Kosten weisen dagegen keinen Zusammenhang zur Outputmenge auf. Etwas vereinfacht ausgedrückt, sind all jene Kostenbestandteile Fixkosten, die bei einer Veränderung der Produktionsmenge noch in unveränderter Höhe vorliegen. Alle Kosten, die sich betragsmäßig mit der Veränderung der Produktionsmenge verändern, stellen variable Kosten dar. Bei der Abgrenzung von fixen und variablen Kostenbestandteilen ist jedoch immer darauf zu achten, welcher Zeithorizont für die Veränderung der Produktionsmenge betrachtet wird. Wählt man den Zeithorizont sehr groß, ist die These vertretbar, dass alle Kosten eines Unternehmens variable Kosten darstellen. Wählt man den Zeithorizont dagegen sehr klein, werden alle Kosten eines Unternehmens zu Fixkosten. So kann beispielsweise davon ausgegangen werden, dass es jedem Unternehmen innerhalb eines Zeitraums von 10 Jahren gelingt, bei einer Produktionseinstellung sämtliche Kosten in vollem Umfang abzubauen; m.a.W., alle Kosten sind variabel. Analog dazu kann auch davon ausgegangen werden, dass kein Unternehmen innerhalb eines Zeitraums von 10 Sekunden in der Lage ist, seine Kosten durch eine Veränderung der Produktionsmenge zu beeinflussen; m.a.W., alle Kosten sind fix.

Deutlich zu unterscheiden von der im Rahmen der Teilkostenrechnung wichtigen Differenzierung von variablen und fixen Kosten ist die im Rahmen der ***Vollkostenrechnung*** wichtige Differenzierung von ***Einzel-*** und ***Gemeinkosten***. Bei dem Begriffspaar Einzel- und Gemeinkosten werden die Gesamtkosten in Abhängigkeit von ihrer Zurechenbarkeit auf die Kostenträger eingeteilt. Als Einzelkosten werden dabei die Kostenbestandteile bezeichnet, die einem Kostenträger direkt zugerechnet werden können (z.B. Kosten für das eingesetzte Fertigungsmaterial). Im Gegensatz dazu sind Gemeinkosten die Bestandteile der Gesamtkosten, die einem Kostenträgern nicht direkt, sondern nur mit Hilfe von Schlüsselgrößen zugerechnet werden können (z.B. Kosten für die Werkskantine eines Unternehmens). Einen Sonderfall stellen die sogenannten unechten Gemeinkosten dar. Dies sind Kostenbestandteile, die den Kostenträgern zwar theoretisch direkt zurechenbar wären; die jedoch aus Wirtschaftlichkeitsgründen lediglich als Gemeinkosten Berücksichtigung finden (z.B. die Kosten für Leim in der Möbelindustrie).

Aus der Kombination der unterschiedlichen Merkmalsausprägungen der Kriterien ‚Ausmaß der Kostenverrechnung' und ‚Zeitbezug der Rechnungsgrößen' können ***sechs Grundtypen von Kostenrechnungssystemen*** identifiziert werden. Bestimmend für die historische Entwicklung der Kostenrechnungssysteme ist in erster Linie der Rechnungszweck, der bei den unterschiedlichen Rechnungssystemen jeweils im Mittelpunkt steht. Die im vorigen Kapitel erläuterten Rechnungszwecke des IRW können den Rechnungssystemen folgendermaßen zugeordnet werden: Bei allen Vollkostenrechnungssystemen dominiert der Rechnungszweck Überwachung des Betriebsgeschehens, bei allen Teilkostenrechnungssystemen dominiert dagegen der Rechnungszweck Fundierung und Kontrolle von Entscheidungen. Werden die einzelnen Systeme etwas genauer betrachtet, lässt sich konstatieren, dass die Ist-Vollkostenrechnung beispielsweise primär an der Aufgabe ausgerichtet ist, dem Management durch die

Bereitstellung von Informationen über die Selbstkosten jedes Kostenträgers Hilfestellung bei der Festlegung von Verkaufspreisen zu liefern. Im Mittelpunkt der Normal- und Plankostenrechnung stehen dagegen Aufgabenstellungen im Rahmen der Wirtschaftlichkeitskontrolle des Unternehmens als Ganzes oder einzelner organisatorischer Teileinheiten des Unternehmens.

In Bezug auf die Entscheidungsunterstützungsfunktion des IRW gilt, dass ***Vollkostenrechnungssysteme*** tendenziell für ***Entscheidungen mit längerfristigem Horizont*** geeignet sind, während Teilkostenrechnungssysteme mehr marginalanalytische Fragestellungen unterstützen, die einen kurzfristigen Entscheidungshorizont aufweisen. In den ***Teilkostenrechnungssystemen*** stehen damit ***Anpassungsentscheidungen*** im Rahmen gegebener Kapazitäten im Vordergrund wie beispielsweise:

- ***Wie wirken sich Änderungen der Absatzmenge auf den Erfolg aus?***
- ***Wie wirken sich unterschiedlich zusammengestellte Produktions- und Absatzprogramme auf den Periodenerfolg aus?***
- ***Welcher von zwei um eine Maschine konkurrierenden Aufträgen soll bei beschränkter Kapazität und dem Ziel der kurzfristigen Gewinnmaximierung produziert werden?***
- ***Auf welches von alternativ vorhandenen Fertigungsverfahren soll bei der Bearbeitung eines bestimmten Auftrags unter Gewinnmaximierungsgesichtspunkten zurückgegriffen werden?***
- ***Wie weit kann bei Preisverhandlungen auf Kunden eingegangen werden, ohne dass der Verkauf zu einem Verlustgeschäft für das Unternehmen wird?***
- ***Wie ändern sich die Preisspielräume für den Vertrieb bei unterschiedlichen Kapazitätssituationen in der Fertigung?***

1.4 Grundaufbau der Kostenrechnung

Trotz der großen Unterschiede zwischen den dargestellten Ausprägungsformen des IRW weisen die Formen alle einige ***gemeinsame Strukturelemente*** auf. So wird beispielsweise grundsätzlich zwischen der Ebene der Kostenrechnung, in der die Verbrauchsseite des Leistungserstellungsprozesses erfasst wird, und der Ebene der Leistungsrechnung als wertmäßige Abbildung des Produktionsoutputs unterschieden. Während die Leistungsrechnung nur in seltenen Fällen weiter untergliedert ist, differenziert man die Kostenrechnung traditionell weiter in Kostenarten-, Kostenstellen- und Kostenträgerrechnung. Ziel dieser Untergliederung ist eine möglichst strukturierte Darstellung der Vorgehensweise, wie die Kosten einer Periode den erzeugten Produkten oder Dienstleistungen zugeordnet werden können.

Die ***Kostenartenrechnung*** dient der Erfassung und Strukturierung sämtlicher in einer Abrechnungsperiode angefallener Formen des betriebsbedingten Werteverzehrs. Etwas weniger sperrig formuliert, heißt dies nichts anderes, als dass in der Kostenartenrechnung die gesamten Kosten einer Periode aufgelistet werden. Zur besseren Übersichtlichkeit werden die Kosten dabei in bestimmte Gruppen unterteilt oder mit dem Fachbegriff ausgedrückt, die Kosten werden nach Kostenarten klassifiziert (z.B. Personalkosten, Materialkosten usw.). Die handlungsleitende Idee hinter der Kostenartenrechnung ist damit die Antwort auf die Frage: ***Welche Kosten sind in welcher Höhe in der aktuellen Periode angefallen?***

In der ***Kostenstellenrechnung*** werden die Kosten möglichst genau dem Ort der Kostenentstehung bzw. der Kostenstelle zugeordnet, in der sie auch tatsächlich angefallen sind. Die handlungsleitende Idee hinter der Kostenstellenrechnung ist damit die Antwort auf die Frage: ***Wo oder an welcher Stelle des Unternehmens sind Kosten angefallen?*** Mit der Kostenstellenrechnung sind zwei unterschiedliche Aufgaben verknüpft, die je nach Rechnungszweck des IRW unterschiedlich gewichtet sein können. Zum einen soll die Kostenstellenrechnung die Wirtschaftlichkeitskontrolle von betrieblichen Teilbereichen ermöglichen. Zum anderen wird mit der Kostenstellenrechnung versucht, eine Basis zur verursachungsgerechten Verteilung der Gemeinkosten (Kosten, die nicht direkt einem Kostenträger zugeordnet werden können) auf die erzeugten Produkte und Dienstleistungen zu schaffen.

In der ***Kostenträgerrechnung*** als Endstufe der Kostenrechnung werden die gesamten Kosten einer Periode den erzeugten Produkten und Dienstleistungen zugeordnet. M.a.W., die in der Periode angefallenen Kosten werden nun nicht mehr herkunftsbezogenen, wie in der Kostenartenrechnung, sondern verwendungsbezogen ausgewiesen. Die handlungsleitende Frage der Kostenträgerrechnung ist damit: ***Wofür bzw. für welche Produkte oder Dienstleistungen sind Kosten in welcher Höhe angefallen?*** Wird diese Frage im Hinblick auf eine einzelne Produkteinheit oder ein einzelnes Stück beantwortet, spricht man von ***Kostenträgerstückrechnung***. Von ***Kostenträgerzeitrechnung*** dagegen spricht man, wenn man den Selbstkosten aller in einer Periode erzeugten Produkte die in dieser Periode erzielten Erlöse gegenüberstellt und damit den

Erfolg des Leistungserstellungsprozesses bzw. das Betriebsergebnis des Unternehmens ermittelt.

Wenn man alle Aussagen dieses Kapitels vor dem inneren Auge noch einmal Revue passieren lässt, werden die folgenden Konsequenzen für das IRW deutlich:

- Obwohl i.d.R. immer von ‚dem' Internen Rechnungswesen gesprochen wird, existiert DAS Interne Rechnungswesen eigentlich nicht.
- Das Interne Rechnungswesen zweier Unternehmen kann völlig unterschiedlich sein. Die konkrete Struktur oder Gestaltung hängt immer vom Informationsbedürfnis des Managements und/ oder von den Kontextfaktoren (Markt- und Produktionsbedingungen) des betrachteten Unternehmens ab.
- Richtig oder falsch werden damit zu Beurteilungskriterien, die im Rahmen des Themengebiets Internes Rechnungswesen keine Rolle spielen. Als Beurteilungskriterium für das Interne Rechnungswesen gilt stattdessen, ob die gewählte Methode oder das gewählte Instrument für den verfolgten Rechnungszweck und für die Kontextfaktoren des betrachteten Unternehmens geeignet sind.
- Ein Beitrag über Internes Rechnungswesen kann damit zwangsläufig weniger eine ‚Bauanleitung' sein, sondern es ist mehr als eine Präsentation eines breit angelegten ‚Instrumentenkastens' zu verstehen sowie eines Leitfadens, der aufzeigt, unter welchen Bedingungen welches Instrument geeignet ist.

2. Vollkostenrechnung als traditionelle Form des internen Rechnungswesens

Die Ist-Vollkostenrechnung ist die älteste und bekannteste Form der Kostenrechnung. Mit ihrer zentralen Fragestellung **„Wie ermittelt man die Selbstkosten und damit den Preis für ein Produkt oder eine Dienstleistung?"** ist sie jedoch nach wie vor aktuell. Angesichts der aktuellen Wettbewerbsverhältnisse kann die „richtige" oder „falsche" Kalkulation vor allem für kleine und mittelständische Unternehmen zum entscheidenden Wettbewerbsvorteil oder -nachteil werden. Das folgende Kapitel widmet sich dem Thema **Kalkulation** daher besonders intensiv. Bevor jedoch unterschiedliche Kalkulationsinstrumente diskutiert werden, wird zunächst dargestellt wie man das für die Bestimmung der Selbstkosten notwendige Mengen- und Wertgerüst im Rahmen der traditionellen (Voll-) Kostenrechnung ermittelt.

2.1 Rechnungszwecke und Grundprinzipien

Die für die ***Ist-Vollkostenrechnung*** entscheidende Problemstellung war und ist die ***Suche nach einem ‚gerechten' Preis*** für hergestellte Produkte. Dabei wird grundsätzlich davon ausgegangen, dass der Preis für ein bestimmtes Produkt dann als ‚gerecht' zu bezeichnen ist, wenn er auf den Kosten basiert, die dieses Produkt bei seiner Herstellung verursacht hat. Weber formuliert dies in einem treffenden Satz: „Wenn Kosten ‚verursachungsgerecht' zugerechnet werden, muss man schon ein wahrer Querulant sein, wenn man diese Selbstkosten nicht akzeptiert!". Mit diesem Zitat ist im Grunde alles dargestellt, was für die Ist-Vollkostenrechnung relevant bzw. handlungsentscheidend ist. So zeigt das Zitat beispielsweise den für die Vollkostenrechnung dominierenden Rechnungszweck auf, die Ermittlung von Selbstkosten (Kalkulation) als Basis zur Festlegung und Beurteilung von Verkaufspreisen. Sowohl das generelle Vorgehensschema als auch die Konzeption von Instrumenten der Kostenrechnung werden allein durch diesen Rechnungszweck bestimmt und sind allein auf Basis dieses Rechnungszwecks zu verstehen.

Andere Rechnungszwecke wie beispielsweise die Wirtschaftlichkeitskontrolle des Unternehmens als Ganzes oder die Wirtschaftlichkeitskontrolle einzelner organisatorischer Teileinheiten sind für die traditionelle (Voll-)Kostenrechnung nur von untergeordneter Bedeutung.

Neben dem Rechnungszweck gibt das Zitat auch Auskunft über das dominierende Grundprinzip der ***Kostenermittlung bzw. Kostenverrechnung***, das sog. Verursachungsprinzip. Ausgehend von der Gesamtsumme der in einer Rechnungsperiode angefallenen Kosten sollen jedem einzelnen Produkt die Kosten zugerechnet werden, die durch seine Herstellung verursacht wurden. Drückt man diesen Sachverhalt mit anderen Worten aus, wird deutlich, woher die Vollkostenrechnung ihren Namen hat. Sämtliche Kosten, die in einer Periode angefallen sind (Ist-Vollkosten), werden auf die in dieser Periode erstellten Produkte bzw. Produkteinheiten verrechnet. Von ***Verursachungsprinzip*** spricht man, da diese Kostenverrechnung in Abhängigkeit vom bewerteten Verbrauch an Produktionsfaktoren bzw. von der bewerteten Inanspruchnahme von Produktionsfaktoren geschieht. Etwas vereinfacht und beispielhaft ausgedrückt, bedeutet das Verursachungsprinzip folgendes: Je mehr Rohstoffe ein Produkt verbraucht hat, desto höher ist sein Anteil an den gesamten Materialkosten der Periode; je länger ein Produkt auf einer Maschine bearbeitet werden muss, desto höher ist sein Anteil an den gesamten Periodenkosten dieser Maschine.

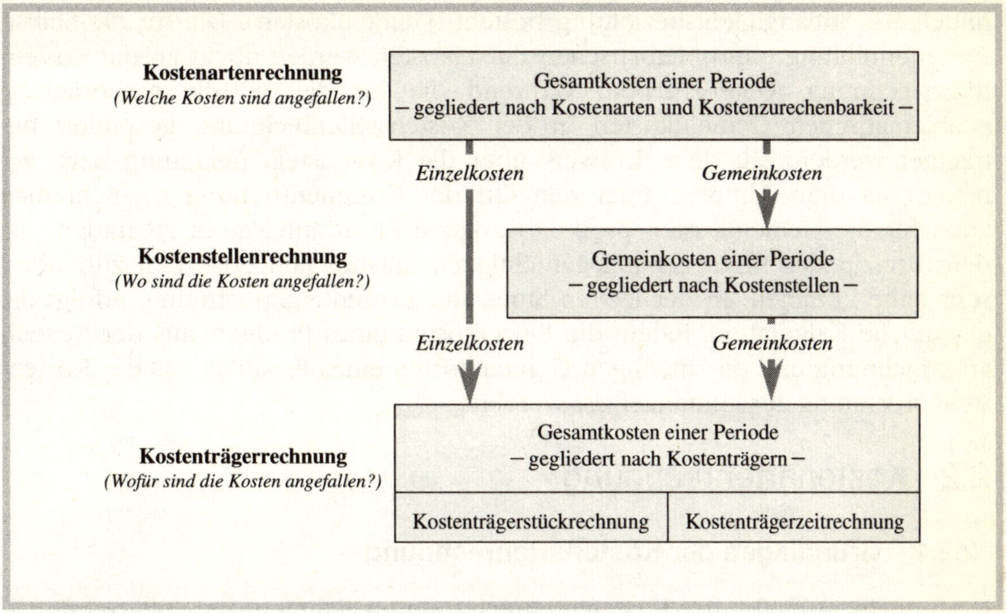

Abbildung 3: Vorgehensmuster der Vollkostenrechnung

So einfach dieses Prinzip von der Idee her erscheint, so schwierig wird es jedoch, es bei der konkreten Ermittlung der Selbstkosten eines Produkts in die Tat umzusetzen. Für Rohstoff- oder Materialkosten beispielsweise ist die Kostenermittlung noch recht einfach, da die für ein einzelnes Produkt benötigte Rohstoff- oder Materialmenge i.d.R. in einer Stückliste festgelegt ist und die Kosten dadurch relativ einfach bestimmt werden können. Erheblich mehr Probleme bereitet es, die von einem einzelnen Produkt nur indirekt verursachten Kosten zu ermitteln. M.a.W., das entscheidende Problem der Vollkostenrechnung ist die Antwort auf die Frage, wie hoch der Anteil an den Gemeinkosten eines Unternehmens ist, der einem einzelnen Produkt verursachungsgerecht zugerechnet werden kann.

Die Dominanz der Kalkulationsaufgabe spiegelt sich auch im Grundaufbau eines IRW auf Basis einer Ist-Vollkostenrechnung wider. Obwohl im Folgenden ausführlich auf die einzelnen Elemente und den Verrechnungsweg von der Kostenartenrechnung über die Kostenstellenrechnung zur Kostenträgerrechnung eingegangen wird, ist hier der wesentliche Gedankengang der Ist-Vollkostenrechnung kurz nachgezeichnet. In der Kostenartenrechnung werden die Gesamtkosten der Periode u.a. danach gegliedert, ob sie unmittelbar den erstellten Produkten zugerechnet werden können (Einzelkosten) oder ob nur eine mittelbare Abhängigkeitsbeziehung besteht (Gemeinkosten). Die für die Selbstkostenermittlung unproblematischen Einzelkosten werden direkt an die Kostenträgerrechnung weitergegeben, während die für die Selbstkostenermittlung problematischen Gemeinkosten in der Kostenstellenrechnung gesondert betrachtet werden. Mit dem ‚Umweg' über die Kostenstellenrechnung bzw. genauer, mit dem ‚Umweg' über den Ort der Kostenentstehung versucht man auch für die Gemeinkosten produktbezogene Zuordnungsmodi zu finden, die dem Prinzip der Verursachungsgerechtigkeit entsprechen oder ihm zumindest sehr nahe kommen. In der letzten Stufe, der Kostenträgerrechnung, erfolgt die eigentliche Kalkulation, indem die Einzelkosten eines Produkts aus der Kostenartenrechnung und die anteiligen Gemeinkosten eines Produkts aus der Kostenstellenrechnung zusammengefasst werden.

2.2 Kostenartenrechnung

2.2.1 Grundlagen der Kostenartenrechnung

Die primäre Aufgabe der Kostenartenrechnung im Rahmen der Vollkostenrechnung besteht in der eindeutigen, überschneidungsfreien, vollständigen Erfassung und systematischen Gliederung der gesamten Kosten einer Abrechnungsperiode. Obwohl diese Aufgabe trivial erscheint, ist sie von eminenter Bedeutung. Die Kostenartenrechnung ist die Basis für jede weitere Form der Kostenbe- und -verrechnung. Ungenauigkeiten oder Fehler in der Kostenerfassung bzw. in der Kostengliederung können daher zu fehlerhaften Entscheidungen in der Kostenstellenrechnung und/ oder Kostenartenrechnung führen. Im schlimmsten Fall wird das Ergebnis der Kostenrechnung insgesamt damit vollständig Makulatur.

Im IRW werden Kosten nur in Ausnahmefällen direkt ‚vor Ort' erhoben. Stattdessen greift das IRW in vielfältiger Art und Weise auf andere Teilbereiche des Rechnungswesens als Informationsquelle zu. In Abhängigkeit vom Differenzierungsgrad des gesamten Rechnungswesens stammen die Basisdaten des IRW aus der Finanzbuchhaltung, der Anlagenbuchhaltung, der Lohn- und Gehaltsbuchhaltung sowie der Materialbuchhaltung. Wie der Ausdruck Basisdaten bereits andeutet, werden Sachverhalte und Wertangaben nicht direkt aus dem ERW in das IRW übernommen, sondern die Kosten werden sukzessive aus den unterschiedlichen Aufwandspositionen entwickelt. In einem ersten Schritt werden die im ERW abgebildeten Sachverhalte auf ihre Relevanz für das IRW überprüft, d.h. die neutralen Aufwendungen werden heraussortiert. Anschließend werden die Sachverhalte identifiziert und in das IRW übernommen, die im ERW und im IRW mit dem gleichen Wertansatz abgebildet werden. M.a.W., aus Zweckaufwendungen werden Grundkosten. In einem dritten Schritt übernimmt der Kostenrechner zwar inhaltlich die Aufwandspositionen, er setzt dafür jedoch andere Werte an. M.a.W., der Kostenrechner definiert die Anderskosten der Sache und Höhe nach. Schließlich werden den bisher ermittelten Positionen noch die Sachverhalte hinzugefügt, die nur für das IRW relevant sind bzw. die aus gesetzlichen Gründen im Externen Rechnungswesen nicht abgebildet werden dürfen. In der Fachterminologie ausgedrückt heißt dies, die Zusatzkosten werden der Sache und Höhe nach festgelegt.

Kontenklasse 4 – Kostenarten		
40	Fertigungsmaterial (Einzelstoffkosten)	
	400	Stoffverbrauch-Sammelkonto
	401/ 402	Einsatz-, Fertigungsstoffe und dergleichen
41	Gemeinkostenmaterial	
	410/ 411	Hilfsstoffe
	412/ 415	Betriebsstoffe
	416	Verpackungsstoffe
42	Brennstoffe und Energie	
	420	Brennstoffe und Treibstoffe
	425	Strom, Gas, Wasser
43	Löhne und Gehälter	
	430	Fertigungslöhne
	432	Hilfslöhne
	439	Gehälter
44	Sozialkosten	
	440/ 445	Gesetzliche Sozialkosten
	446/ 449	Freiwillige Sozialkosten
45	Instandhaltung und verschiedene andere Leistungen	
	450	Instandhaltung an Maschinen und maschinellen Anlagen
	451	Instandhaltung an Fahrzeugen
	452	Instandhaltung an Werkzeugen
	455	Allgemeine Dienstleistungen
	456	Entwicklungs-, Versuchs- und Konstruktionskosten
	459	Ausschuss, Gewährleistungen
46	Steuern, Gebühren, Beiträge Versicherungsprämien und dergleichen	
	460	Steuern
	464	Abgaben und Gebühren und dergleichen
	468	Verbandsbeiträge
	469	Versicherungsprämien
47	Mieten, Verkehrs-, Büro-, Werbekosten und dergleichen	
	470	Raumkosten
	471	Maschinen-Mieten
	472	Verkehrskosten (Transport, Versand, Reise, Post)
	476	Bürokosten
	477	Werbe- und Vertreterkosten

	479	Finanzkosten (Kosten des Geldverkehrs)
48	Kalkulatorische Kosten	
	480	Betriebsbedingte (kalkulatorische) Abschreibungen
	481	Betriebsbedingte (kalkulatorische) Zinsen
	482	Betriebsbedingte (kalkulatorische) Wagnisse
	483	Betriebsbedingter (kalkulatorischer) Unternehmerlohn
	484	Sonstige kalkulatorische Kosten
49	Innerbetriebliche Kostenverrechnung, Sondereinzelkosten, Sammelverrechnungen	
	490/ 497	Innerbetriebliche Kostenverrechnung, Sondereinzelkosten
	498	Sammelkonto zeitliche Angrenzungen
	499	Sammelkonto Kostenarten

Abbildung 4: Kostengliederung im Gemeinschafts-Kontenrahmen der Industrie

Nachdem die gesamten Kosten einer Abrechnungsperiode erfasst sind, müssen sie in sinnvoller Art und Weise gegliedert werden. Im Rahmen der Vollkostenrechnung bietet sich eine Gliederung der Gesamtkosten nach den Kriterien ***'Bezug zum verbrauchten Produktionsfaktor'*** und ***'Zurechenbarkeit auf die Kostenträger'*** an. Mit Hilfe des Gliederungskriteriums 'Bezug zum verbrauchten Produktionsfaktor' werden die Gesamtkosten in eindeutig abgrenzbare Kostenarten aufgesplittet. Typische Kostenarten für ein Industrieunternehmen sind in diesem Zusammenhang beispielsweise Materialkosten, Personalkosten, Kapitalkosten usw. Bereits diese wenigen Beispiele lassen erahnen, in welch vielfältiger Weise die Gesamtkosten in einzelne Kostenarten unterteilt werden können. Hält man sich vor Augen, wie unterschiedlich die Charakteristika unterschiedlicher Unternehmen und unterschiedlicher Branchen sind, wird offensichtlich, warum es einen allgemeingültigen Kostenartenplan nicht geben kann. So sehen beispielsweise die spezifischen Informationsbedürfnisse, die das Management eines Handelsunternehmens an seine Kostenartenrechnung stellt, anders aus, als die Informationsbedürfnisse des Managements eines Industrieunternehmens. Obwohl ein generell für alle Unternehmen sinnvoller Kostenartenplan nicht existiert, basieren die meisten in der Praxis eingesetzten Kostenartenpläne mehr oder weniger stark auf den Vorschlägen von Fachverbänden oder Wirtschaftsinstituten. Exemplarisch für derartige 'Orientierungshilfen' wird hier die Kostengliederung des Gemeinschafts-Kontenrahmen der Industrie (GKR) aufgeführt (vgl. Abbildung 4: Kostengliederung im Gemeinschafts-Kontenrahmen der Industrie).

Neben der Gliederung nach Kostenarten systematisiert der GKR Kosten auch nach dem Kriterium 'Zurechenbarkeit auf die Kostenträger' (vgl. bspw. die Kontenklasse 40 und 41). Da die Abgrenzung von Einzel- und Gemeinkosten bereits im ersten Abschnitt behandelt wurde, wird hier auf eine erneute Darstellung verzichtet. Dargestellt wird nur der Begriff der Sondereinzelkosten. Hinter diesem Begriff verbergen sich all jene Kostenbestandteile, die zwar in Bezug auf einen einzelnen Kostenträger, d.h. auf eine Einheit eines Produkts, Gemeinkosten darstellen, da sie diesem Produkt nicht direkt verursachungsgerecht zugerechnet werden können. Wird jedoch eine größere Menge von Produkten zugrunde gelegt, ist eine direkte Beziehung herstellbar. Typische Beispiele für Sondereinzelkosten im Bereich der Fertigung sind Kosten für die Herstellung von Modellen oder Spezialwerkzeugen; typische Beispiele für Sondereinzelkosten im Vertriebsbereich sind Transportkosten für bestimmte Verpackungseinheiten (z.B. Kosten einer Palette).

2.2.2 Erfassung und Bewertung ausgewählter Kostenarten

Aufgrund ***unterschiedlicher Produktions- und Absatzbedingungen*** divergiert die Bedeutung einzelner Kostenarten von Branche zu Branche und von Unternehmen zu Unternehmen sehr stark. So stellen beispielsweise die Material- bzw. Wareneinstandskosten die größte Kostenposition im Einzelhandel dar, während bei klassischen Handwerksbetrieben die Personalkosten dominieren. Eine Auswahl der für das IRW wichtigen Kostenarten kann daher immer nur vor dem Hintergrund eines bestimmten Unternehmenstyps (Branche, Größe usw.) vorgenommen werden und ist zwangsläufig immer stark subjektiv. Um dennoch einen einigermaßen umfassenden Einblick in die Besonderheiten der Erfassung und Bewertung spezifischer Kostenarten zu ermöglichen, werden im Rahmen dieses Beitrags folgende ausgewählte Kostenarten detailliert behandelt:

- ***Materialkosten;***
- ***Personalkosten;***
- ***Kalkulatorische Kosten;***
- ***Kalkulatorische Abschreibungen;***
- ***Kalkulatorische Zinsen;***
- ***Kalkulatorische Wagnisse;***
- ***Kalkulatorischer Unternehmerlohn***

Materialkosten

Materialkosten sind der ***bewertete Verbrauch von*** Roh-, Hilfs- und Betriebsstoffen, Fremdleistungen für eigene Erzeugnisse, Verschleißwerkzeuge, Verpackungsmaterialien und Handelswaren. Wie die Formulierung ‚bewerteter Verbrauch' schon impliziert, sind die Materialkosten durch die jeweils verbrauchte Menge und durch die Bewertung der jeweiligen Menge mit einem

Preis bestimmt. Die Erfassung des Materialverbrauchs ist dabei sehr einfach, da heute i.d.R. alle Unternehmen mit Materialentnahmescheinen arbeiten, d.h. für jede Materialentnahme wird ein entsprechender Beleg ausgefüllt. Der Gesamtverbrauch ergibt sich dann aus der Summe der Entnahmemengen auf den Materialentnahmescheinen. Der wesentliche Vorteil dieser Methode liegt darin, dass auf den Materialentnahmescheinen neben der Bezeichnung der Materialart, Materialnummer und Materialmenge zusätzliche Informationen angegeben werden können, wie beispielsweise die für die Entnahme verantwortliche Kostenstelle sowie den Kostenträger, für dessen Herstellung das Material eingesetzt wird. Kombiniert man die Verbrauchserfassung mit Hilfe von Materialentnahmescheinen mit einer in größeren Abständen stattfindenden Inventur, können auch alle nicht-betriebsbedingten Lagerverluste erfasst, bewertet und als Basis zur Festlegung von kalkulatorischen Wagniskosten verwendet werden.

In vielen älteren Lehrbüchern zum IRW wird als Nachteil von Materialentnahmescheinen auf den hohen Belegerfassungs- und -verwaltungsaufwand hingewiesen. Durch den EDV-technischen Fortschritt der letzten Jahre ist dieser Einwand jedoch nahezu vollständig obsolet. Die Informationen auf Materialentnahmescheinen werden heute maschinell mit Hilfe von Scannern oder Barcodelesern erfasst und zur Weiterverarbeitung in einem Betriebsdatensystem gespeichert. Neben den unmittelbaren Vorteilen (leichte, problemlose und fehlerfreie Erfassung aller Informationen; Realtime-Verarbeitung der Informationen usw.) bietet die EDV-gestützte Verwendung von Materialentnahmescheinen auch die Möglichkeit zur Vernetzung der Materialbuchhaltung mit anderen Organisationseinheiten des Unternehmens. So könnte beispielsweise bei jeder Materialentnahme aus dem Lager automatisch eine (Nach-) Bestellanforderung für den Einkauf generiert werden.

Sind die genauen Verbrauchsmengen erfasst, müssen die Mengen zur Ermittlung der Materialkosten monetär bewertet werden. Die Wahl des ***„richtigen“ Wertansatzes*** hängt dabei stets vom Rechnungszweck ab. Stehen beispielsweise Dokumentationszwecke im Vordergrund kommt nur eine Istpreis-Bewertung in Frage. Werden jedoch wie bei der Normal- und/ oder Plankostenrechnung planerische Aufgaben verfolgt, ist die Festpreis-Bewertung geeigneter. Bei einer Festpreis-Bewertung wird für jede Materialart ein fester, über längere Zeit konstanter Verrechnungspreis festgelegt. Dies ermöglicht es, die Effizienz von Kostenstellen oder Bereichen zu beurteilen, da die verrechneten Materialkosten unabhängig von Preisschwankungen auf Beschaffungsmärkten sind. Darüber hinaus sind feste Verrechnungspreise für das eingesetzte Material eine unabdingbare Voraussetzung für jede Form der Vorkalkulation, d.h. für die Ermittlung der Selbstkosten eines Produkts bevor es tatsächlich produziert wurde. Auch für eine über längere Zeit konstante Preisgestaltung bei den Endprodukten ist eine Festpreis-Bewertung unabdingbar.

Die im Rahmen der ***Dokumentationsrechnung*** primär eingesetzte Form der Bewertung von Verbrauchsmengen ist die Istpreis-Bewertung. Obwohl der Ausdruck Istpreis suggeriert, dass es sich hierbei um etwas Eindeutiges und Zweifelsfreies handelt, müssen auch bei der Istpreis-Bewertung unterschiedliche Ansätze unterschieden werden. Auf Basis der strikten Orientierung an den ausgelösten Geldströmen (Nominalgüterprinzip) bedeutet Istpreis im Rahmen des ERW beispielsweise immer Anschaffungspreis. Im IRW dagegen, dessen Handeln nicht vom Nominal-, sondern vom Substanzerhaltungsprinzip bestimmt ist, wird auch der Bedeutungsinhalt des Begriffs Istpreis in Abhängigkeit vom Rechnungszweck festgelegt. Stehen primär Dokumentationszwecke im Vordergrund, ist der Anschaffungspreis der geeignete Wertansatz. Fungiert das IRW dagegen primär als Planungs- oder Entscheidungsunterstützungs-Instrument ist der Wiederbeschaffungs- oder Tagespreis der relevante Wertansatz. Hintergrund dafür ist folgende Überlegung: Wird z.B. Fertigungsmaterial für die Herstellung von Produkten verbraucht, reagiert ein Unternehmen üblicherweise mit der Ersatzbeschaffung des Materials, um auch in Zukunft wieder produktionsbereit zu sein. Um diesen Sachverhalt der Ersatzbeschaffung rechnerisch ‚richtig' abzubilden, kommen nur Wiederbeschaffungspreise infrage. Historische Anschaffungspreise spielen hier keine Rolle.

Personalkosten

Die Erfassung und Bewertung von Personalkosten ist relativ unkompliziert, da bei dieser Kostenart i.d.R. ***weder in inhaltlicher noch in wertmäßiger Hinsicht größere Unterschiede zwischen ERW und IRW*** existieren. Die Personalkosten orientieren sich damit an den unterschiedlichen Aufwandspositionen der Lohn- und Gehaltsbuchhaltung. Im Gegensatz zu den sonst üblichen Verhältnissen liegen die Informationen in der Lohn- und Gehaltsbuchhaltung mit einem derart hohen Differenzierungsniveau vor, dass die Positionen nicht direkt in das IRW übernommen, sondern zu größeren Blöcken zusammengefasst werden.

Im IRW differenziert man Personalkosten in ***Lohnkosten*** (für Arbeiter), ***Gehaltskosten*** (für Angestellte) und ***Personalneben- bzw. Sozialkosten***. Innerhalb der Lohnkosten wird weiter differenziert in Fertigungslöhne und Hilfslöhne. Unterscheidungskriterium hierbei ist die Unmittelbarkeit des Zusammenhangs der Arbeitsentgelte mit der Herstellung von Produkten. Als Fertigungslöhner bezeichnet man die Mitarbeiter, die unmittelbar in den Leistungserstellungsprozess von Produkten integriert sind. Entsprechend werden als Hilfslöhner die Mitarbeiter bezeichnet, die nicht direkt produktbezogene Tätigkeiten verrichten, wie beispielsweise Lagerarbeiter oder Kraftfahrer. Bei den Gehaltskosten existiert eine derartige Unterscheidung nicht, da davon ausgegangen wird, dass Angestellte bzw. Gehaltsempfänger grundsätzlich nicht mit ‚produktiven', sondern mit dispositiven Tätigkeiten betraut sind (z.B. Verwaltungs- und Vertriebsaufgaben, Tätigkeiten der Arbeitsvorbereitung, Betrieb der Werkskantine usw.). In Anlehnung an den GKR werden die Personalnebenkosten (Sozialkosten) differenziert in gesetzliche Personalnebenkosten (z.B. Arbeitgeberbeiträge zu den Sozialversicherungen) und freiwillige Personalnebenkosten (z.B. Weihnachtsgeld, Urlaubsgeld, Zuschuss zur Werkskantine usw.).

Während die Erfassung und Bewertung der unterschiedlichen Personalkostenbestandteile aufgrund ihrer hohen Entsprechung mit den Aufwandspositionen der Lohn- und Gehaltsbuchhaltung einfach ist, ist die ***Zurechnung von Personalkosten auf die Kostenträger hoch problematisch***. Die entscheidende Frage ist damit: Welche Bestandteile der Personalkosten können als Einzelkosten direkt zugerechnet und welche Bestandteile müssen mit Hilfe von möglichst verursachungsgerechten Schlüsselgrößen (siehe Kap. 2.3 und 2.4.) auf die Kostenträger umgelegt werden? Abschließend wird noch auf einen besonderen Problembereich der Personalnebenkosten eingegangen, der sich aus den unterschiedlichen Rechnungszwecken und Zeithorizonten des ERW und des IRW ergibt. Sonderzahlungen wie beispielsweise Urlaubs- oder Weihnachtsgeld werden im ERW in dem Monat verbucht, in denen sie ausgezahlt werden. Im IRW müssen diese Beträge jedoch gleichmäßig auf die monatlichen oder vierteljährlichen Abrechnungsperioden verteilt werden. Diesem Vorgehen liegt die Überlegung zugrunde, dass mit den Sonderzahlungen nicht die Mitarbeiterleistung im Auszahlungsmonat, sondern die des gesamten Jahres honoriert werden soll. Da die Ursache für den Kostenanfall damit die Mitarbeiterleistung des gesamten Jahres darstellt, wäre es ‚ungerecht' nur die Produkte im Auszahlungsmonat mit den Kosten der Sonderzahlungen zu belasten.

Kalkulatorische Abschreibungen

Abschreibungen resultieren aus der ***Nutzung langfristig eingesetzter Produktionsfaktoren*** und werden sowohl im ERW (bilanzielle Abschreibungen) als auch im IRW (kalkulatorische Abschreibungen) angesetzt. Bedingt durch die unterschiedlichen Rechnungszwecke ergeben sich jedoch sowohl wesens- als auch betragsmäßige Unterschiede zwischen den im ERW und im IRW jeweils berücksichtigten Abschreibungen. Primäres Ziel der Erfassung und Bewertung von Abschreibungen im ERW ist die nach handels- und steuerrechtlichen Vorschriften richtige Bewertung des Anlagevermögens sowie die nach handels- und steuerrechtlichen Vorschriften richtige Ermittlung des Periodenerfolgs. Das IRW dagegen verfolgt mit der Erfassung und Bewertung von kalkulatorischen Abschreibungen ausschließlich das Ziel einer objektiven, im Sinne einer möglichst realitätsnahen und verursachungsgerechten, Ermittlung des betrieblichen Werteverzehrs. Die gesetzlichen Vorschriften des ERW sind hierfür nicht oder nur sehr bedingt geeignet. Aus diesem Grund sind kalkulatorische Abschreibungen i.d.R. auch stets Anderskosten.

Der erste ***wesentliche Unterschied*** zwischen ***bilanziellen*** und ***kalkulatorischen Abschreibungen*** ist die ***Abschreibungsgrundlage***. Für das ERW ist der Anschaffungswert als Wertansatz zwingend vorgeschrieben. Bedingt durch das Substanzerhaltungsprinzip wird im IRW dagegen i.d.R. auf den Wiederbeschaffungswert zurückgegriffen. Begründet wird dieser Wertansatz mit folgender Überlegung: Schreibt ein Unternehmen seine Anlagen nur auf Basis der Anschaffungswerte ab, werden im Zeitverlauf auch nur die Anschaffungswerte als Kosten auf die Produkte verrechnet. Als logische Konsequenz erwirtschaften die Produkte am Markt auch nur die historischen Anschaffungswerte. Da davon ausgegangen werden kann, dass zum Zeitpunkt der Ersatzbeschaffung der Anlagen aufgrund der Inflation ein höheres Preisniveau herrscht, muss das Unternehmen über das in Form von Abschreibungsgegenwerten zurückgeflossene Kapital hinaus noch zusätzliche finanzielle Mittel investieren, um die Ersatzbeschaffungen realisieren zu können. M.a.W., die Ersatzbeschaffungen zehren an der Substanz des Unternehmens. Die Substanz kann nur dann vollständig erhalten bleiben, wenn die Anlagen auf Basis des Wertes abgeschrieben werden, der zur Ersatzbeschaffung tatsächlich aufgebracht werden muss, d.h. der für das IRW sinnvollere Ansatz ist der ***Wiederbeschaffungswert***. Da dieser Wert jedoch bei langfristig eingesetzten Wirtschaftsgütern z.T. nur schwer und nur sehr ungenau erfasst werden kann, greift die Unternehmenspraxis bei der Umsetzung des Substanzerhaltungsprinzips häufig auf den Tageswert (Anschaffungswert mit Berücksichtigung der aktuellen Inflationsrate) als Wertansatz zurück.

Der ***zweite*** und entscheidende ***Unterschied*** zwischen bilanziellen und kalkulatorischen Abschreibungen liegt in der ***jeweils eingesetzten Abschreibungsmethode***, d.h. in der Art und Weise, in der die Abschreibungsbeträge in den einzelnen Nutzungsperioden ermittelt werden. Obwohl der Gesetzgeber für das ERW eine relativ große Freiheit bei der Wahl der Abschreibungsmethode lässt, dominiert im ***ERW*** aufgrund der damit verbundenen steuerlichen Vorteile die ***degressive Abschreibung***. Anlagegüter werden dabei zu Beginn der Nutzungszeit mit hohen Beträgen abgeschrieben; im Laufe der Zeit werden die Abschreibungsbeträge dann immer geringer. Im IRW sieht die Situation völlig anders aus. Steuerliche Aspekte besitzen keine Relevanz bei der Wahl einer geeigneten Abschreibungsmethode. Abschreibungen im IRW dienen ausschließlich der verursachungsgerechten Erfassung und Bewertung des Werteverzehrs von langfristig genutzten Produktionsfaktoren. Geeignet ist eine Abschreibungsmethode nur dann, wenn sie in der Lage ist, diesem Ziel zu entsprechen. Im Gegensatz zum ERW, bei dem Abschreibungen nur auf Basis von finanziellen Überlegungen getroffen werden, setzt das IRW deshalb zur Festlegung ‚richtiger' Abschreibungsbeträge unabdingbar Kenntnisse über die möglichen Ursachen des Wertverlusts von langfristig genutzten Produktionsfaktoren voraus. Etwas vereinfacht kann man dabei davon ausgehen, dass ein Teil des Werteverzehrs unmittelbar auf den Gebrauch der Produktionsfaktoren bzw. der Betriebsmittel zurückzuführen ist (z.B. Abnutzung durch Gebrauch einer Maschine, Abnutzung durch Substanzverringerung bei einem Bergwerk), während ein anderer Teil des Werteverzehrs völlig unabhängig vom Gebrauch ist (z.B. Wertminderung aufgrund des technischen Fortschritts). Dieser Werteverzehr entsteht auch dann, wenn die Produktionsfaktoren überhaupt nicht genutzt werden. Passend zu dieser ***Unterscheidung in Gebrauchs- und Zeitverschleiß*** dominieren im IRW zwei Abschreibungsmethoden: die ***lineare Abschreibung*** zur Abbildung des Zeitverschleisses und die ***variable bzw. leistungsabhängige Abschreibung*** zur Abbildung des Gebrauchsverschleisses. Bei der linearen Abschreibung werden die Wiederbeschaffungskosten gleichmäßig auf die einzelnen Perioden der Nutzung verteilt. Der in einer Periode anzusetzende Abschreibungsbetrag ermittelt sich rechnerisch damit aus der Division von Wiederbeschaffungskosten und geplanter Nutzungsdauer.

BEISPIEL ZUR LINEAREN ABSCHREIBUNG

Beschafft ein Unternehmen ein Betriebsmittel, das Wiederbeschaffungskosten in Höhe von 9.600,- EUR aufweist und 4 Jahre im Unternehmen genutzt werden soll, resultiert daraus ein Abschreibungsbetrag in Höhe von 2.400,- EUR/ Jahr bzw. 200,- EUR/ Monat.

Bei der variablen oder leistungsabhängigen Abschreibung sind die Abschreibungsbeträge nicht abhängig von der zeitlichen, sondern von der leistungsmäßigen Inanspruchnahme des Abschreibungsobjektes. Die in den einzelnen Perioden verrechneten Abschreibungsbeträge drücken damit nichts anders aus, als den monetären Gegenwert der Leistungsinanspruchnahme in der Periode im Verhältnis zum gesamten Leistungspotenzial des Betriebsmittels.

BEISPIEL ZUR VARIABLEN ABSCHREIBUNG

Angenommen, ein Unternehmen beschafft einen LKW mit einem Wiederbeschaffungswert von 50.000 EUR und einem Leistungsvolumen von genau 200.000 Kilometern. D.h., das Unternehmen könnte mit diesem LKW insgesamt maximal 200.000 Kilometer fahren, danach wäre der LKW schlagartig kaputt. Werden mit diesem LKW in der ersten Periode 20.000 Kilometern gefahren, bedeutet dies, dass 10 % des gesamten Leistungspotenzials verbraucht wurden. Entsprechend wäre auch der anzusetzende Abschreibungsbetrag 10 % des Wiederbeschaffungswertes, also genau 5.000 EUR.

Wie unmittelbar einsichtig sein dürfte, kommt die leistungsabhängige Abschreibungsmethode der Forderung den Werteverzehr verursachungsgerecht zu erfassen am nächsten. Zur Abbildung des Zeitverschleisses ist sie jedoch nicht geeignet, da eine Leistungsinanspruchnahme von 0 Einheiten in der Periode zwangsläufig zu einem Abschreibungsbetrag von 0 führen würde. Diametral dazu sieht die Situation bei der linearen Abschreibungsmethode aus. Sie ist zur Erfassung des Zeitverschleißes sehr gut geeignet, während sie den Gebrauchsverschleiß nur unter der Voraussetzung verursachungsgerecht abbilden kann, dass das betrachtete Betriebsmittel im gesamten Nutzungszeitraum mit einem konstanten Auslastungsgrad betrieben wird. Bei Vorliegen von Beschäftigungsschwankungen innerhalb der Nutzungsperioden kann die lineare Abschreibungsmethode das Prinzip der Verursachungsgerechtigkeit nicht mehr erfüllen. Aus diesem Grund werden in der Praxis Abschreibungen häufig mit Hilfe einer Kombination von linearer und leistungsabhängiger Methode ermittelt. Der lineare Wertanteil der Abschreibung repräsentiert dabei den Zeitverschleiß, der leistungsabhängige Wertanteil den Gebrauchsverschleiß.

Kalkulatorische Wagnisse

Jede unternehmerische Tätigkeit ist mit einer Vielfalt an Risiken verbunden, die zu einem zeitlich und der Höhe nach ***unvorhersehbaren Werteverzehr*** führen können (z.B. Diebstahl von Halb- oder Fertigprodukten, Schwund oder Verderb von Fertigungsmaterialien, Zahlungsunfähigkeit von Abnehmern usw.). Im Externen Rechnungswesen wird dieser Werteverzehr dann berücksichtigt, wenn er tatsächlich angefallen ist (außerplanmäßige Abschreibung). Ein derartiges ‚nachgelagertes Verrechnen' ist im IRW auf Basis folgender Überlegung abzulehnen. Die Kostenträger, die zufällig in der Periode produziert werden, in welcher der außerplanmäßige Werteverzehr auftritt, werden mit höheren Kosten belastet, als gleichartige Kostenträger in der Vorperiode, obwohl sie die Produktionsfaktoren und Betriebsmittel in gleichem Maße gebraucht oder verbraucht haben. Dies verstößt zum einen gegen den Grundsatz „Gleiche Ursache, gleiche (Kosten-)Wirkung" und zum anderen wäre eine kontinuierliche Kalkulation auf dieser Basis völlig unmöglich. Folgerichtig müssen die monetären Konsequenzen der Risiken für das IRW im vorhinein abgeschätzt und als Kosten erfasst und auf die Kostenträger verteilt werden (Versicherungsprinzip). Obwohl der unternehmerische Alltag durch einen Vielzahl völlig verschiedener Risiken und Wagnisse gekennzeichnet ist, werden die im IRW berücksichtigen Wagnisse aus Übersichtlichkeitsgründen häufig zu ***Wagnisgruppen*** zusammengefasst.

Wagnisgruppe	Ausprägungsformen
Beständewagnis	Lagerverluste (Diebstahl, Schwund, Verderb, Veraltern o.ä.) bei Roh-, Hilfs-, Betriebsstoffen sowie Halb- und Fertigprodukte.
Anlagenwagnis	Verluste durch Maschinenbruch, Unfälle oder Katastrophen usw.
Ausschusswagnis	Ausschüsse durch Material-, Arbeits- oder Konstruktionsfehler.
Gewährleistungs-wagnis	Verluste aus Garantieleistungen (z.B. Nachbesserungen, Ersatzlieferungen usw.).
Entwicklungswagnis	Fehlgeschlagene Forschungs- und Entwicklungsarbeiten.
Vertriebswagnis	Forderungsausfälle gegenüber Kunden.
Sonstige Wagnisse	Branchenbezogene Verlustrisiken wie z.B. Bergschäden bei Minen oder Bergwerken, Unfälle bei Speditionsunternehmen usw.

Abbildung 5: Übersicht der wichtigsten Wagnisse und Wagnisgruppen

Zur Ermittlung des Wertansatzes von Wagniskosten muss zunächst untersucht werden, ob die Wagnisse durch eine Versicherung abgedeckt sind (z.B. Feuerversicherung), da in diesem Fall keine Wagnis- sondern Fremdleistungkosten berücksichtigt werden. Bestehen keine Versicherungen, werden die Wagniskosten nach dem Selbstversicherungsprinzip ermittelt. Diese Bezeichnung rührt daher, dass man zur Festlegung von Wagniskosten auf eine Vorgehenswiese zurückgreift, die typisch für Versicherungsunternehmen ist. Mit Hilfe von statistischen und wahrscheinlichkeitstheoretischen Überlegungen wird aus den Erfahrungen der Vergangenheit ein sogenannter Wagnissatz ermittelt. Dieser Wagnissatz drückt das durchschnittlich in der Vergangenheit eingetretene Verhältnis zwischen den tatsächlichen Wagnisverlusten und einer Bezugsgröße aus, die dem Grundsatz der Verursachungsgerechtigkeit so nahe wie möglich kommt. Dabei wird im einfachsten Fall davon ausgegangen, dass auch in Zukunft ein ähnlich hoher Wagnisverlust eintritt, wie dies in der Vergangenheit der Fall war.

BEISPIEL ZUR ERMITTLUNG VON KALKULATORISCHEN WAGNISKOSTEN

In einem Unternehmen liegen für die vergangenen vier Jahre folgende Informationen über den gesamten wertmäßigen Lagerverlust durch Schwund, Diebstahl oder Verderb vor:

Jahr	Eingetretener Lagerverlust	Wert des Lagerbestands
1	15.300,- EUR	1.200.000,- EUR
2	14.250,- EUR	1.275.000,- EUR
3	18.000,- EUR	1.380.000,- EUR
4	12.750,- EUR	1.575.000,- EUR
Summe	60.300,- EUR	5.430.000,- EUR

Zur Ermittlung des Wagnissatzes (WS) wird nun die Summe der eingetretenen Lagerverluste in den vergangenen vier Jahren in Relation zur Summe des Lagerwerts der vier betrachteten Jahre gesetzt. Rechnerisch erhält man damit einen Wagnissatz von 1,11% (60.300/ 5.430.000 * 100). Beträgt der Lagerbestand des Unternehmens in der Betrachtungsperiode beispielsweise 1.600.000,- EUR würde das Unternehmen 17.760,- EUR als Wagniskosten für das Beständewagnis im IRW ansetzen (1.600.000*1,11%).

Kalkulatorische Zinsen

Ganz allgemein besteht im betrieblichen Rechnungswesen Einigkeit darüber, dass Zinsen das ***Entgelt für überlassenes Kapital*** sind. Betrachtet man die konkrete Interpretation dieser Aussage in den einzelnen Teilgebieten des Rechnungswesens jedoch genauer, lassen sich große Unterschiede feststellen. Der Zinsaufwand im ERW berücksichtigt ausschließlich Zinsen für das vom Unternehmen beanspruchte Fremdkapital. Im IRW werden Zinsen für das gesamte, dem Betriebszweck dienende Kapital (betriebsnotwendiges Kapital) angesetzt, d.h. es werden sowohl Zinsen für das Fremdkapital als auch Zinsen für das Eigenkapital berücksichtigt. Im typischen Definitions-Stil heißt das:

> Mit kalkulatorischen Zinsen wird im IRW die Verzinsung des gesamten Kapitals erfasst, das zur Finanzierung der Leistungserstellungsprozesse sowie zur Finanzierung der Betriebsbereitschaft erforderlich ist.

Der Ansatz von ***kalkulatorischen Zinsen*** auf das in den leistungsbezogenen Vermögensgegenständen gebundene Eigenkapital wird nur verständlich, wenn man sich das schon erwähnte Opportunitätskostenprinzip in Erinnerung ruft. Die Berücksichtigung von ***Opportunitätskosten*** basiert auf folgender Überlegung: Investiert ein Unternehmen finanzielle Mittel in einen langfristig genutzten Produktionsfaktor, ist das Kapital über längere Zeit gebunden und kann daher nicht anderweitig verwendet werden. Statt zu investieren, hätte das Unternehmen die finanziellen Mittel beispielsweise auch am Kapitalmarkt zinsbringend anlegen können. Die Investition führt für das Unternehmen damit zwangsläufig zu einem Nutzenentgang in Höhe der nicht-erwirtschafteten Zinsen. Der numerische Wert des Nutzenentgangs bezeichnet man mit dem Begriff Opportunitätskosten. Anders ausgedrückt, stellen Opportunitätskosten damit Kosten dar, die niemals mit Auszahlungen, sondern immer mit ***entgangenen Einzahlungen*** verbunden sind. Kalkulatorische Zinsen auf das in einem Unternehmen gebundene Eigenkapital sind eine konkrete Ausprägungsform des Rechnens mit Opportunitätskosten im Rahmen des IRW. Um den Nutzenentgang einer zinsbringenden Anlage des Kapitals am Kapitalmarkt zu kompensieren, wird das gesamte für Leistungserstellungszwecke gebundene Kapital (betriebsnotwendiges Kapital) mit einem Kalkulationszinssatz verzinst.

Da im IRW üblicherweise keine Vermögensaufstellung gemacht wird, stellt das bilanzielle Gesamtvermögen des ERW i.d.R. den Ausgangspunkt zur Ermittlung des betriebsnotwendigen Vermögens dar. Die Bilanz beinhaltet jedoch sowohl betriebsnotwendige als auch betriebsfremde Vermögensteile. Aus diesem Grund kann die Vermögensaufstellung der Bilanz nicht direkt übernommen, sondern sie muss Stück für Stück für die Zwecke des IRW umgeformt werden. Zunächst ist das bilanzielle Gesamtvermögen um die betriebsfremden Vermögensbestandteile zu bereinigen, d.h. die Vermögensbestandteile, die nicht im Zusammenhang mit dem Betriebszweck stehen, sind herauszurechnen. Typische Beispiele für derartige betriebsfremde Vermögensbestandteile sind Beteiligungen und Wertpapiere, die nur aus Spekulationsgründen gehalten werden sowie überhaupt nicht genutzte bzw. nicht betrieblich genutzte Grundstücke und Gebäude. Typische Beispiele für betrieblich genutzte Vermögensbestandteile sind dagegen technische Anlagen, Maschinen, sämtliche Warenvorräte sowie aus Lieferung und Leistung resultierende Forderungsbestände.

In einem zweiten Schritt muss die bereinigte Vermögensaufstellung nun nach Maßgabe des IRW umbewertet werden. Problematisch bei dieser ‚Neu-Bewertung' ist vor allem die Frage, auf welche Weise das in den einzelnen Bestandteilen des längerfristig genutzten Anlagevermögens gebundene Kapital ‚richtig' erfasst werden kann. Für ***nicht abnutzbare Bestandteile des Anlagevermögens***, wie beispielsweise Grundstücke, ist diese Frage noch recht einfach zu beantworten. Da diese Vermögensbestandteile durch die Nutzung nicht an Wert verlieren und somit nicht abgeschrieben werden, ist das gesamte Kapital über die gesamte Nutzungszeit gebunden. Bei allen ***abnutzbaren Bestandteilen des Anlagevermögens*** werden durch die Abschreibungen finanzielle Gegenwerte erzielt, so dass sich die Kapitalbindung im Laufe der Zeit verringert. Man geht nun davon aus, dass man durch den Verkauf der Produkte, die auf einer Fertigungsanlage hergestellt werden, in jeder Nutzungsperiode Umsatzerlöse am Markt erzielen kann, die der Höhe der Abschreibungen der Anlage entsprechen. Anders ausgedrückt, bedeutet dies, dass eine Maschine in jeder Nutzungsperiode ihre Abschreibung ‚erwirtschaftet'. In Bezug auf die Kapitalbindung hat dies zur Folge, dass sich das in der Anlage gebundene Kapital bei einer linearen Abschreibung von Periode zu Periode gleichmäßig verringert. Auf Basis dieser Argumentation kann konstatiert werden, dass die über die gesamte Nutzungszeit durchschnittliche Kapitalbindung jedes einzelnen Vermögensgegenstands des abnutzbaren Anlagevermögens betragsmäßig genau die Hälfte seines Wiederbeschaffungswertes ist (vgl. Abbildung 6: Kapitalbindung bei abnutzbarem Anlagevermögen). Da mit dieser als Durchschnittswertmethode bekannten Technik ausschließlich mit der durchschnittlichen Kapitalbindung argumentiert wird, hat die Festlegung von kalkulatorischen Zinsen auf Basis der Durchschnittswertmethode zur Folge, dass jede Nutzungsperiode einer Anlage mit gleich hohen kalkulatorischen Zinsen belastet wird (konstante kalkulatorische Zinsen).

Auch bei der Ermittlung des im ***betriebsnotwendigen Umlaufvermögen gebundenen Kapitals*** sieht sich das IRW mit erheblichen Erfassungs- oder Bewertungsproblemen konfrontiert. Zum einen schlagen sich hier u.a. die generellen Probleme bei der Erfassung und Bewertung von Materialkosten nieder; zum anderen schwankt die Höhe und die Zusammensetzung des Umlaufvermögens innerhalb einer Periode im Regelfall ganz erheblich. Obwohl damit Ungenauigkeiten unumgänglich sind, verzichtet man aufgrund der Probleme im Rahmen des IRW auf eine genaue Erfassung der Werte und beschränkt sich stattdessen auf eine Durchschnittsbetrachtung. Das im Umlaufvermögen gebundene Kapital wird daher mit folgender einfachen Berechnungsformel ermittelt:

(Anfangsbestand + Endbestand) / 2)

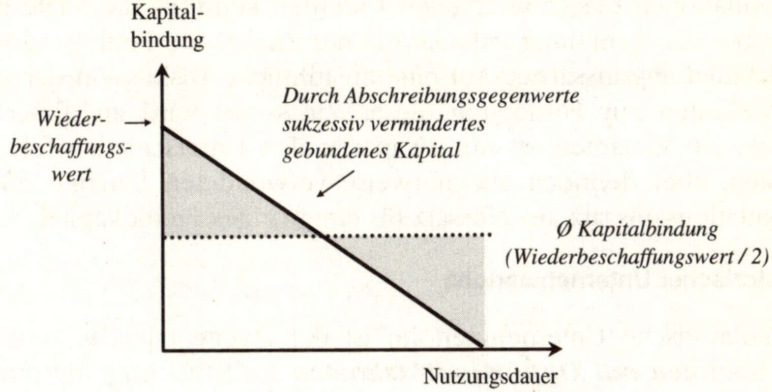

Abbildung 6: Kapitalbindung bei abnutzbarem Anlagevermögen

Im letzten Schritt muss das betriebsnotwendige Vermögen nun noch um das Abzugskapital bereinigt werden. Unter Abzugskapital wird das gesamte dem Unternehmen zinsfrei zur Verfügung gestellte Fremdkapital subsumiert. Typische Beispiele sind jeweils zinslose Lieferantenkredite, Kundenanzahlungen, Darlehen, Verbindlichkeiten aus Lohn-, Gehalts- oder Beamtenbezügen sowie Steuerrückstellungen. In der folgenden Übersicht ist das gesamte Vorgehensschema zur Ermittlung des betriebsnotwendigen Vermögens noch einmal im Überblick zusammengefasst:

	Vermögensaufstellung des ERW
–	Betriebsfremde Vermögensbestandteile
=	Betriebsnotwendiges Vermögen (bewertet nach Handels- und Steuerrecht)
+/ –	Umbewertung des Vermögens
	Anlagevermögen
	Nicht abnutzbare Bestandteile (bewertet zu Wiederbeschaffungswerten)
	Abnutzbare Bestandteile (bewertet zu halben Wiederbeschaffungswerten)
	Umlaufvermögen (bewertet zu kalkulatorischen Durchschnittswerten)
=	**Betriebsnotwendiges Vermögen (bewertet für das IRW)**
–	Abzugskapital
=	**Betriebsnotwendiges Kapital**

Nachdem nun vollständig geklärt ist, wie das betriebsnotwendige Kapital aus den Informationen des ERW abgeleitet werden kann, ist das letzte noch offene Problem bei der Ermittlung kalkulatorischer Zinsen die Festlegung eines geeigneten Kalkulationszinssatzes. Auf eine ausführliche Diskussion der unterschiedlichen Varianten zur Festlegung dieses Zinssatzes wird an dieser Stelle verzichtet, da die Varianten oft nur zu marginalen Unterschieden führen. Bei der einfachsten, aber dennoch üblicherweise verwendeten Variante orientiert sich der Kalkulationszinssatz am Zinssatz für langfristiges Fremdkapital.

Kalkulatorischer Unternehmerlohn

Der kalkulatorische Unternehmerlohn ist der zweite typische Anwendungsfall für das ***Rechnen mit Opportunitätskosten*** im IRW. Ausgangspunkt für den Ansatz eines kalkulatorischen Unternehmerlohns sind die Vorschriften des ERW, nach denen bei Einzelunternehmen und Personengesellschaften für die Geschäftsführertätigkeit des Unternehmers kein als Aufwand abzugsfähiges Gehalt gezahlt werden darf. Die Arbeitsleistung des bzw. der Inhaber ist nach den Vorstellungen des Gesetzgebers stattdessen mit dem Jahresgewinn abgedeckt. Für das IRW ist diese Argumentation jedoch völlig ungeeignet, da die Arbeitsleistung des Unternehmers bzw. der entsprechend monetär bewertete Produktionsfaktorverbrauch nicht als Kosten erfasst und damit zwangsläufig auch bei der Kalkulation der Kostenträger nicht berücksichtigt wird. Bei einer rein kostenorientierten Preispolitik würden die einzelnen Produkte daher die bei ihrer Herstellung verursachten Kosten nicht vollständig decken. Neben diesem Kalkulationsargument spricht auch die Forderung nach Objektivität der Kostenrechnung für den Ansatz eines kalkulatorischen Unternehmerlohns. Da die Vorschriften des ERW zwischen Einzel- bzw. Personengesellschaften einerseits und Kapitalgesellschaften andererseits unterscheiden, wären die durch einen Kostenträger verursachten Kosten unmittelbar von der Unternehmensform abhängig. Selbst bei vollständig identischen Produktionsbedingungen und Güterverbräuchen würden sich die Selbstkosten der Kostenträger eines Einzelunternehmens von denen einer Kapitalgesellschaft unterscheiden. Dies widerspricht jedoch dem Prinzip, dass gleiche Ursachen stets zu gleichen (Kosten-) Wirkungen führen sollen.

Für die Festlegung der Höhe des jeweils berücksichtigten kalkulatorischen Unternehmerlohnes existieren zwei unterschiedliche Vorgehensweisen. Bei der ersten Methode orientiert sich die Höhe des kalkulatorischen Unternehmerlohns an dem durchschnittlichen Gehalt eines leitenden Angestellten in einer vergleichbaren Position in einem vergleichbaren Unternehmen. Bei der zweiten

Methode wird unmittelbar auf das Opportunitätskostenprinzip zurückgegriffen, indem danach gefragt wird, welches Gehalt der geschäftsführende Inhaber des Unternehmens bei einem anderen Unternehmen erhalten würde. Anders ausgedrückt, stellt man sich die Frage, welcher Nutzen dem Eigentümer dadurch entgeht, dass er seine Arbeitsleistung in das eigene Unternehmen einbringt.

2.3 Kostenstellenrechnung

2.3.1 Grundlagen der Kostenstellenrechnung

Eine Vielzahl von Unternehmen bieten heute am Markt eine hochdifferenzierte Angebotspalette mit vielen z.T. stark unterschiedlichen Produkten an. Nur im absoluten Ausnahmefall beanspruchen unterschiedliche Produkte einzelne Betriebsbereiche und Betriebsmittel bei ihrer Herstellung im gleichen Maße. Würden nun die Gemeinkosten eines Unternehmens mit einem differenzierten Fertigungsprogramm völlig gleichmäßig auf alle erzeugten Produkte bzw. Kostenträger verteilt, könnte man zwar Selbstkosten für die einzelnen Kostenträger ermitteln; diese Selbstkosten hätten jedoch mit den realen Gegebenheiten nur wenig zu tun. Der eigentliche ***Sinn und Zweck*** eines IRW auf Vollkostenbasis, die ***Ermittlung verursachungsgerechter Selbstkosten***, als Basis zur Festlegung ‚gerechter' Preise könnte mit einer derartigen Vorgehensweise nicht erreicht werden. Die Kostenstellenrechnung im Rahmen eines IRW soll deshalb folgende Fragen beantworten:

- ***Wo (in welchen Kostenstellen) und in welcher Höhe sind Kosten angefallen?***
- ***Welche Leistungen wurden mit diesen Kosten von den Kostenstellen erbracht?***
- ***Mit welchen Instrumenten und Methoden können die Kosten der Kostenstellen verursachungsgerecht auf die Kostenträger verrechnet werden?***

Zur Beantwortung dieser Fragen greift man in der Kostenstellenrechnung auf ein vierstufiges Bearbeitungsschema zurück. Diese vier Bearbeitungsstufen bilden die Grundlage für die Gliederungssystematik in den nachfolgenden Abschnitten.

- ***Erarbeiten eines Kostenstellenplans des Unternehmens, d.h. das Unternehmen wird nach zweckdienlichen Kriterien in einzelne Kostenstellen aufgesplittet.***
- ***Die Gemeinkosten werden den Kostenstellen zugeordnet, die ursächlich für deren Entstehung verantwortlich sind.***
- ***Bestehen zwischen den Kostenstellen Leistungsbeziehungen, d.h. erstellen bestimmte Unternehmensbereiche Leistungen, die nicht direkt in die Kostenträger einfließen, sondern als Inputs für andere Kostenstellen dienen, sind diese Leistungsbeziehungen mengen- und wertmäßig abzubilden.***
- ***Die Kosten der Kostenstellen, deren Leistungen direkt in die Kostenträger einfließen, sind nach Maßgabe des Verursachungsprinzips auf die Kostenträger zu verteilen.***

2.3.2 Kostenstellen und Kostenstellengliederung

Mit dem Begriff ***Kostenstelle*** bezeichnet man ganz allgemein einen ***eindeutig abgegrenzten Teilbereich eines Unternehmens***, dessen Kosten im IRW isoliert erfasst, abgebildet und verrechnet werden. Die Kriterien, die zur Unterteilung des gesamten Unternehmens in derartige Abrechnungseinheiten herangezogen werden, können sehr unterschiedlich sein. Denkbar ist eine ***Einteilung der Kostenstellen nach Funktionsbereichen*** (Materialkostenstellen, Fertigungskostenstellen, Verwaltungskostenstellen usw.), ***nach organisatorischen Verantwortungsbereichen*** (Rechnungswesenabteilung, Personalabteilung, Entwicklungsabteilung etc.), ***nach räumlichen Gesichtspunkten*** (Werk 1, Werk 2, Schlosserei, Dreherei usw.) oder ***nach abrechnungstechnischen Gesichtspunkten*** (Gebäude, Transport, Energieerzeugung usw.).

Welches Kriterium tatsächlich zum Einsatz kommt, hängt ausschließlich vom Rechnungszweck ab. Für eine Kosten- und Wirtschaftlichkeitskontrolle sollte die Kostenstelleneinteilung in Abhängigkeit von den organisatorischen Verantwortungsbereichen erfolgen. Die Kostenstellenleiter werden dann i.d.R. in den Planungsprozess der Kosten mit einbezogen und haben Abweichungen der Istkosten von den Plankosten zu vertreten. Ist das IRW dagegen als Ist-Vollkostenrechnung konzipiert, ist die Grobeinteilung nach Funktionsbereichen kombiniert mit einer zusätzlichen Feingliederung nach abrechnungstechnischen Aspekten sinnvoll. Für die Qualität der Kostenstellenrechnung ist es dabei essentiell wichtig, bei der Abgrenzung von Kostenstellen darauf zu achten, dass für jede Kostenstelle eindeutige Maßgrößen der Kostenverursachung ermittelbar sind. M.a.W., Kostenstellen sollten so gebildet werden, dass möglichst eindeutige proportionale Beziehungen zwischen den Kosten und den erstellten Leistungen identifiziert werden können.

Vor allem die letztgenannte Bedingung führt dazu, dass ein Unternehmen sich bei der Bildung von Kostenstellen mit einem fundamentalen Entscheidungsproblem konfrontiert sieht. Je detaillierter ein Unternehmen in Kostenstellen aufgesplittet wird, desto besser und genauer lassen sich die Kostenbeziehungen darstellen und analysieren. Wenn jeder einzelne Arbeits- und Maschinenplatz als eigene Kostenstelle abgebildet wird, erhält man das beste (i.S. von verursachungsgerechteste) Ergebnis. Je feiner jedoch die Kostenstellen eingeteilt sind, desto höher ist der Erfassungs- und Abrechnungsaufwand. Aus diesem Grund muss das Management eines Unternehmens in jedem Einzelfall einen Kompromiss zwischen der Genauigkeit der Kostenstellenrechnung (sachlicher Aspekt) und dem mit der Kostenstellenrechnung verbundenen abrechnungstechnischen Aufwand (wirtschaftlicher Aspekt) finden.

Erfolgt die ***Kostenstelleneinteilung sehr detailliert***, ist es aus Gründen einer besseren Übersichtlichkeit sinnvoll, eine ***Kostenstellenhierarchie*** zu bilden, d.h. die Kostenstellen in einer hierarchisch gegliederten Struktur anzuordnen. Wie in Abbildung 7 beispielhaft dargestellt, wird das Gesamtunternehmen bei einer funktionsorientierten Kostenstellenstruktur auf der obersten Gliederungsebene in unterschiedliche Kostenbereiche unterteilt. Auf der zweiten Gliederungsebene werden diese Kostenbereiche in einzelne Kostenstellen aufgesplittet. Zur Erhöhung der Kalkulationsgenauigkeit können die Kostenstellen in der dritten Gliederungsebene noch weiter in einzelne Kostenplätze differenziert sein. In seiner extremsten Ausprägungsvariante bildet jeder einzelne Arbeitsplatz und/ oder jede einzelne Maschine dabei einen eigenständig abgerechneten Kostenplatz.

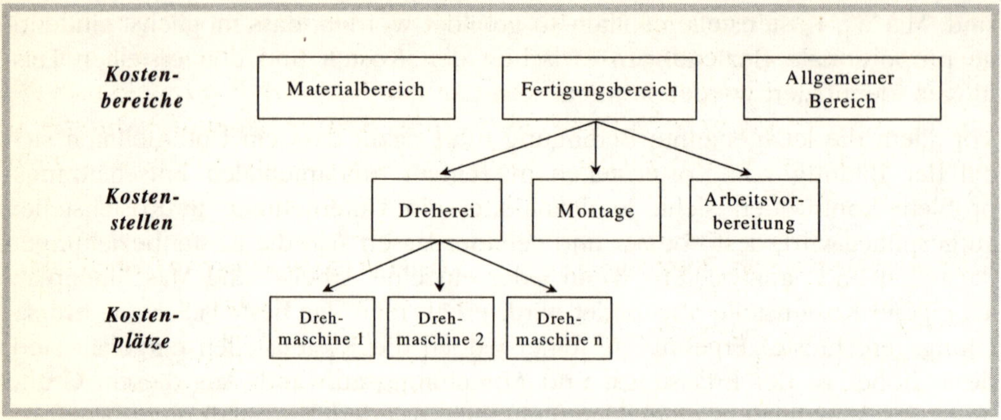

Abbildung 7: Beispiel für eine Kostenstellenhierarchie

Der Materialkostenbereich umfasst typischerweise Kostenstellen wie Einkauf, Warenannahme, Warenprüfung und Materiallager. Das Materiallager könnte wiederum unterteilt sein in ein Roh-, Hilfs- und Betriebsstofflager. Im Fertigungskostenbereich leiten sich die Kostenstellen aus der Art ihrer Beziehung zum Wertschöpfungsprozess ab. Beispiele für Kostenstellen mit direktem Bezug zum Wertschöpfungsprozess sind Dreherei, Fräserei oder Montage. Beispiele für Kostenstellen mit indirektem Bezug zum Wertschöpfungsprozess sind Arbeitsvorbereitung, Qualitätssicherung sowie Termin- und Kapazitätsplanung.

Typische Kostenstellen des Verwaltungskostenbereichs sind Geschäftsführung, Finanz- und Rechnungswesen, Allgemeine Verwaltung, EDV oder Organisation. Unter dem Vertriebskostenbereich werden sämtliche Kostenstellen subsumiert, die sich mit der Lagerung, dem Verkauf und dem Versand von Erzeugnissen befassen. Die Unterteilung in einzelne Kostenstellen kann in funktions- oder objektorientierter Weise erfolgen. Bei einer funktionsorientierten Gliederung ist die Unterteilung in die Kostenstellen Fertigwarenlagerhaltung, Verkauf, Versand usw. typisch. Objektorientierte Kostenstellen sind dagegen in Abhängigkeit von spezifischen Betrachtungsobjekten gebildet, wie beispielsweise Kostenstelle für Produkt 1, Produkt 2, Produkt 3 usw., Kunde 1, Kunde 2, Kunde 3 usw. oder Region 1, Region 2, Region 3 usw. Der Allgemeine Kostenbereich umfasst alle Kostenstellen, die nicht in einen der anderen Bereiche eingeordnet werden können. Allgemeine Kostenstellen sind dadurch gekennzeichnet, dass sie anderen Kostenbereichen eine Art von ‚Dienstleistung' zur Verfügung stellen. Typische Beispiele sind Energieversorgung, Werksambulanz oder ähnliches.

Obwohl es eine allgemeingültige Kostenstellenhierarchie oder einen allgemeingültigen Kostenstellenplan nicht geben kann, greifen viele Unternehmen in der Praxis auf Empfehlungen von Wirtschaftsverbänden oder Forschungsinstituten zurück. Als exemplarisches Beispiel für derartige ***Kostenstellenplan-Muster*** ist in der Abbildung 8 ein Vorschlag des BDI (Bundesverband der deutschen Industrie) dargestellt.

Materialkostenbereich (Beschaffung)
- Einkauf
- Warenannahme und -prüfung
- Materialverwaltung
- Materiallagerung

Fertigungskostensbereich (Fertigung)

a) *Fertigungshilfsstellen*
- Fertigungsvorbereitung
- Betriebsbüro
- Betriebsmittelfertigung
- Zwischenlager
- Werkzeuglager
- Qualitätssicherung

b) *Fertigungshauptstellen*
- Vorfertigung
- Hauptfertigung
- Montage
- Sonderfertigung

Forschungs- und Entwicklungskostenbereich (Entwicklung)
- Forschung und Entwicklung
- Musterbau und -erprobung
- Konstruktion
- Versuche, Erprobung

Verwaltungskostenbereich (Verwaltung)
- Unternehmensleitung
- Personalverwaltung
- Finanz-/ Rechnungswesen
- Spezielle Verwaltungsdienste
- Allgemeine Verwaltung

Vertriebskostenbereich (Vertrieb)
- Verkaufsvorbereitung
- Akquisition/ Verkauf
- Auftragsabwicklung
- Fertigwarenlager, Verpackung, Versand
- Kundendienst

Allgemeiner Kostenbereich
- Grundstücke und Gebäude
- Energieversorgung
- Transport
- Instandhaltung
- Allgemeiner Werksdienst
- Sozialeinrichtungen

Abbildung 8: Muster-Kostenstellenplan des BDI

Liegt der mehr oder weniger ausdifferenzierte, funktionsorientierte Kostenstellenplan vor, müssen die einzelnen Kostenstellen dieses Plans nach abrechnungstechnischen Kriterien in Haupt- und Hilfskostenstellen differenziert werden. Als ***Hauptkostenstellen*** sind dabei alle Kostenstellen bezeichnet, deren Kosten den Produkten direkt zugerechnet werden. M.a.W., alle Kostenstellen, die direkt mit der Be- oder Verarbeitung von Marktleistungen zu tun haben, wie die direkt produktiven Fertigungskostenstellen (Bsp. Dreherei, Bohrerei) sind Hauptkostenstellen.

Hilfskostenstellen dagegen sind Kostenstellen, deren Leistungen nicht am Markt abgesetzt, sondern nur innerbetrieblich ge- oder verbraucht werden. Typische Beispiele für Hilfskostenstellen sind: Reparaturwerkstatt, Arbeitsvorbereitung, Innerbetrieblicher Transport oder Energieerzeugung. Da die Leistungen von Hilfskostenstellen i.d.R. keinen direkten Bezug zu den abgesetzten Produkten (Kostenträger) aufweisen, können die Kosten der Hilfskostenstellen den Produkten auch nicht direkt zugerechnet werden. Es ist daher notwendig, die Kosten der Hilfskostenstellen zunächst denjenigen Hauptkostenstellen zuzurechnen, die ihre Leistungen in Anspruch genommen haben. Erst über diese Form der indirekten Kostenverrechnung, die man als innerbetriebliche Leistungsverrechnung bezeichnet, können die Selbstkosten der Kostenträger verursachungsgerecht ermittelt werden. Einschränkend sei jedoch darauf hingewiesen, dass dies nur bei einer strengen Auslegung des Verursachungsprinzips gilt. In der Praxis ist die Grenze zwischen Hilfs- und Hauptkostenstellen fließend. Je nach subjektiver Einschätzung des verantwortlichen Kostenrechners werden beispielsweise die Forschungs-, Entwicklungs- oder Konstruktionsstellen bei einem Unternehmen als Hilfskostenstellen, bei einem anderen als Hauptkostenstellen behandelt.

2.3.3 Der Betriebsabrechnungsbogen (BAB)

In der Unternehmenspraxis wird die Kostenstellenrechnung überwiegend in statistisch-tabellarischer Form mit Hilfe eines ***Betriebsabrechnungsbogens (BAB)*** durchgeführt. Hinter der Bezeichnung Betriebsabrechnungsbogen verbirgt sich eine Tabelle, in der in den Spalten die einzelnen Kostenstellen des Kostenstellenplans und in den Zeilen die unterschiedlichen Gemeinkostenarten eingetragen werden (vgl. Abbildung 10: Verteilungsgrundlagen ausgewählter Gemeinkostenarten). Die Kostenstellenrechnung mit einem BAB wird grundsätzlich nach folgendem Schema durchgeführt:

Stufe 1: Die in der Kostenartenrechnung ausgewiesenen Gemeinkosten werden möglichst verursachungsgerecht auf die Kostenstellen „verteilt".

Stufe 2: Die Kostenstellenkosten der Hilfskostenstellen werden den Hauptkostenstellen möglichst verursachungsgerecht zugerechnet.

Stufe 3: Für jede Hauptkostenstelle werden Kalkulationszuschlagssätze ermittelt, mit deren Hilfe die gesamten Kosten der Hauptkostenstellen verursachungsgerecht auf die Kostenträger zugerechnet werden können.

Bereits anhand dieser groben Skizzierung wird deutlich, dass in der Kostenstellenrechnung keinerlei Kosten hinzugefügt oder entfernt werden. Betrachtet man Input und Output der Kostenstellenrechnung, verändert sich an der Gesamtsumme der Kosten nichts. Bei allen Rechenoperationen im BAB werden die Gemeinkosten nur umverteilt bzw. anders zugeordnet. Die Tatsache, dass Input und Output jeder Abrechnungsstufe im BAB betragsmäßig stets gleich hoch sind, kann man sich für eine einfache Rechenkontrolle zunutze machen. Abgesehen von Rundungsabweichungen impliziert eine Differenz zwischen Input und Output zwangsläufig einen Fehler in den Rechenoperationen.

Kostenstellen / *Kostenarten*		**Hilfskostenstellen**	**Hauptkostenstellen**	
		HiKSt 1 HiKSt 2 ... HiKSt n	HaKSt 1 HaKSt 2 ... HaKSt n	
Primäre Kostenstellenkosten	Kostenstelleneinzelkosten	Ermitteln der direkt den Kostenstellen zurechenbaren Gemeinkosten		Stufe 1
	Kostenstellengemeinkosten	Verteilen der den Kostenstellen nicht-direkt zurechenbaren Gemeinkosten		
Sekundäre Kostenstellenkosten		Durchführen der innerbetrieblichen Leistungsverrechnung (Umlage der Kosten der Hilfskostenstellen auf die Hauptkostenstellen)		Stufe 2
Gesamtkosten der KSt		*Theoretisch gleich Null*	*Gesamte Gemeinkosten, verteilt auf die HaKST*	Stufe 3
Kalkulationssätze			Ermittlung von Kalkulationssätzen zur Verrechnung der Gemeinkosten auf die Kostenträger	

Abbildung 9: Struktur des Betriebsabrechnungsbogens (BAB)

Verteilung der Gemeinkosten auf die Kostenstellen

In der ***ersten Abrechnungsstufe*** des BAB werden die in der Kostenartenrechnung ausgewiesenen Gemeinkosten auf die Kostenstellen verteilt, die die jeweiligen Gemeinkosten verursacht haben. Um deutlich zu machen, dass es sich bei diesen Gemeinkosten um den bewerteten Verbrauch originärer Produktionsfaktoren handelt, d.h. Produktionsfaktoren, die ein Unternehmen von der Umwelt bezogen hat, spricht man von primären Gemeinkosten. Entsprechend bezeichnet man den bewerteten Verbrauch von innerbetrieblichen Leistungen als sekundäre Gemeinkosten bzw. sekundäre Kostenstellenkosten. Sekundäre Gemeinkosten tauchen somit erst auf, wenn die Kosten der Hilfskostenstellen auf die Hauptkostenstellen umgelegt werden. Anders formuliert bedeutet dies, dass alle in der Kostenartenrechnung ausgewiesenen Gemeinkosten grundsätzlich primäre Gemeinkosten darstellen.

Unter dem Primat des Verursachungsprinzips erscheint es unmittelbar einsichtig, dass der theoretische Idealfall die direkte Verteilung aller Gemeinkosten auf die einzelnen Kostenstellen ist. In praktischer Hinsicht hätte eine vollständige direkte Verteilung zur Folge, dass aus den Belegen der Kostenartenrechnung direkt abgelesen werden können muss, welche Kostenstelle den betreffenden Güterverbrauch verursacht hat. Bei einzelnen Gemeinkostenarten ist dies jedoch technisch unmöglich (z.B. Prämien für die Feuerversicherung eines Unternehmens) oder aber wirtschaftlich nicht sinnvoll (z.B. Energiekosten). Theoretisch wäre es wohl denkbar, jede einzelne Kostenstelle mit einem eigenen Stromzähler auszustatten. Die dafür notwendigen finanziellen Mittel stehen jedoch im Regelfall in keinem betriebswirtschaftlich sinnvollen Verhältnis zum zusätzlichen Informationsgewinn. Aus diesem Grund werden in der Unternehmenspraxis i.d.R. nur die Gemeinkostenarten direkt erfasst, die auf Grund der Kostenhöhe bedeutend für das jeweilige Unternehmen sind oder für die eine kostenstellenbezogene Erfassung relativ einfach realisiert werden kann (vgl. Abbildung 10: Verteilungsgrundlagen ausgewählter Gemeinkostenarten).

Für alle Gemeinkostenarten, die den Kostenstellen nur indirekt zugerechnet werden, sind Verteilungsschlüssel zu wählen, die dem Verursachungsprinzip so weit wie möglich genüge tun. D.h., die verwendeten Schlüsselgrößen müssen einen linearen, funktionalen Zusammenhang zwischen der Anzahl der verbrauchten Einheiten der Schlüsselgröße und der jeweiligen Kostenbelastung aufweisen. In Abhängigkeit von der Bezugsbasis unterscheidet man dabei zwischen Wertschlüsseln und Mengenschlüsseln. Bei Wertschlüsseln werden die Gemeinkosten mit Hilfe von monetären Bezugsbasen verteilt. Typische Beispiele für monetäre Bezugsbasen sind Kostengrößen (Löhne, Gehälter, Materialkosten usw.), Umsatz- und Erfolgswerte (Betriebserfolg, Umsatz usw.) sowie Bestandswerte (Wert der Anlagen, Lagerbestandswerte usw.). Bei Mengenschlüsseln werden die Gemeinkosten auf die einzelnen Kostenstellen auf der Basis von physikalisch-technischen Größen verteilt. Typische Beispiele sind Zeitgrößen (Fertigungs-, Rüst-, Maschinenstunden usw.), Raumgrößen (Länge, Fläche, Volumen usw.) oder sonstige physikalisch-technische Größen (Zahl der installierten Anlagen, Zahl der produzierten oder verkauften Mengeneinheiten, Gewichte usw.). Darüber hinaus wird häufig auf die Mitarbeiterzahl als Schlüsselgröße zurückgegriffen.

In der folgenden Abbildung sind beispielhaft einige Gemeinkostenarten sowie die üblicherweise eingesetzte Verteilungsgrundlage für diese Kostenarten aufgeführt. Darüber hinaus ist auch die Verteilungsmethode angegeben.

Gemeinkostenart	Verteilungsgrundlage	Methode
Gehälter	Gehaltslisten	direkt
Zusatz-/ Hilfslöhne	Zusatzlohnscheine	direkt
Sozialkosten	Bruttolöhne und Bruttogehälter	indirekt
Betriebsstoffkosten	Materialentnahmescheine	direkt
Büromaterialkosten	Materialentnahmescheine	direkt
Fremdreparaturkosten	Rechnungsbeträge	direkt
Mieten	Mietzinsen	direkt
Kalkulatorische Mieten	Flächenanteil	indirekt
Portokosten	Postausgangsbuch	direkt
Telefonkosten	Telefonkostenaufstellung	direkt
Eigenreparaturen	Reparaturstunden	indirekt
Innerbetrieblicher Transport	(Tonnen-)Kilometer	indirekt
Kalk. Abschreibungen	Werte laut Anlagekonten	direkt
Kalkulatorische Zinsen	Werte laut Anlagekonten	direkt
Energiekosten	Zählerstände der Stromzähler	direkt/ indirekt

Abbildung 10: Verteilungsgrundlagen ausgewählter Gemeinkostenarten

BEISPIEL ZUR ERSTEN BEARBEITUNGSSTUFE DES BAB

Das Beispielunternehmen verfügt insgesamt über sechs Kostenstellen, wobei zwei Kostenstellen Hilfskostenstellen (Wartung/ Reparatur, Arbeitsvorbereitung) und vier Kostenstellen Hauptkostenstellen sind (Materialbereich, Fertigungskostenstelle 1, Fertigungskostenstelle 2, Verwaltungs- und Vertriebsbereich) sind. Sämtliche Basisinformationen der Kostenstellenrechnung sind in der folgenden Tabelle zusammengefasst. In der ersten Spalte sind die primären Gemeinkostenarten aufgeführt, die zweite Spalte enthält die im Beispielunternehmen verwendeten Verteilungsgrundlagen, in der dritten Spalte sind die Kostensummen der Gemeinkostenarten aus der Kostenartenrechnung ausgewiesen (Summe 286.386 EUR) und die Spalten 4 bis 9 beinhalten die jeweiligen Werte der Bezugsbasen bzw. Schlüsselgrößen.

Wie aus der Tabelle ersichtlich ist, werden die Gemeinkostenarten Hilfs- und Betriebsstoffkosten sowie Hilfslöhne den Kostenstellen direkt zugeordnet. Die aufgeführten Beträge können daher direkt in den BAB des Unternehmens übernommen werden. Da sämtliche anderen Gemeinkostenarten Kostenstellengemeinkosten darstellen, sind die Beträge, mit denen die Kostenstellen im BAB belastet werden, zunächst mit Hilfe der angegebenen Schlüsselgrößen zu ermitteln. Exemplarisch wird dies nachfolgend für die Energiekosten durchgeführt, die laut Kostenartenrechnung insgesamt 2.000.- EUR betragen.

1. Schritt: Ermitteln der Gesamtverbrauchsmenge an Energie durch Summieren der Energieverbräuche aller Kostenstellen (Energieverbrauch = 2.500 kWh)
2. Schritt: Ermitteln der Kosten pro Energieeinheit durch die Division der gesamten Energiekosten mit der Gesamtsumme an verbrauchter Energie (Kosten pro Energieeinheit = 0,8 EUR/ kWh)
3. Schritt: Ermitteln der anteiligen Kosten je Kostenstelle durch Multiplikation der von jeder Kostenstelle verbrauchten Energiemenge mit den Kosten je Energieeinheit (z.B.: Kosten des Fertigungskostenstelle 1 = 720 EUR)

Kostenart	Schlüssel-größe	Betrag lt. Kostenarten-rechnung	Wartung/ Reparatur	Material-bereich	Fertigungsbereich			Verwaltung / Vertrieb
					Arbeitsvor-bereitung	Fertigung 1	Fertigung 2	
Energie	kWh lt. Stromzähler	2.000 EUR	220 kWh	200 kWh	100 kWh	900 kWh	930 kWh	150 kWh
Kalk. Mieten	Genutzte Fläche	50.000 EUR	300 qm	200 qm	30 qm	720 qm	970 qm	280 qm
Hilfs-/ Betriebs-stoffe	Material-entnahme-scheine	42.848 EUR	2.000 EUR	1.000 EUR	101 EUR	14.535 EUR	23.532 EUR	1.680 EUR
Hilfslöhne	Lohnliste	24.138 EUR	2.500 EUR	2.000 EUR	300 EUR	7.900 EUR	9.500 EUR	1.938 EUR
Kalk. Abschrei-bung	Anlage-konten	140.000 EUR	230.000 EUR	40.000 EUR	1.000 EUR	500.000 EUR	609.000 EUR	20.000 EUR
Büro-material	Zahl der Mitarbeiter (MA)	9.400 EUR	30 MA	30 MA	3 MA	237 MA	152 MA	18 MA

Wird diese Rechnung für jede Gemeinkostenart und für jede Kostenstelle durchgeführt und die jeweiligen Ergebnisse in den BAB übernommen, erhält man nach Abschluss der ersten Abrechnungsstufe des BAB folgende primären Gemeinkosten je Kostenstelle:

Kostenart	Betrag	Wartung / Reparatur	Materialbereich	Fertigungsbereich			Verwaltung/ Vertrieb
				Arbeitsvorbereitung	Fertigung 1	Fertigung 2	
Energie	2.000 EUR	176 EUR	160 EUR	80 EUR	720 EUR	744 EUR	120 EUR
Kalk. Mieten	50.000 EUR	6.000 EUR	4.000 EUR	600 EUR	14.400 EUR	19.400 EUR	5.600 EUR
Hilf-/ Betriebsstoffe	42.848 EUR	2.000 EUR	1.000 EUR	101 EUR	14.535 EUR	23.532 EUR	1.680 EUR
Hilfslöhne	24.138 EUR	2.500 EUR	2.000 EUR	300 EUR	7.900 EUR	9.500 EUR	1.938 EUR
Abschreibung	140.000 EUR	23.000 EUR	4.000 EUR	100 EUR	50.000 EUR	60.900 EUR	2.000 EUR
Büromaterial	9.400 EUR	600 EUR	600 EUR	60 EUR	4.740 EUR	3.040 EUR	360 EUR
Summe primäre GK	286.386 EUR	36.100 EUR	12.160 EUR	1.401 EUR	97.175 EUR	126.772 EUR	12.778 EUR

Innerbetriebliche Leistungsverrechnung

Nachdem die primären Gemeinkosten aus der Kostenartenrechnung verursachungsgerecht auf die einzelnen Kostenstellen verteilt und in den BAB übertragen wurden, müssen in der ***zweiten Abrechnungsstufe*** des BAB die Kosten der Hilfskostenstellen auf die Hauptkostenstellen verrechnet werden. Diesen Vorgang bezeichnet man als innerbetriebliche Leistungsverrechnung. Inhaltlich ist eine derartige Verrechnung notwendig, da ein Unternehmen im Rahmen des Wertschöpfungsprozesses i.d.R. neben Markt- bzw. Absatzleistungen auch Leistungen erstellt, die es selbst wieder verbraucht. Typische Beispiele für derartige Eigen- oder innerbetriebliche Leistungen sind selbsterzeugter Strom, innerbetriebliche Transportleistungen, Eigenreparaturen sowie selbsterstellte Modelle, Anlagen, Gebäude usw. Können die erzeugten innerbetrieblichen Leistungen über mehrere Perioden genutzt werden (z.B. selbsterstellte Gebäude oder Maschinen), ist die Erfassung und Bewertung relativ unproblematisch. Die Eigenleistungen werden dann als Kostenträger kalkuliert und wie fremdbezogene Produktionsfaktoren behandelt, d.h. der Werteverzehr einer Periode wird über kalkulatorische Abschreibungen und kalkulatorische Zinsen erfasst. Da diese innerbetrieblichen Leistungen damit in der Vermögensrechnung eines Unternehmens berücksichtigt werden, bezeichnet man sie auch als aktivierbare innerbetriebliche Leistungen. Werden die innerbetrieblichen Leistungen jedoch in der gleichen Periode, in der sie erstellt werden, auch verbraucht (z.B. eigenerzeugter Strom), sieht die Erfassung, Bewertung und Verrechnung der Kosten der Leistungserstellung etwas komplizierter aus.

Innerbetriebliche Leistungen werden i.d.R. von Hilfskostenstellen erbracht. Gemäß dem Verursachungsprinzip müssen die Kosten der Leistungserstellung, d.h. die Summe der primären Gemeinkosten der Hilfskostenstellen, anteilig all den Kostenstellen angelastet werden, die die innerbetrieblichen Leistungen in Anspruch genommen haben. Rein rechentechnisch hat die Anwendung des Verursachungsprinzips zur Folge, dass die gesamten primären Gemeinkosten der Hilfskostenstellen in voller Höhe als sekundäre Gemeinkosten auf die Hauptkostenstellen weiterzuverrechnen sind. Im theoretischen Fall, dass jede Hilfskostenstelle ihre Leistungen genau an eine Hauptkostenstelle liefern würde, wäre die innerbetriebliche Leistungsverrechnung sehr einfach. Die Hauptkostenstelle bekäme die gesamten primären Gemeinkosten der Hilfskostenstelle angelastet. In der Praxis sehen die Leistungsverflechtungen jedoch erheblich komplexer aus. So ist es beispielsweise denkbar, dass eine Hilfskostenstelle ihre Leistungen an mehrere Hauptkostenstellen abgibt oder dass die Hilfskostenstellen auch untereinander Leistungen austauschen. Abbildung 11 veranschaulicht schematisch die wesentlichen ***Grundformen der Leistungsverflechtung*** zwischen Kostenstellen.

Typ 1 ist der einfachste Fall einer Leistungsbeziehung zwischen Kostenstellen. Er ist durch eine Leistungsverflechtung gekennzeichnet, bei der die Kostenstelle, die eine innerbetriebliche Leistung produziert, ihre Leistungen direkt an eine oder mehrere Kostenstellen abgibt, ohne selbst innerbetriebliche Leistungen zu empfangen. Bei der als Typ 2 bezeichneten Leistungsbeziehung gibt die produzierende Kostenstelle die von ihr produzierte Leistung direkt und indirekt an mehrere Kostenstellen ab. Wie beim Typ 1 fließt der Leistungsstrom dabei jedoch ausschließlich in eine Richtung, d.h. keine Kostenstelle liefert innerbetriebliche Leistungen an im Wertschöpfungsprozess vorgelagerte Kostenstellen. Bei der vor allem für mittlere und größere Unternehmen typischen Form der Leistungsverflechtung (Typ 3 und 4) liefern die Kostenstellen Leistungen an eine oder mehrere andere Kostenstellen. Gleichzeitig empfangen sie jedoch auch Leistungen von diesen anderen Kostenstellen. Eine derartige wechselseitige Leistungsverflechtung liegt beispielsweise vor, wenn die Hilfskostenstelle Instandhaltung u.a. den Fuhrpark der Hilfskostenstelle Innerbetrieblicher Transport instandhält, aber gleichzeitig innerbetriebliche Transportleistungen von dieser Hilfskostenstelle in Anspruch nimmt.

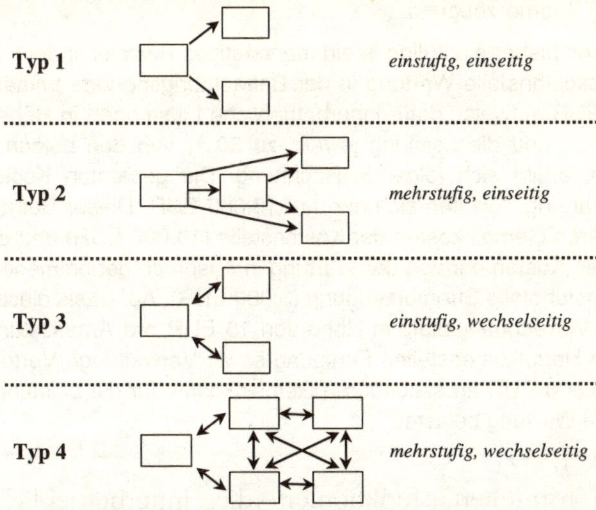

Abbildung 11: Grundtypen innerbetrieblicher Leistungsverflechtungen

Die Verflechtungstypen 1 und 2 bereiten kostenrechnerisch nur wenig Probleme. Ähnlich wie bei der Vorgehensweise zur indirekten Verteilung der Gemeinkosten auf die Kostenstellen werden die Kosten der innerbetrieblichen Leistung bzw. die Kostenstellenkosten der liefernden Hilfskostenstelle in einem mehrstufigen Verfahren verursachungsgerecht auf die die Leistung in Anspruch nehmenden Hilfs- und Hauptkostenstellen verteilt.

BEISPIEL FÜR EINSTUFIGE UND MEHRSTUFIGE LEISTUNGSVERPFLECHTUNGEN

Ein Unternehmen verfügt über ein eigenes Kraftwerk, das im Kostenstellenplan als Hilfskostenstelle Stromerzeugung ausgewiesen ist. Diese Hilfskostenstelle liefert als innerbetriebliche Leistung Strom an alle anderen Kostenstellen des Unternehmens. Im ersten Schritt wird zunächst die in der Periode produzierte Gesamtleistung der Kostenstelle ermittelt. Im betrachteten Beispiel wird davon ausgegangen, dass die Stromerzeugung 10.000 kWh Strom erzeugt hat. Im zweiten Schritt sind die Kosten pro Leistungseinheit zu ermitteln. Dazu werden die gesamten Kosten der Hilfskostenstelle Stromerzeugung durch die Gesamtleistung dividiert. Weist die Stromerzeugung insgesamt beispielsweise 30.000 EUR primäre Gemeinkosten auf, resultieren daraus Kosten in Höhe von 3 EUR pro kWh Strom. Im dritten Schritt erfolgt eine Verrechnung der Kosten auf jede empfangende Kostenstelle auf Basis ihres Anteils am Gesamtverbrauch. Hat beispielsweise die Wartung 1.000, die Fertigung 7.000 und die Kostenstelle Verwaltung/ Vertrieb 2.000 kWh Strom empfangen, entfallen auf die Wartung 3.000 EUR, auf die Fertigung 21.000 EUR und auf die Kostenstelle Verwaltung/ Vertrieb 6.000 EUR Kosten der innerbetrieblichen Leistung Stromerzeugung.

Überführt man dieses bisher einstufige in ein mehrstufiges Beispiel, indem davon ausgegangen wird, dass die Hilfskostenstelle Wartung in der Betrachtungsperiode primäre Gemeinkosten in Höhe von 10.000 EUR aufweist, dafür innerbetriebliche Leistungen in Höhe von 1.000 Arbeitsstunden erbracht hat, und die Leistung jeweils zu 50 % von den beiden Hauptkostenstellen nachgefragt wurde, ergibt sich folgende Rechnung: Die gesamten Kostenstellenkosten der Hilfskostenstelle Wartung belaufen sich nun auf 13.000 EUR. Dieser Betrag setzt sich zusammen aus den primären Gemeinkosten der Kostenstelle (10.000 EUR) und den sekundären Gemeinkosten, d.h. den Kosten der von der Wartung in Anspruch genommenen innerbetrieblichen Leistung der Hilfskostenstelle Stromerzeugung (3.000 EUR). Auf Basis dieser Kostenstellenkosten ergibt sich ein Verrechnungssatz in Höhe von 13 EUR pro Arbeitsstunde der Hilfskostenstelle Wartung. Die Hauptkostenstellen Fertigung sowie Verwaltung/ Vertrieb werden entsprechend jeweils mit 6.500 EUR an sekundären Gemeinkosten für die Leistungsinanspruchnahme der Hilfskostenstelle Wartung belastet.

Verallgemeinert formuliert, funktioniert die innerbetriebliche Leistungsverrechnung bei einseitigen Leistungsverflechtungen folgendermaßen: Die primären Gemeinkosten der Hilfskostenstelle, die keine innerbetrieblichen Leistungen von anderen Kostenstellen bezieht, werden auf Basis der Leistungsinanspruchnahme auf die nachgelagerten Stellen verrechnet. Im Anschluss daran werden die Kostenstellenkosten der nächsten Hilfskostenstelle, die jetzt auch sekundäre Gemeinkosten der ersten Hilfskostenstelle enthalten, auf die anderen Hilfs- und Hauptkostenstellen verrechnet usw. Aufgrund der stufenweisen Verrechnung der einzelnen Hilfskostenstellen bezeichnet man dieses Verfahren der innerbetrieblichen Leistungsverrechnung auch als ***Stufenleiterverfahren*** oder Treppenumlage (vgl. Abb. 12).

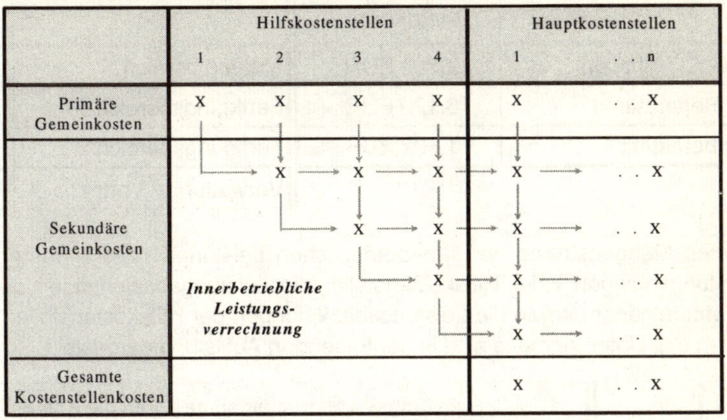

Abbildung 12: Schematische Darstellung des Stufenleiterverfahrens

Einseitige Leistungsverflechtungen kommen in der Praxis nur sehr selten vor. Für das IRW hat dies zur Folge, dass entweder ein komplizierteres Verrechnungsverfahren Anwendung finden oder aber auf die Erfassung und Verrechnung der wechselseitigen Beziehungen verzichtet wird. Die damit zwangsläufig einhergehende Ungenauigkeit der Rechnung wird dabei von vielen Unternehmen zu Gunsten des einfachen Rechenverfahrens in Kauf genommen. Aus diesem Grund wird in diesem Beitrag auch auf die detaillierte Darstellung eines komplizierteren Verfahrens, das wechselseitige Leistungsbeziehungen zwischen Hilfskostenstellen berücksichtigt vollständig verzichtet und auf die weiterführende Literatur verwiesen.

BEISPIEL ZUR ANWENDUNG DES STUFENLEITERVERFAHRENS

Das Beispielunternehmen verfügt über drei Hilfskostenstellen (Innerbetrieblicher Transport, Wartung/ Reparatur, Arbeitsvorbereitung) und vier Hauptkostenstellen (Materialkostenstelle, Fertigungskostenstelle 1, Fertigungskostenstelle 2, Verwaltungs- und Vertriebsbereich). In der ersten Abrechnungsstufe des BAB wurden primäre Gemeinkosten in Höhe von 261.157 EUR ermittelt, die sich folgendermaßen auf die Kostenstellen verteilen:

Hilfskostenstellen	Primäre Gemeinkosten	Hauptkostenstellen	Primäre Gemeinkosten
Innerbetriebl. Transport	2.800 EUR	Materialbereich	12.160 EUR
Wartung/ Reparatur	8.120 EUR	Fertigungsbereich 1	97.175 EUR
Arbeitsvorbereitung	1.402 EUR	Fertigungsbereich 2	126.722 EUR
		Verwaltung-/ Vertrieb	12.778 EUR

Die gesamten Mengenströme der innerbetrieblichen Leistungen des Unternehmens, d.h. die Gesamtleistungsmengen jeder Hilfskostenstelle, die Leistungsbeziehungen der drei Hilfskostenstellen untereinander sowie die Leistungsbeziehungen der Hilfskostenstellen mit den Hauptkostenstellen des Unternehmens sind in der folgenden Auflistung dargestellt.

Leistungs-abgabe der KST	Gesamt-leistung	Leistungsinanspruchsnahme durch die Kostenstelle						
		Innerb. Trans-port	Wartung/ Repa-ratur	Material-bereich	Arbeits-vorbe-reitung	Ferti-gung 1	Ferti-gung 2	Verwal-tung/ Ver-trieb
Innerbetr. Transport	1000 km	0 km	100 km	300 km	10 km	180 km	120 km	290 km
Wartung/ Reparatur	840 h	0 h	0 h	20 h	10 h	330 h	460 h	20 h
Arbeitsvor-bereitung	582 h	0 h	0 h	0 h	0 h	291 h	291 h	0 h

Wie der Auflistung entnommen werden kann, weisen die Hilfskostenstellen keinerlei wechselseitige Leistungsbeziehungen auf, so dass das Stufenleiterverfahren ohne Probleme eingesetzt werden kann. Sind für das Beispielunternehmen alle Verrechnungswerte der innerbetrieblichen Leistungsverrechnung ermittelt und werden die Ergebnisse in den entsprechenden Teil des BAB übertragen, erhält man das folgende Bild:

Kostenart	Allg. Kostenstellen		Material-bereich	Fertigungsbereich			Verwal-tung/ Vertrieb
	Innerbetr. Transport	Wartung/ Reparatur		Arbeits-vorbe-reitung	Fertigung 1	Fertigung 2	
Summe primäre GK	**2.800 EUR**	**8.120 EUR**	**12.160 EUR**	**1.402 EUR**	**97.175 EUR**	**126.722 EUR**	**12.778 EUR**
sek. GK: Transport	--	280 EUR	840 EUR	28 EUR	504 EUR	336 EUR	812 EUR
sek. GK: Wartung	--	--	200 EUR	100 EUR	3.300 EUR	4.600 EUR	200 EUR
sek. GK: Arbeitsvorb.	--	--	--	--	765 EUR	765 EUR	--
Ist-Gemein-kosten	**--**	**--**	**13.200 EUR**	**--**	**101.744 EUR**	**132.423 EUR**	**13.790 EUR**

Bildung von Kalkulationssätzen

Nach der innerbetrieblichen Leistungsverrechnung weist der BAB nur noch Kosten für die Hauptkostenstellen auf. Für diese Kosten sind in der ***dritten Abrechnungsstufe*** Verrechnungsschlüssel festzulegen, die eine verursachungsgerechte Zuordnung der Kosten auf Kostenträger ermöglichen. Die kostenträgerbezogenen Verrechnungsschlüssel werden in der Fachterminologie als ***Gemeinkosten-Kalkulationssätze*** oder als Kalkulationssätze bezeichnet. Ruft man sich die Tatsache ins Gedächtnis, dass Kalkulation der Fachausdruck für die Ermittlung von Selbstkosten ist und dass die Selbstkostenermittlung die zentrale Aufgabe der Kostenträgerrechnung bildet, wird offensichtlich, warum die dritte Abrechnungsstufe des BAB als Bindeglied zwischen Kostenstellen- und Kostenträgerrechnung bezeichnet wird.

Das kostenrechnerisch größte Problem bei der Bildung von Kalkulationssätzen stellt die Wahl einer verursachungsgerechten Bezugsgröße für jeden Kostenbereich bzw. jede Kostenstelle dar. Da dieses Problem für die Qualität einer Vollkostenrechnung mit dem Primat der Verursachungsgerechtigkeit entscheidend ist, wird darauf im nächsten Kapitel ausführlich eingegangen. Aus Gründen der Vollständigkeit der Darstellung des BAB wird das Problem jedoch bereits hier kurz skizziert.

Ganz allgemein werden Kalkulationssätze dadurch ermittelt, dass die Kostenstellenkosten der Hauptkostenstellen ins Verhältnis zu einer Bezugsgröße gesetzt werden. Analog zu den im Rahmen der innerbetrieblichen Leistungsverrechnung dargestellten Anforderungen an die Ermittlung von Verrechnungssätzen ist auch bei der Wahl von Bezugsgrößen zur Bildung von Kalkulationssätzen darauf zu achten, dass die jeweilige Bezugsgröße einen Maßstab der Kostenverursachung darstellt. D.h. zwischen der Höhe der Kostenstellenkosten eines Kostenbereich oder einer Kostenstelle und der Bezugsgröße sollte ein eindeutiger, proportionaler Zusammenhang bestehen. Handelt es sich bei der Bezugsgröße um eine Wertgröße (z.B. Einzelkosten), ist der Kalkulationssatz ein prozentualer Wert; handelt es sich bei der Bezugsgröße dagegen um eine Mengen- oder Zeitgröße (z.B. Leistungsmenge der Kostenstelle oder Produktionszeit), besitzt der Kalkulationssatz die Dimension Euro pro Stück bzw. Euro pro Zeiteinheit.

Die typische Bezugsgröße zur Verrechnung der Gemeinkosten auf die Kostenträger im Materialkostenbereich bzw. der Materialkostenstelle bildet die Höhe der gesamten Materialeinzelkosten. Dies bedeutet, dass eine ***Proportionalität zwischen*** der Höhe der gesamten ***Materialgemeinkosten*** (=Kostenstellenkosten des Materialkostenbereichs) ***und*** der Höhe der gesamten ***Materialeinzelkosten*** unterstellt wird. Verbal interpretiert, bedeutet ein Materialgemeinkostenzuschlagssatz von beispielsweise 30%, dass die Materialgemeinkosten nach folgendem Schema auf die einzelnen Kostenträger verteilt werden: Für jede Einheit der Materialeinzelkosten werden anteilige Materialgemeinkosten in Höhe von 30% verrechnet. Hat ein Kostenträger beispielsweise Materialeinzelkosten in Höhe von 20 Euro verursacht, werden ihm anteilige Materialgemeinkosten von 6 Euro zugerechnet. Im Fertigungskostenbereich werden üblicherweise Bezugsgrößen wie Fertigungseinzelkosten, Produktionsmengen, Maschinenstunden oder Rüstzeiten eingesetzt. Kommen in einem Unternehmen beispielsweise Maschinenstunden zum Einsatz, geht der verantwortliche Kostenrechner davon aus, dass die Fertigungsgemeinkosten dann verursachungsgerecht auf die Kostenträger verteilt werden, wenn als Verteilungsschlüssel die von den Kostenträgern jeweils benötigte Bearbeitungszeit auf den einzelnen Produktionsanlagen verwendet wird. Der im BAB ausgewiesene Kalkulationssatz drückt damit nichts anders aus, als die Kosten einer Maschinenstunde oder die Kosten der Benutzung der Fertigungsanlagen für die Dauer einer Stunde. Ermittelt wird dieser, auch als Maschinenstundensatz bezeichnete, Gemeinkostenzuschlagssatz durch die Division der gesamten Kostenstellenkosten des Fertigungskostenbereichs (Fertigungsgemeinkosten) durch die Zeitdauer, die die Fertigungsanlagen insgesamt zur Produktion zur Verfügung standen. So würde beispielsweise ein Kostenträger, dessen Produktionszeit zwei Stunden beträgt, bei einem Maschinenstundensatz von 20 Euro pro Stunde mit anteiligen

Fertigungsgemeinkosten in Höhe von 40 Euro belastet. Im Verwaltungs- und Vertriebskostenbereich sind verursachungsgerechte Bezugsgrößen nur sehr schwer zu identifizieren. Aus diesem Grund werden die Verwaltungs- und Vertriebsgemeinkosten den einzelnen Kostenträgern i.d.R. auf Basis der jeweiligen Herstellkosten zugerechnet. Alternativ zu den Herstellkosten werden im Vetriebskostenbereich z.T. auch Mengengrößen wie beispielsweise das Verladegewicht eingesetzt.

BEISPIEL ZUR ERMITTLUNG VON KALKULATIONSSÄTZEN

In der folgenden Tabelle sind die alle für Bildung von Kalkulationssätzen relevanten Informationen in einem Unternehmen zusammengestellt. Die ersten beiden Spalten enthalten die aus dem BAB entnommenen Hauptkostenstellen bzw. Kostenbereiche sowie deren jeweilige Kostenstellenkosten nach der zweiten Anrechnungsstufe des BAB. In der dritten Spalte sind die Bezugsgrößen zur Ermittlung der Kalkulationssätze dargestellt, die im Beispielunternehmen eingesetzt werden sollen. Die letzte Spalte schließlich enthält die Werte der jeweiligen Bezugsgröße in der aktuellen Periode. In der Unternehmenspraxis können diese Werte teilweise aus der Kostenartenrechnung (Einzelkosten), aus Aufzeichnungen des Produktionsbereichs (Maschinenstunden) oder aus Vertriebsberichten (Verladegewicht) entnommen werden.

Kostenbereich oder Kostenstelle	Kostenstellen-kosten laut BAB	Bezugsgröße	Wert der Bezugsgröße
Materialbereich	13.200 EUR	Materialeinzelkosten	44.000 EUR
Fertigung 1	107.744 EUR	Fertigungslöhne	53.872 EUR
Fertigung 2	132.423 EUR	Maschinenstunden	2.200 Stunden
Verwaltung/ Vertrieb	13.790 EUR	Herstellkosten	351.239 EUR

Auf Basis dieser Werte ergeben sich folgende Kalkulationssätze:

- Materialgemeinkostenzuschlagssatz = (13.200/ 44.000)* 100 = 30 %
- Kalkulationssatz der Kostenstelle Fertigung 1 = 200 %
- Kalkulationssatz der Kostenstelle Fertigung 2 = 60,19 EUR/ Stunde
- Verwaltungs-/ Vertriebsgemeinkostenzuschlagssatz = 2,93 %

2.4 Kostenträgerrechnung

2.4.1 Grundlagen der Kostenträgerrechnung

In der Kostenträgerrechnung werden die Gesamtkosten der Periode den erzeugten Kostenträgern zugeordnet. Im Gegensatz zur Kostenartenrechnung werden die Kosten in der Kostenträgerrechnung damit nicht mehr herkunfts-, sondern ***verwendungsbezogen*** ausgewiesen. Die für die Kostenträgerrechnung wesentliche Frage ist damit „Für welche Leistungen sind Kosten in welcher Höhe angefallen?" oder in Fachtermini ausgedrückt „Wie hoch sind die verursachungsgerechten Selbstkosten der in der laufenden Periode produzierten Kostenträger?"

Im Rahmen der Ist-Vollkostenrechnung dienen die ermittelten Selbstkosten in erster Linie als Basis zur Festlegung von Verkaufspreisen oder als Basis der Preisbeurteilung. Wie unmittelbar einsichtig sein dürfte, determiniert die Marktkonstellation bzw. die Marktstellung des Unternehmens, welcher der beiden Zwecke dominiert. Ist das Unternehmen in der Lage, die autark bestimmten Verkaufspreise am Markt durchzusetzen (Verkäufermarkt), dienen die Selbstkosten in erster Linie als Basis zur Festlegung von Verkaufspreisen. Stellen die am Markt erzielbaren Verkaufspreise für das Unternehmen dagegen ein Datum dar (Käufermarkt), dient die ***Selbstkostenermittlung*** in erster Linie zur Beurteilung der Ertragskraft der Kostenträger (Vergleich von Erlösen und Selbstkosten). Neben der Selbstkostenermittlung werden mit der Kostenträgerrechnung im Rahmen der Ist-Vollkostenrechnung noch folgende weitere Aufgaben verfolgt:

- ***Ermittlung des perioden- und/ oder kostenträgerbezogenen Erfolgs;***
- ***Bildung interner Verrechnungspreise für Liefer- und Leistungsbeziehungen zwischen unterschiedlichen Betriebsteilen;***
- ***Bewertung der Lagerbestände von Halb- und Fertigprodukten sowie von aktivierbaren innerbetrieblichen Leistungen;***
- ***Bereitstellen von Informationen für einen langfristigen Stückkostenvergleich zwischen verschiedenen Betriebsstätten eines Unternehmens (Betriebsvergleich), zwischen unterschiedlichen Fertigungsverfahren (Verfahrenswahl) oder zwischen alternativen Beschaffungswegen (Make-or-Buy-Entscheidung).***

Wie diese Liste von z.T. stark unterschiedlichen Aufgaben vermuten lässt, kann es eine Kostenträgerrechnung als ein in sich geschlossenes, einheitliches Rechenverfahren kaum geben. Es ist daher notwendig, die Kostenträgerrechnung in Teilgebiete zu differenzieren. Üblicherweise unterscheidet man dabei zwei Teilgebiete: Die Kostenträgerstückrechnung und die Kostenträgerzeitrechnung.

Die ***Kostenträgerstückrechnung***, die auch kurz als ***Kalkulation*** bezeichnet wird, ist eine einzelleistungsbezogene Rechnung. Mit Hilfe unterschiedlicher Rechenverfahren werden in der Kostenträgerstückrechnung die Herstell- und Selbstkosten jeder einzelnen Kostenträgereinheit ermittelt. Im Gegensatz dazu ist die ***Kostenträgerzeitrechnung*** eine Periodenrechnung, in der die in der Periode angefallen Kosten den monetär bewerteten Leistungen gegenübergestellt werden. Zur leichteren Unterscheidung der Vorgehensweise zur Erfolgsermittlung zwischen IRW und ERW wird die Kostenträgerzeitrechnung auch als Betriebserfolgsrechnung, ***Betriebsergebnisrechnung*** oder als kurzfristige Erfolgsrechnung bezeichnet.

2.4.2 Kostenträgerstückrechnung (Kalkulation)

In der Kostenträgerstückrechnung bzw. ***Kalkulation*** werden die Herstell- und Selbstkosten jedes einzelnen Kostenträgers ermittelt. Bisher wurde der Begriff ***Kostenträger*** immer als ***Synonym für Marktleistungen***, d.h. am Markt abgesetzte Produkte oder Dienstleistungen, eingesetzt. Diese Gleichsetzung ist jedoch sehr vereinfacht und nur unter ganz bestimmten Bedingungen zulässig. Bei allen Kostenträgern, die nicht unmittelbar nach ihrer Herstellung an den Kunden ausgeliefert werden, fallen Produktion und Absatz i.d.R. zeitlich auseinander. Zwangsläufige Konsequenz hieraus sind Lagerbestände bei Zwischen- oder Fertigwaren. Um die unterschiedliche Art und das unterschiedliche Ausmaß der Kostenverursachung von gelagerten und bereits an den Kunden ausgelieferten Kostenträgern erfassen zu können, wird der gesamte Wertschöpfungsprozess im IRW gedanklich in zwei getrennte Phasen aufgesplittet: Die ***Produktions- und die Vertriebsphase***. Vereinfacht wird nun davon ausgegangen, dass ein Kostenträger in der Produktionsphase nur Materialkosten (einschließlich der Kosten von Roh-, Hilfs- und Betriebsstofflager) und Fertigungskosten (einschließlich der Personalkosten im Fertigungsbereich) verursacht. Nach diesem Denkansatz verursacht ein Kostenträger erst in der Vertriebsphase Verwaltungs- und Vertriebskosten. Basierend auf dieser gedanklichen Trennung unterscheidet man nun ***Herstellkosten*** (Kosten eines Kostenträgers nach der Produktionsphase) und ***Selbstkosten*** eines Kostenträgers (Herstellkosten und anteilige Verwaltungs- und Vertriebskosten). Kostenträger, die nicht für den Absatz bestimmt sind oder in der betrachteten Rechnungsperiode nicht am Markt abgesetzt wurden, werden im IRW grundsätzlich zu Herstellkosten bewertet. Am Markt abgesetzte Leistungen dagegen werden stets zu Selbstkosten bewertet.

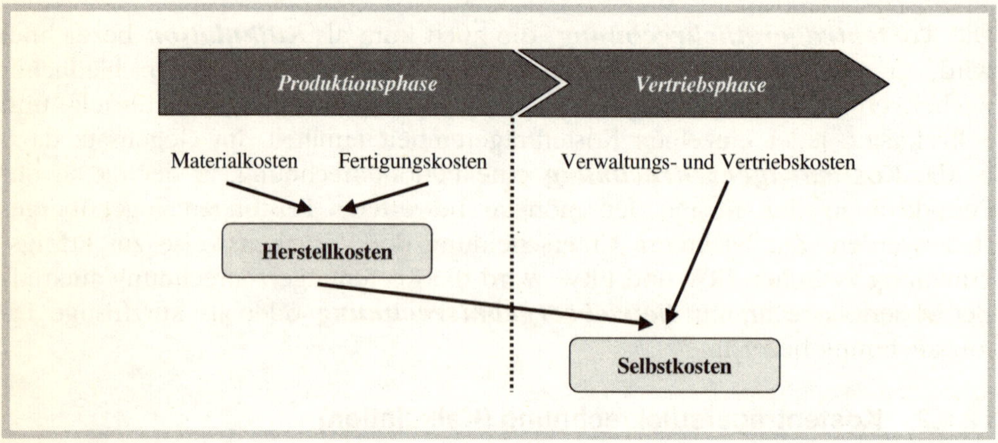

Abbildung 13: Herstellkosten und Selbstkosten eines Kostenträgers

Der Begriff Kostenträger muss sich nicht zwangsläufig auf ein einzelnes Stück beziehen. Je nach Art der Ermittlung von Herstell- oder Selbstkosten wird die gesamte Produktionsmenge, eine bestimmte Auftragsmenge, eine gewisse Losgröße oder das einzelne Stück als Kalkulationsobjekt betrachtet. Diese etwas seltsam anmutende Aussage beruht auf der Art und Weise der Umsetzung des Verursachungsprinzips im Rahmen der Vollkostenrechnung. Eine völlig konsequente Anwendung des Prinzips würde eigentlich bedingen, dass als Kostenträger immer nur ein einzelnes Stück in Frage kommt. Dies hätte jedoch einen sehr hohen Kostenerfassungs- bzw. Kostenermittlungsaufwand zur Folge. Zur Lösung dieses Dilemmas werden im Rahmen der Vollkostenrechnung einige vereinfachende Annahmen getroffen, die es ermöglichen, größere Leistungsmengen gleichzeitig zu kalkulieren und trotzdem von einer verursachungsgerechten Kalkulation zu sprechen. Die für die Kostenträgerstückrechnung wesentliche Annahme dabei ist, dass homogene Leistungen auch stets die gleichen Kosten verursachen. Auf Basis dieser Annahme kann nun ein Zusammenhang zwischen dem Homogenitätsgrad der betrachteten Leistungen, dem eingesetzten Fertigungsverfahren und der Wahl des verursachungsgerechten Kalkulationsobjekts konstruiert werden. Bei einem Einprodukt-Unternehmen, das üblicherweise eine Massenfertigung realisiert, reicht die gesamte Produktionsmenge als Bezugsbasis aus, da unterstellt wird, dass die homogenen Leistungseinheiten stets die gleichen Materialmengen benötigen und die Betriebsmittel jeweils genau in gleichem Umfang in Anspruch nehmen. Ein Mehrprodukt-Unternehmen, das eine Sorten- oder Serienfertigung aufweist, kalkuliert üblicherweise einen Fertigungsauftrag oder eine Losgröße und verteilt die Kosten gleichmäßig auf die einzelnen Einheiten innerhalb des Auftrags oder der Losgröße. Lediglich bei der Einzelfertigung, bei der sich jede Leistungseinheit von der vorherigen Leistungseinheit unterscheidet, ist es notwendig, jede einzelne Einheit getrennt zu kalkulieren.

Im Laufe der Zeit haben sich in der Unternehmenspraxis eine Fülle unterschiedlicher Rechenverfahren etabliert, mit denen die Herstell- oder Selbstkosten von Kostenträgern ermittelt werden. Wir beschränken uns auf einige wenige, jedoch sehr zentrale Verfahren: Die Divisionskalkulation, die Zuschlagskalkulation sowie die Bezugsgrößenkalkulation.

Divisionskalkulation

Die Divisionskalkulation ist ein sehr ***einfaches Kalkulationsverfahren***, das weder eine differenzierte Kostenarten- noch eine differenzierte Kostenstellenrechnung voraussetzt. In der einfachsten Variante (***einstufige Divisionskalkulation***) werden die Selbstkosten pro Leistungseinheit ermittelt, indem die Gesamtkosten der Periode durch die insgesamt produzierten Leistungseinheiten dieser Periode dividiert werden. Wie unmittelbar erkennbar ist, basiert diese Kalkulation auf dem Gedanken, dass alle produzierten Produkte in gleichem Umfang Kosten verursacht haben und damit auch in gleicher Höhe mit Kosten zu belasten sind. Der Anspruch einer verursachungsgerechten Selbstkostenermittlung kann mit diesem Vorgehen nur dann eingelöst werden, wenn nur eine einzige Leistungsart produziert wird bzw. wenn der Output des Leistungserstellungsprozesses aus völlig homogenen Leistungseinheiten besteht. Darüber hinaus darf es in der betrachteten Periode im gesamten Leistungserstellungsprozess keinerlei Lagerbestandsveränderungen geben, d.h. sowohl bei den Rohstoffen, den Vor- und Zwischenprodukten als auch beim Endprodukt muss die jeweils beschaffte bzw. produzierte Menge genau der verbrauchten bzw. abgesetzten Menge entsprechen.

Wie aus diesen Bedingungen unschwer abgelesen werden kann, weist die einstufige Divisionskalkulation nur eine sehr eingeschränkte praktische Relevanz auf. Bis auf wenige Ausnahmen (z.B. Energieerzeuger) können diese Bedingungen von kaum einem Unternehmen realisiert werden. Erheblich ***praxisre-***

levanter wird die Divisionskalkulation erst, wenn sie mehrstufig durchgeführt wird, d.h. wenn es das Rechenschema erlaubt, zumindest Lagerbewegungen zu erfassen. In der einfachsten mehrstufigen Ausprägungsvariante können Veränderungen des Fertigwarenlagers berücksichtigt werden. Hierfür ist es notwendig, die Herstellkosten der produzierten Produkte und die Selbstkosten der abgesetzten Produkte getrennt zu betrachten bzw. getrennt zu ermitteln: Im ersten Schritt werden die Herstellkosten pro produziertem Stück ermittelt durch Division der gesamten Herstellkosten durch die gesamte Produktionsmenge. Im zweiten Schritt werden die Selbstkosten pro abgesetztem Stück ermittelt durch Addition der Herstellkosten und der anteiligen Verwaltungs- und Vertriebskosten pro Stück. Diese wiederum ergeben sich durch die Division der Verwaltungs- und Vertriebskosten und der Absatzmenge.

BEISPIEL ZUR EINSTUFIGEN DIVISIONSKALKULATION

Eine kleine Brauerei, die eine Sorte Bier herstellt und vertreibt, weist Materialkosten in Höhe von 240.000 EUR, Fertigungskosten in Höhe von 610.000 EUR und Verwaltungs- und Vertriebskosten in Höhe von 126.000 EUR auf. Mit diesen Kosten wurden 200.000 Liter Bier produziert, von denen 150.000 Liter am Markt abgesetzt werden konnten. Auf Basis dieser Informationen ergeben sich Herstellkosten pro produziertem Liter in Höhe von 4,25 EUR und Selbstkosten pro abgesetztem Liter in Höhe von 5,09 EUR.

- Gesamte Herstellkosten: 240.000 + 610.000 = 850.000 EUR
- Herstellkosten pro Stück: 850.000 EUR/ 200.000 Liter = 4,25 EUR/ Liter
- Anteilige Verwaltungs- und Vertriebskosten: 126.000 EUR/ 150.000 Liter = 0,84 EUR/ Liter
- Selbstkosten pro abgesetztem Stück: 4,25 EUR + 0,84 EUR = 5,09 EUR

Besteht der Produktionsprozess aus mehreren, aufeinanderfolgenden Stufen und treten zwischen diesen Stufen jeweils Lagerbewegungen auf, führt auch die zweistufige Divisionskalkulation nicht zum richtigen Ergebnis. In diesem Fall ist der Produktionsbereich in einzelne Fertigungsstufen aufzusplitten, die jeweils individuell abgerechnet werden. In diesem als mehrstufige Divisionskalkulation oder Stufenkalkulation bezeichneten Verfahren werden die Stück-Herstellkosten auf den einzelnen Produktionsstufen sukzessive mit Hilfe einer einstufigen Divisionskalkulation ermittelt. Da sich die Herstellkosten auf jeder Produktionsstufe aus Materialkosten und Fertigungskosten zusammensetzen, ist ab der zweiten Produktionsstufe auch der Wertverzehr der eingesetzten Vorprodukte zu berücksichtigen. Die Selbstkosten der Absatzleistung ergeben sich dann aus der

Summe der Stück-Herstellkosten der letzten Produktionsstufe und den Verwaltungs- und Vertriebskosten pro Stück.

BEISPIEL ZUR MEHRSTUFIGEN DIVISIONSKALKULATION

In dem mehrstufigen Produktionsprozess eines Zigarettenherstellers gibt jede Produktionsstufe ihre produzierte Leistungsmenge entweder direkt an die nächste Stufe oder an ein Zwischenlager ab. Entsprechend nimmt die folgende Produktionsstufe die von ihr weiterverarbeiteten Mengen entweder direkt entgegen oder sie entnimmt sie dem Zwischenlager. Zur Berücksichtigung dieser Lagerbewegungen wird bei der Kalkulation eine Bestandsrechnung mitgeführt, aus der die entsprechenden Mengen- und/ oder Wertbewegungen hervorgehen. Der Produktions- bzw. Leistungserstellungsprozess setzt sich aus sechs Stufen zusammen: Ernte, Trocknung, Schnitt, Verarbeitung, Verpackung sowie Verwaltung und Vertrieb. In der ersten Produktionsstufe (Ernte) wurden 650 Tonnen Tabak geerntet. Hierfür sind Gesamtkosten (Rohstoff- und Fertigungskosten) in Höhe von 2.600.000 EUR angefallen. In der zweiten Produktionsstufe (Trocknung), in der Fertigungskosten von 600.000 EUR verursacht wurden, konnten 600 Tonnen Tabak weiterverarbeitet werden. Da der Tabak beim Trocknungsprozess 2/ 3 seines Gewichts verliert, wurden jedoch nur 200 Tonnen getrockneter Tabak gewonnen. In der dritten Produktionsstufe (Schnitt) werden die getrockneten Tabakblätter geschnitten und die Stiele aussortiert. Aus den 96 Tonnen eingesetzter Tabakblätter konnten 80 Tonnen geschnittener Tabak erzeugt werden. Dafür sind Fertigungskosten in Höhe von 400.000 EUR angefallen. In der vierten Produktionsstufe (Verarbeitung) wird der geschnittene Tabak zu Zigaretten weiterverarbeitet, wobei aus einer Tonne geschnittener Tabak 1,2 Millionen Zigaretten hergestellt werden können. In der Betrachtungsperiode wurden 120 Millionen Zigaretten zu Fertigungskosten von 1.300.000 EUR erzeugt. In der fünften Produktionsstufe (Verpackung) wurden für Fertigungskosten von 300.000 EUR fünf Millionen Schachteln zu jeweils 20 Zigaretten produziert. Die Verwaltungs- und Vertriebsabteilung schließlich verursachte Kosten in Höhe von 200.000 EUR und konnte 4 Millionen Packungen Zigaretten an den Großhandel absetzen.

Die wesentlichen Rechenoperationen zur Ermittlung von Herstell- und/ oder Selbstkosten, der konkrete Wert der Herstell- und/ oder Selbstkosten sowie die mengen- und wertmäßigen Lagerbewegungen des Beispiels sind in der folgenden Tabelle im Überblick dargestellt:

Produktions-stufe	Ermittlungsweg	Herstell-/ Selbst-kosten
Stufe 1	2.600.000 EUR / 650 t	4.000 EUR/ t
Stufe 2	((600 t*4.000 EUR)+600.000 EUR)/ 200 t	15.000 EUR/ t
Stufe 3	((96 t*15.000 EUR)+400.000 EUR)/ 80 t	23.000 EUR/ t
Stufe 4	((100 t*23.000 EUR)+1.300.000 EUR)/ 120 Mio Zigaretten	30.000 EUR/ Mio Zig.
Stufe 5	((100 Mio Zig*30.000 EUR)+300.000 EUR)/ 5 Mio Schachteln	0,66 EUR/ Schachtel
Stufe 6	0,66 EUR + 200.000 EUR / 4 Mio Schachteln	0,71 EUR/ Schachtel

Lagerstufe	Lagerprodukt	Mengenbewegung	Wert der Lagerver-änderung
Stufe 1	Rohtabak	+ 50 Tonnen	200.000 EUR
Stufe 2	Getrockneter Tabak	+104 Tonnen	1.560.000 EUR
Stufe 3	Geschnittener Tabak	− 20 Tonnen	− 460.000 EUR
Stufe 4	Zigaretten	+ 20 Mio. Zigaretten	600.000 EUR
Stufe 5	Schachteln mit je 20 Zig.	+ 1 Mio. Schachteln	660.000 EUR

Zuschlagskalkulation

Die Divisionskalkulation ist nur dann geeignet, wenn das Produktionsprogramm eines Unternehmens annähernd homogen ist. Unterscheiden sich die Produkte jedoch stark, ist es nicht mehr sinnvoll, die Selbstkosten eines Kostenträgers durch eine einfache Division der Gesamtkosten mit der produzierten oder abgesetzten Stückzahl zu ermitteln. Da unterschiedliche Produkte i.d.R. unterschiedliche Kostenstellen in stark unterschiedlichem Ausmaß belasten und damit unterschiedliche Gemeinkosten verursachen, zwingt das Verursachungsprinzip dazu, Einzel- und Gemeinkosten getrennt zu betrachten. Die Herstell- und Selbstkosten eines Kostenträgers müssen sich daher additiv zusammensetzen aus den direkt zurechenbaren Einzelkosten und den Gemeinkostenanteilen, die in den verschiedenen Kostenstellen für die Produktion der Kostenträger entstanden sind.

Die ***Aufspaltung der Gesamtkosten sowie der Herstell- und Selbstkosten*** eines Kostenträgers ***in Einzel- und Gemeinkosten*** bzw. Gemeinkostenanteile ist eines der wesentlichen Kennzeichen der Zuschlagskalkulation. Im Gegensatz zur Divisionskalkulation setzt die Zuschlagskalkulation damit eine aussagefähige Kostenartenrechnung und, je nach Ausprägungsvariante, auch eine differenzierte Kostenstellenrechnung voraus. Das Kalkulationsschema aller Ausprägungsformen der Zuschlagskalkulation basiert auf zwei grundlegenden Annahmen: Zum einen wird unterstellt, dass die Kostenstruktur von Unternehmen durch eine Dominanz von direkt zurechenbaren Einzelkosten geprägt ist. Zum anderen wird davon ausgegangen, dass die ***Einzelkosten*** eines Kostenträgers einen guten ***Maßstab für die Inanspruchnahme von Betriebsmitteln oder Kostenstellen*** und damit für die Verursachung von Gemeinkosten darstellen. M.a.W., es wird unterstellt, dass sich die ***Gemeinkosten proportional zu den Einzelkosten*** verhalten. Ein Kostenträger mit hohen Einzelkosten verursacht bei diesem Denkansatz damit auch zwangsläufig hohe Gemeinkosten und ein Kostenträger mit geringen Einzelkosten verursacht nur geringe Gemeinkosten. Basierend auf dieser Annahme werden die Gemeinkosten in der Zuschlagskalkulation den einzelnen Kostenträgern grundsätzlich als prozentualer Zuschlag auf deren Einzelkosten zugerechnet.

Die einzelnen Formen der Zuschlagskalkulation unterscheiden sich danach, wie differenziert Gemeinkosten behandelt werden oder, anders formuliert, wie viele Gemeinkostenzuschlagssätze simultan eingesetzt werden. Bei der einfachsten Variante (einstufige, summarische Zuschlagskalkulation) werden die gesamten Gemeinkosten en bloc betrachtet. Es wird somit nur ein einziger Zuschlagssatz ermittelt, der das prozentuale Verhältnis zwischen den gesamten Gemeinkosten und den gesamten Einzelkosten des Unternehmens widerspiegelt.

BEISPIEL ZUR EINSTUFIGEN ZUSCHLAGSKALKULATION

Betragen die gesamten Gemeinkosten des Unternehmens in einer Periode 30.000 EUR und die gesamten Einzelkosten 100.000 EUR, ergibt sich daraus ein Gemeinkostenzuschlagssatz von 30% ((30.000/ 100.000)*100). Bei Einzelkosten von 50,- EUR für einen Kostenträger A und 100,- EUR für einen Kostenträger B wären die Selbstkosten damit 65,- EUR für A und 130,- EUR für B. Stark vereinfacht ausgedrückt bedeutet dies, dass einem Kostenträger für jeden Euro, den er an Einzelkosten verursacht, 0,30 EUR anteilige Gemeinkosten zugerechnet werden.

Die hier vorgestellte ***einfache Form der Zuschlagskalkulation*** soll lediglich dazu dienen, das generelle Rechenschema zu verdeutlichen. Für die Unternehmenspraxis hat diese einfache Form kaum Relevanz, da sie zwei gravierende Nachteile aufweist: Da die Gemeinkosten en bloc in die Rechnung eingehen, können weder die Herstellkosten von Zwischenprodukten noch die Herstellkosten von Endprodukten ermittelt werden. Darüber hinaus ist die pauschale Annahme, dass sich die gesamten Gemeinkosten für jeden Kostenträger proportional zu den Einzelkosten verhalten, kaum mit dem Verursachungsprinzip in Einklang zu bringen. Nur für den Ausnahmefall stark homogener Kostenträger ist diese Annahme gerechtfertigt.

Bei einer etwas ***anspruchsvolleren Form der Zuschlagskalkulation*** sind die Gemeinkosten nicht als monolithischer Block berücksichtigt, sondern sie werden in einzelne Gemeinkostenarten aufgespalten. Üblicherweise unterteilt man die Gemeinkosten dabei funktional in Materialgemeinkosten, Fertigungsgemeinkosten, Verwaltungsgemeinkosten sowie Vertriebsgemeinkosten. Für jede Gemeinkostenart ist ein spezifischer Zuschlagssatz zu bilden, wobei als Bezugsgröße die Einzelkosten der jeweiligen Kostenart dienen. Der Zuschlagssatz für die Materialgemeinkosten wird damit auf Basis der Materialeinzelkosten und der Zuschlagssatz für die Fertigungsgemeinkosten auf Basis der Fertigungseinzelkosten gebildet. Da im Fertigungsbereich i.d.R. die Fertigungslöhne die einzigen Einzelkosten darstellen, bezeichnet man das gesamte Kalkulationsverfahren auch als Lohnzuschlagskalkulation. Im Gegensatz zu den Material- und Fertigungsgemeinkosten existieren bei den Verwaltungs- und Vertriebsgemeinkosten nur in seltenen Fällen kostenartenbezogene Einzelkosten, die als verursachungsgerechte Bezugsgrößen zur Festlegung von Gemeinkostenzuschlagssätzen benutzt werden können. Aus diesem Grund werden die Verwaltungs- und Vertriebskosten den einzelnen Kostenträgern i.d.R. auf Basis ihrer Herstellkosten zugerechnet. Der entsprechende Zuschlagssatz ermittelt sich damit durch eine Division der Verwaltungs- und Vertriebsgemeinkosten durch die gesamten Herstellkosten in der betrachteten Periode. Es ist dabei jedoch darauf zu achten, ob in der betrachteten Periode die gesamte Produktionsmenge am Markt abgesetzt werden konnte. Treten Differenzen zwischen produzierter und verkaufter Menge auf, ist der Ausdruck „gesamte Herstellkosten" im Sinne von „gesamte Herstellkosten der Verkaufsmenge" zu verstehen.

Zusammenfassend dargestellt, werden die Herstell- und Selbstkosten der einzelnen Kostenträger in dieser Form der Zuschlagskalkulation wie folgt ermittelt:

	Materialeinzelkosten pro Stück
+	Anteilige Materialgemeinkosten
+	Fertigungslohn pro Stück
+	Anteilige Fertigungsgemeinkosten
=	**Herstellkosten pro Stück**
+	Anteilige Verwaltungsgemeinkosten
+	Anteilige Vertriebsgemeinkosten
=	**Selbstkosten pro Stück**

Obwohl die dargestellte Form der Zuschlagskalkulation in der Praxis bei vielen ***kleinen und mittelständischen Unternehmen*** eingesetzt wird, weist auch sie noch einige kritische kostenrechnerische Punkte auf. In vielen kleinen und mittelständischen Unternehmen wird im Produktionsbereich aus historischen Gründen (z.B. über die Jahre gewachsene Produktionsstruktur) mit stark unterschiedlichen Fertigungstechnologien gearbeitet. Beim Einsatz unterschiedlicher Technologien werden zur Herstellung identischer Kostenträger i.d.R. jedoch unterschiedliche Materialmengen verbraucht oder unterschiedliche Arbeitsleistungen (z.B. ausführende oder kontrollierende Tätigkeiten) und Verarbeitungszeiten benötigt. Eine für alle Kostenträger gleichermaßen gültige Proportionalität zwischen den unterschiedlichen Einzel- und Gemeinkostenarten ist in diesem Fall nahezu ausgeschlossen. Erfolgt die Leistungserstellung darüber hinaus noch in einem mehrstufigen Produktionsprozess und treten zwischen den einzelnen Stufen auch Lagerbestandsveränderungen auf, kann der Anspruch einer verursachungsgerechten Kalkulation immer weniger eingelöst werden. In den beschriebenen Fällen ist die dargestellt einfache Form der Zuschlagskalkulation daher nicht oder nur sehr bedingt geeignet.

Differenziertere Formen der Zuschlagskalkulation nehmen sich den zuvor genannten Problemen an, indem sie die Kostenstellengliederung eines Unternehmens bei der Bildung von Gemeinkostenzuschlagssätzen berücksichtigt. Bei der ***mehrstufigen summarischen Zuschlagskalkulation*** werden beispielsweise die Material- und die Fertigungsgemeinkosten nicht mehr mit einem Zuschlagssatz auf die Kostenträger verrechnet, sondern die Kostenbereiche werden in mehrere Material- und Fertigungskostenstellen untergliedert, für die auch jeweils ein eigener kostenstellenbezogener Gemeinkostenzuschlagssatz zum Zuge kommt. Aufgrund fehlender Bezugsgrößen werden üblicherweise die Verwaltungs- und/ oder Vertriebsgemeinkosten nicht weiter differenziert, sondern pauschal als Zuschlag auf die Herstellkosten verrechnet. Im Vergleich zum Rechenschema bei den einfachen Varianten ändert sich bei der differenzierteren Form der Zuschlagskalkulation nur wenig. Die Zuschlagssätze sind grundsätzlich gleich aufgebaut. Der Unterschied besteht nur darin, dass die Zuschlagssätze statt pauschal für Kostenarten für jede einzelne Kostenstelle des Unternehmens zu berechnen sind. Entsprechend muss auch das Kalkulationsschema zur Ermittlung der Herstell- und Selbstkosten der Kostenträger angepasst werden. Für den beispielhaften Fall, dass der Kostenstellenplan eines Unternehmens zwei Materialkostenstellen und drei Fertigungskostenstellen aufweist, sieht das Kalkulationsschema folgendermaßen aus:

	Einzelkosten der Materialkostenstelle I pro Stück
+	anteilige Gemeinkosten der Materialkostenstelle I
	Einzelkosten der Materialkostenstelle II
+	anteilige Gemeinkosten der Materialkostenstelle II
+	Einzelkosten (Fertigungslöhne) der Fertigungskostenstelle I pro Stück
+	anteilige Gemeinkosten der Fertigungskostenstelle I
+	Einzelkosten (Fertigungslöhne) der Fertigungskostenstelle II pro Stück
+	anteilige Gemeinkosten der Fertigungskostenstelle II
+	Einzelkosten (Fertigungslöhne) der Fertigungskostenstelle III
+	anteilige Gemeinkosten der Fertigungskostenstelle III
+	Sondereinzelkosten der Fertigung pro Stück
=	**Herstellkosten pro Stück**
+	Anteilige Verwaltungsgemeinkosten
+	Anteilige Vertriebsgemeinkosten
+	Sondereinzelkosten des Vertriebs pro Stück
=	**Selbstkosten pro Stück**

Ist der Fertigungsbereich nicht nur nach Kostenstellen untergliedert, sondern werden innerhalb der einzelnen Kostenstellen auch unterschiedliche Kostenplätze berücksichtigt, spricht man von einer ***Platzkostenrechnung***. Je kleiner die Kosteneinheiten sind, für die jeweils Gemeinkostenzuschlagssätze ermittelt werden, desto verursachungsgerechter ist auch die Kalkulation. Die generelle Durchführung einer Platzkostenrechnung scheitert in der Unternehmenspraxis jedoch häufig an den Problemen, die eine ***platzkostenbezogene Erfassung von Einzel- und Gemeinkosten*** zwangsläufig mit sich bringt. Selbst bei einer stark ausdifferenzierten Platzkostenrechnung kann es jedoch vorkommen, dass die Einzelkosten kein für alle Kostenträger gleichermaßen gültiges Maß der Gemeinkostenverursachung darstellen.

Besonders gravierend wird dieses Problem bei ***Unternehmen mit hoch automatisierten Produktionsprozessen***. Diese Unternehmen weisen i.d.R. eine Kostenstruktur auf, die durch ein deutliches Übergewicht der Gemeinkosten geprägt sind. Bei einem typischen Industrieunternehmen betrug früher beispielsweise das Verhältnis zwischen Einzel- und Gemeinkosten ca. 80 zu 20 %, während es sich heute auf ca. 60 zu 40 % beläuft. In Bezug auf die Fertigungskosten sind ähnliche Entwicklungen feststellbar. Während der Anteil der Fertigungsgemeinkosten an den Gesamtkosten eines Unternehmens von ca. 10 auf über 20% gestiegen ist, ist der Anteil der Fertigungseinzelkosten von ca. 50 auf unter 10% gefallen. Im Vergleich zu traditionellen Formen der Fertigung benötigen hochautomatisierte Produktionsprozesse auch eine erheblich geringere Zahl an direkt produktiven Fertigungsmitarbeitern. Während das Verhältnis der Zahl der Mitarbeiter zwischen dem direkten und dem indirekten Bereich vor ca. 25 Jahren noch 1 zu 10 betrug, ist es heute nahezu ausgeglichen. Darüber hinaus üben die Fertigungsmitarbeiter einen deutlich höheren Anteil an dispositiven bzw. an steuernden und kontrollierenden Tätigkeiten aus; direkt produktive Tätigkeiten am eigentlichen Produktionsobjekt stellen nur noch einen Ausnahmefall dar. Zusammengenommen führen diese Effekte dazu, dass der Anteil der direkt den Kostenträgern zurechenbaren Einzelkosten im gesamten Fertigungsbereich mehr und mehr sinkt. Gemeinkostenzuschlagssätze in der Größenordnung von einigen 100 bis zu einigen 1000 Prozent stellen in modernen Industrieunternehmen deshalb keine Seltenheit dar.

Marginale Fehler bei der Kostenerfassung oder marginale Abweichungen zwischen verrechneter und tatsächlicher Gemeinkostenverursachung wirken sich bei diesen Zuschlagssätzen überproportional auf die den einzelnen Kostenträgern zugerechneten Gemeinkostenanteile aus. Wird dabei noch berücksichtigt, dass bei der unterstellten Proportionalität zwischen Einzel- und Gemeinkosten alle tariflichen oder produktionstechnischen Besonderheiten (z.B. Überstunden- oder Nachtarbeitszuschläge beim Tariflohn der Mitarbeiter, wechselnde Rüst- und Fertigungszeiten bei unterschiedlichen Kostenträgern usw.) unberücksichtigt bleiben, wird deutlich, welche Gefahren ein nicht zu den Unternehmensbedingungen passendes Kalkulationsverfahren mit sich bringt. Die nahezu zwangsläufig mit Kalkulationsfehlern behafteten Selbstkosten unterschiedlicher Kostenträger bergen stets das Risiko von produkt- oder produktionsprogrammpolitischen Fehlentscheidungen.

Bezugsgrößenkalkulation

Die differenzierteste Form der Kalkulation, bei der versucht wird, alle oben beschriebenen Probleme so weit wie möglich zu vermeiden, ist die Bezugsgrößenkalkulation. Bei diesem Kalkulationsverfahren wird die Annahme, dass die kostenarten- oder kostenstellenbezogenen Einzelkosten in einem proportionalen Verhältnis zu den entsprechenden Gemeinkosten stehen, aufgegeben. Stattdessen wird ***für jede Kostenstelle und/ oder für jede Kostenart*** nach einer ***spezifischen Bezugsgröße*** gesucht, die sich ***proportional zu den jeweiligen Gemeinkosten*** verhält. Werden in einer Kostenstelle oder an einem Kostenplatz beispielsweise vorrangig manuelle Tätigkeiten ausgeübt, werden die Gemeinkosten der Kostenstelle oder des Kostenplatzes wesentlich durch die Arbeitskräfte und nicht durch die Maschinennutzung verursacht (z.B. Urlaubsgeld, Krankengeld, Sozialversicherungsbeiträge usw.). In diesem Fall kann dem Verursachungsprinzip durch die Verwendung der Bezugsgröße Fertigungslöhne optimal Rechnung getragen werden. Ist jedoch eine Kostenstelle oder ein Kostenplatz sehr anlagenintensiv oder stark automatisiert, werden die Fertigungsgemeinkosten in erster Linie durch die Fertigungsanlagen verursacht (z.B. kalkulatorische Abschreibungen, kalkulatorische Zinsen, Reparaturkosten, Versicherungskosten usw.). Sinnvoll ist in diesem Fall eine Bezugsgröße, die sich direkt an technischen Bedingungen der Fertigungsanlage orientiert wie beispielsweise die Maschinenlaufzeit. Mit einem Zuschlagssatz auf Basis derartiger technischer Größen ist es möglich, die Kostenträger verursachungsgerecht entsprechend ihrer Maschinen- oder Prozessinanspruchnahme mit Gemeinkosten zu belasten.

Typische Bezugsgrößen, die im Rahmen der Zuschlagskalkulation eingesetzt werden, sind:

- ***zeitbezogene Größen wie Maschinenlaufzeiten, Akkordzeiten, Rüstzeiten usw.;***
- ***mengenbezogene Größen wie Material- oder Rohstoffmengen, Material-, Rohstoff- oder Produktgewichte, Material-, Rohstoff- oder Produktabmessungen (Höhe, Breite, Länge) usw.;***

- ***wertbezogene Größen wie Auftragsvolumen, Materialwert, kostenträger- oder kostenstellenbezogene Einzelkosten, Fertigungslöhne usw.***

Eine für viele Fertigungskostenstellen typische Konstruktion besteht darin, die jeweiligen Fertigungsgemeinkosten der Kostenstellen mit Hilfe einer Platzkostenrechnung in direkt den einzelnen Fertigungsplätzen zurechenbare Kosten (Maschinenkosten oder Platzkosten) und Restgemeinkosten aufzuspalten. Die Restgemeinkosten werden üblicherweise mit Hilfe der Bezugsgröße Fertigungseinzelkosten bzw. Fertigungslöhne der Kostenstelle verrechnet. Die konkrete Vorgehensweise zur Kalkulation entspricht damit genau dem aus der mehrstufigen Zuschlagskalkulation bekannten Schema. Bei den Maschinenkosten wird die gesamte Maschinenlaufzeit (Nutzungszeit) als Bezugsgröße herangezogen. Der Gemeinkostenzuschlagssatz entspricht in diesem Fall dem Verrechnungspreis, mit dem ein Kostenträger pro in Anspruch genommener Maschinenstunde belastet wird.

BEISPIEL ZUR BEZUGSGRÖSSENKALKULATION

Das Beispielunternehmen weist eine Kostenstellenstruktur mit sechs Kostenstellen auf, von den drei wiederum in jeweils zwei Kostenplätze untergliedert sind (vgl. Abbildung 14: Kostenstellenplan des Beispielunternehmens). Aus Gründen der Komplexitätsreduktion werden die Herstell- und Selbstkosten nur für einen exemplarischen Kostenträger des Beispielunternehmens ermittelt. Darüber hinaus sind auch die Gemeinkostenzuschlagssätze der betrachteten Periode bereits gegeben.

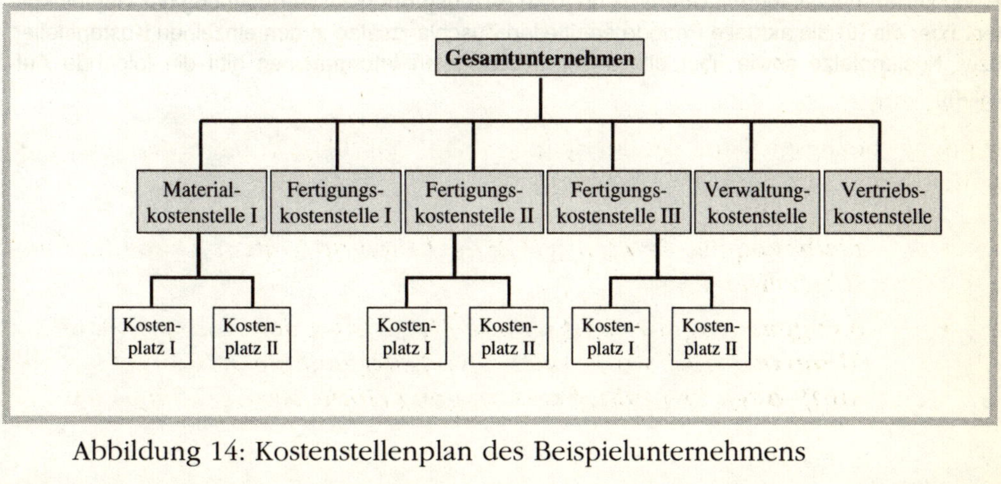

Abbildung 14: Kostenstellenplan des Beispielunternehmens

Über die wesentlichen Verursachungsgrößen oder Kostentreiber der einzelnen Kostenstellen (KSt) und Kostenplätze (KP) liegen folgende Informationen vor:

- Während sich die Gemeinkosten des KP I der Material-KSt proportional zu den Materialeinzelkosten verhalten, ist das Materialgewicht die wesentliche Gemeinkosteneinflussgröße im KP II.
- Für den stark manuell geprägten Leistungserstellungsprozess der Fertigungs-KSt I stellen die Fertigungslöhne eine verursachungsgerechte Bezugsgröße dar.
- Die Fertigungs-KSt II ist hochautomatisiert, so dass produktionstechnische Größen für die Höhe der Gemeinkosten verantwortlich sind. Im KP I hängt die Höhe der Gemeinkosten unmittelbar mit der Laufzeit der Fertigungsanlage zusammen. Im KP II dagegen sind die Gemeinkosten primär durch die für Rüstvorgänge benötigten Zeiten determiniert. Alle nicht direkt den Kostenplätzen zurechenbaren Gemeinkosten werden als Restgemeinkosten zusammengefasst und auf Basis der Fertigungslöhne verrechnet.
- Im KP I der Fertigungs-KSt III stellt das Verarbeitungsgewicht des Zwischenprodukts den wesentlichen Kostentreiber dar. Die Gemeinkosten des KP II dagegen sind in erster Linie durch die Laufzeit der Maschinen bestimmt. Analog zur Fertigungs-KSt II werden auch in der Fertigungs-KSt III alle nicht direkt den Kostenplätzen zurechenbaren Gemeinkosten als Restgemeinkosten zusammengefasst und auf Basis der Fertigungslöhne der Kostenstelle verrechnet.
- Es wird davon ausgegangen, dass sich die Verwaltungsgemeinkosten proportional zu den gesamten Herstellkosten der Periode verhalten.
- Da die Gemeinkosten in der Vertriebs-KSt in erster Linie kalkulatorische Abschreibungen und Zinsen auf die LKW-Flotte darstellen, lassen sich die Gemeinkosten mit Hilfe des Verladegewichts verursachungsgerecht auf die Kostenträger verrechnen.

Einen zusammenfassenden Überblick über die Bezugsgrößen zur Verrechnung der Gemeinkosten, über die für die aktuelle Periode ermittelten Zuschlagssätze in den einzelnen Kostenstellen bzw. Kostenplätze sowie über alle anderen benötigten Informationen gibt die folgende Auflistung.

Kostenstelle/ Kostenplatz	Zuschlagsbasis	Zuschlagssatz
Materialkostenstelle		
Kostenplatz I	Materialeinzelkosten	15 %
Kostenplatz II	Materialgewicht	0,62 EUR/ kg
Fertigungskostenstelle I	Fertigungseinzelkosten	200 %
Fertigungskostenstelle II		
Kostenplatz I	Maschinenstunden	640 EUR/ Stunde
Kostenplatz II	Rüstzeiten	780 EUR/ Stunde
Restgemeinkosten	Fertigungseinzelkosten	12 %
Fertigungskostenstelle III		
Kostenplatz I	Zwischenproduktgewicht	12 EUR/ kg
Kostenplatz II	Maschinenstunden	250 EUR/ Std.
Restgemeinkosten	Fertigungseinzelkosten	5 %
Verwaltungskostenstelle	Gesamte Herstellkosten	12,9 %
Vertriebskostenstelle	Verladegewicht	8,50 EUR/ kg

Benötigte Kosten- und technische informationen	
Materialeinzelkosten pro Stück	60,- EUR
Gewicht des Rohmaterials pro Stück	35 kg
Fertigungslohn pro Stück in der Fertigungskostenstelle I	490,- EUR
Fertigungslohn pro Stück in der Fertigungskostenstelle II	125,- EUR
Benötigte Maschinenlaufzeit pro Stück im KP I der Fertigungs-KSt II	0,5 Std.
Benötigte Rüstzeit pro Stück im KP II der Fertigungs-KSt II	1 Std.
Fertigungslohn pro Stück in der Fertigungskostenstelle III	240,- EUR
Gewicht pro Stück des im Kostenplatz I der Fertigungskostenstelle III bearbeiteten Zwischenprodukts	50 kg
Benötigte Maschinenlaufzeit pro Stück im KP II der Fertigungs-KSt III	1,5 Std.
Verladegewicht pro Stück	65 kg
Sondereinzelkosten des Vertriebs pro Stück	12,- EUR

Auf Basis dieser Informationen lassen sich folgende Herstell-/ Selbstkosten ermitteln:

	Materialeinzelkosten pro Stück	60,00 EUR
+	anteilige Gemeinkosten des KP I der Materialkostenstelle	9,00 EUR
+	anteilige Gemeinkosten des KP II der Materialkostenstelle	21,70 EUR
+	Fertigungslöhne pro Stück der Fertigungskostenstelle I	490,00 EUR
+	anteilige Gemeinkosten der Fertigungskostenstelle I	980,00 EUR
+	Fertigungslöhne pro Stück der Fertigungskostenstelle II	125,00 EUR
+	anteilige Gemeinkosten des KP I der Fertigungskostenstelle II	320,00 EUR
+	anteilige Gemeinkosten des KP II der Fertigungskostenstelle II	780,00 EUR
+	anteilige Restgemeinkosten der Fertigungskostenstelle II	15,00 EUR
+	Fertigungslöhne pro Stück der Fertigungskostenstelle III	240,00 EUR
+	anteilige Gemeinkosten des KP I der Fertigungskostenstelle III	600,00 EUR
+	anteilige Gemeinkosten des KP II der Fertigungskostenstelle III	375,00 EUR
+	anteilige Restgemeinkosten der Fertigungskostenstelle II	12,00 EUR
=	**Herstellkosten des Kostenträgers**	**4.027,70 EUR**
+	anteilige Verwaltungsgemeinkosten	519,57 EUR
+	anteilige Vertriebsgemeinkosten	552,50 EUR
+	Sondereinzelkosten des Vertriebs pro Stück	12,00 EUR
=	**Selbstkosten des Kostenträgers**	**5.111,77 EUR**

2.4.3 Kostenträgerzeitrechnung (Kurzfristige Ergebnisrechnung)

Neben der Ermittlung von Herstell- und Selbstkosten der Kostenträger (Kostenträgerstückrechnung) ist die ***Ermittlung des Periodenerfolgs*** die ***zweite zentrale Aufgabe*** der Kostenträgerrechnung (Kostenträgerzeitrechnung). Da die Ermittlung des Periodenerfolgs jedoch üblicherweise dem Aufgabengebiet des ERW zugeordnet wird, muss das Wesen der Erfolgsermittlung und die entsprechende Erfolgsgröße im Rahmen der ***Kostenträgerzeitrechnung (kalkulatorischer Erfolg)*** deutlich vom Wesen der Erfolgsermittlung und der dazugehörigen Erfolgsgröße im Rahmen der Gewinn- und Verlustrechnung (finanzbuchalterischer Erfolg) abgegrenzt werden.

Der ***kalkulatorische Erfolg*** beruht ausschließlich auf den Erfassungs- und Bewertungsansätzen des IRW. Konkret bedeutet dies, dass auch kalkulatorische Größen im Rechenkalkül berücksichtigt sind. Dagegen bleiben alle Formen des Wertverzehrs unberücksichtigt, die keinen direkten Zusammenhang zum Sachziel des Unternehmens aufweisen. Aufgrund dieser ***Konzentration auf sachzielbezogene Leistungserstellungsaspekte*** wird die Erfolgsgröße der Rechnung nicht als Gewinn, sondern als ***Betriebsergebnis*** bezeichnet. Daraus abgeleitet spricht man auch häufig nicht von Kostenträgerzeit-, sondern von ***Betriebsergebnisrechnung***. Die Gewinn- und Verlustrechnung des ERW ist definitionsgemäß eine Jahresergebnisrechnung. Im Gegensatz dazu existiert für die Kostenträgerzeitrechnung kein gesetzlich verankerter Zeithorizont. Ihre Fristigkeit wird stattdessen ausschließlich von den Informationsbedürfnissen des Managements bestimmt. Üblicherweise wird der kalkulatorische Erfolg in monatlichen Abständen ermittelt. Je nach Art der Leistungserstellung, der Art des Tätigkeitsgebiets oder der Branche eines Unternehmens kommen in der Praxis allerdings auch vierteljährliche, wöchentliche oder tägliche Intervalle in Betracht. Aus diesem Grund bezeichnet man die Kostenträgerzeitrechnung auch als kurzfristige Erfolgsrechnung bzw. kurzfristige Ergebnisrechnung.

Generell wird das ***Betriebsergebnis*** durch die ***periodenbezogene*** und/ oder ***kostenträgerbezogene Gegenüberstellung*** von ***Kosten und Leistungen*** ermittelt. Streng genommen setzt die kurzfristige Erfolgsrechnung deshalb nicht nur eine Kostenrechnung, sondern auch eine Leistungsrechnung voraus. Wir gehen hier jedoch vereinfacht davon aus, dass eine exakte Erfassung und Zuordnung der Leistungen auf einzelne Kostenträger durch ihren jeweiligen Verkaufspreis problemlos möglich ist. Die in der Praxis völlig alltäglichen Preisnachlässe (Boni, Skonti, Rabatte usw.) werden damit ebenso vernachlässigt, wie die absatz- und nachfragebedingten Erlösverbundenheit von Kostenträgern.

Im Gegensatz zum ERW, indem die Erfolgsermittlung an Gesamtgrößen ansetzt, hebt die Betriebsergebnisrechnung auf den einzelnen Kostenträger ab ***(Umsatzkostenverfahren)***. Dem Verkaufspreis eines Kostenträgers werden seine Selbstkosten gegenübergestellt. Der Periodenerfolg des Unternehmens ermittelt sich beim Mehrproduktunternehmen dann durch eine sukzessive Aggregation der Erträge pro Stück, pro Kostenträgergruppe, pro Kostenträgerart bis hin zum gesamten Betriebsergebnis. Obwohl das Umsatzkostenverfahren i.d.R. an Produktaggregaten ansetzt (Produkt, Produktgruppe, Produktart usw.) ist es nicht auf die Produktsicht beschränkt. Es wäre genauso denkbar, dass die Zusammenfassung erfolgt nach Absatzmärkten (z.B. Ergebnis in Europa, USA,

Asien usw.), nach Kundengruppen (z.B. Ergebnis mit Industriekunden, Großhandel, Endverbraucher usw.) oder nach organisatorischen Kriterien (z.B. Ergebnis einer Kostenstelle, Filiale, Niederlassung, Werk, Unternehmenssparte usw.). Formuliert man diesen Zusammenhang etwas um, wird unmittelbar deutlich, woraus die Bezeichnung Umsatzkostenverfahren resultiert. ***In diesem Verfahren werden nämlich die Umsatzerlöse eines Abrechnungszeitraums mit den für die Realisation des Umsatzes entstandenen Kosten verglichen.***

BEISPIEL ZUR KOSTENTRÄGERZEITRECHNUNG

Über ein Unternehmen das zwei Produktgruppen (PG I, PG II) mit jeweils zwei unterschiedlichen Produkten (PG I: A, B und PG II: C, D) produziert und vertreibt, liegen folgende Informationen vor:

Gesamtumsatz der Periode	18.212,50 EUR
Gesamtkosten der Periode	16.544,50 EUR
Gesamte Lagerbestandsveränderungen der Periode	525,75 EUR

	A	B	C	D
Verkaufspreis pro Stück	5,90 EUR	6,20 EUR	3,10 EUR	2,50 EUR
Selbstkosten pro Stück	5,95 EUR	5,75 EUR	2,15 EUR	1,35 EUR
Absatzmenge	1.200 Stück	1.050 Stück	725 Stück	950 Stück

Auf Basis des gegebenen Zahlenmaterials kann folgendes differenziertes Betriebsergebnis (stück-, produktgruppen-, betriebsbezogen) ermittelt werden:

	A	B	C	D
Ergebnis pro Stück	- 0,05 EUR	0,45 EUR	0,95 EUR	1,15 EUR
Ergebnis pro Produkt	- 60,00 EUR	472,50 EUR	688,75 EUR	1.092,50 EUR
Ergebnis pro Gruppe	412,50 EUR		1.781,25 EUR	
Gesamtergebnis	2.193,75 EUR			

Wie aus der Tabelle zu entnehmen ist, sind die Ergebnisbeiträge der Produkte bzw. Produktgruppen stark unterschiedlich. Während beispielsweise die Produktgruppe I nur 18,8% des Gesamtergebnisses erwirtschaftet, sind dies bei der Produktgruppe II 81,2 %. Noch drastischer sehen die Ergebnisbeiträge auf der Produktebene aus. Mit einem Beitrag von 49,8 % erwirtschaftet das Produkt D den Löwenanteil am gesamten Betriebsergebnis. Das Produkt A kann dagegen als Verlustprodukt identifiziert werden und sollte langfristig daher vom Markt genommen werden.

3. Teilkostenrechnung als Basis zur Entscheidungsunterstützung

In der Vollkostenrechnung wird grundsätzlich nicht zwischen fixen und variablen Kostenbestandteilen unterschieden. Die damit zwangsläufig einhergehende Proportionalisierung von Fixkosten führt dazu, dass die ermittelten Herstell-/ Selbstkosten immer von der Produktionsmenge der Periode abhängig sind. Bei einer gegebenen Produktionskapazität und damit gegebenen Fixkosten hat dies zur Folge, dass der in den Herstell-/ Selbstkosten verrechnete Fixkostenanteil pro Stück steigt, wenn die Menge sinkt bzw., dass der Fixkostenanteil pro Stück sinkt, wenn die Menge steigt. Als Grundlage dispositiver Entscheidungen sind Vollkosten damit jedoch nur bedingt geeignet. Genau an diesem Punkt setzt die im Folgenden kurz vorgestellte Teilkostenrechnung an.

3.1 Rechnungszwecke und Grundprinzipien der Teilkostenrechnung

Bedingt durch die fehlende Differenzierung von variablen und fixen Kosten führen selbst einfache planerische Entscheidungen wie beispielsweise die ***Festlegung des Verkaufspreises*** der Absatzleistung eines Einprodukt-Unternehmens in der nächsten Periode oder die ***Festlegung eines erlösoptimalen Produktionsprogramms*** auf der Basis von Vollkosten nahezu zwangsläufig zu einer Fehlentscheidung. Nach der Logik der Vollkostenrechnung erhöht sich der Verkaufspreis einer Absatzleistung bei einem Rückgang der Nachfrage- und damit auch der Produktionsmenge, was jedoch i.d.R. einen weiteren Nachfragerückgang zur Folge hat. Dieser Nachfragerückgang löst nun wiederum einen weiteren Preisanstieg aus usw. Zusammengenommen wird dieser Effekt als „Gefahr, sich aus dem Markt zu kalkulieren“ bezeichnet. Diese wesensimmanente Gefahr ist darauf zurückzuführen, dass sich bei einem Rückgang der Produktionsmenge kurzfristig nur die variablen Kosten verändern. Die Fixkosten bleiben kurzfristig konstant; sie lassen sich erst mittel- bis langfristig durch eine Stilllegung oder den Verkauf von Anlagen oder Betriebsteilen abbauen. Da aus der Vollkostenrechnung jedoch nicht hervorgeht, welche Kosten bei einer Veränderung der Produktionsmenge kurzfristig weiterhin in voller

Höhe anfallen, ist die ***Ist-Vollkostenrechnung für*** eine vorausschauende ***Preiskalkulation ungeeignet***.

Noch deutlicher als bei der Preiskalkulation tritt das Risiko einer betriebswirtschaftlichen Fehlentscheidung auf Basis von Vollkosten bei der Produktionsprogrammplanung zu Tage. Nach der Logik der Vollkostenrechnung werden nur Produkte hergestellt, deren Selbstkosten unter dem am Markt erzielbaren Verkaufspreis liegen, m.a.W., die ein positives Stückergebnis aufweisen. Produkte, die ein negatives Stückergebnis aufweisen, werden dagegen aus dem Produktionsprogramm eliminiert. Unter langfristigen Gesichtspunkten betrachtet, ist diese Entscheidungsregel unstrittig. Unter kurzfristigen Gesichtspunkten jedoch kann es durchaus vorkommen, dass ein ‚Verlustprodukt' immer noch einen positiven Beitrag zum Betriebsergebnis erbringt. Das folgende Rechenbeispiel soll diese These belegen.

BEISPIEL ZUR KURZFRISTIGEN PROGRAMMPLANUNG

Ein Unternehmen, das vier Produkte produziert und vertreibt, ermittelt die Selbstkosten der Produkte mit Hilfe einer Maschinenstundensatzkalkulation, d.h. mit einer traditionellen Methode der Vollkostenrechnung. Vereinfachend wird dabei davon ausgegangen, dass alle Einzelkosten des Unternehmens variable und alle Gemeinkosten fixe Kosten sind. In der Betrachtungsperiode sind im Unternehmen Gemeinkosten bzw. Fixkosten in Höhe von 120.032 EUR angefallen. Die Fertigungsanlagen wurden insgesamt 24.800 Minuten genutzt, d.h. der aktuell gültige Maschinenminutensatz beträgt 4,84 EUR/ Minute. Das Unternehmen hat keinerlei Lagerbewegungen zu verzeichnen, d.h. die Produktionsmenge konnte vollständig am Markt abgesetzt werden. Dabei erzielte das Unternehmen ein Betriebsergebnis in Höhe von 40.968 EUR. Stückbezogen liegen folgende Informationen vor:

Produkt	Produktionsmenge	Maschinenzeit pro Stück	Preis pro Stück	Variable Kosten pro Stück	Anteilige Fixkosten pro Stück	Selbstkosten pro Stück	Stückergebnis
A	1.000 St.	5 Min.	120,- EUR	80,- EUR	24,20 EUR	104,20 EUR	15,80 EUR
B	2.100 St.	4 Min.	75,- EUR	50,- EUR	19,36 EUR	69,36 EUR	5,64 EUR
C	1.600 St.	6 Min.	80,- EUR	40,- EUR	29,04 EUR	69,04 EUR	10,96 EUR
D	900 St.	2 Min.	95,- EUR	90,- EUR	9,68 EUR	99,68 EUR	- 4,68 EUR

Wie aus der Tabelle zu entnehmen ist, erwirtschaftete das Produkt D einen Stückverlust in Höhe von 4,68 EUR/ Stück. Nach der Argumentation der Vollkostenrechnung ist das Produkt in der nächsten Periode daher aus dem Produktionsprogramm zu streichen. Selbst wenn alle Produktions- und Absatzbedingungen in der Folgeperiode vollkommen identisch sind, führt die nahe liegende Vorgehensweise, das Betriebsergebnis der Folgeperiode dadurch zu ermitteln, dass der Gesamtverlust der abgesetzten Menge des Produkts D einfach aus dem aktuellen Betriebsergebnis herausgerechnet wird, zum falschen Ergebnis. Da die Gemeinkosten bzw. Fixkosten in der Folgeperiode unverändert in Höhe von 120.032 EUR vorliegen, aber die Fertigungsanlagen durch die fehlende Produktionsmengen von Produkt D in geringerem Umfang genutzt werden (23.000 Min.), ergeben sich ein neuer Maschinenminutensatz (5,22 EUR/ Minute), neue anteilige Fixkosten pro Stück, neue Stückergebnisse sowie ein neues Betriebsergebnis.

Produkt	Produktions-menge	Maschinen-zeit pro Stück	Preis pro Stück	Variable Kosten pro Stück	Anteilige Fix-kosten pro Stück	Selbstkosten pro Stück	Stück-ergebnis
A	1.000 St.	5 Min.	120,- EUR	80,- EUR	26,09 EUR	106,09 EUR	13,91 EUR
B	2.100 St.	4 Min.	75,- EUR	50,- EUR	20,88 EUR	70,88 EUR	4,12 EUR
C	1.600 St.	6 Min	80,- EUR	40,- EUR	31,31 EUR	71,31 EUR	8,69 EUR

Die Aggregation der Stückergebnisse führt zu einem Betriebsergebnis in Höhe von 36.468 EUR. Entgegen der Erwartung führt die Eliminierung von Produkt D damit nicht zu einem Anstieg des Betriebsergebnisses, sondern dieses verringert sich um 4.500 EUR.

Zusammenfassend lässt sich feststellen, dass das von der Ist-Vollkostenrechnung zur Verfügung gestellte Methodenarsenal durch die Proportionalisierung von fixen Kosten nicht dafür geeignet ist, kurzfristige Managemententscheidungen zu unterstützen. Genau hier liegt der Ansatzpunkt der im Folgenden vorgestellten Teilkostenrechnung. Unabhängig von der konkreten Ausprägungsform versteht sich die ***Teilkostenrechnung*** in erster Linie als ***Instrument zur Fundierung und Kontrolle unternehmerischer Entscheidungen***. Im Gegensatz zur Investitionsrechnung ist der Entscheidungshorizont dabei kurzfristig, d.h. es werden lediglich Anpassungsentscheidungen im Rahmen gegebener Kapazitäten betrachtet. Typische Fragestellungen der Teilkostenrechnung sind beispielsweise:

- ***Wie ändert sich der Erfolg eines Unternehmens, wenn von einem bestimmten Kostenträger eine Einheit mehr oder weniger produziert bzw. abgesetzt wird?***
- ***Wie wirken sich Änderungen bei der Zusammensetzung des Produktionsprogramms auf den Periodenerfolg aus?***
- ***Wo liegen die kurzfristigen Preisuntergrenzen der Absatzleistungen, d.h. ab welchem Marktpreis sollte aus kostenrechnerischer Sicht auf die Herstellung der Leistungen verzichtet werden?***

Zur Beantwortung dieser Fragen bzw. zur Erfüllung ihrer Rechnungszwecke greifen alle unterschiedlichen Ausprägungsformen der Teilkostenrechnung auf eine Vorgehensweise zurück, die durch folgende Wesensmerkmale geprägt ist:

- ***Kostenzurechnung nach dem Marginalprinzip;***
- ***Verwendung von Deckungsbeiträgen;***
- ***Bestandsbewertung zu Teilkosten.***

Kostenzurechnung nach dem Marginalprinzip

Analog zum Verursachungsprinzip in der Vollkostenrechnung stellt das ***Marginalprinzip*** das entscheidende ***Denk- und Handlungsmuster*** der Teilkostenrechnung dar. Nach diesem Prinzip sind einem Kostenträger nur jene Kosten zuzuordnen, die durch die Herstellung bzw. den Absatz des Kostenträgers zusätzlich ausgelöst werden (variable Kosten). Die mengenunabhängigen Kosten (Fixkosten) werden in der Teilkostenrechnung jedoch nicht vernachlässigt; es wird nur auf eine Verrechnung dieser Kosten auf die einzelnen Kostenträger verzichtet.

Verwendung von Deckungsbeiträgen

Im Gegensatz zum progressiven Vorgehen der Vollkostenrechnung, bei dem die Gesamtkosten von der Kostenartenrechnung über die Kostenstellenrechnung an die Kostenträgerrechnung weitergereicht werden, ist die Teilkostenrechnung ein ***retrogrades Abrechnungssystem***. Im ersten Schritt wird dem Verkaufspreis bzw. dem Verkaufserlös eines Kostenträgers die direkt zurechenbaren Kosten gegenübergestellt. Die Differenz zwischen Preis und variablen Kosten wird dabei als Deckungsbeitrag bezeichnet. Diese Bezeichnung ist darauf zurückzuführen, dass der Deckungsbeitrag eines Kostenträgers den Teil des Verkaufserlöses angibt, den dieser Kostenträger zur Deckung der Fixkosten des Unternehmens beiträgt. Im zweiten Schritt werden die Deckungsbeiträge der einzelnen Kostenträger aggregiert und den Fixkosten des Unternehmens gegenübergestellt. Ist der Gesamtdeckungsbeitrag höher als die Fixkosten, erwirtschaftet das Unternehmen ein positives Betriebsergebnis, ist er dagegen geringer, macht das Unternehmen einen (Betriebs-) Verlust.

Bestandsbewertung zu Teilkosten

Während Lagerbestände an fertigen und unfertigen Erzeugnissen in der Vollkostenrechnung grundsätzlich mit Vollkosten bewertet werden, greift die Teilkostenrechnung konsequenterweise auf eine ***Bewertung mit direkt zurechenbaren Teilkosten*** bzw. variablen Kosten zurück. Die Fixkosten einer Abrechnungsperiode werden dagegen in vollem Umfang der Periode angelastet, in der sie entstanden sind. Diese Form der Bestandsbewertung hat zur Folge, dass das Betriebsergebnis einer Periode unabhängig von der jeweiligen Produktionsmenge ist bzw. nicht von Bestandsveränderungen beeinflusst wird (erfolgsneutrale Bestandsbewertung). Sobald in einer Abrechnungsperiode Lagerbestandsveränderungen auftreten, differiert damit jedoch das Betriebsergebnis auf Basis von Vollkosten zwangsläufig vom Betriebsergebnis auf Basis von Teilkosten.

Die genannten Wesensmerkmale sind prägend für alle Teilkostenrechnungssysteme. Dennoch unterscheiden sich die einzelnen Ausprägungsformen im Hinblick auf die Auslegung des Marginalprinzips, auf das wesentliche Bezugsobjekt sowie auf den Differenzierungsgrad stark voneinander. Im Gegensatz zur Vollkostenrechnung kann deshalb bei der Teilkostenrechnung nicht von einem einheitlichen, in sich geschlossenen Rechnungssystem gesprochen werden. Die im folgenden Kapitel dargestellten einfachen Varianten einer Teilkostenrechnung sind deshalb nur eine kleine Auswahl aus der Fülle möglicher Ausprägungsformen.

3.2 Teilkostenrechnungssysteme

3.2.1 Deckungsbeitragsrechnung (Direct Costing)

Das historisch älteste Teilkostenrechnungssystem ist die ***Deckungsbeitragsrechnung*** (auch als Direct Costing oder Grenzkostenrechnung bezeichnet.). Das Hauptziel dieses Rechnungssystems besteht in der ***Verbesserung der Erfolgsanalyse*** und der Ergebnisplanung. Um dies zu erreichen ist das System so konzipiert, dass es dem Management eines Unternehmens Informationen über die kurzfristige Preisuntergrenze der einzelnen Kostenträger zur Verfügung stellt. Darüber hinaus kann es Fehlentscheidungen im Hinblick auf die Zusammensetzung des Produktions- und Absatzprogramms verhindern. Schließlich bietet das Direct Costing auch die Möglichkeit zur erfolgsneutralen Bestandsbewertung, da es auf die Aktivierung der Fixkostenbestandteile bei den Herstellkosten gelagerter Zwischen- und Endprodukte verzichtet und deshalb auch ‚falsche' Ergebnisausweise vermeidet. Das Direct Costing ist durch folgende Wesensmerkmale gekennzeichnet:

- Die Gesamtkosten einer Periode werden in ***fixe*** (beschäftigungsunabhängige Periodenkosten) und ***variable Kostenbestandteile*** (beschäftigungsabhängige Stückkosten) aufgelöst. Dabei wird unterstellt, dass sich die Gesamtkosten linear entwickeln, d.h., dass jedes Stück einer Leistungsart identische variable Kosten verursacht. In der Terminologie der Vollkostenrechnung ausgedrückt, setzen sich die variablen Kosten zusammen aus variablen Einzelkosten sowie anteiligen variablen Gemeinkosten eines Kostenträgers. Vereinfacht wird jedoch im Direct Costing davon ausgegangen, dass die Einzelkosten in vollem Umfang variabel und die Gemeinkosten in vollem Umfang fix sind.
- Jeder Leistungs- bzw. Kostenträgereinheit werden nur die variablen Kosten zugerechnet. Die ***Differenz zwischen*** dem am Markt erzielten ***Verkaufspreis*** und den ***variablen Kosten einer Absatzleistung*** wird als Deckungsbeitrag bezeichnet und ist die wesentliche Erfolgsgröße des Direct Costing. Weist eine Absatzleistung einen positiven Deckungsbeitrag auf, ist die Produktion bzw. der Vertrieb dieser Leistung kurzfristig vorteilhaft für ein Unternehmen. Erst bei einem negativen Deckungsbeitrag sollte die Leistung auch kurzfristig aus dem Produktions- bzw. Absatzprogramm gestrichen werden. Implizit enthalten in dieser produkt- und produktionsprogrammpolitischen Entscheidungsregel ist auch eine Aussage über die Preisuntergrenze eines Kostenträgers. Nach der Logik des Direct Costing wird die kurzfristige Preisuntergrenze einer Leistung ausschließlich durch deren variable Kosten bestimmt.
- Zur ***Ermittlung des Betriebsergebnisses*** werden zunächst die Deckungsbeiträge der unterschiedlichen Leistungen zum Gesamtdeckungsbeitrag der Periode aggregiert. Die Deckungsbeiträge der einzelnen Leistungen werden dazu mit der jeweiligen Absatzmenge multipliziert und anschließend zu einem Wert zusammengefasst. Dem Gesamtdeckungsbeitrag der Periode werden die fixen Kosten der Periode gegenübergestellt. Eine Differenzierung der Fixkosten nach unterschiedlichen Kostenstellen wird dabei nicht vorgenommen.

Wird die gesamte Vorgehensweise schematisch dargestellt und die Ermittlung des Betriebsergebnisses formal ausgedrückt, ergibt sich damit folgendes Bild:

	Absatzpreis
–	Variable Kosten pro Stück
=	**Deckungsbeitrag pro Stück**
*	Absatzmenge
=	**Gesamtdeckungsbeitrag**
–	Fixkosten der Periode
=	**Betriebsergebnis der Periode**

BEISPIEL ZUR DECKUNGSBEITRAGSRECHNUNG

Über ein Unternehmen, das drei Produkte produziert und vertreibt, liegen folgende Mengen- und Kosteninformationen vor: (Vereinfacht wird davon ausgegangen, dass die Einzelkosten in vollem Umfang variabel und die Gemeinkosten in vollem Umfang fix sind.)

	Produkt A	Produkt B	Produkt C
Preis pro Stück	12,00 EUR	19,50 EUR	16,50 EUR
Variable Kosten pro Stück	6,00 EUR	18,50 EUR	12,00 EUR
Absatzmenge	9.000 Stück	12.000 Stück	18.000 Stück
Fixkosten der Periode	90.000 EUR		

In der folgenden Tabelle, die streng nach dem Vorgangsschema des Direct Costing aufgebaut ist, sind sowohl die Stück-Deckungsbeiträge der einzelnen Produkte, die Deckungsbeiträge der jeweiligen Gesamtproduktmengen, der Gesamt-Deckungsbeitrag sowie das Betriebsergebnis der Periode enthalten.

	Produkt A	Produkt B	Produkt C
Preis pro Stück	12,00 EUR	19,50 EUR	16,50 EUR
Variable Kosten pro Stück	6,00 EUR	18,50 EUR	12,00 EUR
Deckungsbeitrag pro Stück	**6,00 EUR**	**1,00 EUR**	**4,50 EUR**
Absatzmenge	9.000 Stück	12.000 Stück	18.000 Stück
Deckungsbeitrag pro Sorte	**54.000 EUR**	**12.000 EUR**	**81.000 EUR**
Gesamt-Deckungsbeitrag		**147.000 EUR**	
Fixkosten der Periode		90.000 EUR	
Betriebsergebnis		**57.000 EUR**	

Neben der unmittelbaren Information darüber, in welchem Maße sich das Betriebsergebnis bei einer Variation der Absatzmengen der drei Produkte um jeweils eine Einheit ändert (im Beispiel: A 6,- B 1,- und C 4,50 Euro), liefert das Direct Costing auch erste ***Ansatzpunkte für Programmentscheidungen***. Stückbezogen weist das Produkt A im Rechenbeispiel den höchsten Deckungsbeitrag auf. Nach der Logik des Direct Costing stellt es daher das förderungswürdigste Produkt dar. M.a.W., solange es die Produktions- und Absatzsituation erlaubt, sollte das Unternehmen versuchen, vom Produkt A mehr zu produzieren und abzusetzen. Da – auf die Sorte bezogen – der Mengeneffekt beim Produkt C in der betrachteten Situation jedoch überwiegt, sind weitere Informationen über die Markt- und Produktionsbedingungen des Unternehmens notwendig (z.B. maximales Absatzvolumen, Preis-Absatz-Funktion der Produkte, Kapazitätsrestriktionen usw.), um über eine Rangreihenfolge hinaus weitere sinnvolle Programmentscheidungen treffen zu können.

Obwohl das Direct Costing in Hinblick auf die dispositiven Aufgaben der Kostenrechnung deutliche Vorteile gegenüber der traditionellen Vollkostenrechnung aufweist, wird es z.T. heftig kritisiert: Der wesentliche Kritikpunkt ist dabei die Art und Weise der Behandlung von Fixkosten. Das Direct Costing verkehrt den Vorwurf der Proportionalisierung der Fixkosten bei der Vollkostenrechnung genau ins Gegenteil, indem die Fixkosten völlig undifferenziert in die Betrachtung eingehen. Obwohl dieser Kritikpunkt grundsätzlich richtig ist, muss zur Rehabilitierung des Direct Costing jedoch berücksichtigt werden, dass dieses Kostenrechnungssystem im US-amerikanischen Wirtschaftsraum entwickelt wurde. Aufgrund unterschiedlicher rechtlicher Vorgaben zum betrieblichen Rechnungswesen unterscheidet sich jedoch das Rechnungswesen eines US-amerikanischen Unternehmens stark vom Rechnungswesen eines deutschen Unternehmens. So verfügen beispielsweise auch heute noch nur wenige US-Unternehmen über eine differenzierte Kostenstellenrechnung. Aus diesem Grund ist es auch nicht möglich, Fixkosten differenziert für einzelne Kostenstellen und/ oder Kostenträger auszuweisen. In speziell im deutschen Sprachraum weiterentwickelten Formen des Direct Costing, wie der im folgenden Kapitel vorgestellten stufenweisen Fixkostendeckungsrechnung, lässt sich der Kritikpunkt einer undifferenzierten Behandlung der Fixkosten jedoch nicht mehr aufrecht erhalten.

3.2.2 Stufenweise Fixkostendeckungsrechnung

Die ***Stufenweise Fixkostendeckungsrechnung*** ist eine Ergänzung bzw. konsequente Weiterentwicklung des Direct Costing. Der einzige ***Unterschied zum Vorgangsschema des Direct Costing*** besteht in einer ***differenzierteren Behandlung der Fixkosten*** eines Unternehmens. Diese werden nicht en bloc den Gesamtdeckungsbeiträgen der abgesetzten Leistungen gegenübergestellt, sondern in einzelne erzeugnisbezogene und unternehmensbezogene Fixkostenschichten unterteilt und sukzessive verrechnet.

Die ***Grundidee*** hinter diesem Verrechnungsschema ist die Überzeugung, dass die Fixkosten eines Unternehmens keine homogene Einheit darstellen, sondern sich relativ problemlos zu einzelnen Erzeugnisarten, Produktgruppen, Unternehmensbereichen usw. zuordnen lassen. Wird auf einer Fertigungsanlage beispielsweise nur eine einzige Erzeugnisart produziert, können die Fixkosten dieser Anlage direkt der gesamten Produktionsmenge dieser Erzeugnisart zugeordnet werden. Auf die gleiche Art lassen sich beispielsweise auch das Gehalt eines Bereichsleiters oder die kompletten Fixkosten eines Werkes allen im entsprechenden Bereich oder im entsprechenden Werk produzierten Leistungen zurechnen. Nur ein kleiner Teil der gesamten Fixkosten kann ohne eine Verletzung des Marginalprinzips nicht aufgespalten werden; dieser Teil ist zwangsläufig allen erstellten Leistungen bzw. dem gesamten Unternehmen zuzurechnen, wie beispielsweise die Gehälter des Top-Managements bzw. der Unternehmensleitung.

Auf Basis dieser Argumentation werden die ***Fixkosten in*** einzelne ***Fixkostenschichten unterteilt*** und in eine hierarchische Ordnung gebracht. Allgemeingültige Aussagen über die ‚richtige' Anzahl der dabei unterschiedenen Fixkostenschichten lassen sich nicht formulieren; diese ist vom konkreten Homogenitätsgrad der Produkte, von der Größe und der organisatorischen Gliederung des Unternehmens sowie vom notwendigen oder gewünschten Differenzierungsgrad der Kostenrechnung abhängig. Üblicherweise unterscheidet man jedoch folgende Fixkostenschichten:

- ***Fixkosten einzelner Produkte***
  Darunter fallen alle Fixkosten, die der gesamten Produktionsmenge eines Produkts/ einer Produktart direkt zugerechnet werden können (z.B. Lizenzgebühren, Fixkosten einer Maschine, auf der nur ein Produkt gefertigt wird usw.).
- ***Fixkosten einzelner Produktgruppen***
  Diese Fixkosten werden durch eine Gruppe artähnlicher Produkte verursacht. Würde die Produktgruppe mittel- bis langfristig aus dem Produktionsprogramm gestrichen, würden auch diese Kosten wegfallen (z.B. Entwicklungskosten einer neuen PKW-Reihe, Mieten für eine Werkshalle, die zur Herstellung der Produktgruppe dient usw.).
- ***Fixkosten einzelner Kostenstellen***
  Falls sich die Fixkosten nicht mehr einzelnen Produkten oder Produktgruppen zuordnen lassen, werden die Fixkosten nach organisatorischen Kriterien differenziert. Auf der ‚tiefsten' organisatorischen Ebene sind zunächst Fixkosten zu identifizieren, die sich genau einer Kostenstelle zuordnen lassen (z.B. Gehalt eines Meisters, der für eine Kostenstelle in der Fertigung verantwortlich ist, kalkulatorische Abschreibungen und Zinsen einer Kostenstelle usw.).
- ***Fixkosten einzelner Betriebsbereiche***
  Hierunter fallen alle Fixkosten, die wegfallen würden, wenn ein bestimmter Unternehmensbereich geschlossen werden würde (z.B. Gehalt eines Spartenleiters, Mieten für eine Werkshalle, in der mehrere Produktgruppen in mehreren Kostenstellen produziert werden usw.).
- ***Fixkosten des Gesamtunternehmens***
  Hierunter fallen alle Fixkosten, die ohne eine Verletzung des Marginalprinzips nicht weiter aufgeteilt werden können (z.B. Gehälter der Unternehmensleitung, Kosten des Werkschutzes usw.).

Das grundsätzliche Schema der ***kurzfristigen Erfolgsrechnung*** bei der Stufenweisen Fixkostendeckungsrechnung ist unmittelbar mit dem des Direct Costing vergleichbar. Ausgehend von den Erlösen und den variablen Kosten pro Stück werden zunächst Stückdeckungsbeiträge für jedes einzelne Produkt und für die jeweilige gesamte Absatzmenge eines Produkts ermittelt. Darauf aufbauend, werden bis zum Betriebsergebnis nun jedoch noch weitere unterschiedlich differenzierte Deckungsbeiträge ermittelt, indem man den jeweiligen Ausgangswerten sukzessive die einzelnen Fixkostenschichten gegenübergestellt (vgl. Abbildung 15).

	Umsatzerlös pro Stück
%	Variable Kosten pro Stück
=	**Stück-Deckungsbeitrag (DB I)**
*	Absatzmenge
=	Gesamte Stück-Deckungsbeiträge je Produkt
%	Fixkosten des Produkts
=	**Produkt-Deckungsbeitrag (DB II)**
%	Fixkosten der Produktgruppe
=	**Produktgruppen-Deckungsbeitrag (DB III)**
%	Fixkosten des Bereichs
=	**Bereichs-Deckungsbeitrag (DB IV)**
%	Unternehmensfixkosten
=	**Betriebsergebnis**

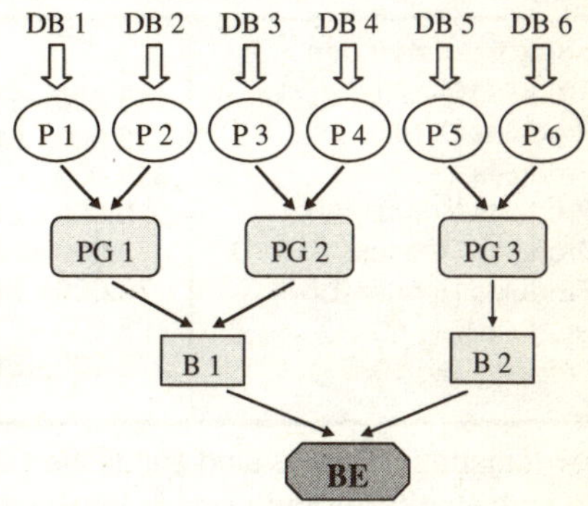

Abbildung 15: Deckungsbeitragshierarchie der Fixkostendeckungsrechnung

Ein negativer Deckungsbeitrag besagt, dass das Betriebsergebnis des Unternehmens gesteigert werden könnte, wenn auf die Produktion bzw. den Absatz des entsprechen Bezugsobjekts verzichtet würde. Durch die Vielzahl der berücksichtigten Bezugsobjekte bzw. zu beurteilenden Deckungsbeiträge ist der Aussagegehalt der Stufenweisen Fixkostendeckungsrechnung jedoch ungleich höher als der Aussagegehalt einer entsprechenden Analyse im Direct Costing.

BEISPIEL ZUR STUFENWEISE FIXKOSTENDECKUNGSRECHNUNG

Ein Automobilhersteller produziert vier PKW (D-120, D-180, Y-300, Y-500) und vier LKW (Runner I, Runner II, Big 50, Big 100). Die PKW D-120 und D-180 bilden zusammen die Produktgruppe D-Klasse, Y-300 und Y-500 die Y-Klasse. Die LKW Runner I und I die Runner-Klasse und die LKW Big 50 und 100 bilden die Big-Klasse. Für die beiden PKW-Produktgruppen (D- und Y-Klasse) ist der Unternehmensbereich 1 (PKW) zuständig, die LKW-Produktgruppen (Runner- und Big-Klasse) werden vom Unternehmensbereich 2 (LKW) betreut. Über die Kosten- und Erlössituation der Produkte, Produktgruppen, Unternehmensbereiche und des Gesamtunternehmens liegen folgende Informationen vor:

Produkt	Absatzmenge	Verkaufspreis	Variable Kosten
D-120	900 Stück	4.000,- EUR/ Stück	3.750,- EUR/ Stück
D-180	1.200 Stück	6.000,- EUR/ Stück	5.800,- EUR/ Stück
Y-300	1.000 Stück	9.500,- EUR/ Stück	8.500,- EUR/ Stück
Y-500	1.800 Stück	12.000,- EUR/ Stück	11.000,- EUR/ Stück
Runner I	500 Stück	7.000,- EUR/ Stück	6.900,- EUR/ Stück
Runner II	900 Stück	11.500,- EUR/ Stück	10.450,- EUR/ Stück
Big 50	1.600 Stück	15.000,- EUR/ Stück	14.500,- EUR/ Stück
Big 100	400 Stück	19.000,- EUR/ Stück	17.800,- EUR/ Stück

Produktfixkosten des		**Fixkosten der**	
• Produkts D-120	65.000,- EUR	• Produktgruppe D-Klasse	120.000,- EUR
• Produkts D-180	98.000,- EUR	• Produktgruppe Y-Klasse	490.000,- EUR
• Produkts Y-300	459.000,- EUR	• Produktgruppe Runner	750.000,- EUR
• Produkts Y-500	970.000,- EUR	• Produktgruppe Big	690.000,- EUR
• Produkts Runner I	72.000,- EUR	**Fixkosten des**	
• Produkts Runner II	70.000,- EUR	• PKW-Bereichs	600.000,- EUR
• Produkts Big 50	195.000,- EUR	• LKW-Bereichs	125.000,- EUR
• Produkts Big 100	275.000,- EUR	**Unternehmensfixkosten**	400.000,- EUR

In der folgenden Tabelle sind sämtliche Deckungsbeiträge sowie das Betriebsergebnis der Periode enthalten (alle Werte sind in EUR angegeben).

	PKW				LKW			
	D-Klasse		Y-Klasse		Runner		Big	
	D-120	D-180	Y-300	Y-500	Runner I	Runner II	Big 50	Big 100
Preis	4.000	6.000	9.500	12.000	7.000	11.500	15.000	19.000
Var. Kosten	3.750	5.800	8.500	11.000	6.900	10.450	14.500	17.800
DB I	250	200	1.000	1.000	100	1.050	500	1.200
Absatzmenge	900	1.200	1.000	1.800	500	900	1.600	400
Gesamt-DB I	225.000	240.000	1000.000	1.800.000	50.000	945.000	800.000	480.000
P-Fixkosten	65.000	98.000	459.000	970.000	72.000	70.000	195.000	275.000
DB II	**160.000**	**142.000**	**541.000**	**830.000**	**−22.000**	**875.000**	**605.000**	**205.000**
PG-Fixkosten	120.000		490.000		750.000		690.000	
DB III	**182.000**		**881.000**		**103.000**		**120.000**	
Bereichs-FK	600.000				125.000			
DB IV	**463.000**				**98.000**			
Untern.-FK	400.000							
Betriebsergebnis	**161.000**							

Wie aus der Tabelle abgelesen werden kann, weisen die Produkte sowohl auf der Stück-Ebene als auch in der Gesamtbetrachtung sehr stark unterschiedliche Erfolgsbeiträge auf. Wird von produktions- oder absatzbezogenen Verbundbeziehungen zwischen den Produkten abstrahiert und wird weiter davon ausgegangen, dass die betrachtete Periode im Hinblick auf den Erfolgsbeitrag der einzelnen Produkte repräsentativ ist, kann aus dem vorliegenden Zahlenmaterial folgendes gefolgert werden: Kurzfristig sollte das Unternehmen alle Produkte produzieren. Mittel- bis langfristig sollte jedoch die Produktion des LKW Runner I eingestellt werden, da der mit diesem LKW erreichte Gesamt-Deckungsbeitrag I noch nicht einmal ausreicht, um die unmittelbar dem Produkt zurechenbaren Fixkosten zu decken. Alternativ dazu könnte das Unternehmen auch versuchen, den Absatz anzukurbeln. Mit einer Absatzsteigerung um 220 Stück und identischen Kosten würde der LKW zumindest auch in Bezug auf den Deckungsbeitrag II aus der Verlustzone kommen.

3.3 Entscheidungsunterstützung durch Teilkostenrechnung

Um den Rechnungszweck Entscheidungsunterstützung der Teilkostenrechnung nicht nur theoretisch zu proklamieren, sondern auch in der praktischen Anwendung zu zeigen, werden zwei typische Entscheidungsaufgaben des Managements im Folgenden mit Hilfe des von der Teilkostenrechnung zur Verfügung gestellten Instrumentariums gelöst.

Ein relativ einfaches, aber dennoch nicht zu unterschätzendes Problem im Rahmen der Konzeption von neuen oder der Modifikation von bestehenden Produktions- und Absatzprogrammen ist die ***Frage nach der kritischen Produktions- oder Absatzmenge eines Produktes***. Unter der kritischen Menge oder der ***Nutzschwelle eines Produkts*** bezeichnet man jene Menge, ab der die Herstellung und der Absatz eines Produkts betriebswirtschaftlich sinnvoll ist, d.h. ab der die mit dem Verkauf eines Produkts erzielten Erlöse, die Gesamtkosten (variable und fixe Kosten) der Herstellung des Produkts decken. Das zur Lösung dieses Problem üblicherweise herangezogene Instrument wird als ***Break Even-Analyse*** oder als ***Gewinnschwellen-Analyse*** bezeichnet und ist in der Abbildung 12 grafisch veranschaulicht.

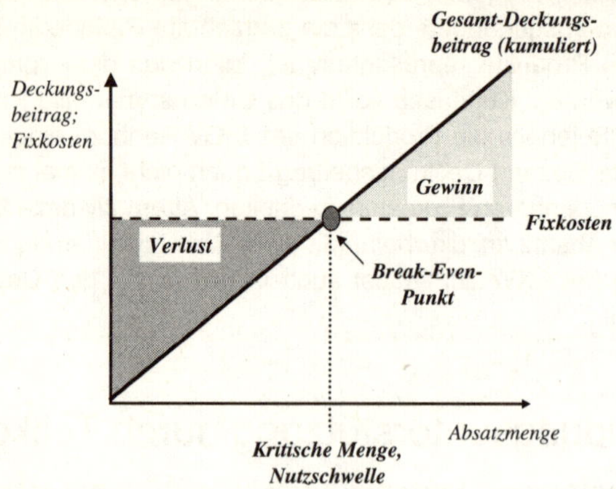

Abbildung 16: Grafische Darstellung der Break-Even-Analyse

Die Break-Even-Analyse basiert auf den vom Direct Costing getroffenen Annahmen konstanter (mengenunabhängiger) Verkaufspreise und variabler Kosten pro Stück sowie eines bekannten Fixkostenbetrages pro Periode für die Produktion des betrachteten Produkts. Mit jeder am Markt abgesetzten Einheit erwirtschaftet das Produkt einen positiven Deckungsbeitrag, der zur Deckung der Fixkosten verwendet werden kann. Am Break Even-Punkt (synonym: Gewinnschwelle, Kostendeckungspunkt, kritische Menge oder Nutzschwelle) reichen die kumulierten Deckungsbeiträge der abgesetzten Menge gerade aus, um die gesamten Fixkosten der Produktion zu decken. Es entsteht damit weder Gewinn noch Verlust. Bei jeder Absatzmenge unterhalb des Break Even-Punkts befindet sich das Unternehmen in der Verlustzone; bei jeder Absatzmenge über dem Break Even-Punkt erwirtschaftet das Unternehmen durch den Verkauf des betrachteten Produkts Gewinn. Rechnerisch kann die kritische Menge durch eine Division der Fixkosten mit dem Deckungsbeitrag pro Stück ermittelt werden.

BEISPIEL ZUR PRODUKTENTSCHEIDUNG

Steht ein Unternehmen beispielsweise vor der Entscheidung ein neu konzipiertes Produkt in sein Produktions- und Absatzprogramm aufzunehmen, bei dessen Produktion Fixkosten pro Periode in Höhe von 36.000 EUR und variable Kosten von 18,- EUR pro Stück bei einem geplanten Verkaufspreis von 27,- EUR pro Stück anfallen, muss das Unternehmen in einer Periode mindestens 4.000 Stück am Markt absetzen, um sämtliche Kosten decken zu können. Als erste dispositive Entscheidung lässt sich daher ableiten, dass das Unternehmen das Produkt nur dann in das Produktions- und Absatzprogramm aufnehmen sollte, wenn es davon überzeugt ist, langfristig mehr als 4.000 Einheiten pro Periode am Markt absetzen zu können.

Mit Hilfe der Break Even-Analyse können auch unterschiedliche Szenarien durchgespielt werden. Die Analyse zeigt dabei die jeweiligen mengen- oder ergebnisbezogenen Konsequenzen alternativer Managemententscheidungen oder Umfeldsituationen auf. Teilt die Marketingabteilung des Unternehmens aus dem obigen Beispiel dem für das neue Produkt verantwortlichen Manager beispielsweise mit, dass damit zu rechnen ist, dass sich der am Markt realisierbare Verkaufspreis aufgrund von Reaktionen der Konkurrenz sehr schnell auf 24 Euro nach unten einpendeln wird, führt dies zu einer Erhöhung der Break Even-Menge um 50% auf 6.000 abgesetzte Einheiten pro Periode. Im umgedrehten Fall, d.h. wenn es dem Unternehmen gelänge, einen Verkaufspreis von 30 Euro pro Stück am Markt durchzusetzen, verringert sich die kritische Menge auf 3.000 Stück pro Periode.

In einer leicht modifizierten Form kann die Break Even-Analyse nicht nur für Produkt-, sondern auch für ***Verfahrensentscheidungen*** eingesetzt werden. Unter dem Begriff Verfahrensentscheidungen sind dabei alle Entscheidungssituationen zusammengefasst, bei denen aus einer Menge alternativer Handlungsmöglichkeiten die ***kostenoptimale Handlungsalternative*** ausgewählt werden soll. Obwohl der Begriff Verfahrensentscheidung häufig ausschließlich mit dem Produktionsbereich in Verbindung gebracht wird (Kostenvergleich von zwei alternativen Produktionstechnologien), sieht sich das Management in nahezu jedem Funktionsbereich eines Unternehmens mit Verfahrensentscheidungen konfrontiert (z.B. Wahl zwischen verschiedenen Rohstoffen, zwischen unterschiedlichen Losgrößen, zwischen Reparatur und Neubeschaffung von Anlagen, zwischen alternativen Transportmitteln und Transportwegen usw.). Beispielhaft wird im Folgenden eine typische Verfahrensentscheidung aus dem Marketing- bzw. Vertriebsbereich dargestellt.

BEISPIEL ZU VERFAHRENSENTSCHEIDUNGEN

Ein Unternehmen hat ein neues Produkt entwickelt und steht vor der Entscheidung, über welchen Vertriebsweg bzw. über welche Art des Vertriebs das Produkt am Markt abgesetzt werden soll. Die Grundsatzentscheidungen sind hierbei schon gefallen; offen ist lediglich noch die Frage, ob der Außendienst über angestellte Vertriebsmitarbeiter (Reisende) oder über selbstständig tätige Handelsvertreter erfolgen soll. Als Grundlage zur Entscheidungsfindung werden ausschließlich die mit den Vertriebsalternativen verbundenen Kosten herangezogen. Der angestellte Reisende würde ein fixes monatliches Gehalt von 3.000,- EUR (inkl. sämtlicher Personalnebenkosten) zuzüglich einer Umsatzprovision von 3 % erhalten. Der selbstständige Handelsvertreter dagegen verursacht lediglich Kosten in Höhe von 15 % des von ihm erzielten Umsatzes (Umsatzprovision). Nach Auskunft der Marktforschungsabteilung ist unabhängig von der gewählten Vertriebsalternative mit einem durchschnittlichen monatlichen Gesamtumsatz des Produkts in Höhe von 28.000,- EUR zu rechnen. Auf Basis dieser Informationen kann der kritische Umsatz des Unternehmens, d.h. der Umsatzwert, bei dem sich Vorteilhaftigkeit der Alternativen ändert, ermittelt werden. Stellt man diese Zusammenhänge in einer Grafik dar, erhält man das in der Abb. 13 aufgezeigte Bild:

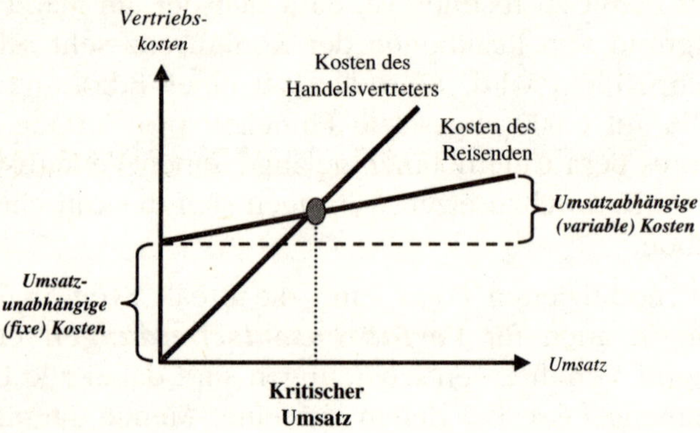

Abbildung 17: Kosten unterschiedlicher Vertriebsalternativen

Der Entscheidungsvorschlag für das Management des Unternehmens lautet daher: Auswahl der Vertriebsalternative Reisender, da diese Alternative beim prognostizierten monatlichen Umsatz von 28.000,- EUR einen Kostenvorteil in Höhe von 360,- EUR aufweist. Allgemeiner formuliert heißt die Entscheidungsregel: Liegt der durchschnittliche monatliche Umsatz unter 25.000,- EUR, ist der Handelsvertreter die kostengünstigere Vertriebsalternative. Ist jedoch damit zu rechnen, dass sich ein monatlicher Umsatz über 25.000 EUR realisieren lässt, ist der Reisende die kostengünstigere Alternative.

VII. Buchführung und Bilanzierung

Neben der Lehre von den Produktionsfaktoren und betrieblichen Funktionen bildet das betriebliche Rechnungswesen einen zentralen Gegenstand der Betriebswirtschaftslehre. Mit seinen verschiedenen Teilbereichen erfüllt es die Aufgabe, alle das Unternehmen betreffenden Geld- und Leistungsströme in mengen- und wertmäßiger Hinsicht zu erfassen. Für unterschiedlichste Fragestellungen ist das Zahlenmaterial aufzubereiten und auszuwerten. Dabei sind interne und externe Aufgaben zu unterscheiden. Im Folgenden geht es um die **externen Aufgaben** und die **Teilssysteme** von **Buchführung** und **Jahresabschluss**. Beschrieben werden alle Schritte, die zur Aufstellung eines Jahresabschlusses und seiner Interpretation erforderlich sind. Basis der Darstellung sind die Regelungen nach derzeitigem Handels- und Steuerrecht. Sie werden ergänzt um die sich bereits abzeichnende Entwicklung zur **Internationalisierung der Rechnungslegung.**

1. Grundlagen zu Buchführung und Jahresabschluss

Das betriebliche Rechnungswesen hat aus Sicht des Unternehmens **interne** und **externe Aufgaben** zu erfüllen. Als internes Rechnungswesen dient es dispositiven Zwecken. Das sind vorrangig die Kontrolle der Wirtschaftlichkeit sowie die Steuerung und Planung des Betriebsgeschehens. Das externe Rechnungswesen richtet sich an außerhalb des Unternehmens stehende Interessenten und versorgt sie unter dem Ziel der Rechenschaftslegung mit Informationen.

Seiner Aufgabenstellung entspricht das Rechnungswesen mit einer Unterteilung in vier Teilbereiche. Als Grundbausteine dienen die ***Finanzbuchführung*** (kurz: Buchführung) und die ***Kostenrechnung***. Erkenntnisziel der Kostenrechnung sind die Ermittlung und Zurechnung der mit der betrieblichen Leistungserstellung und -verwertung verbundenen Kosten. Buchführung und Kostenrechnung sind rechnungstechnisch eng miteinander verzahnt, da sie zahlreiche Daten untereinander austauschen. Ergänzende Teilsysteme stellen die ***betriebswirtschaftliche Statistik*** sowie ***gesonderte Planungsrechnungen*** dar.

Konkrete Aufgabe der Buchführung ist es, alle Vorgänge aufzuzeichnen, die sich auf Höhe oder Zusammensetzung des betrieblichen Vermögens bzw. Kapitals auswirken (= ***Geschäftsvorfälle***).

Dominierende Zwecke des auf der Buchführung basierenden ***Jahresabschlusses*** sind Rechenschaftslegung und Kapitalerhaltung. Zu verdeutlichen sind Stand und Entwicklung des eingesetzten Vermögens sowie die wirtschaftliche Lage des Unternehmens. Dem Grundsatz der Kapitalerhaltung dienen die ausgeprägten Vorsichtsaspekte bei Bilanzierung und Bewertung.

WICHTIG

Für Gesellschafter und Kreditgeber ist der Jahresabschluss ein bedeutsames Informationsinstrument. Entscheidungen über Gewinnausschüttung, Anteilserwerb oder -veräußerung und Kreditvergabe orientieren sich vorrangig an ihm.

Zusätzlich dient der Jahresabschluss der Besteuerung. Über das Maßgeblichkeitsprinzip leiten sich die Bemessungsgrundlagen bei Einkommen-, Gewerbe- und Körperschaftsteuer aus dem handelsrechtlichen Jahresergebnis ab.

Wegen ihrer grundlegenden Bedeutung für den in- und externen Informationsfluss sowie zur Beweisführung in gerichtlichen Auseinandersetzungen besteht in bestimmten Fällen eine ***Buchführungspflicht***. Die handelsrechtliche Buchführungspflicht richtet sich ausschließlich an Kaufleute (§ 238 Abs. 1 HGB). Sie betreiben ein Handelsgewerbe. Ausgenommen davon bleiben lediglich Kleingewerbetreibende, die keines in kaufmännischer Weise eingerichteten Geschäftsbetriebs bedürfen. Keine Kaufleute sind die typischen Freiberufler wie z.B. Ärzte, Steuerberater, Rechtsanwälte u.a. Der Buchführungspflicht unterliegen des Weiteren als Formkaufleute die Personen- und Kapitalgesellschaften wie auch die Genossenschaften.

Alle außersteuerlichen Buchführungs- und Aufzeichnungspflichten sind auch für Zwecke der Besteuerung im Rahmen einer abgeleiteten steuerlichen Buchführungspflicht zu erfüllen (§ 140 AO). Eine eigenständige Buchführungspflicht begründet das Steuerrecht für Gewerbetreibende sowie Land- und Forstwirte, deren Betriebe bestimmte Größengrenzen überschreiten (§ 141 AO). Davon betroffen sind z.B. Kleingewerbetreibende mit Umsätzen oder Gewinnen von mehr als 260.000 EUR bzw. 25.000 EUR. Eine Anhebung dieser Grenzen auf 350.000 EUR bzw. 30.000 EUR ist beabsichtigt.

Das Rechnungswesen bedient sich einer Reihe von feststehenden Begriffen. Sie bezeichnen Bestandsgrößen und deren Veränderung durch Strömungsgrößen. ***Bestandsgrößen*** geben Mengen und Werte in einem Zeitpunkt wieder, während ***Strömungsgrößen*** Bewegungen innerhalb eines Zeitraums beschreiben. Die bedeutsamsten Beziehungen lassen sich wie folgt zusammenfassen:

Bestandsgröße	Veränderung durch Strömungsgrößen	
	Erhöhung	Verminderung
Kassenbestand		
+ Bankguthaben (jederzeit verfügbar)		
= **Zahlungsmittel (liquide Mittel)**	Einzahlung	Auszahlung
+ Forderungen		
– Verbindlichkeiten		
= **Geldvermögen**	Einnahmen	Ausgaben
+ Sachvermögen		
= **Netto(Rein)vermögen**	Ertrag	Aufwand

Abbildung 1: Die wichtigsten Beziehungen zwischen Bestands- und Strömungsgrößen

Die Wertgrößen der Betriebsabrechnung werden in den Dimensionen von Kosten und Leistungen gemessen. Dabei bezeichnen die ***Kosten*** den periodenbezogenen Werteverzehr für Erstellung und Absatz der Betriebsleistung. ***Leistungen*** stellen das positive Ergebnis der betrieblichen Tätigkeit dar. Sie konkretisieren sich in der Verwertung von Sachgütern und Dienstleistungen am Absatzmarkt oder der Erhöhung von Vorratsbeständen bzw. der eigenen Erstellung von Anlagegegenständen.

2. Abrechnungssystem von Buchführung und Jahresabschluss

2.1 Aufbau des Abrechnungssystems

Die Grundstruktur des Abrechnungssystems von Buchführung und Jahresabschluss wird durch Abbildung 2 verdeutlicht.

Der überwiegende Teil der Geschäftsvorfälle resultiert aus den laufenden Aktivitäten eines Unternehmens, die es zu dokumentieren und auszuwerten gilt. Mit Hilfe der Inventur (= Bestandsaufnahme) soll die Buchhaltung überprüft werden. Zusätzlich liefert sie Informationen für die Aufstellung des Jahresabschlusses, die anders nicht zu beschaffenden sind. Mit den Abschlussbuchungen sind Vorgänge und Zustände zu erfassen, die außerhalb der gewöhnlichen Geschäftsvorfälle liegen und häufig nur einmal im Jahr zu berücksichtigen sind.

Grundlage der buchhalterischen Verarbeitung jedes Geschäftsvorfalls ist der Beleg. Er vermittelt den Zusammenhang zwischen dem realen Vorgang und seiner Abbildung in der Finanzbuchführung.

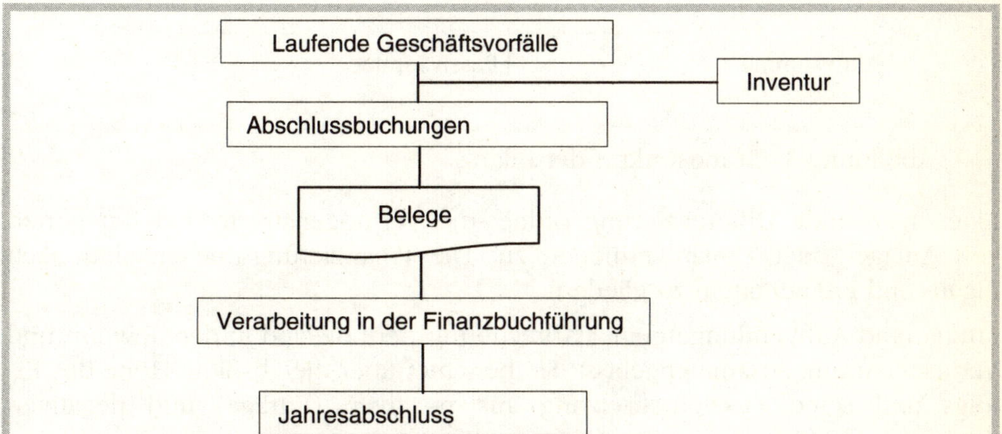

Abbildung 2: Grundstruktur des Abrechnungssystems von Buchführung und Jahresabschluss

Die auf den Belegen beruhende Verarbeitung des Buchungsstoffs in der Finanzbuchführung besteht in seiner ***dokumentierenden Erfassung*** sowie Ordnung des Materials. Sämtliche Geschäftsvorfälle werden in der ***chronologischen Reihenfolge*** ihres Entstehens aufgezeichnet und zusätzlich nach ***sachlichen Kriterien geordnet*** dargestellt.

Aus dem sachlich geordneten Buchungsstoff geht anschließend der Jahresabschluss hervor. Er umfasst die Berichtswerke der ***Bilanz*** sowie der ***Gewinn- und Verlustrechnung***. Kapitalgesellschaften haben ihn um einen Anhang zu ergänzen. Bei der Bilanz handelt es sich um eine strukturierte Gegenüberstellung von Vermögenswerten und Quellen ihrer Finanzierung. Die Grundstruktur der Bilanz stellt sich in der Kontenform folgendermaßen dar:

Bilanz der ABC GmbH zum 31.12.2003

Aktivseite	Passivseite
Vermögenswerte	Kapital
- Anlagevermögen	- Eigenkapital
- Umlaufvermögen	- Fremdkapital
Aktivsumme	Passivsumme

Abbildung 3: Grundstruktur der Bilanz

Eine ergänzende Differenzierung ordnet die Vermögenswerte den Kategorien von Anlage- oder Umlaufvermögen zu. Die Finanzierungsquellen sind nach Eigen- und Fremdmitteln zu gliedern.

Erträge und Aufwendungen einer Abrechnungsperiode sind in der Gewinn- und Verlustrechnung zusammengefasst. Sie berichtet über die absolute Höhe des Erfolgs und seine Zusammensetzung aus positiven (Erträge) und negativen Komponenten (Aufwendungen).

2.2 Verarbeitung der Geschäftsvorfälle

Am Ende eines jeden Geschäftsjahrs ist eine Bilanz aufzustellen. Neben den Endbeständen auf den jeweiligen Bilanzstichtag gibt sie gleichzeitig die Anfangswerte der einzelnen Positionen für das neue Jahr vor. Der ***Grundsatz der Bilanzidentität*** fordert diesen Zusammenhang. Alle während des Jahres erfolgenden Geschäftsvorfälle sind als Veränderungen von Bilanzpositionen interpretierbar. Sie ließen sich durch Fortschreibung der von ihnen betroffenen Bilanzposten dokumentieren. Aus der rechnerischen Weiterführung ergäben sich dann die Vermögens- und Kapitalbestände der Schlussbilanz. Ein derartiges Verfahren wäre allerdings sehr aufwändig und mit deutlichen Informationsverlusten verbunden. Deshalb wird durch die Einführung des Kontos eine andere Vorgehensweise gewählt. Beim ***Konto*** handelt es sich um eine separate Fortschreibung von einzelnen Positionen der Bilanz. Ergänzend dazu ist es möglich, eine Bilanzposition in eine Vielzahl von Konten zu unterteilen, um dadurch ein differenzierteres Bild zu gewinnen. Das Konto nimmt in einer Gegenüberstellung den Anfangsbestand sowie alle Veränderungen der Position durch Zu- und Abgänge im Laufe des Geschäftsjahrs auf. Zur besseren Demonstration erfolgt die Darstellung der Konten in einem zweispaltigen Aufbau. Aus dieser Form leitet sich die Bezeichnung T-Konto ab.

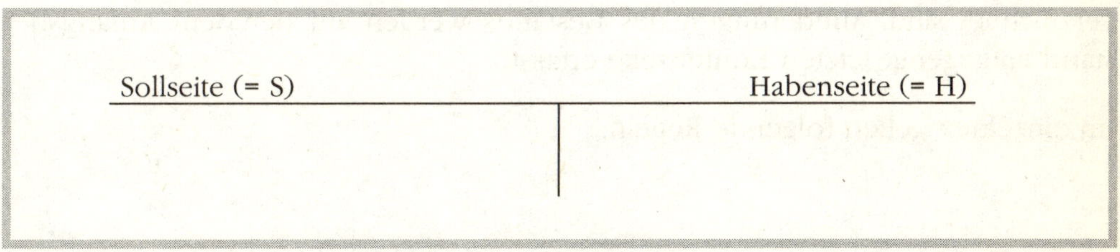

Abbildung 4: Grundstruktur eines T-Kontos

Die linke Seite des Kontos wird als Sollseite bezeichnet, die rechte als Habenseite. Diese Bezeichnungen sind historisch überkommen und für den praktischen Gebrauch nicht aussagekräftig. Der Endbestand eines Kontos (= Saldo) wird ermittelt, indem von der Summe aus Anfangsbestand und Zugängen die Abgänge subtrahiert werden.

Die zur Fortschreibung von Bilanzpositionen verwendeten Konten werden als Bestandskonten bezeichnet. Eine Unterteilung der Bestandskonten erfolgt in Abhängigkeit von der Bilanzseite, der sie zugeordnet sind. So werden die für Positionen der Aktivseite gebildeten Konten als ***aktive Bestandskonten***

(= ***Aktivkonten***) bzw. der Passivseite gebildete Konten als ***passive Bestandskonten*** (= ***Passivkonten***) bezeichnet. Aktivkonten dienen damit der Fortschreibung von Vermögenspositionen, während Passivkonten Kapitalpositionen fortschreiben.

Speziell zur Abbildung der Veränderungen des Eigenkapitalkontos dienen die ***Erfolgskonten***. Als ***Ertrags- bzw. Aufwandskonten*** erfassen sie nach Arten geordnet die Mehrungen und Minderungen des Eigenkapitals. Sie ermöglichen es, eine Analyse des Gesamterfolgs nach seinen Quellen vorzunehmen und in der Gewinn- und Verlustrechnung darzustellen.

Zu ihrer buchhalterischen Erfassung sind die Geschäftsvorfälle in folgender Hinsicht zu untersuchen:

1. Welche Konten werden berührt,
2. auf welcher Seite des Kontos hat die Buchung zu erfolgen,
3. welche Beträge sind zu erfassen.

Zunächst ist zu klären, ob ein aktives oder passives Bestandskonto oder Erfolgskonto berührt wird. Sodann ist zu ermitteln, ob bei Bestandskonten ein Anfangsbestand vermehrt oder vermindert wird. Bestandsmehrungen sind dabei auf der selben Seite des Kontos zu erfassen, auf der auch die Anfangsbestände verzeichnet sind. Minderungen des Bestands werden auf der dem Anfangsbestand entgegengesetzten Kontenseite erfasst.

Im einzelnen gelten folgende Regeln:

Aktives Bestandskonto

Sollseite (= S)	Habenseite (= H)
Anfangsbestand	Abgänge
Zugänge	Saldo = Endbestand

Passives Bestandskonto

Sollseite (= S)	Habenseite (= H)
Abgänge	Anfangsbestand
Saldo = Endbestand	Zugänge

Aufwandskonto

Sollseite (= S)	Habenseite (= H)
einzelne Aufwendungen der Periode	Aufwandskorrekturen
	Saldo

Ertragskonto

Sollseite (= S)	Habenseite (= H)
Ertragskorrekturen	einzelne Erträge der Periode
Saldo	

Abbildung 5: Regeln zur buchhalterischen Erfassung von Geschäftsvorfällen

In den Erfolgskonten erscheinen zwangsläufig keine Anfangsbestände, da sie die Veränderungen des Eigenkapitals während der Abrechnungsperiode aufzeigen.

Der leichteren Verständigung über die Buchung der Geschäftsvorfälle dient der ***Buchungssatz***. Er gibt in sprachlich formalisierter Weise an, wie die o.g. drei Fragen zur Untersuchung der Erfassung des Vorgangs zu beantworten sind.

Zuerst werden die auf ihrer Sollseite zu verändernden Konten mit den zugehörigen Beträgen genannt. Den Sollbuchungen wird gelegentlich noch das Wort „per" vorangestellt. Davon getrennt durch das Wort „an" werden dann die auf ihrer Habenseite zu verändernden Konten mit den jeweiligen Beträgen aufgeführt.

Die Buchung des Verkaufs von Waren auf Ziel im Wert von 10.000 EUR zzgl. Umsatzsteuer von 1.600 EUR ist demgemäß durch folgenden Buchungssatz widerzugeben:

Per Forderungen 11.600 EUR an Umsatzerlöse 10.000 EUR und Umsatzsteuer 1.600 EUR.

2.3 Entwicklung des Jahresabschlusses

Bilanz und Gewinn- und Verlustrechnung bilden eine strukturierte Zusammenstellung von Bestands- und Erfolgskonten. Der Prozess ihrer Entstehung verläuft im Vergleich zur Eröffnung der Konten in umgekehrter Richtung. In den beiden Rechenwerken werden die Salden der zugehörigen Konten zusammengefasst. Nach Erfassung des gesamten Buchungsstoffs aus laufendem Geschäftsverkehr und Abschlussbuchungen sind die Konten abzuschließen. Das geschieht durch ***Ermittlung des Saldos***. Dazu wird die Summe der größeren Kontoseite ermittelt und auf die andere Seite übertragen. Sodann ist auf dieser Kontenseite der Saldo als Differenz zwischen Kontensumme und den bisher erfassten Buchungen zu ziehen.

Für den Kontenabschluss werden mit Schlussbilanz- und Gewinn- und Verlustkonto zwei spezielle Konten verwendet. Das ***Schlussbilanzkonto*** nimmt die Salden der ***Bestandskonten*** auf. Auf seiner Sollseite zeigt es die Salden der aktiven auf der Habenseite die der passiven Bestandskonten. Über das ***Gewinn- und Verlustkonto*** werden die Salden der ***Erfolgskonten*** zusammengefasst. Seine Sollseite führt die Salden sämtlicher Aufwandskonten, die Habenseite die Salden aller Ertragskonten auf. Der Saldo des Gewinn- und Verlustkontos ergibt sich aus den miteinander verrechneten Aufwendungen und Erträgen und stellt die zusammengefasste Veränderung des Eigenkapitals dar. Durch die Saldenübertragung auf das Eigenkapitalkonto wird dieses durch einen Gewinn erhöht bzw. durch einen Verlust gemindert.

In der ***Reihenfolge der Arbeitsschritte*** werden zunächst die Erfolgskonten auf das Gewinn- und Verlustkonto abgeschlossen, das seinen Saldo an das Eigenkapitalkonto weitergibt. Sodann sind die Bestandskonten einschließlich des Eigenkapitalkontos auf das Schlussbilanzkonto abzuschließen.

Ergänzend zum Kapitalkonto werden bei Personenunternehmen häufig separate Unterkonten angelegt. Als Privatkonten nehmen sie Vorgänge auf, die sich zwischen Unternehmen und Unternehmer ereignet haben. So zeigen sie z.B. die Veränderungen des Eigenkapitals infolge von Entnahmen oder Einlagen. Buchungstechnisch werden die Privatkonten über das Eigenkapitalkonto abgeschlossen.

Dem eigentlichen Kontenabschluss ist vielfach mit der ***Hauptabschlussübersicht*** (HÜ) ein ergänzendes Abrechnungsinstrument vorangestellt. In tabellarischer Darstellungsweise zeigt sie für die einzelnen Sachkonten die Entwicklung vom Anfangsbestand über die Jahresverkehrszahlen bis zum vorläufigen Kontensaldo. Verschiedenen Verdichtungsstufen erhöhen die Übersichtlichkeit der Darstellung. Die HÜ erfüllt eine Korrekturaufgabe und dient ergänzend als Entscheidungsgrundlage. So lassen sich formelle Buchungsfehler aufdecken und durch Umbuchungen beseitigen. Im Zuge der Bilanzpolitik erlaubt es die HÜ, die Auswirkungen unterschiedlicher bilanzpolitischer Instrumente zu analysieren ohne die entsprechenden Buchungen tatsächlich vornehmen zu müssen. Ihr ***gegenüber dem Jahresabschluss höherer Informationsgehalt*** macht sie zum Gegenstand von ***Kreditwürdigkeitsprüfungen*** und ***steuerlichen Außenprüfungen*** (§ 60 Abs. 1 EStDV).

Ihre endgültige Gestalt gewinnen Bilanz und Gewinn- und Verlustrechnung durch die Zusammenfassung von Konten zu Bilanzpositionen bzw. Posten der Gewinn- und Verlustrechnung. Die Regelungen der Zusammenfassung ergeben sich aus den gesetzlichen Gliederungsvorschriften.

REINE PERSONEN UNTERNEHMEN

Reine Personenunternehmen haben in der Gestaltung einen weiten Spielraum. Sie müssen nur Anlage- und Umlaufvermögen, Eigen- und Fremdkapital sowie die Posten der Rechnungsabgrenzung kenntlich machen (§ 247 Abs. 1 HGB). Die GuV hat lediglich die Aufwendungen und Erträge des Geschäftsjahrs einander gegenüberzustellen.

KAPITAL- UND BESTIMMTE PERSONENGESELLSCHAFTEN

Kapital- und bestimmte Personengesellschaften (§ 264a HGB) müssen wesentlich differenzierter vorgehen. Hier sind die Positionen der Bilanz in ihrem Inhalt und der Reihenfolge anhand eines Gliederungsschemas vorgegeben (§ 266 HGB). Die Darstellung hat in Kontenform zu erfolgen. Die einzelnen Posten sind gesondert auszuweisen und durch eine Vielzahl von Vermerken zu ergänzen. Der Aufbau der Bilanz beruht auf verschiedenen Prinzipien. Neben dem Gesichtspunkt der Ablauf- und Liquiditätsgliederung wirken sich vorrangig die Darstellung von Finanzierungsquellen und Unternehmensverflechtungen aus. Dem Ablauf des betrieblichen Organisations- und Produktionsprozesses entspricht die Reihenfolge von Anlage- und Umlaufvermögen. Innerhalb des Umlaufvermögens findet der übliche güterwirtschaftliche Umschlagsprozess seine Abbildung. Zu einer ähnlichen Anordnung der Positionen führt eine liquiditätsbezogene Gliederung. Die Reihenfolge der aktiven Bilanzposten weist strukturell einen zunehmenden Grad an Geldnähe auf. Bei der Unterteilung der Passivposten werden die Finanzierungsquellen in Eigen- und Fremdkapital deutlich. Der Darstellung von Unternehmensverflechtungen dienen in zahlreichen Bilanzpositionen, die gesonderte Ausweise von Beziehungen zu verbundenen Unternehmen und solchen Unternehmen, mit denen ein Beteiligungsverhältnis besteht. Aufgrund größenabhängiger Erleichterungen können kleine Kapitalgesellschaften eine verkürzte Bilanz vorlegen (§ 266 Abs. 1 HGB).

Detaillierte Vorgaben für die Gewinn- und Verlustrechnung schreiben deren Ausgestaltung in Staffelform vor. Weiterhin sind die Bildung der einzelnen Posten und ihre Reihenfolge festgelegt (§ 275 HGB). Zusätzliche Angaben im Anhang dienen der ergänzenden Informationsvermittlung. Zur Ausgestaltung der GuV kommen Gesamtkosten- und Umsatzkostenverfahren in Betracht. Das Gesamtkostenverfahren zeigt den Aufwand nach Aufwandsarten gegliedert. Über den Posten der „Bestandsveränderung" erfolgt die Anpassung der Primäraufwendungen an Differenzen zwischen hergestellten und abgesetzten Mengen. Nach dem Umsatzkostenverfahren werden den Umsatzerlösen die Herstellungskosten der verkauften Erzeugnisse oder Leistungen gegenübergestellt. Die Gliederung der Aufwendungen erfolgt hier nach den Funktionsbereichen von Herstellung, Vertrieb und Verwaltung.

2.4 Ausgestaltung der Buchführung

Den Anforderungen an eine kaufmännische Buchführung kann nur mit einer ***doppelten Buchführung*** entsprochen werden. In diesem System werden alle Geschäftsvorfälle in zeitlicher und sachlicher Ordnung aufgezeichnet. Die Buchungen erfolgen auf Konto und Gegenkonto mit den entsprechenden Eintragungen im Soll und im Haben. Es werden Bestands- und Erfolgskonten verwendet, aus denen der Jahresabschluss zu entwickeln ist. Der Periodenerfolg lässt sich auf zweifache Weise durch die Veränderung des Eigenkapitals in der Bilanz (§ 4 Abs. 1 EStG) und durch Zusammenfassung von Erträgen und Aufwendungen im Gewinn- und Verlustkonto ermitteln.

Zur Erfassung des Buchungsstoffs werden Grund-, Haupt- und Nebenbücher verwendet.

GRUNDBUCH

Im **Grundbuch** (Journal, Primanota) werden alle Geschäftsvorfälle in chronologischer Reihenfolge aufgezeichnet. Anzugeben sind neben dem Datum des Geschäftsvorfalls eine Belegnummer, der Buchungstext sowie die angesprochenen Konten mit den zugehörigen Beträgen.

Das ursprünglich einheitliche Grundbuch kann in Abhängigkeit von den organisatorischen Bedürfnissen in eine Mehrzahl von Journalen aufgelöst werden. So werden vielfach separate Rechnungsausgangs und -eingangsjournale geführt, die den Charakter von Grundbüchern haben. Unverzichtbar ist ein Kassenbuch, das die baren Geschäftsvorfälle aufnimmt. Die Erfassung im Grundbuch hat zeitgerecht zu erfolgen. Danach ist das ***Kassenbuch*** täglich zu führen. Eintragungen in den anderen Büchern müssen spätestens bis zum Ablauf des auf den Geschäftsvorfall folgenden Monats vorgenommen werden (H 29 Abs. 1 EStR).

HAUPTBUCH

Neben der grundbuchmäßigen Erfassung werden die Geschäftsvorfälle im Hauptbuch abgebildet. Hier erfahren sie ihre systematische (sachliche) Ordnung in den Sachkonten. Deren Abschluss ermöglicht jederzeit die Aufstellung von Bilanz und Gewinn- und Verlustrechnung. Ähnlich wie bei den Eintragungen im Journal sind für die Buchungen im Hauptbuch das Datum, eine Belegnummer, Buchungstext, Gegenkonto und die zu buchende Beträge anzugeben.

NEBENBÜCHER

Zusätzliche Nebenbücher ergänzen die Sachkonten und dienen ihrer Kontrolle. Hierzu zählen die Kontokorrente mit den Personenkonten für Kunden (Debitoren) und Lieferanten (Kreditoren). In Ergänzung zu den entsprechenden Sachkonten „Forderungen" bzw. „Verbindlichkeiten" erfolgt in ihnen eine personenbezogene Aufgliederung von Transaktionen und Salden. Das Debitorenkontokorrent dient als Grundlage für Zahlungsüberwachung und Mahnwesen. Den Zusammenhang zwischen den Sachkonten für Forderungen und Verbindlichkeiten und den zugehörigen Kontokorrenten stellen Saldenlisten her. Sie enthalten auf einen bestimmten Stichtag die Positionen gegenüber den einzelnen Geschäftspartnern. In ihren Summen müssen sie mit dem Saldo des entsprechenden Kontos im Hauptbuch übereinstimmen.

Weitere Nebenbuchhaltungen mit zugehörigen Nebenbüchern bestehen für das Anlagevermögen, den Lohn- und Gehaltsbereich sowie die Materialwirtschaft.

Aus der Buchführung soll sich ein Überblick über Vermögens-, Kapital- und Erfolgsstruktur des Unternehmens gewinnen lassen. Dazu ist es notwendig, die Sachkonten systematisch zu ordnen. Außerdem werden dadurch Zeit- und zwischenbetriebliche Vergleiche ermöglicht. Ein derartiges Ordnungssystem wird durch den ***Kontenrahmen*** bereitgestellt. Er gliedert die Vielzahl der Konten nach dem dekadischen System in 10 Kontenklassen, -gruppen, -arten und -unterarten. In ihrem Aufbau sind die Kontenrahmen durch Prozess- oder Abschlussgliederungsprinzip charakterisiert. Nach der ***Prozessgliederung*** orientieren sich Inhalt und Reihenfolge der Kontenklassen am Prozess der betrieblichen Leistungserstellung und -verwertung. So umfassen die Kontenklasse 0 bis 3 die Vorbereitung der Leistungserstellung, die Klassen 4 bis 7 die Durchführung der Produktion und die Klasse 8 die Ertrags- und Leistungskonten. In der Klasse 9 finden sich die für den Abschluss benötigten Konten (Gewinn- und Verlust- sowie Bilanzkonten).

Nach dem ***Abschlussgliederungsprinzip*** haben Einteilung und Reihenfolge der Kontenklassen die Aufstellung des Jahresabschlusses zu unterstützen. Sie richten sich am Gliederungsschema für große Kapitalgesellschaften aus und bilden die aufeinander folgenden Positionen von Bilanz und Erfolgsrechnung ab.

Zu verschiedenen Zwecken wurden Musterkontenrahmen entwickelt. Besondere Bedeutung weisen der Gemeinschaftskontenrahmen der Industrie (GKR), der Industrie-Kontenrahmen (IKR) und der Kontenrahmen des Groß- und Einzelhandels auf. Weitest verbreitet sind die Spezialkontenrahmen SKR 03 und SKR 04 der DATEV e.G. Nach ihnen erstellen die Steuerberater den ganz überwiegenden Teil der Mandantenbuchführungen. In den meisten Softwareprogrammen zur Finanzbuchführung sind sie vorinstalliert.

Durch den Übergang vom Kontenrahmen auf den -kontenplan vollzieht sich die Anpassung an die unternehmensindividuellen Bedürfnisse. Das geschieht, indem die tatsächlich benötigten Konten ausgewählt und ggf. in ihrer Bezeichnung angepasst sowie neue Konten eingerichtet werden.

Für die praktische Ausgestaltung einer Buchführung existieren unterschiedliche Techniken. Mittlerweile hat die ***EDV-gestützte Buchführung*** die anderen Formen der Übertragungs- und Durchschreibetechniken nahezu vollständig ersetzt. Eine Vielzahl von im Handel angebotenen Standardsoftwaresystemen deckt die meisten Aufgabenstellungen ab. Dabei ist der Arbeitsablauf zunächst unabhängig von der eingesetzten Technik. Nach Prüfung und Vorkontierung erfolgt die Eingabe der Belegdaten in das EDV-System. Möglich ist auch eine automatische Datenerfassung. Die dabei zu verarbeitenden Vorgänge können aus maschinenlesbaren Belegen, Dauerbelegen oder anderen Systemen, wie z.B. dem Bestellwesen oder der Lagerwirtschaft hervorgehen.

Anschließende programmseitige Kontrollen sollen die formelle und materielle Richtigkeit der eingegebenen Buchungssätze sicherstellen. Derartige Plausibilitätsprüfungen sind als Vollständigkeits-, Zulässigkeitskontrollen oder logische Kontrollen ausgestaltet. Als fehlerhaft erkannte Buchungssätze werden abgewiesen und bedürfen der Korrektur und erneuten Eingabe.

Neben Systemen, die eine Realtime-Verarbeitung ermöglichen, bestehen verschiedene Mischformen der Verarbeitung. Regelmäßig ist die Datenerfassung dialogorientiert ausgestaltet. Dabei werden vielfach die den Bereich von Debitoren und Kreditoren betreffenden offenen Posten fortgeschrieben. Die Fortschreibung der Sachkonten ist davon losgelöst und wird in einem eigenständigen Buchungslauf vollzogen.

Im Zuge der eigentlichen Verarbeitung erfolgen dann eine Zuordnung des Buchungsstoffs auf die Sachkonten und deren Fortschreibung. Damit ist es jederzeit möglich, einen Zwischenabschluss mit Bilanz und Gewinn- und Verlustrechnung zu erstellen. Standardmäßig werden verschiedene Ausdrucke zur Kontrolle der Verarbeitung und Dokumentation des Verarbeitungsstands erstellt. Dazu zählen Journale, Sach- und Personenkonten, Summen- und Saldenlisten und Umsatzsteuervoranmeldungen. Besondere Funktionen ermöglichen betriebswirtschaftliche Auswertungen und Jahres- bzw. Zwischenabschlüsse.

Weiterhin ist festzulegen, ob die Finanzbuchführung als Inhouse-Lösung oder mittels Fremdverarbeitung ausgestaltet werden soll. Neben beiden Extremen sind vielfältige Mischformen vorzufinden. Sie beziehen sich auf Vorkontierung, Erfassung, Datenübertragung und Verarbeitung des Belegmaterials. Insbesondere in der Zusammenarbeit mittelständischer Unternehmen mit ihren Steuerberatern werden vielfach Vorkontierung und u.U. EDV-technische Erfassung vom Mandanten geleistet, während die eigentliche Verarbeitung im Büro des Steuerberaters erfolgt.

Ergänzend zur äußeren Strukturierung einer Buchführung bedarf es der Ordnung des Buchungsstoffs. Das geschieht durch ***Belege*** und ihre Organisation (***Belegwesen***). Der Beleg stellt die Dokumentation des einzelnen Geschäftsvorfalls dar. Er ist Bindeglied zwischen dem realen Vorgang und seiner Abbildung in der Buchführung. Als Nachweis für die Existenz einer Transaktion wird er zum ***Beweis- und Kontrollmittel*** für die sachliche Richtigkeit der Buchführung. Durch geeignete Verweise ist sicherzustellen, dass ausgehend von der

Abschlussposition über das Konto auf den Beleg zurückgegriffen und der umgekehrte Weg vom Beleg zur Abschlussposition verfolgt werden kann.

Nach ihrer Herkunft werden die Belege in Eigen- und Fremdbelege unterschieden. ***Fremdbelege*** wie z.B. Eingangsrechnungen, Bankauszüge u.a. gelangen von außen in das Unternehmen. ***Eigenbelege*** sind z.B. Ausgangsrechnungen, Materialentnahmescheine u.a. Künstliche Belege werden erstellt, wenn zu einem Buchungsvorgang nicht automatisch ein Beleg entstanden ist. Das gilt vor allem bei Abschlussbuchungen.

Auf dem Beleg sind sämtliche Angaben zu vermerken, die für die Verarbeitung in der Finanzbuchführung und spätere Auswertungen von Bedeutung sind. Neben Belegnummern und den anzusprechenden Sach- und Personenkonten mit den zugehörigen Beträgen, Buchungstexten, Beleg- und Buchungsdaten können dazu Kostenstellen- und -trägerinformationen gehören.

BELEGBEARBEITUNG

Die Belegbearbeitung vollzieht sich in mehreren Schritten. Vorbereitende Arbeiten dienen der Sortierung nach Belegarten, der Numerierung, sachlichen und rechnerischen Prüfung sowie Vorkontierung der Belege. Daran schließt sich die Buchung, d.h. die Abbildung in den Büchern an. Der Prozess wird durch Ablage und Aufbewahrung der Belege abgeschlossen. Die Ablage muss jederzeit ein rasches Auffinden eines bestimmten Belegs ermöglichen.

Aus vielfältigen Gründen unterliegt eine Buchführung externen Prüfungen. Verwiesen sei hierzu nur auf die von der Finanzverwaltung durchgeführte steuerliche Außenprüfung, deren Ziel in der Überprüfung der angegebenen Besteuerungsgrundlagen liegt. Derartige Prüfungen setzen voraus, dass die notwendigen Unterlagen aufbewahrt werden und damit zu späteren Zeitpunkten zur Verfügung stehen. Durch handels- und steuerrechtliche Bestimmungen sind die ***Aufbewahrungspflichten*** geregelt (§§ 257 HGB, 147 AO). Sie legen Gegenstand, Form und Fristen der Aufbewahrung fest.

AUFBEWAHRUNGSFRISTEN

Danach sind alle Bücher, Aufzeichnungen, Inventare, Jahresabschlüsse, Lage- und Abhängigkeitsberichte , Eröffnungsbilanzen und Buchungsbelege 10 Jahre aufzubewahren. Eine sechsjährige Aufbewahrungsfrist gilt für Geschäftsbriefe sowie die sonstigen für die Besteuerung bedeutsamen Unterlagen. Die Fristen beginnen mit Ablauf des Kalenderjahres, in dem die betreffende Geschäftsunterlage fertiggestellt worden ist. Sie endet grds. mit Ablauf des Kalenderjahres, das sich aus Beginn und Dauer der Aufbewahrungsfrist ergibt. Ausnahmen gelten bei laufenden Außenprüfungen, vorläufigen Steuerfestsetzungen, steuerstraf- und bußgeldrechtlichen Ermittlungsverfahren sowie anhängigen Rechtsbehelfen.

Mit Ausnahme von Eröffnungsbilanzen und Jahresabschlüssen ist die Aufbewahrung in Form von Daten- und Bildträgern zulässig.

Weitgehende Anforderungen an EDV-gestützte Buchführungen ergeben sich aus den ab dem 1.1.2002 geltenden ***Neuregelungen zur digitalen Betriebsprüfung***. Danach ist es der Finanzverwaltung gestattet, bei steuerlichen Außenprüfungen direkt auf die IT-Systeme der geprüften Unternehmen zuzugreifen. Das kann unmittelbar geschehen, indem der Prüfer durch einen Lesezugriff im geprüften Unternehmen direkt in das Buchhaltungssystem Einsicht nimmt und Auswertungen durchführt. Mittelbar kann die EDV des Steuerpflichtigen durch Auswertungsvorgaben der Finanzverwaltung genutzt werden. Als dritte Möglichkeit kommt die Überlassung der Daten auf einem auswertbaren Datenträger an die Finanzverwaltung in Betracht.

Der digitale Datenzugriff bezieht sich auf steuerlich relevante Informationen. Die EDV-Benutzer haben zunächst festzulegen, welche Daten als steuerlich bedeutsam einzustufen sind und für welche das nicht gilt. Nur erstere werden der Betriebsprüfung verfügbar gemacht. Besondere Bedeutung kommt der Datenspeicherung zu. Steuerlich bedeutsame Daten in digitaler Form müssen über die gesamte Aufbewahrungsfrist von 10 Jahren in auswertbarem Zustand erhalten bleiben. ***Deshalb sind konventionelle EDV-Buchführungen, die den verarbeiteten Buchungsstoff periodisch ausdrucken und anschließend die Daten löschen, nicht mehr ordnungsgemäß***. Die Unternehmen werden zu klären haben, ob sie gesonderte Archivierungssysteme installieren oder ob das Buchhaltungs- in Verbindung mit dem Betriebssystem diese Aufgabe bewältigen kann.

3. Kontrolle der Buchführung und Erstellung des Jahresabschlusses

In der tatsächlichen Ausgestaltung muss eine Buchführung bestimmten Qualitätserfordernissen entsprechen. So dürfen keine Buchungsrückstände auftreten und die Verarbeitung muss materiell richtig vorgenommen werden. Das zu erreichen bedarf es einer kontinuierlichen Überprüfung der Buchführung.

Sie beginnt mit der Abstimmung der Konten einschließlich der Klärung und Bereinigung von Differenzbeträgen. Derartige Überprüfungen sind bei Bank- und Kassenkonten, den Umsatzsteuerkonten, bei den Gehalts- und Sozialversicherungsverbindlichkeiten einschließlich der Lohnsteuerverbindlichkeit, den Personenkonten für Debitoren und Kreditoren sowie der Anlagenbuchhaltung vorzunehmen. Desweiteren sind die Konten auf ungewöhnliche Buchungen und die vollständige Erfassung wiederkehrender Geschäftsvorfälle (z.B. Miet-, Telefonkosten etc.) durchzusehen. Zu achten ist besonders auf die korrekte Abwicklung der Eröffnungswerte von Rückstellungen, Forderungen und Verbindlichkeiten. Monatlich zu erfassen sind die unentgeltlichen Leistungsabgaben. Weiterhin empfiehlt es sich, für buchhalterisch problematische Transaktionen wie z.B. die Behandlung von Mietereinbauten eine unterstützende Dokumentation einzurichten. Fehleranfällige Belege wie z.B. Bewirtungsrechnungen sind kontinuierlich auf ihre steuerliche Ordnungsmäßigkeit zu überprüfen. Als vorteilhaft erweist es sich, wesentliche Verträge mit ihren Aktualisierungen zur Verfügung zu haben. Dazu zählen Verträge mit Angehörigen, Pensionszusagen, Darlehensverträge, Miet-, Pacht- und Leasingverträge, Kaufverträge über Grundstücke, den Erwerb von Beteiligungen, Gesellschaftsverträge u.a.

Nach der buchhalterischen Verarbeitung der laufenden Geschäftsvorfälle stehen noch zwei Arbeitsbereiche an, um den Jahresabschluss zu erstellen. Zum ersten ist eine Inventur durchzuführen und weiterhin sind die typischen Abschlussbuchungen vorzunehmen.

Prinzipiell würde sich ein Jahresabschluss aus den buchmäßigen Kontensalden ableiten lassen.

INVENTUR

Gleichwohl sind Kaufleute verpflichtet, jährlich eine Inventur durchzuführen und ein Inventar zu erstellen (§§ 240 f. HGB). Als Inventur wird die Tätigkeit der Bestandsaufnahme von Vermögensgegenständen und Schulden bezeichnet. Sie kann in körperlicher oder buchmäßiger Form erfolgen. Im Zuge der Inventur wird das Mengengerüst für die Bilanz ermittelt. Das Inventar ist ein Bestandsverzeichnis, in dem die durch Inventur nach Art und Menge ermittelten Bestände der notwendigen Bewertung unterzogen werden. Durch die Aufnahme von einzelnen Vermögensgegenständen und Schulden soll es ermöglicht werden, jede Position entsprechend den handelsrechtlichen Regelungen zu bewerten. Gleichzeitig dient das Inventar der Kontrolle der Buchbestände. Bei Abweichungen sind deren Ursachen zu klären und eine Anpassung der Buchbestände an die Ansätze des Inventars vorzunehmen. Sofern die Buchbestände im Vorratsvermögen nicht systematisch fortgeschrieben werden, ermöglicht erst die Inventur die Aufstellung des Jahresabschlusses.

Eine ordnungsmäßige Inventur muss den Grundsätzen der Vollständigkeit und Richtigkeit der Bestandsaufnahme, der Einzelerfassung und -bewertung der Bestände sowie der Nachprüfbarkeit von Inventurverfahren und Bewertung genügen.

Zur Durchführung einer Inventur stehen verschiedene Methoden zur Verfügung. Sie tragen in unterschiedlicher Weise dem Bedürfnis nach Rationalisierung und Berücksichtigung der individuellen betrieblichen Gegebenheiten Rechnung. In der ***Grundform (Stichtagsinventur)*** erfolgt die Bestandsaufnahme am Bilanzstichtag. Die Bewertung wird ebenfalls auf diesen Stichtag durchgeführt. Hinreichend ist es, wenn die Bestandsaufnahme zeitnah, d.h. innerhalb von 10 Tagen zum Bilanzstichtag durchgeführt wird (ausgeweitete Stichtagsinventur).

Erweiterte Flexibilität bieten ***vor***- und ***nachverlegte Inventuren*** (§ 240 Abs. 3 Nr. 1 HGB). Hier werden die mengenmäßigen Bestände auf einen Stichtag ermittelt, der innerhalb eines Zeitraums von 3 Monaten vor bis zu 2 Monaten nach dem Bilanzstichtag liegt. Bezogen auf den Aufnahmezeitpunkt ist der Inventurwert zu ermitteln und zum Bilanzstichtag fortzuschreiben oder auf ihn zurückzurechnen.

Permanente Inventuren erlaube es, die Bestandsmengen zu einen beliebigen Zeitpunkt innerhalb des Geschäftsjahrs festzustellen (§ 241 HGB). Mit Hilfe einer Lagerbuchführung sind die dabei ermittelten Bestandsmengen auf den folgenden Bilanzstichtag fortzuschreiben. Die Bewertung erfolgt nach den Verhältnissen des Bilanzstichtags. Als ***Sonderform*** der permanenten Inventur gilt die ***Einlagerungsinventur*** bei automatisch gesteuerten Lagersystemen (z.B. Hochregallager). Wegen der Abgeschlossenheit der Systeme und maschineninterner Kontrollen wird ein Höchstmaß an Bestandssicherheit erreicht. Deshalb kann hier auf eine umfassende körperliche Bestandsaufnahme verzichtet werden. Der physische Vorgang der Einlagerung ersetzt die Inventur. Die Bestandsmengen zum Bilanzstichtag werden durch Bestandsfortschreibung ermittelt. Produktionsplanungs- und Steuerungssysteme (PPS) können zur Inventarisierung unfertiger Erzeugnisse genutzt werden (***Werkstattinventur***). Dazu müssen die Systeme auftragsbezogen die für die Inventur erforderlichen Informationen bereitstellen. Über vordefinierte Rückmeldepunkte ist u.a. der tatsächliche Faktoreinsatz systemseitig festzuhalten. Er dient als Grundlage für die anschließende Bewertung der Erzeugnisse.

Bedeutsame Rationalisierungspotentiale sind über ***Stichprobeninventuren*** zu erschließen. Sie verzichten auf Vollerhebungen der zu inventarisierenden Vermögensgegenstände. Aus dem Wert einer Stichprobe wird unter Verwendung mathematisch-statistischer Verfahren durch Hochrechnung auf den Wert des gesamten Lagerkollektivs geschlossen.

Übergangsformen zur Vereinfachung bei der Bewertung stellen Festwertverfahren (§ 240 Abs. 3 HGB) und Gruppenbewertung (§ 240 Abs. 4 HGB) dar. Das Festwertverfahren durchbricht den Grundsatz der Einzelbewertung. Es erlaubt, für einen in etwa gleicher Höhe benötigten Bestand von Vermögensgegenständen einen unveränderlichen Wert zu aktivieren und über mehrere Jahre konstant beizubehalten. Bei der Gruppenbewertung können bestimmte Vermögensgegenstände zu einer Gruppe mengenmäßig zusammgefasst und mit einem Durchschnittspreis bewertet werden.

Die ***Inventurpflicht*** bezieht sich auf ***sämtliche Vermögenswerte*** und ***Schulden***. Für die nicht zum Vorratsvermögen gehörenden Positionen kommt vielfach nur eine buch- oder belegmäßige Erfassung in Betracht. Mittels Aufgliederungen, Bestandsverzeichnissen wie z.B. einer Anlagenkartei, Registerauszügen, Saldenlisten und -bestätigungen lässt sich der Nachweis über die Existenz führen und eine Bewertung vornehmen.

Das Inventar dient vorrangig dazu, die Nachprüfbarkeit der Inventur zu ermöglichen. Dazu kann eine Unterteilung entsprechend den handelsrechtlichen Vorschriften zur Bilanzgliederung beitragen. In der Praxis findet sich regelmäßig kein einheitliches Inventar. Die Funktion des Inventars übernehmen vielmehr eine Vielzahl von Dokumentationen, die einzelne Vermögens- und Schuldpositionen nachweisen und der Bewertung unterwerfen. Das Inventar muss vom Kaufmann nicht unterzeichnet werden. Es ist innerhalb der für den Jahresabschluss geltenden Fristen aufzustellen. Für Inventare gilt eine 10-jährige Aufbewahrungsfrist, von der allerdings die vorbereitenden Aufzeichnungen nicht erfasst werden.

ORDNUNGSMÄẞIGE INVENTUR

Eine **ordnungsgemäße Inventur** bedarf der Vorbereitung durch Aufnahmeplan und Inventuranweisungen. Der Aufnahmeplan definiert die zu inventarisierenden Objekte und sichert die Vollständigkeit der Erfassung. Er regelt Aufnahmezeit und -dauer und bestimmt den Inventurleiter sowie die zur Durchführung und Überwachung der Aufnahmearbeiten einzusetzenden Mitarbeiter. Schriftliche Inventuranweisungen befassen sich mit Vorbereitung und Durchführung der Bestandsaufnahme. Sie gehen speziell auf die richtige Periodenabgrenzung ein. Bei der Kontrolle der Inventurergebnisse ist besonderer Wert auf die vollständige Erfassung aller Inventurlisten zu legen.

Die Abschlussbuchungen nehmen nun die notwendigen wertmäßigen Anpassungen vor, bereinigen die Erfolgskonten um private Einflüsse, dienen der zeitlichen Abgrenzung, berücksichtigen die betrieblichen Steuern und bewirken den endgültigen Abschluss der Konten.

Wertmäßige Anpassungen können auf planmäßiger oder außerplanmäßiger Grundlage erforderlich sein. Im Wege der planmäßigen Abschreibungen sind die Anschaffungs- oder Herstellungskosten von immateriellen und materiellen Gegenstände des Anlagevermögens zeitlich über ihre betriebsgewöhnliche Nutzungsdauer zu verteilen. Außergewöhnliche Wertminderungen im Anlage- wie Umlaufvermögen wurden bereits bei der Inventur erkannt. Hier hat eine Anpassung der Buchwerte an die niedrigeren tatsächlichen Werte zu erfolgen. In gegensätzlicher Weise ist der Wegfall von früheren Wertminderungen durch eine Zuschreibung zu berücksichtigen.

AUFWENDUNGEN DURCH PRIVATE LEBENSFÜHRUNG

Bei Personenunternehmen geschieht es häufig, dass Teile der vom Betrieb getragenen Aufwendungen durch die private Lebensführung der Unternehmer veranlasst sind. Das betrifft vor allem Kfz- und Telefonkosten, Grundstücksaufwendungen sowie die Entnahme von Waren. Für Zwecke der steuerlichen Gewinnermittlung und Umsatzbesteuerung sind die Konten um die auf die private Verwendung entfallenden Beträge zu korrigieren. Denn nur die betrieblich veranlassten Aufwendungen dürfen als Betriebsausgaben den Gewinn mindern. Zur Korrektur sind die dem Privatverbrauch entsprechenden Entnahmen und darauf anfallende Umsatzsteuer nachzubuchen.

Ebenfalls der Ermittlung des zutreffenden Periodenerfolgs dient die zeitliche Abgrenzung. Sie soll erreichen, dass ein Geschäftsjahr mit allen darin wirtschaftlich verursachten Aufwendungen und Erträgen belastet wird. Das hat unabhängig davon zu geschehen, ob bereits Zahlungsvorgänge vorliegen. Über die Bildung von Rückstellungen werden Aufwendungen berücksichtigt, die während des abgelaufenen Jahrs entstanden sind, aber erst in einer späteren Periode zu Auszahlungen führen. Mit Hilfe von aktiven und passiven Rechnungsabgrenzungsposten werden Aufwendungen und Erträge bei bereits erfolgtem Zahlungsvorgang anteilig zwischen den betroffenen Jahren verteilt.

Überlegungen zur Bilanzpolitik können in Ausübung bestehender Gestaltungswahlrechte zu weiteren Buchungen wie etwa der Bildung steuerfreier Rücklagen führen.

Mit dem danach ermittelten Gewinn lassen sich die Bemessungsgrundlagen für Gewerbe- und Körperschaftsteuer errechnen. Durch zusätzliche Buchungen sind die insgesamt zu erwartenden Steueraufwendungen in den Jahresabschluss zu übernehmen.

In einem letzten Schritt können dann Unterkonten auf die zugehörigen Hauptkonten abgeschlossen und aus diesen Bilanz und Gewinn- und Verlustrechnung abgeleitet werden.

4. Grundsätze der Ordnungsmäßigkeit

Die Grundsätze ordnungsmäßiger Buchführung (GoB) stellen ein umfassendes Regelungssystem dar, nach dem Buchführung, Inventur, Bilanzierung und Erfolgsrechnung auszurichten sind.

Es ist ein offenes, d.h. bei Bedarf erweiterungsfähiges Regelwerk. Es ist zum überwiegenden Teil kodifiziert, in Teilbereichen allerdings nicht gesetzlich geregelt. Die nicht kodifizierten Regelungen bestimmen sich aus der Rechtsprechung, fachlichen Stellungnahmen von Kammern und Verbänden, Beiträgen der Wissenschaft und durch kaufmännische Übung. Zu ermitteln sind die nicht kodifizierten GoB vorrangig in deduktiver Weise. Orientiert an den Rechnungszielen von Dokumentation, Rechenschaftslegung und Kapitalerhaltung sind sachgerechte Lösungen zu entwickeln.

Durch ***formelle*** und ***materielle GoB*** sind die äußere und inhaltliche Gestaltung der Rechnungslegung normiert. Danach muss der Jahresabschluss klar und übersichtlich gestaltet sein (§ 243 Abs. 2 HGB). Es besteht ein ***Verrechnungsverbot*** für Positionen von Aktiv- und Passivseite der Bilanz (§ 246 Abs. 2 HGB). Vermögensgegenstände und Schulden unterliegen einer Einzelbewertung (§ 252 Abs. 1 Nr. 3 HGB). Desweiteren ist der Jahresabschluss zeitgerecht ggf. unter Beachtung der gesetzlichen Aufstellungsfristen zu erstellen (§§ 243 Abs. 3 und 264 Abs. 1 HGB).

Dem ***Grundsatz der Bilanzwahrheit*** entsprechend sind alle dem Kaufmann zuzurechnenden Vermögensgegenstände und Schulden in die Bilanz aufzunehmen. Aufwendungen und Erträge sind vollständig zu erfassen. Einschränkungen ergeben sich lediglich aus gesetzlichen Verboten oder Wahlrechten. Weiterhin gebietet es die Bilanzwahrheit, die Bewertung innerhalb des Rahmens der Bewertungsvorschriften und -grundsätze vorzunehmen.

Über die ***Bilanzidentität*** (§ 252 Abs. 1 Nr. 1 HGB) werden zunächst die Schlussbilanz eines Jahres mit der Eröffnungsbilanz für das Folgejahr mengen- und wertmäßig verknüpft. Die ***formelle Bilanzstetigkeit*** gebietet es, die einmal gewählte Gliederungsform im Zeitablauf beizubehalten. Die materielle Stetigkeit bestimmt das Festhalten an den gewählten Bilanzierungs- und Bewertungsmethoden. Beide Stetigkeitspostulate dienen der Vergleichbarkeit aufeinander folgender Jahresabschlüsse.

Für Ansatz und Bewertung der Vermögensgegenstände und Schulden sind nach dem ***Stichtagsprinzip*** die tatsächlichen Verhältnisse des Bilanzstichtags maßgeblich. Später auftretende Erkenntnisse dürfen bei der Bilanzaufstellung nur berücksichtigt werden, soweit die entsprechenden Tatsachen bereits am Bilanzstichtag vorlagen (Wertaufhellungsprinzip).

Nach dem ***Verursachungsprinzip*** sind Erträge und Aufwendungen in Abhängigkeit von ihrer wirtschaftlichen Verursachung zu erfassen (§ 252 Abs. 1 Nr. 5 HGB).

Ein fundamentaler Grundsatz der deutschen Bilanzierung ist das mit dem Gläubigerschutz in Verbindung stehende Vorsichtsprinzip. Es begrenzt das Verursachungsprinzip, indem es die Berücksichtigung aller erkennbaren Risiken und Verluste gebietet (§ 252 Abs.1 Nr. 4 HGB). Realisations- und Imparitätsprinzip konkretisieren das Vorsichtsdenken. So dürfen Erträge erst ausgewiesen werden, wenn sie am Markt realisiert sind oder eine vergleichbare Konkretisierung erfahren haben. Imparitätisch sind drohende Verluste bereits bei ihrer Erkennbarkeit zu erfassen, während künftige Gewinne dazu der Realisierung bedürfen.

5. Ansatz und Bewertung wichtiger Bilanzpositionen

Der **Jahresabschluss** wird in seinen Inhalten durch handels- und steuerrechtliche Vorschriften bestimmt. Über den **Grundsatz der Maßgeblichkeit** der Handels- für die Steuerbilanz sind beide Normenkreise derart miteinander verknüpft, dass für die steuerrechtliche Gewinnermittlung die Grundsätze ordnungsmäßiger Buchführung zu beachten sind (§ 5 Abs. 1 Satz 1 EStG). Als **Steuerbilanz** gilt eine Gegenüberstellung von Vermögensgegenständen, Schulden und Rechnungsabgrenzungsposten, die in vollem Umfang den steuerlichen Ansatz- und Bewertungsvorschriften entspricht.

Das Steuerrecht verfolgt allerdings die besondere Zielsetzung der Gleichmäßigkeit der Besteuerung. Deshalb ist es erforderlich, für die Aufstellung der Bilanz bestehende Gestaltungswahlrechte weitgehend einzuschränken. Auf der Basis der speziellen Normen (§§ 4 bis 7k EStG) und von Rechtsprechung ist der ggf. vom handelsrechtlichen abweichende steuerliche Gewinn zu ermitteln. Sofern keine den handels- wie steuerlichen Vorgaben gleichzeitig entsprechende Bilanz (Einheitsbilanz) aufgestellt werden kann, bedarf es einer Überleitungsrechnung oder einer eigenständigen Steuerbilanz. Andererseits beeinflusst das Steuerrecht die Handelsbilanz ***(umgekehrte Maßgeblichkeit)***. Denn eine Vielzahl steuerlicher Wahlrechte darf nur in Anspruch genommen werden, wenn in der Handelsbilanz übereinstimmende Ansätze erfolgen.

Inhaltlich umfasst die Bilanz die dem Kaufmann zuzurechnenden Vermögensgegenstände und Schulden. Das ***Eigenkapital*** ist eine Restgröße, die handelsrechtlich in bestimmter Weise strukturiert ist. Beim ***Vermögensgegenstand*** handelt es sich um einen unbestimmten Rechtsbegriff. Er stellt sich als wirtschaftliches Gut oder Vorteil dar, der selbständig bewertet werden kann. Zur Objektivierung bedarf er der bilanziellen Greifbarkeit, muss also über einen bloßen Vermögensvorteil hinausreichen. Gefordert wird die Einzelübertragbarkeit, zumindest aber eine wirtschaftliche Verwertbarkeit. Als ***Schulden*** gelten die selbständig abgrenz- und bewertbaren Belastungen des Vermögens des Kaufmanns.

Die Zurechnung vollzieht sich nach dem ***wirtschaftlichen Eigentum***. Es kann vom ***juristischen Eigentum*** abweichen. Entscheidend ist, wem Substanz und Ertrag an dem Vermögensgegenstand auf Dauer zustehen und wem Wertsteigerungen zu Gute kommen bzw. von wem Wertverluste zu tragen sind (§ 39 Abs. 2 AO).

Den steuerlichen Gewinn dürfen ausschließlich Änderungen des betrieblichen Vermögens beeinflussen.

PERSONENUNTERNEHMEN

Bei Personenunternehmen, bedarf es einer präzisen Abgrenzung zwischen Betriebs- und Privatvermögen. Nur das Betriebsvermögen ist für steuerliche Zwecke in die Steuerbilanz aufzunehmen. Zu unterscheiden ist zwischen notwendigem Betriebs- und notwendigem Privatvermögen. So sind ausschließlich und unmittelbar für den Betrieb eingesetzte Wirtschaftsgüter stets **notwendiges Betriebsvermögen**. Zum **notwendigen Privatvermögen** gehören die Gegenstände, die keinen erkennbaren Zusammenhang mit dem Betrieb aufweisen. Eine Zwischenstellung nimmt das **neutrale Vermögen** ein. Sofern es dazu verwendet wird, den Betrieb zu fördern, kann es als **gewillkürtes Betriebsvermögen** behandelt werden. Zwingend erforderlich ist dann die unverzügliche Aufnahme des Gegenstands in Buchführung und Bilanz. Besonderheiten gelten für die Zuordnung von gemischt-genutzten Wirtschaftsgütern. Sie gehören entweder vollständig zum Betriebs- oder Privatvermögen. Eine Aufteilung ist nur bei Grundstücken möglich. Abhängig vom Ausmaß der betrieblichen Nutzung erfolgt eine Einordnung als notwendiges Betriebsvermögen (mehr als 50 %), gewillkürtes Betriebsvermögen (10 % bis 50 %) oder notwendiges Privatvermögen (weniger als 10 %).

Schulden sind nach dem Zweck ihrer Aufnahme zuzuordnen. Wurden sie aus betrieblichen Gründen eingegangen, handelt es sich bis zu ihrer Tilgung um eine Betriebsschuld, die zu passivieren ist.

Von den ***Verbindlichkeiten*** sind die ***Rückstellungen*** zu unterscheiden. Sie müssen für ungewisse Verbindlichkeiten und drohende Verluste aus schwebenden Geschäften gebildet werden (§ 249 HGB). Ihr Charakteristikum ist die Ungewissheit, ob sie tatsächlich eintreten, der Höhe des Verpflichtungsbetrags oder des Zeitpunkts der Erfüllung.

Bei fehlender Bilanzierungsfähigkeit kommt für die betroffene Position eine Aufnahme in die Bilanz nicht in Betracht. Ergänzende ***Aktivierungsverbote*** gelten für selbst erstellte immaterielle Vermögensgegenstände des Anlagevermögens (§ 248 Abs. 2 HGB) und die Aufwendungen für Gründung und Eigenkapitalbeschaffung (§ 248 Abs. 1 HGB). Einem ***Passivierungsverbot*** unterliegt die Bildung von Rückstellungen über die gesetzlich normierten Zwecke hinaus (§ 249 Abs. 3 HGB).

Mit Hilfe von handelsrechtlichen ***Bilanzierungswahlrechten*** (***Ansatzwahlrechte***) und -hilfen werden Freiräume für die Gestaltung des Jahresabschlusses eröffnet. So steht es im Ermessen des Bilanzierenden, einen erworbenen Geschäfts- oder Firmenwert oder das Disagio bei der Aufnahme von Darlehen zu aktivieren. Aufwendungen der Ingangsetzung oder Erweiterung des Geschäftsbetriebs und aktive latente Steuern dienen als Bilanzierungshilfen. ***Passivierungswahlrechte*** räumen Spielräume bei der Bildung von Rückstellungen (§ 249 Abs. 1 Satz 3 und Abs. 2 HGB) und Sonderposten mit Rücklageanteil (§ 247 Abs. 3 i.V.m. § 273 HGB) ein. Sämtliche handelsrechtlichen ***Aktivierungswahlrechte*** führen steuerlich zu einem Aktivierungsgebot, während die Passivierungswahlrechte einem steuerlichen Passivierungsverbot unterliegen. Da den Bilanzierungshilfen der Charakter des Vermögensgegenstands fehlt, dürfen sie nicht in die Steuerbilanz aufgenommen werden.

Die bilanzierten Vermögensgegenstände und Schulden sind durch Anwendung von handels- und steuerrechtlichen Regeln zu bewerten. Die handelsrechtlichen ***Bewertungsvorschriften*** gelten zunächst für alle Kaufleute. Hinzu treten Sonderregelungen für bestimmte Rechtsformen und Branchen (Kreditinstitute und Versicherungen). Aufgrund eines Bewertungsvorbehalts gelten für die steuerliche Gewinnermittlung vorrangig die einkommensteuerlichen Bewertungsregelungen.

Ein System aus allgemeinen Grundsätzen und speziellen Regelungen bestimmt ***Erst***- und ***Folgebewertungen***. Zu den tragenden Prinzipien der Bewertung gehört der Grundsatz der Unternehmensfortführung (§ 252 Abs. 1 Nr. 2 HGB). Danach ist für die Bewertung von der Fortführung des Unternehmens auszugehen, falls nicht wirtschaftliche oder rechtliche Gründe dem entgegenstehen. Einfluss auf die Bewertung nehmen weiterhin die Ordnungsmäßigkeitsgrundsätze mit Einzelbewertungs-, Stichtags- und Vorsichtsprinzip.

Vermögensgegenstände sind bei ihrer erstmaligen Erfassung (Erstbewertung) mit Anschaffungs- oder Herstellungskosten zu bewerten. Zu den ***Anschaffungskosten*** gehören sämtliche Aufwendungen, die angefallen sind, um einen Vermögensgegenstand zu erwerben und in einen betriebsbereiten Zustand zu versetzen (§ 255 Abs. 1 HGB). Sie basieren auf tatsächlichen Ausgaben und müssen den beschafften Gegenständen einzeln zugeordnet werden können. Als Bewertungsobergrenze bleiben sie so lange angesetzt, bis ein niedrigerer Wertansatz geboten ist oder aufgrund eines Wahlrechtes in Betracht kommt. Selbst erstellte Vermögensgegenstände sind bei der Erstbewertung mit den ***Herstellungskosten*** anzusetzen. Dazu gehören alle Aufwendungen, die für den Verbrauch von Gütern oder die Inanspruchnahme von Dienstleistungen für die

Herstellung eines Vermögensgegenstands, seine Erweiterung oder wesentliche Verbesserung entstanden sind (§ 255 Abs. 2 HGB). Einzubeziehen sind lediglich ausgabebezogene Kosten, die keine kalkulatorischen Elemente beinhalten. Mit den Einzelkosten des Material- und Matrialbereichs incl. von Sondereinzelkosten der Fertigung ist die Untergrenze der Herstellungskosten festgelegt. Weitreichende Wahlrechte lassen es zu, notwendige Material-, Fertigungs- und Verwaltungsgemeinkosten zusätzlich in die Herstellungskosten einzubeziehen. Ihre Ermittlung und Verteilung richten sich nach dem eingesetzten Kalkulationsverfahren. Der Ansatz von Vertriebskosten ist nicht zulässig. Der Herstellungsvorgang beginnt mit dem Einsetzen der technischen Herstellung und endet bei Anlagegenständen mit deren geplanter Nutzbarkeit und bei Fertigerzeugnissen mit deren Verkaufsfertigkeit. Aus steuerlicher Sicht hat eine Abgrenzung der Herstellungskosten nach Vollkosten zu erfolgen. Ein Einbeziehungswahlrecht besteht hier lediglich bezgl. der Verwaltungsgemeinkosten.

In verschiedenen Fällen lassen sich die individuellen ***Anschaffungskosten*** nicht oder nur unter erheblichen Schwierigkeiten bestimmen. Dann bedarf es vereinfachender Lösungen. Sie stehen mit den bereits erwähnten Fest- und Gruppenbewertungen sowie mit Durchschnitts- und Verbrauchsfolgeverfahren zur Verfügung. Anhand der Durchschnittsmethode wird aus den im Laufe des Jahres schwankenden Einkaufspreisen ein gewogener oder gleitender Durchschnittspreis ermittelt. Die Verbrauchsfolgeverfahren unterstellen, dass sich Zu- und Abgänge einer Lagerposition in bestimmter Weise zueinander verhalten. So wird beim ***Lifo***-Verfahren angenommen, dass die zuletzt beschafften Vorräte zuerst verbraucht werden. Das ***Fifo***-Verfahren verwendet die umgekehrte Annahme. Auch finden an Wertgrößen oder der Belieferung durch konzernzugehörige Unternehmen ausgerichtete Bewertungsvereinfachungen Anwendung. Im Einzelhandel werden die Anschaffungskosten von Waren häufig retrograd ermittelt. Auszugehen ist dabei von den Verkaufspreisen. Diese sind ursprünglich mit Hilfe von nach Warengruppen differenzierten Zuschläge aus den Einkaufspreisen abgeleitet worden. Durch Rückrechnung der Zuschläge lassen sich die Anschaffungskosten ermitteln.

Bei Folgebewertungen sind die Wertansätze der Erstbewertung u.U. in Form von ***planmäßigen*** oder ***außerplanmäßigen Abschreibungen*** zu mindern. Einer planmäßigen Abschreibung unterliegen die abnutzbaren materiellen und immateriellen Gegenstände des Anlagevermögens. Mittels der Abschreibungen werden die ursprünglichen Anschaffungs- oder Herstellungskosten aufwandswirksam über die Nutzungsdauer verteilt. Im Rahmen eines Abschreibungsplans sind neben möglichen Restwerten der Abschreibungszeitraum sowie die anzuwendende Abschreibungsmethode festzulegen. Planmäßige Abschreibungen sind über den Zeitraum der individuellen betrieblichen Nutzungsdauer des Anlageguts zu verrechnen. Sie wird durch technische, wirtschaftliche oder rechtliche Faktoren bestimmt. Anhaltspunkte zur Lösung des damit verbundenen Schätzproblems lassen sich aus betrieblichen Erfahrungen, Planungsrechnungen oder den steuerlichen AfA-Tabellen gewinnen. Rechtliche Aspekte sind z.B. bei der Laufzeit von Schutz- oder Belieferungsrechten von Bedeutung.

Die ***Abschreibungsmethoden*** stellen Verfahren zur Verteilung des Ausgangsbetrags auf die voraussichtliche Nutzungsdauer dar. Sie orientieren sich an der Zeit oder sind leistungsabhängig. Am weitesten verbreitet ist die ***lineare Abschreibung***. Sie verteilt die Anschaffungs- oder Herstellungskosten gleichmäßig und rechnet allen Jahren der Nutzung die gleichen Abschreibungsbeträge zu. Im Unterschied dazu werden über ***degressive Abschreibungen*** im Zeitablauf abnehmende Aufwendungen für Abschreibungen verrechnet. Meist in Form einer abnehmenden geometrischen Reihe ausgestaltet, sinken die Abschreibungsbeträge von Jahr zu Jahr um einen gleich bleibenden Prozentsatz. Zur Ermittlung der Jahresbeträge wird ein konstanter Prozentsatz auf den Ausgangswert bzw. die Restbuchwerte zu Beginn des jeweiligen Jahres angewendet. Dieser Prozentsatz darf das Doppelte des Satzes der linearen Abschreibung und 20 % nicht überschreiten (§ 7 Abs. 2 EStG). Progressive Abschreibungen mit steigenden Jahresbeträgen dürften nur in Ausnahmefällen zulässig sein. Eine leistungsabhängige Abschreibung kann bei stark schwankender Inanspruchnahme des Anlagegenstands angebracht sein. Sie setzt voraus, dass die insgesamt erzielbaren Leistungseinheiten und deren jährliche Inanspruchnahme bekannt sind. Grundsätzlich besteht Freiheit in der Auswahl der angewendeten Abschreibungsmethode. Steuerliche Restriktionen (§ 7 EStG) werden jedoch zumeist für die Aufstellung der Handelsbilanz übernommen. Der Vereinfachung dient die ***Sofortabschreibung von geringwertigen Wirtschaftsgütern***, deren Anschaffungs- oder Herstellungskosten 410 EUR nicht übersteigen (§ 6 Abs. 2 EStG).

Gegenstände des Anlagevermögens unterliegen gelegentlich ***unvorhergesehene Wertminderungen***. Ursächlich dafür können ein objektbezogener Katastrophenverschleiss oder wirtschaftliche Entwertungen sein. Sofern der Wertverlust als dauerhaft einzuschätzen ist, muss eine Abwertung auf den niedrigeren beizulegenden Wert vorgenommen werden. Bei lediglich vorübergehenden Wertminderungen besteht ein Abwertungswahlrecht, das für Kapitalgesellschaften allerdings auf Finanzanlagen beschränkt ist (gemildertes Niederstwertprinzip). Anhaltspunkte zur Quantifizierung des am Abschlussstichtag beizulegenden niedrigeren Wertes lassen sich aus Wiederbeschaffungs-

niedrigeren Wertes lassen sich aus Wiederbeschaffungs- oder Einzelveräußerungswerten, künftigen Erträgen (Ertragswert), oder dem steuerlichen Teilwert gewinnen. Eine nachhaltige Verlustsituation, die auf einer veralteten Anlagenausstattung beruht, kann außerplanmäßige Abschreibungen erfordern.

Bei ***Gegenständen des Umlaufvermögens*** sind Wertminderungen nach dem strengen Niederstwertprinzip unabhängig von ihrer Dauer durch außerplanmäßge Abschreibungen zu berücksichtigen (§ 253 Abs. 3 HGB). Es ist ein Vergleich zwischen dem aus den Anschaffungs- oder Herstellungskosten oder einem bereits ihnen gegenüber verminderten Wertansatz und dem ggf. niedrigeren Stichtagswert durchzuführen (Niederstwerttest). Die für eine Abwertung maßgeblichen niedrigeren Stichtagswerte sind aus den Börsen- oder Marktpreisen abzuleiten bzw. als niedrigerer beizulegender Wert zu ermitteln (§ 253 Abs. 3 HGB). Wenn es an einem Börsen- oder Marktpreis fehlt, kommt nur ein Vergleich zwischen den Anschaffungs- oder Herstellungskosten und dem ggf. niedrigeren beizulegenden Wert in Betracht. Letzterer leitet sich aus den Wiederbeschaffungs- oder Reproduktionskosten oder den Verhältnissen des Absatzmarktes ab. Im Zuge einer retrograden Bewertung werden die erwarteten Absatzpreise um die bis zum Absatz noch entstehenden Produktions-, Vetriebs-, Verwaltungs- und Kapitaldienstkosten vermindert. Zusätzlich wird der Abzug eines branchenüblichen Gewinns als zulässig erachtet.

Dadurch wird erreicht, dass sämtliche Aufwendungen in alter Rechnung berücksichtigt werden, so dass aus der späteren Veräußerung von Erzeugnissen keine Verluste mehr zu erwarten sind (= verlustfreie Bewertung). Für die Wertfindung können die Verhältnisse des Beschaffungs- oder Absatzmarktes von Bedeutung sein. Die Bilanzierungspraxis hat eine dafür geeignete Zuordnung der Vermögensgegenstände vorgenommen. Dabei gilt für Waren und Überbestände an Erzeugnissen eine doppelte Maßgeblichkeit. Der niedrigere aus Beschaffungs- oder Absatzmarkt gewonnene Wert ist für den Vergleich heranzuziehen.

Ergänzende Wahlrechte erlauben weitere ***außerplanmäßige Abschreibungen***, die noch über das zum Abschlussstichtag gebotene Ausmaß hinausreichen. So können innerhalb der nächsten zwei Jahre zu erwartende Wertverluste antizipiert werden (§ 253 Abs. 3 Satz 3 HGB). Außer für Kapitalgesellschaften besteht ferner ein Wahlrecht zur Abwertung sämtlicher Vermögensgegenstände im Rahmen einer vernünftigen kaufmännischen Beurteilung (§ 253 Abs. 4 HGB).

Sofern die Gründe, aus den heraus außerplanmäßige Abschreibungen auf Vermögensgegenstände erfolgten, zu einem späteren Zeitpunkt weggefallen sind, besteht ein handelsrechtliches Wahlrecht, den verminderten Wertansatz beizubehalten (§ 253 Abs. 5 HGB). Nur Kapitalgesellschaften und Kapitalgesellschaften & Co. müssen Zuschreibungen auf wieder angestiegenen Werte vornehmen (§ 280 HGB). Für die Steuerbilanz besteht ein durchgängiges Wertaufholungsgebot (§ 6 Abs. 1 Nr. 1 Satz 4 und Nr. 2 Satz 3 EStG).

Charakteristisch für die deutsche ***handelsrechtliche Bewertung*** von Vermögensgegenständen ist eine überragende Dominanz des Vorsichtsprinzips. Durch weitgehende Abwertungswahlrechte wird das Vorsichtsdenken auf die Spitze getrieben. Im Vergleich zu den internationalen Rechnungslegungssystemen kommt es zu einer deutlich konservativeren Bewertung.

Die steuerlichen Gewinnermittlungsvorschriften fallen zurückhaltender aus. Sie gestatten Abwertungen auf den niedrigeren Teilwert nur bei nachhaltigen Wertverlusten (§ 6 Abs. 1 EStG). Andererseits beinhaltet das ***Steuerrecht*** eine Reihe von ***begünstigenden Abschreibungsregelungen***, durch die bestimmte Investitionen gefördert werden sollen. Mit den Instrumenten der erhöhten Absetzung und Sonderabschreibungen werden Aufwendungen in die Gegenwart und Gewinne in die Zukunft verlagert. Dadurch kommt es aufgrund von späteren Steuerzahlungen über Zinsvorteile zu einer Steigerung der Investitionsrendite. Erhöhte Absetzungen treten an die Stelle der planmäßigen Abschreibungen, während Sonderabschreibungen sie ergänzen. Auf diese Weise steuerlich subventioniert werden z.B. bestimmte Baumaßnahmen oder Investitionen einzelner Branchen. Unterstützung erfahren weiterhin Anlageinvestitionen und Baumaßnahmen im Fördergebiet sowie kleine und mittlere Betriebe. Zur Erfüllung des Grundsatzes der umgekehrten Maßgeblichkeit können die im Vergleich zum tatsächlichen Werteverzehr überhöhten steuerlichen Abschreibungen auch in der Handelsbilanz geltend gemacht werden (§ 254 HGB).

Einer Bewertung unterliegt ebenfalls das ***Fremdkapital***. Verbindlichkeiten sind mit ihrem Rückzahlungs- bzw. Erfüllungsbetrag, Rentenverpflichtungen mit ihrem Barwert anzusetzen (§ 253 Abs. 1 HGB). Für die ***Bildung von Rückstellungen*** ist der künftig anfallende Ausgabebetrag sorgfältig zu schätzen. Bei sich im Betrag unterscheidenden Schätzungen, deren Eintritt mit gleicher Wahrscheinlichkeit angenommen wird, ist der höchste Verpflichtungsbetrag anzusetzen. Handelsrechtlich kommt eine Abzinsung lediglich bei Rückstellungen in Betracht. Zur steuerlichen Gewinnermittlung sind längerfristige unverzinsliche Verbindlichkeiten und Rückstellungen mit einem Prozentsatz von 5,5 v.H. abzuzinsen (§ 6 Abs. 1 Nrn. 2 und 3a EStG).

6. Ergänzungen der Berichterstattung

Zur Information über ihre wirtschaftliche Situation haben **Kapitalgesellschaften** und **haftungsbeschränkte Personenhandelsgesellschaften** zusätzliche Berichtswerke zu erstellen. Bei ihnen bildet der Anhang neben Bilanz und Erfolgsrechnung den dritten Bestandteil des Jahresabschlusses (§ 264 Abs. 1 HGB).

Mit dem Lagebericht (§ 289 HGB) erfolgt eine nochmalige Erweiterung der Berichterstattung. Lediglich für Konzernabschlüsse börsenorientierter Unternehmen sind zusätzlich Kapitalflussrechnung, Segmentberichterstattung und ein Eigenkapitalspiegel zu erstellen (§ 297 Abs. 1 HGB). Der ***Anhang*** hat die vorrangige Aufgabe, die Verständlichkeit von Bilanz und GuV zu steigern. Erläuternden Charakter gewinnt er durch Kommentierung und Interpretation einzelner Posten aus Bilanz und Erfolgsrechnung. Indem der Anhang bestimmte Angaben aus ihnen übernimmt, entlastet er diese Rechenwerke. Ergänzende Aufgaben nimmt er durch die Präsentation von Informationen wahr, die keinen unmittelbaren Bezug zu den anderen beiden Bestandteilen des Jahresabschlusses aufweisen (§ 285 HGB). Bilanz und Erfolgsrechnung sind durch den Anhang zu korrigieren, falls sie kein zutreffendes Bild der wirtschaftlichen Lage des Unternehmens liefern. Die Berichterstattung im Anhang hat den Grundsätzen von Vollständigkeit, Wahrheit und Klarheit und Stetigkeit zu entsprechen. Übersichtlichkeit und Vergleichbarkeit sind durch einen entsprechenden Aufbau zu verwirklichen. Inhaltlich wird der Anhang durch Pflichtangaben und freiwillige Berichtsbestandteile geprägt. ***Pflichtbestandteile*** sind zunächst in allgemeiner Form niedergelegt (§§ 284 f HGB) und erfahren rechtsformspezifische Ergänzungen. Mit Wahlpflichtangaben erfüllt der Anhang seine ***Entlastungsfunktion***. Erleichterungen in der Berichterstattung bestehen für kleine und mittelgroße Unternehmen. Die Mindestinhalte der Berichterstattung werden vielfach um freiwillige Elemente ergänzt. Sie beziehen sich z.B. auf Angaben zu den rechtlichen und wirtschaftlichen Grundlagen der Unternehmenstätigkeit, geplante Investitionen oder die Erläuterung der wirtschaftlichen Situation. Durch den Einsatz von Checklisten wird in der Praxis die Vollständigkeit des Anhangs erreicht.

Eine komplementäre Funktion zum Jahresabschluss kommt dem Lagebericht zu. Er soll verstärkt über die wirtschaftliche Situation und ihre künftige ***Entwicklung*** berichten und damit den Bedürfnissen des Kapitalmarktes Rechnung tragen. Den Kern des Lageberichts bilden ***Wirtschafts-*** und ***Risikobericht***. Sie werden um die sonstigen Angaben (§ 289 Abs. 2 HGB) mit Nachtrags-, Prognose-, Forschungs- und Entwicklungs-, sowie Zweigniederlassungsbericht ergänzt. Den Geschäftsverlauf kennzeichnen Ausführungen zur gesamtwirtschaftlichen, branchenbezogenen und unternehmensindividuellen Situation. Eingegangen wird meist auf die Entwicklungen in den wesentlichen betrieblichen Funktionsbereichen. Vermögens-, Finanz- und Ertragslage werden üblicherweise durch Kennzahlen(rechnungen) erläutert. Die Darstellungen müssen eine qualitative Einschätzung der Unternehmensleitung aufweisen und dem außenstehenden Betrachter eine eigene Urteilsbildung ermöglichen. Im Risikobericht sind mögliche ungünstige Entwicklungen aufzuzeigen. Auf die Risikoquellen aus Politik, Recht und Gesellschaft sowie den betrieblichen Funktionsbereichen ist hinzuweisen. Quantifizierungen zu Eintrittswahrscheinlichkeiten und finanziellen Konsequenzen erhöhen den Aussagegehalt. Ergänzend wird zu verdeutlichen sein, welche Maßnahmen zur Reduzierung der Risiken getroffen wurden. Wesentliche Vorgänge und wirtschaftliche Entwicklungen, die keinen Eingang in den Jahresabschluss mehr finden konnten, beinhaltet der Nachtragsbericht. Der Prognosebericht knüpft an die Darstellung der wirtschaftlichen Entwicklung an. Er macht Aussagen über die wichtigsten Teile der Unternehmensplanung und enthält regelmäßig eine Ergebnisvorschau. Sie wird meist als Intervallschätzung unter Erwähnung der sie stützenden Prämissen formuliert. Desweiteren ist im Lagebericht auf Forschungs- und Entwicklungstätigkeiten sowie die Aktivitäten in Zweigniederlassungen einzugehen.

Verschiedene Entwicklungen der internationalen Rechnungslegung werden im deutschen Konzernabschluss aufgenommen. Zur Darstellung der Finanzlage ergänzt ihn eine ***Kapitalflussrechnung***. Sie zeigt unter Rückgriff auf Daten aus Bilanz und Erfolgsrechnung die Veränderung des Bestands an liquiden Mitteln aufgrund von Einnahmen und Ausgaben der vergangenen Periode. Durch eine zweckentsprechende Strukturierung der Zahlungsströme soll deren Prognostizierbarkeit erleichtert werden.

Mit Hilfe der ***Segmentberichterstattung*** werden die aggregierten Größen des Jahresabschlusses aufgeschlüsselt. Spartenbezogene und geographische Detaillierungen erlauben eine bessere Einschätzung von Chancen und Risiken der

Unternehmenstätigkeit. Zusätzliche Informationen zur Kapitalbindung, Investition und Erfolgssituation separierter Unternehmensbereiche erhöhen ebenfalls die Transparenz der Rechnungslegung.

Im ***Eigenkapitalspiegel*** sind die Veränderungen der einzelnen Bestandteile des Eigenkapitals darzustellen. Das erweist sich als notwendig, da die nicht aus der Erfolgsrechnung hervorgehenden Eigenkapitalveränderungen nach IFRS und US-GAAP einen bedeutsamen Umfang haben.

7. Prüfung, Feststellung und Offenlegung

Jahresabschlüsse und **Lageberichte** von mittelgroßen und großen Kapitalgesellschaften unterliegen einer **gesetzlichen Abschlussprüfung**. Durch die Prüfung soll die Verlässlichkeit der Informationswerke gestärkt werden. Es handelt sich um eine **Gesetz**- und **Ordnungsmäßigkeitsprüfung**. Im Mittelpunkt der Prüfung steht die Frage, ob die Rechnungslegung den gesetzlichen Vorschriften, Grundsätzen ordnungsmäßiger Buchführung und Vorgaben des Gesellschaftsvertrags entspricht (§ 317 HGB).

Durchgeführt werden Abschlussprüfungen von Wirtschaftsprüfern oder vereidigten Buchprüfern bzw. entsprechenden Prüfungsgesellschaften. Über das Ergebnis der Prüfung wird die Öffentlichkeit durch den ***Bestätigungsvermerk*** (***Testat***) unterrichtet. Ein ausführlicher Prüfungsbericht wird den gesetzlichen Vertretern des geprüften Unternehmens oder dem Aufsichtsrat zugeleitet.

Der aufgestellte und ggf. geprüfte Jahresabschluss ist sodann festzustellen. Für die ***Feststellung*** sind die Gesellschafterversammlung (GmbH), der Aufsichtsrat (AG), die geschäftsführenden Gesellschafter (Personengesellschaften) oder der Einzelkaufmann zuständig. Mit der Feststellung gewinnt der Jahresabschluss seine endgültige Form. Er wird durch das zuständige Organ als richtig anerkannt und erlangt rechtliche Verbindlichkeit. Die Feststellung ist bei Kapitalgesellschaften ***Voraussetzung für einen Gewinnverwendungsbeschluss***.

Ihre Informationsaufgabe kann die Rechnungslegung nur angemessen erfüllen, wenn die Informationsinteressenten von der Berichterstattung Kenntnis erlangen. Das geschieht durch Offenlegung (Publizität) der Berichtswerke (§§ 325 bis 327 HGB).

OFFENLEGUNG DER BERICHTSWERKE VON KAPITALGESELLSCHAFTEN

Kapitalgesellschaften haben ihren Jahresabschluss nebst Lagebericht, den Gewinnverwendungsvorschlag bzw. -beschluss, den Bericht eines Aufsichtsrats sowie den Bestätigungsvermerk offenzulegen. Die Offenlegung ist durch Einreichung zum Handelsregister und Veröffentlichung im Bundesanzeiger vorzunehmen. Größenabhängige Erleichterungen für kleine und mittelgroße Kapitalgesellschaften begrenzen Inhalt, Umfang und Form der Offenlegung.

Auf freiwilliger Basis erfolgt als Teil der Unternehmenskommunikation eine Präsentation der Finanzdaten im Internet sowie unterschiedlichen Presseorganen.

8. Bilanzanalyse

Für eine Vielzahl von Entscheidungen bietet die Rechungslegung von Unternehmen eine nützliche Grundlage. Regelmäßig liefern Jahresabschluss und Lagebericht allerdings keine unmittelbaren Antworten auf die jeweiligen Informationsbedürfnisse. Hier liegt der Ansatzpunkt der Bilanzanalyse.

Sie stellt die Methoden bereit, um Jahresabschlüsse in Hinblick auf vorgegebene Informationsziele auszuwerten und zu interpretieren. Die Analyse lässt sich aus der Position eines Unternehmensinternen oder -externen vornehmen. Unternehmensinterne Analytiker haben Zugriff auf Informationen aus dem betrachteten Unternehmen, die über die Rechnungslegungsdaten hinausgehen. Unternehmensexterne sind auf Rechnungslegungsinformationen und andere frei zugängliche Angaben angewiesen. Die nachfolgenden Ausführungen konzentrieren sich auf die ***externe Analyse***. Bilanzanalytisch zu fundierende Entscheidungen beziehen sich vorrangig auf die ***Darlehensvergabe***, den ***Eintritt*** oder ***Austritt als Gesellschafter*** sowie die Unterhaltung von Geschäftsbeziehungen mit Kunden und Lieferanten. Das weitgehend identische Erkenntnisinteresse liegt in der ***Beurteilung der Liquidität*** und ***finanziellen Stabilität*** sowie der gegenwärtigen und künftigen ***Ertragskraft*** der betrachteten Unternehmung.

Ihre Aufgaben verfolgt die Bilanzanalyse mit unterschiedlichen Ansätzen. Die Basis bilden ***Kennzahlenrechnungen*** und ***-systeme***. Sie werden um neuere Ansätze erweitert. Als Ergänzung der klassischen Vorgehensweise versteht sich die qualitative Bilanzanalyse. Sie erweitert die numerische Kennzahlenanalyse um die ***Auswertung der verbalen Informationen*** aus Anhang und Lagebericht. Mathematisch-statistische Verfahren nehmen die Zuordnung eines Unternehmens zur Gruppe der in ihrem Fortbestand gefährdeten bzw. der bonitätsmäßig einwandfreien Unternehmen vor. Durch den Einsatz von Verfahren der künstlichen Intelligenz sollen die Prognoseergebnisse weiter verbessert werden.

KENNZAHLENRECHNUNGEN ALS TRADITIONELLE VORGEHENSWEISE ZUR ERSTELLUNG VON ERFOLGSPROGNOSEN

Die traditionelle Vorgehensweise bedient sich der Kennzahlenrechnung. Kennzahlen verkörpern numerische Informationen. Sie sind verdichtete Maßgrößen, die Strukturen und Prozesse in einem Unternehmen beschreiben. In konzentrierter Form bilden sie betriebswirtschaftliche Sachverhalte vereinfachend ab, erhöhen die Transparenz und liefern neue Erkenntnisse. Die Kennzahlenanalyse vollzieht sich in den Schritten der Formulierung, Errechnung und Interpretation der Kennzahlen. An den angestrebten Erkenntniszielen orientiert, sind die Kennzahlen inhaltlich zu bestimmen. Die Fachliteratur hält dazu eine Vielzahl problembezogener Kennzahlen bereit. Ihre Errechnung geschieht auf der Grundlage einer Strukturbilanz. Sie stellt eine für Zwecke der Kennzahlenberechnung besonders aufbereitete Bilanz dar. Zur Interpretation von Kennzahlen sind Vergleichsmaßstäbe heranzuziehen. Sie lassen sich aus (internen) Zeitvergleichen, (externen) Betriebsvergleichen oder Soll-Ist-Vergleichen als Ausdruck der Zielerreichung gewinnen.

ZENTRALE FRAGESTELLUNG DER FINANZWIRTSCHAFTLICHEN ANALYSE

Im Mittelpunkt der finanzwirtschaftlichen Analyse steht die Frage, ob die Unternehmung künftig in der Lage sein wird, ihre fälligen Zahlungsverpflichtungen zu jedem Zeitpunkt vollständig zu erfüllen. In zeitlicher Hinsicht wird die Fragestellung nach kurz- und längerfristiger Dimensionierung untergliedert.

Zur Klärung der kurzfristigen Liquiditätssituation werden Liquiditätskennzahlen, Angaben zur Vermögensstruktur sowie Cashflow-Analysen und Kapitalflussrechnungen eingesetzt. ***Liquiditätskennzahlen*** beschreiben die Zahlungsfähigkeit mit Hilfe von bilanzorientierten Zahlungsmittelbeständen sowie künftigen Ein- und Auszahlungen. Sie sind in den Varianten unterschiedlicher Liquiditätsgrade sowie als absolutes und relatives Working Capital (Umlaufvermögen/ kurz- + mittelfristige Verbindlichkeiten) verbreitet. Intensitätskennziffern messen den Anteil des Anlage- und Umlaufvermögens am Gesamtvermögen. Sie stehen als Ausdruck für eine kosten- und leistungswirtschaftliche Flexibilität der Unternehmung mit entsprechenden Konsequenzen für die Liquidität. So erlaubt eine hohe Umlaufintensität (Umlauf-/ Gesamtvermögen) bei damit verbundenen niedrigeren Fixkosten eine leichtere Anpassung an Beschäftigungsschwankungen und die schnellere Wiedergeldwerdung des eingesetzten Vermögens. ***Umschlagskoeffizienten*** setzen Bestands- mit den zugehörigen Stromgrößen in Beziehung. Sie erlauben Aussagen über die Dauer der Bindung des gesamten Kapitals oder einzelner Vermögenspositionen. Eine geringe Umschlagsdauer spricht für einen niedrigeren Kapitalbedarf und ein höheres Liquiditätspotential. Der ***Cashflow*** zeigt den betrieblichen Einnahmeüberschuss und verdeutlicht damit den Innenfinanzierungsspielraum. Er wird meist auf indirektem Weg aus der Gewinn- und Verlustrechnung abgeleitet, in dem der Jahresüberschuss um nicht zahlungswirksam gewordene Aufwendungen und Erträge korrigiert wird. In der Schuldentilgungsdauer (Fremdkapital/ Cashflow) wird ein Indikator für Schuldentilgungsfähigkeit und finanzielle Stabilität gesehen.

Als besonders bedeutsam zur Beurteilung der mittel- und langfristigen Stabilität der Finanzierung gilt das Eigenkapital. Eine hohe ***Eigenkapitalquote*** (Eigen-/ Gesamtkapital) sichert die unternehmerische Dispositionsfreiheit, wirkt liquiditätsentlastend, indem sie feste Tilgungs- und Verzinsungsverpflichtungen absenkt, und eröffnet künftige Finanzierungsspielräume. Die Struktur des Eigenkapitals verdeutlicht mit dem ***Selbstfinanzierungsgrad*** (Gewinnrücklagen/ Eigenkapital) die Fähigkeit zur Finanzierung aus selbst erwirtschafteten Mitteln. Durch horizontale Betrachtungen sollen die Fristen von Mittelverwendung und -herkunft miteinander verglichen werden. Es gilt die Regel, dass Mittelbindung und -herkunft einander zeitlich entsprechen sollen. Dadurch wird das Risiko erforderlich werdender Anschlussfinanzierungen gesenkt. Eine geeignete Größe zur Messung dieser Beziehung ist der Deckungsgrad A (Eigenkapital/ Anlagevermögen).

Das Erkenntnisziel der ***Erfolgsanalyse*** ist auf die Fähigkeit eines Unternehmens gerichtet, nachhaltig Gewinne zu erwirtschaften. Die Untersuchungen umfassen betragsmäßige und strukturelle Analysen sowie den Einsatz weiterer Instrumente. Zur Beschreibung der tatsächlichen Erfolgssituation werden Bereinigungsrechnungen durchgeführt, um das handelsrechtliche Jahresergebnis durch aussagekräftigere Erfolgsgrößen zu ersetzen. Die ***strukturelle Erfolgsanalyse*** bedient sich der Aufspaltung des Jahresergebnisses in unterschiedliche Bestandteile. Die dabei selektierten Komponenten sind anschließend hinsichtlich ihrer Nachhaltigkeit einzuschätzen. Eine übliche Einteilung erfolgt in die wiederkehrenden Teile des ordentlichen Betriebserfolgs sowie Finanz- und Verbunderfolgs und die eher nicht nachhaltigen Erfolgsquellen aus außerordentlichem und Liquidationserfolg sowie Bewertungserfolg. Unter Verwendung der Gewinn- und Verlustrechnung und ergänzenden Informationen aus Anhang und Lagebericht ist die Unterteilung vorzunehmen. Weitere Detailanalysen untersuchen Betriebserfolg und Aufwandsstruktur und arbeiten die Ursachen für beobachtete Entwicklungen heraus. Dadurch werden präzisere Schlüsse auf die Zukunft möglich.

Rentabilitätskennziffern setzen das erzielte Jahresergebnis in Relation zum Eigen- bzw. Gesamtkapital oder Umsatz. Sie ermöglichen damit sinnvolle Betriebsvergleiche und die Überprüfung von Anspruchsniveaus. In Erweiterung zu Kennzahlensystemen werden sie mit anderen Erfolgs- und Bilanzpositionen verbunden. Dadurch gelingt es, die Ursachen für Veränderungen der Ertragslage zügig zu erkennen.

9. Internationalisierung der Rechnungslegung

Während der vergangenen Jahre haben die **internationalen Rechnungslegungssysteme** der International Accounting Standards (**IAS**), die nunmehr als International Financial Reporting Standards (**IFRS**) bezeichnet werden, sowie der US-amerikanischen Generally Accepted Accounting Principles (**US-GAAP**) in Deutschland eine wachsende Anwendung gefunden. Ursächlich dafür war zunächst das Bedürfnis der Kapitalmärkte nach einheitlichen und vergleichbaren Finanzinformationen.

So macht die US-amerikanische Börsenaufsichtsbehörde die Vorlage eines den US-GAAP entsprechenden Jahresabschlusses zur Voraussetzung der Börsenzulassung. In Deutschland sahen die Zulassungsregelungen verschiedener Segmente des Aktienmarkts die Anwendung eines internationalen Rechnungslegungssystems vor. Über die Befreiungsvorschrift des § 292a HGB verdrängen nunmehr international ausgerichtete Konzernabschlüsse die Konzernrechnungslegung nach HGB. Auf europäischer Ebene erlangte eine Verordnung Rechtskraft, nach der börsenorientierte Konzerne ***ab 2005*** ihre Konzernabschlüsse nach den Regelungen der IFRS aufzustellen haben. Den Einzelstaaten werden darin Wahlrechte eingeräumt, die IFRS ebenso auf Einzelabschlüsse anzuwenden.

Entwickelt werden die IFRS durch das International Accounting Standards Board (***IASB***). Das Gremium ist eine privatrechtliche Organisation, die von einer Stiftung finanziert und personell besetzt wird. Verschiedene Unterorganisationen unterstützen und ergänzen seine Arbeit. Die Aufgabe des IASB besteht darin, zur Förderung der Kapitalmärkte qualitativ hochwertige Rechnungslegungsstandards zu entwickeln und deren Anwendung weltweit durchzusetzen. In einem offenen Prozess, der die Beteiligung der Öffentlichkeit einbezieht, werden die Rechnungslegungsgrundsätze erarbeitet. Das vom IASB entwickelte Regelwerk besteht aus Preface, Framework, Standards und Interpretations. Es ist in englischer Sprache verfasst. Im Framework werden die konzeptionellen Grundlagen der Rechnungslegung von Unternehmen formuliert. Deren Zielsetzung liegt in der Vermittlung von entscheidungsrelevanten Informationen für Investoren. Ein

System aus Basisannahmen und qualitativen Anforderungen soll diesen Anspruch verwirklichen. So basiert die Rechnungslegung auf der Prämisse der Unternehmensfortführung und nimmt die zeitliche Zuordnung von Aufwendungen und Erträgen nach deren wirtschaftlicher Verursachung vor. Weitere Prinzipien beziehen sich auf die Verständlichkeit, Relevanz und Wesentlichkeit sowie Verlässlichkeit und Vergleichbarkeit der Berichterstattung. Das Framework dient als Auslegungs- und Orientierungshilfe, hat jedoch nicht die Qualität eines Standards.

Mittlerweile 41 Standards beschäftigen sich mit unterschiedlichsten Rechnungslegungsproblemen. Sie folgen im Aufbau einem festen Gliederungsschema. Sofern sie für eine Frage unterschiedliche Lösungen zulassen, wird nach bevorzugter Verfahrensweise (benchmark treatment) und alternativ zulässiger Methode (allowed alternative treatment) unterschieden. Mit Hilfe der eigens erlassenenen Interpretations werden Zweifelsfragen geklärt und für eine einheitliche und zutreffende Auslegung der Standards gesorgt.

JAHRESABSCHLUSS NACH IFRS

Nach den IFRS besteht ein Jahresabschluss aus Bilanz, Gewinn- und Verlustrechnung, Eigenkapitalveränderungsrechnung, Kapitalflussrechnung und Anhang. Ein Lagebericht ist bisher noch nicht zwingend erforderlich. Die Bilanz beinhaltet Vermögenswerte, Schulden und das Eigenkapital. Tendenziell ist der Umfang aktivierungsfähiger Vermögenswerte nach IFRS weiter gefasst als nach HGB. Im Gegensatz dazu ist die Bildung von Rückstellungen eingeschränkt. Die Bilanzgliederung kann nach absteigender (wie nach HGB) oder zunehmender Liquidität (wie nach US-GAAP) erfolgen. Für die Gewinn- und Verlustrechnung sind Umsatz- und Gesamtkostenverfahren zulässig. Durch die sehr ausführlichen Angabepflichten in den Notes ist ein IFRS-Jahresabschluss wesentlich umfangreicher als sein nach HGB aufgestelltes Gegenstück.

In der Zielsetzung der Bereitstellung von Informationen für die Entscheidungen von Investoren stimmen die US-GAAP mit den IFRS überein. Die ***US-GAAP*** stellen ein vielschichtiges Regelwerk dar, das im Gegensatz zu deutschen Verhältnissen nur in geringem Ausmaß gesetzlich fixiert ist. Wesentlich geprägt wird es durch das privatrechtliche Financial Accounting Standards Board (FASB) und dessen Vorgängerorganisationen. Mit einer Vielzahl von Statements, Interpretations und weiteren Verlautbarungen werden Einzelprobleme der Rechnungslegung verbindlich geregelt. Ergänzende Empfehlungen sowie vorherrschende Bilanzierungspraktiken der Industrie geben Anhaltspunkte zur Lösung anstehender Fragen. Theoretisch fundiert wird die Rechnungslegung durch die Statements of Financial Accounting Concepts (CON). Bei der Zulassung von Wertpapieren zum Börsenhandel sind ergänzende Vorschriften der Wertpapiergesetze sowie der US-amerikanischen Börsenaufsichtsbehörde zu beachten. In sehr detaillierter Form werden Inhalt und Ausgestaltung der Rechnungslegung unter Einschluss einer Art von Lagebericht reglementiert.

VIII. Steuern

Auf den außenstehenden Betrachter macht das deutsche Steuerrecht einen eher unübersichtlichen Eindruck. Mit seiner Vielzahl von Gesetzen und Einzelregelungen lässt es eine durchgängige Systematik vermissen und bleibt nicht ohne Widersprüche. Neben einer Darstellung der **Grundlagen der Besteuerung** bietet der folgende Abschnitt einen Überblick über die **wesentlichen Steuerarten**. Dazu werden der **Aufbau der Einzelsteuergesetze** und deren Zusammenwirken verdeutlicht. Notwendige Ausführungen zum **Besteuerungsverfahren** ergänzen die Überlegungen. Die Darstellung erfolgt primär aus der Sicht eines Unternehmers. Das macht es möglich, die steuerlichen Folgen des unternehmerischen Handelns und die daraus resultierenden Belastungen zu erkennen und in den eigenen Gestaltungen zu berücksichtigen.

1. Steuergrundlagen

Zur Bestreitung ihrer Ausgaben verfügen die Gebietskörperschaften (Bund, Länder und Gemeinden) über unterschiedliche monetäre Einnahmen. Neben den **hoheitlichen Abgaben** (Steuern und Kausalabgaben) stehen ihnen Erwerbseinkünfte, Privatisierungs- und Veräußerungserlöse sowie die Schuldenaufnahme zur Verfügung. Herausragende Bedeutung kommt dabei den Steuern zu.

Bei den Steuern handelt es sich um Zwangsabgaben zur allgemeinen Finanzierung der Staatsausgaben. Sie stellen Geldleistungen dar, denen keine konkrete Leistung des Staates gegenübersteht. Sie werden ausschließlich vom öffentlichrechtlichen Gemeinwesen zur Erzielung von Einnahmen erhoben. Die Einnahmeerzielung kann allerdings bloßer Nebenzweck sein. Vorrangig können Steuern Lenkungsaufgaben wahrnehmen. So sollen z.B. die ökologisch begründeten Mineralöl- und anderen Energiesteuern auf ein umweltgerechtes Verhalten hinwirken. Grundlegend für die Besteuerung ist das ***Prinzip der Tatbestandsmäßigkeit***. Danach bedarf es zur Erhebung von Steuern einer gesetzlichen Grundlage, die im gegebenen Einzelfall verwirklicht ist (§ 3 AO).

Das deutsche Steueraufkommen belief sich im Jahr 2002 auf 442 Mrd. EUR. Bezogen auf das Volkseinkommen führt das zu einer Belastungsquote von ca. 33 %. Ergänzt um Sozialabgaben liegt die Abgabenbelastung der Einkommen bei 57 %. In Deutschland existieren etwa ***35 verschiedene Steuern***. Das Steueraufkommen ist jedoch auf nur wenige Steuerarten konzentriert. Am ergiebigsten sind die Umsatz-, Lohn-, Mineralöl-, Gewerbe- und Kapitalertragsteuer.

Mit Hilfe zahlreicher Kriterien sind die Steuern zu beschreiben und zu systematisieren. Hinsichtlich der Auswirkung beim Steuerschuldner zu unterscheiden sind direkte und indirekte Steuern. Bei den ***direkten Steuern*** (z.B. ESt, KSt) sind Steuerschuldner und mit der Steuer Belasteter identisch. Im Gegensatz dazu werden die ***indirekten Steuern*** (z.B. USt) vom Steuerschuldner auf eine andere Person abgewälzt, die sie wirtschaftlich zu tragen hat. Die betriebswirtschaftliche Steuerlehre systematisiert die Steuerarten nach Tatbeständen, auf die unternehmerische Entscheidungen ausgerichtet sind. Anhand der Besteuerungsbasis werden danach ***Ertragsteuern*** (ESt, KSt, GewSt), ***Substanzsteuern*** (GrdSt ErbSt), ***Verkehrsteuern*** (USt, GrdErwSt) und ***Verbrauchsteuern*** (MineralölSt) unterschieden.

Im Gegensatz zu Steuern weisen ***Kausalabgaben*** einen rechtfertigenden Grund auf. Zu ihnen zählen ***Gebühren*** und ***Beiträge***. Als Entgelte für spezielle öffentliche Leistungen werden Gebühren erhoben (z.B. Müllabfuhr-, Justizgebühren). Beiträge fallen hingegen nicht für die tatsächliche Inanspruchnahme von Leistungen an, sondern bereits für die bloße Möglichkeit der Nutzung (z.B. Anliegerbeiträge für Kanalisation und Straßenbau, Kurtaxe). Erwerbseinkünfte der öffentlichen Hand resultieren aus deren Beteiligung am allgemeinen Marktgeschehen und haben keinen hoheitlichen Charakter. Sie ergeben sich aus der Nutzung von Geld-, Kapital-, und Grundvermögen. Privatisierungserlöse resultieren aus der Veräußerung von staatlichem Beteiligungsbesitz. Mit der Aufnahme von Schulden erwächst den Gebietskörperschaften zunächst eine zeitlich begrenzte Verfügbarkeit über Finanzmittel. Wegen der ständigen Neuverschuldung hat die Kreditfinanzierung allerdings den Charakter einer eigenständigen Einnahmeart angenommen.

Unter dem Begriff der ***Steuerhoheit*** sind die Fragen von Gesetzgebungs-, Ertrags- und Verwaltungshoheit geregelt. Das Recht zum Erlassen von Steuergesetzen (***Gesetzgebungshoheit***) steht dem ***Bund*** alleinig vor allem für die Zölle zu. Alle anderen Steuern unterliegen seiner konkurrierenden Gesetzgebungshoheit. Alle wesentlichen Steuern sind mittlerweile durch Bundesgesetz geregelt. Den ***Ländern*** verbleibt lediglich die Gesetzgebungshoheit über örtliche Verbrauch- und Aufwandsteuern. Mittels der ***Ertragshoheit*** ist festgelegt, welcher Gebietskörperschaft das Steueraufkommen zufließt. Das Aufkommen aus bestimmten Steuern ist entweder einzelnen Ertragsberechtigten (Bund, Länder oder Gemeinden) zugeordnet oder verteilt sich bei den Gemeinschaftsteuern auf mehrere Gebietskörperschaften (ESt, KSt, USt). Gut 40 % des Steueraufkommens entfallen auf den Bund zur Finanzierung seines Haushalts.

Aufgrund der ursprünglichen Verteilung des Steueraufkommens weisen die Bundesländer eine ganz unterschiedliche Finanzausstattung auf. Um die Einheitlichkeit der Lebensverhältnisse in Deutschland zu wahren, muss die Finanzkraft der Länder allerdings auf vergleichbarem Niveau liegen. Die dazu notwendige Angleichung wird durch den ***Finanzausgleich*** herbeigeführt. In einem zweistufigen Verfahren wird zunächst durch Transferleistungen zwischen den Bundesländern ein Ausgleich erreicht (***horizontaler Ausgleich***). Durch Ergänzungszuweisungen verstärkt sodann der Bund die Finanzkraft der schwachen Länder (***vertikaler Ausgleich***). Der Ausgleich erreichte im Jahr 2002 ein Volumen von 23 Mrd. EUR, von denen 16 Mrd. EUR auf die Bundesergänzungszuweisungen entfielen. Damit wurde das Finanzniveau der Nehmerländer auf 99,5 % des Bundesdurchschnitts aufgebessert.

An der ***Verwaltung der Steuern*** sind neben Bundes- und Landesfinanzbehörden die Gemeinden beteiligt. Letztere verwalten die örtlichen Verbrauch- und Aufwandsteuern sowie teilweise die GewSt.

Das Steuerrecht ist Teilgebiet des öffentlichen Rechts. Es ist in Allgemeines und Besonderes Steuerrecht untergliedert. Zum ***Allgemeinen Steuerrecht*** zählen seine verfassungsrechtlichen Grundlagen, Steuerschuld- und -verfahrensrecht sowie das steuerliche Rechtschutzverfahren. Ferner sind hier die Regelungen des Bewertungsgesetzes einzuordnen, die in anderen Steuergesetzen Anwendung finden. Aus dem Allgemeinen Steuerrecht werden keine konkreten Pflichten zur Zahlung von Steuern begründet. Im besonderen Steuerrecht wird eine Vielzahl von Lebenssachverhalten der Besteuerung unterworfen.

Rechtsquellen der Besteuerung sind Rechtsnormen, Verwaltungsanweisungen und die Rechtsprechung. Den verfassungsrechtlichen Rahmen bildet das Grundgesetz. Es enthält Bestimmungen zur Finanzverfassung und -verwaltung (Art. 105 ff GG) und formuliert gleichzeitig inhaltliche Ansprüche an die einzelnen Steuergesetze. Im förmlichen Gesetzgebungsverfahren sind die Steuergesetze entstanden. Als Einzelsteuergesetze regeln sie die einzelnen Steuerarten. Weitere Steuergesetze wie das Umwandlungsteuer-, Außensteuer-, Investitionszulagen- oder Vermögensbildungsgesetz sind zu besonderen Regelungsbereichen erlassen worden.

In das deutsche Steuerrecht finden verschiedene internationale Komponenten Eingang. Dazu zählen vorrangig die Abkommen zur Vermeidung der Doppelbesteuerung (= ***Doppelbesteuerungsabkommen***). Dabei handelt es sich um völkerrechtliche Verträge, die von der Bundesrepublik Deutschland mit anderen Staaten abgeschlossen wurden. Sie haben Vorrang vor den Steuergesetzen (§ 2 AO). ***Supranationale Rechtsquellen*** sind die Richtlinien der Europäischen Gemeinschaften. Ihr Zweck liegt in einer Harmonisierung des Steuerrechts, um Gleichheit im Wettbewerb zu erreichen und die Funktionsfähigkeit des Binnenmarkts zu stärken. Sie bedürfen der Umsetzung in innerstaatliches Recht und erlangen erst dadurch Verbindlichkeit für die einzelnen Steuerpflichtigen.

Ebenfalls mit materieller Gesetzeskraft sind Rechtsverordnungen ausgestattet. Zur Entlastung der Steuergesetze werden sie von der Bundesregierung – ggf. unter Zustimmung des Bundesrats – als Durchführungsverordnungen zu den

Steuergesetzen erlassen. Über eigene Steuersatzungen legen die Gemeinden die Hebesätze zur GewSt und die örtlichen Verbrauch- und Aufwandsteuern fest.

Demgegenüber werden Verwaltungsvorschriften durch die Bundesregierung (Richtlinien zu den Steuergesetzen), die obersten Finanzbehörden (Erlasse und Schreiben) sowie die Oberfinanzdirektionen erlassen. Sie binden jeweils nur die nachgeordneten Behörden, nicht aber Gerichte und Steuerpflichtige. Die ***Steuerrichtlinien*** dienen dazu, die gesetzlichen Vorschriften zu erläutern, Zweifelsfälle zu klären und eine gleichmäßige Rechtsanwendung zu gewährleisten.

Durch die Rechtsprechung von Finanzgerichten und Bundesfinanzhof wird das Handeln der Finanzverwaltung im Einzelfall auf Rechtmäßigkeit überprüft. Allgemeine Bedeutung gewinnt sie durch ***Übertragung auf ähnlich gelagerte Fälle***. Darüberhinaus ergeben sich intensive Auswirkungen der Rechtsprechung des Europäischen Gerichtshofs sowie des Bundesverfassungsgerichts auf die deutsche Steuergesetzgebung.

Die Ausgestaltung der Besteuerung hat rechtsstaatlichen Prinzipien zu entsprechen. Dazu gehört die formale Komponente, aufgrund derer Steuern ausschließlich auf der Grundlage eines gültigen Gesetzes erhoben werden dürfen. Unter materiellen Aspekten muss das Steuerrecht inhaltlichen Gerechtigkeitserwägungen genügen. Sie leiten sich aus dem GG und den darin getroffenen Wertungen ab. Tragendes Prinzip ist der Grundsatz der Gleichmäßigkeit der Besteuerung. Verfassungsrechtliche Schranken begrenzen den steuerlichen Zugriff. So darf z.B. das Existenzminimum nicht der ESt unterworfen werden. Zu beachten sind ferner die Eigentums- und Erbrechtsgarantie (Art. 14 GG). Ebenso ist dem Grundsatz des Schutzes von Ehe und Familie Rechnung zu tragen.

Die ***Finanzverwaltung*** ist Teil der öffentlichen Verwaltung. Ihre wesentlichen Aufgaben sind die Festsetzung und Erhebung von Steuern (= Steuerverwaltung) und die Verwaltung des Vermögens der öffentlichen Hand. Gegliedert ist sie in ***Bundes***- und ***Landesfinanzbehörden***. Den Bundesbehörden obliegt die Verwaltung von Zöllen, des Branntweinmonopols, der bundeseinheitlich geregelten Verbrauchsteuern (z.B. MinöSt) inkl. der Einfuhrumsatzsteuer sowie der Abgaben im Rahmen der Europäischen Union. Die übrigen Steuern werden durch die Landesfinanzbehörden verwaltet. Auf oberster hierarchischer Ebene leiten die Finanzmininster des Bundes und der Länder die ihnen nachgeordneten Behörden. Eine Mittelstellung nehmen die ***Oberfinanzdirektionen (OFDen)*** ein. Sie haben Bundes- und Landesangelegenheiten wahrzunehmen und leiten die Finanzverwaltungen in ihrem regionalen Bezirk. ***Finanzämter*** führen als örtliche Behörden das Besteuerungsverfahren durch, soweit für Zölle und

Verbrauchsteuern nicht die Hauptzollämter zuständig sind oder die Gemeinden bei GewSt und GrdSt tätig werden.

2. Ertragsteuern

2.1 Einkommensteuer

2.1.1 Persönliche und sachliche Steuerpflicht

Der ESt unterliegen einzelne natürliche Personen. Lediglich bei der Zusammenveranlagung von Ehegatten kommt deren gemeinsame Besteuerung in Betracht. Zu unterscheiden sind ***unbeschränkte*** und ***beschränkte persönliche Steuerpflicht***. Von der Art der Steuerpflicht hängt insbesondere der Umfang der Besteuerung ab. Unbeschränkt einkommensteuerpflichtig sind alle Einzelpersonen oder Verheiratete, die ihren Wohnsitz (§ 8 AO) oder gewöhnlichen Aufenthalt (§ 9 AO) im Inland haben. Ihre weltweit erzielten Einkünfte werden nach dem Welteinkommens- oder Universalitätsprinzip in Deutschland besteuert (§ 2 Abs. 1 EStG). Beschränkt steuerpflichtig sind hingegen natürliche Personen, die in Deutschland bestimmte Einkünfte erzielen, hier aber keine Einbindung durch die o.g. Merkmale aufweisen. Sie unterliegen nach dem Territorialprinzip mit ihren inländischen Einkünften i.S. von § 49 EStG der deutschen Einkommensteuer.

Der ESt ist das innerhalb eines Veranlagungszeitraums – i.d.R. das Kalenderjahr – erwirtschaftete Einkommen unterworfen (§ 2 EStG). Als Bemessungsgrundlage der ESt formuliert das EStG das sog. ***zu versteuernde Einkommen***. Es ist nach einem besonderen Schema in mehreren Schritten zu ermitteln (R 3 EStR). Als Einkünfte werden die Reinerträge aus den einzelnen Einkunftsarten nach Abzug der zugehörigen Aufwendungen bezeichnet. Zu unterscheiden sind 7 Einkunftsarten, die zahlreiche Besonderheiten aufweisen. Nur bei sachlicher Einordnung in eine der Einkunftsarten kann es zur estl. Erfassung des betrachteten Vorgangs kommen. So gehören z.B. einmalige Vermögensanfälle aus Erbschaften, Schenkungen u.s.w. nicht zum Kreis der steuerbaren Zuflüsse. Ergänzend dazu sind verschiedene Einnahmen aus sozial-, wirtschafts- oder kulturpolitischen Gründen ganz oder teilweise von der ESt befreit (§§ 3, 3b EStG). Soweit Ausgaben in unmittelbarem wirtschaftlichem Zusammenhang mit steuerfreien Einnahmen stehen, unterliegen sie einem Abzugsverbot (§ 3c EStG).

2.1.2 Systematik der Einkunftsarten und Techniken zur Einkunftsermittlung

Das EStG unterscheidet zunächst zwischen Gewinn- und Überschusseinkunftsarten. Die verwendeten Bezeichnungen knüpfen an die Benennung der Ergebnisse an: Sie gelten bei den Gewinneinkünften als Gewinn (bzw. Verlust), bei den Überschusseinkünften als Überschuss der Einnahmen über die Werbungskosten (kurz: Überschuss) bzw. Verlust. ***Gewinneinkünfte*** sind die Einkünfte aus Land- und Forstwirtschaft, Gewerbebetrieb und selbstständiger Arbeit. Die ***Überschusseinkünfte*** umfassen die Einkünfte aus nichtselbstständiger Arbeit, Kapitalvermögen, Vermietung und Verpachtung sowie die sonstigen Einkünfte. Bei den Gewinneinkunftsarten wird Betriebsvermögen gebildet. Daraus resultierende Wertverluste und Veräußerungsergebnisse sind estl. zu erfassen. In den Überschusseinkunftsarten findet deren Erfassung grundsätzlich nicht statt. Praktisch nützlich ist die weitere Unterscheidung nach Haupt- und Nebeneinkunftsarten. Bis auf die selbstständige Arbeit sind alle Überschusseinkünfte gegenüber den Gewinneinkünften nachrangig (Nebeneinkünfte).

Die ***Gewinnermittlung*** erfolgt durch (Betriebs-)Vermögensvergleich oder Einnahme-Überschuss-Rechnung. Sonderformen bilden die Gewinnermittlung nach Durchschnittsätzen für Einkünfte aus Land- und Forstwirtschaft (§ 13a EStG) sowie die Tonnagebesteuerung in der Seeschifffahrt (§ 5a EStG). Im Betriebsvermögensvergleich werden das betriebliche Vermögen am Ende und zu Beginn des Wirtschaftsjahrs einander gegenübergestellt. Die sich dabei ergebende Vermögensdifferenz – korrigiert um Privatentnahmen und -einlagen – ist der Gewinn bzw. Verlust. Das Betriebsvermögen entspricht dem Eigenkapital. Es ergibt sich als Restgröße nach Abzug der Schulden von den betrieblichen Vermögenswerten. Dazu bedarf es bei Personenunternehmen einer Abgrenzung zwischen Betriebs- und Privatvermögen. Nur ersteres ist in die Gewinnermittlung einzubeziehen. Ausgangspunkt der steuerlichen Gewinnermittlung ist bei Gewerbetreibenden die aus einer Buchführung entwickelte und nach den handelsrechtlichen Regelungen aufgestellte Bilanz (= Handelsbilanz). Durchbrechungen des Maßgeblichkeitsprinzips (§ 5 Abs. 1 EStG) erfolgen aufgrund restriktiver steuerlicher Ansatzregelungen und des Vorrangs steuerlicher Bewertungsvorschriften (§ 6 Abs. 1 EStG). Durch die umgekehrte Maßgeblichkeit wirkt sich die steuerliche Gewinnermittlung wiederum auf die Handelsbilanz aus.

Verschiedene Betriebsausgaben unterliegen einer nur eingeschränkten steuerlichen Abzugsfähigkeit (§ 4 Abs. 4a, 5, 7 EStG). Die Abzugsverbote begründen sich aus der Schwierigkeit zwischen betrieblicher und privater Verursachung zu unterscheiden oder haushaltspolitischen Erwägungen.

FREIBERUFLER UND KLEINGEWERBETREIBENDE

Freiberuflern und Kleingewerbetreibenden bietet die Einnahme-Überschuss-Rechnung (§ 4 Abs. 3 EStG) eine vereinfachte Gewinnermittlungsmethode. Sie weist den betrieblichen Gewinn als Differenz der Betriebseinnahmen und -ausgaben aus. Betriebseinnahmen sind durch den Betrieb veranlasst (erwirtschaftet) und können in Geld oder Sachwerten bestehen. Betriebsausgaben sind Aufwendungen, die durch den Betrieb veranlasst sind (§ 4 Abs. 4 EStG). Gefordert ist ein tatsächlicher oder wirtschaftlicher Zusammenhang mit dem Betrieb. Im Gegensatz zum Bestandsvergleich erfolgt die zeitliche Zuordnung der Geschäftsvorfälle hier nicht nach kaufmännischen Gesichtspunkten, sondern im wesentlichen anhand des Zu- oder Abfließens von Betriebseinnahmen und -ausgaben (§ 11 EStG). Besonderheiten gelten für die Gegenstände des Anlagevermögens.

Die Ergebnisse in den Überschusseinkunftsarten werden als Überschuss der Einnahmen über die Werbungskosten ermittelt. Als Einnahmen gelten alle Wertzuflüsse innerhalb einer Überschusseinkunftsart (§ 8 Abs. 1 EStG). Das negative Gegenstück zu den Einnahmen sind die Werbungskosten (§ 9 EStG). Darunter sind Aufwendungen zu verstehen, die durch eine auf die Erzielung von Überschusseinkünften gerichtete Tätigkeit veranlasst sind. Aus Vereinfachungsgründen ist für einige Werbungskosten eine Pauschalierung zulässig (§ 9a EStG).

2.1.3 Darstellung der Einkunftsarten

Da die einzelnen Einkunftsarten zahlreiche Besonderheiten aufweisen, ist die zutreffende Einordnung der aufgetretenen Vermögensmehrungen oder -minderungen besonders wichtig.

Als ***Land- und Forstwirtschaft*** gilt die planmäßige Nutzung des Bodens zur Erzeugung von Pflanzen und Tieren und die Verwendung der dadurch selbst gewonnenen Erzeugnisse. Abgrenzungsprobleme zu den Einkünften aus Gewerbebetrieb ergeben sich, wenn nicht nur durch eigene Urproduktion gewonnene Erzeugnisse abgesetzt werden, sondern fremde Erzeugnisse zur Weiterveräußerung zugekauft werden. Auch Gewinne aus der Veräußerung oder Verpachtung eines land- und forstwirtschaftlichen Betriebs zählen zu dieser Einkunftsart.

Zu den Besonderheiten der land- und forstwirtschaftlichen Einkünfte gehört eine vereinfachende ***pauschale Gewinnermittlungsmethode*** (§ 13a EStG) und ein Freibetrag von 670 EUR, der bei Zusammenveranlagung zu verdoppeln ist (§ 13 Abs. 3 EStG).

Die ***Einkünfte aus Gewerbebetrieb*** umfassen die Tätigkeiten der ***Einzelgewerbetreibenden*** und ***Personengesellschaften***, die sich als gewerbliche Mitunternehmerschaften darstellen. Kennzeichen der Gewerblichkeit ist es, dass die Betätigung selbstständig, nachhaltig, mit Gewinnerzielungsabsicht und unter Beteiligung am allgemeinen wirtschaftlichen Verkehr ausgeübt wird. Vom Inhalt her gesehen darf es sich weder um die Ausübung von Land- und Forstwirtschaft noch einer selbstständigen Arbeit handeln (§ 15 Abs. 2 EStG). Unter Mitunternehmerschaften sind Personengesellschaften zu verstehen, bei denen die Gesellschafter Einfluss auf die wesentlichen Entscheidungen nehmen können (Unternehmerinitiative) und am Ergebnis sowie den stillen Reserven beteiligt sind (Unternehmerrisiko). Vertreter dieser Personenzusammenschlüsse sind Offene Handelsgesellschaft und Kommanditgesellschaft.

Zur Gewerblichkeit einer Mitunternehmerschaft führt es, wenn sie neben anderen Tätigkeiten auch eine gewerbliche ausführt oder nur Kapitlagesellschaften die Stellung von persönlich haftenden Gesellschaftern einnehmen und nur diese oder Nichtgesellschafter zur Geschäftsführung befugt sind.

Steuersubjekt der ESt ist nicht die Personengesellschaft. Vielmehr werden deren Ergebnisse den einzelnen Gesellschaftern zugerechnet und bei diesen der ESt bzw. KSt unterworfen. Die Gewinnermittlung von Mitunternehmerschaften verläuft in zwei Stufen. Sie beinhaltet den gesellschaftsrechtlichen Gewinnanteil und die Sondervergütungen. Zunächst wird auf der Ebene der Personengesellschaft deren Ergebnis ermittelt. Für die Gewinnermittlung bildet die steuerliche Gesamthandsbilanz die Grundlage. In einem zweiten Schritt ist der steuerliche Gewinn um Sondervergütungen und Sonderbetriebsausgaben zu modifizieren. Arbeitslohn, Darlehenszinsen und Mieterträge, die ein Gesellschafter aus Rechtsgeschäften mit seiner Personengesellschaft bezieht, werden dem Gesamtgewinn und seinem Gewinnanteil zugerechnet. Zu kürzen sind Aufwendungen, die dieser Gesellschafter privat in Zusammenhang mit derartigen Vergütungen oder bzgl. seines Sonderbetriebsvermögens getragen hat.

Bei beschränkter Haftung von Gesellschaftern, wie sie z.B. für die Kommanditisten in einer Kommanditgesellschaft zutrifft, gelten Begrenzungen für die Geltendmachung von Verlusten (§ 15a EStG).

Zu den Einkünften aus Gewerbebetrieb gehören neben den laufend erwirtschafteten Ergebnissen auch die Gewinne aus der Beendigung des unternehmerischen Engagements (§ 16 EStG) und der Veräußerung einer wesentlichen Beteiligung an einer Kapitalgesellschaft (§ 17 EStG). Steuerliche Härten sollen durch einen Freibetrag und Ermäßigungen im anzuwendenden Steuersatz vermieden werden.

Einkünfte aus selbstständiger Arbeit umfassen im wesentlichen die Einkünfte aus freiberuflichen Tätigkeiten sowie aus sonstiger selbstständiger Arbeit (§ 18 EStG). Freiberufler sind selbstständig wissenschaftlich, künstlerisch, schriftstellerisch, unterrichtend oder erziehend tätig oder üben einen Katalogberuf aus (Ärzte, Rechtsanwälte, Steuerberater u.a.).

Die typische Tätigkeit von Arbeitnehmern wird unter den ***Einkünften aus nichtselbstständiger Arbeit*** erfasst (§ 19 EStG). Ihnen fließen Einnahmen als Arbeitslohn aus einem gegenwärtigen oder früheren Arbeitsverhältnis zu. Dazu gehören auch Sachbezüge. Teile des Arbeitslohns sind u.U. von der ESt befreit (§ 3 EStG). Auf die Einkünfte aus nichtselbstständiger Arbeit hat der Arbeitgeber grundsätzlich den Lohnsteuerabzug vorzunehmen (§§ 38–42f EStG). Häufig fallen beim Arbeitnehmer Werbungskosten für Fahrten zwischen Wohnung und Arbeitsstätte, Arbeitsmittel oder berufliche Fortbildung an. Sofern die Werbungskosten nicht nachgewiesen werden, ist ein Pauschbetrag von 1.044 EUR pro Jahr zu berücksichtigen.

Aus der Überlassung privaten Vermögens zur Nutzung resultieren die ***Einkünfte aus Kapitalvermögen*** (§ 20 EStG). Steuerlich erfasst werden hier lediglich die Entgelte aus der Kapitalnutzung, nicht aber Wertänderungen der Kapitalanlage. Zu den Einnahmen gehören die Zuflüsse aus der Anlage als Eigen- und Fremdkapital. Dividenden- und Zinseinkünfte unterliegen dem Abzug einer 20 bzw. 30 %igen Kapitalertragsteuer. Typische Werbungskosten sind Schuldzinsen aus der Fremdfinanzierung des Erwerbs der Kapitalanlage, Bank- und Depotgebühren aus der Verwahrung von Wertpapieren sowie Beratungskosten. Ein Werbungskostenpauschbetrag von 51 EUR, der bei Zusammenveranlagung verdoppelt wird, kann den Einzelnachweis der Werbungskosten ersetzen. Zum Ausgleich der besonderen Inflationsanfälligkeit von Kapitalerträgen dient der Sparer-Freibetrag von 1.550 EUR. Er ist bei Zusammenveranlagungen ebenfalls zu verdoppeln.

Einkünfte aus Vermietung und Verpachtung werden durch die zeitweise Überlassung von Sachvermögen erzielt (§ 21 EStG). Hauptbestandteil ist die Vermietung oder Verpachtung von privaten Grundstücken und Gebäuden. Einnahmen sind die durch Vertrag vereinbarten Miet- und Pachtzinsen sowie die dem Mieter weiterbelasteten Nebenkosten und Umlagen. Häufigste Werbungskosten des Vermieters sind Abschreibungen auf das Gebäude, Schuldzinsen, Instandhaltungsaufwendungen, Versicherungsprämien und öffentliche Abgaben. Abgrenzungsschwierigkeiten zu den gewerblichen Einkünften entstehen, wenn zahlreiche Objekte aus dem Immobilienbestand veräußert werden („3-Objekt-Grenze“).

Die ***sonstigen Einkünfte*** umfassen verschiedene, im Gesetz in einer abschließenden Aufzählung genau normierte Sachverhalte (§ 22 EStG). Hierunter fallen die Einkünfte aus wiederkehrenden Bezüge (z.B. Altersrenten aus der gesetzlichen Rentenversicherung), Unterhaltsleistungen beim geschiedenen Ehepartner (Realsplitting) und privaten Veräußerungsgeschäften. Altersrenten aus der Sozialversicherung werden lediglich mit ihrem Ertragsanteil versteuert. Pauschalierend werden die Zinsanteile in den Rentenzahlungen über einen konstanten Faktor ermittelt, der sich nach dem bei Rentenbeginn erreichten Alter richtet. Bei Renteneintritt mit 65 Jahren beträgt er lediglich 27 Prozent. Ferner ist die Besteuerung von Leistungen aus Altersvorsorgeverträgen hier geregelt (§ 22 Nr. 5 EStG).

Prinzipiell würden die Ergebnisse aus der Veräußerung privater Wirtschaftsgüter bei den Überschusseinkünften nicht der Besteuerung unterliegen. Eine Ausnahme davon bilden Spekulationsgeschäfte, bei denen bestimmte Fristen zwischen Anschaffung und Veräußerung nicht überschritten werden. Sie betragen bei Grundstücken 10 Jahre und bei anderen Wirtschaftsgütern 1 Jahr. Bis zu einer Freigrenze von 512 EUR im Jahr bleiben Veräußerungsgewinne steuerfrei.

2.1.4 Ermittlung des zu versteuernden Einkommens

Bei der Einkunftsermittlung in den Einkunftsarten können sich Verluste ergeben. Sie sind steuerlich vom Grundsatz her zu berücksichtigen. Dafür stehen die Instrumente des Verlustausgleichs und -abzugs zur Verfügung. Beim ***Verlustausgleich*** findet zunächst ein Ausgleich von Verlusten mit positiven Ergebnissen innerhalb derselben Einkunftsart statt (***interner Verlustausgleich***). Positive werden mit negativen Einkunftsquellen verrechnet. Ein verbleibender Verlust ist im Jahr seiner Entstehung sodann mit den positiven Ergebnissen aus anderen Einkunftsquellen zu verrechnen (externer Verlustausgleich). Der ***externe Verlustausgleich*** ist ab dem Jahr 1999 deutlich begrenzt worden (§ 2 Abs. 3 EStG). Dadurch sollen positive Einkünfte im Zuge einer Mindestbesteuerung trotz Vorliegens von Verlusten zumindest teilweise besteuert werden. Können die Verluste im Jahr ihrer Entstehung nicht vollständig ausgeglichen werden, erfolgt der ergänzende Verlustabzug (§ 10d EStG). Dabei werden Verluste im unmittelbaren Jahr vor ihrer Entstehung (Verlustrücktrag) oder in nachfolgenden Jahren (Verlustvortrag) bei der Einkommensermittlung berücksichtigt. Der Verlustrücktrag ist betragsmäßig auf 511.500 EUR begrenzt. Für den Verlustvortrag existieren keine betraglichen und zeitlichen Grenzen.

Nach Durchführung des Verlustausgleichs ermittelt sich der Gesamtbetrag der Einkünfte unter Abzug von Altersentlastungsbetrag (§ 24a EStG) und Freibetrag für Land- und Forstwirte (§ 13 Abs. 3 EStG). Als altersbezogene Entlastung wird ein maximaler Abzugsbetrag von 1.908 EUR im Jahr gewährt. Er beläuft sich auf 40 % des Arbeitslohns (ohne Versorgungsbezüge) sowie der positiven Summe der übrigen Einkünfte.

Der steuerlichen Förderung genau bestimmter Aufwendungen dienen die ***Sonderausgaben***. Als eigentlich dem Bereich der privaten Lebensführung zuzuordnende Ausgaben sind sie gleichwohl bei der Einkommensermittlung abziehbar. Sie unterscheiden sich nach ihrer Art und dem Ausmaß ihrer Abzugsfähigkeit. So sind Versicherungsbeiträge als Vorsorgeaufwendungen nur im Rahmen einer Höchstbetragsberechnung (§ 10 Abs. 3 EStG) oder von Arbeitnehmern über die Vorsorgepauschale (§ 10c Abs. 2 EStG) abziehbar. Begrenzt abzugsfähig auf 13.805 EUR im Jahr sind Unterhaltsleistungen an den geschiedenen oder dauernd getrennt lebenden Ehegatten. Eine korrespondierende Zurechnung findet beim Empfänger unter den sonstigen Einkünften statt. Renten und dauernde Lasten (§ 10 Abs. 1 Nr 1a EStG) unterliegen keiner Abzugsbegrenzung. Aus dem Kreis der übrigen Sonderausgaben sind die gezahlte Kirchensteuer, Steuerberatungskosten sowie das Schulgeld (nur in Höhe von 30 %) für bestimmte Privatschulen abziehbar. Im Abzug betraglich begrenzt sind Aus- und Weiterbildungskosten in einem nicht ausgeübten Beruf (§ 10 Abs. 1 Nr. 7 EStG) sowie Spenden zur Förderung mildtätiger, kirchlicher, religiöser, wissenschaftlicher und besonders förderungswürdiger gemeinnütziger Zwecke (§ 10b EStG). Parteispenden unterliegen einem engen Abzugsverbot (§§ 34 g, 10b Abs. 2 EStG). Anstelle tatsächlich nachgewiesener Sonderausgaben kann ein Pauschbetrag von 36 EUR abgezogen werden (§ 10c Abs. 1 EStG).

Über den Sonderausgabenabzug werden ferner die Altersvorsorgebeiträge zum Aufbau einer zusätzlichen kapitalgedeckten Zusatz-Altersvorsorge gefördert (§ 10a EStG). Von Amts wegen ist zu prüfen, ob die Förderung durch Zulagen für den Steuerpflichtigen zu einer günstigeren Lösung führt (§§ 79 ff EStG).

Der verminderten Leistungsfähigkeit von Steuerpflichtigen wird durch Abzüge wegen ***außergewöhnlicher Belastungen*** Rechnung getragen. Über eine Generalklausel (§ 33 EStG) werden allgemeine Fälle erfasst, während normierte Fallgruppen gesondert behandelt werden (§§ 33a–33c EStG). Während der allgemeine Abzug mit einem Selbstbehalt versehen ist, sehen die standardisierten Fälle Höchst- und Freibeträge vor.

Freibeträge für Kinder (§ 32 Abs. 6 EStG) und der ***Haushaltsfreibetrag*** (§ 32 Abs. 7 EStG) führen zum zu versteuernden Einkommen. Das Existenzminimum eines Kindes wird durch den Kinderfreibetrag von 1.824 EUR sowie einen Freibetrag für den Betreuungs-, Erziehungs- oder Ausbildungsbedarf von 1.080 EUR freigestellt. Dabei handelt es sich um Jahresbeträge, die bei Zusammenveranlagung der Eltern zu verdoppeln sind. Unabhängig von den steuerlichen Abzugsbeträgen wird während des Jahres das Kindergeld gezahlt. Es beträgt für das erste bis dritte Kind 154 EUR monatlich. Bei der Veranlagung zur ESt wird von Amts wegen geprüft, ob Freibeträge oder Kindergeld für den Steuerpflichtigen günstiger sind und ggf. zu viel gezahlte Beträge zurückbelastet (§ 2 Abs. 6 EStG). Mit dem Haushaltsfreibetrag von 1.188 EUR (ab 2004) werden Alleinerziehende steuerlich gefördert.

2.1.5 Tarif, Veranlagung und Erhebung der Einkommensteuer

Auf das zu versteuernde Einkommen als Bemessungsgrundlage der ESt ist der ***Einkommensteuertarif*** anzuwenden. Dabei handelt es sich um ein Formelwerk, das für jede Höhe der ***Bemessungsgrundlage*** die darauf entfallende tarifliche Einkommensteuer angibt (§ 32a Abs. 1 EStG). Anschließend an den Grundfreibetrag von 7.426 EUR beginnen die steuerlichen Belastungen zusätzlicher Einkommen (Grenzsteuerbelastung) bei 17 %. Nach einem Anstieg in zwei Etappen erreichen sie den Spitzensteuersatz von 47 % bei 52.293 EUR. Durch den Tarif werden die Bezieher höherer Einkünfte exzessiv belastet. So entfiel im Jahr 2002 auf die obersten 5 % der Steuerpflichtigen mit einem Gesamtbetrag der Einkünfte ab 81.800 EUR ein Anteil von 43 % des Steueraufkommens, obgleich sie nur 24 % der Bemessungsgrundlage erwirtschafteten. Einfluss auf die Höhe der tariflichen Einkommensteuer nehmen der Progressionsvorbehalt (§ 32b EStG) und die Tarifermäßigungen für außerordentliche Einkünfte (§ 34 EStG).

Bei Ehegatten, die zusammen zur ESt veranlagt werden, ist die Steuer nach dem ***Splittingtarif*** zu ermitteln (§ 32a Abs. 5 EStG). Danach beträgt die Steuer das Doppelte des auf das halbe Einkommen entfallenden Steuerbetrags. Diese Art der Steuerberechnung bezweckt es, die Progressionswirkung des Einkommensteuertarifs zu dämpfen.

Aus der tariflichen Einkommensteuer entwickelt sich durch die ***Anrechnung von Gewerbesteuer*** (§ 35 EStG), Teilen der ***Parteispenden*** (§ 34g EStG)sowie von ***Aufwendungen für haushaltsnahe Beschäftigungsverhältnisse*** oder Dienstleistungen (§ 35a EStG) die festzusetzende Einkommensteuer. Daraus sind durch Abzug von Steuerabzügen und -vorauszahlungen die Abschlusszahlung bzw. der Erstattungsanspruch zu errechnen.

Als Jahressteuer wird die Einkommensteuer aufgrund des zu versteuernden Einkommens eines Veranlagungszeitraums (= Kalenderjahr) durch das Finanzamt ermittelt und festgesetzt. Am Ermittlungsverfahren haben die Steuerpflichtigen durch Abgabe einer Steuererklärung bis zum 31.5. des Folgejahrs mitzuwirken. Danach ermittelt das Finanzamt die besteuerungsrelevanten Verhältnisse und setzt die Steuerschuld durch schriftlich erteilten Steuerbescheid fest (= ***Veranlagungsverfahren***).

Die Veranlagung ist als ***Einzelveranlagung*** oder in einer der Formen der ***Ehegattenveranlagung*** vorzunehmen. Grundsätzlich erfolgt die Einzelveranlagung unter Anwendung des Grundtarifs. Ehegatten werden üblicherweise zusammen veranlagt. Bei separat ermittelten Einkünften erfolgt die Ermittlung eines gemeinsamen zu versteuernden Einkommens, das nach dem Splittingtarif zu versteuern ist. Eine ***getrennte Veranlagung*** entspricht inhaltlich weitgehend der Einzelveranlagung und ist stets mit dem Grundtarif verbunden.

Im Abzugsverfahren wird die ***Einkommensteuer als Lohn- und Kapitalertragsteuer*** erhoben. Zur Sicherung der Steueransprüche bei Bauleistungen müssen unternehmerisch tätige Auftraggeber auf Bauleistungen einen Steuerabzug von 15 % vornehmen (§§ 48 bis 48d EStG). Für Einkünfte, die nicht dem Steuerabzug unterliegen, sind während des Kalenderjahrs auf die zu erwartende Steuerschuld quartalsweise Vorauszahlungen zu leisten.

Die Einkommensteuer bildet die Bemessungsgrundlage für zwei Zuschlagsteuern. Als Ergänzungsabgabe zur Einkommensteuer wird ab 1995 ein Solidaritätszuschlag erhoben. Der Steuersatz beträgt 5,5 % auf die ggf. modifizierte Bemessungsgrundlage (§ 51a Abs. 2 EStG). ***Kirchensteuern*** erheben die als Körperschaften des öffentlichen Rechts anerkannten Religionsgemeinschaften auf der Grundlage von Landeskirchensteuergesetzen und ***Kirchensteuerordnungen***. Die Kirchensteuerhebesätze der evangelischen und katholischen Kirche unterscheiden sich in den einzelnen Bundesländern und liegen zwischen 8 % und 9 % der festzusetzenden Einkommensteuer.

2.2 Körperschaftsteuer

2.2.1 Persönliche Steuerpflicht

Von der KSt werden die ***Einkommen juristischer Personen*** sowie bestimmter anderer Personenvereinigungen erfasst. Darunter fallen als wichtige Vertreter des Wirtschaftslebens die ***Kapitalgesellschaften*** (AG, KGaA, GmbH). Die KSt ist eine Personensteuer und kann deshalb im Gegensatz zur GewSt nicht als

Betriebsausgabe abgezogen werden. Wie die ESt unterscheidet die KSt zwischen unbeschränkter und beschränkter Steuerpflicht. Der ***unbeschränkten KSt-Pflicht*** unterliegen Kapitalgesellschaften mit Geschäftsleitung oder Sitz im Inland (§ 1 KStG). Es gilt wie bei der ESt das Welteinkommensprinzip mit der steuerlichen Erfassung von in- und ausländischer Einkünften. ***Beschränkt steuerpflichtig*** sind hingegen Kapitalgesellschaften ohne Ort der Geschäftsleitung oder Sitz im Inland mit ihren inländischen Einkünften. Verschiedene Befreiungsvorschriften entbinden eine Vielzahl von Körperschaften aus sozial- und wirtschaftspolitischen Gründen von der persönlichen KSt-Pflicht (§ 5 KStG).

2.2.2 Bemessungsgrundlage und Tarif

Der KSt unterliegt das zu versteuernde Einkommen (§ 7 KStG). Seine Ermittlung verläuft nach den ***Vorschriften des EStG***, die um körperschaftsteuerliche Regelungen ergänzt werden (§ 8 Abs. 1 KStG). Im Gegensatz zu natürlichen Personen haben juristische Personen keine Privatsphäre. Aus der Einkommensermittlung scheiden deshalb alle personenbedingten Elemente wie z.B. Sonderausgaben und außergewöhnliche Belastungen aus. Andererseits werden schuldrechtliche Verträge zwischen Kapitalgesellschaften und ihren Gesellschaftern steuerlich anerkannt, sofern sich Leistungen und Gegenleistungen im Rahmen der Angemessenheit bewegen. Kapitalgesellschaften beziehen der Art nach ausschließlich ***Einkünfte aus Gewerbebetrieb***. Der Gewinn ist durch Bilanzierung zu ermitteln.

Ausgangspunkt der Ermittlung des zu ***versteuernden Einkommens*** ist das Ergebnis der Handelsbilanz, das ggf. an steuerliche Bilanzierungs- und Bewertungsvorschriften anzupassen ist. Hinzuzurechnen sind die nach estl. Vorschriften nichtabziehbaren Betriebsausgaben (§§ 3c, 4 Abs. 5 bis 7 EStG) sowie sämtliche Spenden. Ohne Einfluss auf das Ergebnis der Kapitalgesellschaft müssen verdeckte Gewinnausschüttungen (vGA) und verdeckte Einlagen (vE) bleiben. Bei der vGA handelt es sich um eine Vermögensminderung bzw. verhinderte -mehrung, die außerhalb einer offenen Gewinnausschüttung alleinig durch das Gesellschaftsverhältnis verursacht ist. Folge ist ein zu niedriger Gewinn. Typische Anwendungsfälle der vGA sind überhöhte Vergütungen an Gesellschaftergeschäftsführer. Durch eine vE wendet der Gesellschafter seiner Kapitalgesellschaft einen Vermögensvorteil zu. Da der entsprechende Ertrag nicht betrieblich veranlasst ist, darf er nicht besteuert werden. Weitere körperschaftsteuerliche Sonderregelungen versagen den Abzug von Personensteuern, Geldstrafen und der hälftigen Aufwendungen für ein Überwachungsgremium als Betriebsausgaben (§ 10 KStG). Eine besondere Regelung zur Berücksichtigung von Spenden

(§ 9 Abs. 1 KStG) sowie der Verlustabzug (§ 10d KStG) führen zum zu versteuernden Einkommen.

KÖRPERSCHAFTSTEUERSATZ

Der auf das zu versteuernde Einkommen anzuwendende Steuersatz beträgt einheitlich 25 %; für den Veranlagungszeitraum 2003 beläuft er sich ausnahmsweise auf 26,5 % (§ 23 Abs. 1 KStG). Zusätzlich erfolgt die Belastung mit dem Solidaritätszuschlag in Höhe von 5,5 % auf die festgesetzte KSt.

2.2.3 Gewinnausschüttungen

Ein zentrales Problem der KSt liegt in der steuerlichen Behandlung der von Körperschaften ***ausgeschütteten Gewinne***. Zunächst unterliegen sie bei der ausschüttenden KapGes der Erfolgsbesteuerung durch die KSt. Dabei handelt es sich um eine eigene Steuer der KapGes. Auf Seiten des Empfängers der Ausschüttung stellt diese eine steuerbare Einnahme dar. Je nach Rechtsform des Anteilseigners würde sie bei ihm der ESt oder KSt unterliegen. Damit käme es zu einer zweifachen Belastung der von der KapGes erzielten und ausgeschütteten Gewinne. Bereits bei moderaten Steuersätzen ergeben sich daraus erhebliche Steuerbelastungen. Zur Vermeidung eines derart hohen steuerlichen Zugriffs sind das geltende Halbeinkünfte- und das frühere Anrechnungsverfahren geeignet.

Seine Bezeichnung erhielt das ab dem Jahr 2001 geltende ***Halbeinkünfteverfahren*** aufgrund der lediglich hälftigen estl. Erfassung der Dividendeneinnahmen beim Empfänger. Auf der Ebene der KapGes verläuft deren Belastung mit KSt in bekannter Weise. Das zu versteuernder Einkommen der KapGes wird eine Belastung mit KSt von 25 % unterworfen. Dabei handelt es sich um eine Definitivbelastung, die unabhängig von der Art der Gewinnverwendung ist. Ausschüttungs- und Thesaurierungsfall sind gleich zu behandeln. Auf der Ebene einer natürlichen Person als Gesellschafter werden die Dividendeneinnahmen nun lediglich zur Hälfte erfasst und der ESt unterworfen (§ 3 Nr. 40 Buchst. d EStG). Dahinter steht die Absicht, die Ausschüttung einer KapGes der selben kombinierten Steuerbelastung zu unterwerfen wie sie bei unmittelbarer Einnahmeerzielung durch den Gesellschafter auftreten würde. Dieses Ziel wird nur bei einem Einkommensteuersatz von genau 40 % erreicht. Niedrigere Steuersätze führen zu einer relativ höheren, höhere Steuersätze zu einer relativ niedrigeren Belastung. Übereinstimmend mit den laufenden Dividenden erfolgt die ***Besteuerung von Veräußerungserfolgen***. Das gilt für Gewinne, die aus einem

Betriebsvermögen resultieren, wie für private Veräußerungsgewinne bei wesentlicher Beteiligung (§ 17 EStG) und innerhalb der Spekulationsfrist (§ 23 EStG). Zur Vermeidung von Kumulationseffekten werden empfangene Dividenden und Gewinne aus Anteilsveräußerungen bei Anteilseignern in der Rechtsform der KapGes von der KSt freigestellt (§ 8b KStG). Verbunden mit den Steuerbefreiungen ist ein Abzugsverbot für Werbungskosten und Betriebsausgaben, die mit den steuerfreien Einnahmen in Zusammenhang stehen (§ 3c EStG).

2.2.4 Entstehung und Veranlagung der Körperschaftsteuer

Veranlagung und Erhebung der KSt richten sich für die unbeschränkt körperschaftsteuerpflichtigen KapGes weitestgehend nach den für die ESt geltenden Vorschriften. Entsprechend wird die KSt als ***Jahressteuer im Wege der Veranlagung*** auf Grundlage einer Steuererklärung festgesetzt. Auf die voraussichtliche Jahressteuerschuld sind ***quartalsweise Vorauszahlungen*** zu leisten (§ 37 Abs. 1 EStG). Aus der festzusetzenden KSt leiten sich unter Abzug von anzurechnender Kapitalertragsteuer und geleisteten Vorauszahlungen die Abschlusszahlung bzw. der Erstattungsanspruch ab. Besonderheiten können sich aus dem Übergang vom Anrechnungs- auf das Halbeinkünfteverfahren ergeben.

2.2.5 Organschaft

Eine KapGes ist selbstständig kstpflichtig. Ihre Besteuerung und die ihrer Anteilseigner sind strikt voneinander getrennt vorzunehmen (Trennungsprinzip). Allerdings kann eine KapGes trotz rechtlicher Selbstständigkeit der einheitlichen Leitung eines anderen Unternehmens unterstehen, wie das in Konzernen der Fall ist. Die KSt berücksichtigt derartige Gestaltungen im Rahmen der Organschaft. Sie sind durch ein Über-Unterordnungsverhältnis der beteiligten Unternehmen charakterisiert, wobei eine KapGes (Organgesellschaft) wie eine Betriebsabteilung in das übergeordnete Unternehmen (Organträger) eingegliedert ist. Voraussetzungen der kstl. Organschaft sind eine finanzielle Eingliederung sowie das Bestehen eines Gewinnabführungsvertrags. Die finanzielle Eingliederung erfordert eine Mehrheit der Stimmrechte des Organträgers am Organ. Der Gewinnabführungsvertrag muss zivilrechtlich wirksam sein und tatsächlich vollzogen werden.

KONSEQUENZ AUS DER ORGANSCHAFT

Als Konsequenz der Organschaft wird nicht das Organ mit dem von ihm erwirtschafteten Gewinn besteuert. Dessen Ergebnis wird vielmehr dem Organträger zugerechnet und bei diesem versteuert. Die Organgesellschaft ist damit einkommenslos, während beim Organträger eine Zusammenrechnung seines eigenen Einkommens mit dem ihm vom Organ zugerechneten Einkommen stattfindet.

Aus der Organschaft ergeben sich ***Vorteile*** bei der Geltendmachung von Verlusten und dem Abzug von Betriebsausgaben. So lassen sich Gewinne oder Verluste des Organträgers mit Verlusten oder Gewinnen der Organgesellschaft im Jahr ihrer Entstehung verrechnen. Es tritt eine sofortige Verlustverrechnung mit einer korrespondierenden Reduzierung der Ertragsteuern ein. Ohne Auswirkungen in Organschaftsfällen ist das Verbot zum Abzug von Betriebsausgaben (§ 3c EStG).

2.3 Gewerbesteuer

2.3.1 Steuergegenstand und Steuerpflicht

Im Gegensatz zu Einkommen- und Körperschaftsteuer, die zu den Personensteuern gehören, ist die Gewerbesteuer eine ***Realsteuer (= Sachsteuer)***. Ihr unterliegen die inländischen Aktivitäten der Gewerbetreibenden. ***Steuergegenstand*** der Gewerbesteuer ist der ***Gewerbebetrieb***. Er tritt in den Formen des Gewerbebetriebs kraft gewerblicher Betätigung (= natürlicher Gewerbebetrieb nach § 2 Abs. 1 Satz 2 GewStG), kraft Rechtsform (§ 2 Abs. 2 GewSG) oder kraft wirtschaftlichen Geschäftsbetriebs (§ 2 Abs. 3 GewStG) in Erscheinung. Zur Bestimmung des natürlichen Gewerbebetriebs wird auf die einkommensteuerliche Definition des Gewerbebetriebs (§ 15 Abs. 2 EStG) zurückgegriffen. Damit kommt es zur Erfassung der ***gewerblichen Einkünfte*** i.S. des EStG durch die GewSt. Aufgrund ihrer Rechtsform sind Kapitalgesellschaften (AG, KGaA, GmbH) und Genossenschaften gewerbesteuerpflichtig. Der Gewerbebetrieb kraft wirtschaftlichen Geschäftsbetriebs spielt im Wirtschaftsleben eine untergeordnete Rolle. Sofern z.B. ein Sportverein in der Rechtsform des eingetragenen Vereins seine Vereinsgaststätte selbst betreibt, unterliegen deren Gewinne der GewSt.

Für bestimmte Gewerbebetriebe bestehen persönliche Steuerbefreiungen (§ 3 GewStG).

Durch die Steuerschuldnerschaft wird bei den Realsteuern die Frage der persönlichen Steuerpflicht geklärt. ***Steuerschuldner*** der GewSt ist der ***Unternehmer*** (§ 5 Abs. 1 GewStG). Als Unternehmer gilt der ein Einzelgewerbe betreibende Einzelunternehmer, die Personen- oder die Kapitalgesellschaft.

2.3.2 Ermittlung der Höhe der Gewerbesteuer

Bemessungsgrundlage der GewSt ist der ***Gewerbeertrag*** (§ 6 GewStG). Dabei handelt es sich um eine für die besonderen Zwecke der GewSt modifizierte Gewinngröße. Ausgangspunkt der Berechnungen ist der nach den Vorschriften des EStG oder KStG ermittelte Gewinn (§ 7 GewStG). Bei Personenunternehmen sind allerdings Veräußerungs- und Aufgabegewinne nicht der GewSt zu unterwerfen.

Auf die Ausgangsgröße sind verschiedene ***Hinzurechnungen*** (§ 8 GewStG) und ***Kürzungen*** (§ 9 GewStG) vorzunehmen. Sie leiten sich aus dem Charakter der Objektsteuer ab und sollen ein objektiviertes Ergebnis des Betriebs ermitteln. Weitere Anpassungen dienen dazu, mehrfache Be- oder Entlastungen mit Objektsteuern zu vermeiden, die steuerliche Erfassung am Ort der Nutzung eines Wirtschaftsguts zu erreichen und die GewSt auf die inländischen Aktivitäten zu begrenzen.

Zu den häufigsten Hinzurechnungen gehören die Entgelte für Dauerschulden. Für Verbindlichkeiten mit einer Laufzeit von mehr als einem Jahr entrichtete Zinsen oder ein geleistetes Damnum werden dem Gewinn zur Hälfte hinzugerechnet. In voller Höhe hinzurechnungspflichtig sind die als Aufwand gebuchten Gewinnanteile eines stillen Gesellschafters, sofern sie bei diesem nicht der GewSt unterliegen. Ebenfalls nachträglich zu erfassen sind Dividenden, die entsprechend dem Halbeinkünfteverfahren nur zur Hälfte im Gewinn berücksichtigt sind. Ferner dürfen bestimmte Miet- und Pachtzinsen den Gewinn nur zur Hälfte mindern. Verlustanteile aus Mitunternehmerschaften sind beim Gesellschafter dem Gewinn hinzuzurechnen, um eine doppelte Berücksichtigung zu vermeiden. Denn der Mitunternehmerschaft steht ein eigener gewerbesteuerlicher Verlustabzug zur Verfügung. Eine Minderung des Gewinns ist für betrieblichen Grundbesitz vorzunehmen. Zur Vermeidung einer gleichzeitigen Belastung mit Grund- und Gewerbesteuer ist ein Abzug in Höhe von 1,2 % des um 40 % erhöhten Einheitswerts der Betriebsgrundstücke vorzunehmen. Weiterhin wird durch entsprechende Kürzungen eine gewerbesteuerliche Doppelbelastung für Gewinnanteile aus Mitunternehmerschaften und Dividendenausschüttungen von Kapitalgesellschaften vermieden.

Nach Berücksichtigung von Hinzurechnungen und Kürzungen kann sich ein negativer Gewerbeertrag (= Gewerbeverlust) ergeben. Er ist lediglich im Rahmen eines zeitlich unbegrenzten Verlustvortrags in nachfolgenden Erhebungszeiträumen zu berücksichtigen (§ 10a GewStG). Ein Verlustrücktrag ist bei der GewSt nicht möglich.

INFO

Personenunternehmen werden durch einen Freibetrag von 24.500 EUR gegenüber Kapitalgesellschaften gewerbesteuerlich bevorzugt (§ 11 GewStG). Aus der Anwendung einer Steuermesszahl auf den (gekürzten) Gewerbeertrag ergibt sich der Steuermessbetrag. Die Steuermesszahl beläuft sich bei KapGes auf 5 %, während bei Personenunternehmen ein System gestaffelter Messzahlen gilt. Beginnend bei 1 % für die ersten 12.000 EUR steigen die Messzahlen in Stufen von 12.000 EUR um jeweils einen Prozentpunkt. Sie erreichen ihren Höchstwert von 5 % bei Gewerbeerträgen über 48.000 EUR.

Die Gemeinden sind berechtigt, eine Gewerbesteuer als ***Gemeindesteuer*** zu erheben (§ 1 GewStG). Das Aufkommen aus der ihnen weitestgehend zustehenden GewSt können sie durch Festlegung der Hebesätze beeinflussen (§ 16 GewStG). Diese ***Hebesätze*** stellen Faktoren dar, mit denen der Gewerbesteuermessbetrag zu multiplizieren ist. Das Produkt führt zum vorläufigen Aufwand für GewSt. Die Hebesätze liegen in den deutschen Gemeinden mit mehr als 50.000 Einwohnern zwischen 340 % (Rüsselsheim) und 490 % (Frankfurt am Main und München).

Als Realsteuer unterliegt die GewSt nicht dem für Personensteuern geltenden Abzugsverbot. Sie ist also als Betriebsausgabe bei der Ermittlung des Gewinns aus Gewerbebetrieb ***abzugsfähig***. Damit mindert die GewSt zunächst ihre eigene Bemessungsgrundlage. Neben einer exakten Berechnungsmethode (***Divisormethode***) steht ein vereinfachendes Verfahren zur Verfügung (***Fünf-Sechstel-Methode*** nach R 20 Abs. 2 EStR). Danach ist es möglich, den endgültigen Aufwand für GewSt in Höhe von 5 Sechsteln des vorläufigen Gewerbeertrags anzusetzen. Bei Hebesätzen von exakt 400 % ergeben sich übereinstimmende Ergebnisse. Die derart ermittelte GewSt mindert sodann die Bemessungsgrundlage für ESt oder KSt.

Vielfach erstreckt sich ein Betrieb auf mehrere Gemeinden oder unterhält Betriebsstätten an verschiedenen Orten. Dann sind mehrere Gemeinden an dem Gewerbesteueraufkommen interessiert. Eine Verteilung unter ihnen erfolgt über die Zerlegung (§§ 28 bis 34 GewStG). Dazu wird der zunächst ermittelte Steuermessbetrag auf die betroffenen Gemeinden verteilt. Maßstab der Zerlegung sind die in der jeweiligen Gemeinde anteilig angefallenen Löhne. Auf die ihnen zugewiesenen (Teil-)Messbeträge sind sodann die gemeindespezifischen Hebesätze anzuwenden.

2.3.3 Besteuerungsverfahren

Am Besteuerungsverfahren sind in den Flächenstaaten Finanzämter und Gemeinden beteiligt. Aufgabe der Finanzämter ist es, den ***Steuermessbetrag*** oder ***Gewerbeverlust*** zu ermitteln. Auf Grundlage der Steuererklärung des Steuerpflichtigen wird der Messbetrag ermittelt und in einem Messbescheid festgesetzt. Den Inhalt des Steuermessbescheids teilen die Finanzämter den zuständigen Gemeindebehörden mit. Diesen obliegt die anschließende Festsetzung und Erhebung der GewSt. Durch Multiplikation des einschlägigen Hebesatzes ermitteln sie die Steuerschuld und setzen sie im GewStBescheid, der dem Steuerpflichtigen mitgeteilt wird, fest. Außergerichtlicher Rechtsbehelf gegen den Messbescheid ist der Einspruch. Bezüglich des GewStBescheids gilt das Widerspruchsverfahren nach der Verwaltungsgerichtsordnung. Gerichtlicher Rechtsbehelf ist hier die Klage an das Verwaltungsgericht.

VORAUSZAHLUNGSPFLICHT

Auf die GewSt sind während des Jahres quartalsweise zum 15.2. usw. Vorauszahlungen zu leisten. Sie betragen jeweils ein Viertel der zuletzt veranlagten Steuer. Bei zurückgehenden Gewinnen kommt eine Herabsetzung der GewStVorauszahlungen in Betracht. Nach endgültiger Festsetzung der GewSt findet eine Abrechnung über die geleisteten Vorauszahlungen statt.

2.3.4 Anrechnung der Gewerbe- auf die Einkommensteuer

Ein Ausgleich für die beim Übergang auf das Halbeinkünfteverfahren auf 25 % reduzierte KStBelastung von KapGes wurde für Personenunternehmen bei der GewSt geschaffen. Ab dem Veranlagungszeitraum 2001 ist ein Betrag in Höhe des 1,8fachen des GewStMessbetrags auf die tarifliche ESt anzurechnen (§ 35 EStG). Bei Mitunternehmerschaften kommt es für die einzelnen Gesellschafter zu einer anteiligen Anrechnung. Begrenzt ist die Anrechnung jeweils auf die Einkommensteuer, die anteilig auf die gewerblichen Einkünfte entfällt.

2.3.5 Organschaft

Unter den gleichen Voraussetzungen wie bei der KSt entsteht eine gewerbesteuerliche Organschaft. Die Organgesellschaften nehmen den Charakter einer

Betriebsstätte des Organträgers an. Sie bilden keinen eigenen Steuergegenstand mehr. Steuerschuldner für den durch den Organkreis gebildeten Gewerbebetrieb wird der Organträger. Zur Ermittlung des Gewerbesteueraufwands errechnen Organgträger und -gesellschaften ihre Gewerbeerträge getrennt. Anschließend erfolgt auf der Ebene des Organträgers deren Zusammenfassung und die Ermittlung eines einheitlichen Messbetrags sowie ggf. dessen Zerlegung auf mehrere Gemeinden.

VORTEILE DER ORGANSCHAFT

Vorteile ergeben sich aus der Organschaft für die GewSt durch die sofortige Verrechnung von Verlusten zwischen Organträger und -gesellschaften. Auch vororganschaftliche Verluste eines Organs können mit dessen späteren Gewinnen verrechnet werden. In gleicher Weise wie bei der KSt erlaubt die Organschaft gewerbesteuerlich den vollständigen Abzug von Betriebsausgaben, der ansonsten durch § 3c EStG versagt wäre.

3. Verkehrsteuern

3.1 Umsatzsteuer

3.1.1 Funktionsweise der Umsatzsteuer

Die USt knüpft an Vorgänge des Rechtsverkehrs an. Sie zählt deshalb zu den Verkehrsteuern. Wirtschaftlich handelt es sich allerdings um eine ***allgemeine Verbrauchsteuer***. Mit ihr sollen privater und öffentlicher Endverbrauch belastet werden. Die USt wird bei allen Unternehmern erhoben, die am Produktions- und Absatzprozess mitwirken (Allphasen-USt). Aus der Anwendung des Steuersatzes auf das Nettoentgelt (Bemessungsgrundlage) ergibt sich die UStSchuld. Den Unternehmern steht ein ***Vorsteuerabzug*** zu. Sie können die ihnen in Rechnung gestellte USt von der UStSchuld abziehen (Nettoumsatzsteuer mit sofortigem Vorsteuerabzug). Dadurch wird die ansonsten eintretende Kumulationswirkung in der Belastung mit USt vermieden. Bei jedem Unternehmer kommt es lediglich zu einer Besteuerung des von ihm erbrachten Mehrwerts (***Mehrwertsteuer***). Insgesamt ist die UStBelastung vom Endverbraucher zu tragen.

Gegenstand der ustl. Betrachtung sind einzelne Transaktionen. Für sie ist zu klären, ob ein Steuergegenstand der USt vorliegt, d.h. der Umsatz steuerbar ist. Aufgrund von ***Befreiungsvorschriften*** kann der Umsatz allerdings von der USt befreit werden. Bei einem steuerpflichtigen Umsatz sind sodann dessen Bemessungsgrundlage und der anzuwendende Steuersatz zu ermitteln. Daraus ergibt sich die (Ausgangs-)Umsatzsteuer. Auf der Leistungseingangsseite steht dem Unternehmer ggf. der Vorsteuerabzug zu. Aus der Verrechnung von Umsatzsteuer auf den Leistungsausgang und Eingangs-Umsatzsteuer im Zuge des Vorsteuerabzugs resultiert die verbleibende Steuerschuld (***Zahllast***) bzw. ein Erstattungsanspruch. Dieses System ist zwischen den Staaten der Europäischen Union weitgehend harmonisiert. Unterschiede bestehen allerdings in den Steuersätzen.

3.1.2 Steuergegenstand

Den ***Steuergegenstand*** der USt bilden ***Verkehrsvorgänge***, die als Umsätze bezeichnet werden (§ 1 UStG). Hauptumsatzarten sind die Leistungen in ihren Ausprägung als Lieferungen und sonstigen Leistungen. Zu den nachrangigen Ersatztatbeständen zählen die „Abgaben für unternehmensfremde Zwecke", die Einfuhr von Gegenständen aus dem Drittlandsgebiet sowie der innergemeinschaftliche Erwerb. Als Lieferung wird die Verschaffung der Verfügungsmacht an einem Gegenstand bezeichnet. Sonstige Leistungen können in einem positiven Tun, Dulden oder Unterlassen bestehen.

Zur steuerlichen Erfassung (Steuerbarkeit) der Umsätze kommt es nur, wenn verschiedene Voraussetzungen erfüllt sind (§ 1 UStG).

VORAUSSETZUNGEN DER STEUERBARKEIT

Bei den Haupttatbeständen müssen die Umsätze von einem Unternehmer im Rahmen seines Unternehmens **gegen Entgelt** im Inland vorgenommen worden sein, um der USt zu unterliegen. Den Unternehmer kennzeichnet es, dass er selbstständig eine wirtschaftliche Tätigkeit ausübt, mit der nachhaltig Einnahmen erwirtschaftet werden sollen. In den Rahmen seines Unternehmens fällt die Gesamtheit der beruflichen und gewerblichen Aktivitäten des Unternehmers (= Unternehmenseinheit). Als entgeltlich gilt ein Vorgang, wenn er zwischen zwei unterschiedlichen Beteiligten abgewickelt wird, wobei Leistung und Gegenleistung einander wechselseitig bedingen. Der deutschen USt unterliegen nur die i**m Inland ausgeführten Leistungen**. Zum Inland gehört das deutsche Hoheitsgebiet abzüglich bestimmter Sondergebiete wie z.B. Freihäfen, Insel Helgoland u.a. (§ 1 Abs. 2 UStG). Daneben sind ustl. die Gebiete der anderen Mitgliedstaaten der Europäischen Union (= übriges Gemeinschaftsgebiet) sowie der nicht zu ihr gehörigen Staaten (= Drittlandsgebiet) zu unterscheiden.

Der für die ustl. Erfassung benötigte **Ort der Lieferung** liegt bei bewegten Lieferungen am Ort des Beginns der Warenbewegung (§ 3 Abs. 6 UStG). Derartige Warenbewegungen können als Beförderungen oder Versendungen erfolgen. Wird der Gegenstand im Zuge der Lieferung nicht bewegt, kommt es darauf an, wo er sich zum Zeitpunkt der Lieferung befindet (§ 3 Abs. 7 UStG). Anwendungsfälle hierfür ergeben sich bei der Lieferung von Grundstücken oder durch Übergabesurrogate (§§ 930 f BGB). Sonstige Leistungen werden grundsätzlich dort erbracht, wo der leistende Unternehmer sein Unternehmen betreibt (**Unternehmersitzprinzip**). Diese Grundregel (§ 3a Abs. 1 UStG) wird allerdings durch ein System von Spezialnormen vielfältig durchbrochen (§ 3a Abs. 2 und 3 UStG).

Bezieht der Unternehmer Leistungen für sein Unternehmen, steht ihm grundsätzlich der Vorsteuerabzug zu. Verwendet er jedoch anschließend diese Leistungen für außerunternehmerische z.B. private Zwecke, muss er ustl. wie jeder andere private Endverbraucher behandelt werden. Eine ansonsten auftretende Besteuerungslücke wird durch die Erfassung der unentgeltlichen Wertabgaben für **unternehmensfremde Zwecke** geschlossen. Sie erfolgen meist als Entnahme von Gegenständen oder private Nutzung von Unternehmensgegenständen für private Zwecke des Unternehmers.

Weiterhin unterliegt die **Einfuhr** von Gegenständen aus dem Drittlandsgebiet der USt in Form der **Einfuhrumsatzsteuer**. Sie verhindert, dass Waren aus einem Drittland unversteuert an den inländischen Letztverbraucher gelangen.

Die bei Vorliegen der o.g. Merkmale steuerbaren Umsätze können allerdings von der USt befreit sein. Verschiedene Steuerbefreiungsvorschriften sind vornehmlich aus wirtschafts-, sozial- und kulturpolitischen Gründen eingeführt worden. In engem Zusammenhang mit der Steuerbefreiung der Ausgangsumsätze steht der Vorsteuerabzug für die empfangenen Leistungen. Zu unterscheiden sind ***drei Arten von Steuerbefreiungen***, bei denen der Vorsteuerabzug entweder zulässig ist, durchgängig versagt ist oder die Möglichkeit des Verzichts auf die Steuerbefreiung besteht (Option für die Umsatzbesteuerung). Zur ersten Gruppe gehören vor allem die Befreiungen für Exporte und damit verbundene Leistungen in Drittländer. Wichtige Steuerbefreiungen der zweiten Gruppe beziehen sich auf rein inländische Sachverhalte wie z.B. heilberufliche, soziale und kulturelle Sachverhalte sowie Schul- und Bildungszwecken dienende Leistungen. Zur dritten Gruppe zählen die wirtschaftlich bedeutsamen Umsätze nach dem Grunderwerbsteuergesetz, im Geld- und Kreditverkehr sowie Vermietungs- und Verpachtungsumsätze gegenüber anderen Unternehmern. Vorteilhaft kann der Verzicht auf Steuerbefreiungen sein, um den ansonsten versagten Vorsteuerabzug zu erlangen.

3.1.3 Bemessungsgrundlage und Steuersätze

Die steuerpflichtigen Umsätze sind mittels Bemessungsgrundlage (§ 10 UStG) und Steuersatz (§ 12 UStG) der USt zu unterwerfen. Bemessungsgrundlagen sind bei Lieferungen, sonstigen Leistungen und dem innergemeinschaftlichen Erwerb das Entgelt.

ENTGELT UND UNENTGELTLICHE WERTABGABEN

Entgelt ist die Summe aller Aufwendungen, die der Leistungsempfänger tatsächlich tätigt, um die Leistung zu erhalten, abzüglich der USt. Bei den verschiedenen **unentgeltlichen Wertabgaben** treten an die Stelle des Entgelts Einkaufspreise oder Kostenwerte. Mittels einer Mindestbemessungsgrundlage werden ungerechtfertigte Steuervorteile bei verbilligten Leistungen des Unternehmers an ihm nahestehende Personen verhindert (§ 10 Abs. 5 UStG).

Der Regelsteuersatz der USt beläuft sich seit dem 1.4.1998 auf 16 % der Bemessungsgrundlage. Eine niedrigere Besteuerung mit dem ermäßigten Steuersatz von 7 % erfolgt aus wirtschafts- und sozialpolitischen Gründen bei land- und forstwirtschaftlichen Erzeugnissen, Lebensmitteln, Verlagserzeugnissen sowie Kunstgegenständen und Sammlungen (§ 12 Abs. 2 UStG).

Über die von ihm erbrachten Leistungen muss der Unternehmer gegenüber anderen Unternehmern auf Anforderung eine Rechnung erteilen. Diese Rechnung ist Voraussetzung für den Vorsteuerabzug des Leistungsempfängers. Es ist detailliert festgelegt, welche Angaben eine Rechnung zu enthalten hat (§ 14 UStG). Grundsätzlich unverzichtbar sind die Aufführung von Entgelt und darauf entfallender USt. Vereinfachungsmöglichkeiten bestehen für sog. Kleinbetragsrechnungen (Gesamtrechnungsbetrag incl. USt nicht mehr als 100 EUR). Hier reicht es aus, wenn statt des Steuerbetrags der angewendete Steuersatz angegeben ist (§ 33 UStDV).

3.1.4 Vorsteuerabzug

Innerhalb der Unternehmerkette bewirkt der Vorsteuerabzug die ***Kostenneutralität der USt***. Voraussetzungen für seine Inanspruchnahme sind die Unternehmereigenschaft des Leistungsempfängers und der Leistungsbezug für sein Unternehmen. Die Leistung muss tatsächlich erbracht sein und es bedarf einer Rechnung mit gesondertem Steuerausweis. Lediglich beim Abzug der auf Anzahlungen lastenden USt ist deren tatsächliche Zahlung erforderlich. Für eine Reihe von steuerbefreiten Ausgangsumsätzen ist der Vorsteuerabzug ausgeschlossen (§ 15 Abs. 2 UStG). Kommt es später zu Änderungen der den Vorsteuerabzug betreffenden Verhältnisse, bedarf es einer Vorsteuerberichtigung (§ 15a UStG).

3.1.5 Besteuerungsverfahren

Die USt ist eine ***Veranlagungssteuer***. Im Unterschied etwa zur ESt gilt hier das ***Prinzip der Selbstveranlagung***. Der Unternehmer muss nach Ablauf des Kalenderjahrs (= Veranlagungszeitraum) eine Jahreserklärung abgeben. Darin errechnet er aufgrund der getätigten Umsätze sowie der angefallenen Vorsteuer seine Steuerschuld bzw. den Erstattungsanspruch. Die jahresbezogene Veranlagung zur USt wird durch ein System von Voranmeldungen ergänzt. Im Rhythmus der Voranmeldungszeiträume (i.d.R. der Kalendermonat) sind USt-Voranmeldungen beim Finanzamt einzureichen (§ 18 UStG). Analog zur Jahreserklärung wird in ihnen die monatliche Zahllast errechnet, die durch Vorauszahlung zu tilgen ist.

Mit Soll- und Istbesteuerung sind bei der USt zwei Besteuerungsarten zu unterscheiden. In der gewerblichen Wirtschaft erfolgt die Besteuerung überwiegend als sog. ***Sollbesteuerung*** nach den vereinbarten Entgelten (§ 16 Abs. 1 UStG). Dabei entsteht die USt für Leistungen mit Ablauf des Voranmeldungszeitraums, in dem sie erbracht wurden. Unabhängig vom Zahlungseingang seitens des Kunden muss der leistende Unternehmer die USt ggf. vorfinanzieren. Bei der ***Istbesteuerung***, die auf vereinnahmte Entgelten beruht, entsteht die USt mit Ablauf des Voranmeldungszeitraums der Vereinnahmung des Entgelts. Dieses Verfahren ist für kleinere Gewerbetreibende und Freiberufler anwendbar (§ 20 UStG).

Steuerschuldner der USt ist im Regelfall der ***leistende Unternehmer***. Für bestimmte Leistungen wird die Steuerschuld allerdings vom Leistenden auf den Empfänger abgewälzt (§ 13b UStG). Das trifft vor allem bei sonstigen Leistungen eines ausländischen Unternehmers zu. Hier muss der im Inland ansässige Auftraggeber die USt erklären und an das Finanzamt abführen.

STEUERLICHE VEREINFACHUNGEN FÜR KLEINUNTERNEHMER

Steuerliche Vereinfachungen werden Kleinunternehmern eingeräumt (§ 19 UStG). Sofern die Umsätze im vorangegangenen Jahr 32.500 EUR und im laufenden Jahr voraussichtlich 50.000 EUR nicht übersteigen, wird die geschuldete Umsatzsteuer nicht erhoben. Der Kleinunternehmer hat also keine USt zu entrichten. Im Gegenzug steht ihm kein Vorsteuerabzug zu. Der Unternehmer kann für die Regelbesteuerung optieren. Das wäre für ihn vorteilhaft, um höhere Vorsteueransprüche geltend zu machen.

Über die allgemeinen Anforderungen hinaus ergeben sich bei der USt für den Unternehmer verschiedene Aufzeichnungspflichten (§ 22 UStG). Sie dienen dazu, die vom Unternehmer vorgenommenen Steuerberechnungen leicht überprüfbar zu machen. Ganz überwiegend lassen sich die besonderen ustl. Aufzeichnungspflichten durch eine zweckentsprechende Ausgestaltung der Buchführung erfüllen.

Den Finanzbehörden sind für die USt weitgehende Prüfungsmöglichkeiten eingeräumt. Neben der regulären steuerlichen Außenprüfung und USt-Sonderprüfungen verfügen sie über das Recht der USt-Nachschau (§ 27b UStG).

3.1.6 Innergemeinschaftlicher Warenverkehr

Mit dem Ausbau des gemeinsamen Markts zwischen den Staaten der Europäischen Union wurden die Zollgrenzen innerhalb des Gemeinschaftsgebiets abgebaut. Importe aus anderen Mitgliedstaaten werden seit 1993 nicht mehr der Einfuhrumsatzsteuer unterworfen. Gleichwohl wollten die importierenden Staaten nicht auf das mit den vormaligen Einfuhren verbundene Aufkommen an USt verzichten. Durch die Tatbestände des innergemeinschaftlichen Erwerbs und der innergemeinschaftlichen Lieferung wurden die Wirkungen des Bestimmungslandsprinzips aufrecht erhalten. Als eigener Tatbestand unterliegt der im Inland gegen Entgelt erfolgende innergemeinschaftliche Erwerb der USt. In seiner Grundkonstellation erfordert er eine Warenbewegung von einem Mitgliedstaat der EU in einen anderen. Weiterhin müssen Erwerber und Lieferer Unternehmer sein und Erwerb wie Lieferung für und im Rahmen des jeweiligen Unternehmens erfolgen. Der Lieferort befindet sich am Endpunkt der Warenbewegung (§ 3d UStG). Durch diese Sonderregelung kommt es zu einer ***Besteuerung beim Abnehmer***. Der Steuerschuld steht allerdings der korrespondierende Vorsteuerabzug gegenüber, so dass sich beide in ihren finanziellen Auswirkungen kompensieren.

Vom Standpunkt des Lieferers aus betrachtet, steht dem innergemeinschaftlichen Warenbezug die entsprechende Lieferung gegenüber. Sie kann als gewerblicher Warenverkehr, Abhol- oder Versendungsfall ausgestaltet sein. Im gewerblichen Warenverkehr erfolgende Lieferungen sind im Herkunftsland genauso wie Exportlieferungen von der USt befreit. Lieferungen an Privatpersonen werden teils im Inland besteuert (Abholfall), teils im anderen EU-Staat (Versandhandel). Der innergemeinschaftliche Warenverkehr ist für die beteiligten Unternehmen mit einer Vielzahl von ***Dokumentationspflichten*** verbunden. Sie sollen eine vollständige steuerliche Erfassung der grenzüberschreitenden Transaktionen sicherstellen. Neben besonderen Anforderungen an die Rechnungen (§ 14a UStG) sind buch- und belegmäßige Nachweise zu führen und quartalsweise eine Zusammenfassende Meldung (§ 18a UStG) zu erstatten. Zwischen den Finanzbehörden im Herkunfts- und Bestimmungsland findet ein Informationsaustausch statt, der eine effiziente Überprüfung der Angaben der Steuerpflichtigen ermöglicht.

3.2 Grunderwerbsteuer

3.2.1 Steuergegenstand und Steuerbefreiungen

Die GrESt ist eine Verkehrsteuer, die auf Grundstücksumsätze erhoben wird. Steuerlich erfasst wird eine Vielzahl von Vorgängen, die auf den Übergang von rechtlichem oder wirtschaftlichem Eigentum an einem inländischen Grundstück gerichtet sind. ***Haupttatbestand*** ist der Abschluss eines Kaufvertrags (***Verpflichtungsgeschäft***) oder eines anderen Rechtsgeschäfts, das die ***Übereignung eines Grundstücks*** begründet. Letzteres könnte z.B. ein Gesellschaftsvertrag sein, der die Einbringung eines Grundstücks in die Gesellschaft vorsieht. Mehrere Neben- und Ersatztatbestände sollen Steuerumgehungen verhindern. So unterliegen der GrESt der Eigentumsübergang im Enteignungs- und die Abgabe des Meistgebots im Zwangsversteigerungsverfahren. Befindet sich inländischer Grundbesitz im Eigentum einer Personen- oder Kapitalgesellschaft können Änderungen im Gesellschafterkreis oder Anteilsveräußerungen die GrESt auslösen. Auch umstrukturierende Verschmelzungen oder Spaltungen führen häufig zum Rechtsübergang von Grundstücken, was zur Belastung mit GrESt führen kann.

Die ***steuerbaren Erwerbsvorgänge*** beziehen sich auf inländische Grundstücke. Erfasst werden der Grund und Boden und seine Bestandteile. Das sind im Wesentlichen die aufstehenden Gebäude. Nicht zum Grundstück werden Betriebsvorrichtungen wie Hochregalläger, Kran- und Gleisanlagen gerechnet, die vorrangig der Ausübung des Gewerbes dienen. Entsprechend den Grundstücken werden Erbbaurechte und auf fremdem Grund und Boden errichtete Gebäude behandelt.

STEUERBEFREIUNGEN

Von der Besteuerung sind bestimmte Erwerbsvorgänge ausgenommen. Neben einer Bagatellgrenze von 2.500 EUR zählen dazu der Erwerb eines Grundstücks durch Erbschaft oder Schenkung sowie infolge Teilung des Nachlasses unter Miterben. Steuerfrei bleiben weiterhin bestimmte Veräußerungen unter Ehegatten und Verwandten.

3.2.2 Bemessungsgrundlage und Steuersatz

Bemessungsgrundlage der GrESt ist im Regelfall der Wert der Gegenleistung (§ 8 Abs. 1 GrEStG). Ihr Umfang bestimmt sich vergleichbar dem Entgeld bei der USt. Im Falle des Kaufs eines Grundstücks zählen alle Leistungen, die der Erwerber oder ein Dritter an den Verkäufer erbringen, dazu. Neben einem in bar zu entrichtenden Kaufpreis sind das die vom Käufer übernommenen Verbindlichkeiten und Leistungen an Dritte für deren Verzicht auf den Erwerb. Behält sich der Verkäufer bestimmte Nutzungen wie z.B. Nießbrauch oder Wohnrecht vor, so gehört deren Wert ebenfalls zur Gegenleistung. Sofern eine Gegenleistung nicht vorliegt, wird die Steuer vom Wert des Grundstücks errechnet (§ 8 Abs. 2 GrEStG). Dieser wird ferner in Umwandlungs- oder Einbringungsfällen als Bemessungsgrundlage verwendet. Die Wertermittlung vollzieht sich wie bei der Erbschaft- und Schenkungsteuer im Rahmen einer Bedarfsbewertung (§§ 138–150 BewG).

GRUNDERWERBSTEUERSATZ

Der auf die Bemessungsgrundlage anzuwendende Steuersatz beträgt einheitlich für alle Erwerbsvorgänge 3,5 %.

3.2.3 Steuerschuldner und Besteuerungsverfahren

Steuerschuldner sind die an dem Erwerbsvorgang als Vertragsparteien beteiligten Personen (§ 13 GrEStG), die als Gesamtschuldner haften. Abweichend davon wird in Kaufverträgen die vollständige Übernahme der GrESt vielfach dem Käufer auferlegt.

VON DER ANZEIGEPFLICHT ZUM GRUNDBUCH

Das GrEStG normiert verschiedene **Anzeigepflichten**, die das Besteuerungsverfahren in Gang setzen. So ist beim Kauf eines Grundstücks der Notar verpflichtet, eine Anzeige über den Kauf an das Finanzamt zu übersenden. Zuständig ist das Finanzamt, in dessen Bezirk das veräußerte Grundstück liegt. Auf Grundlage der Anzeige und des beigefügten Kaufvertrags wird die GrESt ermittelt und durch schriftlichen Steuerbescheid festgesetzt. Regelmäßig wird die Steuer einen Monat nach Bekanntgabe des Steuerbescheids fällig. Nach Zahlung der Steuer erteilt das Finanzamt dem Steuerpflichtigen eine sog. **Unbedenklichkeitsbescheinigung**. Diese ist dem Grundbuchamt vorzulegen. Sie ist wesentliche Voraussetzung für die Eintragung des Eigentümerwechsels in das Grundbuch.

3.3 Sonstige Verkehrsteuern

Auf weitere Vorgänge des Rechts- oder technischen Verkehrs greifen verschiedene kleine Verkehrsteuern zu. Den Steuergegenstand der ***Versicherungsteuer*** bildet das auf Grund eines Versicherungsvertrags gezahlte Versicherungsentgelt (§ 1 VersStG). Für die Besteuerung ist ein Bezug zum Inland erforderlich. Er wird durch inländische Versicherungsnehmer oder im Inland befindliche versicherte Gegenstände hergestellt. An die Art der Versicherung sind zahlreiche Befreiungsvorschriften geknüpft.

VON DER STEUER BEFREITE VERSICHERUNGEN

Dazu gehören Zahlungen für Rückversicherungen, die gesetzliche Renten- und Arbeitslosenversicherung, Pflege-, Lebens-, Kranken-, Berufsunfähigkeitsversicherungen u.a. (§ 4 VersStG). Bemessungsgrundlage ist das Versicherungsentgelt (§ 5 VersStG).

Der Regelsteuersatz beträgt 16 % des Versicherungsentgelts (§ 6 VersStG). ***Schuldner der VersSt*** ist der Versicherungsnehmer (§7 VersStG). Allerdings haftet der Versicherer für die Steuer und muss sie für Rechnung des Versicherungsnehmers abführen.

Der ***Feuerschutzsteuer*** unterliegen Feuerversicherungen und Gebäude- oder Hausratversicherungen, die Feuerrisiken abdecken (§ 1 FeuerschStG). Wirtschaftlich tritt eine zweifache Belastung des Versicherungsentgelts mit FeuerSchSt und VersSt ein. Bei Feuerversicherungen entspricht die Bemessungsgrundlage dem Versicherungsentgelt. Prämien für Gebäude- und Hausratversicherungen, die u.a. einen Feuerschutz gewähren, unterliegen zu 25 % bzw. 20 % der FeuerschSt. Der ***Steuersatz beträgt einheitlich 8 %*** des Versicherungsentgelts. ***Steuerschuldner*** ist im Gegensatz zur VersSt der ***Versicherer***.

Die ***Rennwettsteuer*** wird auf organisierte Wettabschlüsse bei Pferderennen erhoben. ***Steuerschuldner*** ist der Buchmacher oder der Totalisator. Der ***Steuersatz*** beträgt ***16 ⅔ %*** des Wetteinsatzes. Eine ***Lotteriesteuer*** erfasst die im Inland veranstalteten öffentlichen Lotterien. Sie beläuft sich auf 20 % des Nennwerts sämtlicher ausgegebener Lose.

An den Realverkehr knüpft die ***Kraftfahrzeugsteuer*** an. Ihr unterliegt das Halten eines Fahrzeugs zum Verkehr auf öffentlichen Straßen. Als Fahrzeuge gelten Kraftfahrzeuge (Krafträder, Personen- und Lastkraftwagen) sowie Fahrzeuganhänger. Verschiedene ***Steuerbefreiungen*** gelten ohne zeitliche Begrenzung für zu bestimmten Zwecken eingesetzte Fahrzeuge oder nur befristet.

BEMESSUNGSGRUNDLAGE FÜR DIE KFZ-STEUER

Bemessungsgrundlage der KraftSt ist bei Krafträdern der Hubraum. Bei Personenkraftwagen werden zusätzlich Schadstoff- und Kohlendioxidemissionen berücksichtigt. Für Lastkraftwagen sind das zulässige Gesamtgewicht sowie ggf. die Schadstoff- und Geräuschemissionen bedeutsam. Die Steuersätze für Personenkraftwagen sind sehr unübersichtlich ausgestaltet. Sie liegen zwischen 5,11 EUR und 37,58 EUR je 100 cm^3 Hubraum. Fahrzeuge mit Dieselmotoren werden höher belastet als solche mit Ottomotoren. Desweitern werden abhängig vom Schadstoff- und Kohlendioxidausstoß sechs Belastungsgruppen unterschieden. Die Steuersätze steigen entsprechend den zunehmenden Umweltbelastungen. Die Steuersätze für Lastkraftwagen richten sich nach Schadstoff- und Geräuschklassen und steigen innerhalb der Klassen in Abhängigkeit vom Gesamtgewicht progressiv an.

Für die kommenden Jahre sind bereits Erhöhungen der Steuersätze gesetzlich geregelt. ***Steuerschuldner*** der KraftSt ist der ***Fahrzeughalter***. Die KraftSt ist eine ***Jahressteuer***. Sie wird durch Steuerbescheid festgesetzt und ist im Voraus zu entrichten.

4. Substanzbesteuerung

4.1 Bewertungsgesetz

Zentrale Aufgabe des BewG ist es, einheitlich für unterschiedliche Steuerarten das Bewertungsproblem zu lösen. Sofern verschiedene Steuergesetze die Bewertung eines Objekts erforderlich machen, sollten die dafür benötigten sachlichen Regelungen im BewG zusammengefasst werden. Das ist allerdings nur ansatzweise gelungen.

Die Bewertungsregelungen des BewG unterliegen einer ***Anwendungsreihenfolge***. Auf alle Steuerarten anzuwenden sind die Bewertungsvorschriften des ersten Teils des BewG, sofern nicht die Einzelsteuergesetze oder der zweite Teil des BewG eine besondere Anweisung enthalten. Dazu wird in den Einzelsteuergesetzen vorgegeben, welche Regelungen des zweiten Teils des BewG konkret anzuwenden sind.

Im Zuge einer Bewertung sind der Bewertungsgegenstand, Bewertungsmaßstab und -methode, die persönliche Zurechnung sowie der Bewertungszeitpunkt zu klären. Bewertungsgegenstand ist die wirtschaftliche Einheit. Dabei auftretende Abgrenzungsfragen sind fallbezogen zu entscheiden oder ergeben sich aus den Vorgaben der Einheitsbewertung. Grundlegende ***Bewertungsmaßstäbe des BewG*** sind der ***gemeine Wert*** (§ 9 BewG), der ***Teilwert*** (§ 10 BewG), der ***Ertragswert*** (§ 36 und §§ 78-82 BewG) und der ***Steuerbilanzwert***. Der gemeine Wert ist als fiktiver Einzelveräußerungspreis einschließlich der USt zu verstehen. Er ist allgemein bei Bewertungsproblemen anzuwenden, falls keine Ausnahmeregelung besteht. Abgeleitete Bewertungsmaßstäbe stellen für bestimmte Wirtschaftsgüter wie Wertpapiere, Kapitalforderungen und wiederkehrende Leistungen eine Konkretisierung des gemeinen Werts dar (§§ 11-15 BewG).

Der zweite Teil des BewG trifft zunächst eine Unterscheidung zwischen den drei Vermögensarten des land- und forstwirtschaftlichen Vermögens, des Grund- sowie des Betriebsvermögens. Die Zuordnung eines Bewertungsobjekts zur zutreffenden Vermögensart ist steuerlich bedeutsam, denn ***Bewertungsmaßstäbe*** und ***-methoden unterscheiden sich zwischen den Vermögensarten***. Für den inländischen Grundbesitz (Betriebe der Land- und Forstwirtschaft, Grundstücke und Betriebsgrundstücke) werden in einem förmlichen

Verfahren (§ 180 AO) Einheitswerte festgestellt. Diese Einheitswerte gelten einheitlich für mehrere Steuerarten. Nach Wegfall von Vermögen- und Gewerbekapitalsteuer ist die Einheitsbewertung nur noch für Grund- und Gewerbesteuer (§ 9 Nr. 1 GewStG) von Bedeutung.

Ein Betrieb der Land- und Forstwirtschaft setzt sich aus einem Wirtschafts- und einem Wohnteil zusammen. Für den Wirtschaftsteil wird der Wirtschaftswert in einem vereinfachenden Verfahren als Ertragswert ermittelt. Die Bewertung des Wohnteils (= Wohnungswert) folgt den Regelungen für Mietwohngrundstücke im Ertragswertverfahren. Wirtschafts- und Wohnungswert bilden zusammen den Einheitswert.

Bei der ***Ermittlung von Einheitswerten*** für Grundstücke ist zunächst zwischen unbebauten und bebauten Grundstücken zu unterscheiden. Unbebaute Grundstücke sind mit ihrem gemeinen Wert zu bewerten. Er ermittelt sich aus der Multiplikation der Grundstücksfläche (in Quadratmetern) mit einem Preisansatz je Quadratmeter. Zur Bestimmung der Quadratmeterpreise werden bei den Finanzämtern ***Kaufpreissammlungen*** geführt. Sie geben die ***Wertverhältnisse zum 1.1.1964***, dem letzten Hauptfeststellungszeitpunkt für Grundstücke, wider.

Bebaute Grundstücke werden mit Hilfe des Ertragswert- oder Sachwertverfahrens bewertet. Die Bewertungsvorschriften treffen eine ***Unterteilung in sechs Arten*** von ***Grundstücken***. Das sind: Mietwohn-, Geschäfts-, gemischt genutzte Grundstücke, Ein- und Zweifamilienhäuser sowie sonstige Grundstücke (§ 75 BewG). Über die Zuordnung zur einschlägigen Grundstücksart bestimmt sich das anzuwendende Bewertungsverfahren. Weiterhin knüpfen zahlreiche Parameter der Berechnungen an die Grundstücksarten an. Der Wert bebauter Grundstücke ist grundsätzlich im Wege des ***Ertragswertverfahrens*** zu ermitteln. Es sieht die ***Multiplikation der Jahresrohmiete mit einem Vervielfältiger*** vor. Der dabei errechnete Wert wird korrigiert um Zu- und Abschläge für besondere wertbeeinflussende Umstände (§§ 81, 82 BewG). Die ***Jahresrohmieten*** richten sich nach dem ***Stand vom 1.1.1964***. Für die Vervielfältiger sind Grundstücksart, Bauart und -ausführung, Baujahr und Einwohnerzahl der Lagegemeinde bestimmend. Nach dem ***Sachwertverfahren*** sind die ***sonstigen Grundstücke (z.B. Clubhäuser, Turnhallen u.a.)*** sowie besonders gestaltete oder ausgestaltete Ein- und Zweifamilienhäuser (sog. Luxusvillen) zu bewerten. Dazu werden Bodenwert (s.o.) und Normalherstellungswerte von Gebäuden und Außenanlagen nach verschiedenen Korrekturen zum Grundstückswert zusammengefasst. Die für Grundstücke des Grundvermögens geltenden Bewertungsregeln sind auch für betriebliche Grundstücke anzuwenden, die keinen Betrieb der Land- und Forstwirtschaft bilden (§ 99 Abs. 3 BewG).

Eine ***Wertermittlung für das Betriebsvermögen*** hat nur für Zwecke der Erbschaft- und Schenkungsteuer Bedeutung. Falls erforderlich, ist eine Bedarfsbewertung durchzuführen. Zu bewertende Einheit ist der Gewerbebetrieb. Er bestimmt sich nach den einkommensteuerlichen Vorschriften (§ 15 Abs. 2 EStG). Die bewertungsrechtliche Abgrenzung des Betriebsvermögens mit den zugehörigen positiven und negativen Wirtschaftsgütern vollzieht sich entsprechend den Vorschriften zur steuerlichen ***Gewinnermittlung***. Zur Bewertung wird weitgehend auf die Wertansätze der Steuerbilanz zurückgegriffen (§ 109 Abs. 1 BewG). Ausnahmen gelten für Betriebsgrundstücke und Beteiligungen. So sind Betriebsgrundstücke mit ihren Bedarfswerten anzusetzen. Die Wertermittlung des Betriebsvermögens erfolgt mit Hilfe einer Vermögensaufstellung. In ihr wird der Wert des gewerblichen Betriebs ermittelt, indem die Summe der Werte der Besitzposten (Rohbetriebsvermögen) um die betrieblichen Schulden (Summe der Schuldposten) vermindert wird.

Im Laufe der Zeit hatten sich die Verkehrswerte weit von den Einheitswerten des Grundbesitzes entfernt. Deshalb konnten die Einheitswerte nicht länger für Zwecke von ***Erbschaft- und Schenkungsteuer*** als Wertansätze verwendet werden. Sie wurden bei land- und forstwirtschaftlichen Betrieben durch Grundbesitzwerte und bei Grundvermögen und Betriebsgrundstücken durch Grundstückswerte ersetzt. Diese sind im Zuge einer Bedarfsbewertung bei entsprechendem Erfordernis festzustellen. ***Bedarfsbewertungen*** beruhen auf den ***tatsächlichen Verhältnissen des Besteuerungszeitpunktes***. Maßgeblich sind die ***Wertverhältnisse vom 1.1.1996***.

Die Bedarfswerte für land- und forstwirtschaftliche Betriebe orientieren sich stark an den alten Einheitswerten.

Zur ***Bedarfsbewertung*** von Grundstücken des Grund- und Betriebsvermögens ist lediglich zwischen unbebauten und bebauten Grundstücken zu unterscheiden. Der Grundstückswert ***unbebauter Grundstücke*** ergibt sich durch Multiplikation der Grundstücksfläche (in Quadratmetern) mit dem um 20 % reduzierten Bodenrichtwert pro m^2. Es bleibt dem Steuerpflichtigen überlassen, einen niedrigeren Verkehrswert des Grundstücks nachzuweisen.

Regelmäßig erfolgt die Wertermittlung ***bebauter Grundstücke*** nach der Ertragswertmethode. Ausgang der Berechnungen ist der „errechnete Wert“, der sich durch Kapitalisierung der Jahresrohmiete mit dem Vervielfältiger 12,5 ergibt. Er ist um eine Alterswertminderung von jährlich 0,5 % (maximal 25 %) zu reduzieren. Der als Zwischensumme ermittelte Ausgangswert führt nach einem Zuschlag von 20 % bei Wohngrundstücken mit einer oder zwei Wohnungen zum Ertrags- und Grundstückswert. Bei Gewerbegrundstücken ist vielfach keine Miete zu ermitteln. Hier ist der Grundstückswert aus der Zusammenfassung der Werte von Grund und Boden sowie Gebäude zu bestimmen. Der Bodenwert ist prinzipiell wie bei unbebauten Grundstücken zu bestimmen. Allerdings beläuft sich der Abschlag hier auf 30 %. Der Wert des Gebäudes bestimmt sich nach ertragsteuerlichen Grundsätzen und ist aus der Steuerbilanz zu entnehmen.

Vorrangig sind die gemeinen Werte von nicht börsennotierten Anteilen an Kapitalgesellschaften aus zeitnahen Veräußerungen abzuleiten. Liegen solche Werte nicht vor, ist die Wertermittlung nach dem ***Stuttgarter Verfahren*** vorzunehmen. Hierbei handelt es sich um eine Schätzmethode, in die Gesichtspunkte von Substanz- und Ertragsbewertung einfließen. Aus dem Verhältnis von betrieblichem Vermögen zum gezeichneten Kapital ergibt sich der prozentuale Vermögenswert. Die bereinigten und gewichteten Erträge der letzten drei Jahre ergeben in Relation zum Nennkapital den Ertragshundertsatz. Beide werden zur Ermittlung des gemeinen Werts zusammengefasst (R 100 ErbStR). Durch die Berücksichtigung der Erfolgskomponente steigen die Unternehmenswerte besonders ertragstarker Gesellschaften gegenüber einer reinen Substanzbewertung, wie sie bei Personenunternehmen erfolgt.

4.2 Erbschaft- und Schenkungsteuer

4.2.1 Steuerpflichtige Vorgänge und Steuerpflicht

Die Besteuerung von Erwerben von Todes wegen und von unentgeltlichen Erwerben unter Lebenden ist einheitlich im ErbStG geregelt. ***Besteuert wird der Vermögenszugang*** beim Erwerber durch eine in die Substanz eingreifende Abgabe. Der Erbschaftsteuer unterliegen dabei die Erwerbe von Todes wegen (§ 1 Abs 1 Nr. 1 ErbStG). Dazu gehören vor allem Erbfall, Vermächtnis und geltend gemachter Pflichtteilsanspruch (§ 3 Abs. 1 ErbStG). Die Schenkungsteuer erfasst vorrangig Schenkungen unter Lebenden (§ 7 ErbStG). Erblasser können ausschließlich natürliche Personen sein. Als Erben wie Beschenkte kommen natürliche wie juristische Personen in Betracht. Wie bei den anderen Personensteuern ist bei der ErbSt zwischen ***unbeschränkter*** und ***beschränkter Steuerpflicht*** zu unterscheiden. Unbeschränkte Steuerpflicht ist bei Beteiligung eines Inländers an der Vermögensübertragung gegeben. Steuerlich erfasst wird dann der gesamte Vermögensanfall (§ 1 Abs. 1 Nr. 1 ErbStG). Beschränkte Steuerpflicht wird durch den Anfall von Inlandsvermögen (§ 121 BewG) ohne Beteiligung eines Inländers ausgelöst (§ 2 Abs. 1 Nr. 2 ErbStG).

4.2.2 Bemessungsgrundlage der Erbschaftsteuer

Bemessungsgrundlage der ErbSt ist der steuerpflichtige Erwerb. Er ermittelt sich nach folgendem Schema:

	Steuerlicher Wert des gesamten Vermögensanfalls
./.	Nachlassverbindlichkeiten
=	Bereicherung des Erwerbers
./.	Zugewinnausgleich
+	frühere Erwerbe der letzten 10 Jahre
./.	sachliche Steuerbefreiungen
./.	persönliche Freibeträge
=	steuerpflichtiger Erwerb = Bemessungsgrundlage

Die Bereicherung entspricht dem Nettovermögensanfall. Dazu wird der Wert der übergegangenen Vermögensgegenstände um die zugehörigen Belastungen vermindert. Als Stichtagssteuer ist die ErbSt auf den Tag des Todes des Erblassers bzw. für Schenkungen auf den Vollzug des Schenkungsversprechens zu ermitteln (§ 11 ErbStG).

WERTERMITTLUNG DER BEREICHERUNG

Um eine zeitnahe Wertermittlung der Bereicherung zu erreichen, ist grundsätzlich der gemeine Wert heranzuziehen (§ 12 Abs. 1 ErbStG). Besonderheiten gelten wiederum für das Betriebsvermögen. Hier wird die Übernahme der für die Steuerbilanz maßgeblichen Bilanzansätze und ihre Bewertung verschiedentlich durchbrochen (§ 12 Abs. 5 ErbStG). So folgt die Bewertung von Betriebsgrundstücken den Regeln der Bedarfsbewertung. Wertpapiere und Anteile an Kapitalgesellschaften sind mit dem gemeinen Wert zu bewerten (§ 12 Abs. 5 ErbStG i.V.m. §§ 11 f. BewG). Bei Beteiligungen an Personengesellschaften ist der mittels einer Vermögensaufstellung ermittelte Anteil am Betriebsvermögen der Gesellschaft anzusetzen. Betriebliche Schulden werden unmittelbar bei der Wertermittlung des Betriebsvermögens berücksichtigt. Vom Wert der übergegangenen positiven Wirtschaftsgüter sind die damit zusammenhängendenden Belastungen abzuziehen (10 Abs. 5 ErbStG). Ihre Bewertung erfolgt zum gemeinen Wert, der ggf. durch Ersatzwerte konkretisiert wird (§§ 12–16 BewG).

Ein ***Zugewinnausgleich*** ist erforderlich, wenn der Güterstand der Zugewinngemeinschaft zwischen Ehegatten durch Tod beendet wird. Beim überlebenden

Ehegatten mindert sich die Bereicherung um die ihm erwachsende Ausgleichsforderung (§ 5 Abs. 1 ErbStG). Sie bestimmt sich nach der güterrechtlichen Lösung (§ 1371 Abs. 2 BGB) und erfordert ausschließlich für Zwecke der ErbSt eine Ermittlung des Zugewinns.

Zur ***Vermeidung von Steuerumgehungen*** sind dem letzten Erwerb alle vorangegangenen und innerhalb eines Zeitraums von 10 Jahren angefallenen Vermögensvorteile hinzuzurechnen (§ 14 ErbStG). Eine sich aus dem Gesamtwert ergebende Steuer ist um die Steuer auf Vorerwerbe zu mindern.

Zahlreiche sachliche ***Steuerbefreiungen*** gelten z.B. für Hausrat, Familienwohnheime, bei Pflege und Unterhalt. (§ 13 ErbStG). Gewährte ***Freibeträge*** knüpfen z.T. an die Steuerklassen an. Besonders priviligiert ist die Vererbung von Betriebsvermögen, land- und forstwirtschaftlichem Vermögen sowie wesentlichen Beteiligungen an Kapitalgesellschaften (§ 13a ErbStG). Neben einem Freibetrag von 256.000 EUR erfolgt für das übersteigende Vermögen ein Bewertungsabschlag von 40 %. Die Begünstigungen entfallen rückwirkend, wenn der Erwerber seine unternehmerische Tätigkeit innerhalb von 5 Jahren nach dem Erbfall einstellt.

Persönliche Freibeträge berücksichtigen den Charakter der Personensteuer. Neben einem allgemeinen Freibetrag (§ 16 ErbStG) bestehen besondere Versorgungsfreibeträge (§ 17 ErbStG).

Durch den allgemeinen Freibetrag soll die Übertragung von kleineren Vermögen steuerfrei gestellt werden. Die Höhe der ***persönlichen Steuerbefreiung*** hängt von der Steuerklasse des jeweiligen Erben oder Beschenkten ab. Abhängig von den persönlichen Verhältnissen des Erwerbers, insbesondere seiner verwandtschaftlichen Nähe zum Übertragenden, erfolgt die Zuordnung zu einer der drei Steuerklassen (§ 15 ErbStG).

PERSÖNLICHE STEUERBEFREIUNGEN

So werden in der Steuerklasse I Freibeträge für Ehegatten (307.000 EUR), Kinder (205.000 EUR) sowie Enkel und Eltern (51.200 EUR) gewährt. In den anderen beiden Steuerklassen fallen konstante Freibeträge von 10.300 EUR (Klasse II) und 5.200 EUR (Klasse III) an.

Nur im Todesfall steht dem überlebenden Ehegatten und den Kindern ein Versorgungsfreibetrag zu. Er beläuft sich für Ehegatten auf 307.000 EUR. Für Kinder ist er altersabhängig ausgestaltet und nimmt mit zunehmendem Alter ab.

Der Versorgungsfreibetrag der Hinterbliebenen wird um die Ansprüche aus Versorgungsbezügen gekürzt, die durch den Tod des Erblassers ausgelöst wurden und nicht der ErbSt unterlegen haben. Das sind z.B. gesetzliche Versorgungsbezüge wie Sozialversicherungsrenten.

4.2.3 Berechnung der Steuer

Zur Berechnung der Steuer ist die auf volle 100 EUR abgerundete Bemessungsgrundlage mit dem einschlägigen ***Steuersatz*** zu multiplizieren (§ 19 ErbStG). Der Steuersatz bestimmt sich nach der Steuerklasse und dem Wert des steuerpflichtigen Erwerbs. Er steigt mit zunehmender Steuerklasse und innerhalb einer Steuerklasse stufenweise mit wachsender Bemessungsgrundlage an. Durch einen Härteausgleich wird das sprunghafte Ansteigen des Steuersatzes in der Nähe von Tabellenstufen abgemildert (§ 19 Abs. 3 ErbStG). Eine zusätzliche Tarifbegrenzung in Form eines Entlastungsbetrags begünstigt die Empfänger von Produktivvermögen (§ 19a ErbStG). Mit Hilfe einer Steuerermäßigung soll die steuerliche Belastung von Familienvermögen innerhalb eines Zeitraums von 10 Jahren reduziert werden.

4.2.4 Erhebung und Festsetzung der Steuer

Steuerschuldner der ErbSt ist ***im Erbfall der Erbe*** und jeder andere, der von Todes wegen erhalten hat (§ 20 ErbStG). Im ***Schenkungsfall*** schuldet ***neben dem Beschenkten der Schenker*** die Steuer. Umfangreiche ***Anzeigepflichten*** sichern die Erhebung der ErbSt (§§ 30, 33, 34 ErbStG). Dazu ist jeder der ErbSt unterliegende Erwerb vom Erwerber innerhalb einer Frist von drei Monaten dem zuständigen Finanzamt anzuzeigen (§ 30 Abs. 1 ErbStG). Zusätzlich unterliegen Gerichte, Notare, sonstige Behörden und Banken verschiedenen Anzeigepflichten.

Auf Basis dieser Informationen kann das Finanzamt vom Begünstigten die Abgabe einer Steuererklärung verlangen (§ 31 ErbStG). Anhand der darin enthaltenen Angaben wird das Finanzamt ggf. die Steuerschuld ermitteln und durch schriftlichen Bescheid festsetzen. Der festgesetzte Steuerbetrag ist innerhalb eines Monats zu entrichten. Bei Bedarf dient eine bis zu 10 Jahren reichende Stundungsregelung dem Erhalt von Betriebsvermögen sowie land- und forstwirtschaftlichem Vermögen. Bei Erwerb von Todes wegen erfolgt die Stundung zinslos (§ 28 ErbStG).

4.3 Grundsteuer

Die GrSt gehört neben der GewSt zu den ***Sachsteuern (= Realsteuern)***. ***Steuergegenstand*** ist der ***inländische Grundbesitz*** (§ 2 GrStG). Für Zwecke der GrSt erfolgt eine Unterteilung in Betriebe der ***Land- und Forstwirtschaft (Grundsteuer A)*** sowie Betriebsgrundstücke und Grundstücke im ***Privatvermögen (Grundsteuer B)***. Steuerschuldner ist derjenige, dem der Steuergegenstand bei der Einheitsbewertung zugerechnet ist (§ 10 GrStG). Steuerbefreiungen bezwecken die Förderung des Gemeinwohls (§§ 3 bis 8 GrStG).

Bemessungsgrundlage der GrSt ist der ***Einheitswert des Steuergegenstands***. Maßgeblich ist der auf den Beginn des Kalenderjahrs, für das die GrSt festgesetzt wird, festgestellte Einheitswert (§ 9 GrStG). Er richtet sich nach den Wertverhältnissen vom 1.1.1964 bzw. 1.1.1935. Die Regelungen zur Bedarfsbewertung von Grundbesitz (§§ 138 ff BewG) sind für die GrSt nicht anzuwenden.

Aus dem Einheitswert errechnet sich durch Anwendung einer Steuermesszahl der ***Steuermessbetrag*** (§ 13 GrStG). Die ***Steuermesszahl*** beträgt für Betriebe der Land- und Forstwirtschaft 6 v.T. und für Grundstücke grundsätzlich 3,5 v.T. mit Ausnahmen für Ein- und Zweifamilienhäuser (§§ 14 f GrStG). Durch Anwendung des gemeindespezifischen ***Hebesatzes*** auf den Steuermessbetrag ergibt sich die Grundsteuerbelastung. Üblicherweise setzen die Gemeinden niedrigere Hebesätze für die Grundsteuer A als für die Grundsteuer B fest. Sie lagen in den Gemeinden mit mehr als 50.000 Einwohnern im Jahr 2002 zwischen 150 % und 660 %.

BESTEUERUNGSVERFAHREN

Das Besteuerungsverfahren stimmt bei GrSt und GewSt weitgehend überein. Vom Lagefinanzamt werden Einheitswert und Steuermessbetrag ermittelt. Seitens der Gemeindebehörden erfolgen Festsetzung und Erhebung der GrSt. Die GrSt entsteht mit Beginn des Kalenderjahrs. In Vierteljahresbeträgen zum 15.2. usw. ist die GrSt zu entrichten.

5. Verbrauchsteuern

Verbrauchsteuern belasten den Verbrauch bestimmter Güter steuerlich. Sie sind als **indirekte Steuern** ausgestaltet. Ihre Erhebung erfolgt aus verwaltungstechnischen Gründen beim Hersteller oder auf nachgelagerten Handelsstufen und nicht beim Endverbraucher.

BEKANNTE VERBRAUCHSTEUERN

Zu den bundesgesetzlich geregelten Verbrauchsteuern zählen Mineralöl- und Stromsteuer (Ökosteuern) sowie die Tabak-, Kaffee-, Bier-, Branntwein-, Schaumwein- und Zwischenerzeugnissteuer. Neben rein fiskalischen Zwecken sollen die Ökosteuern zur Verwirklichung arbeitsmarkt- und umweltpolitischer Zielsetzungen beitragen.

Innerhalb der Europäischen Union ist das Recht der Verbrauchsteuern weitgehend harmonisiert. Sämtliche Verbrauchsteuergesetze weisen gemeinsame Grundstrukturen und -prinzipien auf. Anknüpfungspunkte der Verbrauchsteuern sind in den einzelnen Steuergesetzen festgelegte Waren. Steuerauslösend sind der Übergang der steuerpflichtigen Waren in den freien Verkehr bzw. ihr Ge- oder Verbrauch.

Von der MinöSt wird der Verbrauch von Mineralöl als Kraft- und Heizstoff belastet. Die ***Steuersätze*** unterscheiden sich nach der Art des eingesetzten Kraftstoffs. Sie betragen je 1.000 Liter für unverbleites Benzin 654,50 EUR, verbleites Benzin 721,00 EUR und Diselkraftstoff 470,40 EUR. Weitreichende Steuerbefreiungen entlasten den übrigen Verbrauch. Zu einer ***steuerlichen Mehrfachbelastung*** kommt es, da die MinöSt in die Bemessungsgrundlage der USt einbezogen wird.

Steuergegenstand der ***StromSt*** ist der elektrische Strom. Die Steuer entsteht mit der Entnahme von Strom aus dem Versorgungsnetz. ***Steuerschuldner*** ist der ***Versorger***, der Strom an Letztverbraucher leistet. Der ***Steuersatz*** beläuft sich auf ***2,05 Cent je Kilowattstunde***. Mit Steuerbefreiungen wird umweltfreundlich erzeugter und verteilter Strom besonders gefördert. Steuerermäßigungen gelten für Nachtspeicherheizungen, den öffentlichen Nahverkehr sowie Unternehmen des produzierenden Gewerbes sowie der Land- und Forstwirtschaft.

6. Übergreifende Fragestellungen

6.1 Steuerbelastung unterschiedlicher Rechtsformen

Konsequenzen der Besteuerung ergeben sich für verschiedenste betriebliche Entscheidungen.

EINFLUSS AUF BETRIEBLICHE FUNKTIONSBEREICHE

Das gilt für die betrieblichen Funktionbereiche von Investition, Finanzierung, Produktion und Vertrieb, wie für die Aufbauentscheidungen zu Standort und Rechtsform des Unternehmens. Besonderes Interesse findet die Wahl der Rechtsform, da sie deutlich steuerlich geprägt und meist recht langfristig angelegt ist. Fragen der Rechtsformwahl treten im Gründungsstadium eines Unternehmens und zu späteren Zeitpunkten auf. Sofern sich im Zeitablauf die Rechtslage oder die Verhältnisse im Unternehmen signifikant ändern, ist über eine Anpassung der Rechtsform nachzudenken.

Neben der Besteuerung sind die Aspekte von Haftung, Leitung, Kapitalbeschaffung, Mitbestimmung, Nachfolgeregelungen u.a. zu beachten. Gerade im mittelständischen Bereich spitzt sich die Fragestellung auf die Alternativen der Gestaltung eines Unternehmens als Personen- oder Kapitalgesellschaft zu.

In Abhängigkeit von der gewählten Rechtsform auftretende ***steuerliche Unterschiede*** lassen sich in einem Normenvergleich aufzeigen. Dabei werden die für die wichtigsten steuerlichen Parameter in den betroffenen Steuerarten zwischen den Rechtsformen auftretenden Unterschiede als jeweilige Vor- bzw. Nachteile gewürdigt. Der Vergleich erlaubt zwar eine Orientierung und erste Einschätzung der Verhältnisse, muss aber auf eine Quantifizierung von Teil- und Gesamteffekten verzichten. Diese Aufgaben kann eine Veranlagungssimulation erfüllen. Kasuistisch ausgestaltet, zeigt sie für eine gegebene Datenkonstellation die steuerlichen Gesamtbelastungen unterschiedlicher Gestaltungsvarianten auf. Verallgemeinerungen und Sensitivitätsbetrachtungen sind dann über die Variation einzelner Parameter vorzunehmen.

Unterschiede in der Besteuerung von Personen- und Kapitalgesellschaften bestehen vor allem bei der ertragsteuerlichen Erfassung von laufenden Ergebnissen und Veräußerungsvorgängen sowie bei der ErbSt. Zur Erläuterung der grundlegenden Beziehungen bei der laufenden Erfolgsbesteuerung dient der nachfolgende praktische Fall, der in Form einer Veranlagungssimulation bearbeitet wird. Veränderungen der Ausgangssituation aufgrund zusätzlicher Annahmen und Datenvariationen werden in allgemeiner Form abgeleitet. Hinweise auf die erbschaftsteuerlichen Unterschiede zwischen den Rechtsformen vervollständigen die Überlegungen.

Praktischer Fall in Form einer Veranlagungssimulation

Sachverhalt

Felicitas Schöne (37 Jahre) und Ute Schatz (35 Jahre) wollen gemeinsam in Mainz ein Fotogeschäft betreiben. Beide sollen je zur Hälfte an den Ergebnissen und am Vermögen der Gesellschaft einschließlich der stillen Reserven beteiligt sein. Gegenstand ihres Unternehmens sind die Ausführung von Fotoarbeiten sowie der Handel mit Fotogeräten und -zubehör. Aus ihren Aktivitäten erwarten die Gesellschafterinnen einen jährlichen Gewinn von etwa 150.000 EUR vor Steuern. Zur Finanzierung ihres Unternehmens bringen die Gesellschafterinnen 100.000 EUR als Eigenmittel auf. Der weitergehende Kapitalbedarf wird mit Hilfe eines langfristigen Fälligkeitsdarlehen, das mit 7 % pro anno zu verzinsen ist, über ein Kreditinstitut finanziert. Der Hebesatz zur GewSt beträgt in Mainz 440 %. Beide Gesellschafterinnen sind nicht verheiratet und konfessionslos. Bei der Ermittlung ihrer zu versteuernden Einkommen sind jeweils Abzüge von 10.000 EUR zu berücksichtigen.

Problem

Es ist in Hinblick auf die laufende Belastung mit Ertragsteuern eine Empfehlung an die Gesellschafterinnen auszusprechen, ob sie ihrem Unternehmen die Rechtsform einer Kapital- oder Personengesellschaft geben sollen. Als Personengesellschaften kommen die offene Handelsgesellschaft oder die GmbH & Co. KG in Betracht. In der Variante der GmbH & Co. KG soll davon ausgegangen werden, dass die alleinhaftende GmbH mit einem Stammkapital von 25.000 EUR ausgestattet wird, das sie der KG als Darlehen zum banküblichen Zinssatz zur Verfügung stellt. Bei der Ausgestaltung als Kapitalgesellschaft werden beide Gesellschafterinnen eine angemessene Vergütung als Geschäftsführerinnen von jeweils 45.000 EUR erhalten.

Ergebnisse

Die steuerlichen Belastungen der drei Gestaltungsalternativen sind in der nachfolgenden Tabelle aufgeführt.

	OHG	GmbH & Co. KG	GmbH
	EUR	EUR	EUR
GewSt der OHG	18.934		
ESt der Gesellschafterinnen	26.376		
SolZ auf	1.450		
GewSt der KG		18.934	
KSt der Komplementär-GmbH		380	
SolZ auf KSt		20	
GewSt Komplementär-GmbH		315	
ESt der Gesellschafterinnen		25.538	
SolZ auf ESt		1.404	
KSt der GmbH			12.865
SolZ auf KSt			707
GewSt der GmbH			11.450
ESt der Gesellschafterinnen			21.190
SolZ auf ESt			1.164
Gesamtbelastung mit Steuern	**46.760**	**46.591**	**47.376**

Tabelle 1: Steuerbelastung unterschiedlicher Rechtsformen

Die steuerliche Vorteilhaftigkeit der Personengesellschaften resultiert im wesentlichen aus der GewSt. Über den Freibetrag von 24.500 EUR, die gestaffelten Messzahlen und vor allem die Anrechnung auf die ESt erfahren sie eine Bevorzugung gegenüber den Kapitalgesellschaften. Das wird auch durch die bei Kapitalgesellschaften bestehenden Gestaltungsmöglichkeiten zur Gewinnminderung durch Vergütungen an Gesellschaftergeschäftsführer nicht ausgeglichen. Auch bei höheren Gewinnen gilt diese Feststellung, wenngleich sich der Vorteil der Personengesellschaften infolge des progressiven Einkommensteuertarifs vermindert. Etwas günstiger fällt der Vergleich für Kapitalgesellschaften aus, wenn die Gewinne thesauriert werden. Dabei würde es sich allerdings nur um einen temporären Vorteil handeln. Effekte aus der gewählten Rechtsform ergeben sich weiterhin bei der Refinanzierung der Einlagen. Müssen die Gesellschafter ihre Einlagen fremdfinanzieren, sind die daraus resultierenden Schuldzinsen bei der Gewinnermittlung von Personengesellschaften in voller Höhe berücksichtigungsfähig. Bei Kapitalgesellschaften greift das mit dem Halbeinkünfteverfahren verbundene Verbot des lediglich hälftigen Abzugs von Betriebsausgaben. Zusätzlich weisen Personengesellschaften Vorzüge in Verlustsituationen auf, da die entstandenen Verluste mit anderen Einkünften der Gesellschafter unter Beachtung der Restriktionen aus §§ 2 Abs. 3 und 15a EStG verrechnet werden können. Demhingegen verbleiben Verluste bei der Kapitalgesellschaft und gehen nicht auf die Gesellschafter über. Nachteile ergeben sich für die Kapitalgesellschaften bei der ErbSt. Durch die Anwendung des Stuttgarter Verfahrens auf die Bewertung nichtnotierter Anteile fließen Ertragsgesichtspunkte in die Bewertung ein. Dadurch liegen die Steuerwerte bei gewinnstarken Kapitalgesellschaften deutlich höher als bei vergleichbaren Personengesellschaften, für die lediglich eine an der Steuerbilanz ausgerichtete Substanzbewertung stattfindet. Durch die Gestaltung als GmbH & Co. KG lassen sich zudem Haftungsbegrenzungen wie bei einer Kapitalgesellschaft realisieren.

6.2 Internationales Steuerrecht

6.2.1 Grundlagen und Probleme

Das internationale Steuerrecht befasst sich mit Sachverhalten, die über die Grenzen eines Staates hinausreichen. Da im Wesentlichen kein alle Staaten bindendes einheitliches Steuerrecht existiert, sind die ***grenzüberschreitenden Sachverhalte*** aus der Sicht der jeweils berührten Staaten zu betrachten. Zum internationalen Steuerrecht eines Staates gehören alle Normen, die zur Regelung grenzüberschreitender Fragen beitragen. Das sind vorrangig nationale Steuergesetze und zwischenstaatliche Verträge. Als Steuergesetze mit internationalen Bezügen sind vor allem EStG, KStG, GewStG, ErbStG und AußenStG zu nennen. Ergänzend wirken sich die supranationale Rechtsentwicklung in der EU und die

Rechtsprechung des Europäischen Gerichtshofs aus. Internationale Fragestellungen weisen mit der Behandlung von Steuerinländern und Steuerausländern zwei Grundpositionen auf. ***Steuerinländer*** handeln grenzüberschreitend bei unbeschränkter persönlicher Steuerpflicht. ***Steuerausländer*** werden im Inland wirtschaftlich aktiv, ohne dort eine unbeschränkte Steuerpflicht zu begründen.

Steuerliches ***Grundproblem*** grenzüberschreitender Aktivitäten ist die ***Doppelbesteuerung***. Dabei handelt es sich um den steuerlichen Zugriff zweier Staaten auf denselben Gegenstand. Das Problem resultiert aus dem ***Nebeneinander*** von ***beschränkter und unbeschränkter persönlicher Steuerpflicht*** bei den Personensteuern. Der Ansässigkeitsstaat leitet sein Besteuerungsrecht aus dem bei unbeschränkter Steuerpflicht geltenden ***Welteinkommensprinzip*** ab. Zusätzlich unterwirft der Quellenstaat dasselbe Steuergut entsprechend dem Territorialitätsprinzip seiner beschränkten Steuerpflicht. Gleiche Folgerungen wie bei den Ertragsteuern treten bei der ErbSt ein. Die Regelungen des internationalen Steuerrechts zielen darauf ab, eine derartige Kumulierung von Steuerbelastungen zu vermeiden, um grenzüberschreitende Aktivitäten steuerlich nicht übermäßig zu belasten.

Daneben erwächst aus den Unterschieden in den nationalen Steuersystemen, insbesondere den differierenden steuerlichen Gesamtbelastungen, das Bestreben der Steuerpflichtigen, diese Belastungsunterschiede gezielt auszunutzen. Ziel ist eine Minderbesteuerung, die zu einer geringeren steuerlichen Belastung als bei rein nationaler Tätigkeit führt. Gegen derartige Bemühungen sind verschiedene Maßnahmen des Gesetzgebers gerichtet.

6.2.2 Methoden zur Reduzierung der Doppelbesteuerung

Unilaterale und bilaterale Maßnahmen sind auf die Vermeidung der Doppelbesteuerung grenzüberschreitender Aktivitäten gerichtet. Einseitige deutsche Regelungen in EStG und KStG dienen der steuerlichen Entlastung ausländischer Einkünfte. Dazu geeignete Instrumente sind die ***Steueranrechnung*** (§ 34c Abs. 1 EStG) und der ***Steuerabzug*** (§ 34c Abs. 2 EStG). Im Wege der Steueranrechnung ist eine ausländische Steuer auf die deutsche Steuer, die auf die ausländischen Einkünfte entfällt, anzurechnen. Daraus ergibt sich bei niedrigerem ausländischen Steuerniveau eine den deutschen Verhältnissen entsprechende Gesamtbelastung. Ausnahmsweise kann ein Abzug der ausländischen Steuer bei Berechnung der Steuerbemessungsgrundlage günstiger sein. Die beiden einkommensteuerlichen Ansätze zur Steuerminderung sind ebenfalls für die KSt anwendbar (§ 26 KStG). Ausschließlich aus volkswirtschaftlichen Gründen ermöglicht der Pauschalierungserlass eine pauschale Festsetzung der auf ausländische Einkünfte entfallenden deutschen Steuer in Höhe von 25 %. Auslandseinsätze von Arbeitnehmern können von der inländischen Besteuerung freigestellt werden (Auslandstätigkeitserlass). Zu den unilateralen Entlastungsmaßnahmen ist zu greifen, sofern kein Doppelbesteuerungsabkommen vorliegt.

Doppelbesteuerungsabkommen sind völkerrechtliche Verträge, die von der Bundesrepublik Deutschland mit ca. 75 Staaten abgeschlossen wurden. Sie beziehen sich als allgemeine DBA auf die Steuern vom Einkommen und Vermögen. Spezielle DBA existieren für die ErbSt sowie für Schiffahrts- und Luftfahrtunternehmensteuer. Gegenüber den deutschen Steuergesetzen genießen die DBA Vorrang (§ 2 AO). Aus den DBA entstehen keine neuen Steueransprüche, sondern sie schränken lediglich bestehende Ansprüche ggf. ein. Struktur und inhaltliche Gestaltung der deutschen DBA orientieren sich weitgehend an den Vorgaben eines von der OECD herausgegebenen ***Musterabkommens (OECD-MA 2003)***. Nach Klärung des persönlichen und sachlichen Anwendungsbereichs enthält ein DBA die für seine Anwendung benötigten Begriffsbestimmungen. Den Kernpunkt bilden die Vereinbarungen zur ***Vermeidung der Doppelbesteuerung***. Hierin werden den beteiligten Staaten die Besteuerungsrechte für einzelne im Abkommen normierte Einkunftsquellen zugewiesen. Technisch vollzieht sich die Steuerbegrenzung teilweise dadurch, dass ein Staat das Besteuerungsrecht erhält, während der andere auf sein Besteuerungsrecht verzichtet. Damit stellt sich das Belastungsniveau auf die Verhältnisse des Quellenstaats ein. Den Steuerverzicht verbindet Deutschland allerdings regelmäßig mit dem Progressionsvorbehalt (§ 32b EStG). Auf diesem Wege erhält meist der Staat, zu dem die Steuerquelle eine größere Nähe aufweist, das vorrangige Besteuerungsrecht. So werden dem Quellenstaat überwiegend die Einkünfte aus Vermietung und Verpachtung von Grundvermögen, einer dort belegenen Betriebsstätte und dort ausgeübter selbstständiger und unselbstständiger Arbeit zugewiesen. Ein Besteuerungsvorrang des Ansässigkeits- gegenüber dem Quellenstaat besteht für Dividenden-, Zins- und Lizenzeinkünfte. Wird allerdings auch dem Quellenstaat ein Besteuerungsrecht eingeräumt, gilt im Ansässigkeitsstaat meist die Anrechnungsmethode.

6.2.3 Einkunftsabgrenzung

Zwischen verschiedenen Staaten bestehende Unterschiede in der Steuerbelastung lassen sich zur Minderung der Gesamtsteuerbelastung nutzen, indem Steuerbemessungsgrundlagen in Niedrigsteuerländer verlagert werden. Das Ziel ist durch unterschiedlich intensiv wirkende Maßnahmen zu verwirklichen. In einer extremen Variante könnte die persönliche Steuerpflicht verlagert werden. Notwendig dafür wäre die Aufgabe der persönlichen Steuerpflicht in Deutschland. Mit den Regelungen zur ***Wegzugsbesteuerung des Außensteuergesetzes*** versucht der Gesetzgeber hier gegenzuhalten. Für international tätige Unternehmen bietet sich neben der örtlichen Verteilung mobiler betrieblicher Faktoren das Instrument der ***zwischenstaatlichen Ergebnisallokation***. Über Verrechnungspreise und Umlagen im Konzern besteht die Möglichkeit, Gewinne in niedrig besteuernden Staaten anfallen zu lassen. Den Ansätzen zur Gewinnverlagerung stehen ***allerdings*** intensive Bemühungen der hochbesteuernden Domizilstaaten entgegen. Über Gewinnkorrekturen auf Basis der Regelungen zur verdeckten Gewinnausschüttung, den Vereinbarungen eines DBA sowie der Einkunftsberichtigung nach AStG ist die Bundesrepublik Deutschland bestrebt, der Erosion der Bemessungsgrundlagen vorzubeugen. Im Rahmen steuerlicher Außenprüfungen wird deshalb die Angemessenheit von Verrechnungspreisen besonders intensiv geprüft. Genereller Maßstab dafür ist der Fremdvergleich. Danach sind die Vereinbarungen mit denen zu vergleichen, die voneinander unabhängige Dritte unter gleichen Bedingungen getroffen hätten (dealing at arm's length). Beurteilungskriterien ergeben sich aus äußerem und innerem Preisvergleich, nach der Wiederverkaufspreis- und Kostenaufschlagsmethode. Erkannte Gewinnverschiebungen führen zu einer Erhöhung der inländischen Bemessungsgrundlagen mit entsprechenden steuerlichen Konsequenzen. Im Ausland unterbleibt meist eine korrespondierende Gegenkorrektur, so dass es zu einer echten Doppelbesteuerung kommt. Deshalb sind Versuche, mit der Finanzverwaltung eine vorherige Absprache über die Angemessenheit von Systemen zur Ermittlung von Verrechnungspreisen (Advance Pricing Agreements) von besonderem Interesse. Weiterhin sind die Unternehmen bestrebt, die gesetzten Verrechnungspreise durch umfangreiche Dokumentationssysteme abzusichern.

6.2.4 Außensteuergesetz

Anliegen des AStG ist es, ***Steuervermeidungen*** zu Lasten des deutschen Fiskus zu ***verhindern***, die durch grenzüberschreitende Gestaltungen zur Ausnutzung des internationalen Steuergefälles angestrebt werden. Dazu enthält es zunächst eine Vorschrift zur Berichtigung von Einkünften (§ 1 AStG). Ferner soll die Attraktivität der Steuerflucht in Niedrigsteuerländer gemindert werden. Dem dienen die erweiterte beschränkte Steuerpflicht (§§ 2-5 AStG) und die Vermögenszuwachsbesteuerung (§ 6 AStG). Bei erweiterter beschränkter Steuerpflicht werden der deutschen Einkommensteuer über den für die beschränkte Steuerpflicht bestehenden Katalog der inländischen Einkünfte (§ 49 EStG) hinausgehend weitere im Inland belegene Steuerquellen unterworfen. Für einen Zeitraum von 10 Jahren erfolgt damit eine zumindest teilweise Abschöpfung von Vorteilen aus der Aufgabe der unbeschränkten deutschen Steuerpflicht. Ähnliche Regeln gelten für die ErbSt. Mit der Vermögenszuwachsbesteuerung wird eine Besteuerung der in Beteiligungen an Kapitalgesellschaften enthaltenen stillen Reserven realisiert, ohne dass es auf deren Veräußerung ankommt.

Durch die Einschaltung von Kapitalgesellschaften im Ausland ließen sich ausländische Einkünfte gegen eine unbeschränkte deutsche Steuerpflicht zeitweilig abschirmen. Solche Zwischengesellschaften könnten die im Ausland erzielten Einkünfte zunächst aufnehmen, was erst bei späteren Gewinnausschüttungen zu Einkünften in Deutschland führte. Unter bestimmten Voraussetzungen wird eine derartige Pufferwirkung jedoch durchbrochen. Dann werden den deutschen Gesellschaftern die kontinuierlich erwirtschafteten Gewinne der Zwischengesellschaft unabhängig von deren Ausschüttung im Rahmen der Hinzurechnungsbesteuerung zugerechnet (§§ 7–14 AStG).

7. Besteuerungsverfahren

7.1 Überblick

Der Begriff des Besteuerungsverfahrens ist gesetzlich nicht definiert. Darunter sind alle Abläufe zu verstehen, die auf den gesetzmäßigen Vollzug der Steuergesetze gerichtet sind. Am Besteuerungsverfahren sind auf der einen Seite der Steuerpflichtige und auf der anderen Seite die Finanzbehörde, insbesondere das Finanzamt, beteiligt. Zum Kreis der Steuerpflichtigen gehören alle, denen aus den Steuergesetzen Verpflichtungen erwachsen. Das ist vor allem der Steuerschuldner, der einen Besteuerungstatbestand eines Einzelsteuergesetzes verwirklicht hat und die daraus resultierende Steuer schuldet. Der Steuerpflichtige kann sich im Verfahren durch einen Bevollmächtigten z.B. einen Steuerberater vertreten lassen. Das Besteuerungsverfahren besteht aus mehreren Abschnitten. In chronologischer Reihe sind Ermittlungs-, Festsetzungs-, Erhebungs- und Vollstreckungsverfahren sowie das Einspruchs- und Klageverfahren zu unterscheiden. Einen eigenständigen Bereich bilden die Regeln zur Korrektur von bestandskräftigen Steuerbescheiden.

Alle wesentlichen Verfahrensvorschriften finden sich in der ***Abgabenordnung***. Dadurch werden die Einzelsteuergesetze entlastet. Die AO ist uneingeschränkt anwendbar auf alle Steuern, die durch Bundesrecht oder auf europäischer Ebene geregelt sind und durch Bundes- oder Landesfinanzbehörden verwaltet werden (§ 1 Abs. 1 AO). Ihre sinngemäße Anwendung erfolgt auf Verspätungszuschläge, Zinsen, Säumniszuschläge, Zwangsgelder und Kosten als steuerliche Nebenleistungen. Durch Einzelgesetze werden Regelungen der AO auch in anderen Bereichen anwendbar.

7.2 Ermittlungsverfahren

In diesem Verfahrensstadium werden die ***Besteuerungsgrundlagen*** ermittelt. Es wird geklärt, welche Sachverhalte der Steuerpflichtige verwirklicht hat und wie sie steuerlich zu beurteilen sind. Dabei sind die Sachverhalte von Amts wegen zu ermitteln (Untersuchungsgrundsatz nach § 88 AO). Weitgehende ***Mitwirkungspflichten*** bestehen für die Steuerpflichtigen und ggf. andere Personen. Diese Pflichten werden primär durch die Abgabe von Steuererklärungen und Steueranmeldungen erfüllt (§§ 56 ff. EStDV; § 18 Abs. 1 und Abs. 3 UStG). Daneben bestehen ***Mitteilungspflichten*** zur Erfassung steuerrelevanter Sachverhalte, Buchführungs-, Aufzeichnungs- und Auskunftspflichten. Ergänzend zu den Steuererklärungen nebst dazu eingereichten Unterlagen stehen den Finanzbehörden die üblichen Beweismittel zu Gebote. Das sind Urkunds-, Zeugen-, Augenscheinsbeweis und Sachverständigengutachten. Besondere Verfahren zur Ermittlung von Besteuerungsgrundlagen sind die steuerliche Außenprüfung sowie die Steuerfahndung.

7.3 Festsetzungsverfahren

Im Anschluss an die Ermittlung der Besteuerungsgrundlagen ist die Steuer durch ***Steuerbescheid*** festzusetzen (§ 155 AO). Der Bescheid stellt einen Verwaltungsakt (§ 118 AO) dar und ist die wichtigste Handlungsform der öffentlichen Verwaltung. Wird gegen den Verwaltungsakt kein Einspruch eingelegt, erlangt er Bestandskraft. Er kann dann von der Behörde vollzogen und vollstreckt werden, selbst wenn er rechtswidrig oder fehlerhaft ist. Ein Verwaltungsakt wird mit dem Inhalt wirksam, mit dem er bekannt gegeben ist. Um Rechtsfolgen eintreten zu lassen, muss der Verwaltungsakt dem Betroffenen bekannt gegeben sein (§ 122 AO). Die ***Bekanntgabe von Steuerbescheiden*** erfolgt meist durch Übersendung als einfacher Brief. Er gilt innerhalb Deutschlands am dritten Tag nach Aufgabe zur Post als bekannt gegeben (§ 122 Abs. 2 AO). Neben Steuerbescheiden und ihnen gleichgestellten Verwaltungsakten findet ein vielfältiges Verwaltungshandeln in Form sonstiger Verwaltungsakte statt. Wegen unterschiedlicher Berichtigungsvorschriften ist diese Unterscheidung bedeutsam. Neben der endgültigen Festsetzung von Steuern kennt die AO Formen der Festsetzung, bei denen keine sofortige Bestandskraft des Steuerbescheids eintritt. So kann ein Steuerbescheid mit dem ***Vorbehalt*** der Nachprüfung versehen werden. So lange der Vorbehalt wirksam ist, kann der Bescheid zur Behebung von Fehlern problemlos geändert werden. Soll der Bescheid nur in einer Frage offen gehalten werden, die noch nicht abschließend geklärt ist, lassen sich die Steuern insoweit vorläufig festsetzen (§ 165 AO). Der Bescheid wird dann mit Ausnahme des vorläufigen Teils bestandskräftig. Vielfach werden mehrere Verwaltungsakte äußerlich zusammengefasst. Das gilt bei der ESt z.B. für die eigentliche Steuerfestsetzung, die Anrechnung von Steuervorauszahlungen und -abzugsbeträgen, die Aufforderung zur Zahlung sowie die Festsetzung von Vorauszahlungen.

7.4 Erhebungs- und Vollstreckungsverfahren

Mit der Festsetzung der Steuerschuld endet das Veranlagungsverfahren. Daran schließt sich das Erhebungsverfahren zur ***Realisierung der Ansprüche*** aus dem Steuerschuldverhältnis an. Eingeleitet wird es durch die mit dem Steuerbescheid verbundene Zahlungsaufforderung (Leistungsgebot). Grundlage des Erhebungsverfahrens ist somit die Festsetzung der Steuer mittels Steuerbescheids. Davon getrennt zu sehen ist die Entstehung der Steuer. Sie richtet sich nach den Einzelsteuergesetzen und hat für die Festsetzungsverjährung Bedeutung. Weiterhin muss die geltend gemachte Steuerforderung fällig sein. Regelungen zur Fälligkeit finden sich für die wesentlichen Steuerarten in den zugehörigen Einzelsteuergesetzen. Ohne gesetzliche Fälligkeitsregelung wird der Steueranspruch mit seiner Entstehung fällig (§ 220 Abs. 1 Satz 1 AO). Davon abweichend wird ein festzusetzender Anspruch nicht vor seiner Festsetzung fällig. Eine von der Finanzbehörde getroffene Fälligkeitsregelung hat dem gegenüber allerdings Vorrang. Bestehende ***Zahlungsfristen*** können durch die Finanzbehörden durch ***Stundung*** oder ***Aussetzung der Vollziehung*** verlängert werden. Sofern die Zahlung bei ursprünglicher Fälligkeit für den Steuerpflichtigen eine erhebliche Härte darstellt und der Steueranspruch nicht gefährdet wird, kommt eine Stundung als Billigkeitsmaßnahme in Betracht (§ 222 AO). Nicht zu vollziehen ist ein Verwaltungsakt, wenn der Steuerpflichtige einen Einspruch eingelegt hat und ernsthafte Zweifel an der Rechtmäßigkeit des Verwaltungsakts bestehen (§ 361 Abs. 2 AO).

Ansprüche aus dem Steuerschuldverhältnis erlöschen überwiegend durch Zahlung. Weitere Erlöschensgründe sind Aufrechnung, Erlass, Festsetzungs- und Zahlungsverjährung.

Falls der Steuerpflichtige seinen Zahlungsverpflichtungen nicht nachkommt, entstehen kraft Gesetzes ***Säumniszuschläge***. Sie belaufen sich ***auf 1 %*** des rückständigen Betrags, ***je angefangenem Monat*** (§ 240 Abs. 1 AO).

Ergänzend dazu hat das Finanzamt die Möglichkeit, die Steueransprüche zwangsweise beizutreiben (§§ 249 ff AO). Anders als im Zivilrecht bedarf es dazu nicht der Einschaltung der Gerichte. Vielmehr kann unmittelbar in das bewegliche und unbewegliche Vermögen des Steuerpflichtigen vollstreckt werden. ***Vollstreckungsmaßnahmen*** richten sich vorrangig gegen Kontenguthaben, Kunden-, Miet- und andere Forderungen. Sie sind aber auch in das unbewegliche Vermögen durch Antrag auf Zwangsversteigerung oder Eintragung einer Sicherungshypothek möglich.

7.5 Rechtsbehelfe gegen Steuerbescheide

Gegen Maßnahmen der öffentlichen Verwaltung steht den Bürgern der Rechtsweg offen (Art. 19 Abs. 4 GG). Der Rechtsschutz in Steuersachen ist durch ein ***außergerichtliches Vorverfahren*** und daran anschließendes Gerichtsverfahren geregelt. Das Vorverfahren verfolgt den Zweck, der Verwaltung die Möglichkeit zur Selbstkontrolle ihres Handelns zu geben und die Gerichte zu entlasten. Rechtsbehelf im Vorverfahren ist der ***Einspruch***. Er bewirkt zunächst, dass der angefochtene Verwaltungsakt nicht bestandskräftig wird. Gleichzeitig ist die Behörde, die den betreffenden Verwaltungsakt erlassen hat, verpflichtet, den gesamten Vorgang im Zuge einer Gesamtaufrollung zu überprüfen. Durch den Einspruch wird die Wirksamkeit des Verwaltungsakts nicht gehemmt (§ 361 Abs. 1 AO). Insbesondere die Zahlungspflicht bleibt vollumfänglich bestehen. Deshalb ist es in der Praxis sinnvoll, den Einspruch mit einem ***Antrag auf Aussetzung der Vollziehung des Verwaltungsakts*** zu verbinden. Die erneute Überprüfung des Steuerfalls kann für den Steuerpflichtigen zu einem ungünstigeren Ergebnis führen (Verböserung). Will die Finanzbehörde den Verwaltungsakt zu Ungunsten des Steuerpflichtigen ändern, muss sie ihn darauf im Vorwege hinweisen. Dadurch wird es dem Einspruchsführer ermöglicht, seinen Rechtsbehelf zurückzuziehen und die ursprüngliche Entscheidung bestandskräftig werden zu lassen.

REGELN BEIM EINSPRUCH

Um Erfolg zu haben, muss der **Einspruch zulässig und begründet** sein. Wichtigste Zulässigkeitsvoraussetzungen sind die **Einhaltung von Frist- und Formvorschriften** sowie die Beschwer des Steuerpflichtigen durch den angefochtenen Verwaltungsakt. Der Einspruch ist innerhalb einer Frist von einem Monat nach Bekanntgabe des Steuerbescheids einzulegen. Er ist schriftlich einzulegen oder zur Niederschrift zu erklären. Übermittlung per Telegramm, Telefax oder E-Mail sind zulässig. Im Einspruch soll angegeben werden, inwieweit der Verwaltungsakt angefochten und seine Aufhebung beantragt wird. Über den Einspruch wird regelmäßig durch Einspruchsentscheidung entschieden. Will die Finanzbehörde in vollem Umfang dem Antrag des Steuerpflichtigen entsprechen, kann sie einen sog. Abhilfebescheid erlassen.

Unterliegt der Steuerpflichtige im Einspruchsverfahren, bietet ihm der ***Finanzrechtsweg*** weiteren Rechtsschutz. Er ist in der Finanzgerichtsordnung geregelt. Gerichte der zweistufigen Finanzgerichtsbarkeit sind die Finanzgerichte als oberste Landesgerichte in den einzelnen Bundesländern sowie im Bund der Bundesfinanzhof mit Sitz in München. Mit seiner Klage vor dem Finanzgericht bezweckt der Steuerpflichtige meist die Aufhebung oder Änderung eines Verwaltungsakts. Das Gericht entscheidet über die Klage durch Urteil. Gegen Urteile der Finanzgerichte können die Beteiligten unter bestimmten Bedingungen Revision beim Bundesfinanzhof einlegen.

7.6 Änderung bestandskräftiger Steuerbescheide

Als Massenverfahren ist das Besteuerungsverfahren vergleichsweise fehleranfällig. Nach Eintritt der Bestandskraft sind Steuerbescheide allerdings nicht mehr ohne weiteres änderbar. Daraus ergibt sich ein ständiges Spannungsverhältnis zwischen der Forderung nach materieller Richtigkeit der Steuerbescheide und dem Streben nach Rechtsfrieden. Diesen Zielkonflikt löst der Gesetzgeber mit den ***Normen zur Berichtigung von Verwaltungsakten***. Unter engen Voraussetzungen besteht die Möglichkeit zur Korrektur von fehlerhaften Verwaltungsakten trotz deren bereits eingetretener Bestandskraft. Die Berichtigungsvorschriften stehen mit der Art des zu korrigierenden Verwaltungsakts in Verbindung. Für sämtliche Verwaltungsakte ist die Berichtigung wegen offenbarer Unrichtigkeit anwendbar. Schreib-, Rechenfehler und ähnliche offenbare Unrichtigkeiten, die beim Erlass des Verwaltungsaktes unterlaufen sind, können jederzeit berichtigt werden (§ 129 AO). Weitere Korrekturnormen gelten ***ausschließlich für Bescheide (Steuer-, Feststellungs- und Messbescheide)***. So sind unter dem Vorbehalt der Nachprüfung (§ 164 AO) oder vorläufig ergangene Steuerfestsetzungen (§ 165 AO) wie auch Steueranmeldungen (§ 168 AO) jederzeit änderbar.

ACHTUNG

Neben dem eher seltenen Antrag auf schlichte Änderung (§ 172 AO) sind Änderungen wegen neuer Tatsachen oder Beweismittel praktisch bedeutsam. Als neu gelten Tatsachen und Beweismittel, die bei Erlass des Bescheides objektiv bereits vorhanden, der Finanzbehörde allerdings noch nicht bekannt gewesen waren. Ohne weitere Voraussetzungen ist dann eine Berichtigung zuungunsten des Steuerpflichtigen möglich (§ 173 Abs. 1 Nr. 1 AO). Eine Korrektur zugunsten des Steuerpflichtigen ist nur möglich, wenn ihn an dem nachträglichen Bekanntwerden kein grobes Verschulden trifft (§ 173 Abs. 1 Nr. 2 AO).

Ferner sind Steuerbescheide zu ändern, wenn der Grundlagenbescheid, auf dem sie basieren, geändert wird (§ 175 AO). So ist der Einkommensteuerbescheid (Folgebescheid) eines Mitunternehmers zu korrigieren, wenn der Gewinnfeststellungsbescheid (Grundlagenbescheid) für die Personengesellschaft, an der er beteiligt ist, berichtigt wird.

Die bisher aufgeführten Berichtigungsmöglichkeiten erlauben eine punktuelle Korrektur von Steuerbescheiden. Gleichzeitig mit ihnen sind gegenläufige materielle Fehler mit zu berichtigen, was zu einer Saldierung von Mehr- und Mindersteuern führt (§ 177 AO).

IX. Einkauf und Lagerhaltung

Die Bedeutung und die Akzeptanz des industriellen Einkaufs ist in den vergangenen Jahren zunehmend angestiegen. Ausgehend von Konzepten wie bspw. Just-In-Time und Lean Production, bei denen umfassende Änderungen im Produktionsbereich die verbesserte Anpassung eines Unternehmens an veränderte Markt- und Ressourcenbedingungen unterstützen und sichern sollen, haben sich mit Konzepten wie bspw. Global Sourcing und Strategic Sourcing seit einigen Jahren auch im Einkaufsbereich tiefgreifende Änderungen ergeben.

1. Strategische Bedeutung des Einkaufs

1.1 Steigender zwischenbetrieblicher Stellenwert

Früher wurde der Stellenwert des industriellen Einkaufs oftmals ausschliesslich auf operative Aufgabenstellungen reduziert. Dabei wurden Fragestellungen wie bspw. „In welcher Güte und Art werden welche Inputfaktoren von welchen Lieferanten zu welchen Konditionen zu welchem Zeitpunkt beschafft?“ gewissermaßen als Nebenbedingungen der kostenminimierenden Versorgung eines Unternehmens mit Produktionsfaktoren interpretiert. Etwas salopp formuliert, der Einkaufsbereich war damals kaum mehr als ein operativer „Erfüllungsgehilfe“ im Unternehmen. Ausgelöst durch ein stark verändertes Verhalten von Kunden und Wettbewerbern gegenüber den industriellen Herstellern haben diese ihre Beziehungen zu ihren Lieferanten nachhaltig überarbeitet und zum Teil fundamental neu ausgerichtet. Im Einkaufsbereich wird dabei sozusagen ***ein Potenzialbereich*** gesehen, welcher die ***Formulierung*** und ***Realisierung von unternehmensbezogenen Markt-, Kunden- und Wettbewerbsstrategien*** unterstützen kann. Im Rahmen der verstärkten Auseinandersetzung mit dem Einkaufsbereich wurden dabei auch neue organisatorische Konzepte zur Abstimmung des Verhältnisses zwischen Abnehmer und Lieferant formuliert. Gleichlaufend damit wurden in Praxis und Wissenschaft neue Konzepte erarbeitet, wie ein bedeutsamer gewordener Einkaufsbereich an die Funktionsbereiche Forschung & Entwicklung, Produktion und Absatz verbessert angepasst werden kann. Die innerbetriebliche Einbettung des Einkaufs hat dabei zentrale Bedeutung für ein Unternehmen, um ökonomische Potenziale zu generieren und auszuschöpfen. Schließlich wurden durch die Verzahnung der Konzepte aus Produktions- und Einkaufsbereich auch neue Lagerhaltungskonzepte formuliert.

1.2 Steigender innerbetrieblicher Stellenwert

Der Stellenwert des industriellen Einkaufs ist bis vor wenigen Jahren oftmals ausschließlich daran gemessen worden, wie hoch das Kosten(einsparungs)potenzial ist, welches sich durch geeignete Einkaufsmaßnahmen erzielen lässt. Es ist in Praxis und Wissenschaft nahezu unstrittig, dass Senkungen der Materialkosten (die sich durch den geeigneten Einkauf erzielen lassen) positive Effekte auf den Unternehmenserfolg ausüben. Bereits aus diesem Grund wird dem Einkauf aus Kostengesichtspunkten große Aufmerksamkeit gewidmet. Die innerbetriebliche Akzeptanz des Einkaufs ist jedoch nicht zuletzt auch deshalb angestiegen, weil das ***Zukaufvolumen*** von Industrieunternehmen in nahezu allen Branchen immer mehr ***anwächst***. So werden mittlerweile bspw. durchschnittlich rund 75 % der gesamten Wertschöpfung eines Unternehmens in der Automobilindustrie von Lieferanten zugekauft. Selbst in Industriebereichen wie bspw. der Chemie- und Pharmaindustrie, die traditionell über ein relativ hohes Maß an Eigenwertschöpfung verfügen, besteht mittlerweile ein Zukaufvolumen von durchschnittlich rund 60 %. Durch die Verlagerung von Wertschöpfung der Herstellerunternehmen auf deren Lieferanten erfährt der Einkaufsbereich eine strategische Bedeutung, weil entsprechende Kompetenzen und Fähigkeiten der Lieferanten koordiniert, kombiniert und mit den Kompetenzen und Fähigkeiten des Herstellers gekoppelt werden müssen. Es zeigt sich, dass der Einkaufsbereich sowohl aus Kosten- als auch aus Kompetenzgesichtspunkten in den vergangenen Jahren deutlich an Stellenwert hinzugewonnen hat.

2. Inner- und zwischenbetriebliches Schnittstellenmanagement im Einkauf

Bedingt durch die gestiegene Bedeutung des Einkaufsbereichs im Hinblick auf Kosten- und Kompetenzgesichtspunkte wird es aus Sicht eines abnehmenden industriellen Herstellers zunehmend wichtiger, geeignete Gestaltungsmaßnahmen zum Management der außer- und innerbetrieblichen Schnittstellen seines Einkaufsbereichs zu formulieren.

2.1 Die Abstimmung außerbetrieblicher Schnittstellen: Das Lieferantenmanagement

Aufgrund der stetig steigenden Einkaufsvolumina geraten neben Kosten- insbesondere auch Kompetenzgesichtspunkte in den Blickpunkt des Einkaufsmanagement. Besonders bedeutsam wird vor diesem Hintergrund die Abstimmung der Kompetenzen von Lieferanten und Herstellern. Während die Herstellerunternehmen sich ihrerseits verstärkt auf ihre eigenen Kompetenzfelder spezialisieren, erbringen Lieferanten immer breitere Wertschöpfungsfelder für die Hersteller. Mit anderen Worten, während das Lieferantenmanagement bis vor wenigen Jahren weitgehend dadurch gekennzeichnet war, dass Senkungen der Bezugspreise im Blickfeld des Management der Lieferantenbeziehungen standen, sind es seit einigen Jahren verstärkt auch Aspekte der Kompetenzallokation und -kopplung. Die Auswahl geeigneter Lieferanten wird dabei besonders bedeutsam, ebenso wie das ***Management*** und die ***Gestaltung der Hersteller-Lieferanten-Beziehungen*** sowie das Management eines aktuellen und zukünftigen Lieferantenportfolios.

2.1.1 Das Beschaffungsmarketing und die Lieferantenauswahl

Damit industrielle Hersteller den gestiegenen Anforderungen an eine flexible, wettbewerbsorientierte, preisoptimale und kundenkonforme Versorgung ihrer Absatzmärkte gerecht werden können, sind zunehmend auch entsprechende Leistungsbeiträge ihrer jeweiligen Lieferanten erforderlich. Damit aus dem Bezugskreis an potenziell in Frage kommenden Lieferanten für die benötigen Einkaufsgüter und -leistungen diejenigen herausgefiltert werden können, welche die Anforderungen des Herstellers möglichst optimal erfüllen, liefert das ***Beschaffungsmarketing*** bzw. die ***Beschaffungsmarktforschung*** wichtige Erkenntnisse über die ***Beschaffenheit der Einkaufsmärkte***. Sehr wichtig in diesem Entscheidungsfeld sind moderne Informations- und Kommunikationssysteme (IuK-Systeme), die bspw. per Internet und/ oder über geeignete Online-Datenbanken die Auswahl geeigneter Lieferanten auf weltweiter Basis effektiv und effizient unterstützen können. Das Beschaffungsmarketing arbeitet also daran, Informationen über Einkaufsmärkte und -leistungen auf systematische Art und Weise zu generieren. Dadurch soll letztendlich auch eine gewisse Transparenz der Einkaufsmärkte herbeigeführt werden. Diese Transparenz wiederum soll ihrerseits zu einer Reduzierung der Einkaufsrisiken, zu einer Optimierung der (Einkaufs-) Kostenstrukturen sowie zu einer optimalen Faktor- und Güterallokation führen.

Einkaufsobjekte, die im Mittelpunkt des Beschaffungsmarketing stehen, können bspw. Roh-, Hilfs- und Betriebsstoffe, Module und Systeme, Handelswaren, Dienstleistungen sowie Know-How und allgemeine sowie spezifische Informationen sein. Im Sinne einer Matrixdarstellung lassen sich die im Beschaffungsmarketing erhobenen Erkenntnisse spiegeln an Produkten, regionalen und/ der branchenbezogenen Märkten, Lieferanten und preislichen sowie zeitlichen Einkaufsbedingungen. In Bezug auf die Beschaffungsmarktforschung zur ***Identifikation potenziell geeigneter Lieferanten*** bzw. zur regelmäßigen oder fallweisen Überprüfung bereits bestehender Lieferanten eignen sich auch multimediale Zugänge zum Beschaffungsmarketing, die stark internet- und/ oder intranetbasiert sind.

Bei der ***Auswahl*** geeigneter Lieferanten ***über das Internet*** bietet es sich dabei an, die auf den ersten Blick unüberschaubare Fülle an Informationen, die das Internet zur Verfügung stellt, durch eine systematisierende Recherchestrategie geeignet zu ordnen und dann konsequent abzuarbeiten. Mailinglisten, Newsgroups und Diskussionsforen stellen hier moderne IuK-Instrumente zur Unterstützung des Beschaffungsmarketing dar. Suchmaschinen und Web-Kataloge eignen sich ebenfalls zur Unterstützung der Beschaffungsmarktforschung. Neben diesen, weitgehend uneingeschränkt zugängigen, Informationsquellen lassen sich insbesondere auch Infobroker, Adressdatenbanken und zugangsreglementierte bzw. gebührenpflichtige Fachdatenbanken als Ressourcen für die Informationsbeschaffung anführen.

In der Praxis hat sich dabei vielfach gezeigt, dass nicht ein einzelnes Informationsmedium zielführend ist, sondern fast immer eine entsprechende ***Kombination unterschiedlicher Medien***. Diese besteht aus unterschiedlichen Kombinationen von Datenbanken, Internet-Ressourcen, Infobrokern und -listen. Erst durch wiederholte, regelmässige Recherchen zu Länder-, Unternehmens- und/ oder Produktinformationen lassen sich individualisierte Informationspools und -netze aufbauen, die für eine Auswahl geeigneter Lieferanten herangezogen werden können.

In den vergangenen Jahren hat sich verstärkt die Tendenz ergeben, dass ein Hersteller nur noch mit wenigen Modul- und/ oder Systemlieferanten bzw. -integratoren direkt zusammenarbeitet, und diese „Hauptlieferanten" ihrerseits mit ihren eigenen „Lieferantenbasen" zusammenarbeiten. Aus Sicht des Herstellers hat dieses den ökonomisch sinnvollen Effekt, dass er seine Beschaffungsmarktforschung auf wenige Hauptlieferanten beschränken kann, und dass er das komplette Management der Abstimmung von Kompetenzen und Fähigkeiten zwischen seinem eigenen Geschäft und dem Leistungsportfolio seiner Hauptlieferanten effektiver und effizient gestalten kann. Mit anderen Worten, in vielen Branchen haben sich in den vergangenen Jahren sogenannte ***Zulieferpyramiden*** herauskristallisiert, die sich zusammenfassend wie folgt skizzieren lassen: An der Spitze der Pyramide steht der ***Hersteller (Original Equipment Manufacturer – OEM)***, der die Kopplung der gesamten Wertschöpfungspyramide an die, aus Sicht des OEM relevanten, Absatzmärkte sicherstellt. In der ersten Ebene darunter stehen wenige große „Hauptlieferanten" in Form von Modul- und/ oder Systemlieferanten (***Original Equipment Supplier – OES***), die wesentliche Eigenleistungen für den OEM erbringen. Das Geschäft eines OES ist darüber hinaus aber auch darauf ausgerichtet, seinerseits Lieferanten für bestimmte Teile aus einer „Lieferantenbasis" herauszukristallisieren, so dass in der zweiten Ebene unter dem OEM eine relativ ausgeprägte Vielzahl von Lieferanten stehen kann, die nicht direkt an den OEM, aber direkt an die wenigen OES liefern. Diese Lieferanten liefern dabei keine Module und/ oder Systeme, sondern lediglich Komponenten und/ oder Teile. An dieser Stelle wird deutlich, dass die Identifikation und Auswahl von Lieferanten sich unternehmensindividuell ausgestaltet, je nachdem, wie die Zulieferpyramide eines betrachteten OEM geartet ist.

Aus Sicht eines OEM ist vor allem die Identifikation und ***Auswahl*** von ***geeigneten Modul-*** und/ oder ***Systemlieferanten*** von besonderer Bedeutung. Bei der Auswahl dieser OES stehen Aspekte wie bspw. Produktkenntnis, Entwicklungs-Know-How und -kapazitäten, Flexibilität, Innovationsgrad, ökonomische Vorteilhaftigkeit der Produkt- und Prozesskonzeptionen, Preisbedürfnis des OES, Preisbereitschaft des OEM, zeitliche und kapazitive Versorgungsfähigkeit und Kompetenzportfolio sowie die Kompatibilität des Leistungspotenzials des

OES mit dem entsprechenden Anspruchsniveau des OEM im Vordergrund der Lieferantenauswahl. Die vom OES gelieferten Module und/ oder Systeme werden auf der Grundlage eines Lastenhefts evaluiert, in dessen Umfang insbesondere auf Aspekte wie bspw. Leistungsanforderungen, Qualitätsanforderungen, funktionale Anforderungen, logistische Erfordernisse, entwicklungsbezogene Eigenschaften und Anforderungen an Schnittstellen zu anderen Modulen und/ oder Systemen geachtet wird.

2.1.2 Das Management von Lieferantenbeziehungen

Sofern potenzielle OES als Modul- und/ oder Systemlieferanten für einen OEM von diesem ausgewählt worden sind, werden Prozeduren zwischen Abnehmer und Lieferanten etabliert, die den Leistungsaustausch geeignet gestalten. Die Formulierung „geeignet gestalten" deutet an dieser Stelle an, dass es weder eine optimale Anzahl von OES für einen OEM noch eine optimale Anzahl von Teilelieferanten für einen OES gibt. Aus Sicht eines OEM bedeutet eine ***zunehmende Anzahl von OES eine steigende Kompliziertheit*** bzw. Vielschichtigkeit des Lieferantenmanagement, eine sinkende bzw. ***kleine Anzahl von OES*** dahingegen eine vergleichsweise ***große Abhängigkeit des OEM*** vom Geschäft der wenigen OES. Diese Abhängigkeit induziert hierbei auch ein gewisses geschäftliches Risiko auf den OEM. Entsprechend verhält es sich für die OES in ihrer jeweiligen Sicht auf die Teile- und Komponentenlieferanten. Die Formulierung „geeignet gestalten" deutet darüber hinaus auch an, dass es auch keine optimale Anzahl von Lieferanten (in dieser Sicht gleichgültig, ob OES oder Teile- oder Komponentenlieferant) für ein Einkaufsobjekt gibt. Sofern sich ein Abnehmer auf einen einzigen Lieferanten in Bezug auf ein betrachtetes Einkaufsobjekt „verlässt", lässt sich diese Abnehmer-Zulieferer-Beziehung einerseits exklusiv handhaben und unter Effektivitäts- und Effizienzgesichtspunkten vergleichsweise ökonomisch sinnvoll gestalten. Andererseits besteht auch hier ein gewisses Risiko der Abhängigkeit von einem Lieferanten in Bezug auf ein Einkaufsobjekt.

Das Management der Beziehungen eines Abnehmers zu seinen Lieferanten vollzieht sich vor dem Hintergrund dieser Überlegungen als Ausgleich zwischen unternehmensindividuell zu evaluierenden ***Chancen*** und ***Risiken***, die sich aus einer betrachteten ***Abnehmer-Zulieferer-Beziehung*** ergeben. Mit Chancen werden dabei ökonomische Vorteile, Effektivitäts- und Effizienzvorteile sowie Kompetenz(bündelungs-)vorteile aus Sicht des OEM bezeichnet. In den Aspekt Risiken werden dabei vor allem Abhängigkeitsstrukturen des Abnehmers vom Lieferanten subsumiert, die das Geschäft des Abnehmers kosten- und/ oder kompetenzseitig mitunter stark gefährden könnten. Modullieferanten kombinieren dabei Teile und Komponenten entsprechender Sub-Lieferanten zu einem einbaufertigen Modul, welches größtenteils Just-In-Time in den Fertigungsablauf und Produktentstehungsprozess des OEM integriert wird. Der Modullieferant reduziert für den OEM dabei das Risiko im Umgang mit den Teile- und Komponentenlieferanten, und er erhöht die Chance für den OEM, produktionsseitige Effektivitäts- und Effizienzvorteile realisieren zu können. Im Umgang mit dem Modullieferant bietet es sich für einen OEM deshalb an, vor allem die Leistungsbeschreibung der gelieferten Module vertraglich zu fixieren. Systemlieferanten übernehmen neben der Lieferung eines Systems regelmässig auch Entwicklungsleistungen, insbesondere dann, wenn Systemlieferanten als sogenannte ***Systemintegratoren*** auftreten. Mit anderen Worten, Systemintegratoren übernehmen Wertschöpfungsleistungen vom OEM, welche vorher ausschließlich auf Abnehmerseite vollzogen wurden. Ein Systemintegrator übernimmt dabei also nicht nur die Erstellung von Modulen, sondern darüber hinaus insbesondere auch bereits deren Entwicklung und das komplette Qualitäts-, Logistik- und Beschaffungsmanagement. Aus Sicht eines OEM übernimmt ein Systemintegrator damit auch einen Teil des absatzmarktseitigen Risikos. Das Management einer Lieferantenbeziehung zu einem Systemintegrator stellt somit besondere Anforderungen an einen OEM, damit die im Vergleich zu einer konventionellen Lieferantenbeziehung deutlich gesteigerten Chancen und Risiken im Einklang zueinander und in Entsprechung mit dem eigenen Profil des OEM abgestimmt werden können.

Das ***Management der Lieferantenbeziehung*** zu einem Systemintegrator ist darauf ausgerichtet, folgende Abstimmung zwischen dem Geschäft des OEM und dem OES herbeizuführen: Der Systemintegrator sollte idealerweise mehrere Produkt- und Prozesstechnologien beherrschen, die zur Entwicklung, Fertigung und Übergabe von Produktlösungen in den Fertigungsprozess des OEM erforderlich sind, so dass Entwicklungs- und Fertigungs-Know-How schrittweise vom OEM an den OES übertragen werden können. Der OES sollte auch in der Lage sein, seine eigene Lieferantenbasis in Abstimmung mit den Absatzmarkterfordernissen des OEM zu evaluieren und geeignete Teilelieferanten zu identifizieren und in sein eigenes Geschäft zu integrieren, damit dem OEM die Konzentration auf sein Kerngeschäft erleichtert werden kann. Ein weiterer Punkt liegt in der Übernahme des Gewährleistungs- und Absatzmarktrisikos durch den OES für die von ihm eigenständig beigesteuerten Systeme. Hierfür ist in der Regel eine nicht unbeträchtliche Kapitalausstattung bzw. Finanzkraft des OES unabdingbar. Damit der OEM einen Teil des Absatzmarktrisikos also an seine(n) OES abgeben kann (im Sinne einer Teilung des Marktrisikos), ist erforderlich, dass der OES über eine entsprechende finanzielle Schlagkraft verfügt.

Das Lieferantenmanagement eines OEM hat sich bis vor wenigen Jahren noch weitgehend damit befasst, Beziehungen zu vielen kleinen, zum Teil stark heterogenen Lieferanten gleichzeitig zu gestalten. Dieses wird sich in den kommenden Jahren voraussichtlich stark verändern. Das Lieferantenmanagement eines OEM wird zukünftig stark davon dominiert sein, marktlich und finanziell belastbare und stabile sowie im Hinblick auf ausdifferenzierte Chancen/ Risiko-Profile ökonomisch vorteilhafte Beziehungen zu wenigen OES aufzubauen und aufrechtzuerhalten.

2.1.3 Die Auswertung und der Aufbau von Lieferanten

Um die Entscheidung eines OEM darüber, welchen der bestehenden Lieferanten man zu einem Systemintegrator „ausbauen" sollte und welchen nicht, zu unterstützen, sind eine Reihe von Richtlinien in Praxis und Wissenschaft erarbeitet worden, die sich aufgrund der wenigen Realbeispiele, die bislang existieren, nur grundsätzlich zusammenfassen lassen. Aus Sicht eines OEM wird es dabei zunehmend wichtiger, seine OES nicht nur nach Kostengesichtspunkten, sondern insbesondere auch nach Kompetenzgesichtspunkten zu evaluieren und aufzubauen. Mit anderen Worten, in die Beurteilung der Frage, welche Lieferanten in das Geschäft des OEM als OES zu integrieren sind, diffundiert dabei maßgeblich die Frage nach dem optimalen Chancen/ Risiko-Profil des OEM.

Das Chancen/ Risiko-Profil eines industriellen Herstellers fokussiert inhaltlich auf das Kompetenzportfolio des OEM. Dieses besteht bspw. aus Kompetenzen und Fähigkeiten in Bezug auf spezifisches Entwicklungs-Know-How, Fertigungs-Know-How sowie in Bezug auf spezifische Absatzmarktkenntnisse und Markenmanagement. Im Rahmen der ***Evaluierung*** von ***gegenwärtigen*** und ***zukünftigen Lieferanten*** bietet es sich an, einzelne Zulieferer im Hinblick auf die Erfüllung bestimmter Benchmarks zu untersuchen. Kriterien für das ***Benchmarking von Lieferanten*** sind dabei bspw. die Lieferantenorganisation, die strategische und operative Ausrichtung der Lieferanten im Hinblick auf bestimmte Geschäftssegmente des OEM, Fertigungsprozesse des Lieferanten, die IuK-Systeme des Lieferanten und deren Kompatibilität zu den entsprechenden Systemen des OEM sowie weitere grundsätzliche qualitative Aspekte. Im Hinblick auf die Abstimmung des Kompetenzprofils zwischen OEM und OES werden Benchmarks untersucht, die sich bspw. auf die Komplementarisierungsfähigkeit der Kompetenzausstattungen von OEM und betrachtetem OES, auf den

Beitrag des OES zum Kundennutzen bzw. zur Zufriedenheit der Kunden des OEM, auf das Innovationspotenzial und die Distinguiertheit vom Wettbewerb beziehen können. Zur Durchführung derartiger ***Benchmark-Untersuchungen*** können dabei auch Informationen genutzt werden, die durch die Kooperation im Rahmen eines Einkaufsnetzwerks bzw. -verbunds generiert werden.

Gegenwärtige und potenzielle Lieferanten, die den Benchmark-Prozess erfolgreich durchlaufen, können vom OEM sinnvollerweise in sein Einkaufsgeschäft integriert werden. Lieferanten, welche die Benchmark-Kriterien (noch) nicht erfüllen, können nach der Maßgabe einer strategischen Potenzialanalyse unter Umständen als zukünftige Lieferanten aufgebaut werden. Eine derartige Lieferantenentwicklung ist für den Abnehmer aber nicht risikolos, da der Aufbau und die Pflege zukünftiger Lieferanten keinen unmittelbaren ökonomischen Erfolg bzw. Leistungsbeitrag für den OEM erwirtschaftet. Im Rahmen der Chancen/ Risiko-Kalkulation sind hier also auch Aspekte des Leistungspotenzials zukünftiger Lieferanten mit einzubeziehen.

2.2 Die Abstimmung innerbetrieblicher Schnittstellen: Das Integrationsmanagement

Neben der Fokussierung auf das Management der Lieferantenbeziehungen gestaltet sich vor allem die ***Abstimmung*** des Einkaufsbereichs ***mit anderen Funktionsbereichen*** des Herstellerunternehmens als sehr bedeutsam für dessen ökonomischen Erfolg. Während das Lieferantenmanagement interorganisationale Aspekte in seinem Blickpunkt verdichtet, wird im Rahmen des innerbetrieblichen Integrationsmanagement darauf geachtet, dass die Aufgaben und Entscheidungsfelder des Einkaufsbereichs entsprechend effektiv und effizient mit denjenigen der anderen betrieblichen Funktionsbereiche gekoppelt werden. Der gestiegene Stellenwert des Einkaufs drückt sich dabei auch dadurch aus, dass der Einkaufsbereich nicht mehr nur Verbindungen zum Produktionsbereich eines Unternehmens unterhält, sondern auch ausgeprägte Schnittstellenbeziehungen zur Forschung & Entwicklung und zum Absatzbereich bestehen. In einigen Unternehmen hat der Einkauf eine entsprechend große Verantwortung erlangt, dass eigene Vorstandsressorts für den Einkauf etabliert werden, in welche die Verantwortung für Produktionsaufgaben und/ oder Entwicklungsaufgaben teilweise subsumiert sind.

2.2.1 Die Abstimmung von Einkauf und Forschung & Entwicklung

In inhaltlicher Sicht bedingt eine ***funktionsbezogene Abstimmung*** der Aufgabenbereiche Einkauf und Forschung & Entwicklung die Kopplung und Koordination von Innovationsmanagement und Lieferantenmanagement. Während im Forschungs- und Entwicklungsbereich das betriebliche Innovationsmanagement sich mit der Planung und Gestaltung von Kundenlösungen für zukünftige Absatzmarktpotenziale beschäftigt, werden im Lieferantenmanagement ***Wertschöpfungsbeiträge identifiziert und gesichert***, die nicht innerhalb der eigenen Grenzen des Unternehmens hergestellt werden. Die Fragen, welche das Management an der Schnittstelle dieser beiden Funktionsbereiche zu bearbeiten hat, lauten „Welche Lieferanten sind in der Lage bzw. werden nach Lieferantenaufbau in der Lage sein, entsprechende Wertschöpfungsbeiträge für welche zukünftig zu realisierenden Produkte bzw. Kundenlösungen eines abnehmenden Herstellers vor dem Hintergrund erst zukünftig realisierbarer Absatzmarktpotenziale für die innovativen Produkte zu liefern?“ und „Welche Forschungs- und Entwicklungsleistungen eines abnehmenden Herstellers können im Rahmen einer grundsätzlichen Abnehmer-Lieferanten-Kooperation sinnvoller Weise vom Hersteller auf den Lieferanten übertragen werden?“.

Die nähere Betrachtung der Abstimmung von Innovationsmanagement und Lieferantenmanagement zeigt, dass diese beiden Fragen nicht vollständig innerbetrieblich beantwortet werden können. Mit anderen Worten, im Zuge der immer weiter zunehmenden Verlagerung von Wertschöpfung vom Hersteller an die Lieferanten bricht die traditionelle Sichtweise immer mehr auf, nach der Innovationsmanagement grundsätzlich beim abnehmenden Hersteller betrieben wurde, und lediglich das Lieferantenmanagement eine unternehmensübergreifende Aufgabe zu erfüllen hatte. Bedingt durch die Entwicklungen der vergangenen Jahre zeigt es sich demgegenüber, dass auch Forschungs- und Entwicklungsaufgaben vom Hersteller auf Systemlieferanten übertragen werden. Diese Systemlieferanten stellen also nicht mehr nur bestimmte Wertschöpfungspartiale für den Abnehmer her, sondern sie vollziehen darüber hinaus auch die dafür notwendigen Forschungs- und Entwicklungsaufgaben. Dieses bedingt, dass das Lieferantenmanagement auf Seiten des Abnehmers wichtiger wird. Während früher im Rahmen des Lieferantenmanagement lediglich auf Kostenaspekte geachtet wurde (also darauf, dass die Lieferanten exakt definierte Spezifikationen zum niedrigst möglichen Bezugspreis liefern), stehen heute vor allem auch Kompetenz- und Know-How-Aspekte im Mittelpunkt. Bedingt durch die Tatsache, dass ein Hersteller nach Maßgabe der jeweils konkret ausgestalteten Zusammenarbeit mit Systemlieferanten nicht mehr über eigenes Entwicklungs-Know-How im Bezug auf einen (Groß-)Teil der von ihm am Absatzmarkt platzierten Wertschöpfungsleistungen verfügt, steigt auch der Stellenwert des Lieferantenmanagement innerhalb der Organisation des Abnehmerunternehmens.

Aus Sicht eines Herstellers kann es dabei auch möglich sein, dass ein Teil seiner Lieferanten bzw. Wertschöpfungspartner Forschungsaufgaben erledigt, während ein anderer Teil seiner (System-)Lieferanten Entwicklungsaufgaben übernimmt. Durch diese Art der ***unternehmensübergreifenden Zusammenarbeit*** werden einerseits in der Sphäre des Herstellerunternehmens funktionsbereichsbezogene Organisationsgrenzen erodiert. Andererseits führt diese Form der unternehmensübergreifenden Koordination und Kombination von Aufgabenfeldern zur ***Etablierung von Netzwerken*** zwischen den beteiligten Partnern. Im Rahmen der Herausbildung dieser Unternehmensnetzwerke ist dabei von besonderer Bedeutung, dass entsprechende IuK-Systeme etabliert werden. Das Gebiet der elektronischen Vernetzung der an einem Wertschöpfungsverbund beteiligten Partner soll hier aus Sicht des abnehmenden Herstellers in Bezug auf sein Lieferantenmanagement skizziert werden.

Durch die ***Integration elektronischer Kommunikationsprozesse*** in die Betriebsabläufe eines Herstellers im Rahmen des Lieferantenmanagements lassen sich neben Kosten- und Zeitvorteilen auch Qualitätsvorteile für diesen erarbeiten. Die Verringerung der (Einkaufs- und Bezugs-)Kosten resultiert teilweise daraus, dass Prozesskosten und Einstandspreise verringert werden können, dass es zu einer Automatisierung und Verkürzung der Prozessabläufe zwischen Abnehmer und Lieferant kommen kann; die Etablierung von Zeitvorteilen resultiert in dieser Sicht insbesondere daraus, dass beide Unternehmen (also Abnehmer und Lieferant) über eine höhere Reagibilität in Bezug auf Absatzmarktschwankungen verfügen, und dass auf beiden Seiten weniger operativ-administrative Tätigkeiten ausgeführt werden müssen (die vor Einführung der IuK-Systeme teilweise redundant sind). Qualitätsziele lassen sich durch den elektronischen Einkauf auch verbessert erreichen, da zum Beispiel eine höhere Beschaffungsmarkttransparenz herbeigeführt werden kann. Die Zusammenarbeit des Einkaufsbereichs mit dem Aufgabenfeld Forschung & Entwicklung wird in Zukunft also zunehmend verstärkt über unternehmensübergreifende Schnittstellen vollzogen, für deren ökonomisch sinnvolle Gestaltung entsprechende IuK-Systeme eine hinreichend geeignete Unterstützungsgrundlage darstellen.

2.2.2 Die Abstimmung von Einkauf und Produktion

Die Schnittstelle zwischen Einkauf und Produktion wird in der Praxis oftmals als ***Schnittstelle zwischen Einkauf und Technik*** aufgegriffen. Die Gestaltung dieser Schnittstelle hat sich dabei in den vergangenen Jahrzehnten grundlegend gewandelt. In der Mitte des 20. Jahrhunderts noch agierten Hersteller zum größten Teil auf Verkäufermärkten. Der Einkauf war in dieser Zeit ein vergleichsweise untergeordneter Teilfunktionsbereich des Funktionsbereichs Produktion. In dieser Sicht dominierten operative Planungsaufgaben, innerhalb deren Rahmen zum Beispiel vor allem Kostengesichtspunkte im Vordergrund der Abstimmung zwischen den übergeordneten Produktionsaufgaben und den darin subsumierten Einkaufsaufgaben standen. Der Einkaufsbereich war eindeutig zugeschnitten auf die Erfordernisse des Produktionsbereichs, welcher auch gleichzeitig den Engpassbereich im Unternehmen darstellte; die komplette Produktion konnte am Absatzmarkt abgesetzt werden. Die Anbieter hatten insgesamt gesehen die Angebotsmacht auf den Absatzmärkten.

Erst mit dem Beginn des Übergangs von Verkäufermärkten hin zu Käufermärkten vollzog sich eine Änderung dieser Praxis. Bedingt durch die Tatsache, dass nunmehr die Nachfrager auf den Absatzmärkten mit einer Nachfragemacht ausgestattet waren, weil die Nachfrage knapper war als das Angebot an Gütern und Leistungen, erfolgte in den Unternehmen allmählich ein Umdenken. Im Rahmen dieses Modernisierungsprozesses wurde der Einkaufsbereich allmählich aus dem unmittelbaren Einfluss des Produktionsbereichs herausgelöst und organisatorisch als (nahezu) gleichrangige Organisationseinheit etabliert. Im Rahmen dieser Entwicklung deckten die Fertigungskonzepte MRPI (Material Requirement Planning) und MRPII (Manufacturing Resource Planning) die Aufgabenfelder ab, die sich aus dieser organisatorischen Neujustierung zwischen Vertriebsaufgaben, Produktions- und Einkaufstätigkeiten und -erfordernissen ergeben haben.

Im weiteren Fortgang der Entwicklung hat sich der Einkaufsbereich stetig weiter emanzipiert. Aufgabenfelder wie zum Beispiel die ***operative und strategische Materialdisposition*** werden vom Einkaufsbereich übernommen. Im Hinblick auf die Unterstützung dieser organisatorischen Aufwertung des Einkaufsbereichs ist anzumerken, dass die Entwicklung von entsprechend geeigneten IuK-Systemen diese Aufwertung des Einkaufsbereichs nachhaltig gefördert hat. Das ERP-Konzept (Enterprise Resource Planning) zum Beispiel erlaubt die Kombination integrierter betriebswirtschaftlicher Anwendungssysteme mit modernen Verfahren der Produktionsplanung und -steuerung, so dass durch geeignete ERP-Systeme der Einkaufsbereich heutzutage strategische Planungs- und operative Steuerungsaufgaben im unternehmensinternen und -externen Informations- und Materialfluss übernehmen kann.

Allerdings ist diese Form der informationsseitigen ***Integration von Einkaufs- und Produktionsaufgaben*** nicht unproblematisch. Insbesondere die sich in jüngerer Zeit verstärkt auswirkenden Schwankungen auf den Absatzmärkten führen häufig dazu, dass das hierarchische Planungskonzept von MRPII mit seiner auftrags- und stufenbezogenen Optimierung von Losgrößen und Bestellmengen an planerischer Schlagkraft verliert. Mit anderen Worten, die hohe Volatilität auf den Absatz- und Beschaffungsmärkten führt dazu, dass zersplitterte Bestellbedarfe mit vergleichsweise hohen Orderfrequenzen die Einkaufsposition eines Abnehmers gegenüber seinen Lieferanten insgesamt verschlechtern. Mit anderen Worten, die Fragmentierung der Einkaufsbedarfe führt dazu, dass ein Hersteller nur vergleichsweise niedrige Einkaufsvolumen bezieht, und sich daraus weniger günstige Preis- und Bezugskonditionen ergeben können. Um diese Entwicklung zu umgehen bzw. deren Auswirkungen zu mildern, schließen sich mehrere Abnehmer auch zu ***Einkaufsnetzwerken*** zusammen. Im Rahmen dieser relativ lose gekoppelten (an einigen Stellen wird in der Wissenschaft und Praxis auch der Begriff virtuell verwendet) Einkaufszusammenschlüsse wird durch die Poolung und ***Bündelung der Einkaufsbedarfe*** eine höhere Einkaufsmacht für die Abnehmer gegenüber ihren Lieferantenpositionen konstruiert. Die Etablierung dieser Einkaufsnetzwerke verfolgt das Ziel, die bei alleiniger Verhandlung mit Lieferanten schlechtere Verhandlungsposition eines Abnehmers im Hinblick auf Preise und Konditionen zu verbessern und ökonomisch sinnvollere Bezugspreise aus Sicht des Abnehmers zu gewährleisten.

Durch die Einbindung eines Abnehmers in Einkaufsnetzwerke lassen sich auch die beiden Oberziele für Einkauf und Produktion verbessert erreichen. Während der Einkaufsbereich oftmals daran gemessen wird, dass niedrige Einkaufskosten und günstige Bezugspreise erzielt werden, dominieren niedrige Herstellkosten und eine hohe Kapazitätsauslastung das Zielsystem im Produktionsbereich. Während beide Zielsysteme bei Nichteinbindung des Abnehmerunternehmens in Einkaufsnetzwerke Gefahr laufen, nicht bzw. nur zum Teil vereinbar zu sein, verbessert sich nicht nur die ökonomische Position des Abnehmers insgesamt, sondern auch die Möglichkeit der Konsensualisierung der ***Zielsysteme von Einkauf und Produktion***. Anzumerken ist an dieser Stelle, dass die Miteinbeziehung von Kompetenzaspekten in die beiden Zielsysteme sich ähnlich kompatibel verhalten kann.

2.2.3 Die Abstimmung von Einkauf und Absatz

Auf den ersten Blick erscheint die Notwendigkeit, Einkauf und Absatz miteinander zu koppeln, relativ gering. Während der Einkaufsbereich auf der Input-Seite der Wertschöpfung sich um die Beziehungen zu den Einkaufsmärkten kümmert, werden im Absatzbereich die Beziehungen eines Herstellers zu seinen Nachfragern auf den von ihm bearbeiteten Absatzmärkten bearbeitet. Diese Sicht hat lange Zeit im Großteil der industriellen Unternehmen vorgeherrscht. Sie bedeutet inhaltlich, dass Einkauf und Absatz auch heute noch oftmals nur unzulänglich miteinander abgestimmt sind. Allerdings ist diese Sicht der Nicht- bzw. ***Niedrigabstimmung von Einkauf und Absatz*** vor dem Hintergrund der oben skizzierten Entwicklungen nicht ohne Risiko und nicht unproblematisch für industrielle Hersteller.

Bedingt durch die Tatsache, dass das Zukaufvolumen industrieller Hersteller stetig steigt, wird nicht nur die organisatorische Verantwortung des Einkaufs in der Gesamtorganisation des Herstellerunternehmens aufgewertet. Lieferanten als unmittelbare Wertschöpfungspartner, die – in der Form von Systemlieferanten – komplette Entwicklungsleistungen mit übernehmen, tragen demzufolge eine stetig steigende Verantwortung für den Absatzmarkterfolg des Herstellers. Mit anderen Worten, da einige Hersteller heutzutage nur noch vergleichsweise geringe Einfluss- und Gestaltungsmöglichkeiten auf die physikalisch-chemisch-technischen Produkteigenschaften seiner von ihm auf den Absatzmärkten positionierten Leistungen hat, wird die ***Abstimmung von Marketing und Einkauf*** bzw. die ***Abstimmung von Kunden- und Lieferantenmanagement*** immer wichtiger.

Während sich das ***Kundenmanagement*** darum kümmert, die Bedürfnisstrukturen und Kauferwartungen sowie generelle Kaufeinstellungen und -zufriedenheiten der Nachfrager aus Sicht des Herstellerunternehmens geeignet zu gestalten, fokussiert das ***Lieferantenmanagement*** darauf, entsprechende Lieferanten zu identifizieren und in die Gesamtwertschöpfung zu integrieren, die in der Lage sind, Systeme und Module zu liefern, die den Anforderungen der Kunden des Herstellers genügen. Die klassische Schnittstelle zwischen Marketing und Forschung & Entwicklung bzw. Marketing und Entwicklung, die sich bisher innerhalb des Herstellers etabliert hat, wird nun extensiviert auf eine unternehmensübergreifende Schnittstelle, in deren Kontext Kunden- und Lieferantenmanagement des Herstellers darauf ausgerichtet sind, von den (System-)Lieferanten diejenigen Wertschöpfungspartiale zu beziehen, die optimal auf Erwartungs-

und Zufriedenheitsstrukturen von Nachfragern auf Absatzmärkten ausgerichtet sind.

Diese Sicht impliziert dabei fundamentale ***Modifikationen im Geschäft eines*** industriellen ***Herstellerunternehmens***: Einerseits wird die innerbetriebliche Koordination und Kombination von Kunden- und Lieferantenmanagement unabdingbar. Andererseits sind entsprechende IuK-Systeme zu etablieren, die zum Beispiel die im Absatzbereich erhobenen Zufriedenheitsdaten der Endnachfrager auf geeignetem Weg und auf geeignete Art und Verdichtung dem Lieferantenmanagement zur Verfügung stellen, damit dort entsprechend geeignete Lieferantenbeziehungen aufgebaut bzw. gepflegt werden können. Im Hinblick auf die Abstimmung der technischen Spezifikationen mit Systemlieferanten erfahren diese Datensysteme eine entsprechend hohe Bedeutung, da die Umsetzung von Nachfragererwartungen und Nutzenvorstellungen in entsprechende Konstruktionsvorgaben und Gestaltungsvorschriften sowie technische Spezifikationen für die physikalisch-chemisch-technischen Produkteigenschaften hier besonders kritisch ist.

Diese Sicht impliziert darüber hinaus aber auch fundamentale ***Modifikationen im Geschäft der (System-)Lieferanten***: Einerseits werden erhöhte Anforderungen an die exakte Umsetzung von Kundenerwartungen in konkrete Produkte gestellt die Kunden des Herstellers zu direkten Ansprechpartnern des Lieferanten machen, wobei die informatorische Stellung des Herstellers zu einem Intermediär reduziert wird. Andererseits wirken die Schwankungen auf den Absatzmärkten unmittelbarer auch auf das Geschäft des Lieferanten. Während bislang die Hersteller sozusagen wie ein Puffer zwischen den Absatzmärkten und den Lieferanten standen, und über entsprechende Dispositionen die Fertigungsabläufe des Lieferanten vergleichsweise komfortabel geglättet werden konnten, schlagen sich in dieser Sichtweise selbst geringste Änderungen auf den Absatzmärkten der Hersteller voll auf dessen Lieferanten durch.

Ein weiterer Gedanke ist folgender: Während in der Sphäre des Herstellers im Bezug auf Absatzmärkte vor allem Markenmanagement betrieben wird, etablieren die (System-)Lieferanten des Herstellers eigenständige Methoden und Verfahren, um die Bedürfnisse der Kunden des Herstellers selbstständig in absatzmarktkonforme Produkte zu transformieren. Vorstellbar ist hier, dass der Value Added eines Herstellers gegen Null tendiert, und sämtliche reale Wertschöpfung von (System-) Lieferanten vollzogen wird. Der Hersteller hält in dieser Sicht lediglich den Kontakt bzw. das Bindeglied zu seinen Kunden auf dem Absatzmarkt, und über die Kontakte bzw. über die kognitive Verankerung der Kunden mit der Marke des Herstellers wird die vollständig von Lieferanten hergestellte Wertschöpfung weitergegeben bzw. vermittelt.

3. Organisatorische Ausrichtung des Einkaufs

Durch die Aufwertung des organisatorischen Stellenwerts des Einkaufsbereichs haben sich nicht nur die Aufgaben des Einkaufs grundlegend gewandelt. Aus Sicht eines industriellen Herstellers gestalten sich nicht nur dessen Beziehungen zu seinen Absatzmärkten als überaus komplex. Insbesondere die Globalisierung bedingt eine sich immer unübersichtlicher darstellende Vielfalt möglicher Geschäftsbeziehungen auf der Faktorinputseite. In den vergangenen Jahren ist insbesondere auch die Einkaufsmarktkomplexität deutlich angestiegen. Um diese inputseitige Komplexität geeignet gestalten zu können, reichen traditionelle Lösungsmuster zur Organisation der Einkaufsaufgaben nicht mehr aus.

3.1 Die innerbetriebliche Einbettung des Einkaufs

In diesem Punkt rücken Fragen der optimalen Abstimmung von zentraler und dezentraler Einkaufsaktivität sowie von regional bzw. lokal und international ausgerichteten Einkaufsaktivitäten in den Mittelpunkt des Interesses. Die Globalisierung von Absatz- und Einkaufsmärkten, die Etablierung weltweiter Standards, die globale Verfügbarkeit von Kapital sowie eine hinreichend gute Mobilität sämtlicher Einsatzfaktoren bedingen auf der Unternehmensseite, dass der Einkaufsbereich im Hinblick auf strukturelle und prozessuale Aspekte dergestalt in die Herstellerorganisation integriert ist, dass eine ***optimale Kombination bzw. Kopplung der inputseitigen Faktorallokation*** einerseits sowie eine ***nachfrageroptimale Güterversorgung*** andererseits etabliert werden kann.

3.1.1 Die Abstimmung zentralen und dezentralen Einkaufs

Die klassische Frage nach der Zentralisation und Dezentralisation von Unternehmensaktivitäten stellt sich insbesondere auch im Einkaufsbereich. ***Zentralisierung des Einkaufs*** bedeutet hierbei zweierlei: Einerseits wird darunter verstanden, dass ein eigenständiger und anderen Funktionsbereichen gegenüber (zumindest) gleichrangiger Einkaufsbereich zentral für alle anderen Unternehmens- und Geschäftsbereiche deren jeweilige Bedarfe an Inputfaktoren koordiniert und kombiniert sowie die Versorgung sämtlicher Unternehmensbereiche mit den benötigten Inputfaktoren plant, steuert und kontrolliert. Andererseits wird darunter auch verstanden, dass die einzelnen Unternehmensbereiche zwar selbstständig ihre jeweiligen Bedarfe ermitteln, es aber in den einzelnen Bereichen keine Einkaufseinheiten (zum Beispiel kleinere Einkaufsbüros) gibt. In der Zusammenführung der beiden Ausprägungsformen der Zentralisation des Einkaufs ist also zu konstatieren, dass die Zentralisierung von Einkaufsaktivitäten zu einer relativ schlanken, ohne größere Redundanzen ausgestatteten, mit relativ großen wechselseitigen Überschneidungsbeziehungen ausgestatteten organisatorischen Etablierung des Einkaufsbereichs als weitgehend eigenständigem, separatem Funktionsbereich des Unternehmens führt. ***Dezentralisierung des Einkaufs*** bedeutet demgegenüber das Gegenteil dieser Argumentation. Mit anderen Worten, einerseits bedeutet die Dezentralisierung der Einkaufsaktivitäten, dass (nahezu) jeder einzelne Geschäftsbereich seine eigenen Einkaufsaktivitäten durchführt, die in Abstimmung und in Abhängigkeit von den besonderen Eigenheiten der jeweiligen Geschäftsbereiche bzw. -einheiten individuell ausgestaltet werden. Eine weitere Interpretation des dezentralen Einkaufs kann darin gesehen werden, dass zwar ein eigenständiger Einkaufsbereich im Unternehmen etabliert wird, dieser jedoch lediglich strategische Aufgaben übernimmt, und die eigentlichen Einkaufsaktivitäten sozusagen „vor Ort" in den einzelnen Geschäftsbereichen vollzogen werden. In der Zusammenführung dieser Dezentralisierungsperspektive zum industriellen Einkauf ist also zu konstatieren, dass die Dezentralisierung von Einkaufsaktivitäten dazu führt, dass Redundanzen im Unternehmen aufgebaut werden, und dass die Notwendigkeit zu einer integrativen Abstimmung der Einkaufspolitiken der einzelnen Geschäftsbereiche untereinander vergleichsweise gering ist.

Die Frage nach der ***optimalen Ausrichtung*** des Einkaufs ist unternehmensspezifisch und stark ***individuell abhängig von*** den konkreten ***Markt- und Ressourcensituationen***. Aus diesem Grund lassen sich lediglich einige grundsätzliche Aspekte anführen. Bei der Zentralisierung des Einkaufs wird eine eigene Organisationsstruktur im Unternehmen aufgebaut, in der eine unternehmensweit einheitliche Perspektive zum Bezug von Faktorinputs etabliert. Der besondere Vorteil einer solchen Organisationsform kann darin gesehen werden, dass Verbundvorteile und Effizienzeffekte hier realisiert werden können, sofern die einzelnen Einkaufsprogramme der unterschiedlichen Geschäftsbereiche eines Unternehmens nicht zu heterogen, und damit mehr oder weniger stark verwandt, sind. Sofern die einzelnen Einkaufsprogramme und Inputfaktorbedarfe der einzelnen Geschäftsbereiche relativ stark voneinander abweichen, bietet es sich an, dezentrale Strukturen der Einkaufsaktivität zu etablieren. Hier wird Einkaufs-Know-How somit direkt in die einzelnen Geschäftsbereiche hinein verlagert. Dieses gibt den einzelnen Geschäftsbereichen die Möglichkeit, eigene Effektivitäts- und Effizienzvorteile zu realisieren. In der Praxis zeigt sich, dass es häufig Mischformen zwischen Zentralisation und Dezentralisation gibt. Weder eine vollständige Zentralisierung noch eine vollständige Dezentralisierung des Einkaufsgeschäfts allein sind in der Praxis für ein Unternehmen ökonomisch sinnvoll.

Als ***Mischform*** in diesem Sinn ist zum Beispiel denkbar, dass es einen strategischen Einkauf als selbstständigen organisatorischen Bereich gibt, der grundsätzliche Einkaufsrichtlinien mit Weisungskompetenz für das gesamte Unternehmen in die Gesamtorganisation diffundiert. Die operative Umsetzung dieser zentral formulierten Richtlinien erfolgt jedoch in gewissen Bandbreiten vollständig dezentral in den einzelnen Gesellschaften bzw. Geschäftsbereichen „vor Ort". Stabs- und Richtlinienmodelle sind an dieser Stelle denkbar. ***Strategische Entscheidungs- und Aufgabenfelder sind*** somit ***zentralisiert***, ***operative Felder*** entsprechend ***dezentralisiert***. Ein weiteres Beispiel für den Ausgleich bzw. die Abstimmung zwischen Zentralisierung und Dezentralisierung des Einkaufs bildet das ***Matrixmodell*** ab. In dieser spezifischen Form der internen Einkaufsaufgabenabstimmung wird einerseits ein Zentralbereich Einkauf etabliert. Jeder Geschäftsbereich etabliert darüber hinaus eigene Einkaufsabteilungen bzw. -einheiten. Alle Einkaufsaufgaben werden in der Matrix verankert, die sich aus der Kopplung bzw. Überschneidung des zentralisierten Einkaufsbereichs mit den dezentralisierten Einkaufsabteilungen bzw. -einheiten ergibt. In dieser Matrix werden ***sowohl strategische als auch operative Aufgaben- und Entscheidungsfelder*** abgebildet, so dass Zentralbereich und die jeweils betroffenen Geschäftsbereiche nur gemeinsam Entscheidungen zu Einkaufsaktivitäten treffen können.

Bedingt durch die hohe Volatilität und Instabilität der Absatz- und Einkaufsmärkte neigen aber auch diese relativ flexiblen Mischformen dazu, vergleichsweise ineffektiv und ineffizient zu sein. Da das Unternehmen auf Umweltänderungen quasi immer nur reagieren kann, ist die Etablierung dieser Mischformen als Anpassungsreaktion zu interpretieren. Um die Schlagkraft von Unternehmen im weltweiten Wettbewerb diesbezüglich weiter zu erhöhen, bringen viele industrielle Hersteller entsprechende Teile ihrer Einkaufsorganisation mittlerweile in ***Einkaufsnetzwerke*** ein.

3.1.2 Die Abstimmung von regionalem und globalem Einkauf

Ähnlich den Überlegungen zur Abstimmung von Zentralisierung vs. Dezentralisierung des Einkaufs stellt sich in industriellen Unternehmen entsprechend auch die Frage nach dem ***Grad der Internationalisierung*** der Einkaufsaktivitäten. Das Begriffspaar ***„lokal vs. global"*** kann dabei aus zwei Richtungen heraus interpretiert werden. Einerseits bedeutet die Dichotomisierung in lokal vs. global, dass bei einer globalen Beschaffung weltweite Einkaufsquellen herangezogen werden. Dieses Konzept wird oftmals auch als Global Sourcing bezeichnet. Mit anderen Worten, Global Sourcing bedeutet, dass Lieferanten weltweit gesucht und unter Umständen aufgebaut sowie in Geschäftsbeziehungen eingebracht werden. Der räumliche Bezugsbereich der Einkaufsaktivitäten ist somit weltweit zu verorten. Zur Durchführung ***moderner Global Sourcing-Konzepte*** in der Praxis sind entsprechend leistungsfähige IuK-Systeme unabdingbar. Insbesondere Lieferantendatenbanken, die genaue Informationen über Lieferportfolio, Ressourcenausstattung und Know-How sowie Do-How der weltweit akquirierten Lieferanten enthalten, sind erforderlich. Die Begriffspräzisierung lokal hingegen bedeutet in der ersten Interpretationsart, dass nur Lieferanten akquiriert werden, die sich in der räumlichen Nähe des Herstellers befinden. ***Lokaler Einkauf*** ist somit auf den räumlichen Bezugsbereich in (un-) mittelbarer geographischer Nähe des Abnehmers zu beziehen. Dieses ***Local Sourcing*** hat dabei den Vorteil, mit den kulturellen, politischen und sozialen Kontexten des Lieferanten vergleichsweise besser vertraut zu sein, als dies im Global Sourcing-Konzept möglicherweise der Fall ist.

Die zweite Interpretationsrichtung des Begriffspaars „lokal vs. global" bezieht sich auf den Grad der internationalen Ausrichtung der eigenen Einkaufsaktivitäten eines Abnehmers. Mit anderen Worten, im Fall des globalen bzw. globalisierten Einkaufs werden durch die Einkaufsorganisation des Abnehmers Verbundvorteile und Größeneffekte angestrebt, die durch die ***weltweite Bündelung der Einkaufsbedarfe*** sämtlicher Unternehmensteilbereiche entstehen. Diese Effektivitäts- und Effizienzeffekte basieren dabei größtenteils auf ***Größen(degressions-)effekten*** sowie auf ***Arbitrageeffekten***. Größeneffekte lassen sich hier besonders dadurch realisieren, dass die Aufwendungen für Anbahnung und Abwicklung von Einkaufsprozessen ökonomisch vorteilhaft skaliert werden können. Arbitrageeffekte entstehen dadurch, dass länderspezifische Einkaufspreisunterschiede bei bestimmten Faktorgütern durch unternehmensinterne Bündelung der Bedarfe ausgenutzt werden können. Die Realisierung von Arbitrageeffekten ist allerdings nicht immer reibungslos möglich, bspw. im

Vorliegen von Local Content-Vorschriften. Im Fall des lokalen bzw. lokalisierten Einkaufs werden in dieser Interpretationsrichtung Einkaufsaktivitäten von räumlich naheliegenden Unternehmensteilbereichen gebündelt und abgewickelt. Diese räumliche Begrenzung auf geographisch in nahe beieinanderliegenden Regionen agierenden Geschäftsbereichen erklärt sich daraus, dass bspw. rechtliche und politische Anforderungen bzw. Auflagen dies erforderlich machen. Darüber hinaus spricht für einen lokalen Einkauf, dass Transaktionskostenvorteile zu berücksichtigen sind, die dadurch entstehen können, dass die besorgten Faktorinputs nicht weltweit von Lieferanten zum Abnehmer transportiert werden müssen. Die transportkostenseitige Abwicklung des Einkaufs ist lokalisiert somit aufwandsgünstiger.

Die Frage nach der ***optimalen Abstimmung von globalem und lokalem Einkauf*** ist ebenfalls stark unternehmensspezifisch. Es lassen sich jedoch einige grundlegende generische Implikationen aufzeigen, die mit den beiden Alternativen einhergehen: Sofern keine rechtlichen und politischen Auflagen dem entgegensprechen und sofern transaktionskostenseitige Wirkungen ökonomisch vertretbar sind, bietet es sich für einen Abnehmer an, globalisierte Einkaufsstrukturen zu etablieren. Diese globalisierten Strukturen und Prozesse beziehen sich dabei sowohl auf die Interpretation von globalem Einkauf als Einkauf, der weltweit Lieferanten anspricht, wie auch auf die Lesart, in der von globalem Einkauf als Einkauf gesprochen wird, der die Bedarfe aller Unternehmensteilbereiche eines Abnehmers abwickelt. Wenn demgegenüber jedoch zum Beispiel Local Content-Vorschriften oder andere rechtliche Auflagen eine ökonomisch sinnvolle Realisierung von entsprechenden Skalenvorteilen nicht aussichtsreich erscheinen lassen, bietet es sich an, lokale Einkaufsstrukturen und -prozesse zu etablieren. Auch hier bezieht sich der Begriff lokal entsprechend auf beide Lesarten zum Konzept des lokalen Einkaufs.

Anzumerken ist an dieser Stelle jedoch, dass die Kopplung der beiden Lesarten von globalen vs. lokalen Einkauf nicht notwendigerweise immer so erfolgen muss bzw. sollte. Es ist in der Praxis auch durchaus denkbar, dass zwar weltweit Bedarfe des Abnehmers in seinen sämtlichen Geschäftsbereichen gebündelt und verhandelt werden, dass aber die Abwicklung dann über lokale Strukturen erfolgt, zum Beispiel dann, wenn in der räumlichen Nähe des Abnehmers entsprechend leistungsstarke Lieferanten etabliert sind, die auch eine weltweite Versorgung des Abnehmers übernehmen können. In einer weiteren Ausdifferenzierung der oben eingeführten Argumentation ist auch anzumerken, dass diese Abstimmung von lokalem vs. globalem Einkauf nicht notwendigerweise für alle Einkaufsobjekte bzw. -kategorien gleichgerichtet erfolgen muss bzw.

sollte. Mit anderen Worten, es kann ökonomisch vorteilhaft sein, für eine bestimmte Einkaufsobjektkategorie auf globaler Basis Lieferanten auszuwählen, wohingegen für andere Einkaufsobjektkategorien tendenziell eher lokal agiert werden sollte. Entsprechend vielschichtig gestaltet sich insgesamt die Einkaufsaktivität aus, und es lassen sich unterschiedlichste Kombinationen dieser aufgezeigten Lesarten in Kopplung mit den in einem Unternehmen erforderlichen Einkaufsobjekten skizzieren.

3.1.3 Die Abstimmung „traditionellen“ und elektronischen Einkaufs

Eine weitere Abstimmungsaufgabe im Rahmen der Festlegung der innerbetrieblichen Einbettung des Einkaufsbereichs in die Abnehmerorganisation stellt sich dann, wenn auf den „Modernisierungsgrad“ des Einkaufsbereichs abgehoben wird, also darauf, wie stark die Einkaufsaktivitäten durch elektronische IuK-Systeme unterstützt bzw. abgedeckt sind.

Die ***elektronische Abwicklung*** des Einkaufs wird vielfach als ***Electronic Procurement*** bezeichnet. Neben den an anderer Stelle weiter oben bereits skizzierten Effekten hinsichtlich Kostenreduktion, Zeitersparnis und Qualitätssteigerung ist an dieser Stelle bedeutsam, dass Electronic Procurement gegenwärtig vor allem für B- und C-Teile bzw. -Bedarfe etabliert wird. Mit anderen Worten, die ***Abstimmung in „traditionelle“ und elektronische Formen*** des Einkaufs wird in der Praxis heutzutage vielfach dadurch beantwortet, in dem A-Teile größenteils noch „traditionell“ bearbeitet werden, wohingegen man für B- und C-Teile auch elektronische (und damit möglichweise auch quasiautomatisierte) Einkaufsroutinen formuliert. Je größer die technische Komplexität der zu beziehenden Teile bzw. Faktorinputs ist, desto schwieriger sind derzeit elektronische Umsetzungen der Einkaufsaktivitäten möglich, da bei hoher technischer Komplexität und ausdifferenzierter technischer Spezifikation der Inputgüter zumeist hohe Werte unter relativ hohem Risiko bei einer geringen Anzahl von Einkaufsvorgängen vorliegen. Bedingt durch die hohe Spezifität der Transaktion und der vergleichsweise niedrigen Einkaufshäufigkeit sind elektronische Systeme hier nur bedingt rentabel. In dem Fall jedoch, da die zu besorgenden Faktorinputs einen vergleichsweise niedrigen Wert bei relativ niedrigem Risiko und einer relativ hohen Anzahl an Bestellungen bedeuten, lassen sich Einkaufsvorgänge automatisieren und komplett auf elektronische Systeme übertragen. Konzepte wie zum Beispiel Direct Purchasing (insbesondere als katalogorientierter Einkauf für C-Teile) etablieren einen Teil der notwendigen Aktivitäten ohne manuelle Eingriffe und einen vergleichsweise kleinen Teil mit manuellem Anstoß. Der katalogbasierte Einkauf von Commodities bzw. C-Teilen kann dabei auf Lieferantenkatalogen, Käuferkatalogen oder Dienstleisterkatalogen basieren und entsprechend unternehmensindividuell ausgestaltet sein. Bedeutsam hierbei ist das ***Katalog-Management*** und das ***Content-Management***, also die geeignete Gestaltung von Meta-, Produkt-, Preis- und Verfügbarkeitsinformationen. Sofern der Wertanteil der A-Teile eines Unternehmens verhältnismäßig hoch ist, sind im Einzelfall auch für A-Teile entsprechende elektronische Umsetzungen und Unterstützungen der Einkaufsaktivitäten denkbar bzw. sinnvoll.

3.2 Das Management „neuartiger" Organisationsformen

Bedingt durch die Entwicklungen auf Absatz- und Beschaffungsmärkten sind die klassischen Formen der Organisation der Einkaufsaktivität in jüngerer Zeit immer mehr unter Druck geraten. Konzepte wie zum Beispiel der Aufbau und die Pflege von unternehmensübergreifenden Einkaufsnetzwerken rücken deshalb verstärkt in das Interesse betrieblicher Einkaufsgestaltung. „Neuartiger" Einkauf bedeutet in diesem Zusammenhang insbesondere, dass neue Formen der strukturellen und prozessualen Etablierung und Abwicklung der Versorgungsfunktion eines Abnehmers in den Fokus rücken, die größtenteils auch durch entsprechende „neuartige" Formen der Unterstützung durch geeignete IuK-Systeme untermauert werden.

3.2.1 Die Gestaltung von internetbasierten Online-Plattformen

Elektronische Marktplätze sind in den vergangenen Jahren immer bedeutsamer für die Abwicklung von unternehmensübergreifenden Transaktionen geworden. Im Rahmen der Diskussion um B2B-Märkte (Business-to-Business) haben insbesondere auch industrielle Hersteller ***Online-Plattformen zur Abwicklung des Einkaufs*** etabliert. Unterscheiden lassen sich die elektronischen Märkte in Unternehmensmarktplätze und Konsortialmarktplätze. Auf elektronischen Unternehmensmärkten agiert ein Abnehmer in der Regel in Verbindung mit seinen Lieferanten, wohingegen auf Konsortialmärkten mehrere Abnehmer gemeinsam Transaktionen mit Lieferanten etablieren. Die Einrichtung eines eigenen elektronischen Unternehmensmarktplatzes ist hierbei auch abhängig vom Einkaufsvolumen des Abnehmers. Bei vergleichsweise unregelmäßigen und/ oder niedrigen Einkaufsbedarfen ist es in der Regel ökonomisch sinnvoller, sich als Abnehmer den Konsortialmarktplätzen anzuschliessen. Während der elektronische Unternehmensmarktplatz tendenziell eher vertikal ausgerichtet ist, also ein

Abnehmer direkt mit mehreren Lieferanten in Beziehung steht, sind die Konsortialmärkte in der Regel sowohl vertikal als auch horizontal ausdifferenziert.

Ein weiteres Beschreibungsmerkmal von ***Unternehmens- und Konsortialmarktplätzen*** ist die Differenzierung danach, ob der elektronische Markt eher abnehmerorientiert oder anbieterorientiert ist. Mit anderen Worten, Unternehmensmärkte sind tendenziell abnehmerorientiert, und der den elektronischen Marktplatz einrichtende Abnehmer ist gezielt auf der Suche nach geeigneten Lieferanten für die von ihm benötigten Einkaufsobjekte. Der Abnehmer verfügt somit in der Regel auch über eine größere Transparenz auf diesem elektronischen Unternehmensmarktplatz, was ihm in der Regel auch eine vergleichsweise gute Verhandlungsposition erlaubt. Demgegenüber gestalten sich Konsortialmarktplätze sowohl abnehmer- als auch anbieterorientiert aus. Mit anderen Worten, auf elektronischen Konsortialmarktplätzen können einerseits entweder die Abnehmer oder andererseits die Lieferanten über eine vergleichsweise gute Marktübersicht – je nach Ausrichtung des Konsortialrahmens – verfügen.

Auf den elektronischen Marktplätzen, die über internetbasierte Online-Plattformen etabliert sind, werden Informationen ausgetauscht über die Bedarfsstrukturen und -details der Abnehmer sowie der potenziellen Entsprechungsmöglichkeiten der Lieferanten. Die klassische Aufgabe der Lieferantensuche wird somit hier auf elektronischem Weg im Hinblick auf Faktorallokation, Lieferantenallokation, Einkaufsabwicklung und -aufwand effektiver ausgestaltet. Um an einem elektronischen Marktplatz teilnehmen zu können, sind zwischen den beteiligten Unternehmen Datenstandards, -definitionen und -schemata festzulegen, damit die technischen Schnittstellen kompatibel sind. Im Hinblick auf den Einsatz geeigneter IuK-Systeme werden in der Regel ERP-Systeme (Enterprise Resource Planning) erfordert, die den Workflow zwischen Abnehmer und Lieferant(en) im Hinblick auf Prozessschritte und Flexibilität synchronisieren. Diese ERP-Systeme stellen sozusagen die technologische Grundlage zur Verfügung, damit ein geeigneter Datenaustausch und Wertschöpfungsabstimmungsprozess zwischen Lieferanten und Abnehmern etabliert werden kann.

Aufgrund des hohen Neuigkeitsgrads der elektronischen Marktplätze als Instrument für den Einkauf prägen sich derzeit vollkommen unterschiedliche Arten von Online-Plattformen aus. Es ist aber wahrscheinlich, dass zukünftig in jeder Branche nur eine Reihe an elektronischen Marktplätzen Bestand haben kann, und dass in den nächsten Jahren Marktbereinigungen erfolgen.

3.2.2 Die Gestaltung von Einkaufsnetzwerken

Das Konstrukt Einkaufsnetzwerk ist in Wissenschaft und Praxis sehr verschiedenartig konzeptualisiert und formuliert. Ähnlich der Erkenntnis, dass es die eine optimale Form der Einkaufsorganisation für ein industrielles Unternehmen nicht gibt, gilt auch in Bezug auf Einkaufsnetzwerke, dass es nur wenige gesicherte Erkenntnisse und Bezugspunkte gibt, die für alle Einkaufsnetzwerke gleichermaßen gelten.

Die in der Praxis etablierten Einkaufsnetzwerke sind dabei ***primär auf die Erzielung von Kosten-, Skalen- und Effizienzvorteilen*** ausgerichtet. Der Einkauf im Netzwerkverbund soll einerseits die Transparenz über die Einkaufsmärkte erhöhen und andererseits die Ziele der kostenminimalen und qualitätsmaximalen Inputfaktorversorgung der im Netzwerk organisierten Abnehmerorganisationen ermöglichen. Anzumerken ist, dass das Konstrukt des Einkaufsnetzwerks sich dabei vor allem auf der Ebene der Systemlieferanten durchsetzen dürfte, da viele Hersteller bereits über ein relativ übersichtliches Lieferantenportfolio verfügen und eine erhöhte Markttransparenz aus ihrer Sicht nicht zwingend notwendig ist. Die durch ein Einkaufsnetzwerk erzielbaren Verbundvorteile kommen also in der Regel vor allem den Systemlieferanten zugute, die ihrerseits mit einer relativ unüberschaubaren Lieferantenbasis konfrontiert sind. In Abhängigkeit davon, was im Einzelfall mit dem Begriff Einkaufsnetzwerk ausgedrückt wird, schließen sich in der Regel Systemlieferanten zu Partnern in einem Einkaufsnetzwerk zusammen.

Die traditionelle Sicht zur industriellen Wertschöpfung erodiert zunehmend; die klassische Zweiteilung in Abnehmer und Lieferanten bricht immer mehr auf. (System-)Lieferanten hatten bislang keinen Zugang zu den Nachfragern der Produkte eines industriellen Herstellers. In einzelnen Branchen, in denen der Value Added der Hersteller aber bereits unter 10% liegt, werden neuerdings insbesondere auch die Lieferanten mit Kundeninformationen und -kontakten der Hersteller gekoppelt. Aus Sicht der (System-)Lieferanten bedeutet dies unter anderem, dass sie sich auf die „Kunden ihrer Kunden" einstellen müssen. Aus Sicht der Hersteller bedeutet dies, dass sie entsprechende starke Markenpersönlichkeiten in den Augen ihrer Kunden etablieren müssen, damit die Marktposition des Herstellers gesichert werden kann, und das eigene Herstellergeschäft nicht durch einen Zusammenschluß von mehreren Systemlieferanten gefährdet und ausgehebelt werden kann. Zusammenfassend zeigt sich, dass in den kommenden Jahren mit vergleichsweise starken Umschichtungsprozessen und Entwicklungen im Einkaufsbereich zu rechnen sein dürfte, die sich auch in anderen betrieblichen Funktionsbereichen auswirken.

4. Lagerhaltung im Kontext des modernen Einkaufs

Die Entwicklungen im Einkaufsbereich wirken sich insbesondere auch im Lagerbereich vieler industrieller Herstellerunternehmen aus. Traditionelle strategische und operative Lagergestaltungsmaßnahmen verlieren vor diesem Hintergrund an Schlagkraft und Relevanz.

Im Rahmen der bisherigen Ausführungen ist in Beziehung zu monetären Aspekten des Einkaufs stets nur auf unmittelbare und mittelbare Einkaufs- und Bezugsaufwendungen abgehoben worden. Dabei ist aber zu beachten, dass neben diesen Inputfaktoraufwendungen insbesondere auch Lagerkosten einen nicht unerheblichen Hebel zur geeigneten Gestaltung der finanziellen Ressourcen eines industriellen Unternehmens darstellen. Dieses ist nicht zuletzt deshalb der Fall, da im Lagerbereich bei entsprechend hohen bzw. werthaltigen Lagerbeständen eine vergleichsweise hohe Kapitalbindung erfolgt, die unter Umständen nur vergleichsweise unrentabel eingesetzt werden kann. Neben den Raum- und Vorratshaltungsaufwendungen sind es insbesondere die Zinsaufwendungen bzw. Zinskosten, die – teilweise auch in Anlehnung an das Konzept der Opportunitätskosten – einen nachhaltigen Ergebniseffekt ausüben können. Aus diesem Grund beinhalten Überlegungen zur Gestaltung des Einkaufsbereichs in der Regel auch Ansätze, wie der Lagerbereich bzw. die Lageraktiviäten eines Unternehmens effektiv und ökonomisch sinnvoll den veränderten (Absatz- und Beschaffungs-) Marktbedingungen angepasst werden können.

Während der Einkaufsbereich in vielen industriellen Unternehmen in den vergangenen Jahren zunehmend mehr an Bedeutung gewonnen hat, ist die ***Lagerhaltung*** als solche für viele dieser Unternehmen im gleichen Zeitraum mehr und mehr ***unattraktiv*** geworden. Dies hat dazu geführt, dass die Mehrzahl der führenden Hersteller in vielen Branchen so gut wie keine eigene Lagerhaltung für Inputfaktoren mehr betreibt. Das ***Just-In-Time-Konzept*** versucht bspw. Lagerbestände konsequent zu reduzieren und so über den ***ökonomischen Effekt einer Minimierung der Lageraufwendungen*** die Ergebnisposition eines Herstellerunternehmens insgesamt zu verbessern. Während es einerseits also heutzutage für viele industrielle Hersteller nicht ökonomisch sinnvoll ist, vergleichsweise hohe Lagerbestände zu unterhalten, darf andererseits aber keineswegs übersehen werden, dass die vollständige ***Abschaffung*** einer entsprechend geeigneten Lagerhaltung ebenfalls ***nicht ökonomisch sinnvoll*** ist. Die Lagerhaltung bietet dem Unternehmen nämlich zwei wichtige Funktionen zur Aufrechterhaltung der allgemeinen Produktionsfähigkeit. Einerseits erfolgt durch einen – wenn auch an einem absoluten Mindestpegel angesiedelten – Bestand an gelagerten Inputfaktoren eine mengen- und zeitmässige Ausgleichsfunktion, durch die Schwankungen im Anlieferungs- und Produktionsablauf entsprechend abgefedert werden können. Andererseits sichert dieser Mindestbestand nicht nur unternehmensinterne Abläufe, sondern es kann damit auch sichergestellt werden, dass zumindest ein Teil der eingegangenen Aufträge zweck- und zielmäßig für die Nachfrager abgearbeitet werden kann, selbst wenn keine subsequente Lieferung von Inputfaktoren erfolgen sollte. Dieses gewährt dem Unternehmen eine gewisse Reaktionszeit, um einerseits auf die (Liefer-) Schwankungen auf der Faktorinputseite angemessen reagieren zu können und so bspw. kurzfristig neue Lieferanten allozieren zu können. Andererseits erlaubt dieses dem Unternehmen, entsprechende Vereinbarungen mit den Nachfragern auf der Faktoroutputseite treffen zu können. Etwas salopp formuliert: Einerseits sollte sowenig Lagerhaltung wie möglich unterhalten werden, andererseits aber so viel wie nötig.

Der gedankliche Übergangsraum zwischen Einkauf und Lagerhaltung wird dabei bspw. durch die ***Bedarfsplanung*** vollzogen. Gegenstand der Bedarfsplanung ist dabei die Ermittlung bzw. Festlegung der benötigten Mengen an Faktorinputs und zwar sowohl in artmäßiger wie auch in mengenmäßiger und zeitlicher Hinsicht. Ausgangsgrundlage zur Formulierung der Bedarfsplanung ist in industriellen Unternehmen dabei oftmals die ***Produktions(programm-)planung***. Berücksichtigt man dabei, dass die Produktionsprogrammplanung ihrerseits mit der ***Absatzplanung*** verknüpft ist, wird ersichtlich, dass die Optimierung der ökonomischen Aktivitäten der Funktionsbereiche Absatz, Produktion, Einkauf und Lagerhaltung streng genommen nicht separat voneinander vollzogen werden darf, da alle betrieblichen Teilsysteme miteinander gekoppelt sind. Die Ermittlung der Bedarfsmengen ist jedoch nicht unproblematisch. Das Dilemma der Bedarfsplanung besteht nämlich darin, dass auf der einen Seite möglichst umfassende, detaillierte und entsprechend genaue Planungsrechnungen angestellt werden, von welchem Inputfaktor wann wieviele Einheiten zu beziehen und entsprechend zu lagern sind. Auf der anderen Seite jedoch ist genau in dem hohen Detaillierungsgrad unter Umständen ein ökonomischer

Nachteil zu sehen, denn der Dispositionsaufwand steigt in Abhängigkeit vom Detaillierungsgrad der Rechnung überproportional.

Aufbauend auf der Bedarfsplanung erfolgt die ***Einkaufs- und Lagerhaltungsplanung***. Im Rahmen der langfristigen Lagerhaltungsplanung erfolgt dabei neben der Festlegung der grundsätzlichen Art des zu unterhaltenden Lagers (bspw. Hochregallager, Fachregallager, Bodenlager usw.) insbesondere auch die Festlegung, an welchen Standorten Lagerhaltungsorte aufgebaut bzw. unterhalten werden. Vor dem Hintergrund der Tatsache, dass viele international agierende industrielle Hersteller eigene Produktionsnetzwerke unterhalten, gestaltet sich die Auswahl geeigneter Orte dabei unter Umständen als komplexes Optimierungsproblem. Ebenfalls im Rahmen strategisch-langfristiger Überlegungen zur Lagerhaltung wird nämlich hier auch darüber entschieden, ob eine eher ***zentrale*** oder eine eher ***dezentrale Lagerhaltungsstruktur*** aufgebaut bzw. unterhalten wird. Zentrale Lager haben dabei den Vorteil, durch Größen- und Verbundeffekte gewisse Rationalisierungswirkungen zu unterstützen. Andererseits stehen bei der zentralen Lagerhaltung die Transportkosten verstärkt im Fokus der gesamthaften Optimierung von Einkaufs-, Bezugs-, Lagerhaltungs- und Transportkosten. Die dezentrale Lagerung bietet sich also aus dieser Sicht vor allem dann an, wenn die Transportkosten bei zentraler Lagerhaltung so hoch werden, dass deren Rationalisierungsvorteile negativ überkompensiert werden.

Im Rahmen der ***kurzfristigen Lagerhaltungsplanung*** findet vorwiegend die operative Optimierung der Lagerauslastung statt. Mit anderen Worten, während also auf strategischer Ebene die Lagerkapazitäten festgelegt werden, findet auf kurzfristiger, operativer Ebene die optimale Anpassung der tatsächlichen Lagerauslastung an die potenziell mögliche Lagerkapazität statt. In der Wissenschaft und in der Praxis wurden zu diesem Optimierungsproblem eine Reihe von Lösungsansätzen entwickelt. Näherungsweise kann darauf abgehoben werden, dass die Frage nach der optimalen Lagerauslastung unter bestimmten Annahmen identisch ist mit der Frage nach dem optimalen Lagerbestand und diese wiederum identisch ist mit der Frage nach der optimalen Bestellmenge. Mit anderen Worten, durch die Ermittlung der (gewinn-)optimalen Bestellmenge lässt sich auf operativer Ebene weitestgehend auch das Problem der optimalen Auslastung der Lagerkapazitäten lösen. Im Rahmen betrieblicher Operations Research-Modelle (OR-Modelle) werden unternehmensspezifische Lagermodelle formuliert. Diese OR-Modelle eignen sich dann teilweise auch dazu, Fragen der funktionsbereichsübergreifenden Optimierung von Einkauf und Lagerhaltung auf der einen Seite und Produktion sowie Absatz auf der anderen Seite abzubilden.

X. Marketing

Die Entwicklung von der traditionellen **Absatzwirtschaft** zum heute auch international gängigen Marketingbegriff soll zunächst als Resultat der Entwicklung der Marktverhältnisse skizziert werden. Es folgen Ausführungen zur Marketingplanung und zu den Instrumenten des Marketing.

1. Kennzeichnung des Marketing

Im Folgenden werden die Veränderungen vom Verkäufermarkt hin zum Käufermarkt aufgezeigt.

1.1 Von der Produktionsorientierung zum Marketing

Man kann – natürlich in vereinfachender Weise – bestimmte Phasen der Entwicklung des Absatzbereiches identifizieren. Am Anfang stehen Perioden, in denen die Anbieter von Gütern wegen großer Nachfrage und knappen Angebots eine starke Position hatten (***Verkäufermärkte***). Hier ist an die beginnende industrielle Massenproduktion ab Ende des 19. Jahrhunderts und die Nachkriegszeiten in Deutschland zu denken. Unter den damaligen Bedingungen lag der Schwerpunkt unternehmerischen Handelns hauptsächlich bei der Entwicklung (Rationalisierung) der Produktion und der Beschaffung, weniger beim Absatz, der ja unter jenen Marktverhältnissen kaum Schwierigkeiten bereitete. Man spricht deshalb hier auch von einer Phase der ***Produktionsorientierung***. Also unternahm man in der Praxis relativ wenig Anstrengungen im Hinblick auf die Beziehungen des Unternehmens zu den potenziellen Kunden. Auch die wissenschaftliche Beschäftigung mit absatzwirtschaftlichen Fragestellungen konzentrierte sich eher auf Probleme der Verteilung von Gütern als auf die Entwicklung von Instrumenten für eine umfassende Absatzpolitik

Fast am Ende der Entwicklung des Absatzbereichs steht eine Situation, die mit dem Stichwort ***„Käufermarkt"*** gekennzeichnet wird: Käufer mit erheblichem frei verfügbaren Einkommen stehen einem sehr großen und vielfältigen Güterangebot gegenüber, aus dem sie mit relativ hohem Freiheitsgrad auswählen können. Der Anbieter ist also in einer schwächeren Position, weil er im Wettbewerb mit zahlreichen anderen Unternehmen sich an die Wünsche von Käufern, die nicht mehr nur die Befriedigung elementarer Bedürfnisse im Sinn haben, anpassen und diese zu beeinflussen versuchen muss. In der Bundesrepublik Deutschland hat es vor allem seit den 60er und 70er Jahren eine solche Situation gegeben (auf die aktuellere wieder veränderte Situation wird am Ende dieses Abschnitts eingegangen). Allerdings findet man vereinzelt – oftmals zeitlich begrenzt – immer noch Situationen, in denen Knappheit des Angebots herrscht.

Es werden die wesentlichen Unterschiede zwischen Käufer- und Verkäufermarkt durch einige Merkmale gekennzeichnet, die in „Abbildung 1: Merkmale von Verkäufer- und Käufermarkt“ wiedergegeben sind. Darin wird auch deutlich, worin der jeweilige Engpasssektor besteht, der dann auch die Fokussierung der Anstrengungen von Unternehmen bestimmt.

Merkmale	***Verkäufermarkt***	***Käufermarkt***
Wirtschaftliches Entwicklungsstadium	Knappheitswirtschaft	Überflussgesellschaft
Verhältnis Angebot zu Nachfrage	Nachfrage > Angebot (Nachfrageüberhang) Nachfrager aktiver als Anbieter	Angebot > Nachfrage (Angebotsüberhang) Anbieter aktiver als Nachfrager
Engpassbereich der Unternehmung	Beschaffung und/ oder Produktion	Absatz
Primäre Anstrengungen der Unternehmung	Rationelle Erweiterung der Beschaffungs- und Produktionskapazität	Weckung von Nachfrage und Schaffung von Präferenzen für eigenes Angebot

Abbildung 1: Merkmale von Verkäufer- und Käufermarkt

Viele Unternehmen haben in einer Lage, in der der Absatz zum ***Engpasssektor*** wurde, die Konsequenz gezogen, ihre gesamten Aktivitäten an den Erfordernissen des Absatzmarktes auszurichten. Man spricht bei einer solchen Politik, auf die noch genauer einzugehen sein wird, von der ***Marketing-Orientierung*** eines Unternehmens. Damit ist ein gleichberechtigtes Nebeneinander von Anpassung an Marktbedingungen und aktiver Beeinflussung der Marktbedingungen gemeint. Hier sei schon hervorgehoben, dass die Ausrichtung des Leistungsprogramms von Unternehmen am Absatzmarkt kennzeichnend für die Marketing-Orientierung ist. Es werden also nicht mehr – gewissermaßen „gegebene" – Produkte und Dienstleistungen „vermarktet", sondern Angebote im Hinblick auf bestimmte Märkte und ihre Besonderheiten (z.B. spezielle Kundenwünsche) entwickelt.

Die Darstellung der bisher skizzierten Positionen wäre unvollständig, wenn nicht noch eine Phase erläutert wird, die zwischen der Produktions- und der Marketingorientierung einzuordnen ist, die Phase der ***Verkaufsorientierung***. Dahinter steht die Vorstellung, dass sich in vielen (Verkäufer-) Märkten im Lauf der Zeit durch Sättigungserscheinungen die Position der Anbieter abschwächt und deshalb besondere Anstrengungen zur Förderung des Absatzes (z.B. verstärkter Außendiensteinsatz, Werbung) notwendig werden. Die Festlegung des Leistungsprogramms ist hier noch nicht direkter Ausfluss absatzwirtschaftlicher Überlegungen, es wird vielmehr versucht, ein gegebenes Angebot möglichst günstig zu „vermarkten". Abb. 2 illustriert die verschiedenartigen Ansätze.

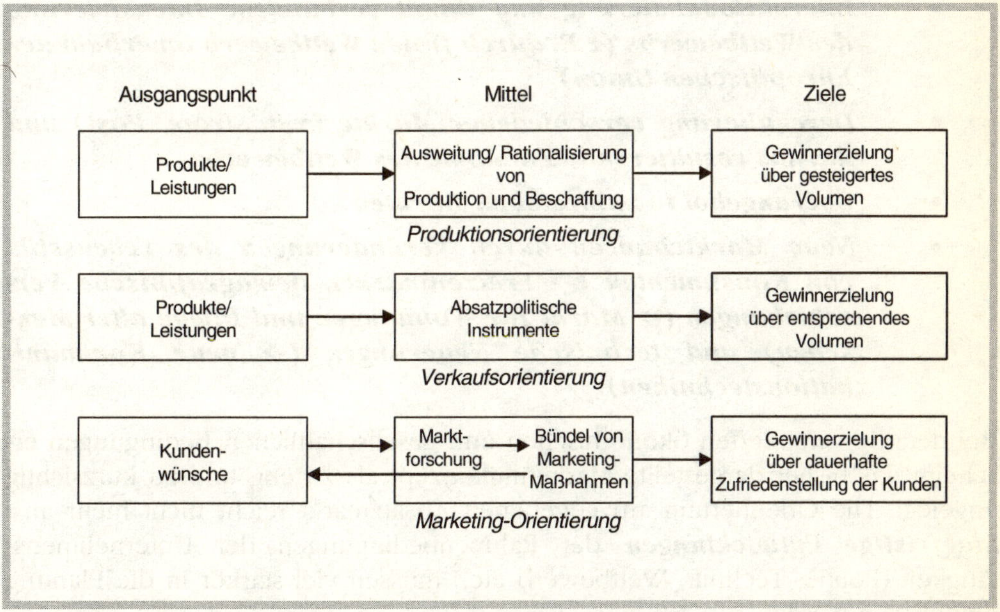

Abbildung 2: Verschiedene Unternehmensorientierungen

Bisher ist schon angedeutet worden, dass der charakterisierte Marketingbegriff noch nicht ganz der aktuellen Entwicklung im Absatzbereich entspricht. Etwa seit den 70er/ 80er Jahren kann man in einer wachsenden Zahl insbesondere größerer Unternehmen eine Orientierung beobachten, die durch den Begriff

„strategisches Marketing“ gekennzeichnet wird. Diese etwas neuere Tendenz soll hier kurz skizziert werden.

Ebenso wie die drei Phasen der Entwicklung von der Produktorientierung zum Marketing als Reaktionen der Unternehmen auf grundlegende Veränderungen der Absatzmärkte zu interpretieren sind, so ist auch das strategische Marketing vor dem Hintergrund wesentlichen Wandels der Marktbedingungen entstanden. Einige der dafür ausschlaggebenden Einflussfaktoren sollen im Folgenden genannt werden:

- ***Verwischung der (bisherigen) Grenzen zwischen Märkten (z.B. bei den Märkten für Computer, Fernsehen und Kommunikationstechnik)***
- ***Schneller technischer Fortschritt (z.B. bei der Informations- und Kommunikationstechnologie)***
- ***Internationalisierung und damit verbundene Intensivierung des Wettbewerbs (z.B. durch freien Wettbewerb innerhalb der Europäischen Union)***
- ***Deregulierung verschiedener Märkte (z.B. Strom, Post) und daraus resultierende Zunahme des Wettbewerbs***
- ***Überangebot in zahlreichen Märkten***
- ***Neue Marktchancen durch Veränderungen des Lebensstils von Konsumenten (-> Freizeitmarkt), demographische Verschiebungen (-> Markt für Wohnungen und Pflege alter Menschen) und technische Neuerungen (-> neue Kommunikationstechniken)***

Bei derartig veränderten ökonomischen und gesellschaftlichen Bedingungen erscheint das bisher dargestellte Marketingkonzept als zu eng und zu kurzsichtig angelegt. Die Orientierung am gegebenen Absatzmarkt reicht nicht mehr aus; ***langfristige Entwicklungen*** der Rahmenbedingungen der Unternehmenstätigkeit (Politik, Technik, Wettbewerb etc.) müssen viel stärker in die Planung einbezogen werden.

Während man traditionell im Marketing häufig versuchte, in allen bearbeiteten Märkten die eigene Position zu verbessern, sind unter schwierigeren Bedingungen die Unternehmen gezwungen, ihre Ressourcen (Finanzen, Know-how, Außendienstkapazität etc.) konzentriert einzusetzen. ***Konzentration der Ressourcen*** bedeutet aber auch, dass man Stagnation oder rückläufige Entwicklungen bei einzelnen Märkten bewusst in Kauf nimmt, um Erfolg in attraktiveren Märkten zu haben.

Zu den entscheidenden Aspekten des Marketing gehört, dass das Leistungsprogramm des Unternehmens Gegenstand absatzmarktorientierter Planung wird. Das kann sich beispielsweise so äußern, dass ein Automobilhersteller festlegen und laufend überprüfen muss, auf welche Marktsegmente (Kleinwagen, Mittelklasse, Luxusautos etc.) seine Modellpalette ausgerichtet sein soll. Selten wird die Frage anstehen, ob er überhaupt weiterhin in der Automobilbranche tätig sein will. Dagegen gehört die naturgemäß sehr langfristig angelegte ***Grundsatzentscheidung über die Art der Unternehmenstätigkeit*** zum Kern des strategischen Marketing.

Für das strategische Marketing sind in diesem Zusammenhang vor allem zwei Fragen grundlegend:

- **Auf welchen Märkten bleibt oder wird ein Unternehmen tätig?**
  (Wo bzw. wohin?, z.B. Eintritt in neue Märkte, Aufgabe bisheriger Tätigkeitsbereiche), (siehe Abschnitt 3)

- **Welches ist die Grundausrichtung der Marketingstrategie?**
  (Wie?, z.B. Preisvorteile oder überlegene Produktqualität), (siehe Abschnitt 4)

Die Art der Entscheidungen, die im strategischen Marketing zu treffen sind, impliziert schon, dass diese typischerweise auf lange Zeiträume (oftmals 5–10 Jahre) ausgerichtet sind und auf einer hohen Ebene der Unternehmensführung (häufig auf der Geschäftsleitungsebene) getroffen werden.

1.2 Merkmale des Marketing

Wenn man die Realisierung des Marketing in verschiedenen Branchen, Situationen, Ländern etc. betrachtet, so sind immer wieder einige ganz typische Merkmale zu finden. Diese sollen im Folgenden skizziert werden, um eine Vertiefung und Abrundung des Verständnisses der Grundideen des Marketing zu erreichen. Abbildung 3 gibt einen ersten Überblick über die acht zu erläuternden Merkmale.

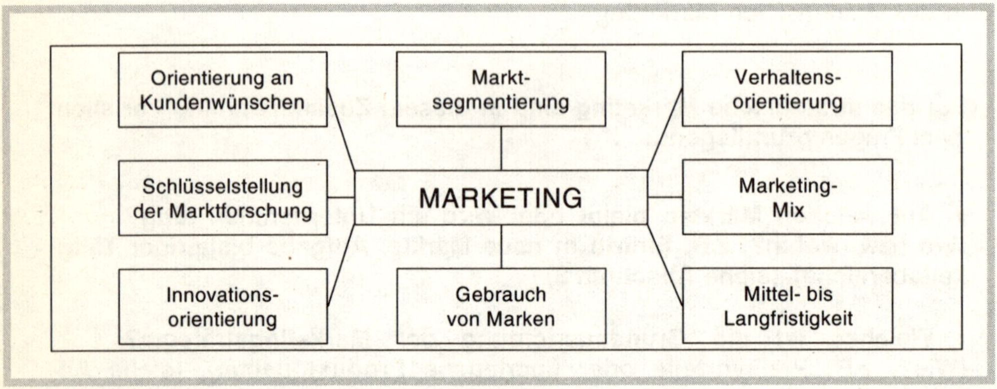

Abbildung 3: Merkmale des Marketing

Von zentraler Bedeutung für das Marketing ist natürlich die ***Orientierung an Kundenwünschen***. Ausgangspunkt dafür ist ein tiefgehendes Verständnis der Bedürfnisse potenzieller Käufer, das sich in vielen Fällen dadurch ausdrückt, dass die angebotenen bzw. anzubietenden Produkte im Hinblick auf ihre Eignung, Probleme der Kunden zu lösen, betrachtet werden. So besteht das Bedürfnis vieler Lufthansa-Kunden nicht darin, von A nach B zu fliegen, sondern darin, mit Geschäftspartnern, Kollegen etc., die an einem anderen Ort ansässig sind, zu kommunizieren. Dazu könnte man sich auch anderer Transportmittel (z.B. ICE) bedienen oder – wenn verfügbar – leistungsfähige Kommunikationstechniken (z.B. Videokonferenz) einsetzen.

Bisher war meist etwas undifferenziert vom Absatzmarkt die Rede. Wenn man aber in hochentwickelten Ländern verschiedene Märkte betrachtet, so findet man nur noch selten homogene Bedürfnisse. Typisch ist eher eine mehr oder weniger große Anzahl von Abnehmergruppen mit unterschiedlichen Wünschen. Zum Beispiel findet man nicht „den Automobilkäufer“, sondern verschiedenste

Arten von Autokäufern, die vielleicht hauptsächlich auf Sportlichkeit oder Wirtschaftlichkeit oder Sicherheit Wert legen. Die für das Marketing ganz grundlegende Orientierung am Markt kann also in der Regel nicht undifferenziert erfolgen. Meist ist es notwendig, die potenziellen Abnehmer in Gruppen einzuteilen, die einerseits im Hinblick auf relevante Merkmale möglichst homogen und andererseits für ein wirtschaftliches Agieren in diesen Teilmärkten hinreichend groß sind. Diese Aufteilung in Kundengruppen soll es erlauben, sich an deren spezifische Bedürfnisse – möglichst in Abgrenzung zur Konkurrenz – weitgehend anzupassen und „maßgeschneiderte" Beeinflussungsstrategien zu entwickeln. Die hier skizzierte, für das Marketing charakteristische Sicht- und Handlungsweise bezeichnet man als ***Marktsegmentierung***. Auf diesen wichtigen Gesichtspunkt wird später noch näher eingegangen.

Der mit der Marktsegmentierung verbundene Aspekt der Ausrichtung auf bestimmte Kundengruppen leitet über zur ***Verhaltensorientierung*** des Marketing. Zur Bildung dieser Gruppen (Segmente) reicht häufig die Verwendung ökonomischer Merkmale (Einkommen von Konsumenten, Umsatz von Unternehmen etc.) nicht aus. Bei Konsumenten liegt es auf der Hand, dass bei vielen Kaufentscheidungen ökonomische, psychologische und soziologische Faktoren zusammenwirken. Wenn man beispielsweise Segmente im Markt für Oberbekleidung bilden will, so darf man wohl neben der Kaufkraft von Konsumenten deren Geschlecht, Alter, Prestigebewusstsein, soziale Beziehungen etc. nicht außer Acht lassen. Auch im Business-to-Business-Marketing sind heute verhaltenswissenschaftliche Erkenntnisse unentbehrlich. Man denke nur an die Untersuchung von Kaufentscheidungsprozessen bei komplexen Anlagen, wo Einflüsse zahlreicher beteiligter Personen mit unterschiedlicher Vorbildung, unterschiedlichem Informationsverhalten etc. sowie deren Interaktionen beachtet werden müssen. Derartige Fragestellungen haben dazu geführt, dass heute im Marketingbereich verhaltenswissenschaftliche Erkenntnisse als unentbehrlich gelten.

Alle bisher dargestellten Aspekte der Orientierung am Markt setzen ein umfassendes und leistungsfähiges System der Sammlung und Aufbereitung von Marktinformationen voraus. Das hat einen Grund darin, dass in vielen Märkten kaum noch direkte Kontakte und Informationsaustausch zwischen den Kunden und den Managern der Anbieterunternehmen bestehen. Oftmals geht eine kontinuierliche Marktbeobachtung (Marktwachstum, Marktanteile etc.) mit sporadischen, gezielten Untersuchungen (Käufertypologien, Werbewirkungstests etc.) einher. Dafür steht inzwischen ein recht umfassendes methodisches Instrumentarium der Marktforschung zur Verfügung. Hier sei noch hervorgehoben, dass die Marktforschung nicht nur die Voraussetzungen für die Anpassung des Unternehmens an die Marktbedingungen schafft. Ihr kommt auch eine zentrale Aufgabe bei der Suche nach Möglichkeiten für die Beeinflussung der Marktbedingungen (z.B. durch Werbung) und deren Tests zu. Insofern kann man von einer ***Schlüsselstellung der Marktforschung*** für viele Bereiche des Marketing sprechen.

Hinsichtlich der Marketingaktivitäten vieler Unternehmen fällt auf, dass meist mehrere Einzelmaßnahmen zugleich eingesetzt werden. Beispielsweise ist im Rahmen der Verkaufsförderung oftmals eine befristete Preissenkung (Sonderpreis) mit besonderen Platzierungen im Handel und Werbemaßnahmen (Anzeigen, Handzettel) verbunden. Die Einführung eines neuen Produkts wird typischerweise durch Werbung und eine Fokussierung der Außendienstanstrengungen begleitet. Diese Beispiele entsprechen der in Wissenschaft und Praxis fest etablierten Erkenntnis, dass es im Marketing wesentlich auf das Zusammenwirken von einzelnen Maßnahmen/ Instrumenten ankommt. Dementsprechend ist hier die Koordination von Einzelaktivitäten ein maßgeblicher Erfolgsfaktor. Die Kombination aufeinander abgestimmter Marketing-Maßnahmen für ein bestimmtes Produkt und einen bestimmten Markt bezeichnet man als ***Marketing-Mix***.

Ein weiteres Merkmal des Marketing ist seine ***Innovationsorientierung***. Die Ausrichtung des Leistungsprogramms der Unternehmung an den sich mehr oder weniger schnell ändernden Kundenwünschen hat eben die Konsequenz, dass entsprechend häufig neue Produkte eingeführt oder neue (Teil-) Märkte bearbeitet werden müssen. Hinzu kommt, dass ***Innovationen*** bei Produkten, Produktausstattungen, Werbung etc. ein wichtiges Mittel sind, um sich von Wettbewerbern abzuheben und Aufmerksamkeit bei potenziellen Abnehmern zu erregen.

Ein Teil der Marketinginstrumente ist nur einsetzbar, wenn Produkte für die Kunden ***identifizierbar*** sind (z.B. durch Marken). Das gilt wohl vor allem für den kommunikationspolitischen Bereich, der von der Verbindung bestimmter Emotionen mit Produkten durch Werbung bis zu nüchterner Vermittlung technischer Daten reicht. Ohne eine Zuordnung dieser Botschaften zu Produkten mit Hilfe von Marken- oder Firmennamen stoßen derartige Bemühungen ins Leere. Oftmals ist es ein wesentliches Ziel der Marketing-Maßnahmen, ein Produkt erst bekanntzumachen und dann auch noch zu profilieren. In der Praxis spricht man dabei auch (etwas überschwänglich) vom „Aufbau von Produktpersönlichkeiten". Der Markenartikelbereich des Konsumgütersektors bietet die meisten und deutlichsten Beispiele für diesen Aspekt.

Als letztes Merkmal soll der eher ***mittel- bis langfristige Planungshorizont*** des Marketing erwähnt werden. Im Gegensatz zur Phase der Verkaufsorientierung, in der oft die kurzfristige Absatzsteigerung durch Außendienstanstrengungen, Preissenkungen etc. im Vordergrund stand, bedarf es bei der Marketing-Orientierung eines Unternehmens längerer Zeiträume für die Planung und Realisierung von Maßnahmen. Am Anfang steht ja die sorgfältige Analyse der Absatzmärkte, darauf aufbauend folgt z.B. die Entwicklung geeigneter Produkte und dann erst die Markteinführung. Zwischen der Idee für ein neues Produkt und seiner erfolgreichen Durchsetzung am Markt können manchmal Jahre liegen. Typisches Ziel des Marketing ist eher die dauerhafte Sicherung oder Erschließung von Absatzmärkten durch mittel- und längerfristige Maßnahmen (Produktentwicklung, Aufbau einer Vertriebsorganisation, Werbung etc.) als z.B. die kurzfristige Umsatzsteigerung.

2. Charakterisierung von Märkten

2.1 Wesen von Absatzmärkten

Mit dem Begriff „**Markt**“ werden verschiedenartige Vorstellungen verbunden. Die einfachste und konkreteste bezieht sich auf eine **räumlich** (und oft auch zeitlich) **fixierte** Institution, deren Aufgabe darin besteht, bestimmte Austauschvorgänge zu ermöglichen und zu organisieren. Ein bekanntes einfaches Beispiel dafür ist der Viktualienmarkt in München. Die Markt-Institution, an der Wertpapiere gehandelt werden, bezeichnet man in Deutschland als Börse. In der Regel wird der Begriff „Markt“ aber viel weiter gefasst, weil nur noch ein sehr kleiner Teil der Austauschprozesse in einer modernen Wirtschaft über derartige Institutionen abgewickelt wird.

In der ökonomischen Theorie dominiert ein wesentlich abstrakteres Vorstellungsbild von Märkten. Man meint damit das ***Aufeinandertreffen*** von ***Angebot und Nachfrage*** und die sich dabei ergebenden ***Austauschprozesse,*** die typischerweise unter Bedingungen des Wettbewerbs von Anbietern und/ oder Nachfragern stattfinden. Dazu ist kein persönlicher Kontakt zwischen Anbietern und Kunden mehr nötig; Informationen über Produkteigenschaften, Preise, Lieferbedingungen etc. reichen für eine Markttransaktion aus, z.B. für den Kauf eines Produkts, das vielleicht erst später bezahlt und geliefert wird. Das Unternehmen amazon, das Bücher über das Internet vertreibt, bietet ein Beispiel für einen Austausch, bei dem Kontakt, Bezahlung und Auslieferung nur über elektronische Medien bzw. durch eingeschaltete Logistik-Unternehmen erfolgt.

Bei absatzwirtschaftlich ausgerichteten Betriebswirten findet man oft einen auf die Absatzbemühungen ausgerichteten Marktbegriff. Hier steht also der Markt als der Bereich (z.B. die Kundengruppe oder die Region), der ***als Abnehmer der im Unternehmen erzeugten Leistungen*** in Frage kommt, im Vordergrund des Interesses. In folgender Definition ist diese Betrachtungsweise klar formuliert. „Ein Markt besteht aus allen potenziellen Kunden mit einem bestimmten Bedürfnis oder Wunsch, die willens oder fähig sind, durch einen Austauschprozess das Bedürfnis oder den Wunsch zu befriedigen.“

Wenn man allerdings versucht, den zuletzt genannten Marktbegriff zu konkretisieren, dann ist das nicht immer ganz leicht. Wie kennzeichnet man den „Bereich, der als Abnehmer der im Unternehmen erzeugten Leistungen in Frage kommt"? Wie grenzt man die „potenziellen Kunden mit einem bestimmten Bedürfnis ..." von anderen Menschen, Unternehmen etc. ab? Was ist eigentlich mit einem „bestimmten Bedürfnis" gemeint? Beispielsweise das Bedürfnis, Durst zu löschen, oder das Bedürfnis, ein Bier zu trinken, oder das Bedürfnis, ein wohlschmeckendes alkoholhaltiges Getränk zu genießen? Wegen derartiger Probleme müssen noch einige Überlegungen zur Definition und Abgrenzung von Absatzmärkten angestellt werden (siehe Abschnitt 2.4).

2.2 Business-to-Consumer- und Business-to-Business-Märkte

Im Hinblick auf das Verständnis des Käuferverhaltens und die Gestaltung von Marketing-Instrumenten ist die Unterscheidung von Business-to-Consumer- und Business-to-Business-Märkten besonders bedeutsam. Die Entwicklung des Marketing hat sich schneller und intensiver in Business-to-Consumer- (Absatz von Gütern und Dienstleistungen an Konsumenten) als in Business-to-Business-Märkten (Absatz an organisationale Abnehmer) vollzogen. Beide Bereiche seien hier vor allem durch die Vorstellung ihrer typischen Merkmale kurz charakterisiert.

Das Business-to-Business-Marketing dient dem Absatz von Sachgütern, Dienstleistungen etc., die von Organisationen (Unternehmen, Behörden etc.) beschafft werden, um andere Leistungen zu erbringen, die über den mittelbaren oder unmittelbaren Weiterverkauf an Endverbraucher hinausgehen. Für das Business-to-Business-Marketing werden gelegentlich auch die Abkürzungen B-to-B- oder B2B-Marketing verwendet.

Diese Definition bezieht sich also nicht nur auf Investitionsgüter im engeren Sinne (Anlagegüter wie z.B. Maschinen), sondern schließt die Vermarktung von Beratungsleistungen, Bauteilen, Lizenzen etc. ein und erfasst damit alle Bereiche, die durch organisationale Kaufentscheidungen gekennzeichnet sind. Lediglich der Konsumgüter-Handel, bei dem ja auch organisationale Beschaffungsprozesse (Einkauf) stattfinden, ist ausgeschlossen, da dort die Marktverhältnisse durch die besondere Konsumnähe dieses Wirtschaftszweiges mit den hier gemeinten Märkten schlecht vergleichbar sind.

Vergleichsweise leicht ist das Business-to-Consumer-Marketing (B-to-C-Marketing) zu definieren: Das B-to-C-Marketing dient dem mittelbaren oder unmittelbaren Absatz von Sachgütern, Dienstleistungen etc. an private Haushalte bzw. Konsumenten.

Bei dieser Definition sind sowohl die Marketing-Aktivitäten von Herstellern gegenüber dem Handel, der den Vertrieb an die Endverbraucher vornehmen soll, als auch die Marketing-Aktivitäten des Handels gegenüber den Verbrauchern (Handels-Marketing) eingeschlossen. Auch im Hinblick auf das, was abgesetzt werden soll, ist die Definition recht umfassend: Es kann sich beispielsweise um Kühlschränke (Sachgüter), Urlaubsreisen (Dienstleitungen) oder Mietwohnungen (Nutzungsrecht) handeln.

Die durch die angegebenen Definitionen umrissene Abgrenzung von Business-to-Consumer-Marketing und Business-to-Business-Marketing ist zweckmäßig, weil sich die Marktverhältnisse in beiden Bereichen wesentlich unterscheiden, woraus sich wieder deutliche Unterschiede bei der Art der einzusetzenden Marketing-Maßnahmen ergeben. Die Charakteristika beider Arten von Märkten sollen im Folgenden kurz dargestellt werden. Dabei sind natürlich bestimmte Vereinfachungen bzw. Verallgemeinerungen unvermeidlich.

Business-to-Consumer-Märkte haben typischerweise (nicht immer) folgende Merkmale:

- ***Originärer Bedarf***

Die Nachfrage resultiert direkt aus dem Bedarf der Verbraucher. Bedarfsänderungen können unmittelbar und kurzfristig wirksam werden.

- ***Große Zahl von potenziellen Nachfragern***

Abgesehen von Spezialfällen hat man es im Konsumgüter-Bereich typischerweise mit zahlreichen (potenziellen) Kunden zu tun. Deren Zahl kann von wenigen Tausend (High-End-Stereo-Anlagen) bis zu vielen Millionen (Zigaretten) reichen. Entsprechend sind die Marketinginstrumente ausgerichtet. Beispielsweise erfolgt die Kommunikation weniger auf persönlichem Wege als über Massenmedien.

- ***Große Zahl kleiner Einzelkäufe***

Im B-to-C-Bereich gibt es auch bei häufig wiederholt auftretendem Bedarf kaum längerfristige Lieferverträge (Beispiel einer Ausnahme: Zeitungs-Abonnements). Bei einer großen Zahl von Käufern kommt es deshalb im Zeitablauf zu einer großen Zahl einzelner Käufe. Eine Konsequenz daraus ist der Vertrieb über den Groß- und Einzelhandel, wodurch die breite Verfügbarkeit des Produkts erreicht wird.

- ***Anonymität des Marktes***

In B-to-C-Märkten sind direkte Kontakte zwischen Herstellern und Konsumenten eher die Ausnahme. Derartige Ausnahmen sind z.B. die Beziehungen zwischen einem Handwerker und dem Bauherrn beim Eigenheimbau oder Reklamationen des Käufers eines Elektrogerätes beim Hersteller. Ansonsten laufen viele Beziehungen über den Handel.

- ***Relativ geringer Informationsstand bei potenziellen Nachfragern***

Bei den meisten Kaufentscheidungen von Konsumenten ist deren Informiertheit über den Markt relativ gering. Auch Spontankäufe, denen kaum eine Informationsaufnahme und -verarbeitung vorausgeht, sind in diesem Bereich nicht selten. Dementsprechend wird bei verschiedenen Maßnahmen des Konsumgüter-Marketing auch von einem geringen Informationsbedürfnis der Käufer ausgegangen. Man denke nur an den oftmals sehr geringen Informationsgehalt von Fernsehwerbung. Allerdings gibt es auch Kaufentscheidungen, bei denen sich die Konsumenten vorher sehr sorgfältig informieren, beispielsweise wenn die Entscheidung mit hohem wahrgenommenem Risiko verbunden ist (z.B. Kauf eines Eigenheims) oder wenn der zu kaufende Gegenstand einem ausgeprägten Freizeitinteresse dient (z.B. Kauf von Golfschlägern).

Bei ***B-to-B-Märkten*** (im oben definierten Sinne) findet man dagegen meist folgende Merkmale:

- ***Abgeleiteter Bedarf***

Die Nachfrage im jeweiligen Markt resultiert aus der Nachfrage in konsumnäheren Märkten. Beispielsweise wird die Nachfrage nach bestimmten Stahlblechen maßgeblich vom Automobil-Absatz beeinflusst.

- ***Relativ kleine Zahl potenzieller Nachfrager***

In einzelnen Märkten (z.B. Kraftwerke, Zulieferteile für den Automobilbau) ist die Zahl potenzieller Käufer in der Bundesrepublik äußerst gering, in anderen kann sie ähnlich unüberschaubar sein wie im Konsumgüterbereich (z.B. Büromaterial). Tendenziell ist aber die Anzahl potenzieller Nachfrager auf B-to-B-Märkten geringer. Das erklärt auch die größere Bedeutung des persönlichen Verkaufs auf diesen Märkten.

- ***Feste Geschäftsbeziehungen***

In Business-to-Business-Märkten findet man oft längerfristig angelegte Geschäftsbeziehungen. Beispiele dafür sind Lieferverträge, die für einen bestimmten Zeitraum geschlossen und dann häufig verlängert werden.

- ***Direkte Marktkontakte***

Wegen der relativ geringen Zahl von Nachfragern und der großen Bedeutung einzelner Geschäftsbeziehungen spielen direkte Marktkontakte im B-to-B-Marketing eine große Rolle. Diese ermöglichen es dem Anbieter auch, spezielle Wünsche einzelner Kunden zu realisieren.

- ***Fundierte und formalisierte Kaufentscheidungen***

Ein großer Teil organisationaler Kaufentscheidungen wird unter Beteiligung einschlägig spezialisierter Fachleute durchgeführt. Häufig existieren auch festgelegte Regeln (Entscheidungskriterien, Zuständigkeiten etc.) für den Ablauf dieser Prozesse. Ausschreibungen, schriftliche Angebote, detaillierte Verträge etc. sind Ausfluss solcher stark formalisierter Kaufentscheidungsprozesse.

- ***Mehr-Personen-Entscheidungen***

Bei organisationaler Beschaffung spielen Mehr-Personen-Entscheidungen (Gremien-Entscheidungen) eine weitaus größere Rolle als im Konsumgüter-Bereich. Die an einer Kaufentscheidung beteiligten Personen können im Hinblick auf fachliche Ausrichtung (technisch, kaufmännisch), hierarchische Einordnung (vom Sachbearbeiter bis zum Top-Manager) und persönliche Merkmale (z.B. Alter, Ausbildung) sehr heterogen sein. Die Menge der an einem Beschaffungsprozess beteiligten Personen wird in der Literatur als „Buying Center“ bezeichnet.

- ***Lang dauernde Kaufentscheidungsprozesse***

Vor allem wegen der Beteiligung mehrerer Personen, der mit Kaufentscheidungen oftmals verbundenen Lösung technischer Probleme und der vielfachen Interaktionen (Verhandlungen) zwischen Anbietern und Nachfragern dauern organisationale Kaufentscheidungsprozesse meist länger als die von Konsumenten bzw. Haushalten.

2.3 Marktgrößen und Marktanteile

Für zahlreiche Marketing-Entscheidungen, z.B. bezüglich des Eintritts in neue Märkte oder des Einsatzes von Ressourcen, haben folgende Fragen – unabhängig von der jeweiligen Branche – zentrale Bedeutung:

Wie ***groß*** ist der Markt?

Wie ***entwickelt*** sich der Markt in der Zukunft?

Wie ***stark*** ist die Position eines Unternehmens in dem betreffenden Markt?

Im Hinblick auf die Beantwortung dieser Fragen werden üblicherweise einige Kennzahlen verwendet, die im vorliegenden Abschnitt kurz erläutert werden.

Die gängige Kennzahl für die Größe eines Marktes ist das ***Marktvolumen***. Dieses ist definiert als der Absatz einer Produktart (bzw. einer Branche) in einer Periode, gemessen ***mengenmäßig*** (Anzahl, Gewicht etc.) oder ***wertmäßig***, in einem Absatzgebiet. So könnte man beispielsweise das Volumen des deutschen Automobilmarktes in „Anzahl Neuwagen pro Jahr" oder das Volumen des Gastronomiemarkts in „Milliarden € pro Monat" ausdrücken.

Schwieriger messbar ist das ***Marktpotenzial***. Hier geht es um die maximal erreichbare Absatzmenge bzw. den maximal erzielbaren Umsatz, wenn alle potenziellen Kunden (Haushalte und Unternehmen) im Rahmen der vorhandenen Kaufkraft – aber ansonsten unbehindert (z.B. durch mangelnde Information über das betreffende Produkt oder durch mangelnde Verfügbarkeit des Produkts) – ihren Bedarf decken würden. Das Marktpotenzial kennzeichnet also die Aufnahmefähigkeit eines Marktes, die allerdings nur selten vollständig ausgeschöpft wird. Das Marktvolumen ist in der Regel kleiner als das entsprechende Marktpotenzial.

Die (positive) Entwicklung des Marktvolumens im Zeitablauf bezeichnet man als ***Marktwachstum*** (negativ: Marktschrumpfung), das auch wieder mengen- und wertmäßig definiert und gemessen sein kann. Marktwachstum kann vor allem dadurch entstehen, dass ein gegebenes Marktpotenzial von den Anbietern zunehmend ausgeschöpft wird. Neben dem Marktvolumen gilt das Marktwachstum als besonders wichtiges Kriterium für die Beurteilung der Attraktivität eines Marktes. Das liegt hauptsächlich an den folgenden Gründen:

- Unternehmen, die in einem stark wachsenden Markt tätig sind, können ***von diesem Wachstum profitieren***; sie wachsen, sofern sie ihre Marktposition zumindest halten, gewissermaßen mit dem Markt. Allerdings sind dazu auch entsprechende Investitionen in dem betreffenden Geschäftsbereich notwendig.
- In stark wachsenden Märkten ist der ***Preisdruck*** von Seiten der Abnehmer und Wettbewerber oft ***geringer***, da der Wettbewerb nicht – wie für stagnierende Märkte typisch – hauptsächlich durch Preiskämpfe ausgetragen wird.

Die wohl wichtigste Maßgröße für die Position (Stärke) eines Unternehmens in einem Markt ist der ***Marktanteil***, auch dieser ***mengen- oder wertmäßig*** gemessen. Er wird bestimmt durch die Relation

$$\text{Marktanteil in \%} = \frac{\text{Absatzvolumen des Unternehmens x 100}}{\text{Marktvolumen}}$$

Der Marktanteil ist zu einer besonders gängigen Maßgröße für den Markterfolg von Unternehmen geworden, weil er

- durch unternehmensinterne Daten, Informationen über die Branchenentwicklung und laufende Erhebungen bei Endabnehmern bzw. im Handel (sog. Panels) mit gängigen Methoden gemessen werden kann,
- den Erfolg der eigenen Marketing-Aktivitäten in Relation zur Entwicklung des Gesamtmarktes und des Erfolges von Konkurrenten widerspiegelt und
- der eigene Markterfolg nicht durch inflationäre Entwicklungen überlagert wird.

Die ***Messung von Marktanteilen*** in der oben angedeuteten Weise erscheint zunächst als sehr einfach, in der Praxis können aber Definitions- und Abgrenzungsprobleme auftreten. Dies sei am Beispiel eines Automobilherstellers illustriert:

Definition und Abgrenzung des Produkts

Wird der Marktanteil des Unternehmens insgesamt (mit allen Produktlinien) gemessen oder der Marktanteil einzelner Marken des Unternehmens (z.B. VW, Audi, Seat, Skoda) oder der Marktanteil einzelner Produkte (z.B. Passat, Variant)?

Definition und Abgrenzung des Marktes

Wird der Marktanteil auf dem (Welt-) Gesamtmarkt für Automobile bezogen oder auf spezielle Teilmärkte (z.B. den Markt für sportliche Limousinen oder den europäischen Automobilmarkt)?

Im Zusammenhang mit der zunehmenden Wettbewerbsorientierung der Entwicklung von Marketingstrategien hat eine weitere Maßgröße, der ***relative Marktanteil***, zunehmend Beachtung gefunden. Wie der Name schon andeutet, geht es dabei um einen Marktanteil, der in Beziehung gesetzt wird zu einem anderen Marktanteil. Üblich sind die Relationen des Marktanteils eines Unternehmens zum Anteil des größten Anbieters (***Marktführers***) in dem Markt oder zur Summe der Marktanteile der drei größten Anbieter. Diese Maßzahlen sind besonders geeignet, die Stärke (Macht) eines Anbieters im Vergleich zu Wettbewerbern in einem Markt widerzuspiegeln.

2.4 Definition der relevanten Märkte

Eine besonders einfach scheinende Frage gehört zu den wichtigsten, die sich ein Unternehmen stellen kann: ***In welchem Markt sind wir tätig bzw. wollen wir tätig werden?*** Vordergründige Antworten auf diese Frage können langfristig den Erfolg und sogar die Existenz von Unternehmen gefährden. Ein bekanntes Beispiel dafür sind die amerikanischen Eisenbahngesellschaften, die eben glaubten, in der „Eisenbahnbranche“ tätig zu sein und nicht in der Transportbranche. Das hatte zur Folge, dass sie an der wachsenden Nachfrage nach Transportleistungen nicht partizipierten und Spediteure, die LKWs einsetzten, den Markt bedienten und die Eisenbahnen teilweise verdrängten.

Die ***Definition von*** Absatzmärkten, in denen ein Unternehmen tätig ist bzw. sein will, hat drei Hauptfunktionen:

- Die ***Aufmerksamkeit des Managements*** wird auf die Gesichtspunkte gelenkt, die für den dauerhaften Markterfolg des Unternehmens wichtig sind. Das sind meist die der Nachfrage zu Grunde liegenden Bedürfnisse.
- Die ***Grenzen der Unternehmenstätigkeit*** werden abgesteckt und gleichzeitig Perspektiven für das ***Wachstum des Unternehmens*** eröffnet. Wenn sich beispielsweise die Lufthansa als Anbieter von Transportleistungen versteht, dann lässt das Aktivitäten in den Bereichen Lufttaxi, Schnellbahnzüge, Flughafenzubringer etc. zu, schließt aber eine Tätigkeit als Veranstalter von Pauschalreisen aus.
- Die ***Grundlagen für die Analyse*** der Situation des Unternehmens werden gelegt, indem dessen Absatzmarkt abgegrenzt und Wettbewerber identifiziert werden.

Als Hilfsmittel zur Definition der Absatzmärkte von Unternehmen ist ein dreidimensionaler Ansatz eingeführt worden, der seither starke Beachtung gefunden hat. Dabei werden die Dimensionen

- ***Funktion,***
- ***Technologie und***
- ***Marktsegment*** verwendet, die im Folgenden kurz erläutert werden sollen.

Bei der ***Funktion*** geht es natürlich um die Funktion des Leistungsangebots von Unternehmen für die Kunden, also um die Nutzungsmöglichkeiten von Produkten (Sachgüter und Dienstleistungen). Bezogen auf das Beispiel der Verlagsbranche (Bücher, Zeitungen, Zeitschriften etc.) könnten diese Funktionen u.a. in der Unterhaltung, geistigen Anregung/ „Erbauung“, im Angebot aktueller Informationen (Politik, Sport, Wirtschaft), in der Unterstützung von Bildung/ Weiterbildung bestehen.

Das Stichwort ***Technologie*** bezieht sich auf unterschiedliche Verfahren oder Werkstoffe, mit denen die Funktionserfüllung beim Kunden erreicht werden kann. Beim erwähnten Beispiel der Verlagsbranche könnten im Hinblick auf die Technologie Bücher, Zeitungen/ Zeitschriften, CD-ROMs und Internet-Angebote genannt werden. Allerdings ist natürlich nicht jede Technologie für alle Funktionserfüllungen gleichermaßen geeignet.

Die Einteilung eines Gesamtmarktes in ***Marktsegmente*** gehört zu den schon länger im Marketing etablierten grundlegenden Prinzipien. Gemeint ist damit die Bildung von Kundengruppen, die hinsichtlich ihrer Bedürfnisse und Charakteristika möglichst homogen sind. Beim Beispiel der Verlage könnten das vielleicht Privatpersonen, Studierende, Unternehmen/ Manager oder Bibliotheken sein.

Gelegentlich findet man graphische Darstellungen, in denen die Wahlmöglichkeiten von Unternehmen im Hinblick auf die genannten Dimensionen visualisiert sind. Eine Illustration zu dem Verlagsbeispiel findet sich in Abbildung 4.

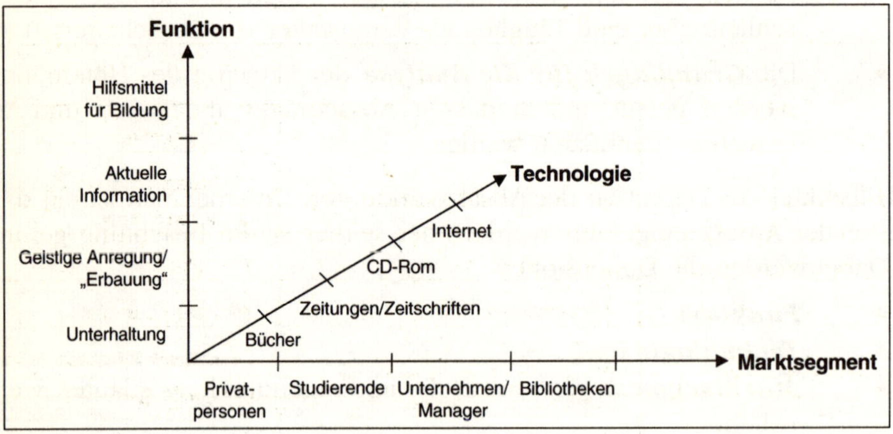

Abbildung 4: Beispiel zur Definition von Absatzmärkten für die Verlagsbranche

Daneben haben für die Definition von Absatzmärkten auch mehrere eindimensionale Ansätze Bedeutung behalten, von denen hier die produkt- und nutzenorientierten Definitionen, die besonders wichtige und gängige Marktsegmentierung sowie die Festlegung von Marktarealen skizziert werden.

- **Produkt- versus nutzenorientierte Definition von Unternehmenstätigkeiten**

Die Aufgabe eines Unternehmens besteht nicht in erster Linie in der Prodution von Gütern, sondern in der ***Befriedigung von Kundenwünschen.*** Der Bedarf an bestimmten Produkten kann zurückgehen oder ganz verschwinden; ***Kundenbedürfnisse haben dagegen größere Stabilität***. So beobachtet man seit einiger Zeit ein nachlassendes Interesse an den großen allgemein informierenden und unterhaltenden Illustrierten (z.B. Stern, Bunte), weil anscheinend dem entsprechenden (bleibenden) Bedürfnis nach breiter Information und Unterhaltung durch das Fernsehen besser entsprochen wird. Dauerhaft tragfähige Definitionen von Absatzmärkten sollten sich deshalb eher an Kundenwünschen bzw. am Kundennutzen als an den Produktionsmöglichkeiten eines Unternehmens orientieren. Sie sollten ***nutzenorientiert*** und ***nicht produktorientiert*** sein. In Abbildung 5 sind einige Beispiele für den Unterschied zwischen produkt- und nutzenorientierten Definitionen der Tätigkeit von Unternehmen zusammengestellt.

Definition der Unternehmenstätigkeit		
Unternehmen	produktorientiert	nutzenorientiert
Duden Verlag	Wir produzieren Wörterbücher	Wir bieten Informationen zur deuschen Sprache
Revlon Kosmetik	Wir stellen Kosmetik her	Wir verkaufen Hoffnung
Esso	Wir verkaufen Benzin	Wir bieten Energie an
Gruner & Jahr Verlag	Wir machen Zeitschriften	Wir bieten Informationen und Unterhaltung an
Rolex	Wir verkaufen Uhren	Wir verkaufen Prestige
Deutsche Post	Wir transportieren Briefe und Pakete	Wir lösen Logistik-Probleme

Abbildung 5: Produkt- und nutzenorientierte Definitionen von Unternehmenstätigkeiten. (Die Eintragungen beruhen nicht auf Angaben der genannten Unternehmen)

- Marktsegmentierung

Die ***Marktsegmentierung*** gehört zu den bedeutendsten Konzepten des modernen Marketing. Vor einer kurzen Diskussion sei hier zunächst eine ***Definition*** angegeben:

Marktsegmentierung ist die Aufteilung eines heterogenen Gesamtmarkts in relativ homogene Käufergruppen mit dem Ziel der differenzierten Ansprache dieser Gruppen.

Einige der mit der Marktsegmentierung verbundenen Überlegungen werden deutlich, wenn man dieser die nicht differenzierte Marktbearbeitung gegenüberstellt. (s. Abb. 6).

Nicht differenzierte Marktbearbeitung	Marktsegmentierung
Homogene Bedürfnisse im Gesamtmarkt	Heterogene Bedürfnisse im Gesamtmarkt, homogene Bedürfnisse innerhalb des Segements
Ein Produkt für einen Massenmarkt	Spezifische Produkte für definierte Segemente
Vorteile gegenüber der Konkurrenz durch ein Produkt mit klarem Preisvorteil, besseren Eigenschaften oder starker Werbung	Vorteile gegenüber der Konkurrenz durch einzigartige Produkte, die den Bedürfnissen von Segmenten entsprechen
Besondere Gewinnmöglichkeiten durch Größenvorteile bei Produktion und Marketing	Besondere Gewinnmöglichkeiten durch höhere Spannen bei spezifischen Produkten

Abbildung 6: Nicht differenzierte Marktbearbeitung und Marktsegmentierung

Nachdem in hochentwickelten Industriegesellschaften die undifferenzierten Grundbedürfnisse immer weiter gehend gedeckt sind, ist die Marktsegmentierung in vielen Märkten zu einem Schlüssel für den Erfolg geworden. Von der Umsetzung des Grundgedankens der Marktsegmentierung in entsprechende Strategien verspricht man sich u.a. folgende ***Vorteile***:

- Anziehung und Bindung von Kunden durch spezifische Angebote
- Gezielter Einsatz von Werbung, Verkaufsförderung und Vertriebsanstrengungen

Natürlich gibt es auch ***Nachteile*** bzw. Begrenzungen bei einer Strategie der Marktsegmentierung. Diese treten dann in Erscheinung, wenn ein Unternehmen an Stelle eines einheitlichen Produkts mehrere Produkte für verschiedene Teilmärkte anbietet. Damit fallen in der Regel ***erhöhte Kosten*** für Produktion, Lagerhaltung etc. an. Daneben kann man gelegentlich beobachten (z.B. im Zigarettenmarkt), dass große Unternehmen mit mehreren Produkten (Marken) im gleichen Markt oder in nicht deutlich getrennten Teilmärkten operieren. Dann ist eine Konkurrenz dieser Produkte aus gleichem Hause untereinander um Marktanteile kaum zu vermeiden. Dieser Effekt wird in der bisweilen recht bildkräftigen Sprache der Marketing-Praxis als ***„Kannibalisierung“*** bezeichnet.

Die meisten der für die Marktsegmentierung angewandten ***Kriterien*** lassen sich in Gruppen zusammenfassen, die im Folgenden für den Konsumgüterbereich an Hand von Beispielen charakterisiert und illustriert werden.

- Demographische und geographische Kriterien: Alter, Geschlecht, Familienstand und -größe, Region des Wohnsitzes
- Ökonomischer und sozialer Status: Einkommen, Berufstätigkeit, Ausbildung
- Kaufverhalten: Kaufhäufigkeit, Einkaufsstättenwahl
- Produktnutzung: Verwendungszweck des Produkts, Art und Wichtigkeit der beachteten Produkteigenschaften
- Persönlichkeit und Lebensstil: Innovationsfreudigkeit, Genussorientierung, Sicherheitsstreben

In den meisten Fällen zieht man für die Definition von Marktsegmenten nicht nur ein Kriterium, sondern mehrere heran. Beispielsweise könnten zur Beschreibung des für eine Kombi-Version eines Mittelklasse-Autos in Frage kommenden Marktsegments die Kriterien Alter (30–60 Jahre), Einkommen (35.000,– bis 50.000,– pro Jahr), Region (Europa) und Lebensstil (familienorientiert) herangezogen werden.

Die Grundprinzipien der Marktsegmentierung gelten für den B-to-C- und den B-to-B-Bereich in gleicher Weise. Allerdings werden bei der ***Segmentierung von B-to-B-Märkten*** natürlich andere Kriterien angewandt.

- **Marktareale**

Das Stichwort „Marktareale“ bezieht sich auf die ***regionale Abgrenzung*** von Absatzmärkten. Durch die Entwicklungen im Bereich des Transport- und Lagerwesens, den Abbau von Handelsbarrieren, die Verbesserung von Kommunikationsmöglichkeiten, die Einebnung kultureller Unterschiede etc. sind viele Grenzen von Absatzmärkten, die lange Zeit als vorgegeben erschienen, heute relativiert worden. So findet man bei Produkten, die wegen ihrer Transportkosten und -zeit (→Frische der Produkte) früher eher regional vermarktet wurden, heute weitaus größere Marktareale, z.B. bei Obst, Gemüse und Blumen aus Israel. Die Frage, in welchem Gebiet ein Produkt angeboten wird, beantwortet sich nicht mehr gewissermaßen von selbst, sondern ist Gegenstand strategischer Überlegungen.

Hier werden unterschieden:

- ***lokale Markterschließung***
- ***regionale Markterschließung***
- ***nationale Markterschließung***
- ***internationale Markterschließung***

Die Begrenzung auf ***lokale Märkte*** (Heimatmarkt im direkten Einzugsbereich eines Unternehmens) findet man heute im Bereich der Industrie kaum noch. Ausnahmen bieten am ehesten (wegen ihrer besonderen Produktionsbedingungen) die Baubranche und (wegen ihres oftmals lokalen Bezuges) Zeitungsverlage. Daneben ist die nur lokale Markterschließung noch für kleinere Unternehmen des Einzelhandels, des Handwerks und verschiedener Dienstleistungsbereiche (z. B. Wäschereien) gebräuchlich.

Eine ***regionale Strategie*** kann sich in der Bundesrepublik Deutschland z.B. auf ein einzelnes Bundesland oder einige davon beziehen. Oftmals liegen die Gründe für die Beschränkung auf regionale Märkte in besonderen Erfordernissen der Logistik. Beispiele dafür findet man u.a. in der Getränkebranche (einschl. Brauereien), bei Filialunternehmen des Einzelhandels und im Nahrungsmittelbereich (z.B. Großbäckereien, Molkereien).

In vielen Branchen findet man eine Ausrichtung auf ***nationale Märkte***. Hier sei nur an diverse Markenartikel im Konsumgüter-Bereich, an große Dienstleistungsunternehmen (z.B. Banken, Deutsche Bahn) oder an die großen Verlage erinnert. Diese Ausrichtung entspricht der weitgehenden kulturellen, sozialen, ökonomischen und politischen Einheitlichkeit nationaler Märkte. Im B-to-C-Bereich sind ohnehin nur in wenigen Branchen Gründe für nationale Beschränkungen gegeben. Im B-to-C-Bereich haben u.a. folgende Faktoren zur Entwicklung nationaler Marken beigetragen:

- Wichtige Werbeträger (Fernsehen, Zeitschriften) erreichen nationale Gesamtmärkte und können nur für entsprechend ausgerichtete Produkte effizient eingesetzt werden.
- Im nationalen Gesamtmarkt tätige Handelsunternehmen bevorzugen in ihren Sortimenten entsprechend verbreitete Marken.

Die gegenwärtig schon große und offenbar weiter wachsende Bedeutung ***internationaler Märkte*** ist sowohl durch gesamtwirtschaftliche als auch durch betriebswirtschaftliche Gesichtspunkte erklärbar. Für die erstgenannten Aspekte sind insbesondere die ***zunehmende internationale Arbeitsteilung*** und die durch die politischen Rahmenbedingungen geprägte ***Liberalisierung des Welthandels*** erwähnenswert. In betriebswirtschaftlicher Sicht sprechen u.a. ***Kosten-Aspekte*** (Betriebsgrößenersparnisse, Erfahrungskurveneffekt, Ausnutzung von Kostenvorteilen im Ausland) sowie ***Größe und Wachstum internationaler Märkte*** für eine Internationalisierung des Absatzgebietes.

Andererseits gibt es aber auch Gesichtspunkte, die eine Internationalisierung der Marktbearbeitung schwierig und risikoreich, teilweise sogar unmöglich machen. Hier ist zunächst an verbliebene ***staatliche Handelsbeschränkungen***, Schwierigkeiten beim ***Zugang zu Vertriebskanälen*** und ***Währungsrisiken*** zu denken. Bei manchen Produkten ist eine internationale oder gar weltweite Vermarktung kaum möglich, weil die ***Transportkosten*** im Vergleich zum Preis der Produkte zu hoch liegen (z.B. bei Baustoffen), weil die Lieferzeiten zu lang wären (z.B. bei Milchprodukten oder Brot) oder weil die Anforderungen an die Produkte in verschiedenen Ländern zu unterschiedlich sind (z.B. wegen klimatischer Bedingungen oder kultureller Unterschiede).

3. Auswahl von Märkten

Wenn die bisher von einem Unternehmen bearbeiteten Absatzmärkte definiert und mögliche neue Absatzmärkte identifiziert worden sind, dann müssen Kriterien festgelegt werden, anhand derer Entscheidungen über angestrebtes Wachstum in einzelnen Märkten, den Eintritt in oder den Rückzug aus Absatzmärkten getroffen werden können. Dazu ist vor allem der inzwischen sehr verbreitete und vielfältig angewandte **Portfolio-Ansatz** geeignet.

Die ***Grundidee eines Portfolios*** besteht darin, dass die (in manchen Unternehmen zahlreichen) verschiedenen Geschäftsbereiche in einer Matrix dargestellt werden. Die beiden Achsen kennzeichnen die ***Marktchancen*** (Attraktivität, Wachstum etc.) und die ***Fähigkeit*** des eigenen Unternehmens ***zur Wahrnehmung*** der ***Marktchancen*** (Firmenressourcen, gegenwärtige Marktposition etc.). Durch die Einordnung unterschiedlicher Geschäftsbereiche in eine solche einheitliche Darstellung kann man diese vergleichen und spezifische Strategien entwickeln. Die in Abbildung 7 dargestellte Portfolio-Matrix enthält bereits Hinweise auf sogenannte „***Normstrategien***“.

		Position des Unternehmens	
		stark	schwach
Markt-chancen	groß	Wahrnehmung der Chancen	Aufbauen oder aufgeben/verzichten
	gering	Erhaltung einer profitablen Position	Abernten oder aufgeben/verzichten

Abbildung 7: Eine allgemeine Portfolio-Matrix, die sich auf vorhandene und die Planung neuer Geschäftsbereiche bezieht

In dem in „Abbildung 8: Beispiel für ein Ist- und Ziel-Portfolio“ dargestellten Beispiel ist die bekannte Portfolio-Matrix der Boston Consulting Group verwendet worden, bei der die Marktchancen durch das ***Marktwachstum*** und die eigene Fähigkeit zur Wahrnehmung der Chancen durch den ***relativen Marktanteil*** (eigener Marktanteil im Vergleich zu dem des größten Konkurrenten, siehe Abschnitt 2.3) operationalisiert sind. Die weißen Kreise kennzeichnen die gegenwärtige, die dunklen Kreise die angestrebte Position der einzelnen Geschäftsfelder im Portfolio. Die Größe der Kreise spiegelt den Umsatzanteil der Produkte innerhalb des Unternehmens wider. Beispielsweise lässt sich erkennen, dass offenbar die Marktposition von Produkt D deutlich verbessert werden soll, während für Produkt B die Marktposition nur gehalten werden soll (vgl. die Bewegung auf der Marktanteilsachse). Damit sind dann die Ziele für die weiteren Planungsschritte schon weitgehend vorgegeben.

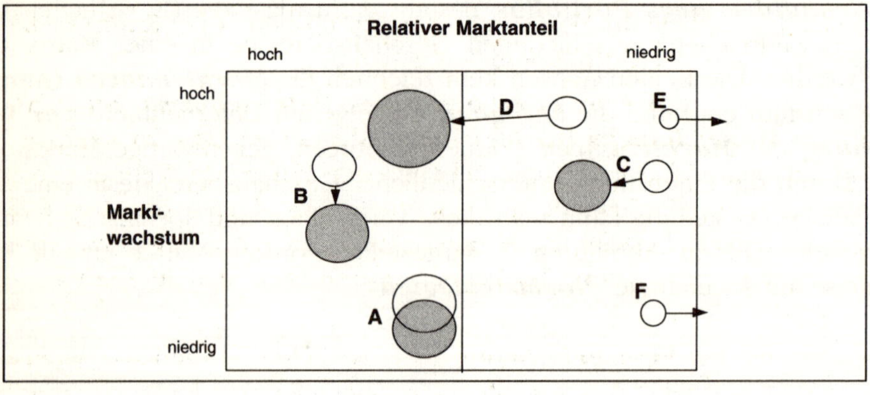

Abbildung 8: Beispiel für ein Ist- und Ziel-Portfolio

Anhand der Abbildung 8 lässt sich auch leicht nachvollziehen, was man unter einem Ist- bzw. einem Ziel-Portfolio versteht. Das ***Ist-Portfolio*** stellt die gegenwärtige Position der verschiedenen Geschäftsfelder eines Unternehmens in dem gewählten Raster dar. Dagegen wird in Form eines ***Ziel-Portfolios*** angegeben, welche Entwicklung die Geschäftsfelder (durch die eigenen Strategien) über einen gewissen Zeitraum nehmen sollen.

Nun zurück zu der für diesen Abschnitt zentralen Fragestellung: In welchen Märkten sollen Anstrengungen verstärkt oder vermindert werden, welche Märkte sollen aufgegeben und welche neu erschlossen werden? Dazu soll wieder an die mit der „Abbildung 7: Eine allgemeine Portfolio-Matrix, die sich auf vorhandene und die Planung neuer Geschäftsbereiche bezieht" verbundenen Überlegungen angeknüpft werden. Zunächst gilt es zu klären, welche Faktoren die Marktchancen bzw. die Fähigkeit des Unternehmens zur Wahrnehmung von Marktchancen beeinflussen. Bei aller Vorsicht hinsichtlich der Generalisierbarkeit von Aussagen über Faktoren, deren Bedeutung stark durch die jeweiligen Unternehmensziele und Branchenspezifika bestimmt wird, kann man doch einige nennen, die oft relevant sind.

Im Hinblick auf die ***Marktchancen***, die sich für ein Geschäftsfeld ergeben, sind das vor allem: Marktgröße, Marktwachstum, Branchenrentabilität, Wettbewerbsintensität, Markteintrittsbarrieren. Dabei hat das Marktwachstum oftmals eine herausgehobene Bedeutung, nicht zuletzt im Zusammenhang des Portfolio-Modells der Boston-Consulting-Group (s.o.). Deutlich wachsende Märkte gelten als besonders attraktiv (siehe Abschnitt 2.3). Unter Markteintrittsbarrieren versteht man Gesichtspunkte, die neue (zusätzliche) Wettbewerber daran hindern, in den betreffenden Markt einzutreten und damit dort den Wettbewerb zu verschärfen. Als Beispiele für Markteintrittsbarrieren seien hoher Kapitalbedarf oder begrenzter Zugang zu Vertriebskanälen genannt.

Als Gesichtspunkte, die die ***Fähigkeit eines Unternehmens zur Wahrnehmung von Marktchancen*** beeinflussen, sind in erster Linie zu nennen: Bisheriger Marktanteil, relativer Marktanteil (bezogen auf große Wettbewerber), Unternehmensgröße, Kapitalkraft des Unternehmens, Image des Unternehmens und seiner Marken, bestehende Abnehmerbeziehungen, Know-how (Forschung & Entwicklung, Produktion, Marketing) und Kostensituation (Größenvorteile, Erfahrungsvorteile etc.).

Die Grundidee bei ***Entscheidungen*** über die Frage, ob und wie intensiv einzelne Märkte bearbeitet werden sollen, ist – bei allen mit der Realisierung in der Praxis verbundenen Problemen – einfach. Für einen Markteintritt bzw. für eine Verstärkung von Anstrengungen bieten sich natürlich in erster Linie Bereiche an, bei denen ***sowohl die Marktchancen als auch die Fähigkeiten des betreffenden Unternehmens zur Wahrnehmung der Marktchancen positiv*** eingeschätzt werden.

4. Strategien der Marktbearbeitung

Im vorigen Abschnitt ist skizziert worden, wie die Entscheidung über Märkte, auf denen ein Unternehmen tätig sein will („Wo?“), getroffen werden kann bzw. soll. Im vorliegenden Abschnitt geht es jetzt um die grundlegenden Überlegungen zur Art der Marktbearbeitung („Wie?“), also um die – typischerweiese längerfristig stabile – Marketingstrategie. Diese gibt an, in welcher Weise Wettbewerbsvorteile gewonnen und gefestigt werden sollen und stellt insofern die Grundlage für den Einsatz des Marketing-Instrumentariums (siehe dazu Abschnitt 5) dar.

Den Ausgangspunkt der Überlegungen bildet das sog. ***strategische Dreieck***. Damit wird einer der zentralen Aspekte des strategischen Marketing, die Wettbewerbsorientierung, in den Vordergrund gestellt. Im Kern geht es um die Betrachtung der Leistungsangebote von Unternehmen einerseits aus der Perspektive der (subjektiv geprägten) Wahrnehmungen potenzieller Kunden und andererseits im Vergleich mit entsprechenden Leistungsangeboten konkurrierender Unternehmen. Genau diese Sichtweise wird also durch das sog. ***„strategische Dreieck“*** (auch ***„Marketing-Dreieck“*** genannt) symbolisiert (siehe Abbildung 9).

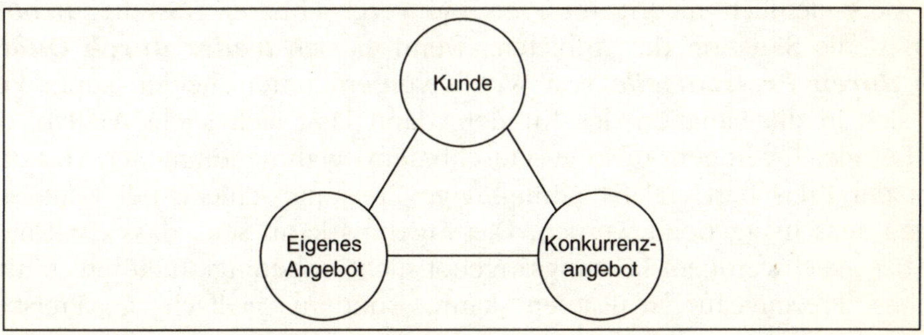

Abbildung 9: Strategisches Dreieck

Der Kunde steht auf dem Markt für das von ihm zu kaufende Produkt in der Regel einer Vielzahl von Angeboten gegenüber, die sich im Hinblick auf diverse Leistungsmerkmale und/ oder Preise mehr oder weniger voneinander unterscheiden können. Maßgeblich für die Kaufentscheidung des Kunden ist zunächst die Frage, ob er bestimmte Unterschiede überhaupt ***wahrnimmt*** und ob diese Unterschiede für ihn ***relevant*** sind. Für ein Unternehmen eröffnen sich zwei Wege, um in der Wahrnehmung potenzieller Kunden Vorteile zu gewinnen und Kaufentscheidungen zugunsten des eigenen Produkts herbeizuführen:

- Entweder muss das ***Leistungsangebot*** im Hinblick auf relevante Merkmale dem von Konkurrenten überlegen sein. Wenn dieser Produktvorteil stärker wiegt als ein möglicherweise durch höheres Preisniveau gegebener Nachteil, dann ist die ***Preis-Leistungs-Relation günstiger*** und ein großer Teil der Kunden kommt zu entsprechenden Kaufentscheidungen.
- Oder die geforderten ***Preise*** müssen deutlich ***unter denen von Konkurrenten*** liegen. Wenn dieser Preisvorteil nicht durch wesentliche qualitative Nachteile des Produkts kompensiert wird, dann ist ebenfalls die ***Preis-Leistungs-Relation günstiger*** und ein – möglicherweise anderer – großer Teil von Kunden trifft Kaufentscheidungen zugunsten dieses Produkts. Allerdings kann ein solcher Preisvorteil den Kunden dauerhaft nur geboten werden, wenn der betreffende Anbieter einen ***Kostenvorteil*** gegenüber seinen Konkurrenten hat.

In beiden genannten Fällen hat ein Angebot einen klaren Vorteil gegenüber Konkurrenzangeboten: Überlegene Produktleistung bei vergleichbarem Preisniveau oder deutlich niedrigerer Preis bei vergleichbarer Leistung. ***Problematisch*** ist die Situation des Anbieters, wenn er sich ***weder durch Qualitäts- noch durch Preisvorteile*** von Wettbewerbern unterscheiden kann: Versetzt man sich in die Situation des Kunden, dann lässt sich leicht nachvollziehen, dass bei gleichwertigem (also austauschbarem) wahrgenommenen Leistungsangebot der Preis bzw. relativ geringfügige Preisunterschiede bei Kaufentscheidungen ausschlaggebend werden. Das Ergebnis kann sein, dass ein Unternehmen bei gleichwertigem Leistungsangebot nicht unbedingt auch ein „branchenübliches Preisniveau" realisieren kann, sondern vielfach in Preiskämpfe verwickelt wird.

Man kann die zentralen Gedanken unter dem Stichwort „komparativer Konkurrenzvorteil" zusammenfassen und so auch in der Gewinnung von komparativen Konkurrenzvorteilen den Kern der Marketingbemühungen erblicken: „... Marketing (hat) die Aufgabe, die Funktionen eines Unternehmens auf die (Absatz-)Markterfordernisse auszurichten, um auf diese Weise im Wahrnehmungsfeld der Nachfrager besser als die relevanten Konkurrenzangebote beurteilt zu werden, – mit anderen Worten, um über komparative Konkurrenzvorteile (KKV's) zu verfügen."

Eine Weiterführung der gleichen Grundidee hat in Theorie und Praxis starke Beachtung gefunden. Dabei wird – wie bisher – der ***strategische Vorteil*** betrachtet und diesem ein ***strategischer Zielbereich*** gegenübergestellt. Hinsichtlich des strategischen Vorteils werden unterschieden ***„Kostenvorsprung"*** und ***„Alleinstellung in der Sicht des Kunden"***. Bezüglich des strategischen Zielbereichs geht es darum, ob die ***gesamte Branche*** oder nur ***einzelne Segmente*** zum bearbeiteten Absatzmarkt gehört bzw. gehören. Je nach Art des Vorteils und Zielbereichs ergeben sich bestimmte Strategietypen, die in der Abbildung 10 benannt sind und anschließend erläutert werden.

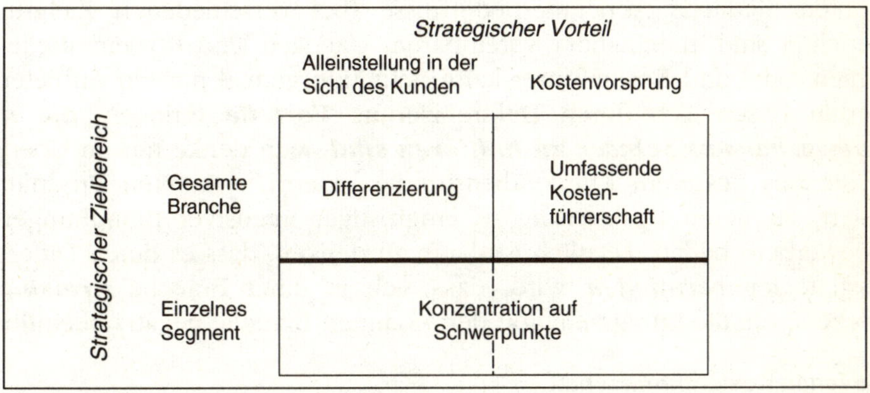

Abbildung 10: Strategietypen nach Porter

Differenzierung

Bei der Differenzierung geht es um die Erlangung von ***Vorteilen gegenüber Wettbewerbern bei Produktmerkmalen, die für die Kunden wichtig sind***.

Die Nebenbedingung dabei lautet, dass ***annähernde Kostenparität*** im Vergleich zu Wettbewerbern besteht, da ansonsten (bei deutlich höheren Kosten und Preisen) kein Wettbewerbsvorteil bestünde. Die in Frage kommenden Differenzierungsmöglichkeiten können je nach Branche, Unternehmen, Kundenbedürfnissen etc. sehr unterschiedlich sein. Einige sollen anhand von Beispielen im Folgenden genannt werden:

- Lebensdauer und Zuverlässigkeit der Produkte (z.B. Volvo, Miele)
- Design (z.B. Braun, Bang & Olufsen)
- Kundendienst (z.B. Caterpillar)
- Technologie (z.B. Intel, Nokia)
- Produkt-/ Firmenimage (z.B. Mercedes-Benz)

Wenn man zahlreiche Beispiele aus der Praxis betrachtet, dann entsteht der Eindruck, dass oftmals Differenzierungsstrategien gegenüber einer Gewinnung von Kosten- und Preisvorteilen bevorzugt werden. Dafür dürften u.a. die folgenden Gründe eine Rolle spielen: Differenzierungsstrategien können so angelegt sein, dass ein Anbieter in ***mehreren entscheidungsrelevanten Dimensionen*** komparative Konkurrenzvorteile gewinnt. Dadurch lassen sich einerseits Wettbewerbsvorteile besser absichern und andererseits unterschiedliche Vorteile, die auf unterschiedliche Abnehmerbedürfnisse (bei verschiedenen Zielgruppen) ausgerichtet sind, miteinander vereinbaren. Dagegen sind Kostenvorteile eben eindimensional und Kostenführer kann definitionsgemäß nur ein Anbieter sein. Weiterhin lassen sich durch Differenzierung ***Vorteile*** erringen, ***die durch Wettbewerber nur schwer zu imitieren sind***. Man denke nur an Überlegenheit, die aus besserem Kundendienst oder einem bestimmten Produktimage resultiert, zu deren Egalisierung es langfristiger intensiver Bemühungen von Wettbewerbern bedarf. Letztlich ist daran zu denken, dass es durch Differenzierungsstrategien ***vermieden*** wird, dass sich in einer Branche ***Preiskämpfe*** entwickeln, die die Ertragssituation der gesamten Branche negativ beeinflussen.

Umfassende Kostenführerschaft

Bei der Strategie umfassender Kostenführerschaft geht es darum, kostengünstigster Anbieter der Branche zu werden. Daraus ergibt sich die Möglichkeit, dauerhaft die eigene Leistung zu niedrigeren Preisen als Wettbewerber anbieten zu können oder bei Preisen auf dem Niveau der Wettbewerber höhere Deckungsbeiträge zu erwirtschaften, die wiederum zur Festigung und Stärkung der Wettbewerbsposition genutzt werden können. Es gilt dabei die Nebenbedingung, dass ein Kostenvorteil nur wirksam ist, wenn die ***Akzeptanz des betreffenden Produkts vergleichbar*** zu der von Konkurrenzprodukten ist. Hat ein Produkt z.B. einen deutlichen qualitativen Nachteil, dann sind niedrigere Kosten und Preise eben kein Wettbewerbsvorteil, sondern gleichen allenfalls die schwächere Qualität aus. Die Ansatzpunkte für die Gewinnung von Kostenvorteilen können sehr vielfältig sein. Einige gängige Möglichkeiten werden im Folgenden genannt:

- Größenbedingte Kostendegression (z.B. durch Verteilung von Fixkosten auf eine besonders große Stückzahl)
- Erfahrung (Lerneffekte, die zu Kostensenkungen führen)
- Technologischer Vorsprung (z.B. fortschrittliche und besonders effiziente Produktionsabläufe und Logistik)
- Zugang zu kostengünstigen Produktionsfaktoren (z.B. niedrige Energie- oder Kapitalkosten, geringe Lohnkosten)
- Kostengünstiges Produkt-Design (z.B. Vereinfachung des Produkts bei Aufrechterhaltung für die Kunden wesentlicher Leistungsmerkmale)

Konzentration auf Schwerpunkte

Bisher sind Vorgehensweisen skizziert worden, bei denen es darum ging, in einer gesamten Branche (oder zumindest großen Teilen davon) Wettbewerbsvorteile durch Differenzierung oder Kostenführerschaft zu erzielen. Im Zusammenhang mit dem Stichwort „Konzentration auf Schwerpunkte" steht die ***Auswahl eines begrenzten Wettbewerbsfeldes*** in einer Branche mit dem Ziel, durch spezielle Ausrichtung darauf, Vorteile zu erlangen, im Mittelpunkt. Diese Ausrichtung kann erfolgen durch das Angebot spezieller überlegener Leistungen (***Differenzierungsschwerpunkt***) oder durch die Gewinnung von Kostenvorteilen in einem eng begrenzten Bereich (***Kostenschwerpunkt***).

Für beide Arten der Konzentration auf Schwerpunkte gibt es in der Praxis eine Fülle von Beispielen. Hinsichtlich des Differenzierungsschwerpunktes sind im Konsumgüterbereich zahlreiche Markenartikel gehobenen Niveaus und Luxusgüter zu nennen. Unternehmen bzw. Produkte wie Porsche, Rolex, Remy Martin, Pommery könnten ihre spezielle Marktposition kaum behaupten, wenn sie Anbieter von Massenartikeln wären. Konzentration mit Kostenschwerpunkt findet man beispielsweise bei manchen Unternehmen in der Autoreparatur-Branche, die sich auf die Instandsetzung von Auspuffanlagen etc. spezialisiert haben, und diese Leistung so effizient erbringen, dass sie dem Kunden Preisvorteile bieten können.

5. Das Marketing-Mix

In Wissenschaft und Praxis hat sich in großer Übereinstimmung eine Vier-Teilung des Marketinginstrumentariums durchgesetzt. Lediglich bei der Benennung der vier Bereiche sowie der Zuordnung einiger (weniger) Instrumente zu diesen Bereichen gibt es hier und da kleinere Abweichungen. Im vorliegenden Beitrag soll von

- Produktpolitik,
- Preispolitik,
- Kommunikationspolitik und
- Vertriebspolitik (Distributionspolitik)

gesprochen werden. In der amerikanischen Literatur findet man auch die griffige Bezeichnung „**4P**": **Product, Price, Promotion, Place**.

Einzelne dieser Bereiche umfassen zwar Instrumente, die man bei strenger Betrachtung nicht den jeweiligen Bezeichnungen unterordnen würde, die Bezeichnungen haben sich aber eingebürgert und charakterisieren treffend zumindest den Kernbereich der verschiedenen Marketinginstrumente.

5.1 Überblick

Die Instrumente des Marketing werden in den folgenden Abschnitten vorgestellt. Hier mag eine knappe Kennzeichnung durch eine Zuordnung einzelner Instrumente zu den vorstehend genannten Bereichen genügen.

Produktpolitik: Produktinnovation, Produktvariation, Produktelimination, Diversifikation, Marken, Sortimentspolitik, Verpackung, Service, Garantien

Preispolitik: Preisfestsetzung, Rabatte, Absatzfinanzierung

Kommunikationspolitik: Werbung, Verkaufsförderung, Öffentlichkeitsarbeit (Public Relations)

Vertriebspolitik: Absatzwege, Absatzmittler (Handel), Direktvertrieb, Marketinglogistik

In Abschnitt 1.2. ist schon darauf hingewiesen worden, dass es im Marketing ganz wesentlich auf das ***abgestimmte Zusammenwirken einer Vielzahl von Instrumenten*** ankommt. Das jeweilige ***Marketing-Mix*** ist die für einen bestimmten Planungszeitraum ausgewählte Kombination von Marketing-Aktivitäten. Bei seiner Planung steht das Auffinden einer günstigen ***Mittelkombination*** im Vordergrund, nicht die Optimierung nur einzelner Instrumente. Die Bedeutung dieses Aspekts soll durch ein kleines Beispiel illustriert werden: Man denke an das Marketing für ein hochwertiges Parfum. Hier müssen für einen dauerhaften Markterfolg offenbar bestimmte Ausprägungen der Marketinginstrumente zusammenkommen: gute Produktqualität, hoher Preis (→ Qualitätsindikator), anspruchsvolle Werbung, luxuriöse Verpackung, Vertrieb über exklusive Fachgeschäfte. Eine einzige „nicht passende" Komponente im Marketing-Mix, z.B. eine billig wirkende Verpackung oder Vertrieb über Discountgeschäfte, würden dazu führen, dass die Akzeptanz des Produkts bei Konsumenten deutlich geringer wäre.

Die zweckentsprechende Abstimmung der einzelnen Marketing-Aktivitäten aufeinander stellt ein für Theorie und Praxis besonders schwieriges Problem dar. Die wichtigsten Ursachen für diese Schwierigkeit sind:

Große Zahl von Kombinationsmöglichkeiten der Marketing-Instrumtente

Bei den verschiedenen Marketinginstrumenten, die jeweils vielfältige Ausprägungen haben können, ergeben sich sehr viele mögliche Kombinationen von Maßnahmen. Es ist deshalb ausgeschlossen, alle Kombinationen zu prüfen, um eine besonders günstige auszuwählen.

Interdependenzen von Marketinginstrumenten

Hier ist u.a. das Zusammenwirken von Instrumenten angesprochen. Beispielsweise macht man häufig die Erfahrung, dass die gemeinsame Wirkung einer Preissenkung und einer kommunikativen Maßnahme (z.B. Verkaufsförderung) auf den Marktanteil größer ist als die Summe der Einzelwirkungen, da die Kommunikation die Wirkung der Preissenkung bei den Abnehmern verstärkt (Synergie-Effekt).

Ausstrahlungseffekte von Maßnahmen

Maßnahmen, die auf ein bestimmtes Produkt bezogen sind, können sich auch auf ***andere Produkte*** auswirken. Beispiele dafür sind die Effekte von Werbung für ein Produkt auf andere Produkte des gleichen Herstellers oder auf Produkte, die unter dem gleichen „Markendach" vertrieben werden, und der sogenannte „Kannibalisierungseffekt" (siehe Abschnitt 2.4). Es kann auch Ausstrahlungseffekte ***zeitlicher Art*** geben, wie beispielsweise die häufig verzögerte und über mehrere Perioden anhaltende Wirkung der Werbung.

Unsicherheit hinsichtlich der Wirkung von Maßnahmen

Typischerweise ist der Erfolg einzelner Maßnahmen im Marketing nur ungenau und unsicher prognostizierbar, was wiederum die Planung des Zusammenwirkens mehrerer Maßnahmen zusätzlich erschwert. So ist beispielsweise die Wirkung von Kommunikationsmaßnahmen häufig schlecht messbar und noch schlechter prognostizierbar. Entsprechend schwierig ist die Abstimmung einer solchen Maßnahme auf andere Instrumente des Marketing.

5.2 Produktpolitik

Zunächst ist zu klären, was im Marketing unter einem ***Produkt*** verstanden wird. Auf den relativ weit gefassten Produktbegriff (Sachgüter, Dienstleistungen, Rechte) des Marketing ist bereits hingewiesen worden. „Ein Produkt ist ein Bündel von Eigenschaften, das von einer Seite, dem Verkäufer, der anderen Seite, dem Käufer, angeboten wird." Wenn man von Eigenschaften spricht, dann ist damit gemeint, dass hier nicht die physischen Merkmale eines Produkts, sondern dessen ***Nutzungsmöglichkeiten*** im Vordergrund stehen. Der Käufer eines Autos z.B. ist in der Regel wohl eher daran interessiert, eine Möglichkeit zur Fortbewegung und vielleicht auch zur Repräsentation zu erwerben, als eine geordnete Ansammlung von Plastik- und Metallteilen.

Die häufig vielfältigen Eigenschaften, die zusammengenommen ein Produkt ausmachen, werden gelegentlich in bestimmte Gruppen eingeteilt. Hier gibt es zunächst Eigenschaften, die den Kernbereich der Produktnutzung betreffen. Beim Auto sind das z.B. Fahrleistungen oder Raumangebot. Daneben gehören zu einem Produkt noch weitere Charakteristika, wie z.B. ästhetische Merkmale. Bei einem Auto könnte man hier an das Styling oder Marken-Prestige denken. Schon in der älteren deutschsprachigen betriebswirtschaftlichen Literatur wurden für diese Unterscheidung die Begriffe ***Grundnutzen*** und ***Zusatznutzen*** verwendet.

In diesem Sinne geht es bei der Produktpolitik nicht nur um die Gestaltung des Produkts „im engeren Sinne", sondern auch um mit dem Produkt verbundene Leistungen und Merkmale, die für dessen Markterfolg bedeutsam sind. Damit sind in erster Linie gemeint: Marke, Service, Garantie und Verpackung. Davon werden zunächst wegen deren besonderer Bedeutung ***das Wesen und die Relevanz von Marken*** erörtert.

In vielen Branchen konnte man in der jüngeren Vergangenheit eine deutlich ***zunehmende Bedeutung von Marken*** beobachten. So gibt es heute Segmente des Bekleidungsmarktes, in denen es kaum noch Artikel gibt, die nicht durch irgendwelche Krokodile, Streifen oder Designernamen gekennzeichnet sind. Selbst in Bereichen des Lebensmitteleinzelhandels, bei denen das vor 20 oder 30 Jahren kaum als möglich erschien, findet man heute bekannte Marken (Musterbeispiel: Chiquita-Bananen). Inzwischen haben sich auch zahlreiche internationale bzw. globale Marken entwickelt (z.B. Coca Cola, McDonalds, IBM, Ford, Caterpillar).

Die Entstehung und Bedeutungszunahme von ***Marken*** hat sicher auch mit der ***Veränderung der Beziehungen zwischen Anbietern und Kunden*** zu tun. Während zu Zeiten einer handwerklichen Produktionsweise ***direkte Kontakte*** zwischen Hersteller und Abnehmer existierten und der Kunde dadurch Informationen über die zu erwartende Qualität des in Auftrag gegebenen Produkts erhielt, sind mit der Ausbreitung der industriellen Produktionsweise die Beziehungen zwischen Herstellern und Kunden zunehmend ***anonymer*** geworden. Wenn heute ein Konsument über mehrere Handelsstufen ein Produkt erhält, das möglicherweise von einem ihm völlig unbekannten Unternehmen im Fernen Osten hergestellt wurde, dann hat er relativ wenig Möglichkeiten, die Sorgfalt des Herstellers, die Lebensdauer seiner Produkte etc. einzuschätzen. Erschwerend kommt hinzu, dass der Konsument in Fällen, in denen er gute Erfahrungen mit bestimmten Produkten gemacht hat, nur mit gewissen Erschwernissen Wiederholungskäufe dieser Produkte tätigen kann, solange diese anonym (also nicht identifizierbar) sind. Deswegen lässt sich sagen, dass Marken gewissermaßen die Anonymität der Beziehungen zwischen Herstellern und Endabnehmern überbrücken. An die Stelle der Kenntnis des Herstellers und seiner Leistungsfähigkeit ist in diesem Sinne das ***Marken-Image*** getreten, also das Bild, das der Konsument von einer Marke und ihrem Leistungsversprechen hat.

Was kennzeichnet nun eine ***Marke*** bzw. einen ***Markenartikel?*** Dazu werden in der Literatur einige Merkmale genannt, die im Folgenden kurz dargestellt seien:

- ***Markierung***

Die Kennzeichnung eines Produkts, die zur Wiedererkennbarkeit führt, erfolgt vor allem durch ***Namen*** (z.B. Nivea, Persil), ***Symbole*** (z.B. Mercedes-Stern, Lufthansa-Kranich) und gleichbleibende ***Aufmachung*** einschließlich der Packung (z.B. Farbe Lila bei Schokoladen-Produkten von Jacobs-Suchard, Flaschenform bei CocaCola).

- ***Gleichbleibende (oder verbesserte) Qualität***

Zentrale Aufgabe von Marken ist es, Kunden zu Wiederholungskäufen gerade dadurch zu veranlassen, dass bestimmte Qualitätsmerkmale auf Dauer gesichert werden und sich damit das Risiko der Konsumenten beim Einkauf vermindert.

- ***Breite Verfügbarkeit***

Marken können in das Bewusstsein von Kunden vor allem eindringen, wenn sie breit verfügbar sind. Ansonsten werden Wiederholungskäufe und somit die Entstehung von Markenbindungen erschwert.

- ***Kommunikationsanstrengungen***

Wie oben erläutert, sollen Marken gewissermaßen die Anonymität der Beziehungen Hersteller – Endabnehmer überwinden helfen. Dafür ist es notwendig, dass die Kunden ein bestimmtes Image mit der Marke verbinden, worin sich u.a. Qualitätsvorstellungen widerspiegeln. Dazu bedarf es gezielter Kommunikationsanstrengungen, z.B. durch Werbung.

- ***Angemessenes (relativ) konstantes Preisniveau***

Preise werden von Kunden vielfach als Qualitätsindikator interpretiert. Zu niedrige und/ oder stark schwankende Preise würden mit dem Ziel des Aufbaus von Marken, ein relativ hohes und gleichbleibendes Qualitätsniveau zu erreichen und dem Kunden bewusst zu machen, kollidieren.

GRUNDFUNKTIONEN VON MARKEN

Die **Grundfunktionen von Marken** lassen sich folgendermaßen kennzeichnen: Die **Individualisierungsfunktion** bezieht sich auf die Heraushebung eines Produkts aus der Vielfalt vergleichbarer (möglicherweise austauschbarer) Angebote. Bei der **Identifizierungsfunktion** hat man die Wiedererkennungsmöglichkeit des Produkts durch den Kunden als Voraussetzung für Wiederholungskäufe und die Entwicklung von Markentreue im Sinn. Der Bedeutungszuwachs von Marken hat auch damit zu tun, dass sie für die Entwicklung von Marketingstrategien oftmals grundlegende Bedeutung haben.

Nun also zurück zu den anderen Elementen der Produktpolitik (Service, Garantien und Verpackung). Beim ***Service*** (***Kundendienst***) handelt es sich um

Dienstleistungen, die in Verbindung mit einem Sachgut angeboten werden. Der Schwerpunkt der Kundendienstleistungen mit den typischen Beispielen Lieferung, Montage, Anwenderschulung, Wartung und Reparaturleistungen liegt nach dem Kauf. Der Service hat erhebliche Bedeutung im Zusammenhang mit der Entstehung und Festigung von Bindungen zwischen Anbietern und Abnehmern. Sein Stellenwert ist in unterschiedlichen Branchen bzw. bei unterschiedlichen Produkten sehr verschieden. Bei vielen Gütern des täglichen Bedarfs (z.B. Getränke, Waschmittel) spielt er praktisch keine Rolle. In anderen Bereichen (Musterbeispiele: Verkehrsflugzeuge, Automobile) ist ein Markterfolg ohne ein leistungsfähiges Service-System kaum denkbar.

Garantieleistungen bestehen in der Versicherung des Anbieters, dass das Produkt bestimmten Anforderungen – insbesondere im Hinblick auf Funktionserfüllung und Lebensdauer – genügt. Eine Garantie bezieht sich im Wesentlichen darauf, dass der Kunde bei Nichteinhaltung der versprochenen Produktleistungen das Recht zur Inanspruchnahme entsprechender Kundendienstleistungen oder zur Rückgabe des Produkts hat. Im Automobilmarkt findet man häufig Beispiele für den Einsatz von Garantien, beispielsweise zur Unterstreichung der Produktqualität oder zur Abhebung gegenüber Wettbewerbern.

Die ***Produktverpackung*** hatte früher vor allem die Funktion, das Produkt bei Transport und Lagerung zu schützen. Inzwischen ist daraus ein vielfach intensiv genutztes Marketinginstrument geworden. Dabei haben u.a. die beiden folgenden Aspekte eine maßgebliche Rolle gespielt:

- Durch die Ausbreitung der ***Selbstbedienung*** im Einzelhandel hat die Selbstpräsentation von Produkten über Erläuterungen auf Packungen und Packungsdesign sowie die Präsentation und Stapelfähigkeit im Regal an Wichtigkeit gewonnen.
- Die Ausbreitung und zunehmende Bedeutung von ***Marken*** bringt es mit sich, dass entsprechende Kennzeichnungs- und Wiedererkennungsmöglichkeiten gegeben sein müssen. Das sind bei vielen Produkten (z.B. Getränke, Lebensmittel aller Art, Waschmittel) Packungsaufschriften und Packungsdesign.

Im Mittelpunkt der Produktpolitik steht natürlich das Produkt selbst und die darauf bezogenen Entscheidungen. Der wesentliche Inhalt der Produktpolitik kann folgendermaßen charakterisiert werden: „Die ***Produktpolitik*** umfasst alle Entscheidungstatbestände, welche sich auf die Gestaltung der Marktleistung beziehen. Das Produkt bzw. Leistungsprogramm des Unternehmens ist nicht nur unverzichtbar, sondern auch vielfach dominierender Bestandteil des Marketing-Instrumentariums (‚Herz des Marketing'). Es stellt den eigentlichen Austauschgegenstand dar, welcher dem Nachfrager einen bestimmten Nutzen verschaffen soll."

Abschließend sollen die ***Grundentscheidungen in der Produktpolitik*** charakterisiert werden. Eine ***Produktinnovation*** besteht darin, dass ein Produkt, das bisher nicht im Leistungsprogramm eines Unternehmens war, neu in dieses aufgenommen wird. Dagegen versteht man unter der ***Produktvariation*** die Veränderung eines bisher schon angebotenen Produkts. An Stelle eines bisherigen Produkts tritt also ein verändertes Produkt. Bei der ***Produktelimination*** wird ein Produkt aus dem Angebot eines Unternehmens gestrichen.

Wenn man analoge Überlegungen auf eine ***Produktlinie*** bezieht, dann kann man sich vorstellen, dass durch eine neue (zusätzliche) Produktlinie die Angebotspalette eines Unternehmens beträchtlich erweitert wird. Deshalb wird in diesem Fall von Diversifikation gesprochen. Auf unterschiedliche Arten der ***Diversifikation*** wird weiter unten eingegangen.

Eine bestehende Produktlinie kann verändert werden durch Erweiterung oder Reduzierung (Straffung). Eine Erweiterung findet dadurch statt, dass zusätzlich zu den vorhandenen Produkten einer Produktlinie ein weiteres neues (oder mehrere) eingeführt wird (werden). Insofern mündet eine Produktinnovation, wenn sie an bestehende Produktlinien anknüpft, in eine Erweiterung der betreffenden Produktlinie ein. Man spricht dann von einer ***Produktdifferenzierung***. Eine Produktlinie wird gestrafft durch entsprechende Produkteliminationen. Durch die Eliminierung ganzer Produktlinien zieht sich ein Unternehmen aus den jeweiligen Geschäftsbereichen vollständig zurück.

Das Wesen der Diversifikation lässt sich an Hand eines Schemas, das in „Abbildung 11: Wachstumsmöglichkeiten nach Ansoff (1965)„ wiedergegeben ist, zusätzlich verdeutlichen. Dabei werden vier Wachstumsmöglichkeiten unterschieden:

- ***Marktdurchdringung (Feld 1)***

Dabei wird versucht, mit den vorhandenen Produkten in den bisherigen Märkten Wachstum, insbesondere Wachstum der Marktanteile, zu erzielen.

- ***Marktausweitung (Feld 2)***

Hier wird Wachstum durch das Angebot bisheriger Produkte auf (zusätzlichen) neuen Märkten erzielt. Ein Musterbeispiel dafür ist die Ausweitung der Unternehmenstätigkeit auf ausländische Märkte.

- ***Produktinnovation (Feld 4)***

Dabei geht es darum, durch neue – nach Möglichkeit überlegene – Produkte Vorteile gegenüber Wettbewerbern zu erringen und dadurch in dem bisherigen Markt Wachstum zu erzielen.

- ***Diversifikation (Feld 3)***

Bei der Diversifikation erreicht man Wachstum durch bisher nicht angebotene Produkte, die man auf Märkten anbietet, in denen das Unternehmen bisher nicht vertreten war.

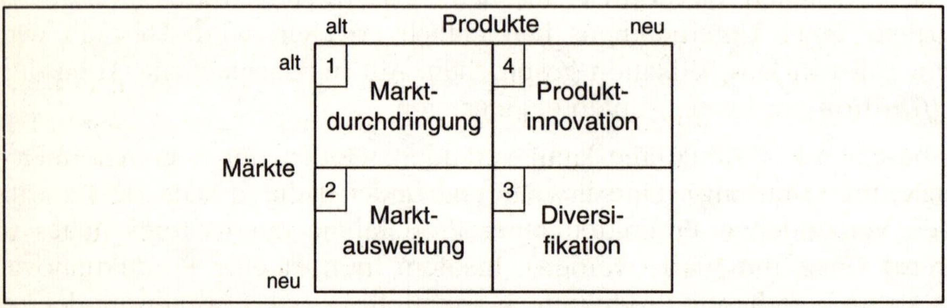

Abbildung 11: Wachstumsmöglichkeiten nach Ansoff (1965)

Weiterhin wird zwischen

- vertikaler,
- horizontaler und
- lateraler

Diversifikation unterschieden.

Von ***horizontaler*** Diversifikation spricht man, wenn zu einem bestehenden Leistungsprogramm neue verwandte Arten von Produkten hinzutreten, die der gleichen Wirtschaftsstufe zuzuordnen sind (Beispiel: Fernsehgerätehersteller beginnt mit der Produktion von DVD-Geräten). Die „Verwandtschaft" zwischen Produkten bezieht sich meist auf Technologien, Fertigungsverfahren, Kundenkreis und/ oder Vertriebsweg.

Als ***vertikale*** Diversifikation wird die Ausweitung der Unternehmenstätigkeit auf gegenüber dem bisherigen Leistungsprogramm vor- oder nachgelagerte Wirtschaftsstufen bezeichnet (Beispiel: Fernsehgerätehersteller beginnt mit der Produktion elektronischer Bauteile).

Bei ***lateraler*** Diversifikation besteht kein sachlicher Zusammenhang zwischen dem bisherigen Leistungsprogramm und den neuen Produkten (Beispiel: Fernsehgerätehersteller beteiligt sich an einer Restaurantkette).

Zur Bedeutung der Produktpolitik für das Marketing sollen hier nur zwei Aspekte hervorgehoben werden:

- ***Marktorientierte Produktgestaltung als konstitutives Merkmal des Marketing***

Das Wesen des Marketing ließ sich recht gut anhand bestimmter Entwicklungsphasen verdeutlichen (siehe Abschnitt 1.1). Ein zentrales Merkmal der Marketingorientierung von Unternehmen besteht darin, dass die Engpassituation im Absatzmarkt dazu zwingt, nicht mehr zu „vermarkten", was man produziert hat, sondern das zu produzieren, was man glaubt, absetzen zu können. Damit wird deutlich, dass die Ausrichtung der Produkte von Unternehmen an Kundenwünschen und -bedürfnissen ein Kennzeichen des Marketing ist.

- ***Produkte als unverzichtbare Teile („Basis") des Marketing-Mix***

In diesem Beitrag ist schon betont worden, dass die Möglichkeiten zur Gestaltung eines Marketing-Mix außerordentlich vielfältig sind. Werbemaßnahmen, Vertriebsmethoden etc. können höchst unterschiedlich sein und es gibt genügend Beispiele erfolgreicher Marketingstrategien, bei denen auf bestimmte Elemente des Marketing-Mix (z.B. Werbung oder eigener Außendienst oder Messebeteiligungen) ganz verzichtet wurde. Ein Marketing-Mix ohne die Komponente „Produkt" dürfte aber kaum denkbar sein.

In diesem Zusammenhang ist noch beachtlich, dass das Produkt und seine Eigenschaften nicht nur unverzichtbarer, sondern auch vielfach dominierender Bestandteil eines Marketing-Mix ist. Wegen der Schwierigkeiten und Risiken der Entwicklung von wettbewerbsfähigen Produkten und der dafür vorzusehenden langen Zeiträume werden bei der Planung des Marketing-Mix oftmals die anderen Instrumente (z.B. Werbung, Preis, Vertriebssystem) auf die Eigenschaften und die Positionierung des Produkts abgestimmt.

5.3 Preispolitik

Die Frage nach dem Wesen des Preises erscheint vielleicht auf den ersten Blick als trivial, bedarf aber doch einiger – allerdings knapp darstellbarer – Überlegungen. Üblicherweise wird der ***Preis*** als die ***Anzahl von Geldeinheiten*** definiert, die ein Käufer beim ***Erwerb einer Mengeneinheit*** eines Produkts zu entrichten hat. Bei einem Kaufvorgang ergibt sich der Preis P durch:

$$P = \text{Entgelt} / \text{Menge}$$

Aus der Sicht des Käufers stellt der Preis die Anzahl von Einheiten der verfügbaren finanziellen Mittel (Kaufkraft) dar, die für ein Produkt eingesetzt werden müssen und dann nicht mehr für andere (Konsum-) Zwecke zur Verfügung stehen. Der Preis gibt also auch an, in welchem Maße der Käufer durch den Erwerb eines Produkts auf ***andere Verwendungsmöglichkeiten seiner Geldmittel verzichten*** muss. Insofern wundert es nicht, dass in der ökonomischen Theorie, wo es ja ganz zentral um die Aufteilung knapper Ressourcen geht, der Preis immer eine bedeutsame Rolle gespielt hat. In der Anbieter-Perspektive ist der Preis ein zentraler Einflussfaktor der erzielbaren Erlöse (Erlös = Menge x Preis) und damit des wirtschaftlichen Erfolgs eines Unternehmens.

Was versteht man nun unter Preispolitik? Im Kern geht es um die Festsetzung von Preisen und die dazu notwendigen Informationen, Überlegungen etc. und um Aktivitäten zur Realisierung der angestrebten Preise.

Unter heutigen Marktbedingungen geht man nicht mehr von einer herausgehobenen Stellung der Preispolitik innerhalb des Marketing-Mix aus, sondern betrachtet den Preis lediglich als ***ein*** wesentliches ***Element*** des Marketing-Mix. Es geht also auch hier um die Abstimmung mit anderen Instrumenten. So muss eben ein qualitativ besonders hochwertiges Produkt oft etwas teurer sein, um die überlegene Qualität auch zu kommunizieren (→ Preis als Qualitätsindikator). Dennoch gibt es immer wieder Marktsituationen, in denen der Preis zumindest zeitweilig herausragende Bedeutung hat.

Eine Besonderheit des Preises im Vergleich zu anderen Instrumenten des Marketing besteht darin, dass durch ihn dem Unternehmen die Mittel zufließen, die zur Kostendeckung und zur Erzielung eines Gewinns benötigt werden. Während bei allen anderen Instrumenten (z.B. Produktentwicklung, Werbung, Aufbau eines Vertriebswegs) zunächst Kosten entstehen, die oftmals erst mit erheblichem zeitlichen Abstand zu einer verbesserten Marktposition und entsprechenden Erlösen führen, sind ***preispolitische Maßnahmen direkt erlöswirksam***. Typisch für die Preispolitik ist ferner die ***schnelle Realisierbarkeit und Wirksamkeit von Maßnahmen***. Die Änderung einer Preisliste kann eben innerhalb von Minuten erfolgen und führt bei einer Preissenkung unmittelbar danach zu einer gestiegenen Attraktivität des eigenen Angebots durch ein verbessertes Preis-Leistungs-Verhältnis.

Welches sind nun die wichtigsten Einflussfaktoren preispolitischer Entscheidungen? Es handelt sich dabei um:

- Selbstkosten ***der angebotenen Leistung***
- Nachfrage ***nach der Leistung in Abhängigkeit vom Preis***
- Konkurrenzpreise
- ***Preise anderer Produkte der gleichen*** Produktlinie
- ***Einschätzung des*** Kundennutzens, ***der dem zu zahlenden Preis gegenübersteht***

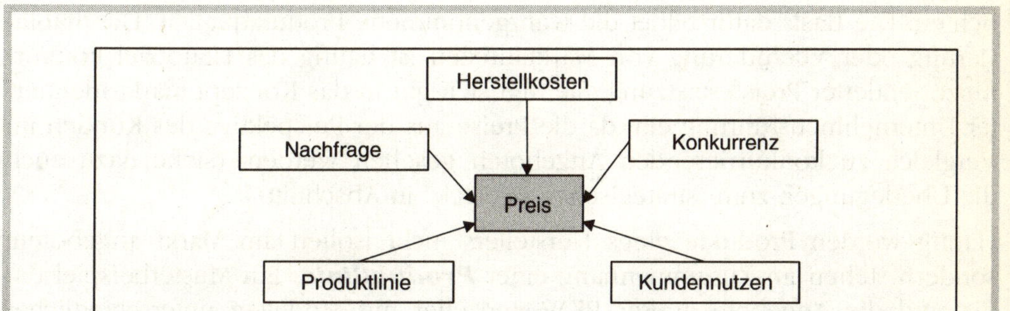

Abbildung 12: Einflussfaktoren der Preispolitik

Zunächst zu den ***Selbstkosten***. Es überrascht sicher nicht, dass längerfristig Absatzpreise zumindest kostendeckend sein sollen. Allerdings werden manchmal temporär auch nicht kostendeckende Preise von Anbietern hingenommen, wenn es gilt, in Märkte einzudringen und eine starke Position in längerfristig Erfolg versprechenden Märkten aufzubauen. Grundlage der Ermittlung von

Selbstkosten sind ***Kalkulationsverfahren***, die aus der Kostenrechnung bekannt sind. Die (geschätzten) Selbstkosten stellen natürlich einen wesentlichen Gesichtspunkt bei der Festlegung des Angebotspreises dar. Hervorhebenswert ist der Aspekt, dass die Kalkulation keineswegs der Ermittlung von Preisen dient. Sie liefert durch die Ermittlung von Kosten lediglich eine ***Grundlage für preispolitische Entscheidungen***. So können andere Faktoren – z.B. Reaktionen von Konkurrenten oder der Nutzen des Produkts für den Kunden – bei der Preisfestsetzung eine größere Bedeutung haben.

Die Einschätzung der ***Nachfrage*** basiert auf einem gemessenen oder geschätzten Zusammenhang zwischen Angebotspreisen und der bei den jeweiligen Preisen nachgefragten Mengen. Normalerweise wird von wachsender Nachfrage bei sinkenden Preisen ausgegangen. Wenn sich bei einer relativ geringen Preisänderung die absetzbare Menge stark ändert, spricht man von einer sehr ***elastischen Nachfrage***, im umgekehrten Fall von wenig elastischer bis ***unelastischer Nachfrage***. Wenn die ***Preis-Absatz-Funktion*** bekannt ist, kann man versuchen, auf dieser Basis den gewinnmaximalen Preis zu bestimmen. Allerdings bereitet die empirische Bestimmung von Preis-Absatz-Funktionen in der Praxis große Probleme.

Bei der Berücksichtigung von ***Konkurrenzpreisen*** geht es darum, den Preis eines Produkts am Preisgefüge der Branche/ des relevanten Teilmarkts auszurichten. Die Basis dafür bildet die wahrgenommene Produktqualität. Die Stabilisierung oder Veränderung von Marktanteilen ist häufig das Hauptziel konkurrenzorientierter Preisfestsetzung. Sie fügt sich gut in das Konzept marktorientierter Unternehmensführung ein, da die Preise aus der Perspektive des Kunden im Vergleich zu konkurrierenden Angeboten gesehen werden, (siehe dazu auch die Überlegungen zum „strategischen Dreieck" in Abschnitt 4).

Häufig werden Produkte eines Herstellers nicht isoliert am Markt angeboten, sondern stehen im Zusammenhang einer ***Produktlinie***. Ein Musterbeispiel dafür sind die Angebote großer PKW-Hersteller mit Modellen unterschiedlicher Größenordnung in verschiedenen Ausstattungsvarianten. Hier stellt sich das Problem, Preise so zu gestalten, dass über die gesamte Produktlinie eine günstige Gewinnsituation erreicht wird, und dabei gleichzeitig die wechselseitigen Abhängigkeiten der einzelnen Produkte im Hinblick auf Kosten und Nachfrage zu beachten. So ist es leicht vorstellbar, dass beispielsweise bei einem sehr niedrigen Preis des VW-Polo die Nachfrage entsprechend steigt, aber auch auf Kosten des VW-Golf aus der gleichen Produktlinie („***Kannibalisierung***"). Man versucht also, Preise für die einzelnen Produkte zu finden, die mit deren Position in der Produktlinie konsistent sind. Eine solche Preispolitik ist eher langfristig angelegt und schränkt die Flexibilität bei der Preisfestsetzung für die einzelnen Produkte ein.

Bei der Berücksichtigung des ***Kundennutzens*** geht es um den durch den Kunden wahrgenommenen Wert des Produkts. Dabei werden alle mit dem Kauf eines Produkts verbundenen Vorteile (z.B. Haltbarkeit, Zuverlässigkeit, Pünktlichkeit der Lieferung) und Nebenleistungen (z.B. Garantie, Service) berücksichtigt. Insofern ist diese Form der Preisfestsetzung konsistent mit der Art, wie viele Kaufentscheidungen zustande kommen, und entspricht den Anforderungen des Marketing, sich am Kunden zu orientieren. Allerdings bereitet die realistische, also von den möglicherweise zu optimistischen Vermutungen des anbietenden Unternehmens unabhängige, Einschätzung des Werts von Produkten für Kunden nicht geringe Probleme. Erschwerend kommt hinzu, dass der Nutzen eines Produkts für verschiedene Kunden(-gruppen) sehr unterschiedlich sein kann.

5.4 Kommunikationspolitik

5.4.1 Überblick

Das Wesen der Kommunikationspolitik im Marketing lässt sich anhand einer Charakterisierung folgendermaßen umreißen. Danach ist **Kommunikation** der Prozess, durch den der Austausch von Gedanken und Bedeutungsinhalten zwischen Individuen oder zwischen Organisationen und Individuen ermöglicht wird. Auf unterschiedlichen Wegen (verbal, schriftlich, bildlich) werden also Meinungen, Wissen, Einstellungen etc. anderen Personen übermittelt. Demgemäß lässt sich jetzt auch die **Kommunikationspolitik** kennzeichnen. In Anlehnung an Shimp (1993, S. 7 f.) sollen darunter die Entscheidungen und Handlungen zur Festlegung und Übermittlung von Informationen und Bedeutungsinhalten an ausgewählte Zielgruppen mit dem Zweck der Beeinflussung verstanden werden. Es geht also vor allem darum festzulegen, welche Botschaften übermittelt werden sollen, wie diese gestaltet werden und wie die Übermittlung erfolgen soll. Wichtigste Ziele der Kommunikation im Marketing sind:

- ***Bekanntheitsgrad*** von Produkten und/ oder Unternehmen erreichen

Bekanntheit ist oftmals die Voraussetzung dafür, dass ein Angebot überhaupt in den Auswahlprozess des Kunden einbezogen wird. Weiterhin ist Bekanntheit die Basis für die im Folgenden genannten Ziele.

- ***Image-Aufbau***/ Profilierung erreichen

Damit ist gemeint, dass mit dem Produkt in der Wahrnehmung des Kunden (positive) Eigenschaften verbunden werden sollen und eine Hervorhebung (→ Profilierung) gegenüber konkurrierenden Produkten erfolgen soll.

- ***Verhaltensbeeinflussung*** bei Kunden

Kaufverhalten soll mittelbar und unmittelbar zugunsten des eigenen Angebots beeinflusst werden.

- ***Bestätigung*** des Kaufverhaltens eigener Kunden

Kunden sollen nach dem Kauf in ihrem Kaufverhalten bestätigt werden, um dieses bisherige Verhalten bei Wiederholungskäufen zu verfestigen.

Im vorliegenden Abschnitt werden die am stärksten etablierten und verbreiteten Instrumente der Kommunikationspolitik – Werbung, Verkaufsförderung und Öffentlichkeitsarbeit (Public Relations; PR) – charakterisiert und abgegrenzt. Im folgenden Abschnitt werden dann Werbemittel und Werbeplanung skizziert.

Das auffälligste Instrument der Kommunikationspolitik ist die ***Werbung***. Hier ist es nicht ganz einfach, eine Definition zu finden, die einerseits trennscharf ist und andererseits auch abdeckt, was in Wissenschaft und Praxis üblicherweise unter Werbung verstanden wird. Die wahrscheinlich umfassendste und treffendste ***Definition der Werbung*** soll hier den weiteren Betrachtungen zugrunde gelegt werden: „Werbung umfasst sowohl Massenkommunikation durch Zeitungen, Zeitschriften, Radio, Fernsehen und andere Medien (z.B. Plakate) als auch direkte Kommunikation mit dem Kunden durch Werbebriefe. Für beide Arten der Werbung wird durch einen identifizierbaren Auftraggeber bezahlt. Beide Formen gelten aber als nicht persönlich, da die auftraggebende Firma gleichzeitig mit vielen Empfängern – möglicherweise Millionen – kommuniziert und nicht nur mit einer bestimmten Person oder einer kleinen Gruppe."

Bei der ***Öffentlichkeitsarbeit (Public Relations)*** ist eine bemerkenswerte Entwicklung zu verzeichnen, die sich auch in den entsprechenden Definitionen widerspiegelt. Die Formulierung, die auf die American Marketing Association zurückgeht, steht für die traditionelle Sichtweise, in der Public Relations vor allem als Hilfsmittel zur Unterstützung des Absatzes von Produkten gesehen wurden: „Öffentlichkeitsarbeit (PR) ist die nicht persönliche Steigerung der Nachfrage für ein Produkt, eine Dienstleistung oder ein komplettes Leistungsangebot durch die Unterbringung entsprechender günstiger Nachrichten in einer Publikation bzw. die positive Darstellung im Radio, Fernsehen oder Live, für die nicht bezahlt wird."

Inzwischen hat sich durch die enger gewordenen Verflechtungen von Unternehmensinteressen und politischen, gesellschaftlichen und ökonomischen Rahmenbedingungen die Situation etwas gewandelt. Deswegen wird der Öffentlichkeitsarbeit heute eine ***über die reine Absatzförderung hinausgehende Funktion*** zugewiesen, die ganz klar in folgender Definition formuliert ist. Danach kennzeichnet der Begriff Öffentlichkeitsarbeit bzw. Public Relations (PR) „die planmäßige, systematische und wirtschaftlich sinnvolle Gestaltung der Beziehung zwischen der Betriebswirtschaft und einer nach Gruppen gegliederten Öffentlichkeit (z.B. Kunden, Aktionäre, Lieferanten, Arbeitnehmer, Institutionen, Staat) mit dem Ziel, bei diesen Teilöffentlichkeiten Vertrauen und Verständnis zu gewinnen bzw. auszubauen."

Die Definition der ***Verkaufsförderung*** ist nicht ganz einfach, da diese hinsichtlich der Zielgruppen, auf die sie ausgerichtet ist, und hinsichtlich der eingesetzten Mittel wesentlich heterogener ist als die vorstehend charakterisierten Instrumente. Auch hier bietet Shimp (1993, S. 9) eine Kennzeichnung, die die entscheidenden Aspekte trifft: „Verkaufsförderung umfasst alle Marketing-Aktivitäten, die dazu dienen, schnelle Reaktionen beim Käufer anzuregen, mit anderen Worten unmittelbar den Verkauf eines Produkts zu unterstützen. Im Vergleich dazu dienen Werbung und Öffentlichkeitsarbeit anderen Zielen, beispielsweise der Erreichung eines Bekanntheitsgrades und der Beeinflussung von Einstellungen. Verkaufsförderung richtet sich sowohl an den Vertrieb (einschl. Handel) als auch an Konsumenten."

Damit ist eine heute gängige Aufteilung in Verbraucher-Promotions, Außendienst-Promotions und Händler-Promotions schon fast vorweggenommen. Hinsichtlich der Konsumenten versucht man, durch kommunikative Maßnahmen in Geschäften („point of purchase") wie z.B. Displays, Sonderplatzierungen oder Produktvorführungen und -verkostungen eine Botschaft bis an den Verkaufsort heranzutragen und Spontankäufe bzw. Markenwechsel zugunsten der eigenen Marke anzuregen. Der eigene Außendienst und der Handel soll z.B. durch Wettbewerbe, Verkaufshilfen oder Prämien zum Einsatz für ein Produkt motiviert werden.

5.4.2 Werbewirkung und Werbeplanung

Basis realer Werbeplanung ist ein Grundverständnis der ***Werbewirkung***. Nur wenn man einschätzen kann, wie Werbung tatsächlich wirkt, lassen sich angemessene Entscheidungen zu Werbezielen, zur Gestaltung von Werbebotschaften, zum Medieneinsatz etc. (Werbeplanung) treffen.

Die Untersuchung der Werbewirkung gehört zu den ältesten und unvermindert aktuellen Themen der empirischen Markt- und Konsumentenforschung. Das entspricht auch den Interessen der Praxis, deren Standpunkt vielleicht durch die einem amerikanischen Manager zugeschriebene Äußerung gekennzeichnet werden kann, er wisse, dass die Hälfte seines Werbebudgets zum Fenster hinausgeworfen werde, er wisse nur leider nicht, welche Hälfte das ist.

Zentrale Bedeutung für das Verständnis der Werbewirkung hat das Involvement-Konzept, das sich auf den Grad wahrgenommener presönlicher Wichtigkeit bzw. persönlichen Interesses an einem Produkt oder einer Werbebotschaft bezieht. Man unterscheidet (vergröbernd) zwei sogenannte ***Hierarchien der Werbewirkung***, die High-Involvement- (oder Lern-) und die Low-Involvement-Hierarchie. Unter anderem können die Art der Werbung, die Situation, in der der Kontakt zur Werbebotschaft stattfindet, und die Relevanz des beworbenen Produkts für eine Person Ursache für geringes oder hohes Involvement sein.

Informativ gestaltete Zeitschriftenwerbung, mit der man sich ausführlich beschäftigen kann, und/ oder eine Situation, in der eine Person nicht von der Werbung abgelenkt wird, und/ oder starkes Interesse an dem beworbenen Produkt können dazu führen, dass die Stufen der Werbewirkung der so genannten ***High-Involvement-Hierarchie*** entsprechen. Dabei besteht der erste Schritt in der Wahrnehmung der Werbebotschaft. Wegen der oben genannten Gründe würde dann eine geistige Auseinandersetzung mit der Botschaft stattfinden: Man nimmt Informationen aus der Werbung auf, setzt sie zu bisher schon vorhandenen Informationen, Erfahrungen und Motiven in Beziehung und bildet bzw. verändert Einstellungen und Überzeugungen, die das beworbene Produkt betreffen. Als dritter Schritt folgt dann in der Kaufsituation ein den neuen bzw. veränderten Einstellungen entsprechendes Verhalten. Ein derartiger Verlauf der Wirkung einer Botschaft wurde lange Zeit als typisch für die gesamte Werbung angesehen.

Spätestens mit der Ausbreitung der Fernsehwerbung, die ja oft eher „berieselnden“ Charakter hat, zeigte sich die eingeschränkte Gültigkeit des soeben skizzierten Modells der Werbewirkung. Zur High-Involvement-Hierarchie trat also die Vorstellung von der ***Low-Involvement-Hierarchie*** bei der Verarbeitung von Werbebotschaften. Ausgangspunkt ist wieder der Kontakt zur Werbung. Man geht jetzt aber von geringerem kognitiven Aufwand bei der Verarbeitung der Botschaften aus. Zum Beispiel weil die Werbung informationsarm ist, weil der Kontakt zur Werbung auf sehr kurze Zeit beschränkt ist, weil während des Kontakts zur Werbung Ablenkung stattfindet (z.B. Gespräche) oder weil das beworbene Produkt für den Betrachter sehr unwichtig ist, findet die Aufnahme und Verarbeitung von Informationen und die daraus resultierende Bildung oder Änderung von Einstellungen kaum statt. Durch den wiederholten Kontakt zur Werbebotschaft entsteht aber eine gewisse Produktvertrautheit und/ oder die Verbindung des Produkts mit positiven Reizen, die in der Werbung enthalten sind. ***In der Kaufsituation*** wirken sich diese Effekte dann so aus, dass das intensiv beworbene Produkt häufig präferiert wird, ohne dass dieser Präferenz eine explizite Meinung zu Grunde liegt. Die Einstellungsbildung erfolgt gemäß der Low-Involvement-Hierarchie häufig erst nach dem Kauf, beispielsweise als Ergebnis positiver Erfahrungen mit dem gekauften Produkt. In Abbildung 13 sind beide Hierarchien in ihrer Grundstruktur dargestellt.

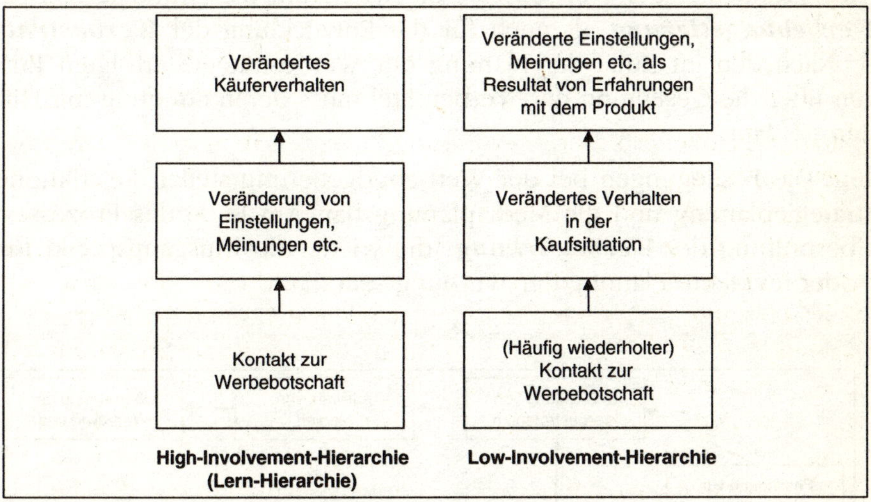

Abbildung 13: Hierarchie-Modelle der Werbewirkung

Meist muss man von einer relativ ***schwachen Wirkung eines einzelnen Werbemittels*** (Anzeige, Fernsehspot etc.) ausgehen. In der Regel bedarf es des wiederholten Einsatzes der Werbemittel in einem längeren Zeitraum, um bei einem größeren Anteil der Zielgruppe die gewünschten Kontakte zur Werbebotschaft und die entsprechenden Wirkungen zu erreichen. Zumindest im geschilderten Low-Involvement-Fall ist ja auch ein wiederholter Kontakt zur Werbung für die erstrebte Wirkung notwendig. Deswegen und aufgrund des meist vorhandenen zeitlichen Abstandes zwischen dem Kontakt zur Werbung und einer Kaufsituation hat man es im Bereich der Werbung oft mit ***verzögerten Wirkungen*** zu tun.

Die wichtigsten Tätigkeiten bei der ***Werbeplanung*** lassen sich den folgenden fünf Schritten zuordnen:

- Festlegung von Werbezielen
- Festlegung und Aufteilung des Werbebudgets
- Entwicklung von Werbestrategien
- Auswahl von Medien (Mediaplanung)
- Überprüfung von Werbewirkung

Deren Zusammenhang ist in Abbildung 14 (vereinfacht) dargestellt. Am Anfang steht die Festlegung der ***Werbeziele***, die wiederum die Grundlage sowohl für die ***Werbebudgetierung*** als auch für die Entwicklung der ***Werbestrategien*** bildet. Nach den im Zuge der Planung der Werbestrategie erfolgten Entscheidungen über die Gestaltung der Werbemittel muss deren Streuung mit Hilfe der ***Medien*** geplant.

werden. Die Festlegungen bei der Werbebudgetierung stellen Restriktionen für die Strategieplanung und die Mediaplanung dar. Am Ende des Prozesses steht die Überprüfung der ***Werbewirkung***, die wieder der Ausgangspunkt für eine neue oder revidierte Planung der Werbung sein kann.

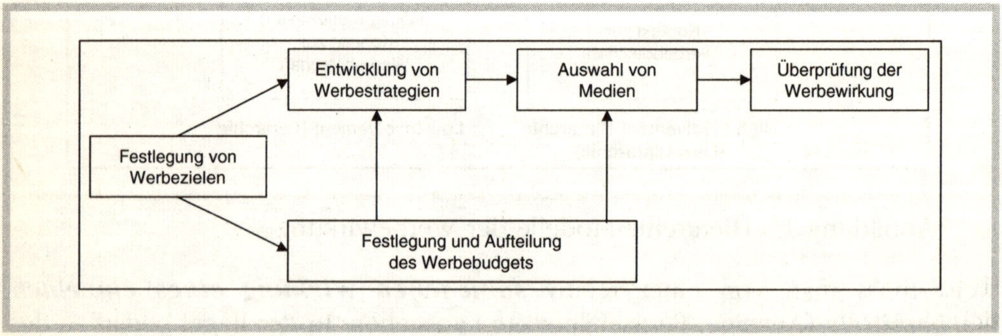

Abbildung 14: Prozess der Werbeplanung im Überblick

Es ist schon erwähnt worden, dass sich zentrale Ideen der Werbeplanung auch auf andere Bereiche der Kommunikationspolitik übertragen lassen. So kann man sich leicht vorstellen, dass Ansätze für Ziel- und Budgetfestlegungen, Entwicklung von Strategien und Wirkungsmessungen auch bei der Verkaufsförderung oder bei der Öffentlichkeitsarbeit zur Anwendung kommen.

Die Werbeziele sind in eine übergeordnete Unternehmens- und Marketingplanung eingeordnet. Zwei typische ***Werbeziele*** sind vor allem zu nennen:

- Erhöhung des ***Bekanntheitsgrades*** eines Produkts
- Aufbau und Veränderung des ***Images*** eines Produkts

Wie die Abb. 14 schon zeigte, bilden Werbeziele den Ausgangspunkt der Budgetplanung. Anspruchsvolle Ziele (z.B. deutliche Steigerung des Bekanntheitsgrades eines Produkts) erfordern eben auch hohe Etats. Weiterhin bilden Werbeziele die Grundlage der Strategieentwicklung. Wenn ein Unternehmen anstrebt, schnell bei einer breiten Zielgruppe einen hohen Bekanntheitsgrad eines Produkts zu erreichen, so wird wohl eine Werbestrategie zur Anwendung kommen, bei der mit häufigen Wiederholungen auffällige Werbemittel in breit streuenden Medien (z.B. Fernsehen, Programmzeitschriften) eingesetzt werden. Soll dagegen die Wahrnehmung von Produkteigenschaften bei einer speziellen Zielgruppe verändert werden, so wird eher eine informative Werbung in Medien, mit denen man die jeweilige Zielgruppe ohne große Streuverluste erreicht (z.B. Fachzeitschriften), in Frage kommen. Ein weiterer Aspekt zur Einschätzung der Bedeutung von Werbezielen ist die Tatsache, dass vorgegebene Ziele Voraussetzung einer angemessenen Werbeerfolgskontrolle sind. Damit ein Vergleich zwischen Ergebnissen und Zielen möglich wird, müssen letztere ***operational*** definiert sein. Diese allgemeine Anforderung lässt sich durch die Angabe von drei Gesichtspunkten konkretisieren:

- ***Was und wie viel*** soll erreicht werden? (z.B. Bekanntheitsgrad von 60 %)
- In ***welcher*** Zielgruppe soll etwas erreicht werden? (z.B. Hausfrauen zwischen 20 und 40 Jahren)
- In ***welchem Zeitraum*** soll etwas erreicht werden? (z.B. innerhalb eines Jahres)

Hinsichtlich der ***Festlegung des Werbebudgets*** wurde bereits gesagt, dass sich dieses vor allem an den ***Werbezielen orientieren*** soll. Wenn die dabei verwendeten Informationsgrundlagen umfassend und fundiert sind, dann lässt sich die Budgetierung unter Umständen auf der Grundlage einer Werbewirkungsfunktion vornehmen. Eine Werbewirkungsfunktion beschreibt den Zusammenhang zwischen Input-Faktoren (z.B. Werbebudget) und Output-Faktoren (z.B. Bekanntheitsgrad). In diesem Fall ließe sich ein zielgerechtes Werbebudget aus der Werbewirkungsfunktion ablesen, nachdem festgelegt wurde, welche Wirkung erzielt werden soll.

In der Praxis sind aber neben der zielorientierten Werbebudgetierung auch andere Verfahren gebräuchlich. Beispielsweise werden gelegentlich Werbeetats nach der Höhe des Umsatzes oder Gewinns in der Vorperiode festgelegt. Eine derartige Vorgehensweise ***ist nicht sinnvoll***, da der geplante Einsatz der Werbung ja gerade dazu dienen soll, Umsätze, Gewinne etc. mittelbar (oftmals eher langfristig) zu beeinflussen. Schon etwas sinnvoller ist die Orientierung des eigenen Werbebudgets an denen von Konkurrenten („Share of Advertising“). Damit strebt man häufig eine Stabilisierung oder Verbesserung der Position der eigenen Marke im Vergleich zu Wettbewerbsprodukten an. Allerdings ist die Planung dabei dadurch erschwert, dass ex ante keine genauen Angaben über die Werbebudgets der Konkurrenz vorliegen.

Die Entwicklung von ***Werbestrategien*** ist lange aus der betriebswirtschaftlichen Betrachtung der Werbung fast ausgeklammert gewesen. Betriebswirtschaftliche Kalküle wurden eher auf die Werbebudgetierung und auf die Mediaplanung angewandt, während die Umsetzung von Werbezielen und Budgets in konkrete Werbemittel eher kreativ ausgerichteten Spezialisten vor allem in Werbeagenturen überlassen wurde.

Um die entwickelten Werbemittel an die Zielgruppe herantragen zu können, ist ***die Auswahl geeigneter Medien*** notwendig. Dabei ist zunächst zu entscheiden, welche Arten von Werbeträgern (Zeitungen, Zeitschriften, Fernsehprogramme etc.) eingesetzt werden sollen. Dazu werden die Stärken und Schwächen der verschiedenen Werbeträger im Hinblick auf die mit der Werbung zu erreichenden Ziele gewürdigt. Dieses sind die sog. ***„qualitativen Kriterien“*** der Mediaplanung. Vor- und Nachteile einiger wichtiger Medien für die Werbung sollen hier kurz umrissen werden.

Fernsehen

Fernsehwerbung bietet viele Möglichkeiten (Farbe, Bild, Ton, Bewegung), um Produkte „in Aktion“ zu zeigen und emotionale Wirkungen zu erzielen. Wegen der Verbreitung des Fernsehens können große Bevölkerungsgruppen kurzfristig erreicht werden. Allerdings muss man mit großen Streuverlusten rechnen, wenn man speziellere Zielgruppen erreichen will. Ein weiterer Nachteil besteht darin, dass Fernsehzuschauer oftmals abgelenkt und einer großen Werbeflut ausgesetzt sind. Die Kosten für Produktion und Ausstrahlung von Fernsehspots liegen sehr hoch.

Plakate

Kosten der Plakatwerbung sind relativ niedrig. Ein weiterer Vorteil ist die Möglichkeit, Plakate in der Nähe von Einkaufsorten zu platzieren, so dass der Kontakt zu den Werbebotschaften oft zeitnah zum Einkaufsvorgang stattfindet. Plakate können wegen der meist geringen Kontaktdauer nur wenig Informationen übermitteln. Eine Ausrichtung auf Zielgruppen ist kaum möglich.

Tageszeitungen

Zeitungsanzeigen können viele Informationen in Form von Texten und Bildern enthalten. Mit Tageszeitungen sind im Hinblick auf Regionen und Zielgruppen recht spezielle Marktsegmente erreichbar. Allerdings sind die Gestaltungsmöglichkeiten der Werbung recht beschränkt (keine Bewegung, wenig Farbe, relativ schlechte Druckqualität).

Zeitschriften

Werbung in Zeitschriften kann ebenfalls viele Informationen enthalten. Hier sind aber weitaus bessere Gestaltungsmöglichkeiten (Farbe, anspruchsvoller Druck) gegeben. Durch die Vielfalt von Zeitschriften mit unterschiedlicher Ausrichtung sind auch sehr spezielle Zielgruppen ohne große Streuverluste erreichbar (z.B. Computer- oder Golf-Zeitschriften).

Internet-Werbung

Internet-Werbung wird zum größten Teil mit Hilfe von Werbebuttons (kleine Werbefläche mit Produktnamen auf fremder Webseite) oder Werbebannern (größere Präsentation auf fremder Webseite) durchgeführt. Beide Varianten bieten i. d. R. die Möglichkeit zur Interaktion, d. h. der Betrachter kann bei Interesse die entsprechende Fläche anklicken und erhält dann weiterreichende Information. Die Werbung selbst (***Buttons*** und ***Banner***) bietet nur sehr begrenzte Gestaltungsmöglichkeiten und kann (wegen der geringen zur Verfügung stehenden Fläche) nur wenig Informationen übermitteln. Die Interessierten unter den Betrachterinnen können aber leicht mehr Informationen anfordern. Internet-Werbung bietet die Möglichkeit zur sehr zielgenauen Ansprache von bestimmten Gruppen mit spezifischem Informationsverhalten oder besonderen Interessen.

Nun zu den „quantitativen Kriterien“ der ***Mediaplanung***. Bei der Auswahl der einzelnen Medien („Welche Tageszeitung? Welche Illustrierte?“ etc.) werden vor allem die Ergebnisse einer groß angelegten, regelmäßig durchgeführten Untersuchung zur Medianutzung der Konsumenten („Media-Analyse“) herangezogen. Damit kann man feststellen, mit welchen Werbeträgern die definierte Zielgruppe in welchem Ausmaß erreicht wird und entsprechende Auswahlentscheidungen treffen. Hier seien nur zwei der gängigen Maßzahlen für die Mediaplanung charakterisiert:

Reichweite

Die Reichweite kennzeichnet die Zahl von Personen (Angehörigen einer Zielgruppe), die mit einem Medium (z.B. einer Zeitschrift) in einem bestimmten Zeitraum in Kontakt kommen. Sie misst also den Werbeträger-Kontakt, nicht den Werbemittel-Kontakt.

Kontakthäufigkeit

Wegen der beschränkten Wirkung einzelner Werbemittel ist es typischerweise notwendig, eine Vielzahl von Kontakten zwischen Werbebotschaften und Zielpersonen anzustreben, um Markenbekanntheit zu erreichen, Einstellungen zu verändern oder zumindest die Erinnerung an die Werbebotschaft sicherzustellen. Maßzahlen der Kontakthäufigkeit drücken in diesem Zusammenhang aus, wie häufig in einem Zeitraum Berührungen zwischen einem Werbemittel und den Zielpersonen stattfinden.

Am Ende des Prozesses der Werbeplanung steht die ***Messung der Werbewirkung***. Damit soll gemessen werden, ob die Werbeziele erreicht worden sind und welche Schwächen der bisher durchgeführten Werbung Anlass zur Revision der Werbeplanung geben. Mit den gängigen Umfragemethoden lässt sich ermitteln, wie sich Werbung auf den Bekanntheitsgrad und/ oder das Image eines Produkts ausgewirkt hat (Vorher-Nachher-Messung). Daneben gibt es etablierte Verfahren zur Messung der Erinnerung von Adressaten der Werbung an die Werbemittel (***Recall*** = Erinnerung an Werbemittel, ***Recogntion*** = Wiedererkennung vorgelegter Werbemittel).

5.5 Vertriebspolitik

Gegenstand der Vertriebspolitik (bzw. Distributionspolitik) sind die Entscheidungen und Tätigkeiten eines Unternehmens, die dazu dienen, das Ergebnis des betrieblichen Leistungsprozesses rechtzeitig an die Orte zu bringen, wo sie von Kunden gekauft bzw. in Besitz genommen werden. Hier geht es zunächst um die Gestaltung von Vertriebssystemen, aber auch um den persönlichen Verkauf. Unter einem **Vertriebssystem** versteht man die auf die jeweilige Marktsituation, das jeweilige Produkt und die Möglichkeiten des anbietenden Unternehmens abgestimmte Konfiguration von Absatzwegen, Absatzmittlern und Hilfsmitteln der Logistik (vgl. Abbildung 15). Damit ist der Gegenstand des vorliegenden Abschnitts schon kurz umrissen.

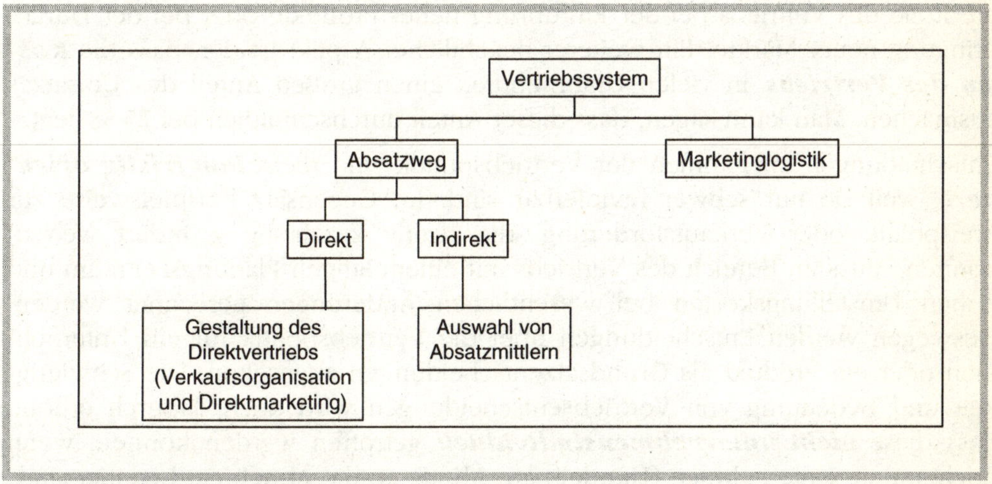

Abbildung 15: Bestandteile eines Vertriebssystems

Auswahl von Absatzwegen

Hier wird grundsätzlich zwischen direktem Absatz (Verkauf an Endabnehmer) und indirektem Absatz (unter Einschaltung von Absatzmittlern) unterschieden. Je nach der Zahl der Handelsstufen (die gewissermaßen „hintereinandergeschaltet“ sind) spricht man auch von „kurzen“ und „langen“ Absatzwegen.

Auswahl von Absatzmittlern

Hat man sich für einen indirekten Absatz entschieden, dann ist festzulegen, welche Absatzmittler eingeschaltet werden sollen.

Marketinglogistik

Zentrale Gegenstände der Marketinglogistik sind das außerbetriebliche Transportwesen und die Gestaltung von Absatzlagern. Dieser Aspekt wird hier nicht weiter vertieft.

Die ***Bedeutung der Verteilung von Gütern*** für eine auf Arbeitsteiligkeit ausgerichtete Volkswirtschaft ist offensichtlich und bedarf keiner besonderen Erläuterung. Dagegen sollen einige betriebswirtschaftliche Gesichtspunkte hier kurz angesprochen werden. Schon bei oberflächlicher Betrachtung wird die Wichtigkeit der Distribution für zahlreiche Unternehmen deutlich. Man denke nur an die Rolle des Vertriebs bei der Einführung neuer Produkte oder bei der Durchdringung neuer Märkte. Ein weiterer beachtlicher Aspekt ist der, dass die ***Kosten des Vertriebs*** in vielen Unternehmen einen großen Anteil des Umsatzes ausmachen. Man kann sagen, dass dieser Anteil durchschnittlich bei 25 % liegt.

Entscheidungen im Rahmen der Vertriebspolitik sind meist ***langfristig orientiert***, weil sie nur schwer revidierbar sind. Im Gegensatz beispielsweise zur Preispolitik oder Verkaufsförderung, die realtiv kurzfristig geändert werden können, muss im Bereich des Vertriebs mit einem langen Planungszeitraum und hohen Umstellungskosten bei wesentlichen Änderungen gerechnet werden. Deswegen werden Entscheidungen über die Vertriebspolitik für ein Unternehmen oder ein Produkt als Grundsatzentscheidungen angesehen. Die Schwierigkeit und Bedeutung von Vertriebsentscheidungen wird noch dadurch erhöht, dass diese ***nicht unternehmensindividuell*** getroffen werden können, wenn noch andere Unternehmen (Handel!) am Absatz an die Abnehmer beteiligt sind.

Letztlich kann die Bedeutung der Vertriebspolitik auch damit illustriert werden, dass die breite Verfügbarkeit und Erhältlichkeit bei vielen Produkten die ***Voraussetzung für die Wirksamkeit der anderen Marketinginstrumente*** und den Erfolg des Produkts insgesamt darstellt. Auch ein qualitativ hochwertiges, preiswertes und eindrucksvoll beworbenes Produkt dürfte am Markt nur wenig Akzeptanz finden, wenn die potenziellen Käufer zum Erwerb lange Wege und/ oder lange Wartezeiten in Kauf nehmen müssen.

Die zentrale ***Aufgabe von Vertriebssystemen*** besteht darin, Produkte in zeitlicher und räumlicher Hinsicht so anzubieten und zur Verfügung zu stellen, dass dieses Angebot von den Kunden als vorteilhafter wahrgenommen wird als das von Wettbewerbern. Neben der Bereitstellung von Produkten dient ein Vertriebssystem auch noch anderen Zwecken: Informationen fließen vom Anbieter zu den Nachfragern (und umgekehrt), Aufträge und Zahlungen werden weitergegeben. Abbildung 16 illustriert die Funktionen eines Vertriebssystems.

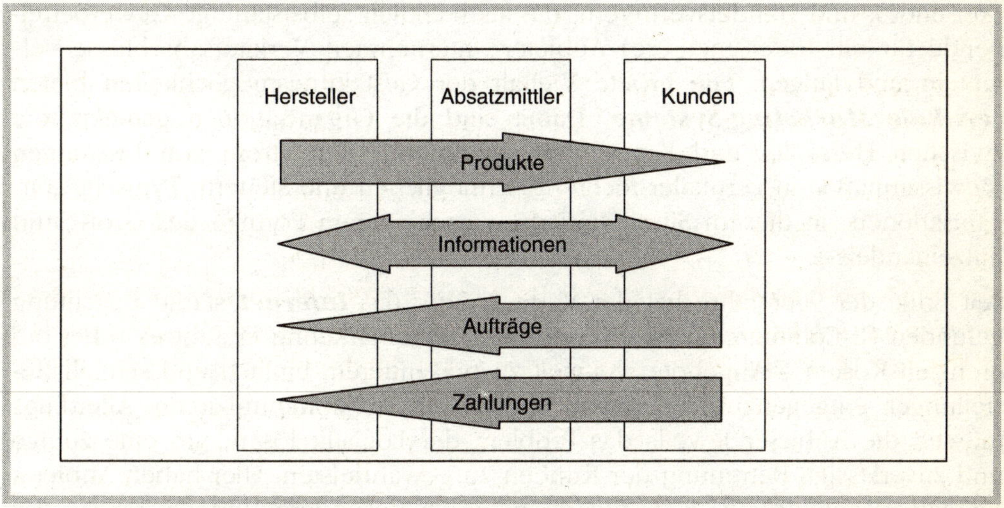

Abbildung 16: Funktionen von Vertriebssystemen

Diese Funktionen können mit Einschaltung des Handels (indirekter Vertrieb) oder ohne Einschaltung des Handels (direkter Vertrieb) wahrgenommen werden, wobei in Abbildung 16 nur der erste Fall berücksichtigt worden ist. Die Einschaltung des Handels ist also Kennzeichen des ***indirekten Absatzweges***. Man spricht in diesem Zusammenhang auch von ***mehrstufigen Absatzwegen***. Den Gegenpol bildet der ***direkte*** bzw. ***einstufige*** Absatzweg, der ohne Zwischenhändler erfolgt. Man kann diese Grundunterscheidung der aktuellen Praxis entsprechend etwas modifizieren bzw. differenzieren. So kann man unterscheiden

- Direktmarketing sowie Vertrieb über eine Verkaufsorganisation (direkter Vertrieb) und
- vertikale Marketing-Systeme (indirekter Vertrieb)

Beim ***Direktmarketing*** erfolgt der Verkauf ohne die Einschaltung von Außendienstmitarbeitern oder des Handels. Das vollzieht sich typischerweise so, dass der Anbieter durch Werbung, durch Zusendung von Prospekten, Katalogen etc. oder über das Telefon oder das Internet in Kontakt zu potenziellen Kunden tritt, diese können schriftlich oder telefonisch Aufträge geben, und das so bestellte Produkt wird durch die Post oder private Transportunternehmen geliefert. Beim ***Vertrieb über eine Verkaufsorganisation*** kann man unterscheiden zwischen Außendienstmitarbeitern, die beim Anbieter-Unternehmen angestellt sind (Reisende), und Handelsvertretern, die als rechtlich selbstständige Gewerbetreibende für ein (oder mehrere) Anbieter-Unternehmen Verkaufsabschlüsse vermitteln und tätigen. Die größte Vielfalt der Gestaltungsmöglichkeiten bieten ***vertikale Marketing-Systeme***. Damit sind die Organisationen gemeint, die zwischen Hersteller und Konsument stehen und den Strom von Leistungen (gewissermaßen in vertikaler Richtung) ermöglichen und steuern. Typische „Organisationen" in diesem Sinne sind die verschiedenen Formen des Groß- und Einzelhandels.

Seit Ende der 90er Jahre hat der Vertrieb über das ***Internet*** starke Beachtung gefunden (E-Commerce). Diese Form des Direktmarketing erlaubt es – bei begrenzten Kosten – Angebote weltweit zu präsentieren, einfach und schnell Bestellungen entgegenzunehmen und mit Kunden zu kommunizieren. Allerdings müssen die Anbieter jeweils das Problem der Logistik lösen, um eine zügige und zuverlässige Betreuung der Kunden zu gewährleisten. Hier haben Anbieter „digitaler Produkte" (z. B. Software) natürlich besondere Vorteile, da sie das Internet auch für die „Lieferung" nutzen können.

Bei ***vertraglichen Systemen*** wird die in der Regel längerfristig angelegte Geschäftsbeziehung zwischen Herstellern und Absatzmittlern bei Aufrechterhaltung der rechtlichen Selbstständigkeit der Partner durch entsprechende Verträge geregelt. Gegenstand solcher Verträge sind oftmals bestimmte Exklusivrechte eines Absatzmittlers für besimmte Produkte in seinem Einzugsgebiet, die Bindung des Absatzmittlers an die Produkte eines bestimmten Herstellers und der Ausschluss konkurrierender Produkte sowie die Verpflichtung von Herstellern und/ oder Absatzmittlern zur Erbringung bestimmter Leistungen (z.B. im Hinblick auf Warenpräsentation, Service, Kommunikation). Gängige Beispiele dafür sind die Vertragshändler in der Automobilbranche.

Für die ***Gestaltung von Vertriebssystemen*** zentrale Überlegungen laufen darauf hinaus, dass bei der Auswahl von Absatzwegen zwei Fragen im Mittelpunkt stehen:

Wie stark ist der Einfluss des Anbieters auf das Geschehen in den nachgelagerten Stufen des Absatzweges? Kann der Hersteller Warenpräsentation, Preise etc. bis zum Verkauf an die Endverbraucher steuern oder endet sein Einfluss beim Verkauf der Ware an einen Großhändler oder Exporteur?

Wie „lang" ist der Vertriebsweg, d.h. über wie viele Stufen geht der Weg des Produkts vom Hersteller zum Endverbraucher?

Die Merkmale Länge und Beeinflussbarkeit eines Absatzweges sind nicht völlig unabhängig voneinander. Bei langen Absatzwegen ist der Einfluss der Hersteller bis zur letzten Stufe nur schwierig zu realisieren, bei extrem kurzen Absatzwegen ist dieser Einfluss fast automatisch gegeben.

Welches sind nun Gesichtspunkte, die bei der Auswahl von Absatzwegen eine Rolle spielen? Zunächst zur Entscheidung über die ***Länge eines Absatzweges***. Im Folgenden seien Faktoren gegenübergestellt, die eher einen „kurzen" Absatzweg (direkt oder sehr wenige Handelsstufen) bzw. einen „langen" Absatzweg (mehrere Handelsstufen) begünstigen (siehe Abbildung 17).

Einflussfaktor	Eher kurzer Absatzweg bei:	Eher langer Absatzweg bei:
Abnehmer	wenigen Großkunden	vielen kleinen Kunden
	Kunden mit speziellen Wünschen	Kunden mit standardisierten Wünschen
Anbieterunternehmen	guter Marktkenntnis	begrenzter Marktkenntnis
Produkt	sehr speziellen Produkten	Alltagsprodukten
	Dienstleistungen	
		standardisierten Sachgütern
	selten gekauften Produkten	häufig gekauften Produkten
Preis	hohem Produktpreis	niedrigem Produktpreis

Abbildung 17: Einflussfaktoren hinsichtlich der Länge des Absatzweges

Hinsichtlich der ***Beeinflussungsmöglichkeit des Absatzweges*** seitens der Hersteller ist es schwieriger, allgemeingültige Aussagen zu machen. Immerhin kann man wohl davon ausgehen, dass Unternehmen, die ihre Produkte mit einer Differenzierungsstrategie vermarkten, also über die Abhebung von Konkurrenzprodukten durch überlegene Produktqualität, guten Service, anspruchsvolles Design etc., am ehesten auf eine Kontrolle der Absatzwege Wert legen, um eine angemessene Warenpräsentation in einem Sortiment vergleichbar anspruchsvoller Produkte und die Erzielung von Preisen, die der Produktpositionierung entsprechen, sicherstellen zu können. Dagegen können sich Anbieter, deren Wettbewerbsvorteil in geringen Kosten und damit verbundenen niedrigen Preisen besteht (Kostenführerschaft), mit geringerem Einfluss auf Absatzmittler begnügen. Im Interesse dieser Anbieter liegt die Einschaltung vieler Absatzmittler, die im (Preis-) Wettbewerb untereinander stehen und so den relevanten Wettbewerbsvorteil „Kosten bzw. Preis“ zur Geltung bringen.

6. Marketingkontrolle

Man kann den Grundgedanken der Kontrolle durch die Angabe von drei Funktionen, die diese erfüllen soll, konkretisieren:

Sicherheitsfunktion

Auf höheren Ebenen der Unternehmenshierarchie will man sicherstellen, dass die an untergeordnete Stellen delegierten Aufgaben auch tatsächlich ausgeführt werden und zu dem jeweils angestrebten Ergebnis führen. Auf den niedrigeren Ebenen besteht ein Interesse, dass die vorgesetzten Stellen Tätigkeiten und Erfolge würdigen.

Initiierungsfunktion

Durch Kontrollaktivitäten werden Informationen bereitgestellt, die dazu führen können/ sollen, dass Entscheidungen getroffen und Maßnahmen ergriffen werden. Diese können sich auf eine Korrektur bisher unbefriedigend laufender Prozesse oder auf ganz neue Aktivitäten beziehen.

Lernfunktion

Durch systematische Analyse der Wirkung bisheriger Maßnahmen soll deren Planung für andere Situationen (z.B. andere Produkte, künftige Perioden) verbessert werden.

Der hohe ***Stellenwert der Marketingkontrolle*** wird dadurch begründet, dass einerseits die Planungsunsicherheit relativ hoch und andererseits die Notwendigkeit der Koordinierung von Einzelaktivitäten groß ist. Hinsichtlich der Unsicherheit braucht nur auf Wirkungen, die kurzfristige Änderungen des Verhaltens von Kunden oder Wettbewerbern haben können, verwiesen zu werden. Daneben ist schon mehrfach hervorgehoben worden, dass die Abstimmung der einzelnen Marketing-Maßnahmen aufeinander (→ Marketing-Mix) typischerweise zentrale Bedeutung hat. Die Kontrolle soll in diesem Zusammenhang sicherstellen (→ Sicherheitsfunktion), dass Maßnahmen auch tatsächlich in der vorgesehenen Weise durchgeführt werden. Die für die Kontrolle zentrale Idee der

Gegenüberstellung von Zielen und Ergebnissen sowie die Entscheidung über daraus zu ziehende Konsequenzen wird in Abbildung 18 dargestellt.

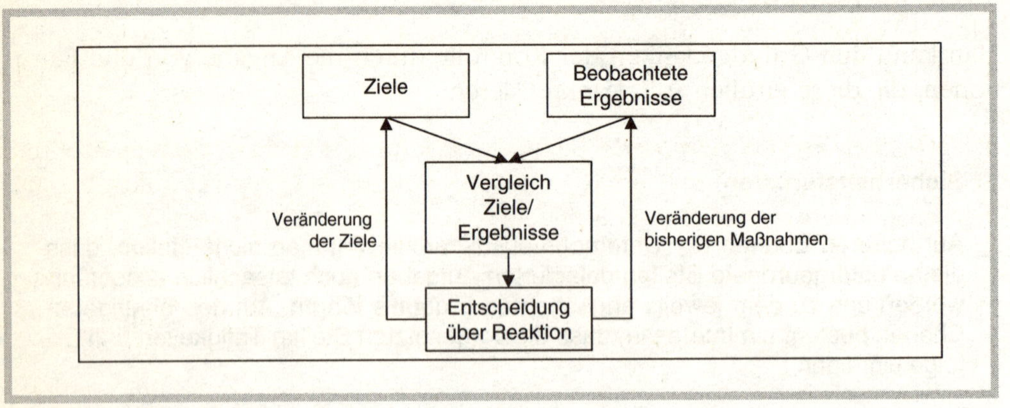

Abbildung 18: Grundschema der Marketingkontrolle

Den verschiedenen Schritten der Marketingplanung von der strategischen Marketingplanung zur Marketing-Mix-Planung lassen sich jeweils entsprechende Bereiche der Marketingkontrolle zuordnen. Hinsichtlich des erstgenannten Schrittes wird in der Literatur oftmals von strategischer Marketingkontrolle gesprochen. Die ***strategische Marketingkontrolle*** ist vor allem auf die Zusammensetzung der von einem Unternehmen bearbeiteten Geschäftsfelder und deren Entwicklung ausgerichtet. Daneben spielt die Überprüfung des Marketing-Systems (Personen und Prozesse im Marketing-Bereich) eine Rolle.

Als zentrales Element der strategischen Marketingkontrolle gilt das ***Marketing-Audit***. Der Begriff „Audit" (engl. für Buchprüfung, Revision) weist schon darauf hin, dass es hier um eine breit angelegte kritische Überprüfung der für das Marketing eines Unternehmens wichtigen Sachverhalte geht. So kann man definieren: „Ein Marketing-Audit ist eine umfassende, systematische, unabhängige und periodische Überprüfung der Marketing-Umwelt, -Ziele, -Strategien und -Maßnahmen eines Unternehmens oder einer Geschäftseinheit mit der Ausrichtung auf die Feststellung von Problembereichen und Chancen und die Empfehlung von Maßnahmen zur Verbesserung der Marketing-Leistung des Unternehmens." Das Stichwort „***umfassend***" bezieht sich darauf, dass alle wichtigen Aspekte des Marketing und nicht nur gerade aktuelle Problembereiche Gegenstand der Kontrolle sind. Diese Kontrolle erfolgt ***systematisch*** insofern, als eine Reihenfolge des Vorgehens von der Analyse der Rahmenbedingungen bis zu einzelnen Maßnahmen vorgesehen ist. ***Unabhängigkeit*** und damit Objektivität der Ergebnisse wird am besten erreicht, wenn eine zentrale Revisionsabteilung oder entsprechend qualifizierte externe Berater das Audit durchführen. Durch ***periodische*** (regelmäßige) Audits soll verhindert werden, dass man mit einer Überprüfung erst beginnt, wenn ein Geschäftsbereich in Schwierigkeiten ist. Weiterhin soll eine laufende Anpassung an (veränderte) Marktverhältnisse erreicht werden.

Die ***Marketing-Mix-Kontrolle*** dient der Überprüfung des Marketing-Mix und seiner Komponenten im Hinblick auf den Markterfolg eines Produkts. Im Mittelpunkt stehen Fragen wie die folgenden:

- Sind hinsichtlich der einzelnen Marketinginstrumente die gesetzten Ziele erreicht worden (z.B. Steigerung des Bekanntheitsgrades eines Produktes, Imageveränderung, Ausweitung des Distributionsgrades)?
- Wie haben sich Umsatz und Marktanteil des Produkts im Vergleich zu den angestrebten Zielen entwickelt?

Derartige Fragen lassen sich mit Hilfe von Methoden der ***Marktforschung*** weitgehend beantworten. Ein großer Teil der für Kontrollzwecke notwendigen Angaben lässt sich durch Sekundäranalyse unternehmensinterner Daten (z.B. eigene Verkaufszahlen in Relation zum Absatzvolumen der Branche → Marktanteil) oder – vor allem im Konsumgüterbereich – aus regelmäßigen Standard-Untersuchungen mit Angaben über Marktanteile, Distributionsgrade, Verkaufspreise etc. entnehmen.

XI. Verkaufsorganisation und Verkäufer

V-Formel

Die so genannte „V-Formel“ spiegelt eindringlich den totalen Wandel im Verkaufsgeschehen und in der Umatzszenerie wider.

	Verkauf durch	**Verteilung**	(Lebensmittelkarten)
⇩			
	Verkauf auf	**Verlangen**	(nach 1948)
⇩			
	Verkauf durch	**Verführung**	(Werbung)
⇩			
	Verkauf durch	**Verdrängung**	(Jetztphase)
⇩			
	Verkauf durch	**Vernichtung**	(Konkurrenzeliminierung)

1. Verkaufsorganisation

Die eingangs erwähnten aus dem harten internationalen Wettbewerb und zusätzlich politischen Faktoren erwachsenen Erschwernisse haben früher übliche hohe Umsatzzuwachsraten zur Seltenheit werden lassen. Die Renditedecke ist überall dünn geworden. Sie nötigt, auch und insbesondere beim Außendienst auf **kostentragende** und **gewinnbringende Umsätze** zu achten, zumal hier bei festangestellten Reisenden erhebliche Fixkosten gegeben sind, die folgerichtig auch dann anfallen, wenn mangelnde Umsätze sie nicht decken. Bekanntlich sind Lohn- und Lohnnebenkosten in den letzten Jahren besonders gestiegen. Außendiensttätigkeit ist naturgemäß äußerst lohnintensiv. Die Folge davon: Die Marktbearbeitung mit Hilfe des Außendienstes hat sich drastisch verteuert. Eine Kompensation ist nur durch **höhere Umsätze pro Verkäufer** möglich. Fazit: Viele Firmen haben ihren Verkäuferstab reduziert; andere haben im Zuge von Kooperationen den Mitvertrieb externer Erzeugnisse übernommen oder ihr eigenes Programm ausgeweitet.

1.1 Handelsvertreter

Alle diese unter dem Kostendruck provozierten Überlegungen haben u. a. auch zu einer Renaissance des Handelsvertreters geführt.

In den letzten Jahrzehnten hatte der Handelsvertreter einige seiner Positionen aufgegeben und zurückstecken müssen. Der festangestellte Reisende galt vielen (höhere Umsätze erheischenden) Unternehmen als der (Verkaufs-)Weisheit letzter Schluss. Straff nach ***Marketing-Methodik*** geführten Organisationen schien der Handelsvertreter ein Relikt aus Zeiten zu sein, in denen für den Verkauf noch Intuition und Inspiration maßgeblich waren.

Im öffentlichen Bewusstsein und durchaus auch im fachlichen Sprachgebrauch blieb indes der „Vertreter" hartnäckig existent: Als Synonym für alle, die sich draußen um die Gunst der Kunden bemühen, wurde und wird der Begriff Vertreter bemüht – auch dann, wenn es sich um festangestellte, damit eben nicht um selbstständige Außendienstmitarbeiter handelt. Nun allerdings deutet manches darauf hin, dass nicht nur der Terminus „in" bleibt, sondern dieser Berufsstand wieder Terrain gutmacht und sich auf dem Vormarsch befindet.

In der Tat gibt es einige gute Gründe, heute als Vertriebsverantwortlicher für den Handelsvertreter zu votieren. Sie erhellen sich zum einen aus Entwicklungen, die zwischenzeitlich zu ungunsten des Reisenden eingetreten sind:

- Die mit dem Einsatz von Festangestellten einhergehenden ***Fixkosten*** und Belastungen unter Einbezug von Soziallasten und anderen Lohnnebenabgaben zementieren das Kostenbild des Unternehmens und verhindern dessen Anpassung an Konjunktur- und Absatzschwankungen.
- Die Leerzeiten in der Außendienstpraxis fallen immer stärker ins Gewicht: vergebliche Kundenbesuche, oft stundenlanges Warten auf den Geschäftspartner, An- und Abreisen zum und vom Kunden. Sie ergänzen sich um Urlaub, Krankheit oder schlicht um „Bummelzeiten". Dies alles muss beim Reisenden voll mitbezahlt werden.
- Der Festangestellte bedarf erfahrungsgemäß einer stärkeren ***Kontrolle*** und ***Unterstützung***. Er muss in eine kostenaufwendige Organisationshierarchie integriert werden.

Zum anderen zeichnen sich eindeutige Tendenzen ab, die den Einsatz von Vertretern ggf. in einer gemischten Organisation zusammen mit fest angestellten Reisenden – zumindest überlegenswert erscheinen lassen:

- Unsere schnelllebige Zeit macht insbesondere bei Wirtschaftsunternehmungen eine permanente Anpassung an Marktgegebenheiten erforderlich. Der Handelsvertreter lässt diese Flexibilität auf der ***Kostenseite*** zu. Er wird ***erfolgsabhängig honoriert.*** Das Unternehmen tritt nur dann in Leistung, wenn Leistung (= Umsatz) erbracht wird. Die vergleichsweise hohen Provisionssätze werden kompensiert dadurch, dass Leer-, Warte- und Anreisezeiten zu Lasten des Vertreters gehen.
- Der Vertreter tritt überwiegend nach dem Motto: „Selbst ist der Mann" an. Er ist nicht nur arbeitsrechtlich und in seiner offiziellen Berufsbezeichnung „selbstständig", sondern auch in seiner Tätigkeit. Kontrolle wird im Computerzeitalter ohnehin nicht mehr so stark

personen-, denn vielmehr kunden-, branchen-, handelsstufen- oder umsatzbezogen betrieben.

- Mehrfirmen-Vertretungen sind keineswegs nur unter dem Aspekt der Splittung von Energie, Zeit und Tatkraft zu sehen. Sie lassen den Vertreter Kontakt zu vielen Kunden haben, was u. U. schlagartig bei ***diversifizierten Produktlinien*** oder ***Neueinführungen*** von ausschlaggebender Bedeutung sein kann.
- Seit einigen Jahren haben sich ***Handelsvertreterorganisationen*** etabliert, die das ganze Bundesgebiet abdecken und bei denen beispielsweise Bezirksabgrenzungen zwischen den einzelnen Mitglieds-Vertretern von vornherein intern geregelt sind. Namentlich ausländischen Firmen kann hieraus ein nicht zu übersehender Vorteil erwachsen. Sie können schnell das anvisierte Markt-Segment angehen und profitieren vom ***Bekanntheitsgrad*** und ***goodwill*** des Handelsvertreters.
- Moderne Handelsvertreterfirmen entwickeln sich immer stärker in Richtung des aus den USA bekannten ***Distributors***, indem sie z. B. regionale Lagerhaltung, zielgruppengerechte Werbung und administrative Abwicklungen übernehmen und ihrerseits festangestellte Reisende beschäftigen.

Es mag Verkaufsorganisationen geben, die den Handelsvertreter als ***keyaccounter*** bzw. „Chefkontakter" zum Kunden, als Gesprächspartner für mächtige Einkäufer delegieren und die die Feldarbeit (z.B. ***für Strecken- und/ oder Überweisungsaufträge*** oder als ***Merchandiser***) dem Reisenden übertragen.

BEISPIEL: KUNDENKONTAKT

Unser Unternehmen produziert Babynahrung und vertreibt diese durch Drogerien. Der „Pillenknick" hat die Umsätze zurückgehen lassen. Andererseits ist die Apotheke gehalten, nach ergänzenden Sortimenten Ausschau zu halten, weil es eine Überbesetzung an Apotheken gibt und aufgrund politischer Entscheidungen die Verschreibebereitschaft der Ärzte geschrumpft ist.

Der Besuch unserer aus festangestellten Reisenden bestehenden Organisation der Apotheken würde sich nicht lohnen, da wir wissen, dass Babynahrung überwiegend im drogistischen und Lebensmittelhandel gekauft wird und zudem der Apotheker durch einen täglichen Lieferservice seitens seines pharmazeutischen Großhändlers daran gewöhnt ist, nur Mindermengen zu bestellen, bei für ihn neuen Produkten mit einem erfahrungsgemäß geringen Umsatz.

Dies zusammengenommen bedeutet, dass die Apotheken auf keinen Fall kostentragend mit den eigenen Reisenden angesteuert werden können. Es bietet sich der Einsatz von Handelsvertretern an. Auch für diese dürfte es jedoch nicht lohnend sein, die Einzelhandelsstufe zu bearbeiten. Wir setzen sie deshalb spezifisch auf den pharmazeutischen Großhandel, die Lieferanten der Apotheken, an und sichern uns so einen zusätzlichen Vertriebskanal ergänzend zu den von uns direkt bearbeiteten Drogerien. Der **Centralverband deutscher Handelsvertreter und Handelsmakler** (CDH) bringt uns über seine Zeitschrift und andere Medien gezielt in Kontakt mit einschlägig versierten und in der Branche bereits eingeführten Handelsvertretern.

Es mag – konträr hierzu – andere Gesichtspunkte geben, die dafür sprechen, umsatzergiebige Bezirke mit der Notwendigkeit kontinuierlicher und systematischer Kundenbetreuung von fest angestellten Reisenden und periphere Branchen oder Vertriebskanäle von Handelsvertretern abdecken zu lassen.

Der Reisende steht immer noch vorwiegend für ***Produktkontakt,*** der selbstständige Handelsvertreter für ***Kundenkontakt.*** Die Prioritäten werden sich weiter in Richtung Markt, d. h. kundenbezogen, verlagern.

1.2 Verkaufsbezirke

Die Steuerung eines aus festangestellten Reisenden bestehenden Außendienstes ist zweifelsfrei viel präziser möglich als beim Handelsvertreter. Sie muss von innen und außen erfolgen: Voraussetzung ist die Etablierung fester Bezirke, deren Grenzen genau fixiert und dem Reisenden, dessen Vorgesetzten, in der Zentrale und im Computer bekannt und verankert sind. Die Größe der einzelnen Bezirke sollte im Sinne fairer Gleichbehandlung, gleicher Startchancen und optimaler Ausschöpfung in etwa übereinstimmen. Als Basis bieten sich ***Kaufkraftkennziffern der Gesellschaft für Konsumforschung***, Nürnberg, die Zahl der Einwohner bzw. der Haushaltungen oder ggf. der Händler oder Kaufkunden an.

BEISPIEL: VERKAUFSORGANISATION

Unser Unternehmen produziert und vertreibt Markenartikel über drei Verkaufsorganisationen. Die eine bearbeitet den Fach-Einzelhandel, die zweite den Fach-Großhandel, die dritte den Lebensmittelhandel auf der EH- und GH-Stufe (weil dort eine hermetische Trennung kaum mehr möglich ist). Somit wurde jeder Punkt in der Bundesrepublik von drei fest angestellten Herren angesteuert. Begründung: „Spezialisten leisten etwas Besonderes"! Und in der Tat ist sicherlich der Elektrohändler anders anzusprechen als ein Kaufhaus-Abteilungsleiter oder der Einkäufer einer Einkaufs-Genossenschaft. Dieser „Luxus" der Branchen- bzw. Handelsstufen-Spezialisten ist allerdings sehr aufwändig. Räumlich große Bezirke verursachen erheblich mehr Kosten und Zeitaufwand.

Deshalb wurde die Etablierung von Kompakt-Bezirken vorgesehen, in denen nach dem Motto: „ein Mann = ein Markt" der Bezirksreisende **alle** Kunden wahrzunehmen hat. Die Bezirksgrenzen waren somit zu ändern, wobei der Status-quo-Umsatz als entscheidendes Kriterium hinzugezogen wurde. Innerhalb dreistelliger Postleitzahlengebiete wurden die Umsätze aus allen bisherigen drei Verkaufsorganisationen destilliert und hieraus die neuen Grenzen abgesteckt. Die räumlich wesentlich reduzierten Gebilde lassen es nun zu, dass der Reisende allabendlich zu Hause sein kann und nicht extern nächtigen muss, dass die Zeit für aktives Verkaufen in stärkerem Masse zur Verfügung steht, weil längere An- und Abreisen vermieden werden und dass insgesamt intensives Arbeiten mit uneingeschränkter lokaler/ regionaler Marktkenntnis über alle relevanten Branchen- und Kundenbereiche möglich ist. Freilich muss erheblich in die Schulung und Information des Außendienstes investiert werden, damit der bisherige Fachhandelsreisende zusätzlich Lebensmittelbranchenerkenntnisse übernimmt und umgekehrt.

1.3 Umsatz-Soll-Vorgaben

Aufgrund der Bezirkspotenziale werden Umsatz-Soll-Vorgaben erarbeitet, die dem Außendienstler Richtschnur für seine Ambitionen und Möglichkeiten zu sein vermögen. Es sind Monats-, Quartals- und Jahressollzahlen üblich. Auch wenn man längere Zeiträume heranzieht, müssen der Aktualität, der kurzfristigen Bewusstmachung wegen zusätzliche monatliche Daten aufgegeben werden. Diese Angaben führen dem Außendienstler und den Vorgesetzten ***transparente Ziele*** vor Augen und verdeutlichen, was die zentrale Verkaufsleitung aus dem Bezirk erwartet. Die Steuerungsmerkmale sind unverkennbar. Das Soll kann in Euro und/ oder in Stückzahlen für alle oder einzelne Produkte ermittelt und ausgeworfen werden. Greift man monatlich unterschiedliche Sortiments-segmente heraus, können solchermaßen immer wieder neue Präferenzen gesetzt und damit jeweils die – vielleicht aus saisonalen Gründen – ***zu fördernden Artikel*** in den Vordergrund gerückt werden. Selbstverständlich werden die Vorgaben nicht nur auf Bezirks-, sondern überdies auf Direktoratsebene (regionale bzw. Gebietsverkaufsleitung) verbreitet, um auf allen hierarchischen Etagen ein Handeln nach einem roten Faden zu gewährleisten.

BEISPIEL: JAHRES-SOLL-VORGABE

Unser Sortiment umfasst rund 40 Produkte, an deren Verkauf wir selbstverständlich generell interessiert sind. Deshalb fixieren wir ein Jahres-Soll pro Bezirk und Direktorat in Euro, das wir in Quartals- und Monats-Sollzahlen splitten und entsprechend publizieren. Darüber hinaus möchten wir artikelspezifisch Prioritäten setzen – einmal, weil die Produkte unterschiedliche Deckungsbeiträge erbringen und wir deshalb die stärksten fördern wollen, zum anderen, weil dadurch bestimmte Erzeugnisse aus dem Gesamtsortiment in das Bewusstsein des Verkäufers gerückt werden können und er sich hiermit in besonderem Masse identifizieren und für sie gezielt akquirieren wird. Die Artikel-Soll-Vorgabe erfolgt in Stück. Beide Soll-Daten in Wert und Menge werden in den Computer eingegeben und von diesem nach Beendigung der Verkaufsperiode automatisch die Soll/ Ist-Erfüllung ermittelt, die wiederum Basis für eine Prämierung sein kann.

1.4 Anreize

Anreize und ***Wettbewerbe*** stimulieren und fördern die Leistungsbereitschaft – auch und insbesondere im Außendienst. Dem Soll vor Beginn des betreffenden Monats steht ein Ist nach dessen Ende gegenüber. Beide Daten in Vergleich gesetzt ergeben, ob das vorgegebene Ziel erreicht wurde. Ist dem so, sollte als „Belohnung" und gleichzeitig Anreiz für die Zukunft eine ***Prämie*** gezahlt werden. Selbstverständlich muss sie gebührend vor dem entsprechenden Zeitraum bekannt gemacht werden, um von vornherein ihre Wirkung zu entfalten. Ob diese Prämien nur aperiodisch oder als laufende Einrichtung und damit praktisch Teil des Einkommensrahmens ausgesetzt werden und schließlich in welcher Höhe und erst recht in Abhängigkeit von welchen Vorgaben, muss individuell abgeklärt werden.

Wettbewerbe müssen keinesfalls immer nur ***materielle Anreize*** (Incentives) bieten. Sie können durchaus auch dem persönlichen Ehrgeiz des Reisenden oder dessen Team entsprechen. Eine Nennung in den Mitteilungen an den

Außendienst, eine Urkunde, die Aufnahme in den „Club der Meisterverkäufer", ein Wanderpokal „für hervorragende Verdienste im Umsatzgeschehen" o. ä. vermögen eine nicht unerhebliche, zumindest ergänzende Wirkung zu entfalten.

Verkaufswettbewerbe können auf die unterschiedlichsten Ziele ausgerichtet sein und somit die Aufmerksamkeit der Außendienstmitarbeiter auf diverse Faktoren im Sinne der Intentionen der zentralen Verkaufsleitung lenken, die zu optimieren sind:

- Erhöhung des Gesamtumsatzes
- Umsatzerhöhung einzelner Sortiments-Segmente oder Produkte
- Erhöhung der Zahl der täglichen/ monatlichen Besuche und der Neu- bzw. Kaufkunden
- Verbesserung der „Trefferquote" (Verhältnis zwischen Kundenbesuchen und Aufträgen)
- Minderung des Rabattniveaus
- Breite Vergabe von Displays und anderen Verkaufsförderungsmitteln
- Einwirkung auf die Zahlungsdisziplin der Kunden (Inkassoprämie)
- Steigerung der durchschnittlichen Auftragshöhe
- Buchung möglichst vieler Produkte pro Auftrag.

Der Wettbewerb ist ein probates Instrument der Steuerung des Außendienstes, seiner Hinlenkung auf die aktuellen Aufgaben und der Orientierung in Richtung auf renditeträchtiges Verkaufen.

BEISPIEL: ANREIZE FÜR DEN AUßENDIENST

Unser Unternehmen produziert und vertreibt Elektro-Groß- und -Kleingeräte. Bei Kühlschränken und Waschmaschinen haben wir einen relativ starken Marktanteil. Bei den erst jüngst aufgenommenen Kleingeräten haben wir dagegen unser Verkaufsziel noch nicht erreicht. Wir entschließen uns deshalb, die Aufmerksamkeit des Außendienstes über den Wettbewerb auch auf die Erzeugnisse zu lenken, von denen man vier bis fünf verkaufen muss, ehe das Umsatzvolumen eines Großgerätes erreicht ist, die aber deshalb auch häufiger nachgekauft werden und deren Mitvertrieb wir fördern müssen, weil wir die weitgehende Marktsättigung bei einigen Großgeräten kompensieren und dadurch unsere Expansion auch in der Zukunft sichern wollen.

Wir beauftragen ein spezielles Unternehmen mit der Konzeption und Durchführung des Wettbewerbs. Die Ziele werden fixiert, Terminabläufe, Präsentation, Gewinne und die Gewinnbedingungen. Wir entscheiden uns dahin, den Außendienst hinsichtlich der Gewinne nicht in ein Korsett zu zwängen, indem wir zwingend vorgeben, dass z. B. ein Farbfernsehgerät, eine Reise nach Bombay, 14 Tage Sonderurlaub o. ä. gewonnen werden können. Vielmehr greifen wir auf einen von einschlägigen Firmen bereitgehaltenen Warenkatalog zurück, in dem für alle dort dargestellten Produkte die zu deren Erlangung erforderlichen Punkte genannt sind. Der Betrachter kann sich deshalb nur an diesen Punkten, nicht aber an Euro-Beträgen orientieren.

Für die einzelnen Elektro-Kleingeräte werden unterschiedliche Punkte je in der Wettbewerbsperiode verkaufter Einheiten ausgesetzt: z. B. für den in besonders harter Konkurrenz stehenden Toaster 50 % mehr als für Bügeleisen und Haartrockner, bei denen wir eine vergleichsweise gute Marktposition innehaben. Aufgrund der sich letztlich addierenden Gesamtpunktezahl wählt der Reisende selbst – ggf. gemeinsam mit seiner Familie – die ihm am Herzen liegenden Teile aus dem Wettbewerbskatalog aus. Damit wird den individuellen Neigungen Rechnung getragen mit dem Effekt, dass eine umfassende Beteiligung mit voller Konzentration auf die Wettbewerbsziele gewährleistet ist.

1.5 Der Computer im Absatzgeschehen

Die Aufgabenstellung einer Verkaufsorganisation ist heute verständlicherweise viel heterogener als etwa zu Zeiten des alten Handelsreisenden, der mit einigen Produkten, einer Preisliste und im wesentlichen einer gehörigen Portion Redegewandtheit sowie verkäuferischer Intuition operierte. Im modernen Verkauf gilt es, möglichst auch das Unwägbare zu quantifizieren. Die Flut der Daten, Informationen hinsichtlich dessen, was war, und in Hochrechnung, was sein könnte, verlangt zum Zwecke der Transparenz und Aktualität die Inanspruchnahme der EDV.

Der Computer übernimmt die Fakturierung und die Erstellung von Gutschriften. Hieraus werden ***Verkaufsstatistiken*** wert- und artikelbezogen, branchengeordnet, bezirksweise, differenziert nach Handelsstufen (GH/ EH), Rabattkategorien, aber auch Lagerabschreibungen etc. destilliert, die ein unentbehrliches Hilfsmittel zur Steuerung des Außendienstes darstellen. Überdies ergeben sich hieraus Provisionsabrechnungen, die erwähnten Soll/ Ist-Vergleiche, Prämienermittlungen und Auswertungen von Wettbewerben.

Der Computer erstellt für die einzelnen Bezirke jeweils auf dem letzten Stand befindliche ***Kartei-Karten,*** die bereits unmittelbar nach einer monatlichen

Schlussfakturierung, d.h. Anfang des Folgemonats, pro Kunden Aufschluss darüber geben, welche Artikel er in welcher Euro-Höhe wann, in welchen Mengen und zu welchen Preisen bezogen hat, wie sich dies zum früheren Vergleichszeitraum verhält und wann sich aufgrund des bisherigen Bezugsrhythmus ein neuerlicher Bedarf ergeben müsste, so dass zumindest dann der Besuch des Reisenden erfolgen sollte. Für die punktuelle ***Außendienst-Steuerung*** seitens der zentralen Verkaufsleitung kann zudem eine ***Großkundenstatistik*** gefertigt werden, die solches und weiteres für die bedeutenden Umsatzträger fixiert.

Wenn wir eingangs erwähnten, die EDV erstelle u. a. Rechnungen, so ist dies freilich längst die simpelste Nutzung. Mittlerweile werden Bestell- und Berechnungsakt synchronisiert:

EDIFACT = „Electronic Data Interchange for Administration, Commerce and Transport" heißt die Drehscheibe, über die immer mehr Firmen Bestellungen, Rechnungen, Lieferscheine etc. untereinander zeitsparend austauschen.

EDIFACT ist damit eine Prozesskette, die branchenübergreifend international den Austausch handels- und zahlungsrelevanter Daten zeitschnell von Angebot bis zur Zahlungsbestätigung vornimmt und somit vorzugsweise im Vertrieb von hoher Bedeutung zu sein vermag.

1.6 Verkaufsaktionen

BESPIEL: ELEKTRORASIERER-VERKAUFSAKTION

Unser Unternehmen produziert und vertreibt u. a. Elektrorasierer. Deren Wirksamkeit kann man nicht schlechthin generalisieren. Die individuelle Hautbeschaffenheit des Rasierenden ist von ausschlaggebender Bedeutung. Deshalb hat Proberasieren vor der Kaufentscheidung einen nicht geringen Stellenwert. In Berücksichtigung dieser Erkenntnis starten wir eine Aktion, die den diese Geräte führenden Einzelhandel in den Besitz von für ihn kostenlosen Testrasierern kommen lässt. Die Anzahl richtet sich nach den bisherigen Bezügen als Massstab für die Größenordnung des Geschäftes und damit der für die Konsumenten benötigten Testgeräte.

Der Außendienst übernimmt die Vergabe der Testgeräte an den Handel, erläutert unsere Überlegungen und Intentionen, empfiehlt die Einrichtung bzw. Vergrößerung von „Rasierbars", in denen sich der Kunde proberasieren kann, überreicht dem Händler hierfür einen eigens mit Werbedruck versehenen Spiegel und unterrichtet ihn über die ebenfalls zur Verfügung zu stellenden Formulare, mit denen der Konsument dem Händler gegenüber den Empfang eines Gerätes zum Zwecke des Ausprobierens bestätigt. Der Handel erhält überdies **Schaufensterkleber, Prospekte, Druckunterlagen für Insertionen** (Anzeigen) in der Lokal- und Regionalpresse usw. Die zentrale Werbeabteilung schaltet Herstelleranzeigen mit Hinweis auf die beim Handel verfügbaren Testgeräte, Fernseh- und Rundfunkspots tragen diese Botschaft bis in den letzten Winkel des Landes. **Propagandistinnen** zelebrieren auf Messen, Ausstellungen und bei Superhändlern Testrasuren, die dem anvisierten Käufer Gelegenheit geben, sich von der Qualität unseres Produktes überzeugen zu lassen und im Sinne des Aktionsziels, ein Gerät zu erwerben.

Bei Minus-Entwicklungen muss flugs die „Notbremse" mit gegensteuernden Aktionen gezogen werden. Der Außendienst ist stets neu zu motivieren, braucht Anregungen und laufend dynamische Impulse. Besondere Aktionen vermeiden den Einbruch des „täglichen Einerlei", setzen aktuelle Akzente und steuern die Verkäufer in Richtung auf das marktstrategisch Anvisierte. Sie sind selbstverständlich nicht nur bei Neueinführungen praktizierbar und bieten sich vor allem in Partnerschaft mit anderen absatzfördernden Maßnahmen an:

Die Werbeabteilung schaltet z. B. Kupon-Anzeigen in Zeitungen/ Zeitschriften. Der Verbraucher kann unter Vorlage eines Kupons eine kostenlose Warenprobe beim Handel erhalten. Im Rahmen einer Aktion wird der Handel entsprechend mit Proben ausgestattet und der Außendienst mit Nachdruck auf den Verkauf des Originalprodukts angesetzt. Solche Aktionen sind aus Anlass eines ***Firmenjubiläums, Schaufensterwettbewerbs*** des Handels, der Publizierung eines für uns günstigen Testergebnisses – etwa der Stiftung Warentest –, eines ***Preisausschreibens,*** der Kreation eines neuen Displays und in vielen anderen Zusammenhängen als lenkende Weichenstellung möglich und nützlich.

1.7 Verkaufskonferenz

Außendienstmitarbeiter sind besonders stark darauf angewiesen, selbst überzeugt zu sein, bevor sie andere überzeugen können, wollen sie nicht bloß überreden. Sie sind geeicht, das gesprochene Wort zu handhaben. Folglich ist die persönliche Information über Aktionen, neue Produkte und Konzeptionen, Maßnahmen des eigenen und Maßnahmen von Wettbewerbsunternehmen, organisatorische und Fragen der Verkaufspolitik der überschaubaren Zukunft usw. in ihrer Wirkung und damit der Chance breiter Akzeptanz und Identifikation sehr bedeutsam.

Die Verkaufskonferenz eröffnet diese Möglichkeit der unmittelbaren Unterrichtung und des persönlichen Dialogs mit Verkäufern, die Einzelanliegen haben. Überhaupt geht es darum, das bisher Erreichte kritisch zu würdigen und auf dieser Basis den Blick auf das Kommende zu richten, zunächst in der Form des lebendigen Vortrags, der Präsentation mit Hilfe akustischer und optischer Mittel (Dia, Film, Projektion, Tonband), dann sich öffnend hin zur Diskussion. Eine solche Tagung darf nicht nur im monologisierenden Stil abgehalten werden, sondern braucht den engagierten Austausch von Meinungen und kann gerade durch ein derartiges Wechselspiel auch zu einem wertvollen Moment ***psychologischer Steuerung*** und ***positiver Motivation*** führen. Ohne Zweifel können bei aufmerksamer Regie der Firmensinn und das Verständnis für das Ganze geschärft werden. Im Vordergrund steht immer die Sachinformation.

BEISPIEL: VERKAUFSKONFERENZ

Im Dezember eines jeden Jahres steht die große internationale Verkaufskonferenz ins Haus. „Groß" im Gegensatz zu den diversen während des Jahres abgewickelten Regionalzusammenkünften; international, weil auch die Reisenden und Vertriebspartner ausländischer Tochter- und Kooperationsfirmen zugegen sind.

Angesichts sich immer schneller wandelnder Märkte, anspruchsvoller werdender Kunden und härterer Konkurrenz muss in bestimmten Zeitabständen ein Gedanken- und Erfahrungsaustausch mit dem Außendienst erfolgen und pädagogisch mit der Vermittlung neuester Methoden und Techniken des wirkungsvollen Verkaufs, eines umfassenden Produktwissens und verkaufstaktischer und -psychologischer Gesichtspunkte auf ihn eingewirkt werden.

Diese Themen werden behandelt in Seminaren, die vor der großen Tagung stattfinden und zu denen durchweg die jüngeren Mitarbeiter, die mit relativ kurzer Firmenzugehörigkeit und eben die „Schulungsbedürftigen" gebeten werden. Höhepunkt ist die zumeist auf ein bis eineinhalb Tage angesetzte Gesamtzusammenkunft, auf der die alle interessierenden Aspekte präsentiert, kommentiert und diskutiert werden, z. B. Vorstellung neuer Produkte, Konditionen und vertriebspolitischer Leitlinien, also der Marschrichtung mit Blick auf Kunden und Markt für das kommende Jahr.

Die Sachthemen werden nach Möglichkeit aufgelockert, spannend und damit nicht zu trocken serviert. Schließlich sollen sie Eingang finden bei Mitarbeitern, die es nicht gewöhnt sind, sich einen ganzen Tag lang „berieseln" zu lassen.

So werden beispielsweise neue Produkte vorgestellt mit wirbelnden Hostessen, ein anderes Mal von einem Berufsschornsteinfeger oder im Rahmen eines Sketches, via Fernsehbildschirm (als Tagesschaumeldung, die in einem separaten Raum aufgenommen und auf Monitor im Tagungssaal durchgespielt wird) oder das Publikum einbezogen durch ein gemeinsam zu singendes Lied mit produktspezifischem Text. Kommen wir nun zu dem Teil, der nicht nur Mitarbeiter motiviert, sondern in nicht geringem Maße nach außen abstrahlt: Die Vertriebsdirektion ist stets bemüht, den Aufmerksamkeitsrhythmus und die Bedeutung der Themen synchron zu schalten: So wird z. B. in den beiden ersten Morgenstunden „leichte Kost" serviert, anschließend fährt man die „schweren Geschütze" auf. Nach dem Mittagessen wird zunächst der beschränkten Aufnahmefähigkeit Rechnung getragen mit peripheren Themen, die aber im Verlauf des Nachmittags immer anspruchsvoller werden. Das Finale soll gleichzeitig ein Höhepunkt sein, der aus dem Rahmen fällt und sich bestenfalls hintergründig sachbezogen gibt, der allgemeines Interesse auslöst und keine Firmen- oder gar Produktakzente trägt.

So sieht eine Dezember-Tagung einen Bundestagsabgeordneten als Gast vor, der gebeten worden war, über Fragen der Leistungsgesellschaft aus politischer Sicht zu sprechen. Das Thema ist top-aktuell. Es scheint reizvoll, es von kompetenter und gleichermaßen externer wie firmenunabhängiger Seite einem Außendienst gegenüber behandeln zu lassen, der via Provision und Prämien im Wesentlichen erfolgs- und damit leistungsadäquat honoriert wird.

Der Redner wird kurz vorgestellt und eingeführt. Sein Vortrag und die anschließende Diskussion sind so geeignet, für einen nachdenklich stimmenden Ausklang der Veranstaltung – zumindest des offiziellen Teils – zu sorgen. Der Abgeordnete übernimmt es, den Gewinnern eines großen Verkaufswettbewerbs die „Trophäen" ihrer Leistungen auszuhändigen und beteiligt sich an der Gratulationscour zugunsten besonders erfolgreicher Mitarbeiter, die die „Weihen" als Bezirksleiter und Bezirksdirektoren erhalten. Siegesprämien, Händeschütteln, Glückwünsche, Hochstimmung. Dies ist Ausdruck einer harmonisch abgelaufenen Tagung, eines spektakulären Finales und verlangt danach, fotografisch fixiert zu werden.

Selbstverständlich ist die lokale und regionale Presse eingeladen. Sie berichtet über diese Veranstaltung. „Aufhänger" ist erwartungsgemäß der Vortrag des Bundestagsabgeordneten. Darüber hinaus kommen allerdings auch Firmen-Gesichtspunkte zum Tragen. Über diese Zusammenkunft wird anschließend hausintern eine schlichte Broschüre gestaltet, die den beteiligten Mitarbeitern zur Erinnerung, darüber hinaus aber auch Bewerbern für Verkaufspositionen zur Abrundung ihrer Informationen und als Beispiel für die Abwicklung von Tagungen des Außendienstes zugestellt wird.

1.8 Laufende Kommunikation mit dem Außendienst

Zusammenkünfte mit Reisenden und Vertretern lassen sich – zumal bei einer bundesweiten Organisation – nur in größeren zeitlichen Abständen realisieren. In der Zwischenzeit darf selbstverständlich der Kontakt nie abreißen. Der Verkäufer draußen ist mehr oder weniger auf sich allein angewiesen. Er ist gewissermaßen ein „einsamer Wanderer" von Kunde zu Kunde, bestenfalls ein Solist, der weiss, dass er Teil eines ganzen Orchesters ist, aber eben doch seinen Part losgelöst von den anderen zu erbringen hat. Deshalb muss er wissen, dass er über ein Band ständigen Informationsaustauschs mit der Zentrale, einer Niederlassung oder regionalen Verkaufsleitung verbunden ist.

In der Tat gibt es heute nahezu täglich neue Informationen, die wechselseitig bekannt gemacht werden sollten. Als Medium bietet sich die Einrichtung eines ***allwöchentlichen „Rundbriefes"*** an, wiederum ***sachlichen und psychologischen*** Inhalts, dem man als Anlage besonders bemerkenswerte Aufträge, Listungsauszüge von Handelskunden. Presseveröffentlichungen etc. beifügen kann und der damit zu einem Forum des konstruktiven und laufenden Gedankenaustausches wird.

Steuerung heisst laufende Einflussnahme und ggf. Kurskorrektur. Dies bedingt permanente Kommunikation. Sie muss logischerweise neben Verkaufskonferenz und „Rundbrief" individuellen Schriftwechsel, Telefonate, persönliche Gespräche umfassen. Der Verkäufer ist der Mittler zwischen Unternehmen und Kunden. Als solcher ist er auf Unterrichtung und aktuelles Wissen angewiesen.

1.9 Entlohnung als Element der Außendienststeuerung

BEISPIEL: PROVISION UND PRÄMIE

Wir gewähren dem Bezirksreisenden ein Sockelgehalt, das sich um eine Provision erhöht. Diese basiert auf dem monatlich erreichten bewerteten Umsatz. Aus der Umsatzhöhe bestimmt sich der Provisionssatz: Mit dem Umsatz steigt der Provisionssatz (z.B. 3 % bei Euro 20.000,- Umsatz; 4 % bei Euro 25.000,- Umsatz ...). Der Reisende hat also einen doppelten Anreiz, erhöhte Umsätze zu bewirken: a) s. Einfluss auf den Provisionssatz; b) s. Einfluss auf die absolute Provisionshöhe. „Bewertet" meint, dass der Umsatz reduziert zur Verprovisionierung herangezogen wird, wenn Rabatte über das übliche Niveau hinaus gewährt werden. Beispiel: Üblich sind 20 %. Werden 20 plus 5 **%** eingeräumt, reduziert sich der „Provisionsumsatz" von seiner absoluten Höhe (s. Rechnung) **um 2% = 98%** des Rechnungswertes.

Ergänzend zur Provision wird eine Prämie ausgeworfen, wenn das Soll erreicht bzw. übertroffen wird, und zwar in einem fließenden System auf der Basis der jeweils letzten 6 Monate, um die Kontinuität im Auge zu behalten: Erzielt der Reisende im ersten Monat eine Soll/ Ist-Erfüllung von 108 %, erhält er die Prämie, im zweiten Monat nur 98 %, erhält er wiederum die Prämie, weil sich aus 108 plus 98 = 206 : 2 = 103 pro Monat ergeben und er damit über 100 liegt.

Ebenso wie solchermaßen der Erfolg durch Provision/ Prämie honoriert wird, staffeln sich Übernachtungs- und Tagesspesen nach den erzielten Monatsumsätzen. Schliesslich wird noch eine so genannte Serviceprämie eingesetzt, die den Mitarbeitern eingeräumt wird, die beim Handel Ware unmittelbar ab Reisendenwagen ausliefern, auspreisen, präsentieren müssen, also den oft zitierten und kritisierten Vollservice betreiben. Alles in allem ein vielgestaltiges, aber doch für den Mitarbeiter transparentes und erfolgsanimierendes „Paket" von Firmenleistungen.

Wir haben uns über die geistige und ideelle Motivation des Außendienstes, über Verkaufskonferenz, Wettbewerb und laufende Kommunikation ausgetauscht. In der Tat: „Der Mensch lebt nicht von Brot allein". Aber das materielle Moment spielt naturgemäß eine entscheidende Rolle. Über die Honorierung von Verkaufsstäben ist viel diskutiert worden. Ein angemessenes System kann positiv motivieren, ein vielleicht nur subjektiv unangemessenes demotivieren. Beim Handelsvertreter liegen die Dinge ziemlich klar auf der Hand: Er erhält eine erfolgsabhängige Provision und evtl. ergänzend temporär Prämienanreize.

Der Reisende dagegen beansprucht mit Recht ein Festgehalt, auf das sich ggf. Prämien/ Provisionen addieren. Üblich ist heute ein Fixanteil am Gesamteinkommen zwischen 67 – 80 %, der Rest variabel. Der Trend geht im Sinne des Sicherheitsbedürfnisses zum höheren Fixanteil, d. h. zu Lasten der Möglichkeit, insgesamt mehr zu verdienen. Die Sicherheit hat also Priorität vor der Chance, mehr einzunehmen. Diese Entwicklung verdient Beachtung bei der Anwendung von Entlohnungsmodellen.

Die Außendiensttätigkeit mit ihrer vergleichsweise stark ausgeprägten individuellen Ausgestaltung verlangt indes zwingend nach einem ***materiellen Anreiz*** in Anerkennung besonderer Leistungen, d. h. nach umsatzbezogenen Vergütungen. Die Kombination, die den Erwartungen des Reisenden wie den Zielen des Unternehmens entspricht, ist zu bevorzugen: Festgehalt plus Provision/ Prämie. Dabei ist generell zu klären, ob wir bei dem variablen, erfolgsabhängigen Segment auf das Kriterium Umsatz oder auf Deckungsbeitrag abheben. Das Fixum kann wohl kaum der Steuerung des Außendienstes dienstbar gemacht werden. Es ist statisch und damit nicht dynamisch steuerbar. Mit dem variablen Teil kann jedoch manches in Richtung auf vertriebliche Ziele initiiert und Akzente gesetzt werden.

2. Verkäufer

Nennen wir sie Vertreter, Akquisiteure, Reisende oder Repräsentanten, Verkaufsförderer, **Key Account-Manager** (KAM; Key Accounts = „Schlüssel"-, Großkunden), immer haben sie sich der schwierigen Aufgabe verschrieben, andere zu beeinflussen, ihnen etwas zu verkaufen.

Der Reise-Onkel vergangener Tage ist heute nicht mehr denkbar. In unserer Wettbewerbswirtschaft haben wir in wenigen Jahren eine drastische Wende vollzogen – gewissermaßen vom „Marktschreier" hin zum Merchandiser. Es hat sich inzwischen längst erwiesen, dass der Kontakt zu den Zentralen der Großorganisationen allein nicht ausreicht. Wie in den politischen Parteien ist die Tätigkeit „an der Basis" für den Gesamterfolg entscheidend. Das aber heißt ständige Betreuung des Groß- und Einzelhandels.

Zum ***Verkäuferberuf*** gehört heute einiges mehr als ein Paar feste Schuhe, die Unwiderstehlichkeit eines Charlie Chaplin oder der Charme eines Thomas Gottschalk. Das Tragische an dem ebenso schönen wie wichtigen Verkäuferberuf ist, dass viele glauben, verkaufen zu können. Aber nur wenige sind wirklich qualifiziert und bringen für die harten Anforderungen dieses Berufes das nötige Rüstzeug mit. Der Verkauf wird heute nach Regeln vollzogen, die aus ihm eine Wissenschaft und Kunst machen. Für Amateure ist hier kein Raum. Eben so wenig für solche, die lediglich einer geregelten Arbeitszeit entfliehen und sich freizügig bewegen möchten, ohne dass ihnen ein Vorgesetzter oder Kollege zu sehr auf die Finger schaut.

Sie alle lassen außer Acht, dass der verantwortungsbewusste Verkäufer einen „Zuchtmeister" in der Person des Kunden hat. Wer im Außendienst nur die Chance sieht, ohne größere Anstrengungen viel Geld zu verdienen, dem wird der Markt, dem wird die Kundschaft sehr schnell eine angemessene Quittung präsentieren.

Kein Verkäufer ist von vornherein für diesen Beruf qualifiziert oder disqualifiziert. Es hat sich kein spezieller Typus herausgeschält. Ob groß, ob klein, ob jung oder alt, ob Bayer oder Berliner, aufgeschlossen-dynamisch oder zurückhaltend-reserviert, ob Systematiker oder „charming boy" – sie alle sind ebenso unter den Starverkäufern wie unter den Verkäufern, aber auch unter den „Quasi-Verkäufern" zu finden.

Jeder Kunde ist anders. Der eine reagiert auf den rauhen, der andere auf den herzlichen Ton. Der eine will betont freundich, der andere distanziert angesprochen werden. Bei dem einen kommt es an, wortkarg zu sein oder sich so zu geben, der andere reagiert positiv auf Beredsamkeit. Forsches Auftreten gibt den Ausschlag hier, Zurückhaltung dort. Der eine will meinungsmäßig vom Verkäufer geführt sein, der andere verbittet sich die zu offenkundige Einflussnahme.

2.1 Aufgaben und Ziele verkäuferischer Tätigkeit

Eine wesentliche Aufgabe des Verkäufers ist es, mit dem Kunden ***Kontakt herzustellen*** und, falls er ihn bereits kennt, diesen Kontakt ***zu erhalten*** und ***zu vertiefen***. Auch der Kunde hat häufig den Wunsch nach einem konstruktiven guten Verhältnis, das ihm das Gefühl der Sicherheit gibt, ein qualitativ angemessenes und preislich ausgewogenes Angebot unterbreitet zu erhalten und ihn der Mühe enthebt, Vergleiche oder Kontrollen anstellen zu müssen.

Das Hauptziel des Verkäufers ist natürlich der Auftrag. Nicht irgendeiner, sondern jener Auftrag, den er sich vorgestellt und geplant hat, den er aber auch dem Kunden glaubt zumuten zu können. Darin liegt eine besonders wichtige Funktion des Verkäufers: den Kunden nicht zu überfordern, sondern ihm das zu verkaufen, was er wirklich benötigt. Weiß er so das Vertrauen des Kunden zu gewinnen, dann ist es keine Seltenheit, dass dieser den Auftrag oder dessen Umfang in das Ermessen des Verkäufers stellt.

Mit dem Kaufabschluss sind die Zielsetzungen freilich nicht erschöpft, denn der Auftrag und das Anliegen des Verkäufers lauten, zwischen der Firma, die er repräsentiert, und seinen Kunden eine ***solide, dauerhafte Verbindung*** zu knüpfen. Das Ziel ist also darin zu sehen, Dauerkunden und zufriedene Geschäftspartner zu gewinnen.

2.2 Persönlichkeit des Verkäufers

Wer verkaufen will, muss Einfluss nehmen, muss mit seiner Persönlichkeit, seinem Wissen und Auftreten beeindrucken. Der Verkäufer ist nicht isoliert, nicht abgekapselt tätig, wie etwa ein Dreher an der Werkbank. Er ist vielmehr in eine Umwelt hineingestellt, der gegenüber er sich beweisen muss, die er für sich gewinnen will.

Wie kann man damit rechnen, Sympathien zu ernten, wenn man unsympathisch auftritt? Wie kann man wirksam Textilien verkaufen wollen, wenn man mit ausgebeulten Hosen herumläuft? Wie will man überzeugend für Reinigungsmittel akquirieren, wenn man sich mit schmutzigem Kragen sehen lässt? Wenn der Kunde an solchen Verhaltensweisen abliest, dass sich der Verkäufer offensichtlich wenig Mühe gibt, angemessen aufzutreten, wird es ihm schwerfallen, sich seinerseits zu bemühen, dessen Argumentation und Angebot zu verstehen.

Der Verkäufer ist die ***„Visitenkarte" seines Unternehmens***. Er ist meistens der einzige, zu dem der Kunde ***persönlichen Kontakt*** unterhält. Er bestimmt deshalb im Wesentlichen mit seinem Auftreten das Bild, das man sich von seiner Firma macht. Mit einer korrekten Kleidung ist es nicht getan. Ein ironischer Gesichtsausdruck, eine schlappe Haltung, dünkelhafte Zurückhaltung, Hohnlächeln oder zur Schau getragene Einbildung können den aufwendigsten Schneideranzug schnell vergessen machen oder ihn erst gar nicht zur Geltung kommen lassen.

Gute ***Umgangsformen*** sind Ausdruck der Achtung dem Mitmenschen gegenüber. Ihre Praktizierung wird gewürdigt werden, ihr Fehlen wird in den meisten Fällen vor den Kopf stoßen. Sicheres Auftreten, tadellose äußere Erscheinung, gutes Aussehen, Sicherheit und ein natürliches, freundliches Wesen sind die Mittel, mit denen ein Verkäufer sich selbst gut zu verkaufen versteht.

2.3 Wirkungsvolle Sachargumentation

Der Verkäufer muss sein Angebot (Ware bzw. Dienstleistung) nachhaltig beherrschen. Vorteile ins rechte Licht zu rücken, ist ein Zeichen besonderen Könnens. Die meisten Verkäufer begnügen sich damit, die Zusammensetzung eines Produktes zu erläutern und etwas über dessen Anwendung zu sagen. Der Kunde kauft indes in aller Regel weniger das Produkt als vielmehr ***den Nutzen***, der von diesem ausgeht.

Deshalb ist es eine der vornehmsten Aufgaben des Verkäufers, darzulegen, welche ***spezifischen Vorteile*** sein Produkt bereithält, sei es Gewinn, Sicherheit, Bequemlichkeit, Geltungsnutzen oder die Möglichkeit, anderen Freude zu machen. Die Zahl dieser Motive ist umfassend, die wichtigsten hiervon sollte jeder Verkäufer im speziellen Blick auf sein Angebot beherrschen.

Die ***detaillierte Warenkenntnis*** ist eine unverzichtbare Voraussetzung für die Überzeugungskraft. Es ist eine alte Erfahrung, dass sich ein besonderes Verhältnis zu einem Objekt zumeist dann einstellt, wenn man es in allen Einzelheiten wahrnimmt. Der Verkäufer muss sich deshalb mit seiner Ware ***identifizieren*** können, damit seine Argumente eine suggestive Wirkung erhalten und hiervon die entscheidende Überzeugung auf den Kunden überspringt.

Wer den Markt beherrscht, weiß über Zukunftstrends Bescheid und kann sie in Beziehung zu den ***Bedürfnissen des Kunden*** setzen. In dem Fall wird der Verkäufer zum begehrten Gesprächspartner, wird er zu jenen gehören, deren Besuch für den Kunden immer etwas zu bieten hat.

3. Das erfolgreiche Verkaufsgespräch

Verkaufen heißt, durch Worte bzw. Sachargumente zu überzeugen. Im Verkaufsgespräch entscheidet sich alles, was vorher im Blick auf den angestrebten Umsatzerfolg getan wurde. Von der Ursprungsidee des Produktes, über dessen Marketingkonzeption, Aufmachung, Verpackung, Preis, Qualität, Rabatte und Verkaufsförderungsmittel ist alles hinorientiert und ausgerichtet auf dieses Ziel.

Wie jede geistige Leistung, verlangt auch das Verkaufsgespräch eine ***Gliederung***. Sie bietet ein stabiles Gerüst, zu dem der Verkäufer immer wieder zurückfindet, wenn sich das Gespräch von dem Auftragsziel weg entwickelt. Macht sich ein Verkäufer eine solche Richtschnur zunutze, dann ist er nicht mehr von der Improvisation abhängig. Das Gespräch verläuft in einer ***stufenweisen Entwicklung***, damit in bestimmten Phasen, die sich der Verkäufer gewissermaßen als „roten Faden" vorstellen kann.

Für den Ablauf und die richtige gedankliche Folge des Verkaufsgespräches bis hin zum erfolgreichen Abschluss hat man die in keinem Verkäuferseminar fehlende AIDA-Formel geprägt:

AIDA-FORMEL:

A = Aufmerksamkeit wecken; I = Interesse schaffen; D = Drang zu Besitz und Kauf schüren; A = Abschluss/ Auftrag.

3.1 Überzeugende Gesprächseröffnung

Nicht selten entscheidet der Anfang (des Verkaufsgesprächs) über das Ende (also den Auftrag). Mit anderen Worten: Wie wir beginnen, d. h. den Kunden begrüssen und das Gespräch eröffnen, mag bereits eine wichtige Vorentscheidung für die Auftragserteilung sein.

Die ***Eröffnungsphase*** verlangt ein noch viel stärkeres Eingehen auf die jeweilig individuell gegebene Situation als dies anschließend der Fall sein muss. Während wir im Rahmen unserer Sachargumentation die zugunsten unserer Produkte anzuführenden Punkte ansprechen, uns also mehr oder weniger auf das konzentrieren, was positiv für die Ware auszusagen ist, muss man sich als Verkäufer bei der Begrüßung völlig auf die gegebenen Umstände einstellen. Hier wird mithin vom Verkäufer ein sehr geschicktes Verhalten erwartet.

Mit negativer Stimmung sind nur selten positive Entscheidungen auszulösen. Es ist deshalb die Aufgabe des Verkäufers, eine Stimmung zu erzeugen, in der sein Angebot erfolgreich zum Tragen kommen kann. Er wird sich deshalb hüten, etwa so den Einstieg in das Gespräch zu suchen: „Ist das Geschäft bei Ihnen in den letzten Wochen auch so trostlos wie bei Ihren Kollegen?“ Eher ist Anerkennung am Platze: „Ich habe in der heutigen Ausgabe der Ortszeitung Ihre Werbeanzeige gelesen. Sie haben ja zur Zeit ungewöhnlich günstige Angebote!“

Ganz besonders beeindruckend muss es für den Kunden sein, wenn der Verkäufer bestimmte Feststellungen von ihm, die er anläßlich des letzten Besuches getroffen hat, rekapitulieren kann: „Wissen Sie noch, vor genau vier Wochen, als ich hier war, meinten Sie, dass eine EURO-Aufwertung in der Luft liegt. Sie haben recht behalten. Deshalb kann ich Ihnen heute unsere aus den USA importierte Ware nochmals um den Aufwertungseffekt verbilligt anbieten!“ Mit einer derartigen Aussage würden „drei Fliegen mit einer Klappe geschlagen“:

- Es dürfte dem Kunden imponieren, dass sich der Verkäufer noch so genau an das Gespräch vor vier Wochen erinnert.
- Es tat ihm sicherlich gut, bescheinigt zu bekommen, er habe Recht behalten.
- Der Verkäufer ist mit beiden Beinen unmittelbar in das eigentliche Verkaufsgespräch eingestiegen und hat mit dem Hinweis auf den dem Kunden zugute kommenden Aufwertungseffekt zugleich einen sehr positiven Sachakzent gesetzt.

3.2 Einwände des Kunden meistern

Von Mark Twain stammt der Satz: „Wir schätzen Menschen, die frisch und offen ihre Meinung sagen – vorausgesetzt, sie meinen dasselbe wie wir." Es liegt auf der Hand, dass es sich der Verkäufer nicht leisten kann, nur Meinungen zu tolerieren und zu akzeptieren, die mit seinen übereinstimmen. Das Verkaufsgespräch ist nun einmal ein Dialog und kein Monolog. Nach allgemeinen Erfahrungen sind Einwände des Kunden sogar ein **Indiz dafür, dass Interesse besteht**. Es ist deshalb zunächst einmal festzustellen, ob die negative oder zumindest kritische Kundenaussage überhaupt ernst zu nehmen ist. Beruht sie auf Tatsachen? Oder versucht der Kunde, schnell dem Gespräch mit dem Verkäufer aus dem Weg zu gehen?

- ***„Wir haben seit Jahren eine gute Geschäftsverbindung zu einem anderen Lieferanten."***

Mögliche Reaktion des Verkäufers: „Reicht es wirklich aus, nur einen Lieferanten zu haben? Es können Engpäße auftreten! Aber selbst dann, wenn Sie bei Ihrem jetzigen Lieferanten bleiben wollen, lohnt sich doch das Gespräch mit mir, denn Sie werden ja wohl gern die Gewissheit haben, dass Sie preislich und qualitativ optimal bedient werden. Das aber ist doch nur im Vergleich zu Konkurrenzangeboten möglich zu prüfen. Darüber hinaus: Jede Firma hat ihre besonderen Stärken im Angebot. Vielleicht kann ich Sie doch überzeugen, bei uns wenigstens die „Rosinen" herauszupicken. Sehen Sie hier ..."

- ***„Ich habe keine Zeit."***

Jeder Mensch – und so auch der Kunde – hat 24 Stunden Zeit am Tag. Er hat also offensichtlich den Vorteil eines Gesprächs mit dem Verkäufer noch nicht verstanden. Hier gilt es klarzumachen, dass heute etwas Besonderes vorliegt, dass ein interessantes Sonderangebot unterbreitet werden kann. Der Verkäufer bittet deshalb den Kunden um ein „Drei-Minuten-Gespräch" oder um eine „Zigarettenlänge" Gedankenaustausch. Nicht selten sind derartige „Drei-Minuten-Gespräche" nach einer halben Stunde zu einem erfolgreichen Ende gebracht worden.

- ***„Ich habe keinen Bedarf."***

„Kein Bedarf" – eine solche Aussage passt nicht in unsere Zeit. Der Käufermarkt ist doch durch einen deutlichen Angebotsüberhang gekennzeichnet.

Wenn also ein Händler nur den offenkundigen Bedarf seiner Kunden abdecken will, dann hat er noch nie etwas von aktivem Verkaufen und von Impulskauf gehört. 20 Prozent der Hausfrauen kaufen nach einem Einkaufszettel, 50 Prozent haben nur unklare Vorstellungen von dem, was sie kaufen wollen, und 30 Prozent entscheiden sich erst im Laden!

BEDARFE

Zunächst wollen wir den offenen Bedarf und den latenten Bedarf unterscheiden. Der **latente Bedarf** ist „versteckt" gegeben, er ruht gewissermaßen im Unterbewusstsein. In diesem Falle gilt es, ihn offenkundig zu machen, also an die Oberfläche zu heben und damit bewusst werden zu lassen.

Wir unterscheiden weiter den **Erstbedarf** vom **Folgebedarf**. Bei Bügeleisen, Radios und Kühlschränken haben wir eine nahezu hundertprozentige Marktsättigung. Hier geht es demnach vorzugsweise um den Nachholbedarf des Konsumenten. Beim Erstbedarf müssen wir vielfach zunächst den Wunsch wecken, ein solches Produkt zu besitzen, also die Idee einer Problemlösung oder Dienstleistung „verkaufen", bevor man das Erzeugnis selbst ins Spiel bringt.

Schließlich kennen wir noch den **Primärbedarf**. Hier handelt es sich um die für unser Leben unabdingbar notwendigen Güter, wie z. B. aus den Bereichen Essen, Trinken (Grundnahrungsmittel), Kleidung, um uns gegen Wind und Wetter zu schützen. Wohnung. Der darüber hinausgehende Bedarf erstreckt sich – je nach dem Grad der Ansprüche – bis hin zu Luxus, Bequemlichkeit und typischen Wohlstands-Accessoires.

Der Verkäufer macht deshalb dem Händler klar, dass er mit dem Angebot den Be darf seiner Kunden wecken und davon profitieren wird. Die Formel lautet: Nicht nur Bedarf decken, sondern ihn wecken!

- ***„Ich habe kein Interesse."***

Woran hat der Kunde kein Interesse? Etwa daran, keinen profitablen Umsatz zu tätigen? Oder daran, günstiger einzukaufen? Ist er nicht daran interessiert, für seine Kunden eine in der Preis-/ Qualitäts-Relation vorteilhafte Ware zu disponieren?

3.3 Das „Nein" des Kunden positivieren

Der erfahrene Verkäufer weiß, dass das „Nein" nur das Stichwort für den ***Anfang des eigentlichen Verkaufsaktes*** ist. Wenn der Kunde nämlich auf Anhieb mit „Ja" reagiert, kann man kaum mit Berechtigung von Verkaufen sprechen. Ist der Umsatz so offenkundig gegeben, ist er eigentlich kaum der Bemühungen des Verkäufers wert. Hier genügt ein einfacher „Auftragsformularausfüller".

Es ist das ***höchste Ziel der Verkaufskunst***, die ***Ablehnung umzuwandeln in eine Bejahung***. Zumeist wird es sich über einige Gesprächsetappen hinziehen, ehe das „Nein" in ein „Ja" umfunktioniert ist. Mit einem Argument, einer Feststellung, einem Satz dürfte es nur selten getan sein. Kunde: „Ihr Produkt taugt überhaupt nichts!" Verkäufer: „Sie sind also der Meinung, dass unser Produkt nicht ganz dem entspricht, was Sie qualitativ von ihm erwartet haben? Schauen Sie, es kommt ja doch ganz entscheidend auf den Preis-/ Qualitäts-Vergleich an. Sie haben vollkommen recht, dass es aufwendigere Produkte gibt. Aber die kosten ja auch gleich eine Menge mehr. Wenn Sie die Kostenbetrachtung mit einbeziehen, bin ich sicher, dass Sie unseren Artikel auch akzeptieren werden, zumal doch sicherlich Ihre Kunden bei Ihnen teure wie aber auch kostengünstigere Ware erwarten!"

Wie an diesem Beispiel unschwer abgelesen werden kann, bemüht sich der Verkäufer, das schroffe Nein des Kunden durch eine gemilderte Wiederholung abzuschwächen und das Ja, die Positiv-Entscheidung des Kunden, sachlich und psychologisch vorzubereiten. Tausende von Kunden sagen täglich gewohnheitsmäßig und aus einer Abwehrstellung heraus „Nein". Im Effekt gleichrangig ist das nicht deutlich ausgesprochene „Nein", das „***Quasi-Nein***": „Ich will es mir überlegen." Faktisch ist damit eine Nein-Entscheidung gefallen. Zumindest kommt der Verkäufer nicht sofort zu einem konstruktiven Gespräch und schon gar nicht zu dem angestrebten Auftrag.

Der Verkäufer ist bemüht, aus dem Nein ein Ja, aus dem Desinteresse Interesse werden zu lassen. Aus taktischen Gründen mag es sich für ihn anbieten, zunächst scheinbar das ***Nein*** zu ***akzeptieren*** und den Rückzug anzutreten. Bereits die Türklinke in der Hand versucht er indes, das ***Blatt nochmals zu wenden***: „Fast hätte ich es vergessen, Herr Meyer, ich habe ja für Sie noch eine Gutschrift mitgebracht. Sie erinnern sich, ich hatte bei meinem letzten Besuch einiges zurückgenommen. Dieses Guthaben hat ja doch für Sie zunächst nur einen papierenen Wert. Ich würde Ihnen empfehlen, einen kleinen Auftrag zu erteilen, so dass Sie die Gutschrift bei Überweisung des Rechnungsbetrages abziehen können und damit am schnellsten zu Ihrem Geld kommen."

In einer anderen Situation mag der Verkäufer das Nein des Kunden überhören und mit einer Frage aktiv werden: „Ist die dünne Personaldecke für Sie auch ein besonderes Problem? Was würden Sie dann davon halten, wenn ich Ihnen hier einmal – vielleicht dort in der Ecke – unseren „stummen Verkäufer" aufstellen würde? Er läßt Ihre Kunden sich selbst bedienen und spart Ihnen damit wertvolles Personal ein! Schauen Sie hier, auf dem Bild sehen Sie, wie wirkungsvoll er optisch gestaltet ist. Er würde sich sehr harmonisch in die übrige Gestaltung Ihres Ladenlokals einfügen. Für das laufende Auffüllen würde ich persönlich sorgen. Sie würden zunächst nur eine Grundausstattung benötigen ..."

3.4 Produktqualität im Verkaufsgespräch

Qualität ist abgeleitet von dem lateinischen Wort qualis, das Beschaffenheit bedeutet. Qualität wird üblicherweise als positives Werturteil verstanden, kann aber auch die Summe aller Eigenschaften eines Produktes – völlig wertfrei gesehen – bedeuten.

Der Verkäufer sollte sich bemühen, das Wort ***Qualität in einzelne, typischere und aussagefähigere Begriffe*** zu zerlegen. Das Wort Qualität ist zu verbraucht, als dass ihm noch eine besondere Überzeugungskraft innewohnen könnte. Der Verkäufer wird also davon sprechen, dass sein Produkt preiswert, das heißt im Verbrauch ergiebig, ist, von Zweckmäßigkeit, Dienstleistung, formschönem Aussehen, hohem Gebrauchswert.

Die Argumentation wird befruchtet durch das Wissen um die ***Kaufmotive des Kunden***. Die Kundin kauft weniger das Kleid an sich, sondern eine „anziehende" Erscheinung, ein Sympathie weckendes Äußeres. Der Autokäufer entscheidet sich für schnelles, sicheres, komfortables Reisen, für das Gefühl der Unabhängigkeit, das Vermögen mobil zu sein, in die Ferien fahren zu können. Was soll z. B. hinsichtlich der „Qualität" im Blick auf eine Lebensversicherung ausgeführt werden? Über das Gefühl der finanziellen Sicherheit für die Familie im Eventualfall gibt es dagegen sehr viel zu sagen!

Über Qualität der Ware zu sprechen heißt, ***aus*** der ***Verkäuferperspektive*** zu ***argumentieren***. Beschreibt dagegen der Verkäufer den Nutzen, den sein Produkt für den Kunden zu haben vermag, wird er automatisch erfolgreicher sein, weil er die ***Sprache des Kunden*** spricht und dessen Bedürfnisse zur Richtschnur seiner Aussagen macht.

EXKURS: QUALITÄT VERLIERT IHRE GÜTE-QUALIFIKATION

Offensichtlich schwindet mit dem Lateinischen auch das Bewusstsein für **Qualität** in deren altsprachlichem Ursprung **qualitas.**

Sind wir also mit unserem Qualitäts- „Latein" am Ende?

Jedenfalls schockieren immer wieder Hiobsbotschaften die Verbraucher. **BSE**, **Salmonellen-Schokolade** oder z. B. Rückrufaktion **Lichterkette** sind nur einige Beispiele von vielen. Sie wurden jüngst nochmals übertrumpft – Stichwort **Nitrofen**.

Es drängt sich deshalb der Eindruck auf: Je mehr Qualität institutionalisiert wird, desto mehr verkommt deren Wort- und Wertinhalt zu einer eher virtuell anmutenden unverbindlichen Verantwortungsdekadenz. Da werden übernationale Kriterien etabliert, nach denen „Qualität" mess- und prüfbar ist, wie z.B. die lt. ISO 9001, deren harten Maßstäben sich seriöse Unternehmen kostenintensiv unterwerfen – aber, wer anerkennt schon derartige Güte-Garantien bzw. ist gar bereit, sie zu honorieren?

In unserem brutalen Wettbewerb kommen solche Investitionen flugs unter die ***Preis- Guillotine*** und drohen eher zu einer Vorzeige-Schablone ohne Wert zu degradieren – ob im Sinne des Verbrauchers, mag mit Recht in Frage gestellt werden.

Es stimmt jedenfalls bedenklich, wenn z.B. Drogeriediscount-Filialist Qualität als vernachlässigenswert einordnet. Man böte an, was sich gut verkaufen lässt, wes Inhalts auch immer, ist dort unkaschiert zu vernehmen.

Oder wenn ein europaweit operierender Handelskonzern meint, industrielle Anbieter würden mit Hinweisen auf Qualität eher langweilen. Oder wenn Groß-Discounter gar trotz Günstigst-Konditionen und erfolgreicher 4fach-Verkaufsaktionen deutlich nachweisbar mindere Qualität vermarkten.

Längst sind die Mächtigen des Handels zu „Zuchtmeistern" über Produkte und Sortimente geworden, die nach Gutsherrenart, Gutdünken & Gutschriften für Zuschüsse ad libitum darüber befinden, was Verbrauchern in Regalen und Schütten – z.T. als „Schutt" – serviert wird.

So bleibt Qualität nicht selten auf der Strecke, weil der Handel sich überwiegend im Niedrig-Preis „sonnt", aber damit oft die zumindest gleichbedeutende Komponente des Preis/ Leistungs-Verhältnisses aus dem Auge verliert, also die Güte der Produkte.

Es sind weiß Gott nicht etwa nur karrierebeflissene Beschaffungs-Jongleure, die den Preis „anbeten". Diese unterliegen vielmehr dem Diktat des harten Wettbewerbs.

Zweifelsohne: Der Handel hält freilich nicht die „Katze im Sack" feil, eher den „Apfel im Schlafrock" im Sinne einer Preis- „Trance"...

Überwinden wir die „Diktatur des Preises", sofern sie zu Lasten der Qualität dessen geht, was wir konsumieren, ver- und gebrauchen!

3.5 Präsentieren, Demonstrieren

„Reden ist Silber, Zeigen ist Gold!". Die ***Präsentation*** hat in mehrfacher Hinsicht einen eigenen ***Beeinflussungswert von hohem Rang***. Der Kunde wird hierdurch viel intensiver als durch das Wort allein interessiert. Ein Originalmuster eines Produktes, ein Modell kann den Besitzwunsch anregen. Mindestens ebenso wichtig aber ist, dass die Demonstration den Kunden veranlasst, ja geradezu zwingt, dem Verkäufer und seinem Angebot die volle Aufmerksamkeit zuzuwenden.

Mit einer Produktdemonstration bzw. einer Vorführung kann beim Kunden ein Feuer der Begeisterung entfacht werden. Es darf freilich nicht nur schlicht gezeigt, sondern es muss zelebriert werden. Etwa so, wie wenn ein Juwelier einen wertvollen Ring oder ein Collier auf Samt präsentiert. Mit der Art der Präsentation verdeutlicht der Verkäufer auch unterschwellig, wie wertvoll sein Produkt ist. Der Verkäufer sollte stets bemüht sein, sein Produkt so spannungsreich wie möglich zu servieren. Er wird deshalb nicht nur bildreich argumentieren, sondern dem Kunden ***Greifbares zeigen*** und ihm einen konkreten, ***hautnahen Eindruck*** auf diese Weise vom Produkt vermitteln. Der Verkäufer wird stets anstreben, ***möglichst viele Sinne*** des Kunden anzusprechen und zu beschäftigen: Das Wort richtet sich an das Ohr; die Erscheinung, Mimik, Gestik des Verkäufers, aber freilich auch das Muster des angebotenen Produktes, die Preisliste sind Teil der visuellen Präsentation. Nach Möglichkeit wird der Verkäufer auch das „Riechorgan" des Kunden einschalten und den Tast-Kontakt zum Produkt auslösen. Der überwiegende Teil der Menschen ist mehr visuell als akustisch beeinflussbar.

Teleshopping (= Verkauf über Fernsehkanäle, wie QVC, HOT, RTL) lebt entscheidend und erfolgreich vom Präsentieren und Demonstrieren. Hier kann man z. T. beeindruckend erleben, wie von geschickten Verkäufern alle Register der Überzeugungskunst via praktischer Darstellung gezogen werden.

3.6 Der Preis im Verkaufsgespräch

Je härter der Wettbewerb ausgefochten wird, desto mehr vollzieht er sich auch über den Preis. Wenn sich Angebot und Nachfrage in etwa die Waage halten, steht der Preis naturgemäß nicht so im Vordergrund wie jetzt, wo in den meisten Branchen und Wirtschaftszweigen ein totaler Wettbewerb herrscht.

Der Preis für sich allein betrachtet sagt gar nichts! Er gewinnt nur an Aussagekraft im Verhältnis zu „seinem" Produkt bzw. zur angebotenen Dienstleistung. Wenn nun der Kunde gegen den Preis zu Felde zieht, so mögen drei Gründe hierfür gegeben sein:

- Er glaubt wirklich, der Preis sei zu hoch.
- Er hat ein preisgünstigeres Angebot vorliegen.

- Er nennt den vermeintlich zu hohen Preis und meint in Wirklichkeit: „Ich bin an dem Angebot oder überhaupt an einer Fortsetzung des Gesprächs nicht interessiert."

Wir befassen uns nun mit einigen Methoden, den Preis zu nennen und mit ihm zu argumentieren:

DER PREIS UND DIE TECHNIK RICHTIGEN ARGUMENTIERENS

- Das Wichtigste ist: **Keine Preisangst haben!** Der Verkäufer nennt deshalb den Preis mit klarer, fester (und nicht kleinlauter) Stimme und ohne zu zögern. Er blickt dabei den Kunden beherzt in die Augen und nicht etwa angstvoll und betreten zu Boden.

- Bei Niedrigpreisangeboten wird der Preisnennung das Wörtchen „nur" vorangestellt oder sonst wie verdeutlicht, dass es sich um ein preislich sehr günstiges Angebot handelt.

- Die Ware ist so teuer bzw. billig, wie der Kunde sie einschätzt. Ob er sie gebührend hoch bzw. richtig einstuft, hängt ganz entschieden von der **Beeinflussung durch den Verkäufer** ab, von seiner Kunst, zu überzeugen.

- Es ist entscheidend, wer etwas sagt. Es kommt also nicht nur auf den Gehalt der Aussage an, sondern darüber hinaus, dass der Verkäufer in einer Weise auftritt, die es dem **Kunden leichtmacht**, ihm zu vertrauen. Einem korrekt auftretenden Herrn wird der Kunde schon unterschwellig eher zubilligen, dass auch seine Aussagen korrekt und richtig sind. Ein von einer äußerlich klar erkennbaren Verkäuferpersönlichkeit vorgetragener Preis wird viel größere Chancen haben, akzeptiert zu werden.

- Der **richtige Zeitpunkt** ist zu beachten. Der Preis darf nicht zu früh und in jedem Falle erst dann erwähnt werden, wenn der Eindruck besteht, dass der Kunde weitgehend überzeugt ist.

- Um nicht zum Widerspruch zu animieren, wird selbstverständlich nach der **Preisnennung keine Pause** gemacht. Am besten werden einige wenige, besonders stichhaltige Argumente, die gewissermaßen eine nochmalige Begründung des Preises beinhalten, wiederholt. Damit bedient sich der Verkäufer der „Sandwich-Methode", indem er den Preis in vor- und nachher angesprochene Angebotsvorteile einbettet.

- Der Verkäufer bemüht sich, **den Preis** zu **„verniedlichen"**, ihn kleiner, geringfügiger erscheinen zu lassen. Z. B. durch

  1. die **Subtraktionsmethode**: „Herr Lehmann, bitte bedenken Sie, dass sich dieser Preis weiter reduziert um die Delkrederevergütung, auf die Sie als Mitglied Ihres Einkaufsverbandes Anspruch haben, zusätzlich um Skonto und Bonus";

  2. den **Hinweis auf die Dienstleistung** des Produktes: „Mit diesem Tuch können Sie rund 200 Möbelflecken entfernen." Oder: „Der Filter braucht lediglich alle zwei Jahre ausgewechselt zu werden";

  3. die **relative Bedeutungslosigkeit**: „Die Leasinggebühr beträgt monatlich nur 15 Euro";

  4. die **Vergleichsmethode**: Der Verkäufer setzt den Preis des Produkts in Vergleich zu besonders teuren. Dieser Kontrast favorisiert sein Angebot;

  5. das **Ansprechen der kleinsten Einheit**. Der Verkäufer nennt nicht den Gesamtpreis für die Verpackungseinheit mit 12 Stück Inhalt, sondern den pro Einzelpackung, nicht den höheren Brutto-, sondern den durch den Rabatt ermäßigten Nettopreis.

- Der Verkäufer spielt den Preis nur dann hoch, wenn er wirklich verdient, im Mittelpunkt des Gesprächs zu stehen, d. h., wenn er besonders niedrig ist. Sonst argumentiert er primär zugunsten des Produkts, dessen **Qualität**, **Wert**, **Dienstleistung** und gute **Verkaufbarkeit**, zugunsten des **Kundendienstes**, der **Werbung** und **Verkaufsförderung** und weniger mit dem Preis.

3.7 Gesprächsabschluss

Nicht nur im Sport, auch im Verkauf zählen Erfolge. Sie sind weder allein erzielbar durch charmante Gesprächseröffnung noch durch perfektes Argumentieren. Der Gesprächsabschluss entscheidet über „Sieg oder Niederlage"!

MIT DEN RICHTIGEN FRAGEN ZUM ABSCHLUSS

Der Abschluss wird durch **Suggestivfragen** vorbereitet: „Welcher Artikel käme für Sie in Frage?" Oder: „Würden Sie Lieferung per Spedition oder per Post bevorzugen?" Oder: „Wünschen Sie die Lieferung lieber an Ihr Lager A oder B?"

Hiermit ist die Methode angesprochen, durch Teilzusagen einmal die Auftragsreife zu testen, zum anderen den Kunden langsam zu der Gesamtentscheidung hinzuführen! Es wäre geradezu verkaufswidrig, den Kunden zu fragen, ob er etwas kaufen wolle. Vielmehr fragen wir stets nach der Alternative, nach dem **Was** (Produkt A, B oder C), dem **Wann** (Sofort- oder Terminauftrag), dem **Wie** (ab Werk, ab Zweiglager usw.), dem **Wie viel** (48, 96 oder 240), dem **Wo** (Anlieferung im Zentrallager, in den Zweiglägern oder in den Filialen).

Diese ***Alternativ-Taktik*** muss geradezu die permanent eingesetzte Zauberformel eines jeden Verkäufers sein. Jeder hat es selbst erlebt, wie zwingend derartige Fragestellungen zu positiven Entscheidungen führen. Wir sitzen des morgens im Hotel. Der Ober fragt: „Möchten Sie ein Ei?" Dies lädt zur Verneinung ein. Wenn die Frage so gestellt wird: „Wünschen Sie ein gekochtes oder Rühr-Ei?", gehen wir zumeist – aus gedanklicher Trägheit und einem gewissen unbewussten Zwang heraus – auf diese Frage ein und ... antworten positiv. In nahezu jedem Falle ist ein Ei verkauft, ob gekocht oder „gerührt". Der Verkäufer, der auf diesem Klavier nicht zu spielen versteht, hat die wirksamsten Methoden des Verkaufs noch nicht verstanden.

Ein Verkäufer mit Stammbezirk, der seine Kunden bereits seit einiger Zeit betreut, kann sich auch der sehr effektiven, hypothetischen Methode bedienen. Hiermit wird der Auftrag als selbstverständlich unterstellt. Man ist sich des Auftrags so sicher, dass man eine Nein-Entscheidung des Kunden gar nicht für möglich hält und sie deshalb a priori ausschliesst. Man fragt also nicht umwegig nach dem Auftrag, sondern nur nach den Details.

Ein wohlgelungener Abschluss des Verkaufsgesprächs soll den Vorstellungen beider Partner, Kunde wie Verkäufer, entsprechen.

XII. Innerbetriebliche Information

Die Arbeit soll Spaß machen, erwarten Beschäftigte. Indes mögen überwiegend viele Tätige ihre beruflichen Aufgaben nicht gern wahrnehmen:

Dem Meinungsforschungsinstitut Gallup zufolge sehen 9 von 10 Beschäftigten in ihrer Arbeit keine echte Verpflichtung bzw. Herausforderung. 70 % machen „Dienst nach Vorschrift", 18 % ermangelt es völlig an emotionalem Engagement, mithin an der gebührenden Verwurzelung in der beruflichen Tätigkeit. Eine der produktivitätssenkenden Konsequenzen daraus ist, dass sich aus der Menge der Tätigkeitsunwilligen der doppelte Anteil an Krankmeldungen rekrutiert.

Wie kann aber die Zahl der beruflich Engagierten wachsen? Einen nicht unbedeutenden Beitrag kann eine klug geführte innerbetriebliche Informationspolitik leisten, ein wichtiger Bestandteil der Human Relations eines Unternehmens.

1. Informationstransparenz als Schlüssel zu Human Relations

Die Belegschaft wird nur dann mit der Firmenleitung an einem Strang ziehen, wenn sie gebührend über das, was war, was ist und schließlich über die Ziele des Unternehmens unterrichtet wird. Um ein konsequentes Eintreten der Mitarbeiter für die Firmenbelange zu erreichen, ist ein kontinuierlicher Informationsfluss nötig. Auch kann der Einzelne seinen eigenen Aufgabenbereich optimaler wahrnehmen, wenn klare Vorgaben und Zielsetzungen im Wege eines permanenten Informationsaustausches vermittelt werden.

Allgemein bekannt ist,

- dass die Mitarbeiter möglichst umfassende Informationen über ihr Unternehmen wünschen;
- ein unverkennbarer Zusammenhang zwischen ***Information*** und ***Motivation*** besteht, etwa nach der Formel: hoher Informationsstand = bessere Arbeitsmotivation (positive Einstellung zu Firma, Arbeit und Arbeitsplatz).

Ein entscheidender Grund für das ausgeprägte Informationsbedürfnis liegt in der Tatsache der hohen Arbeitsteilung, wie sie für eine stark entwickelte Volkswirtschaft typisch ist. Sie hat immer mehr Spezialisten mit eingeengtem Blick für das Ganze zur Folge. Aus dieser isolierenden Sicht wächst der Wunsch, über benachbartes und darüber hinausgehendes Terrain informiert zu werden.

1.1 Information

Information ***verweist stets auf etwas*** – sei es durch durch Auswahl eines Senders, sei es nach Diagnose durch den Empfänger. Im engeren Sinne kann sie als Vermittlung von Wissen mittels ***Kommunikation*** betrachtet werden. So steht sie zwischen dem ***Kommunikator***, der etwas mitteilt, und dem ***Rezipienten*** (Empfänger).

Die Schwierigkeit, Menschen zu überzeugen, liegt vor allem darin begründet, dass Nachrichten vom Kommunikator mit einem bestimmten Sinngehalt ausgestattet auf die Reise geschickt, u.U. bei den Rezipienten unterschiedlich bewertet und aufgenommen werden. So unterscheiden wir die ***denotative Bedeu-***

tung einer Mitteilung (sie besagt nahezu für alle das Gleiche, die einen in etwa identischen Ausbildungsstand haben), die ***konnotative*** Bedeutung (sie hat subjektiv-emotionellen und wertenden Hintergrund), die ***oberflächliche*** („guten Tag“) und die ***latente*** Bedeutung, die sich erst aus dem spezifischen Verhältnis zwischen Aussagendem und Empfänger erhellt.

Darüber hinaus muss beachtet werden, dass eine Mitteilung nicht für alle Rezipienten den exakt gleichen Stellenwert hat, weil sie über ihren Inhalt hinaus auch formal geprägt ist. Beim Sprechen kommt es auf Stimmführung und Sprachrhythmus, Stimmlage und ggf. Dialekt an, bei Gedrucktem auf Papierqualität, bei Film und Fernsehen auf Schwarz/Weiß oder Farbe. Alle diese Faktoren werden unterschiedlich aufgenommen und ergeben deshalb u.U. ein in Nuancen differenziertes Echo.

1.2 Betriebliche Informationswege

Informationen werden also von einem Sender an einen oder mehrere Empfänger gegeben. In der betrieblichen Praxis gilt es zu beachten, dass ein Mitarbeiter stets Sende- und Empfangsstation zugleich darstellt.

Die Verbindung zwischen den Informationsgebern und den -empfängern erfolgt durch Informationswege, auch Informationskanäle genannt. Die Gesamtheit aller in einem Betrieb bestehenden Informationswege bildet das sog. ***Informationsnetz***, dessen Knotenpunkte die Mitarbeiter sind.

Formaler Informationsweg

Er ist geprägt durch das ***firmenoffizielle Berichts- und Informationswesen***. Er wird bewusst gesteuert und umfasst Arbeitsanweisungen, Zirkulare, Berichte, Aktennotizen, Umläufe nach bestimmtem Verteiler, Statistiken, Tabellen, Grafiken, Datenzusammenfassungen jeweils zur Kenntnis eines bestimmten Personen- bzw. Abteilungskreises.

Informaler Informationsweg

Er ist nicht gewollt in Szene gesetzt, aber er ergibt sich zwangsläufig überall dort, wo Menschen gemeinsam tätig sind: am Arbeitsplatz, auf dem Weg dorthin, auf der ***Basis identischer Interessen,*** Bildung, Positionen, Abteilungszugehörigkeiten, aber auch: durch Betriebsausflüge, Kegelabende, in der Frühstückspause. Durch die Gemeinsamkeit der Interpretation bestimmter Maßnahmen ergeben sich Kontakte zwischen Betriebsangehörigen, die zu Informationsaustauschen führen. Sie sind informell und können ebenso firmenpositiven, -neutralen, aber auch destruktiven Inhalts und negativer Ausstrahlung sein. Die ungeplante auf persönlichen Beziehungen beruhende informale Information hat den Vorteil, dass sie ***oft schneller*** und damit ggf. wirksamer ist als die formale. Dem steht der Nachteil der Informationsverwässerung mit der Gefahr der Gerüchtebildung gegenüber.

Vertikaler Informationsweg

Hier fließen Informationen zwischen Mitarbeitern ***unterschiedlicher hierarchischer Ebenen***, also vom Vorstand zum Abteilungsleiter oder umgekehrt. Hieraus folgt, dass es innerhalb der vertikalen Kommunikation ***Abwärts*** - *und* ***Aufwärts*** - ***Informationen*** gibt:

- Von oben nach unten ***(abwärts)*** fließen Weisungen, Instruktionen, Globaldaten und übergeordnete Deutungen und Prognosen.
- Von unten nach oben ***(aufwärts)*** ergehen Berichte, Konzeptionen, Abteilungsergebnisse und die interpretierenden Kommentare.

Horizontaler Informationsweg

Er lässt Mitarbeiter auf ***gleicher hierarchischer Ebene*** Verbindung halten, Kenntnisse, Meinungen, Fakten, Trends austauschen. Zweifellos kann hierdurch die Kollegialität und damit das gegenseitige Verständnis und konstruktive Aufeinandereingehen mit dem Effekt besserer innerbetrieblicher Koordination erhöht werden. Oft ergeben sich indes Eifersüchteleien und Rivalitäten, die naturgemäß die Kommunikation erschweren oder gar unmöglich machen.

Diagonaler Informationsweg

Der diagonale Informationsweg liegt logischerweise ***zwischen*** dem ***vertikalen*** und dem ***horizontalen*** und läßt beispielsweise den Einkaufsdirektor mit dem Verkaufsleiter oder den Versandleiter mit dem Sachbearbeiter Export kommunizieren.

Die Weitergabe von Informationen vollzieht sich also auf mannigfache Weise: direkt und gegenseitig durch das Einzelgespräch oder die Diskussion in größerem Kreis, direkt als „Einbahnstraße", z.B. beim Bericht oder dem mündlichen Vortrag, zumeist aber heute indirekt beim Telefonieren, Korrespondieren oder mailen.

So gibt es innerhalb des Informationsnetzes ***einseitige Informationswege***, beispielsweise wenn durch eine Lautsprecheranlage darauf aufmerksam gemacht wird, dass heute wegen der Betriebsversammlung die Pause um eine halbe Stunde vorverlegt wird. Überdies treffen wir auf ***mehrseitige Informationswege***, bei denen wechselseitiger Austausch von Mitteilenswertem möglich ist. Die Konferenz ist hierunter zu rubrizieren. Sie gibt jedem die Chance, mit jedem zu sprechen, von allen aufzunehmen, sich an alle zeitgleich zu wenden (brainstorming).

1.3 Betriebliche Informationsmittel

Wir können auf eine Vielzahl von Medien zurückgreifen, um uns anderen mitzuteilen. Die wichtigsten im betrieblichen Bereich sind:

schriftlich	mündlich	Einsatzmöglichkeiten
Umlauf Betriebshandbuch Unternehmenszeitung	mündliche Anweisung Vortrag Lautsprecherdurchsage	in der Abwärtsinformation
Bericht Vorschlag Auswertung	Beschwerde Rückfrage	in der Aufwärtsinformation
Formular Grafik Kenndaten	Konferenz Ausschuss persönliches Gespräch	in der Ab- und Aufwärtsinformation

Informationen werden über die verschiedensten Wege weitergegeben – vom ***Schwarzen Brett*** über den ***Wirtschaftsausschuss*** bis zur ***Betriebsversammlung***. Ziel aller dieser Maßnahmen ist es, den Fluss sachgebundener für die Tätigkeit des Einzelnen und von Gruppen erforderlicher Informationen im Sinne eines harmonischen Betriebsablaufes ebenso sicherzustellen wie die Unterrichtung der Belegschaft über das Unternehmen und seine Entwicklung insgesamt sowie über aktuelle und spezifische Teilaspekte. Dabei sollten Probleme nicht tabu sein und auch kritische Anmerkungen von allen Beteiligten dann akzeptiert werden, wenn sie geeignet sind, Fortschritte einzuleiten – sei es in der Sache oder in den zwischenmenschlichen Beziehungen.

1.4 Betriebliche Informationsquellen

Informationen sind nicht nur entgegenzunehmen, zu speichern und weiter zu reichen, sie müssen auch bei Bedarf abgerufen werden. Dies setzt voraus, dass bekannt ist, wo welche Informationen innerhalb einer Organisation erlangbar sind. Derartige ***interne Informationsquellen*** können sein:

- Ablage/Akten
- Archiv
- Registratur
- Bibliothek (Bücher, Zeitschriften, Nachschlagewerke, Kompendien, Enzyklopädien)
- Dokumentationszentrum
- Computer (Statistiken, Aus- und Bewertungen, Analysen)

Zweifellos ist immer noch der Mensch selbst zugleich bester Informationsträger wie auch ergiebigste Informationsquelle bzw. -spender. Vor allem kann innerhalb der zwischenmenschlichen Kommunikation in Frage und Antwort ein besonders hoher Informationsgehalt bewirkt werden.

Ein solcher Rückkoppelungseffekt wohnt auch der ***Public Relations***, der Öffentlichkeitsarbeit, hinsichtlich der betrieblichen Information inne. Die ***interne Information*** hat – wie es sich aus dem Vorhergesagten ergibt – zwei große Informationsfelder:

- Zum einen den Prozess der Sachinformation, insoweit sie für die Bewältigung der betrieblichen Abläufe innerhalb der einzelnen Unternehmenssegmente notwendig ist,
- zum anderen die Unterrichtung der Belegschaft über den Gesamtkomplex des Unternehmens, dessen jeweils ***aktuelle Marktposition***, dessen ***soziale Maßnahmen*** und ***Zukunftsaussichten***.

Von letztgenannter Thematik wird in modern geführten Unternehmen einiges an Daten, Fakten, Trends an die Öffentlichkeit im Wege der ***Mitteiltechnik*** geleitet. Die hieraus resultierenden Presse-Publikationen oder gar Fernsehsendungen, Rundfunkreportagen usw. wirken wiederum als **Rückkopplung (feedback)** in das Unternehmen und auf die Belegschaft ein, erzielen damit eine Verdichtung der bereits intern gegebenen Informationen und lösen eine höhere Identifikation zwischen Betrieb und Mitarbeitern und damit einen nicht zu unterschätzenden ***Human Relations-Effekt*** aus.

XIII. Rechtsfragen des Wettbewerbs

In der Bundesrepublik Deutschland leben wir in einer Wirtschaftsordnung, die als soziale Marktwirtschaft oder auch als Wettbewerbswirtschaft bezeichnet wird. Im Gegensatz zur Planwirtschaft, in der eine zentrale Stelle den Ablauf des Wirtschaftsprozesses in einem Gesamtplan festlegt, wird in der Marktwirtschaft der Wirtschaftsprozess durch **individuelle Wirtschaftspläne**, z.B. der Haushaltungen und Betriebe bestimmt, d.h. er wird weitestgehend durch **privatwirtschaftliche Interessen** bestimmt, die nicht nur zu vertraglichen Absicherungen nötigen sondern auch von vornherein ein wettbewerbswirtschaftliches Konfliktpotenzial in sich bergen.

1. Lauterer und unlauterer Wettbewerb

Der Wirtschaftsverkehr vollzieht sich in der Marktwirtschaft über die einzelnen Märkte, auf denen sich, bestimmt durch Angebot und Nachfrage, die Preise bilden, die die maßgebliche Grundlage für alle Planentscheidungen darstellen. Angebot und Nachfrage regulieren über den Preis den Wettbewerb, können aber nicht verhindern, dass durch das vom Einzelnen getragene Bemühen um den Vertragsschluss mit Dritten die Gefahr besteht, dass unlauteres Verhalten, ruinöser Wettbewerb, Monopole und wettbewerbsbeschränkende Vereinbarungen das Marktprinzip beeinträchtigen. Im Interesse einer nicht nur freien, sondern auch sozialen Marktwirtschaft (ausreichende Versorgung, niedrige Preise, hohe Qualität) sind gesetzliche Bestimmungen zum Schutz des Wettbewerbs erlassen worden.

1.1 Schutz des Wettbewerbs durch das UWG und GWB

Zu den wichtigsten Schutzinstrumenten zählen das ***Gesetz gegen*** den ***unlauteren Wettbewerb (UWG)*** und das ***Gesetz gegen Wettbewerbsbeschränkungen (GWB)***. Während das GWB in erster Linie den Schutz des freien Wettbewerbs vor wettbewerbsbeschränkendem Verhalten durch Unternehmen bezweckt, schützt das UWG den einzelnen Unternehmer als Mitbewerber auf dem Markt, indem es für den Bereich wettbewerblicher Betätigung Tatbestände rechtswidriger Handlungen normiert, die zivilrechtliche Unterlassungs-, Beseitigungs- und – bei Verschulden – Schadensersatzansprüche begründen. So kann nach der grundlegenden Bestimmung des § 1 UWG derjenige, der im geschäftlichen Verkehr zu Zwecken des Wettbewerbs Handlungen vornimmt, die gegen die guten Sitten verstoßen, auf Unterlassung und Schadensersatz in Anspruch genommen werden.

1.1.1 Handeln im geschäftlichen Verkehr

Zum „geschäftlichen Verkehr" gehört jede Maßnahme, die auf die Förderung eines beliebigen Geschäftszwecks gerichtet ist. Dazu zählen die Tätigkeiten der Kaufleute und sonstigen Gewerbetreibenden (Hersteller, Gross- und Einzelhändler, Handwerker), aber auch die der freien Berufe (Ärzte, Steuerberater, Architekten, Künstler), ferner die Tätigkeiten der öffentlichen Hand, wenn sie sich wie jeder private am geschäftlichen Verkehr beteiligt, etwa als Betreiberin einer privaten Verkehrsgesellschaft oder beim Einkauf von Büromaterial von privaten Lieferanten.

1.1.2 Handeln zu Zwecken des Wettbewerbs

Die weite Auslegung des Handelns im geschäftlichen Verkehr (1.1.1) bedeutet nicht, dass jede gegen eine Wettbewerbsnorm verstoßende geschäftliche Tätigkeit die Rechtsfolgen von Unterlassungs-, Beseitigungs und – bei Verschulden – Schadensersatzansprüchen nach sich zieht. Notwendig ist ein ***Handeln „zu Zwecken des Wettbewerbs"***. UWG bedeutet nach Sinn und Zweck des Gesetzes Konkurrentenschutz. Konkurrentenschutz ist aber nur dort möglich, wo Mitberwerber in Konkurrenz zueinander stehen, d.h. zwischen ihnen ein Wettbewerbsverhältnis besteht. Ein Wettbewerbsverhältnis erfordert ein Verhalten, das objektiv geeignet ist, den eigenen oder fremden Absatz zum Nachteil einer anderen Person zu erweitern oder zu erhalten. Das kann unmittelbar dadurch geschehen, dass Geschäftstreibende derselben Branche ihre Produkte auf dem gleichen (auch regional begrenzten) Markt anbieten. Ausreichend ist aber auch, dass Waren oder Leistungen sich so gegenüberstehen, dass sie nach der ***Verkehrsanschauung*** im Absatz behindern können, auch wenn es sich nicht um gleichartige Produkte handelt und die Abnehmer verschiedenen Verkehrskreisen angehören. Richtschnur ist dabei stets die Frage, ob ein Produkt ein anderes substituieren kann.

BEISPIEL: KAFFEE STATT BLUMEN ALS GESCHENK ZUM FEIERTAG

Wettbewerbsverhältnis ja, da sich Kaffee ebensogut wie Blumen als Geschenk zum Feiertag eignet; Wettbewerbswidrig nein, da es nicht sittenwidrig ist, mit Kaffee statt Blumen als Feiertagsgeschenk zu werben.

Für die Verkehrsanschauung maßgeblich ist, wie ein durchschnittlich informiertes, aufmerksames und verständiges Mitglied aus der jeweils angesprochenen Gruppe ein bestimmtes Verhalten im Wettbewerb auffasst. Zu dieser Gruppe gehören nach der neueren Rechtsprechung des Europäischen Gerichtshofs regelmäßig auch die erkennenden Richter, so dass sich repräsentative Befragungen oder Sachverständigengutachten im Prozess erübrigen, aber nicht ausgeschlossen sind.

Subjektiv setzt ein Wettbewerbsverhältnis eine Wettbewerbsabsicht voraus, die allerdings beim Vorliegen der objektiven Voraussetzungen vermutet wird. Nur bei wissenschaftlichen, religiösen oder politischen Äußerungen, die in der Regel nicht zu Wettbewerbszwecken vorgenommen werden, muss die Wettbewerbsabsicht durch Indizien im Prozess positiv belegt werden. Die Vermutung für eine Wettbewerbsabsicht der öffentlichen Hand besteht nur bei der Teilnahme am Privatrechtsverkehr. Handelt es sich um ein Verhalten, das der Verfolgung öffentlicher Zwecke dient, ist es vom Anwendungsbereich des UWG ausgenommen.

1.1.3 Anspruchsberechtigung

Die Frage des „Handelns im geschäftlichen Verkehr zu Zwecken des Wettbewerbs“ darf nicht verwechselt werden mit der Frage, wem Ansprüche nach dem UWG zustehen und wer diese geltend machen kann. Anspruchsberechtigt ist in erster Linie der durch die wettbewerbswidrige Handlung unmittelbar Verletzte. Das UWG dient aber auch dem ***Schutz des Wettbewerbs und der Allgemeinheit*** als solcher, so dass Ansprüche auch von Verbänden zur Förderung gewerblicher Interessen, Industrie- und Handelskammren sowie von Verbraucherschutzverbänden geltend gemacht werden können (§ 33 Satz 2 GWB und § 13 Abs. 2 Nr.1 bis 4 UWG).

1.2 Schutz des geschäftlich Handelnden außerhalb des UWG

Der rechtliche Schutz des einzelnen Mitbewerbers durch das UWG wird ergänzt durch die deliktsrechtlichen Normen des Bürgerlichen Gesetzbuchs (§§ 823 Abs. 1 und § 823 Abs. 2 iVm Vorschriften des StGB, 1004, 249 ff BGB), die – anders als das UWG – nicht notwendigerweise ein Handeln „zu Zwecken des Wettbewerbs“ voraussetzen. Gemäß § 823 Abs. 1 BGB wird jeder Eingriff in den eingerichteten und ausgeübten Gewerbebetrieb des unternehmerisch Tätigen geschützt, und zwar auch dann, wenn er nicht zu Wettbewerbszwecken erfolgt.

Einschränkendes Korrektiv dieses Schutzes ist die ***„Betriebsbezogenheit" des Eingriffs***. Es muss sich um eine Beeinträchtigung des Gewerbebetriebs handeln, die sich gegen den betrieblichen Organismus oder die unternehmerische Entscheidungsfreiheit als solche richtet und über eine bloße Belästigung oder sozial übliche Behinderung hinausgeht.

BEISPIEL: VERÖFFENTLICHUNGEN VON WARENTESTS

außerhalb des Wettbewerbs, die bewusst Fehlurteile, Verzerrungen und einseitig ausgewählte Testobjekte zugrundelegen.

Mit Gesetz vom 23.7.2001 ist das ***Rabattgesetz*** und die ZugabeVO abgeschafft worden (BGBl.I 2001, S. 1661 und 1663). Das Rabattgesetz bezweckte Preisnachlässe als Mittel des Wettbewerbs auf ein angemessenes Maß zu begrenzen. Die Zugabeverordnung beruhte auf der Erwägung, das kaufende Publikum vor unsachlicher Beeinflussung zu schützen, indem der Kunde durch eine nicht besonders berechnete Nebenware zum Kauf der um diesen Preis erhöhten Hauptware verlockt und damit über den Preis der Hauptware irregeführt wurde. Die übertriebene Anlockung von Kunden sowie ihre Irreführung über den Preis einer Ware bleibt damit zukünftig nur noch über die §§ 1, 3 UWG geschützt. Schutz bietet darüber hinaus auch die ***Preisangabenverordnung***.

BEISPIEL: „PAY-BACK"-SYSTEM

bei dem die Kaufentscheidung weg vom Leistungswettbewerb allein am gravierenden Rabatt ausgerichtet wird und nicht mehr am Preis-Leistungsverhältnis (übertriebenes Anlocken von Kunden nach der Abschaffung des Rabattgesetzes und der Zugabeverordnung).

Vorschriften zum ***Schutz der Firma*** als Name des Kaufmanns finden sich in § 12 BGB, §§ 17 ff. HGB und in § 5 MarkenG für Unternehmenskennzeichen und Werktitel. Der ***Schutz*** des Inhabers ***einer Marke*** oder geschäftlichen Bezeichnung gegen unerlaubte Verwendung durch Dritte ergibt sich aus § 14 Abs. 2 und § 15 Abs. 3 Markengesetz.

1.3 Inhaltliche Regelungen des UWG

Um das UWG in seinen ***Regelungsbereichen*** zu erfassen, ist es sinnvoll, inhaltlich zusammengehörende Paragraphengruppen zusammenzuklammern. Daraus ergibt sich die folgende Übersicht:

- *Verletzung von Geschäfts- und Betriebsgeheimnissen (§§ 17, 18, 20 UWG)*
- *Verletzung der Geschäftsehre eines anderen Mitbewerbers (§§ 14, 15 UWG)*
- *Sonderveranstaltungen, Räumungsverkäufe (§§ 7, 8 UWG)*
- *Irreführende Werbung über eigene geschäftliche Verhältnisse (§§ 3 bis 5 UWG)*
- *Besondere Werbe- und Vertriebsmethoden (§§ 6, 6a bis 6c UWG)*
- *Vergleichende Werbung (§ 2 UWG)*
- *Generalklausel (§ 1 UWG)*

Dem Gesetzgeber war es unmöglich, alle denkbaren Fälle unlauteren Verhaltens im voraus gesetzlich auszuformulieren. Daher enthält § 1 UWG eine ***Generalklausel***, die bestimmt, dass derjenige, der durch Handlungen im geschäftlichen Verkehr gegen die guten Sitten verstößt, auf Unterlassung und Schadensersatz in Anspruch genommen werden kann. Daraus darf jedoch nicht der Schluss gezogen werden, dass nur sittenwidriges Verhalten unlauteres Verhalten im Sinne des Gesetzes ist. Das UWG enthält vielmehr in einer Reihe von Tatbeständen (vgl. z.B. §§ 7, 8 und §§ 6, 6a bis 6c UWG) nicht ***sittenwidriges***, aber ***zu mißbilligendes Verhalten im Wettbewerb***, was dazu führt, dass immer dann, wenn die Voraussetzungen der Sondertatbestände z.B. der §§ 7, 8 UWG nicht vorliegen, nicht ohne weiteres ein Verstoss gegen § 1 UWG als Generalklausel bejaht werden kann, ohne zuvor die Sittenwidrigkeit des Handelns überprüft zu haben. Andererseits wird § 1 UWG nicht durch die Sondervorschriften des UWG ausgeschlossen. Er kann auch dann anwendbar sein, wenn eine Wettbewerbshandlung zugleich den Tatbestand einer Sondervorschrift erfüllt. Die Sittenwidrigkeit ist aus der ***objektiven Sachlage***, dem ***Beweggrund*** und dem ***Zweck des Handelnden*** abzuleiten. Da es sich um einen juristisch objektivierten Maßstab handelt, ist der Sachverhalt stets aus der Sicht eines Durchschnittsgewerbetreibenden zu beurteilen. Allerdings reicht der Sittenverstoß als allgemeiner Maßstab zur rechtlichen Beurteilung wettberblicher Sachverhalte nicht aus. Um insbesondere der ***Appelfunktion der Bestimmungen*** des UWG gerecht zu werden, haben Rechtsprechung und Lehre Fallgruppen gebildet, die einen Verstoß gegen die guten Sitten konkretisieren. Bevor allerdings auf die Generalklausel des § 1 UWG zurückgegriffen werden kann, bleibt immer zu prüfen, ob nicht einer der oben genannten Sondertatbestände einschlägig ist. Die wichtigsten sollen hier kurz vorgestellt werden.

1.3.1 Sonderveranstaltungen, Räumungsverkäufe (§§ 7,8 UWG)

Sonderveranstaltungen und Räumungsverkäufe eignen sich besonders dazu, den Kunden gegenüber die einmalige und ***äußerst preisgünstige, aber zeitlich beschränkte Möglichkeit des Kaufs*** zu suggerieren. Sie verletzten die Lauterkeit des Wettbewerbs regelmäßig dadurch, dass sie durch die auf gesamte Warenbestände oder einzelne Warengruppen ausgedehnten Preisnachlässe die angesprochenen Verkehrskreise übertrieben zum Kauf anlocken und so den Warenabsatz erheblich beschleunigen. §§ 7 und 8 UWG bestimmen daher, unter welchen Voraussetzungen Sonderveranstaltungen oder Räumungsverkäufe zulässig sind. Eine Sonderveranstaltung kann etwa ein Jubiläumsverkauf sein. Erfasst werden aber auch die Ankündigungen eines besonderen Angebots etwa in einer Werbeanzeige oder durch das Verteilen von Handzetteln. Insbesondere hohe Rabatte haben nach der Aufhebung des Rabattgesetzes zu der Frage geführt, ob dadurch eine Sonderveranstaltung im Sinne des § 7 Abs. 1 UWG vorliegt.

BEISPIEL: 20 % PREISNACHLASS

bei Zahlung mit ec-Karte während der Euro-Umstellung bei C&A.

Abzugrenzen sind ***Sonderveranstaltungen*** iSd § 7 Abs. 1 UWG von ***Sonderangeboten*** iSd § 7 Abs. 2 UWG, die nur Preisnachlässe hinsichtlich einzelner Waren betreffen. Ausdrücklich ausgenommen vom Verbot des § 7 Abs. 1 UWG werden in Abs. 3 der Sommer- und der Winterschlussverkauf sowie Jubiläumsverkäufe zum Bestehen eines Unternehmens im selben Geschäftszweig nach Ablauf von jeweils 25 Jahren. Unlauter sind regelmäßig Angebote anlässlich einer bestimmten Saison, einer Inventur, Ferien-, Tages-, Wochen- und Monatsangebote oder Verkäufe außerhalb der Geschäftsräume.

Unter bestimmten Voraussetzungen muss es dem Kaufmann jedoch möglich sein, sich von seinem Warenbestand in kürzester Zeit zu trennen. Als solche Fälle erkennt das Gesetz den ***Räumungsverkauf wegen einer Zwangslage*** oder die ***Geschäftsaufgabe*** an. Räumungszwangslage bedeutet, dass schwere Schäden der Verkaufsräume oder ein genehmigungspflichtiger Umbau zur Räumung zwingen. Geschäftsaufgabe bedeutet, dass der Kaufmann seinen Betrieb endgültig aufgibt und seine unternehmerische Tätigkeit einstellt. Erlaubt sind beim Räumungsverkauf für die Dauer von 12 Tagen und bei Geschäftsaufgabe für die Dauer von 24 Tagen nur der Abverkauf alter Ware. Das Nachschieben neuer Ware ist verboten. Räumungsverkäufe sind nach § 8 Abs. 3 UWG bei den amtlichen Berufsvertretungen anzuzeigen und nur einmal im Zeitraum von drei Jahren zulässig.

1.3.2 Irreführungsverbot (§§ 3 bis 5 UWG)

Der ***Wahrheitsgrundsatz*** ist einer der wichtigsten Grundsätze des Rechts gegen unlauteren Wettbewerb. Nach § 3 UWG ist es unlauter, über geschäftliche Verhältnisse zu Zwecken des Wettbewerbs irreführende Angaben zu machen und dadurch die Kunden zu täuschen. Unter § 3 UWG fallen nur Werbebehauptungen des Werbetreibenden selbst. Unrichtige Angaben über die Verhältnisse Dritter werden über § 14 und § 15 UWG sanktioniert. Eine Angabe kann nur irreführend, d.h. täuschend sein, wenn sie eine sachlich nachprüfbare Information vermittelt, die entweder richtig oder falsch sein kann. Unrichtig ist eine Werbebehauptung, wenn sie mit der Wirklichkeit nicht übereinstimmt. Ob dies der Fall ist, bestimmt sich nach der Vorstellung der angesprochenen Verkehrskreise, die, wenn sich z.B. ein Produkt nur an einen regional begrenzten Verbraucherkreis wendet, im Einzelfall erst festgestellt werden muss und unterschiedlich sein kann. Der Begriff der geschäftlichen Verhältnisse in § 3 UWG wird weit ausgelegt. Außer den im Gesetz nicht abschließend aufgezählten Beispielen („insbesondere") fallen hierunter noch die Stellung und der Rang eines Unternehmens am Markt.

1.3.3 Besondere Werbe- und Vertriebsmethoden (§§ 6,6a bis 6c UWG)

Unter den Begriff der „geschäftlichen Verhältnisse" im Sinne des § 3 UWG fällt auch der ***Verkauf von Waren aus der Insolvenzmasse*** heraus, der den Eindruck besonders günstiger Preise erweckt. Während § 3 UWG erst eingreift, wenn aufgrund tatsächlicher Angaben eine Täuschung zu befürchten ist, genügt für § 6 die bloße Möglichkeit der Irreführung der angesprochenen Verkehrskreise, auch wenn eine solche tatsächlich nicht bevorsteht. Deshalb verbietet § 6 UWG die Bezugnahme auf Waren aus der Insolvenzmasse, wenn sie nicht (mehr) daraus stammen, etwa weil sie durch die Hände eines Zwischenhändlers gegangen sind. § 6a UWG verbietet unter der Bezeichnung Hersteller oder Großhändler am Markt gegenüber Endverbrauchern aufzutreten ohne die Kostenvorteile an diese weiterzugeben oder darauf hinzuweisen, daß die Preise beim Verkauf an den letzten Verbraucher höher liegen als beim Verkauf an Wiederverkäufer oder gewerbliche Verbraucher. § 6b UWG verbietet die ***Ausgabe von Berechtigungsscheinen***, Ausweisen und sonstigen Bescheinigungen zum Bezug bzw. Kauf von Waren an Endverbraucher, wodurch der Anschein des Direktbezugs unter Umgehung des teuren Zwischenhandels erweckt wird. § 6c UWG verbietet das ***Schneeballsystem als Mittel der Kundenwerbung***, das Laien zum Absatz einsetzt, indem besondere Vorteile in Aussicht gestellt werden.

1.3.4 Vergleichende Werbung (§ 2 UWG)

Seit dem Erlass der Richtlinie 97/ 55/ EG des Europäischen Parlaments und des Rates vom 6.10.1997 und deren Umsetzung in nationales Recht (Gesetz zur vergleichenden Werbung und zur Änderung wettbewerbsrechtlicher Vorschriften vom 1.9.2000) ist ***vergleichende Werbung grundsätzlich zulässig***, wenn sie (1) sich auf Gegenstände für den gleichen Bedarf oder dieselbe Zweckbestimmung bezieht; (2) sich nur auf objektive, wesentliche, relevante, nachprüfbare und typische Eigenschaften richtet; (3) nicht zur Verwechselung mit Konkurrenten, der von ihnen verwendeten Kennzeichen oder der von ihnen angebotenen Waren bzw. Dienstleistungen führt; (4) die Wertschätzung des Marktes für die vom Wettbewerber verwendeten Kennzeichen weder ausnutzt noch beeinträchtigt; (5) den Mitbewerber, seine Verhältnisse, die von ihm angebotenen Waren oder Dienstleistungen weder herabsetzt noch verunglimpft; (6) nicht die verglichenen Gegenstände als Imitation oder Nachahmung der unter einem geschützten Kennzeichen vertriebenen Produkte darstellt.

1.3.5 Generalklausel (§ 1 UWG)

Lässt sich ein als unlauter eingestuftes Verhalten eines Mitkonkurrenten nicht unter die Sondertatbestände des UWG subsumieren, kann es dennoch unter Verstoß gegen § 1 UWG wettbewerbswidrig sein. ***Wettbewerbswidrig*** ist nach dieser Bestimmung jede Handlung im Geschäftsverkehr, die zu Zwecken des Wettbewerbs vorgenommen wird und gegen die guten Sitten verstößt. Um die Frage des Sittenverstoßes einheitlich beurteilen zu können und der Appellfunktion der Tatbestände des UWG als Verhaltensanforderungen gerecht zu werden, haben Rechtsprechung und Literatur ***Fallgruppen*** gebildet. Diese sind:

- ***Kundenfang*** (Beeinträchtigung der Entschlussfreiheit der Kunden durch Täuschung, Verlockung, Gefühls- oder Vertrauensausnutzung, Laienwerbung, Belästigung, Nötigung)
- ***Behinderung*** (Fairem Verhalten im Wettbewerb entspricht es, die Mitbewerber durch Leistung und Qualität zu überflügeln. Eine Behinderung liegt vor, wenn gegen Mitkonkurrenten Mittel mit feindseligem Einschlag eingesetzt werden, wie etwa Absatz-, Bezugs- und Werbebehinderungen, Preisunterbietungen, ruinöser Vedrängungswettbewerb, Diskriminierung; Zwang, Boykott oder Betriebsstörungen)
- ***Ausbeutung*** (Ausnutzen fremder Leistungen mit verwerflichen Mitteln, wie etwa die Übernahme oder Nachahmung fremder Leistungen, Ausbeuten fremden Rufes, Ausspannen von Beschäftigten oder Kunden)
- ***Rechtsbruch*** (Verletzung von im Gesetz oder Vertrag festgelegten Bedingungen, an die sich die anderen halten, wie z.B. günstigere Preise aufgrund der Verletzung von Tarif- oder sonstigen Arbeitsbedingungen)
- ***Marktbehinderung*** (Hierzu rechnet man Fälle der Behinderung, die sich nicht nur gegen den einzelnen Mitbewerber richten, sondern geeignet sind, den Bestand des Wettbewerbs insgesamt zu stören, wie etwa durch die Massenverteilung von Warenproben, die zur Marktverstopfung führt.)

1.4 Mittel zur Durchsetzung wettbewerbswidrigen Verhaltens

1.4.1 nach dem UWG

Mittel zur Durchsetzung der im ***UWG*** normierten Ansprüche ist das ***Zivilrecht***. In Wettbewerbssachen hat der vorläufige Rechtsschutz als gerichtliches Eilverfahren große Bedeutung erlangt und hier vor allem die ***einstweilige Verfügung*** auf Unterlassung einer wettbewerbswidrigen Handlung.

Bevor der Antrag auf Erlass einer einstweiligen Verfügung gestellt wird oder Klage zur Hauptsache erhoben wird, wird derjenige, der einen Wettbewerbsverstoß verfolgt, den Verletzer unter Hinweis auf die Rechtslage und unter Androhung gerichtlicher Maßnahmen zum Unterlassen des Wettbewerbsverstoßes und zur Abgabe einer strafbewehrten Unterlassungserklärung auffordern ***(Abmahnung)***. Da Unterlassungsansprüche immer darauf gerichtet sind, eine erst drohende Gefährdung des Wettbewerbs durch unlauteres Verhalten eines Mitkonkurrenten zu unterbinden, setzen sie tatbestandlich eine ***Wiederholungsgefahr*** des wettbewerbswidrigen Verhaltens voraus. Liegt ein Wettbewerbsverstoß bereits vor, wird vom Gesetz vermutet (§ 25 UWG), dass es auch künftig zu Verletzungshandlungen kommen kann (Wiederholungsgefahr). Ausreichend ist aber auch, dass ein wettbewerbswidriges Verhalten erst droht ***(Erstbegehungsgefahr)***, indem etwa derjenige, gegen den ein Unterlassungsanspruch durchgesetzt werden soll, Erklärungen abgibt, die einen Wettbewerbsverstoß erkennen lassen, oder er sich berühmt, zu Handlungen berechtigt zu sein, die auf eine Wettbewerbsverletzung hinauslaufen. Die vom Gericht festzustellende Wiederholungs- oder Erstbegehungsgefahr wird durch die Abgabe einer ***strafbewehrten Unterlassungserklärung*** beseitigt. Für diese wird dem Verletzer eine zwangsläufig kurz zu bemessende Erklärungsfrist gesetzt. Ausreichend ist nach der Rechtsprechung, dass der zu Recht Abgemahnte darauf hinweist, bereits einem dritten Gläubiger gegenüber wegen desselben Wettbewerbsverstoßes eine strafbewehrte Unterlassungserklärung abgegeben zu haben, wenn dieser die Unterwerfungserklärung wahrnehmen wird, und wenn die Unterwerfungserklärung geeignet ist, den Verletzer ernsthaft und wirksam von weiteren Verletzungshandlungen abzuhalten. Das ist dann der Fall, wenn das Vertragsstrafeversprechen der Höhe nach geeignet ist, den Verletzter von weiteren Wettbewerbsverstößen abzuhalten, und der dritte Gläubiger die Zahlung der Geldsumme gegen den Verletzter bei einem wiederholten wettbewerbswidrigen Verhalten auch tatsächlich durchsetzen wird.

War ein Rechtsanwalt mit der Abmahnung beauftragt, kann der Verletzte die Anwaltskosten als Schadensersatz (§ 1 UWG) oder aber nach den Grundsätzen der Geschäftsführung ohne Auftrag, §§ 683 Satz 1, 667, 670 BGB ersetzt verlangen.

Verweigert der seiner Auffassung nach zu Unrecht Abgemahnte die Abgabe einer strafbewehrten Unterlassungserklärung und sieht er sich deshalb dem Erlass einer einstweiligen Verfügung ausgesetzt, die ihn etwa zum Abbruch einer angekündigten Werbe- und Verkaufsaktion nötigen könnte, besteht für ihn die Möglichkeit, sich durch eine ***Schutzschrift*** vor Erlass einer drohenden einstweiligen Verfügung rechtliches Gehör zu verschaffen. Dies ist notwendig, weil das Gericht in Wettbewerbssachen entsprechend § 937 Abs. 2 ZPO in der Regel sofort und ohne mündliche Verhandlung durch Beschluss entscheidet.

Einer schriftlichen Stellungnahme des Abgemahnten steht regelmäßig die Eilbedürftigkeit des geltendgemachten Unterlassungsanspruchs entgegen. Die einstweilige Verfügung ist als Entscheidung im Eilverfahren sofort vollziehbar und wird durch Erhebung des Widerspruchs gegen eine einstweilige Verfügung (§ 924 ZPO) in der Vollziehung nicht gehemmt. Der Abgemahnte als Antragsgegner erhält somit ohne Schutzschrift zum erstenmal Gelegenheit zur schriftlichen Stellungnahme vor Gericht, wenn er Widerspruch gegen die schon erlassene einstweilige Verfügung einlegt, die aus den oben genannten Gründen sofort vollziehbar ist und ihm damit erheblichen wirtschaftlichen Schaden bringen kann, etwa weil er eine geplante Verkaufsaktion nicht wie vorgesehen durchführen kann.

Sachlich zuständiges Gericht der Hauptsache (§§ 937 Abs. 1, 943 ZPO, § 802 ZPO) kann – streitwertabhängig (§§ 23 Nr. 1, § 71 Abs. 1 GVG) – sowohl das Amts- als auch das Landgericht sein. In Kartellsachen ist allerdings das Landgericht ausschließlich sachlich zuständig (§ 87 Abs. 1 GWB).

1.4.2 nach dem GWB

Während das UWG mit Hilfe der staatlichen Gerichte zwischen Mitbewerbern durchgesetzt wird, wird die Freiheit des Wettbewerbs nach dem ***Gesetz gegen Wettbewerbsbeschränkungen*** in erster Linie von den ***Kartellbehörden***, dem Bundeskartellamt in Bonn, den Landeskartellbehörden und der Monopolkommission mit den Mitteln des ***Verwaltungsrechts*** und des ***Ordnungswidrigkeitenrechts*** geschützt.

1.5 Die Preisangabenverordnung

Die ***Preisangabenverordnung*** begründet die Verpflichtung zur Angabe von Preisen beim Angebot oder bei der Werbung für Waren oder Leistungen (§ 1 Abs. 1 PreisAngV). Zweck der Preisangabenverordnung ist nicht der Schutz des „lauteren" Wettbewerbs, sondern die ***Verbraucherinformation*** und der ***Verbraucherschutz*** und der damit im Zusammenhang stehende sachbezogene Leistungswettbewerb. Ein Verstoß gegen die PreisAngV macht das Handeln des Preisangabepflichtigen daher nicht ohne weiteres wettbewerbswidrig. Hinzukommen müssen besondere Umstände, die das Vorgehen ***wettbewerbsrechtlich*** als ***anstößig*** erscheinen lassen, etwa wenn der Verstoss gegen die Preisauszeichnungspflicht nicht nur versehentlich, sondern bewusst und planmäßig und in der Absicht begangen wurde, sich einen sonst nicht rechtmäßig zu verschaffenden Vorsprung im Wettbewerb vor Mitkonkurrenten zu sichern

(§ 1 UWG, Rechtsbruch). In persönlicher wie sachlicher Hinsicht beschränkt sich die PreisAngV auf das ***Verhältnis Anbieter/ Werbendem zum Endverbraucher***. § 1 Abs. 6 PreisAngV stellt hinsichltich der inhaltlichen Gestaltung der Preisangaben auf den Grundsatz der Preisklarheit und Preiswahrheit und auf das Erfordernis der Beachtung der allgemeinen Verkehrsauffassung ab. Kriterien sind hinsichtlich des äußeren Erscheinungsbildes das Erfordernis eindeutiger Zuordnung, leichter Erkennbarkeit, deutlicher Lesbarkeit und guter Wahrnehmbarkeit der zu fordernden Angaben. Ferner schreibt er die Hervorhebung des Endpreises vor, wenn (Einzel-) Preise genannt werden. Sonderregelungen enthalten die Vorschriften des § 4 für Kredite und der §§ 5 und 6 für die Preisangaben im Gaststätten- und Tankstellengewerbe.

XIV. Vertragsrecht

Verträge sind im Geschäftsverkehr zwischen Privaten das wichtigste Instrument sich rechtlich zu binden. Rechtliche Bindung bedeutet dabei vor allem, dass die im Vertrag begründeten Rechte und Pflichten mit Hilfe der Gerichte durchgesetzt werden können und sich nicht bloß im rein gesellschaftlichen Bereich – ohne rechtlich verbindlich zu sein – bewegen. Regeln über das Zustandekommen von Verträgen enthalten das Bürgerliche Gesetzbuch (BGB) und zahlreiche Nebengesetze, von denen die für das Vertragsrecht wichtigsten durch die am 1. Januar 2002 in Kraft getretene Schuldrechtsreform in das Bürgerliche Gesetzbuch integriert wurden.

1. Zustandekommen eines Vertrages

Die verschiedenen Phasen im Zusammenhang mit dem Abschluss und der Abwicklung eines Vertrages lassen sich in die der Vertragsanbahnung, des Zustandekommen eines Vertrages, der ordnungsgemäßen Erfüllung oder dem Untergang einzelner Pflichten durch Leistungsstörungen oder der Entstehung der aus einer Nicht- oder Schlechterfüllung resultierenden Sekundäransprüche unterteilen. Rechte und Pflichten bestehen für die Vertragsparteien dabei nicht nur nach Abschluss eines Vertrages, sondern schon in der Phase der Vertragsanbahnung, wenn es zu einem gesteigerten sozialen Kontakt kommt, der auf den Abschluss einer rechtlich verbindlichen Regelung gerichtet ist.

1.1 Vertragskonstituierende Erklärungen

Ein Vertrag kommt durch zwei übereinstimmende Erklärungen, ***Antrag*** und ***Annahme***, zustande.

Den juristischen Begriffen Antrag und Annahme entsprechen die kaufmännischen Ausdrücke ***Angebot*** und ***Bestellung*** oder Auftrag bzw. Auftragsbestätigung als Annahme eines Antrags. Sobald diese „Willenserklärungen" den Beteiligten zugegangen sind, liegt ein Vertragsschluss vor. Der Wille eines jeden Partners muss für den anderen irgendwie erkennbar geäußert worden sein. Sogar Gesten können als „schlüssiges Verhalten" genügen.

BEISPIEL: ERKENNBARKEIT DER WILLENSERKLÄRUNG

Der Lieferer beantwortet eine schriftliche Bestellung nicht ausdrücklich, liefert aber die bestellte Ware umgehend an; das wortlose Hindeuten auf eine Ware, die daraufhin eingepackt wird.

Ein Vetrag kommt also nicht nur dann zustande, wenn eine Niederschrift angefertigt worden ist. Die Niederschrift ist allerdings für den späteren vielleicht notwendigen Beweis oft nützlich. Zur Wirksamkeit aber bedürfen Verträge einer bestimmten „Form" nur in den besonders vorgesehenen Fällen, wie etwa die notarielle Beurkundung bei Abschluss eines Grundstückskaufvertrages (§ 311b Abs. 1 BGB) oder der Erteilung eines Bürgschaftsversprechens (§ 766 BGB). Eine erforderliche Form soll die Beteiligten vor unüberlegtem Vertragsschluss und den damit unter Umständen verbundenen erheblichen Verpflichtungen bewahren und die Beweisbarkeit der Vereinbarung sichern.

Antrag

Der Antrag (ob ***Angebot oder Bestellung/ Auftrag***) soll so bestimmt formuliert sein, dass er durch ein Schlichtes „Ja" angenommen und so der Vertrag zustande gebracht werden kann.

Wer einen Antrag macht, ist an ihn gebunden. Bindung bedeutet, dass sich der Antragende nach Zugang und bis zur Annahme des Antrags nicht mehr einseitig durch Widerruf lösen kann. Er kann ihn nur dann widerrufen, wenn er seine Bindung ausdrücklich ausgeschlossen hat, etwa durch die Klausel „freibleibend".

Der Antrag erlischt, wenn er dem Antragenden gegenüber abgelehnt oder wenn er diesem gegenüber nicht rechtzeitig angenommen wird. Er erlischt auch, wenn die Annahme unter Erweiterungen, Einschränkungen oder sonstigen Änderungen erklärt wird. (§ 150 Abs. 2 BGB). Die Annahme unter Erweiterungen, Einschränkungen oder sonstigen Änderungen gilt als Ablehnung verbunden mit einem neuen Antrag, der wiederum der Annahme bedarf.

BEISPIEL: ANNAHME UNTER ERWEITERUNG GILT ALS ABLEHNUNG

Antrag: „Lieferzeit sechs Wochen" – Annahme: „Lieferzeit sechs Wochen unverbindlich" oder Antrag: „Annahme bis 1.11.2002" – Annahme am 3.11.2002.

Vom Antrag zu unterscheiden ist die Aufforderung zur Abgabe von Anträgen. An einen unbestimmten Personenkreis gerichtete Erklärungen sind auch dann, wenn sie „Angebot" genannt werden, meistens keine Anträge, sondern Aufforderungen zur Abgabe von Anträgen. Würden sie als Anträge eingestuft, träte eine dem Erklärenden oft unerwünschte Bindung ein, indem er durch die bloße Annahme zur Erfüllung gegenüber einem unbestimmten Personenkreis verpflichtet wäre.

BEISPIEL: ANGEBOTE SIND KEINE ANTRÄGE

Schaufensterauslagen mit Preisangaben, Preisverzeichnisse, Kataloge, Zeitungsannoncen

Annahme

Die Annahme muss ***rechtzeitig erfolgen***, sonst erlischt der Antrag.

Der mündliche oder fernmündlich gemachte Antrag kann nur sofort angenommen werden. Behält sich der so Angesprochene eine Überlegungsfrist vor und kommt er am nächsten Tag auf die Sache zurück, so macht er einen neuen Antrag, der vom anderen Teil erst noch angenommen werden muss.

Ein schriftlicher, also abwesenden Personen gemachter Antrag kann nur bis zu dem Zeitpunkt angenommern werden, in welchem der Antragende den Eingang der Antwort unter regelmäßigen Umständen erwarten darf. Welche Erwartungshaltung zugrunde zu legen ist und was unter regelmäßigen Umständen zu verstehen ist, muss im Einzelfall ermittelt und festgestellt werden. Um der Unsicherheit darüber zu begegnen, wann unter regelmäßigen Umständen eine Annahme noch erwartet werden durfte, ist es sinnvoll dem möglichen Vertragspartner eine ***Frist*** bis zur Annahme des Antrags zu setzen. Eine nach Ablauf der Frist erklärte Annahme gilt als neuer Antrag.

Der bloße Zugang eines Antrags reicht zum Zustandekommen eines Vertrages nie aus, und zwar auch dann nicht, wenn der Antragende erklärt, der Vertrag gelte bei Nichtablehnung oder Nichtrücksendung als geschlossen.

BEISPIEL: ZUSENDEN UNBESTELLTER WARE

Eine Klausel im Antrag, etwa des Wortlauts: „Wir betrachten unser Angebot als angenommen, wenn Sie nicht innerhalb von X Tagen die Ablehnung erklären" ist daher unwirksam. Unbestellte Ware braucht man nicht zurückzusenden. Es reicht, wenn sie zur Abholung bereitgestellt wird.

1.2 Schweigen des Kaufmanns auf Anträge

Auch im kaufmännischen Verkehr gilt Schweigen in der Regel nicht als Zustimmung. Allerdings bestehen Ausnahmen, wenn ein ausdrücklicher Widerspruch aufgrund eines ***vorausgegangenen Vertrauenstatbestandes*** oder nach der ***Verkehrssitte*** erwartet werden kann, z.B. wenn A Ware „freibleibend" (ohne

Bindung an sein Angebot) anbietet und auf eine dem Angebot genau entsprechende Bestellung des B schweigt.

- Schweigen auf einen Geschäftsbesorgungsantrag (Kommissionär, Spediteur, Lagerhalter, Treuhänder, auch Bankgeschäfte; nicht: einfache Verkaufs-, Kauf- oder Kreditangebote) bei dauernder Geschäftsverbindung, wenn schon früher Verträge durch Schweigen zustandegekommen sind (§ 362 HGB).

- beteiligt sich der Empfänger eines neuen Angebots an der Vertragsdurchführung, bedeutet dies im kaufmännischen Verkehr die nachträgliche Billigung der AGB des anderen Teils, es sei denn, dass der Einbeziehung der AGB durch eine Abwehrklausel oder in sonstiger Weise widersprochen worden ist.

- nach Vorverhandlungen bei abschlussreifem, inhaltlich festgelegtem Vertrag (sog. kaufmännisches Bestätigungsschreiben, vgl. unten 2.1.4)

1.3 Einigung nicht nur über einzelne Punkte, sondern über jeden einzelnen Punkt

Offener Einigungsmangel

Ein Vertrag kommt zustande, wenn Antrag und Annahme sich entsprechen. Im kaufmännischen Verkehr bestehen Antrag und Annahme aus einer Reihe von Punkten. Die Parteien müssen sich einigen über den Kaufgegenstand, den Preis, die Zahlung, den Liefertermin, die Gewährleistung und über weitere Punkte, über die auch nur ein Verhandlungspartner eine Regelung wünscht. Die gegenseitigen Erklärungen müssen zu jedem einzelnen Punkt übereinstimmen. Bei Routinegeschäften macht dies oft keine Probleme, bei Investitionsgeschäften sind häufig längere Verhandlungen nötig, bis diese Übereinstimmung erreicht ist. Ist die Einigung zu einigen Punkten gelungen, zu anderen aber nicht zu erreichen gewesen, besteht ein ***offener Einigungsmangel***, auch ***offener Dissens*** genannt.

Nach § 154 BGB tritt eine vertragliche Bindung in diesem Falle im Zweifel auch nicht insoweit ein, als die bisher erzielte Einigung reicht. Nach dem Gesetz ist die Verständigung über einzelne Punkte selbst dann nicht bindend, wenn eine Aufzeichnung stattgefunden hat.

BEISPIEL: OFFENER EINIGUNGSMANGEL

Über Vertragsgegenstand, Preis, Zahlung und Gewährleistung bestehen Übereinstimmung, darüberhinaus bestellt der Einkäufer „Lieferzeit drei Monate" – und der Verkäufer bestätigt „Lieferzeit drei Monate unverbindlich".

Der Vertrag gilt aber nur ***„im Zweifel" als nicht geschlossen***. Zeigen die Parteien durch ihr Verhalten, dass sie am Vertrag festhalten wollen, dann haben sie sich selbst vertraglich gebunden, ohne dass die strittigen Punkte geregelt sind. Schickt also im Beispielsfall der Käufer Konstruktionszeichnungen oder drängt er auf Fertigungsbeginn, und beginnt der Verkäufer mit der Produktion, ist die vertragliche Bindung eingetreten. Wird dann nicht rechtzeitig geliefert, bestimmen sich die gegenseitigen Ansprüche bezüglich der Punkte, über die eine Einigung nicht erzielt wurde, nach dem Gesetz.

Besteht ein offener Einigungsmangel, kann die offen zutage liegende Verständigungslücke durch Schweigen allein niemals derart überbrückt werden, dass eine vertragliche Bindung zustandekommt. Das Schweigen kann sich als eine Verletzung der im Vorfeld bestehenden vor- oder außervertraglichen Obhuts- und Sorgfaltspflichten erweisen und zu Schadensersatzansprüchen führen. Niemand darf seinen Verhandlungspartner in dem irrigen Glauben belassen, man halte sich trotz des bestehenden Einigungsmangels an den Vertrag gebunden. Eine Einigung über AGB wird fast nie erzielt. Hier gelten andere Regeln.

Versteckter Einigungsmangel

Beim ***versteckten Einigungsmangel*** (= ***versteckter Dissens***) nehmen die Parteien irrtümlich an, sie hätten sich über alle Punkte geeinigt. Das kommt vor, wenn Antrag und Annahme dem Wortlaut nach übereinstimmen, wenn aber einer oder mehrere der verwendeten Begriffe objetiv mehrdeutig sind.

BEISPIEL: VERSTECKTER EINIGUNGSMANGEL BEI MEHRDEUTIGKEIT DES BEGRIFFS

Der Verkäufer bietet an „Garantie drei Jahre", der Käufer bestätigt „Garantie drei Jahre".

Das Wort „Garantie“ ist mehrdeutig. Über Inhalt und Bedeutung bestehen im kaufmännischen Verkehr viele verschiedene Vorstellungen.

Beim versteckten Dissens ist der Stellenwert des Punktes, über den in Wirklichkeit keine Einigung erzielt wurde, zu ermitteln. Ist er so wichtig, dass die Parteien den Vertrag nicht abgeschlossen hätten, ohne sich über ihn zu einigen, ist der Vertrag nichtig. Die Parteien befinden sich also unversehens wieder im Vorfeld vor- und außervertraglicher Beziehungen. Handelt es sich um einen weniger wichtigen Punkt, der die Parteien an einem Vertragsabschluss nicht gehindert hätte, bleibt der Vertrag gültig. Ein versteckter Einigungsmangel über den Vertragsgegenstand führt in der Regel zur Nichtigkeit. Betrifft er den Gerichtsstand, bleibt der Vertrag bestehen, und der Gerichtsstand richtet sich nach der Zivilprozessordnung.

Nur ***objektive Mehrdeutigkeit*** führt zum versteckten Dissens. Stimmen die Erklärungen im Wortlaut überein und ist der verwendete Begriff nach der Verkehrsauffassung eindeutig, kommt ein versteckter Einigungsmangel nicht in Frage. Unerheblich ist, dass eine Partei dem fraglichen Begriff eine abweichende Bedeutung zumisst. Einseitige Abweichungen von der allgemeinen Verkehrsauffassung eröffnen allenfalls die Möglichkeit der Anfechtung wegen Irrtums.

BEISPIEL: EINSEITIGE ABWEICHUNG VON DER VERKEHRSAUFFASSUNG

Ein Bauunternehmer verpflichtet sich, sämtliche Schäden an dem von ihm errichteten Bauwerk zu beseitigen und fasst die Erklärung so auf, als müsse er nur die äußerlich sichtbaren Fehler beheben.

1.4 Das kaufmännische Bestätigungsschreiben

1.4.1 Sinn und Zweck

Nicht immer kommt der Vertrag durch ***schriftliche Bestellung*** (Antrag) und schriftliche Auftragsbestätigung (Annahme) zustande. Viele Verträge werden mündlich oder fernmündlich ausgehandelt. Um festzuhalten, was vereinbart wurde, verfasst dann eine Partei ein kaufmännisches Bestätigungsschreiben. Mündliche oder telefonische Verhandlungen beschränken sich aber oft auf einige wesentliche Punkte wie Vertragsgegenstand, Preis und Liefertermin. Über andere, weniger bedeutsam erscheinende Punkte verlieren die Gesprächspartner kaum ein Wort. Da aber auch sie geregelt werden müssen, erscheinen sie dann im kaufmännischen Bestätigungsschreiben, wobei sein Verfasser das Einverständnis des Kontrahenten voraussetzt.

Anders als eine *Auftragsbestätigung*, die einen Vertragsschluss erst perfekt macht, sei es dadurch, dass sie selbst die uneingeschränkte Annahme eines Vertragsangebots erklärt oder mit Änderungen eine neues Vertragsangebot macht, das der Annahme durch den Empfänger bedarf, hält das ***kaufmännische Bestätigungsschreiben*** nach Vorverhandlungen, die tatsächlich oder aus der Sicht des Bestätigenden zum Vertragsschluss geführt haben, den ***bereits formlos zustandegekommenen Vertrag*** fest.

1.4.2 Verträge per Kurzkommunikation

Nur ***mündliche*** und ***fernmündliche Verhandlungen*** oder ihnen vergleichbare Kurzkommunikationen können zu Zweifeln über den genauen Inhalt der getroffenen Vereinbarung führen. Diesen Schwierigkeiten soll das kaufmännische ***Bestätigungsschreiben*** abhelfen und als Beweisunterlage dienen. Es kann daher nur vorkommen, wenn kaufmännische Verhandlungen im Wege einer „Kurzkommunikation" stattgefunden haben. Ist der Vertrag durch schriftliche Bestellung (Antrag) und schriftliche Auftragsbestätigung (Annahme) zustande gekommen, besteht kein Bedürfnis für ein kaufmännisches Bestätigungsschreiben.

Als „Kurzkommunikation" kommen außer *mündlichen* und *telefonischen* Verhandlungen der *Telex-* oder *Teletext-* und *Telefaxaustausch* sowie der Telegrammwechsel in Betracht, nicht aber briefliche Vorverhandlungen, (so dass der Vertragsinhalt im Bestätigungsschreiben erstmals schriftlich nierdergelegt erscheint). Nur in diesen vier Fällen der „Kurzkommunikation" – *mündliche, telefonische, fernmündliche* und *telegraphische* Verhandlungen – kann also ein kaufmännisches Bestätigungsschreiben auftauchen.

1.4.3 Schweigen gilt als Zustimmung

Der kaufmännische Verkehr braucht klare Verhältnisse, und das schnell. Beide Vertragspartner wollen wissen, woran sie sind. Der Verkäufer will mit der Fertigung beginnen, der Käufer Anschlussaufträge herausgeben. Das kaufmännische Bestätigungsschreiben soll die notwendige Gewissheit schaffen. Damit sie auf beiden Seiten schnell zustande kommt, ist der Empfänger verpflichtet, es sofort zu prüfen und gegebenenfalls zu widersprechen. Schweigen auf ein kaufmännisches Bestätigungsschreiben gilt als Zustimmung. Dem Schweigen kommt der

verspätete Widerspruch gleich. Vom Empfänger des Bestätigungsschreibens wird eine schnelle Reaktion erwartet, damit der Absender nicht länger als unbedingt in der irrigen Meinung belassen wird, sein Bestätigungsschreiben gebe den Inhalt der getroffenen Vereinbarung richtig wieder. Die Rechtsprechung hat dabei dem Empfänger nur sehr ***kurze Fristen für einen Widerspruch*** eingeräumt. *Verspäteter Widerspruch* auf ein kaufmännisches Bestätigungsschreiben bleibt ***wirkungslos***. Regelmäßig ist ein Widerspruch eine Woche nach Empfang der Bestätigung meist zu spät.

1.4.4 Unwidersprochene Bestätigungsschreiben können Vertragsschluss ersetzen

Nach der früheren Rechtsprechung war Voraussetzung für ein kaufmännisches Bestätigungsschreiben, dass der Vertrag vorher schon per Antrag und Annahme im Wege der Kurzkommunikation zustande gekommen war. Die ***neuere Rechtsprechung*** beurteilt ein Schreiben als kaufmännisches Bestätigungsschreiben schon dann, wenn nachweislich im Wege der Kurzkommunikation kaufmännische Verhandlungen stattgefunden haben. Schließlich kann es vor allem am Telefon vorkommen, dass nach Beendigung des Gesprächs Zweifel daran bestehen, ob ein Vertrag überhaupt abgeschlossen wurde. Ergibt sich daher aus dem kaufmännischen Bestätigungsschreiben, dass der Verfasser der Meinung ist, ein Vertragsschluss habe im Wege der Kurzkommunikation bereits stattgefunden, muss der Empfänger diesem Irrtum ebenso schnell widersprechen, als wenn der Inhalt eines tatsächlich zustande gekommenen Vertrages unrichtig wiedergegeben worden wäre. Allerdings genügt es nicht, aufs Geratewohl ein Schreiben abzusenden, mit dem man sich auf angeblich stattgefundene Verhandlungen beruft. Voraussetzung für die Beurteilung eines Schreibens als kaufmännisches Bestätigungsschreiben mit seinen strengen Rechtsfolgen ist, dass kaufmännische Verhandlungen auch wirklich stattgefunden haben.

Im Einzelnen sind die Abgrenzungen schwierig. Auch dem Juristen fällt es oft nicht leicht, das Schriftstück in einer Akte als Antrag, Annahme oder als kaufmännisches Bestätigungsschreiben einzuordnen. Der Kaufmann sollte sich mit solcher Klassifizierungsakrobatik nicht aufhalten und ***lieber einmal zuviel als zuwenig widersprechen***, um zu verhindern, dass der im Bestätigungsschreiben einseitig festgelegte Inhalt zur Grundlage vertraglicher Beziehungen mit dem anderen Teil wird. Es kommt vor allem darauf an, den Vertragspartner nicht in falscher Sicherheit zu wiegen und ihm deutlich zu machen, dass einzelne Punkte aus seinem Bestätigungsschreiben noch der Klärung bedürfen.

1.4.5 Wann muss ein Widerspruch nicht sein?

Allerdings muss nicht immer widersprochen werden. ***Schweigen gilt nicht als Zustimmung***, wenn

- der Verfasser des Bestätigungsschreibens um ***Gegenbestätigung*** gebeten hat; das ist auch dann der Fall, wenn das Bestätigungsschreiben auf den üblichen Bestellsätzen verschickt wird, auf denen die Bitte um Rücksendung der unterzeichneten Bestellkopie meist vorgedruckt ist
- beide Seiten gleichzeitig verschieden bestätigen, die ***voneinander abweichenden Bestätigungsschreiben*** sich also kreuzen
- der Absender das kaufmännische Bestätigungsschreiben in gegen Treu und Glauben verstoßender Weise missbraucht, etwa bei bewusst unrichtiger oder entstellender Bestätigung.

1.4.6 Beweislast bei kaufmännischem Bestätigungsschreiben

Der Kaufmann sollte aber auf diese Ausnahmen vom Gebot schneller Reaktion lieber nicht bauen und vorsichtshalber doch widersprechen. Die ***Beweislast*** dafür, dass einer der Ausnahmetatbestände vorliegt, trifft nämlich ihn.

Der ***Absender*** muss im Streitfall beweisen, dass sein Brief ein kaufmännisches Bestätigungsschreiben ist. Da Voraussetzung hierfür vorherige kaufmännische Verhandlungen im Wege der Kurzkommunikation sind, muss er nachweisen, dass sie stattgefunden haben. Ist dieser Beweis gelungen, kann der ***Empfänger*** den durch seine widerspruchslose Hinnahme eingegangenen Verpflichtungen nur dann entgehen, wenn er seinerseits beweist, dass einer der ***Ausnahmefälle*** gegeben war, er also nicht zu widersprechen brauchte.

2. Vertragsarten

2.1 Der Vertragsinhalt

Durch Verträge können sehr verschiedene Vereinbarungen zwischen den Beteiligten verbindlich werden. Der Vertragsinhalt richtet sich nach den getroffenen Abreden, die von den Bedürfnissen der Partner bestimmt werden. Meistens werden Waren oder Dienstleistungen gegen ein Entgelt zugesagt. Es gibt daher ***typische Arten von Verträgen***, die auch gesetzlich geregelt sind, z.B. Kauf (Ware gegen Geld, §§ 433 ff. BGB), Miete (Gebrauchsgestattung gegen Entgelt, §§ 535 ff. BGB, Arbeitsvertrag (Arbeitsleistung gegen Lohn oder Gehalt, §§ 611 ff. BGB), Darlehen (Kreditgewährung in der Regel gegen Zinsen, §§ 488 ff. BGB), Sachdarlehensvertrag (Sachgewährung, die nicht Geld ist, gegen Zinsen, §§ 607 ff. BGB), Versicherung (Risikoübernahme gegen Prämie, Versicherungsvertragsgesetz). Verträge werden aber nicht nur geschlossen, um den Bedarf zu decken. Auch unentgeltliche Zuwendungen (Schenkung, §§ 516 ff. BGB; Leihe, §§ 598 ff. BGB) müssen vereinbart werden, damit niemand gegen seinen Willen einen Vorteil aufgedrängt erhält.

Diese ***Vertragstypen*** sind nicht abschließend, sondern bieten eine gesetzliche Regelung für den Fall, dass die Vertragsparteien einzelne Punkte ihres Vertrages nicht bedacht haben und definieren Rechte und Pflichten bei der Vertragsdurchführung. Bedingt dadurch, dass die Vertragsparteien den Inhalt einer Vereinbarung frei bestimmen können, ist es möglich, dass Vereinbarungen erzielt werden, die sich nicht eindeutig einem gesetzlich festgelegten Vertragstyp zuordnen lassen. Beispielhaft genannt sei hier das Finanzierungs-Leasing, das Elemente des Kaufs und der Miete miteinander kombiniert.

BEISPIEL: FINANZIERUNGS-LEASING (GESETZLICH NICHT FESTGELEGT)

Der Leasingnehmer wählt die Sache beim Lieferanten aus, der Leasinggeber schafft sie an. Der Leasingnehmer vergütet Kaufpreis zuzüglich aller Kosten, Zinsen, Kreditrisiko und Gewinn und trägt die Gefahr oder Haftung für Instandhaltung, Sachmängel, Beschädigung und Untergang der Sache mit Kaufoption nach Ablauf der vereinbarten Leasingzeit.

2.1.1 Verpflichtung und Erfüllung am Beispiel des Kaufs

In einem ***Kaufvertrag*** sagt der Verkäufer zu, eine bestimmte Sache zu übereignen und tatsächlich auszuhändigen (§ 433 Abs. 1 Satz1 BGB). Der Käufer verspricht, den verabredeten Kaufpreis zu zahlen. (§ 433 Abs. 2 BGB). Durch den Kaufvertrag entstehen – nach deutschem Recht – nur die ***Pflichten*** der Partner, die Leistung und die Gegenleistung zu erbringen. Der Kaufvertrag selbst bewirkt noch nicht, dass das Eigentum an der Kaufsache vom Verkäufer auf den Käufer und das Eigentum am Geld vom Käufer auf den Verkäufer übergeht. Trotz des abgeschlossenen Kaufvertrages bleiben der Verkäufer und der Käufer weiterhin Eigentümer der Kaufsache bzw. des Geldes. Es sind eben bisher nur die Verpflichtungen entstanden, die Kaufsache zu übereignen und zu übergeben sowie den Kaufpreis zu zahlen. Der Kaufvertrag wird deshalb als ***Verpflichtungsgeschäft*** bezeichnet. Er bindet die Partner, bildet aber nur die erste Stufe des geplanten Austausches „Ware gegen Geld".

In einer rechtlich zu trennenden zweiten Stufe müssen nunmehr die entstandenen Leistungspflichten erfüllt werden. Der tatsächliche Austausch von Leistung und Gegenleistung wird also von den Partnern erst durch die ***Erfüllung*** vollzogen. Die rechtliche Trennung von Verpflichtung und Erfüllung leuchtet ohne weiteres ein, wenn sie zeitlich als verschiedene Stationen aufeinander folgen.

BEISPIEL: AUFEINANDERFOLGE VON VERPFLICHTUNG UND ERFÜLLUNG

Kauf einer Maschine, die erst später zu liefern und danach zu bezahlen ist

Was zur Erfüllung – in einem rechtlich selbstständigen Vorgang – geschehen muss, richtet sich nach dem Inhalt der zuvor vereinbarten Leistungspflichten. Oft erfordert die Erfüllung nur ein ***tatsächliches*** Verhalten, z.B. die Durchführung der zugesagten Arbeitsleistung oder das verabredete Unterlassen von Wettbewerb. Es kann aber auch sein, dass erneut ein Vertrag geschlossen werden muss. Der Verkäufer z.B., der verpflichtet ist, dem Käufer das Eigentum an der Kaufsache zu verschaffen, muss das Eigentum von sich als Veräußerer auf den Käufer als Erwerber übertragen. Wie das geschieht, ist für bewegliche Sachen (Gegensatz: Grundstück) in den §§ 929 ff. BGB festgelegt. Die in § 929 Satz 1 BGB vorgesehene „Einigung" ist ein Vertrag. Die Einigung ist aber nicht – wie der Kaufvertrag – darauf gerichtet, dass Pflichten der Beteiligten entstehen. Dieser Vertrag hat vielmehr den Inhalt das Eigentum übergehen zu lassen; er trägt dadurch zur Erfüllung der Leistungspflicht des Verkäufers bei. Zur Einigung muss noch hinzukommen, dass dem Erwerber die Sache übergeben wird. Der Erwerber erhält dadurch den Besitz an der Sache. Haben Einigung und Übergabe stattgefunden, so ist die Sache übereignet. Der Verkäufer hat hiermit seine Hauptpflicht aus dem Kaufvertrag erfüllt. Die ***Übereignung*** wird deshalb als „***Erfüllungsgeschäft***" bezeichnet. Auch das als Kaufpreis zu zahlende Geld muss übereignet werden. Die Leistungspflichten, die sich durch ihre Erfüllung erledigt haben, erlöschen (§ 362 Abs. 1 BGB).

Eigentumsvorbehalt

Weil das deutsche Recht streng zwischen schuldrechtlichem Kaufvertrag und dinglicher Eigentumsübertragung unterscheidet, kann sich der Verkäufer einer beweglichen Sache das Eigentum bis zur Zahlung des Kaufpreises vorbehalten. Die Verpflichtung, das Eigentum zu übertragen, und die ***Eigentumsübertragung*** selbst, können zu weit auseinanderliegenden Zeitpunkten stattfinden. So weit auseinander, dass mancher Zwischenhändler das Eigentum an der von ihm gekauften und dann weiterverkauften Sache niemals erhält. Das BGB regelt in § 449 BGB nur den so genannten einfachen Eigentumsvorbehalt, der grundsätzlich nur für das meist unkomplizierte Rechtsverhältnis Verkäufer/Endverbraucher sinnvoll ist. Bezahlt der Endverbraucher nicht, überträgt ihm der Verkäufer auch nicht das Eigentum. Er kann dann den Kaufgegenstand ohne größere Schwierigkeiten zurückverlangen.

Das Wirtschaftsleben braucht kompliziertere Konstruktionen. Hier durchläuft die Ware bestimmte Stationen, etwa vom Fabrikanten über den Großhändler zum Einzelhändler bis zum Verbraucher, vom Rohstofflieferanten über den Fabrikanten zu dessen Abnehmer oder vom Händler über den Abnehmer, der zugleich Werkunternehmer ist, bis zum Besteller. Im Verlaufe dieser Kette wird in aller Regel der jeweilige Lieferer von dem Erlös bezahlt, der auf einer späteren Verarbeitungs- oder Handelsstufe mit Hilfe der in Rede stehenden Vorbehaltsware erst erzielt werden muss. Mit einem einfachen Eigentumsvorbehalt wäre dem Lieferer in solchen Fällen wenig geholfen. Oft wird er nicht einmal feststellen können, wo sich die aus seinem Haus stammenden Sachen in welcher gegenwärtigen Gestalt befinden. Auf der Basis dieser Erkenntnis begannen die Wirtschaftsjuristen die Wirkung des Eigentumsvorbehalts vertraglich zu erweitern.

In einer Grobeinteilung unterscheidet man ***fünf*** Erweiterungsformen: den ***weitergeleiteten***, den ***nachgeschalteten***, den ***verlängerten Eigentumsvorbehalt***, den ***Kontokorrentvorbehalt*** und den ***Konzernvorbehahlt***.

Der ***verlängerte Eigentumsvorbehalt*** tritt seinerseits wieder in ***zwei Varianten*** auf.

In der ersten trifft er Vorsorge für den Fall, dass die gelieferte Ware weiter veräussert wird. Die ***Weiterveräußerung*** ist zwar notwendig, damit der Kaufpreis überhaupt bezahlt werden kann. Sichergestellt werden muss aber, dass der Verkaufserlös eben diesem Zweck zugeführt wird. Aufgrund des vereinbarten Eigentumsvorbahlts darf der Vorbehaltskäufer die Ware nur im ordnungsmäßigen Geschäftsgang weiterveräußern. Sodann wird von ihm eine Vorausabtretung der hierbei von ihm erworbenen Forderungen verlangt. Das bedeutet vor allem, dass diese Forderungen nicht noch einmal, etwa an eine kreditgebende Bank, abgetreten werden dürfen. Es bedeutet aber auch, dass ein vom Besteller vertraglich verhängtes Abtretungsverbot diese Art des verlängerten Eigentumsvorbehalts unmöglich macht.

Als noch komplizierter erweist sich der Sachverhalt, wenn die unter Eigentumsvorbehalt gelieferte Ware auf der nächsten Stufe ***weiterverarbeitet*** wird. Bei diesem Vorgang entsteht meist eine neue Sache, an der ihr Hersteller das Eigentum erwirbt (§ 950 BGB). Ein einfacher Eigentumsvorbehalt würde also leerlaufen. In seiner zweiten Gestalt bestimmt der verlängerte Eigentumsvorbehalt, dass der Vorbehaltsverkäufer auch an dieser neuen Sache das Eigentum erhalten soll. Die sachenrechtlichen Bestimmungen des BGB über Verbindung, Vermischung und Verarbeitung machen dabei die komplizierten Formulierungen erforderlich, die sich regelmäßig in Lieferbedingungen finden (sog. ***Hersteller- oder Verarbeitungsklauseln***). Noch schwieriger wird es, wenn die neue Sache aus einzelnen Bestandteilen hergestellt wurde, die von verschiedenen Lieferern jeweils unter verlängertem Eigentumsvorbehalt bezogen wurden. Hier versucht man sich mit Vereinbarungen zu helfen, denen zufolge die Vorbehaltslieferanten je Vorbehaltsmiteigentum an der neu hergestellten Sache erwerben, und zwar im Verhältnis des Wertes ihrer Lieferung.

Ist ein ***Kontokorrentvorbehalt*** vereinbart, dann soll der Käufer das Eigentum an dem Kaufgegenstand nicht schon dann erwerben, wenn er eben diesen bezahlt hat, sondern erst, wenn sämtliche Forderungen aus der gegenwärtigen Geschäftsverbindung beglichen worden sind.

Beim ***Konzernvorbehalt*** soll der Käufer das Eigentum an dem Kaufgegenstand erst dann erwerben, wenn weder der ***Warenlieferant***, noch eine der mit ihm im Konzern verbundenen Mutter- oder Schwestergesellschaften mehr Forderungen an ihn zu stellen hat.

Gehört der Vorbehaltsverkäufer einem größeren Konzern an, wird es seinem Kunden häufig kaum gelingen, mit Sicherheit festzustellen, über welche Ware er nun als Eigentümer uneingeschränkt verfügen kann.

Von wirtschaftlicher Bedeutung werden die komplizierteren Formen des Eigentumsvorbehalts in der Regel nur im Konkurs.

Gefahrübergang

Mit der Übergabe des Kaufgegenstandes an den Käufer. Bei Versendungskauf mit Auslieferung des Kaufgegenstandes an das Beförderungsunternehmen. ***Ausnahme:*** Verbrauchsgüterkauf (vgl. unten 2.5). Wird die Ware bei Versendungskäufen zerstört hat der Verkäufer nochmals zu leisten.

Voraussetzungen der Gewährleistung

Beim Handelskauf – Untersuchung und Rüge unverzüglich nach Ablieferung des Kaufgegenstandes; ***Ausnahme:*** verdeckte Mängel müssen erst nach Entdeckung gerügt werden.

Inhalt der Gewährleistung

Hat die Sache nicht die vereinbarte Beschaffenheit oder fehlt ihr eine Eigenschaft, die der Käufer aufgrund von Werbeaussagen des Verkäufers, Herstellers oder dessen Gehilfen erwarten kann, hat der Käufer zunächst einen Nacherfüllungsanspruch, den er geltend machen muss. Danach kann er vom Vertrag zurücktreten, Minderung oder Schadensersatz statt der Leistung verlangen. Auf ein Verschulden des Verkäufers kommt es nicht an, wenn die Sache nicht die vereinbarte Beschaffenheit hat. Bei Werbeaussagen kann sich der Verkäufer den Gewährleistungsansprüchen entziehen, wenn er die Äußerung nicht kannte und auch nicht kennen musste oder sie im Zeitpunkt des Vertragsschlusses durch Vereinbarung berichtigt war oder sie die Kaufentscheidung nicht beeinflusst hat.

Verjährung

Die Ansprüche beim Kauf ***beweglicher Sachen*** verjähren in zwei Jahren ab Ablieferung. Beim Kauf von ***Grundstücken*** in ***30 Jahren***, wenn der Mangel in einem Recht eines Dritten besteht, aufgrund dessen er Herausgabe des Grundstücks verlangen kann oder wenn ein sonstiges Recht eines Dritten im Grundbuch eingetragen ist. Bei Bauwerken und bei Sachen, die entsprechend ihrer üblichen Verwendungsweise für ein Bauwerk verwendet worden sind beträgt die Verjährungsfrsit fünf Jahre. Eine ***vertragliche Verlängerung*** oder ***Ver-***

kürzung der Verjährungsfrist ist möglich. Eine Ausnahme gilt nur für die Verjährung im Falle der Arglist und wenn der Verkäufer eine Garantie für die Beschaffenheit der Sache übernommen hat. Beim Verkauf gebrauchter Sachen im Rahmen eines Verbrauchsgüterkaufs ist ein vollständiger Ausschluss der Gewährleistung nicht mehr möglich. Hier kann nur eine Beschränkung auf ein Jahr erfolgen.

Beweislast/ Mängelvermutung

Voraussetzung für einen Gewährleistungsanspruch ist immer, dass der Mangel schon im Zeitpunkt des Gefahrübergangs (der Ablieferung oder Übergabe) auf den Käufer vorlag. Hier sieht das Gesetz nun eine Erleichterung für die Käufer beim ***Verbrauchsgüterkauf*** vor. Zeigt sich innerhalb von sechs Monaten nach Übergabe ein Sachmangel, so wird vermutet, dass dieser bereits bei Gefahrübergang vorlag. Diese Regelung hat zur Folge, dass der Verkäufer das Gegenteil beweisen muss, wenn er die Gewährleistungsrechte zurückweisen will. Nach Ablauf der ersten sechs Monate muss der Käufer – wie schon bisher – beweisen, dass der Fehler schon bei der Übergabe vorlag.

Formvorschriften

In der Regel formlos gültig. ***Ausnahme***: Beim Grundstückskaufvertrag ist notarielle Beurkundung notwendig, § 311 b Abs. 1 BGB. Wichtigere Kaufverträge wird man aus Beweisgründen schriftlich abschließen.

2.1.2 Werkvertrag

Wesentlich am Werkvertrag ist der versprochene Erfolg.

Gegenseitige Rechte und Pflichten

Der Unternehmer (= Hersteller) schuldet die Herstellung oder Veränderung einer Sache oder einen anderen Erfolg, der durch Arbeit herbeigeführt wird; der Besteller schuldet Zahlung der vereinbarten Vergütung und die Abnahme.

Im Vergleich zur Rechtslage vor der Schuldrechtsreform wurde der Anwendungsbereich des Werkvertrages zu Gunsten des Kaufvertragsrechts eingeschränkt. Auf alle Verträge, die die Lieferung einer vom Unternehmer herzustellenden oder zu erzeugenden beweglichen Sache zum Gegenstand haben, finden nun ausschließlich die Vorschriften zum Kaufvertrag Anwendung. Der bisher für diesen Vertragstyp verwendete Begriff des Werklieferungsvertrages wird künftig keine Bedeutung mehr haben.

BEISPIEL:

Geräte der Unterhaltungselektronik, die massenweise hergestellt werden.

Werden aufgrund des Vertrages vom Unternehmer Gegenstände hergestellt, die nicht ohne weiteres gegen andere ausgetauscht werden können

BEISPIEL:

Maßanzug, speziell angefertigte Maschinen und Einzelanfertigungen

finden ergänzend zu den Regelungen des Kaufrechts noch einige Vorschriften des Werkvertragsrechts Anwendung.

Erfasst von den reinen Vorschriften des Werkvertragsrechts werden damit im Wesentlichen nur noch die Herstellung von Bauwerken, reine Reparaturarbeiten und die Herstellung unkörperlicher Werke wie Planungsleistungen oder Spezialsoftware.

Gefahrübergang

Bei Abnahme des Werks, bei Versendung mit Auslieferung des Werks an Beförderungsunternehmen. ***Beachte:*** Da die kaufvertraglichen Regeln nun auch Anwendung auf die Lieferung einer vom Unternehmer herzustellenden oder zu erzeugenden beweglichen Sache finden, sind die Regeln zum Verbauchsgüterkauf anwendbar. Dementsprechend gering sind in diesen Fällen die Möglichkeiten einer Beschränkung der Gewährleistungsansprüche.

Abnahme: Der Besteller muss sich bei der Abnahme seine Rechte wegen festgestellter Mängel vorbehalten; zweckmäßig: Abnahmeprotokoll. Verdeckte Mängel können naturgemäß nicht ins Abnahmeprotokoll aufgenommen werden. Sie können noch gerügt werden, wenn sie entdeckt worden sind.

Inhalt der Gewährleistung

Geht beim Kauf der Anspruch auf Nacherfüllung, geht er im Werkvertragsrecht auf Nachbesserung, wobei im Gegensatz zum Kaufrecht hier ***der Unternehmer*** die Wahl hat, ob er das Werk neuherstellt oder die Mängel beseitigt. Schlägt die Nachbesserung fehl, kann der Besteller selbst nachbessern und Ersatz der hierfür erforderlichen Kosten verlangen, es sei denn der Unternehmer durfte bereits die Nachbesserung ablehen, weil sie mit unverhältnismäßig hohen Kosten verbunden gewesen wäre. Bessert der Unternehmer innerhalb der gesetzten Frist nicht nach oder schlägt die Nachbesserung fehl, kann der Besteller vom Vertrag zurücktreten oder Herabsetzung der vereinbarten Vergütung verlangen. Einen ***Anspruch auf Schadensersatz*** statt der Leistung hat der Besteller nur, wenn der Unternehmer den Mangel ***zu vertreten*** hat. Die Beweislast dafür, dass er den Mangel nicht zu vertreten hat, trifft den Unternehmer.

Verjährung

Handelt es sich um eine Werkleistung, deren Erfolg in der ***Herstellung***, ***Wartung*** oder ***Veränderung einer beweglichen Sache*** oder der Erbringung einer Planungs- oder Überwachungsleistung hierfür besteht, beträgt die Verjährungsfrist 2 Jahre ab Abnahme.

Ist Gegenstand der Werkleistung die ***Errichtung eines Bauwerks*** oder eine, deren Erfolg in der Erbringung einer Planungs- oder Überwachungsleistung für ein Bauwerk besteht, tritt die Verjährung ***in 5 Jahren*** ein ab Abnahme.

Für alle anderen Werkleistungen gilt die regelmäßige Verjährungsfrist von 3 Jahren.

Formvorschriften

Sie bestehen beim Werkvertrag nicht.

2.1.3 Mietvertrag

Gegenseitige Rechte und Pflichten

Der Vermieter schuldet Gebrauchsüberlassung einer mangelfreien Sache; der Mieter Zahlung des vereinbarten Mietzinses.

Voraussetzungen der Gewährleistung

Der Mieter darf bei Abschluss des Mietvertrages den Mangel der gemieteten Sache nicht kennen. Zeigt sich im Laufe der Mietzeit ein Mangel hat der Mieter dies dem Vermieter unverzüglich anzuzeigen.

Inhalt der Gewährleistung

Der Mieter muss während der Zeit, in der die Tauglichkeit des Mietgegenstandes infolge eines Fehlers aufgehoben ist, keinen Mietzins zahlen. Ist die Tauglichkeit nur gemindert, ist auch der Mietzins zu mindern. Daneben steht dem Mieter Schadensersatz wegen Nichterfüllung zu.

Verjährung

Ansprüche des Vermieters wegen ***Veränderungen*** oder ***Verschlechterungen der Mietsache*** verjähren ***in sechs Monaten*** nach Erhalt der Mietsache. Ansprüche des Mieters auf Ersatz von Verwendungen auf den Mietgegenstand verjähren in sechs Monaten nach Beendigung des Mietverhältnisses.

Formvorschriften

Grundsätzlich sind Mietverträge formfrei. ***Mietverträge über Grundstücke*** und über ***Räume***, die ***Wohnräume*** sind, und länger als ein Jahr gelten sollen, bedürfen der ***Schriftform***. Werden sie nicht schriftlich abgeschlossen, sind sie nicht nichtig, sondern gelten als für unbestimmte Zeit abgeschlossen. Die Kündigung des Mietverhältnisses bedarf der Schriftform.

2.1.4 Pachtvertrag

Der Mieter erhält den Mietgegenstand zum Gebrauch, der Pächter den Pachtgegenstand zu Gebrauch und Nutzung. Im Wirtschaftsleben werden Miet- und Pachtverträge nicht immer auseinandergehalten. Unheil entsteht dadurch nicht, weil sich der Pachtvertrag im Wesentlichen nach denselben gesetzlichen Regeln richtet wie der Mietvertrag.

2.1.5 Dienstvertrag

Beim Werkvertrag steht der Erfolg im Vordergrund, beim Dienstvertrag sind es die Dienste als solche.

Gegenseitige Rechte und Pflichten

Wer Dienste zusagt schuldet die Leistung der versprochenen Dienste. Der, dem die Dienste geleistet werden, schuldet dafür die vereinbarte Vergütung. Auf einen konkreten Erfolg kommt es nicht an. Die Vergütung wird auch dann geschuldet, wenn der mit Abschluss des Dienstvertrages angestrebte Zweck nicht erreicht wird.

Dienste sind im Zweifel in Person zu leisten. Der Dienstherr darf seinen Anspruch auf Leistung der Dienste nicht ohne weiteres an jemand anderen abtreten. Das Arbeitsrecht, als das wichtigste Anwedungsgebiet für den Dienstvertrag, findet sich in zahlreichen Gesetzen außerhalb des BGB.

SIEHE:

Tarifvertragsgesetz, Betriebsverfassungsgesetz, Mutterschutzgesetz

Die Abgrenzung zwischen Dienst- und Werkverträgen ist nicht immer einfach. Architekten- und Statikerverträge sind meist Werkverträge, der übliche Anwalts- oder Arztvertrag ist ein Dienstvertrag. Die Unterscheidung ist aber wichtig, weil von ihr der Anspruch auf Bezahlung und die Verjährung abhängen. Gewährleistungsansprüche sind beim Dienstvertrag begrifflich ausgeschlossen. Wer mit den geleisteten Diensten nicht zufrieden ist, kann mit Wirkung für die Zukunft kündigen.

2.1.6 Darlehen

Gegenseitige Rechte und Pflichten

Der Darlehensgeber schuldet dem Darlehensnehmer einen bestimmten Geldbetrag zur Verfügung zu stellen. Der Darlehensnehmer schuldet den Zins und den Geldbetrag bei Fälligkeit zurückzuerstatten. Das Gesetz unterscheidet zwischen einem ***Geld***- und einem ***Sachdarlehen***. Bei einem Sachdarlehen schuldet der Darlehensnehmer den Zins und Rückerstattung von Sachen gleicher Art, Güte und Menge. Wichtiger als das Sachdarlehen sind spezielle Regelungen zur Überlassung von Geld als Darlehen an einen Verbraucher (Verbraucherdarlehensvertrag).

Verbraucherdarlehensvertrag

Unter einem Verbaucherdarlehensvertrag versteht man einen Darlehensvertrag zwischen einem Unternehmer als Darlehensgeber und einem Verbraucher als Darlehensnehmer. Verbraucher ist nach § 13 BGB jede natürliche Person (also nicht Gesellschaften), die einen Darlehensvertrag zu einem Zweck abschließt, der weder ihrer gewerblichen noch ihrer selbstständigen beruflichen Tätigkeit zugerechnet werden kann. Schließt ein Unternehmer mit einem Verbraucher einen Darlehensvertrag hat er zwei Dinge zu beachten. Zum einen sind Verbraucherdarlehensverträge ***schriftlich*** (§ 126 BGB) abzuschließen. Der Abschluss eines Vertrages in elektronischer Form ist ausgeschlossen. Zum anderen hat der Darlehensnehmer als Verbraucher ein ***Widerrufsrecht*** nach §§ 495 Abs. 1 in Verbindung mit 355 BGB, das ihn berechtigt, innerhalb von zwei Wochen seine auf den Abschluss des Vertrages gerichtete Willenserklärung zu widerrufen. Allerdings muss er dann den unter Umständen schon erhaltenen Darlehensvertrag innerhalb von zwei Wochen nach Erklärung des Widerrufs oder nach Auszahlung des Darlehens zurückzahlen, sonst gilt der Widerruf als nicht erfolgt.

Die Widerrufsfrist von zwei Wochen beginnt mit dem Zeitpunkt, zu dem dem Verbraucher eine deutlich gestaltete ***Belehrung über sein Widerrufsrecht*** schriftlich mitgeteilt worden ist. Es erlischt spätestens sechs Monate nach Vertragsschluss.

Beendigung des Darlehensvertrages

Haben die Parteien über die Darlehensrückzahlung nichts vereinbart, dann muss das Darlehen erst gekündigt werden. Die gesetzliche ***Kündigungsfrist*** beträgt drei Monate. Sind Zinsen ausnahmsweise nicht vereinbart, kann der Darlehensnehmer das Darlehen auch zurückzahlen, ohne dass er vorher gekündigt hat. Er muss aber kündigen, wenn Zinsen vereinbart sind, weil der Gläubiger in der Regel an der Zinszahlung ein Interesse hat.

2.1.7 Bürgschaft

Die Bürgschaft ist ein einseitig verpflichtender Vertrag. Verpflichtet wird anders als bei gegenseitigen Verträgen nur ein Vertragsbeteiligter, hier der Bürge. Er verspricht dem Gläubiger dafür einzustehen, dass der Schuldner seine Verbindlichkeit gegenüber dem Gläubiger erfüllt. Vor allem im Verkehr mit den Banken, aber auch sonst im kaufmännischen Verkehr ist die Bürgschaft häufig anzutreffen.

BEISPIELE: FÜR BÜRGSCHAFTEN IM KAUFMÄNNISCHEN VERKEHR

Bürgschaft von Gesellschaftern für Darlehen, die der Gesellschaft gegeben werden; Bankbürgschaft für Anzahlungskredite; Konzerbürgschaften

Bürgt ein ***Privatman***, muss das ***Bürgschaftsversprechen*** gegenüber dem Gläubiger ***schriftlich*** gegeben werden (§ 766 BGB), sonst wird eine Bürgschaft nicht begründet. Das Erfordernis der Schriftform dient dem Schutz des Bürgen.

Handelt es sich bei dem Bürgschaftsversprechen um ein Handelsgeschäft, also um ein Geschäft eines Kaufmanns, das zum Betriebe seines Handelsgewerbes gehört, ist das Bürgschaftsversprechen auch wirksam, wenn es ***mündlich*** gegeben wird (§ 350 HGB). Kaufleute hält das Gesetz für so geschäftsgewandt, dass sie des Schutzes der Schriftform nicht bedürfen. Allerdings werden auch sie in der Praxis in der Regel schriftlich niedergelgt. Die ***Annahme*** des Bürgschaftsversprechens durch den Gläubiger bedarf nie der Schriftform. Der Umfang der Verpflichtung des Bürgen gegenüber dem Gläubiger richtet sich nach dem jeweiligen Bestand der Hauptverbindlichkeit des Schuldners gegenüber dem Gläubiger. Erweitert oder verändert sich die Hauptschuld durch Verzug oder Verschulden des Schuldners so erweitert sich auch die Verpflichtung des Bürgen. Wird der Bürge in Anspruch genommen, so kann er dem Gläubiger gegenüber alle Einreden geltend machen, die auch dem Schuldner zugestanden hätten.

BEISPIELE: MÖGLICHE EINREDEN DES SCHULDNERS ODER BÜRGEN

Einrede der Verjährung, der Minderung, des nicht erfüllten Vertrages.

Das Gesetz unterscheidet ***verschiedene Arten von Bürgschaften***; diese Unterscheidung ist aber im allgemeinen nur für den nichtkaufmännischen Verkehr von Bedeutung, weil Kaufleute beim Betrieb ihres Handelsgewerbes immer selbstschuldnerische Bürgschaften übernehmen, § 349 HGB.

Ausfallbürgschaft

Der Bürge haftet erst, wenn sämtliche Maßnahmen, die Schuld von dem Schuldner beizutreiben, vergeblich gewesen sind und nur soweit dem Gläubiger ein Ausfall entstanden ist. Will der Gläubiger den Bürgen gerichtlich in Anspruch nehmen, so muss er vortragen und beweisen, dass er die ***Zwangsvollstreckung*** gegen den Schuldner vergeblich versucht hat und dass ihm ein Ausfall entstanden ist.

Gewöhnliche Bürgschaft

Auch bei der gewöhnlichen Bürgschaft haftet der Bürge dem Gläubiger gegenüber grundsätzlich nur, wenn dieser zunächst vergeblich die Zwangsvollstreckung gegen den Schuldner versucht hat. Allerdings muss der Bürge hier selbst darauf achten, dass er nicht vorzeitig in Anspruch genommen wird. Macht der Gläubiger die Schuld gerichtlich gegen ihn geltend, so muss der Bürge die ***Ein-***

rede der Vorausklage erheben, also ausdrücklich darauf bestehen, dass ihm zunächst die ergebnislose ***Zwangsvollstreckung*** gegen den Schuldner nachgewiesen wird.

Selbstschuldnerische Bürgschaft

Bei der selbstschuldnerischen Bürgschaft haftet der Bürge im praktischen Ergebnis so, als wenn er selbst Schuldner wäre, der Gläubiger braucht also nicht zuerst die Zwangsvollstreckung gegen den Schuldner zu versuchen. Die Einrede der Vorausklage (§ 771 BGB) ist ausgeschlossen. ***Kaufmännischen Bürgen steht die Einrede der Vorausklage*** nach der gesetzlichen Regelung ***nicht zu***.

Wenn und soweit der Bürge die Schuld dem Gläubiger gegenüber bezahlt, geht die Forderung des Gläubigers gegen den Schuldner auf ihn über. Er kann den Schuldner auf Rückzahlung in Anspruch nehmen. Da die Bürgschaft meist erst dann akut wird, wenn der Schuldner in Zahlungsschwierigkeiten ist, hat dieser sog. gesetzliche Forderungsübergang (vom Gläubiger auf den Bürgen) meist nur geringen wirtschaftlichen Wert.

2.2 Verträge, über die das Gesetz wenig oder nichts sagt

2.2.1 Geschäftsbesorgungsvertrag

Dem Geschäftsbesorgungsvertrag widmet das BGB einen einzigen Paragraphen, den § 675, in dem noch dazu auf die nur wenig geeigneten Vorschriften über den Auftrag im gesetzlichen Sinne (= unentgeltliche Besorgung von Geschäften) verwiesen wird.

Geschäftsbesorgungsverträge begründen die Verpflichtung, für einen anderen Dienste höherer Art zu leisten oder ein Werk von besonderer Bedeutung zu errichten, dabei eine selbstständige wirtschaftliche Tätigkeit auszuüben und die Vermögensinteressen des Auftraggebers zu wahren. Anwendungsfälle für den Geschäftsbesorgungsvertrag sind der ***Baubetreuuungsvertrag*** und der ***Generalunternehmervertrag***.

BEISPIEL: FÜR EINEN GESCHÄFTSBESORGUNGSVERTRAG

Jemand verpflichtet sich, für einen anderen eine Fabrikanlage schlüsselfertig zu erstellen.

Typisch für den Geschäftsbesorgungsvertrag ist die ***Koordinierungsarbeit,*** die der Unternehmer zu leisten hat. Darüber hinaus ist er meistens selbst auf seinem Fachgebiet an der Leistung der Dienste oder an der Herstellung des Werks beteiligt. Bei Lücken im Vertrag versagt das Gesetz weitgehend. Daher werden Geschäftsbesorgungsverträge häufig in umfangreichen Wälzern niedergelegt, die allerdings gerade wegen ihres Umfangs selten von Widersprüchen freigehalten werden.

2.2.2 Lizenzvertrag

Patentlizenzvertrag

Vertragsgegenstand ist die ***Benutzung einer durch Patent geschützten Erfindung***. Dabei werden oft weitreichende Vereinbarungen über technische Zusammenarbeit bei der Weiterentwicklung, Entsendung von Personal, Gebietsschutz, Verteidigung des Patentrechts im Falle einer Verletzung, Art der Lizenzzahlung (Pauschallizenz, Stücklizenz) getroffen.

Know-how-Lizenzvertrag

Vertragsgegenstand ist die ***Benutzung von nicht durch Patent geschützten Kenntnissen*** und die Vermittlung von Erfahrung.

Das zu übertragende Know-how muss unbedingt im Vertrag eindeutig definiert werden, damit Vertragsverletzungen und -umgehungen sofort erkannt und beim Namen genannt werden können. Auch der Know-how-Lizenzvertrag enthält im Allgemeinen weiterreichende Vereinbarungen über technische und auch wirtschaftliche Zusammenarbeit. Oft wird die Entsendung technischen Personals zur Schulung des Know-how-Nehmers vereinbart. Lizenzverträge sind im BGB und HGB nicht ausdrücklich geregelt. Sie enthalten aber nach Ausgestaltung und Art des Lizenzgegenstandes rechtliche Elemente von Pacht-, Miet-, Kauf-, Dienst-, Werk- und Gesellschaftsvertrag.

Weil schwer vorauszusehen ist, welche gesetzlichen Regelungen im Einzelnen eingreifen, ist schrifltiche Ausführlichkeit geboten. Häufig wird eine Schiedsklausel in den Vertrag aufgenommen, damit die Möglichkeit bleibt, Streitigkeiten nicht nur von Juristen, sondern auch von technischen Fachleuten entscheiden zu lassen. Bei ***Lizenzverträgen*** zeigt sich die hohe Schule kaufmännischer Kunst. Nötig ist Teamarbeit zischen den beteiligten Abteilungen, vor allem zwischen Kaufleuten, Technikern und Juristen.

2.2.3 Franchise-Vertrag

Ein ***„lizenzähnlicher"*** Vertrag ist der Franchise-Vertrag, auch Betriebsfranchising oder Vertriebsfranchising genannt.

Beim Franchising stellt der Franchisegeber dem Franchisenehmer Geschäftsform, Marke, Warenzeichen, Vertriebsmethoden und weiteres Know-how zur selbstständigen Führung eines Betriebes zur Verfügung. Der Vorteil für den Franchisegeber beteht darin, dass er wenig oder gar nichts in den Aufbau oder Ausbau eines Vertriebsnetzes investieren muss. Der Franchisenehmer andererseits kommt in den Mitgenuss des Know-how und der langjährigen Erfahrung des Franchisegebers, erhält in vielfältiger Hinsicht Hilfe und Unterstützung durch den Franchisegeber, bleibt aber selbstständiger Unternehmer.

BEISPIELE: FÜR FRANCHISING-SYSTEME

Restaurantketten, Schnellimbisbuden, Herren- und Damenbekleidungsboutiquen.

Typisch für Franchisingbetriebe ist ihre einheitliche Ausstattung, an der man sie in jeder Stadt sofort erkennt.

Beim Vertragsabschluss geht es um einen Ausgleich zwischen den Interessen des Franchisgebers an möglichst umfassenden Kontroll-, Weisungs- und Informationsmöglichkeiten und den Interessen des Franchisenehmers an möglichst großer unternehmerischer Selbstständigkeit. Die Verträge werden vom Franchisegeber meist einheitlich für sämtliche Franchisenehmer getaltet. Dabei sind auch kartellrechtliche Geichtspunkte zu berücksichtigen, weil bei derartigen Vertriebsnetzen häufig die Gefahr besteht, dass die Parteien in Konflikt zu den Vorschriften zur Verhütung von Wettbewerbsbeschränkungen geraten.

2.2.4 Leasing-Vertrag

Der Leasingvertrag ist seit 1970 als atypischer Mietvertrag für zahlreiche Wirtschaftsgüter gebräuchlich geworden. Kennzeichen des Leasingvertrages ist ein ***Dreiecksverhältnis*** zwischen ***Hersteller/Lieferant, Leasinggeber*** und ***Leasingnehmer***. Der Leasingeber überlässt dem Leasingnehmer eine Sache gegen ein in Raten zu *zahlendes Entgelt*, das alle Kosten, Zinsen, Kreditrisiko und Gewinn vergütet, wobei die *Gefahr* oder *Haftung für Instandhaltung, Sachmängel, Untergang* und Beschädigung der Sache allein den *Leasingnehmer* trifft, dem die *Gewährleistungsansprüche* des Leasinggebers *gegen den Liefe-*

ranten oder Hersteller abgetreten sind. Dem Lieferanten bringt der Leasingvertrag wirtschaftliche Vorteile durch Umsatz, dem Leasingnehmer durch erleichterte Finanzierung, indirekte Bilanz- und Steuervorteile. Zahlreiche Verträge werden als Leasing-Verträge bezeichnet.

BEISPIELE: FÜR VERSCHIEDENE LEASINGFORMEN

Operatingleasing, Herstellerleasing, Null-Leasing (im Kfz-Handel und bei Fernsehgeräten gebräuchlich geworden), Immobilienleasing.

Das ***Finanzierungsleasing*** ist die weitaus häufigste Art des Leasings und setzt eine längere Vertragsgrundzeit (meist 3 bis 7 Jahre) voraus, oft mit Verlängerungs- oder Kaufoption, in der der Leasingnehmer durch die Ratenzahlung dem Leasinggeber alle Kosten vergütet. Beim ***Operatingleasing*** ist die Vertragsdauer meist unbestimmt oder sehr kurz, die Kündigung erleichtert oder jederzeit möglich. Diese Art des Leasings bietet sich an, wenn der Leansingnehmer nicht weiß, wie lange er die Sache gebrauchen wird oder ob er sie erwerben will. Sie richtet sich allein nach Mietvertragsrecht. Beim ***Null-Leasing*** wird der Gegenstand gegen festgelegte Ratenzahlung ohne Zins zum Gebrauch überlassen und vom Leasingnehmer nach Ablauf des Vertrages von ihm für einen bei Vertragsschluss festgesetzten Preis bindend zum Erwerb des Eigentums angeboten. Beim ***Herstellerleasing*** ist Leasingegeber der Hersteller, so dass die typische Dreiecksbeziehung fehlt. In der Regel liegt ein Miet- oder Teilzahlungskauf vor oder reine Miete, wenn jedes Optionsrecht fehlt.

Wie beim Verbraucherdarlehensvertrag gelten Besonderheiten, wenn es sich beim Leasinggeber um einen Unternehmer und beim Leasingnehmer um einen Verbraucer handelt (§§ 500 – 504 BGB).

Finanzierungshilfen zwischen einem Unternehmer und einem Verbraucher

Nicht nur Darlehensverträge, sondern auch gegen Geld gewährte Zahlungsaufschübe und sonstige entgeltliche Finanzierungshilfen zwischen einem ***Unternehmer*** und einem ***Verbraucher*** unterliegen besonderen Regelungen. Das ***Finanzierungsleasing*** ist eine sonstige entgeltliche Finanzierungshilfe im Sinne des § 499 Abs. 1 BGB und bedarf daher nicht nur der Schriftform, sondern dem Leasingnehmer steht ebenso wie dem Darlehensnehmer ein zweiwöchiges ***Widerrufsrecht*** nach §§ 495 Abs. 1 in Verbindung mit 355 BGB zu, wenn er nicht mehr an den Abschluss des Leasingvertrages gebunden sein möchte. Die Frist beginnt ebenso wie beim Verbaucherdarlehensvertrag erst, wenn dem Leasingnehmer eine deutlich gestaltete ***Belehrung über sein Widerrufsrecht*** ausgehändigt worden ist. Beim Leasing und der häufigsten Art des Leasings, dem Finanzierungsleasing, kommt aber erschwerend hinzu, dass der Leasingnehmer zumeist zusätzlich zum Vertrag über den Erwerb einer Sache ein Darlehen zur Erfüllung seiner Zahlungspflicht mit dem Leasingeber selbst oder einem Dritten abgeschlossen hat.

Für diesen Fall bestimmt das Gesetz, dass der Verbraucher, der seine auf den Abschluss eines Vertrages über die Lieferung einer Ware oder die Erbringung einer anderen Leistung durch einen Unternehmer gerichtete Willenserklärung widerrufen hat, nicht mehr an seine auf den Abschluss des mit diesem Vertrag verbundenen Verbraucherdarlehensvertrages gerichtete Willenserklärung gebunden ist. Dasselbe gilt im umgekehrten Fall, wenn der Verbraucher seine auf den Abschluss des Verbraucherdarlehensvertrages gerichtete Willenserklärung wirksam widerrufen hat.

Eine entsprechende Regelung sieht das Gesetz vor, wenn die Sache mangelhaft ist. In der Regel hat der Leasinggeber seine Rechte wegen ***Mangelhaftigkeit der Sache*** an den Leasingnehmer als Verbraucher abgetreten. Dieser kann nun nach §§ 500 in Verbindung mit 359 BGB auch die Rückzahlung des Darlehens verweigern, soweit ihn Einwendungen aus dem verbundenen Vertrag gegenüber dem Unternehmer zur Verweigerung der Leistung berechtigen würden. Dies gilt beim Kauf einer Sache erst, wenn die Nacherfüllung fehlgeschlagen ist. ***Voraussetzung ist*** allerdings immer, dass es sich bei der Finanzierung der Sache um ***ein verbundenes Geschäft*** handelt. Das ist dann der Fall, wenn der Leasinggeber selbst die Gegenleistung des Verbrauchers als Darlehensgeber finanziert oder sich ein Dritter als Darlehensgeber bei Abschluss des Darlehenvertrages der Mitwirkung des Unternehmers als Leasinggebers bediente.

2.2.5 Factoring

Das Factoring wird vereinfachend auch als ***Forderungskauf*** bezeichnet und setzt sich im kaufmännischen Leben immer mehr durch. Das liegt daran, dass die meisten Unternehmen ihre Schulden nicht sofort bezahlen. Sie können sich in der Regel mindestens bis zu 10 Tagen Zeit lassen, um noch die Skonti auf den Rechnungsbetrag einzustreichen, und bekommen im Allgemeinen von ihren Lieferanten noch einen viel längeren Zahlungsaufschub eingeräumt, der von einem bis zu vier Monaten reichen kann. Deshalb finden sich Produktions-, Handels- und/ oder Dienstleistungsunternehmen oft notgedrungen in der ihnen wesensfremden Rolle als Finanzierer und müssen die Kredite, die sie ihren

Kunden einräumen, oft mit hohen Zinsbelastungen refinanzieren. Hier greift der „Factor", zumeist eine Bank, helfend ein, ihm werden die Forderungen übertragen, und er macht sie gegenüber den Schuldnern im eigenen Namen geltend. Der Factor bezahlt dem früheren Gläubiger sofort den Wert der Forderung abzüglich eines Abschlags für seine Leistungen und Risiken.

Echtes Factoring: Hier übernimmt der Factor auch das Risiko der Zahlungsunfähigkeit des Schuldners, das echte Factoring ist also in der Tat als Forderungskauf aufzufassen.

Unechtes Factoring: Hier belastet der Factor dem früheren Gläubiger die Beträge, die sich als nicht eintreibbar erweisen, nach Ablauf der Zahlungsfristen zurück. Das unechte Factoring ist daher ein Art Kreditgeschäft.

In der Praxis wird weder das echte noch das unechte Factoring für nur eine einzelne Forderung vereinbart, vielmehr bildet es eine ***umfassende Dauerrechtsbeziehung***, innerhalb derer die Parteien vereinbaren, dass eine Vielzahl künftiger Forderungsabtretungen geschieht in Form einer ***Globalzession***, d.h., schon bei Abschluss des Factoring-Geschäfts überträgt der Gläubiger alle näher beschriebenen künftigen Forderungen auf den Factor. Dabei ist darauf zu achten, dass jede künftige Forderung genau bestimmbar ist, weil sonst die Abtretung unwirksam ist.

Beim Factoring kann es zu Kollisionen mit dem verlängerten Eigentumsvorbehalt kommen, weil die Gefahr besteht, dass die Forderungen einmal an den Warenlieferanten und noch einmal an den Factor abgetreten werden. In den von spezialisierten Unternehmen entwickelten sehr eingehenden Factoring-Verträgen, die – weil sie vorformuliert sind – den §§ 305 ff. BGB unterliegen, ist dieser Gesichtspunkt meist berücksichtigt.

3. Die gesetzliche Regelung bei „Leistungsstörungen“

Wird ein Kauf pflichtgemäß erfüllt, so ist den Beteiligten oft gar nicht bewusst, dass sie sich „rechtserheblich“ verhalten haben. Die beiderseits geplante und durchgeführte Vereinbarung entspricht den Erwartungen der Partner und erscheint ihnen selbstverständlich. Sobald jedoch der Vollzug von Leistung und Gegenleistung durch irgendwelche Umstände gestört wird, fragen die Beteiligten sehr rasch nach der Rechtslage. Denn für diesen Fall ist meistens nichts vereinbart. Aus diesem Grund sind im Gesetz allgemeine Vorschriften über Leistungsstörungen enthalten (z.B. §§ 275 bis 304; 311 a; 323 bis 326 BGB).

Als ***Störungstatbestände*** bei der Durchführung eines Vertrages kommen in Betracht:

- der Schuldner erbringt seine Leistung nicht, weil sie ihm oder sogar jedem Dritten unmöglich geworden ist.
- der Schuldner erbringt seine Leistung, aber nicht rechtzeitig.
- der Schuldner erbringt seine Leistung schlecht.
- der Schuldner erbringt seine Leistung unter Verletzung von Nebenpflichten.

Während vor Inkrafttreten der Schuldrechtsreform für jede Art der Leistungsstörung eine eigene Anspruchsgrundlage zur Verfügung stand, bestimmt heute die im Leistungsstörungsrecht grundlegende Bestimmung des § 280 Abs. 1 Satz 1 BGB:

Verletzt der Schuldner eine Pflicht aus dem Schuldverhältnis, so kann der Gläubiger Ersatz des hierdurch entstandenen Schadens verlangen.

Der Anspruch ist ausgeschlossen, wenn der Schuldner die Pflichtverletzung nicht zu vertreten hat, wofür er beweispflichtig ist, § 280 Abs. 1 Satz 2 BGB.

Hat der Schuldner seine Leistung nicht so wie vertraglich vereinbart erbracht und damit seine Pflicht zu ordnungsgemäßer Leistung verletzt, stellt sich immer die Frage, ob der Schuldner seine vertraglich vereinbarte Leistung noch erbringen muss oder nicht und wenn nicht, ob er von dieser ***Primärleistungspflicht*** ersatzlos frei geworden ist oder dem Vertragspartner Schadensersatz als sogenannte „***Sekundärleistungspflicht***" schuldet.

3.1 Der Schuldner erbringt seine Leistung nicht, weil sie ihm oder sogar jedem Dritten unmöglich geworden ist

Gründe dafür, dass der Schuldner seine Leistung nicht oder nicht mehr erbringen kann, sind sehr vielfältig.

BEISPIEL:

Das zu übereignende Motorrad wird eine Stunde vor der Übergabe gestohlen; der Schuldner verspricht Übereignung einer Parzelle auf dem Mond.

Unbeachtlich aus welchem Grund auch immer die Leistung unmöglich wird, bestimmt § 275 Abs. 1 BGB, dass der Schuldner von seiner ***Verpflichtung zur Leistung*** frei wird, denn „Unmögliches kann von niemandem verlangt werden".

§ 275 Abs. 1 BGB betrifft allerdings nur das Schicksal der Leistungspflicht. Nichts ist darüber ausgesagt, ob der Gläubiger weiterhin zur ***Gegenleistung***, die häufigste ist die ***Kaufpreiszahlung***, verpflichtet bleibt, oder ***Ersatz*** des ihm durch die unmögliche Leistung entstandenen Schadens verlangen kann. Ein Schaden kann für den Gläubiger z.B. darin liegen, dass er den gekauften Gegenstand zu einem höheren Preis schon an einen Dritten weiterverkauft hat und nun seinerseits nicht mehr erfüllen kann. Ein Schaden kann aber auch darin bestehen, dass der gekaufte Gegenstand objektiv mehr wert war, als der zwischen den Partnern des Vertrages ausgehandelte Kaufpreis. Denkbar ist auch, dass der Schuldner einen Ersatz oder Ersatzanspruch für den untergegangenen Gegenstand erhalten und der Gläubiger seine Gegenleistung schon erbracht hat. Schließlich kann es dazu kommen, dass der Gläubiger Ausgaben hatte, die er im Vertrauen auf die Durchführung des Vertrages gemacht hat.

BEISPIEL: AUFWENDUNGEN IM ZUSAMMENHANG MIT DER VERTRAGSDURCHFÜHRUNG

Der Käufer eines Motorboots mietet sich einen zum Abtransport benötigten Anhänger für 300 Euro.

Wichtig für den Kaufmann, aber auch jeden Privatmann, ist, ein Gespür dafür zu entwickeln, wo ihm überhaupt Vermögenseinbußen durch nicht vertragsgemäßes Verhalten entstanden sind und einen Überblick über die Ersatzfähigkeit dieser Schäden zu bekommen, um „im Ernstfall“ das Prozessrisiko vor seinem wirtschaftlichen Hintergrund besser beurteilen zu können.

Grundlage für einen ***Anspruch*** des Gläubigers ***auf Ersatz*** des ihm entstandenen Schadens findet sich für die anfängliche Unmöglichkeit in § 311 a BGB und für die nachträgliche Unmöglichkeit in den §§ 280 Abs. 1, 3 in Verbindung mit 283 BGB.

Das Gesetz unterscheidet – im Gegensatz zur Rechtslage vor der Schuldrechtsreform – nur noch zwischen anfänglicher und nachträglicher Unmöglichkeit.

Anfängliche Unmöglichkeit

Anfängliche Unmöglichkeit liegt vor, wenn die Leistung dem Schuldner schon ***vor*** Vertragsschluß unmöglich ist. Während früher der auf eine unmögliche Leistung gerichtete Vertrag von vornherein nichtig war, bestimmt nun § 311 a BGB, dass der Vertrag wirksam ist (§ 311 a Abs. 1 BGB) und der Gläubiger wahlweise „Schadensersatz statt der Leistung“ ***oder*** Ersatz seiner Aufwendungen verlangen kann.

Schadensersatz statt der Leistung bedeutet, dass der Schuldner den Gläubiger so zu stellen hat, wie der stünde, wenn die Leistung ordnungsgemäss ***(= positiv)*** erbracht worden wäre, d.h. ordnungsgemäss erfüllt worden wäre.

BEISPIEL: FÜR SCHADENERSATZ STATT LEISTUNG

Nehmen wir an, der verkaufte Gegenstand hätte einen objektiven Wert von 5.000 Euro, der zwischen den Partnern des Kaufvertrages ausgehandelte Kaufpreis hätte aber nur 4.500 Euro betragen. Die Differenz von 500 Euro stellt den Wertzuwachs im Vermögen des Käufers dar, den er, wenn ordnungsgemäß erfüllt worden wäre, für sich hätte in Anspruch nehmen können. Die 500 Euro kann er vom Verkäufer ersetzt verlangen.

Ist der untergegangene Gegenstand objektiv das wert, was zwischen den Parteien als Kaufpreis vereinbart war, hat der Käufer aber ***Aufwendungen*** gemacht, etwa, wie oben, einen Anhänger zum Abtransport gemietet, kann er Ersatz dieser Mietkosten als Aufwendungen nach § 284 BGB verlangen. Hierbei handelt es sich nicht um einen Posten, der im Rahmen des Schadensersatzes wegen Nichterfüllung geltend gemacht werden kann, da der Käufer den Anhänger zum Abtransport auch bei ordnungsgemäßer Erfüllung hätte anmieten müssen. Insofern ist ihm durch die Nichterfüllung kein Schaden entstanden und § 311a Abs. 2 in Verbindung mit § 284 BGB zu lesen.

Neben Schadensersatz statt der Leistung oder Aufwendungsersatz ist auch denkbar, dass der Schuldner für den zerstörten Gegenstand einen Ersatz oder Ersatzanspruch erhält. Der Verkäufer erhält für die gestohlenen Ming-Vase im Wert von 15.000 Euro Ersatz von seiner Versicherung.

Diesen Betrag kann der Gläubiger vom Schuldner nach § 285 Abs. 1 BGB herausverlangen. Obwohl § 311 a BGB nicht auf § 285 BGB verweist, kann der Gläubiger auch im Fall der anfänglichen Unmöglichkeit Herausgabe des als Ersatz Erlangten oder Abtretung des Ersatzanspruchs verlangen, da es oft nur vom Zufall abhängt, ob die Leistung vor oder nach Vertragsschluss unmöglich geworden ist. Gründe für eine Ungleichbehandlung sind nicht ersichtlich.

Schadensersatz wird im deutschen Recht allerdings ***nur*** gewährt, ***wenn ein Verschulden*** vorliegt oder der Schuldner die besondere Gewähr dafür übernommen hat auch ohne Verschulden einstehen zu wollen, §§ 276 bis 278 BGB. Dabei hat der Schuldner ein Verschulden der Personen, deren er sich zur Erfüllungs seiner Verbindlichkeiten bedient in gleichem Umfang zu vertreten wie eigenes Verschulden (§ 278 BGB).

Dementsprechend schließt § 311 a Abs. 2 Satz 2 BGB einen Schadensersatzanspruch aus, wenn der Schuldner das Leistungshindernis nicht kannte und seine Unkenntnis auch nicht zu vertreten hat. Die Parallele zu § 311 a Abs. 2 Satz 2 BGB bildet im Grundtatbestand § 280 Abs. 1 Satz 2 BGB.

Wer etwas verkauft, hat sich zu vergewissern, dass die Kaufsache existiert; wer eine bestimmte Dienstleistung verspricht, muss sich im Klaren darüber sein, ob er diese auch erbringen kann.

Der Schuldner hat also vor Vertragsschluss eine Informationspflicht über seine Leistungsfähigkeit. Wann in diesem Sinne ein Verschulden vorliegt entscheiden die Umstände des Einzelfalls. Vom Verkäufer einer Sache wird man schwerlich verlangen könne, dass er sich stündlich von der Existenz der Kaufsache überzeugt.

Nachträgliche Unmöglichkeit

Auch im Fall der nachträglichen Unmöglichkeit wird der Schuldner gemäß § 275 Abs. 1 BGB von seiner Leistungspflicht frei.

Der Gläubiger kann nach § 280 Abs. 1 BGB Ersatz des „hierdurch entstandenen Schadens" oder Schadensersatz statt der Leistung nach §§ 280 Abs. 3, 283 BGB oder Aufwendungsersatz nach § 284 BGB verlangen, wenn der Schuldner seine Pflichtverletzung zu vertreten hat.

Mit dem Ersatz des hierdurch entstandenen Schadens im Sinne von § 280 Abs. 1 BGB will der Gesetzgeber den schon gezahlten Kaufpreis erfassen, auf den der Schuldner keinen Anspruch mehr hat, wenn er seinerseits nach § 275 Abs. 1 BGB nicht mehr zu leisten braucht.

BEISPIEL 1:

V verkauft seinen Porsche für 15.000 Euro an K. K zahlt sofort in bar. Vor Übergabe und Übereignung, aber nach Abschluss des Kaufvertrages wird das Auto durch einen fahrlässig von V verursachten Brand zerstört. K kann den schon gezahlten Kaufpreis nach § 280 Abs. 1 BGB von V herausverlangen.

Nach §§ 280 Abs. 3, 283 BGB ist der Gläubiger – aus denselben Gründen wie oben – so zu stellen, wie wenn ordnungsgemäß erfüllt worden wäre („Schadensersatz statt der Leistung"), d.h. er bekommt einen etwaigen höheren Wert der Kaufsache im Gegensatz zum vereinbarten Kaufpreis ersetzt, bleibt aber seinerseits zur Gegenleistung verpflichtet und kann daher nur die Differenz vom Schuldner verlangen.

BEISPIEL 2:

V verkauft seinen Porsche, der 15.000 Euro wert ist an K zum Preis von 13.000 Euro, weil er sich möglichst schnell ein neueres Modell zulegen will und das Geld benötigt. Vor Übergabe und Übereignung wird der Porsche durch ein Verschulden des V zerstört. K kann daher nur die Differenz von 2.000 Euro von V ersetzt verlangen.

Nehmen wir an, in obigem Beispiel hätte K den Posche bereits für 16.000 Euro an D weiterverkauft. In diesem Fall könnte K auch die 1.000 Euro als entgangenen Gewinn im Rahmen des Schadensersatzes statt der Leistung von V nach § 252 Satz 1 BGB ersetzt verlangen.

Wie oben bereits gezeigt, erfasst der Schadensersatz statt der Leistung oder Schadensersatz wegen Nichterfüllung nicht die Aufwendungen, die der Gläubiger im Zusammenhang mit der Vertragdurchführung gemacht hat, weil ihm diese Kosten auch bei ordnungsgemäßer Erfüllung entstanden wären.

BEISPIEL: AUFWENDUNG IM ZUSAMMENHANG MIT DER VERTRAGSDURCHFÜHRUNG

Der Mieter einer Festhalle hat die für den Abend engagierte Band unabhängig davon zu bezahlen, ob ihm die Halle überlassen wird oder nicht.

Um diese Kosten bei zu vertretender Pflichtverletzung ersetzt zu bekommen, steht dem Gläubiger – wie oben bei der anfänglichen Unmöglichkeit – der Anspruch aus § 284 BGB zur Seite, auf den § 280 Abs. 3 BGB verweist.

Ein kleine Einschränkung bleibt allerdings beim Aufwendungsersatzanspruch nach § 284 BGB zu machen. Ersatz der gemachten Aufwendungen kann nämlich nicht verlangt werden, wenn die Aufwedungen ihren Zweck auch dann verfehlt hätten, wenn sich der Schuldner pflichtgemäß verhalten hätte.

BEISPIEL: AUFWENDUNGEN HÄTTEN OHNEHIN IHREN ZWECK VERFEHLT

Die von der Partei geplante Veranstaltung, für die eine Band engagiert war, wäre mangels Zulauf ohnehin ausgefallen.

Ebenso wie bei der anfänglichen Unmöglichkeit kann der Gläubiger bei der nachträglichen Unmöglichkeit Herausgabe des Ersatzs oder Abtretung des Ersatzanspruches verlangen, wenn der Schuldner einen solchen erlangt hat (§ 285 BGB).

3.2 Der Schuldner erbringt seine Leistung, aber nicht rechtzeitg

Beim ***Verzug*** erbringt der Schuldner seine Leistung später als vertraglich vereinbart oder gesetzlich vorgeschrieben, d.h. die Leistung ist ihm noch möglich, er erbringt sie nur ***nicht rechtzeitig***. Der Schuldner gerät zu einem Zeitpunkt in Verzug, zu dem seine Leistung fällig wird.

3.2.1 Voraussetzungen des Schuldnerverzugs

Fälligkeit

Den Zeitpunkt der Fälligkeit können die Parteien untereinander frei vertraglich bestimmen. Es empfiehlt sich den ***Zeitpunkt der Fälligkeit so eindeutig wie möglich*** zu vereinbaren. Vertragsklauseln wie „schnellstens“, „baldmöglichst“ erschweren die Ermittlung des Zeitpunkts der Fälligkeit. Ist ein Liefertermin nicht vereinbart, und ergibt er sich auch nicht aus den Umständen, greift die gesetzliche Regelung ein, derzufolge der Gläubiger die Leistung ***sofort*** verlangen, der Schuldner die Leistung ***sofort*** bewirken kann, § 271 Abs. 1 BGB. Ist eine Zeit für die Leistung bestimmt, bleibt es dem Schuldner dennoch unbenommen, die Leistung vor Erreichen des Fälligkeitszeitpunktes zu bewirken. Nur der Gläubiger darf die Leistung nicht vor dieser Zeit verlangen. Diese Regelung (§ 271 Abs. 2 BGB) gilt allerdings nur „im Zweifel“, d.h. wenn vertraglich nichts anderes vereinbart ist. Daraus folgt, dass der Gläubiger dann, wenn er eine vorzeitige Lieferung nicht wünscht, dies ausdrücklich im Vertrag regeln muss.

Mahnung oder Nachfristsetzung

Verzug bedeutete vor der ***Schuldrechtsreform*** Nichtleistung trotz Fälligkeit und Mahnung. Durch die Mahnung wurde der Vertragspartner „in Verzug gesetzt“. Nach dem neuen § 280 Abs. 1, 3 in Verbindung mit § 281 Abs. 1 BGB, der Schadensersatz statt der Leistung gewährt, genügt für den Eintritt der Verzugsfolgen, wenn der Gläubiger dem Schuldner eine angemessene Frist zur Leistung oder Nacherfüllung bestimmt. Ist also eine Leistungszeit nicht vereinbart und setzt der Gläubiger dem Schuldner eine angemessene Frist, kommt dieser mit Ablauf der Frist in Verzug, ohne dass es einer weiteren Aufforderung zur Lieferung oder Leistung bedarf.

Hat der Gläubiger hingegen noch Interesse an einer verspäteten Erfüllung und verlangt er Ersatz seines ***durch*** den Verzug entstandenen Schadens (Verzögerungsschaden), muss er den Schuldner durch eine Mahnung (unzweideutige Aufforderung zur Lieferung oder Leistung) in Verzug setzen, um die Rechtsfolge der §§ 280 Abs. 1, 2 in Verbindung mit 286 BGB herbeizuführen.

Eine Mahnung oder Fristsetzung ist allerdings dann entbehrlich, wenn im Vertrag eine Zeit nach dem Kalender bestimmt ist. Ausreichend ist, wenn die Zeit nach dem Kalender ***bestimmbar*** ist.

BEISPIELE: FÜR DIE BESTIMMBARKEIT VON FRISTSETZUNGEN

Liefertermin: 5. August. Verzug tritt ein am 6. August 0.00 Uhr; Zwei Wochen nach dem Bestelldatum: ja, nach dem Kalender bestimmbar; nein: zwei Wochen nach Abruf, weil Tag des Abrufs noch unbestimmt.

Eine Mahnung oder Fristsetzung ist auch dann entbehrlich, wenn der Schuldner die Leistung ernsthaft und endgültig verweigert hat. Ihn an der Erbringung der Leistung feszuhalten, würde nur unnnötige Förmelei bedeuten (vgl. im Übrigen § 281 Abs. 2 und § 286 Abs. 2 Nr 1-4 BGB).

Nach § 286 Abs. 3 BGB kommt der Schuldner einer Entgeltforderung ***spätestens*** in Verzug, wenn er nicht innerhalb von 30 Tagen nach Fälligkeit und Zugang einer Rechnung oder gleichwertigen Zahlungsaufstellung leistet. Unter „Entgeltforderungen" sind nur solche Geldforderungen zu verstehen, die auf der Grundlage eines Vertrages als Gegenleistung für eine Dienstleistung oder die Lieferung von Waren (Kaufvertrag etc.) erbracht werden (nicht erfasst sind damit Schadensersatzansprüche). Dem Gläubiger einer solchen Entgeltforderung bleibt es aber unbenommen, durch eine Mahnung auch ***vor Ablauf*** der 30-tägigen Frist den Verzug herbeizuführen („spätestens"). In Bezug auf die ***30-tägige Frist*** bei dieser Art der Geldforderung, die automatisch mit Fälligkeit oder dem Zugang einer Rechnung oder gleichwertigen Zahlungsaufstellung anläuft, ist jedoch gegenüber ***Verbrauchern*** zu beachten, dass diese Wirkung nur eintritt, wenn der Schuldner auf diese Folge in der Rechnung bzw. Zahlungsaufstellung hingewiesen wurde. Ein solcher Hinweis kann wie folgt aussehen:

„Die Zahlung hat innerhalb von 30 Tagen nach Zugang dieser Rechnung zu erfolgen. Nach Ablauf dieser Frist treten die gesetzlichen Verzugsfolgen ein."

Dieser Hinweis darf nicht in den sonstigen AGB versteckt werden, sondern muss mindestens auf der Seite des Rechnungsformulars erscheinen, auf der der zu zahlende Rechnungsbetrag ausgewiesen ist.

Die im Computerverkehr und auch sonst im heutigen Handelsverkehr beliebte ***Festsetzung der Lieferwoche*** ist so auszulegen, dass Verzug mit Ablauf der vereinbarten Woche, also am nächsten Montag 0.00 Uhr eintritt.

Verschulden

Verzug setzte vor der Schuldrechtsreform voraus, dass der Schuldner die nicht rechtzeitige Leistung zu vertreten hat. Verschulden wird heute nur noch im Fall des §§ 280 Abs. 1, 3 in Verbindung mit 281 Abs. 1 und §§ 280 Abs. 1, 2 in Verbindung mit 286 BGB verlangt, also wenn der Gläubiger ***Schadensersatz*** wegen Nichterfüllung verlangt oder weiterhin auf eine Erfüllung besteht und nur den durch den Verzug entstandenen Schaden ersetzt verlangt.

Bei gegenseitigen Verträgen kann der Gläubiger, wenn er dem Schuldner eine angemessene Frist zur Leistung oder Nacherfüllung gesetzt hat, vom Vertrag zurücktreten. Dabei ist nicht erforderlich, dass der Schuldner die Nichtleistung zu vertreten hat (§ 323 Abs. 6 BGB). Das Rücktrittsrecht im gegenseitigen Vertrag wegen Verzug des Schuldners ist von einem Verschulden unabhängig. Bei gegenseitigen Verträgen stehen die Pflichten in einem Austauschverhältnis, d.h. die eine Partei leistet nur, weil die andere auch leistet.

BEISPIELE:

Kaufvertrag – Übergabe und Übereignung gegen Zahlung des Kaufpreises; Darlehen – Überlassung einer bestimmten Geldsumme gegen Zinszahlungspflicht.

Verlangt der Gläubiger Schadensersatz bleibt es – wie vor der Schuldrechtsreform – dabei, dass der Schuldner den Verzug zu vertreten haben muss, wobei er sein Nichtvertretenmüssen im Prozess darzulegen und zu beweisen hat.

3.2.2 Rechtsfolgen des Schuldnerverzugs

Ist Verzug eingetreten, ergeben sich für den Gläubiger mehrere Möglichkeiten:

Der Gläubiger hat noch ein Interesse an verspäteter Leistung

Er kann auf ***Erfüllung des Vertrages***, also auf Lieferung oder Leistung bestehen und neben der Erfüllung Ersatz des durch den Verzug entstandenen Schadens verlangen.

BEISPIEL: ERSATZ DES DURCH DEN VERZUG ENTSTANDENEN SCHADENS

Ersatz der Kosten für Anmietung einer Ersatzmaschine als Verzögerungsschaden.

Diesen Weg wird der Besteller wählen, wenn er auf die Erfüllung durch eben diesen Vertragspartner angewiesen, ein Deckungskauf also nicht oder nur mit großen Schwierigkeiten möglich ist.

BEISPIEL:

Kauf von Anlagen und Spezialmaschinen.

Fristsetzung

Er kann dem Vertragspartner eine angemessene (Nach-)Frist zur Bewirkung der Lieferung oder Leistung setzen. Nicht erforderlich ist, dass er ausdrücklich erklärt, er werde die Annahme der Leistung nach Ablauf der Frist ablehnen. Der Gläubiger kann auch nach Ablauf der Frist weiterhin auf Erfüllung bestehen, solange er nicht sein Wahlrecht auf Schadensersatz statt der Leistung ausgeübt hat.

Ausnahmsweise ist unter Kaufleuten die Nachfristsetzung entbehrlich, wenn die Parteien vereinbart haben, dass die Leistung genau zu einer festbestimmten Zeit oder innerhalb einer festbestimmten Frist bewirkt werden soll (§ 376 HGB). Das Fixgeschäft darf nicht mit einem Normalvertrag verwechselt werden, in dem ein Kalendertag als Liefertermin vereinbart wurde. Grundsätzlich macht erst der ***Zusatz „fix"*** den Handelskauf ***zum Fixhandelskauf***. Erfüllung kann der Kaufmann bei einem Fixhandelsgeschäft nach Ablauf der festbestimmten Zeit nur noch dann verlangen, wenn er sofort nach dem Ablauf der Zeit dem Gegner angezeigt hat, dass er weiter auf Erfüllung bestehe (§ 376 Abs. 1 Satz 2 HGB).

Der Gläubiger hat kein Interesse mehr an verspäteter Leistung

Hat der Gläubiger kein Interesse mehr an verspäteter Leistung kann er verlangen, so gestellt zu werden, wie wenn rechtzeitig erfüllt worden wäre. Allerdings ist auch hier erforderlich, dass er dem Schuldner zuvor eine angemessene Frist zur Leistung oder Nacherfüllung bestimmt hat, § 280 Abs. 1, 3 in Verbindung mit § 281 Abs. 1 Satz1 BGB, ohne die die Verzugsfolgen nicht eintreten.

BEISPIEL:

Kaufmann K, der eine Event-Agentur betreibt, leiht D am 1.3. eine Konfettikanone (Wert 120 Euro), die er bis zum 20.3. zurückhaben möchte, da er am 25.3. einen Kindergeburtstag mit Konfettikanone zu veranstalten hat. Am 21.3. setzt K dem D eine Frist zur Rückgabe der Maschine bis spätestens 23.3. Da D in Urlaub gefahren ist und die Kanone deshalb nicht zurückgeben kann, erwirbt K am 24.3. eine gebrauchte Konfettikanone im Wert von 150 Euro. Die 150 Euro kann K von D als Schadensersatz statt der Leistung nach §§ 280 Abs. 1, 2 in Verbindung mit 281 BGB verlangen.

Beim gegenseitigen Vertrag kann der Gläubiger nach Ablauf der Frist auch vom Vertrag zurücktreten (§ 323 BGB). Durch den Rücktritt wird der Gläubiger so gestellt, als ob er sich mit dem Schuldner niemals eingelassen hätte. Der unter Umständen schon gezahlte Kaufpreis ist vom Schuldner nach § 346 Abs. 1 BGB zurückzuerstatten. Zum Rücktritt wird sich der Kaufmann immer dann entscheiden, wenn mit einem Gewinn bei Durchführung des Geschäfts nicht zu rechnen ist und er die Rechtslage wiederherstellen möchte, die vor Abschluss des Vertrages bestand. Allerdings wird das Recht Schadensersatz zu verlangen durch den Rücktritt nicht ausgeschlossen (§ 325 BGB).

Vertragsstrafe

Ist der Kaufmann auf die Erfüllung des Vertrages durch eben seinen Vertragspartner angewiesen, wird er nach Möglichkeit versuchen, von ***vornherein*** eine Vertragsstrafe zu vereinbaren. Die Vertragsstrafe, auch Konventionalstrafe oder Pönale genannt, ist in den §§ 339 ff. BGB geregelt und hat im Wesentlichen zwei Funktionen:

- Sie soll dem Kaufmann ein Druckmittel in die Hand geben, das dem Vertragspartner zu ordnungsgemässer Erfüllung anhält.
- Sie soll dem Kaufmann, soweit sie reicht, den Nachweis eines Schadens dem Grunde und der Höhe nach ersparen.

Ist also eine Vertragsstrafe vereinbart, muss derjenige, der sie verlangen kann, weder beweisen, dass überhaupt, noch in welcher Höhe ein Schaden entstanden ist. Das Gesetz enthält außerdem noch zwei weitere wichtige Bestimmungen:

- Gemäss § 339 BGB ist die Vertragsstrafe nur verwirkt, wenn der Schuldner im Verzug ist, also die Verzögerung zu vertreten hat.
- Gemäss §§ 341, 340 Abs. 2 BGB kann außer der Vertragsstrafe noch Schadensersatz verlangt werden. Die verwirkte Strafe ist auf den Schadensersatz anzurechnen.

Wird statt der Vertragsstrafe eine Schadenspauschale vereinbart, muss der Berechtigte zumindest nachweisen, dass überhaupt ein Schaden entstanden ist. Der Kaufmann sollte genau überlegen, was er vereinbaren will und seine Wortwahl entsprechend treffen. Ausdrücke wie „Terminsicherungsbetrag“ oder „Verzugsentschädigung“ können leicht zu Mißverständnissen und damit zu zeit- und geldaufwendigen Auseinandersetzungen führen. Wichtig ist noch die – auch in AGB abdingbare – Vorschrift des § 341 Abs. 3 BGB. Sie bestimmt, dass der Vertragspartner, der die verspätete Erfüllung vorbehaltlos annimmt, seinen Anspruch auf die Vertragsstrafe verliert.

3.3 Der Schuldner erbringt seine Leistung schlecht

Der Schuldner erbringt seine Leistung schlecht, ***wenn*** der ***Liefergegenstand einen oder mehrere Sachmängel aufweist***. In diesem Fall entsteht dem Käufer zunächst das Recht Behebung des Mangels oder Lieferung einer mangelfreien Sache verlangen zu können. Schlägt die Nachbesserung oder Nacherfüllung fehl, kann der Gläubiger vom Vertrag zurücktreten oder seine Gegenleistung mindern und Schadensersatz wegen ***Schlechterfüllung*** oder Ersatz vergeblicher Aufwendungen verlangen.

3.3.1 Vorliegen eines Sachmangels

Ein Sachmangel liegt vor, wenn die Sache nicht die von den Parteien vertraglich ***vereinbarte*** Beschaffenheit hat. Fehlt eine Vereinbarung weist die Sache einen Sachmangel auf, wenn sie nicht für die nach dem Vertrag vorausgesetzte Verwendung geeignet ist oder ihr die vom gewöhnlichen Käufer erwartete Beschaffenheit fehlt. Der Begriff des Sachmangels geht aber nach der Schuldrechtsreform noch weiter. Zu den Eigenschaften, deren Fehlen einen Mangel begründen, gehören nunmehr auch solche, deren Vorhandensein der Käufer aufgrund von ***Werbeaussagen*** des Verkäufers, Herstellers i.S.d. ***Produkthaftungsgesetzes*** oder dessen Gehilfe erwarten kann. „Reißerische Anpreisungen“ („Die beste Limonade der Welt“) werden allerdings nicht erfasst, da sie nicht an konkrete Eigenschaften anknüpfen. Die Haftung für solche Werbeaussagen kann nur dadurch ausgeschlossen werden, dass die Aussage in gleichwertiger Weise im Zeitpunkt des Vertragsschlusses berichtigt war.

Aufgrund der sog. „IKEA-Klausel“ (§ 434 Abs. 2 BGB) liegt ein Sachmangel auch dann vor, wenn der Verkäufer bei der von ihm geschuldeten Montage der Kaufsache einen Fehler gemacht hat oder wenn die der Kaufsache beigefügte ***Montageanleitung fehlerhaft*** ist, es sei denn, dass die Kaufsache fehlerfrei montiert wurde.

Wie bisher schon im Fall eines zwischen zwei Kaufleuten geschlossenen Handelskaufs hat der Gesetzgeber nun auch für alle anderen Kaufverträge geregelt, dass die Gewährleistungsansprüche auch dann anzuwenden sind, wenn der Verkäufer eine andere Sache oder eine zu geringe Menge liefert.

3.3.2 Maßgeblicher Zeitpunkt

Der Sachmangel muss im Zeitpunkt des Gefahrübergangs, also der Übergabe der Sache an den Käufer, vorliegen. ***Ausnahmen:*** Der Hersteller hat eine Haltbarkeitsgarantie übernommen (vgl unten 2.4.1) und im speziell geregelten Verbauchsgüterkauf bei Versendung des Transportguts auf Verlangen des Käufers (vgl. unten 2.5).

3.3.3 Ansprüche des Käufers

Dem Käufer stehen die in § 437 BGB genannten Recht zu, die in der dort genannten Reihenfolge abgestuft sind. Zunächst muss Nacherfüllung verlangt werden.

Nacherfüllung, §§ 437 Nr.1, 439 BGB

Der Käufer kann im Wege der Nacherfüllung die Beseitigung des Mangels durch den Verkäufer (Reparatur) oder die Lieferung einer mangelfreien Sache verlangen. Das Wahlrecht zwischen diesen beiden Arten der Nacherfüllung steht ***dem Käufer*** zu.

Der Verkäufer hat die zum Zwecke der Nacherfüllung erforderlichen Aufwendungen, insbesondere Transport-, Wege-, Arbeits- und Materialkosten zu tragen.

Der Verkäufer kann die vom Käufer gewählte Art der Nacherfüllung verweigern, wenn sie nur mit ***unverhältnismäßigen Kosten*** möglich ist.

BEISPIEL:

Werden vom Verkäufer Bleche mit einer Länge von 780 mm geliefert, kann der Käufer nur Lieferung mangelfreier Bleche mit einer Länge von 810 mm verlangen und nicht die Reparatur der gelieferten Bleche.

Bei der Frage, ob die Nacherfüllung mit unverhältnismäßigen Kosten verbunden ist, handelt es sich um eine im Einzelfall vorzunehmende Betrachtung. Wie die Rechtsprechung die Frage der Unverhältnismäßigkeit in Zukunft beurteilt, bleibt abzuwarten.

Sind sowohl Reparatur als auch Lieferung einer mangelfreien Sache mit unverhältnismäßigem Aufwand für den Verkäufer verbunden, kann er die Nacherfüllung verweigern und den Käufer auf seine sonstigen Gewährleistungsrechte verweisen.

Rücktritt und Minderung, §§ 437 Nr.2

Für die Geltendmachung des Rücktritt- oder Minderungsrechts ist zunächst erforderlich, dass dem Schuldner eine Frist zur Nacherfüllung gesetzt wurde. Einer Fristsetzung bedarf es nicht, wenn der Schuldner die Nacherfüllung endgültig verweigert oder wenn die Nacherfüllung aus oben genannten Gründen unzumutbar oder wenn sie fehlgeschlagen ist. Ein Fehlschlagen der Nacherfüllung ist bereits dann anzunehmen, wenn der zweite Nachbesserungsversuch erfolglos geblieben ist.

Im Falle des Rücktritts wird der Vertrag rückabgewickelt, d.h. beim Kaufvertrag ist der Kaufpreis zurückzuzahlen und die Kaufsache zurückzugeben. An der Kaufsache inzwischen eingetretene Beschädigungen und vom Käufer gezogenen Nutzungen der Kaufsache sind durch einen finanziellen Wertersatz auszugleichen.

Bei der Minderung kann der Käufer Herabsetzung des Kaufpreises verlangen.

Schadensersatz oder Ersatz vergeblicher Aufwendungen, §§ 437 Nr.3, 284 BGB

Leistet der Schuldner schlecht ist der Gläubiger so zu stellen, wie wenn ordnungsgemäß, d.h. hier mangelfrei, erfüllt worden wäre. Auch hier ergeben sich zwei Möglichkeiten für den Gläubiger.

Der Gläubiger hält an der Erfüllung des Vertrages fest

Der Gläubiger hält an der Erfüllung des Vertrages fest und verlangt die Differenz zwischen dem Wert des mangelhaften Gegenstandes und dem zu zahlenden Kaufpreis. Verlangt werden können auch die Kosten für eine Mängelbeseitigung oder Kosten aufgrund eines mangelbedingten Nutzungsausfalls. Im Falle der Zuweniglieferung können die Kosten für die Ersatzbeschaffung verlangt werden. Im Übrigen ist der Vertrag zu erfüllen.

Der Gläubiger hält nicht an der Erfüllung des Vertrages fest

Hält der Gläubiger nicht an der Erfüllung des Vertrages fest, kann er den ihm entstandenen Schaden in vollem Umfang ersetzt verlangen, ohne dass der Kaufvertrag zu erfüllen ist. Der Kaufgegenstand bleibt also beim Verkäufer und der Käufer hat den Kaufpreis nicht zu zahlen. Er kann jedoch z.B. den schon gezahlten Kaufpreis, Untersuchungskosten und Kosten des Rechtsstreits, den der Käufer mit seinem Abnehmer zu führen hat, ersetzt verlangen.

Bei beiden Möglichkeiten kann der Käufer auch Ersatz des Schadens verlangen, der auf einer Verzögerung der Nacherfüllung beruht.

BEISPIEL:

Kosten der Rechtsverfolgung zur Durchsetzung der Nacherfüllung.

Entstehen durch den Mangel des Kaufgegenstandes Schäden an anderen Gütern des Käufers, so kann der Käufer auch Ersatz dieser Schäden verlangen.

BEISPIEL:

Eine defekte Küchenmaschine führt zu Verletzungen des Käufers und daraus folgen Behandlungskosten.

3.3.4 Voraussetzungen für den Gewährleistungsausschluss

Keine Kenntnis des Mangels beim Kaufabschluss

Einen Gewährleistungsanspruch hat der Käufer nur, wenn er durch die Leistung des Verkäufers in seinen berechtigten Erwartungen enttäuscht wird. Wer also eine mangelhafte Sache in voller Kenntnis dieses Mangels erwirbt, dem stehen Gewährleistungsansprüche nicht zu. Ähnliches gilt, wenn dem Käufer der Mangel infolge grober Fahrlässigkeit unbekannt geblieben ist. In diesem Fall haftet aber der Verkäufer auch, wenn er den Mangel arglistig verschwiegen hat oder eine Garantie für die Beschaffenheit der Sache übernommen hat.

Unverzügliche Untersuchung und unverzügliche Mängelrüge

Beim Handelskauf muss der Kaufmann, wenn er ***Gewährleistungsansprüche*** geltend machen will, einige Hürden nehmen. Der wichtige § 377 HGB verlangt von ihm, dass er die Ware unverzüglich nach ihrer Ablieferung untersucht, soweit ihm dies im ordnungsgemäßen Geschäftsgang möglich ist. Zeigen sich bei einer solchen Untersuchung Mängel, so hat er sie dem Lieferer gegenüber unverzüglich zu rügen. Unverzüglich bedeutet „ohne schuldhaftes Zögern". Häufig regeln die Kauleute vertraglich, vor allem in AGB, was sie unter „unverzüglich" verstehen.

Mängel, die bei einer Untersuchung „im ordnungsgemäßen Geschäftsgang" entdeckt werden können, nennt der Kaufmann „***offene Mängel***". Mängel, die sich später noch zeigen, werden „verborgene", „nicht offensichtliche" oder „***versteckte Mängel***" genannt. Verborgene Mängel müssen erst unverzüglich nach ihrer Entdeckung gerügt werden, jedoch ist dabei zu beachten, dass Gewährleistungsansprüche aus verborgenen Mängeln in denselben Fristen verjähren, wie die aus offenen Mängeln.

Wird der Mangel nicht unverzüglich im Sinne von § 377 HGB gerügt, verliert der Käufer seine Gewährleistungsansprüche. Die bei Kaufleuten beliebten Begriffe „offene" und „versteckte" Mängel haben also nur Bedeutung, wenn es um die Frage geht, ob die Mängelrüge, die Voraussetzung für den Gewährleistungsanspruch beim Handelskauf ist, rechtzeitig erhoben worden ist oder nicht.

Rückgriffsansprüche des Unternehmers gegen seinen Lieferanten.

Neu im Gesetz geregelt ist in § 478 BGB, dass der durch einen Verbraucher auf Gewährleistung in Anspuch genommene Unternehmer Rückgriff bei seinem Lieferanten nehmen kann, wenn es sich um den Verkauf einer ***neu*** hergestellten Sache handelt. Diese Rückgriffsmöglichkeit besteht nicht nur im Verhältnis Letztverkäufer – Lieferant, sondern innerhalb jeder Stufe der Lieferantenkette zwischen den unmittelbaren Vertragspartnern. Nicht möglich ist daher ein Durchgriff des Letztverkäufers auf einen vorgeschalteten Lieferanten.

Der Rückgriff ist nur möglich, wenn der Unternehmer die Sache infolge der Mangelhaftigkeit von seinem Abnehmer zurücknehmen ***musste***. In Fällen, in denen er die Kaufsache aus Kulanz zurückgenommen oder den Kaufpreis gemindert hat, besteht keine Rückgriffsmöglichkeit. Fraglich ist, ob ein Rückgriff auch in den Fällen möglich ist, in denen der Letztverkäufer die Sache zurückgenommen hat, obwohl eine Nacherfüllung im Wege der Nachbesserung möglich und verhältnismäßig war.

BEISPIEL:

Kaufhaus nimmt den Kaufgegenstand zurück, weil es über eine Serviceabteilung zur Reparatur nicht verfügt.

In diesen Fällen muss man davon ausgehen, dass der Rückgriffsanspruch ebenfalls ausgeschlossen ist. Das ergibt sich daraus, dass das Gesetz dem Letztverkäufer in §§ 478 Abs. 2 in Verbindung mit 439 Abs. 2 BGB nur einen Anspruch auf Ersatz der ***durch*** die Nacherfüllung entstandenen Kosten einräumt.

Bei der Durchsetzung der Ansprüche nach § 478 BGB muss der Letztverkäufer dem Lieferanten keine Frist zur Nacherfüllung setzen.

Da es sich bei Verträgen in der Lieferantenkette häufig um Handelskäufe handelt, gilt § 377 HGB. Die Anwendbarkeit dieser Vorschrift führt dazu, dass in Fällen, in denen die Rügeobliegenheit verletzt wurde, auch der Rückgriff innerhalb der Lieferantenkette unterbrochen wird. Wenn also einer der Lieferanten einen offensichtlichen Mangel gegenüber seinem Vorlieferanten nicht unverzüglich gerügt hat, so kann er auch keinen Rückgriff mehr nehmen.

3.3.5 Sachmängelhaftung beim Werkvertrag

Vorliegen eines Sachmangels

Beim Werkvertrag ist – wie beim Kaufvertrag – das Werk mangelhaft, wenn es nicht die ***vereinbarte Beschaffenheit*** hat. Im Gegensatz zum Kauf begründen allerdings Werbeaussagen Dritter keine Haftung des Unternehmers für Sachmängel, da ein vom Unternehmer unterscheidbarer Dritter als Verkäufer beim Werkvertrag typischerweise nicht vorhanden ist.

Inhalt der Gewährleistung

Ist das gelieferte Werk mangelhaft, ist der Lieferer berechtigt und verpflichtet, den Mangel zu beseitigen. Im Gegensatz zum Kaufrecht hat ***der Unternehmer*** das Wahlrecht, auf welche Art die Nacherfüllung – Neuherstellung oder Mängelbeseitigung – erfolgen soll. Nach Ablauf einer gesetzten Frist zur Nacherfüllung kann der Besteller den Mangel selbst beseitigen oder beseitigen lassen und Ersatz der dazu erforderlichen Aufwendungen verlangen, § 637 BGB. Er kann aber auch nach Ablauf der gesetzten Frist vom Vertrag zurücktreten oder Herabsetzung der vereinbarten Vergütung verlangen.

Beruht der Mangel des Werks auf einem Umstand, den der Lieferer zu vertreten hat, so kann der Besteller statt Wandelung oder Minderung auch Schadensersatz wegen Nichterfüllung verlangen. Die Beweislast dafür, dass er den Mangel nicht zu vertreten hat, liegt beim Lieferer.

Voraussetzungen für den Gewährleistungsanspruch

Gewährleistungsansprüche stehen nur dem schutzwürdigen Besteller zu. Er muss bei der Abnahme des Werks sorgfältig verfahren. ***Abnahme*** bedeutet, dass sich der Besteller mit dem Werk als vertragsgemäß einverstanden erklärt. Ergeben sich bei dieser Abnahme Mängel, muss sich der Besteller, wenn er die Abnahme nicht überhaupt verweigern will, seine Gewährleistungsansprüche vorbehalten. Dies geschieht am besten in einem schriftlichen Abnahmeprotokoll.

Kostenvoranschlag

Erstmals im Werkvertragsrecht findet sich eine Regelung zur Kostentragungspflicht bei der Erstellung eines Kostenvoranschlags. Nach § 632 Abs. 3 BGB ist ein Kostenvoranschlag „im Zweifel" nicht zu vergüten. Im Zweifel bedeutet auch hier: wenn mit dem Kunden nichts anderes vereinbart ist, was der Unternehmer im Prozess darzulegen und zu beweisen hat. Vor der Erstellung eines Kostenvoranschlags empfiehlt es sich daher mit dem Kunden schriftlich zu vereinbaren, dass die Erstellungskosten im Falle der Nichterteilung vom Kunden zu tragen sind. Eine Vereinbarung über die Vergütung kann durch AGB nicht getroffen werden. Eine derartige Klausel ist unwirksam.

3.4 Der Schuldner erbringt seine Leistung unter Verletzung von Nebenpflichten

Kernstück des Vertrages im kaufmännischen Alltag ist die Lieferung und Zahlung des Kaufpreises. Der Käufer hat ein Interesse daran, dass der Lieferer seinen vertraglichen Verpflichtungen ordnungsgemäß nachkommt und damit sein, des Käufers, Geschäft fördert (Wahrung des Geschäftsinteresses). Tut er das nicht, so hat der Käufer unter bestimmten Voraussetzungen einen Anspruch auf Ersatz des Erfüllungsschadens:

- beim Kaufvertrag, wenn die Sache mangelhaft ist.
- beim Werkvertrag, wenn der Lieferer den Mangel zu vertreten hat. Dieser Anspruch geht auf Ersatz der unmittelbaren Folgeschäden.

BEISPIELE:

Minderwert des Kaufgegenstandes; Mängelbeseitigungskosten; entgangenener Gewinn

Der Käufer hat außerdem Anspruch darauf, dass der Lieferer ihm gegenüber seine vertraglichen Obhuts- und Sorgfaltspflichten erfüllt und vor allem sein Interesse am schadenfreien Bestand seiner übrigen Rechtsgüter beachtet (***Schutz des Bestandsinteresses***). Werden diese Rechtsgüter durch den mangelhaften Liefergegenstand verletzt, entsteht sogenannter Begleitschaden.

BEISPIELE:

Umherfliegende Teile der gekauften Maschine beschädigen andere Maschinen des Bestellers.
Die fehlerhaft errichtete Lagerhalle stürzt ein, und die Trümmer beschädigen das Lagergut.

Zu den Nebenleistungspflichten im Zusammenhang mit der Anbahnung und Abwicklung eines Vertrages gehören auch ***Treue***-, ***Mitwirkungs***-, ***Auskunfts*** und ***Aufklärungspflichten***. Eine Verletzung dieser Pflichten ist sowohl ***vor*** als auch ***nach Vertragsschluss*** denkbar. Werden sie missachtet, entsteht gleichfalls ein Anspruch auf Schadensersatz (§ 280 Abs. 1 BGB) wegen Inanspruchnahme vorvertraglichen Vertrauens (sog. cic, §§ 311 Abs. 2, 241 Abs. 2 BGB) oder der Verletzung einer Nebenpflicht nach Vertragsschluss im Zusammenhang mit der Erfüllung des Vertrages (positive Forderungs-, oder auch Vertragsverletzung, §§ 282, 241 Abs. 2 BGB). Die ***positive Vertragsverletzung*** ist bei vielen Vertragsarten der häufigste Anspruchsgrund und kommt auch beim Kauf- und Werkvertrag sehr häufig vor. Der Schadensersatzanspruch richtet sich auf ***Ersatz der mittelbaren Folgeschäden***, also der Schäden, die an anderen Rechtsgütern als dem Liefergegenstand selbst entstehen.

4. Wie und wann entgeht der Kaufmann seiner Leistungspflicht?

4.1 Garantie

Vereinbart der Verkäufer oder Hersteller mit dem Käufer eine Garantie, verschuldensunabhängig ohne Entlastungsmöglichkeit für die Beschaffenheit der verkauften Sache ***(typische Verkäufergarantie)*** oder die Haltbarkeit ***(typische Herstellergarantie)*** einstehen zu wollen, kann der Käufer gegen den Garantiegeber die für den Garantiefall eingeräumten Rechte zu den in der Garantieerklärung angeführten oder in Werbeaussagen erklärten Bedingungen geltend machen. Daneben stehen dem Käufer gegen den Verkäufer die gesetzlichen Mängelansprüche zu.

Bei der nunmehr in § 443 BGB geregelten ***Haltbarkeitsgarantie*** (wenn die Mangelfreiheit für einen bestimmten Zeitraum zugesagt wird) begründet ein während der Garantiezeit auftretender Mangel die Rechte aus der Garantie, ohne dass der Mangel bereits im Zeitpunkt des Gefahrübergangs vorgelegen haben muss (vgl. 2.3.3.2).

Nach § 444 BGB soll sich der Verkäufer im Fall einer Garantie für eine bestimmte Beschaffenheit auf einen Ausschluss oder eine Beschränkung der Rechte des Käufers wegen eines Mangels nicht berufen können.

4.2 Verjährungsfrist

Die Verjährungsfrist, ihr Anfang und ihr Ablauf, ist im BGB geregelt. Verjährungsfrist ist der Zeitraum, in dem die während der Garantiefrist entstandenen Ansprüche auf Nachbesserung, Ersatzlieferung oder Schadensersatz statt der Leistung durchgesetzt werden können. Ist die Verjährungsfrist verstrichen, besteht zwar der Anspruch nach wie vor, er kann nur nicht mehr durchgesetzt werden. Der Schuldner hat im Prozess die Einrede der Verjährung, die ihn zur Verweigerung der Leistung berechtigt.

Im Gegensatz zu der bisher grundsätzlich geltenden allgemeinen ***Verjährungsfrist*** von 30 Jahren, sieht das Gesetz nun eine Regelverjährung ***von nur 3 Jah-***

ren vor. Ansprüche auf Übertragung des Eigentums an einem Grundstück sowie auf Begründung, Übertragung oder Aufhebung eines Rechts an einem Grundstück sowie die Ansprüche auf die Gegenleistung verjähren in zehn Jahren. Die ***bisherige Regelung für Ansprüche unter Kaufleuten***, die eine Verjährung nach Ablauf von zwei bzw. vier Jahren, gerechnet ab dem Ende des Kalenderjahres, in dem der Anspruch entstanden ist, vorsah, ***gilt nicht mehr***.

Auch die neue dreijährige Verjährungsfrist beginnt frühestens mit dem Ende des Kalenderjahres, in dem der Anspruch entstanden ist.

BEISPIEL:

Anspruch ist am 7.10.2002 entstanden, verjährt ist er damit am 31.12.2005.

Zusätzlich hat der Gesetzgeber noch eine weitere Voraussetzung für den Verjährungsbeginn vorgesehen, um die kurze dreijährige Frist auszugleichen. Die Verjährung beginnt erst zu laufen, wenn der Anspruchsinhaber auch von den Voraussetzungen des Anspruchs und der Person des Schuldners Kenntnis erlangt hat, ansonsten verschiebt sich der Beginn auf das Ende des Jahres, in dem die Kenntnis zumindest ohne grobe Fahrlässigkeit hätte erlangt werden können.

BEISPIEL:

Der A liefert am 25.11.2000 Waren bei B ab und beschädigt dabei die Hauswand des B. Als der B zurückkehrt, bemerkt er den Schaden, erfährt aber nicht, wer seine Hauswand angefahren hat. Erst am 20.3.2002 erlangt B Kenntnis von der Verursachung durch A. Der Schadensersatzanspruch des B aus positiver Vertragsverletzung verjährt erst am 31.12.2005 und nicht am 31.12.2003.

Allerdings ist für den kaufmännsichen Geschäftsverkehr davon auszugehen, dass die Anforderungen an eine grob fahrlässige Unkenntnis und damit den Fristbeginn aufgrund der Geschäftserfahrung der Beteiligten eher niedrig sind.

Verjährung der Gewährleistungsansprüche im Kaufrecht

Beim ***Kauf beweglicher Sachen*** verjähren Gewährleistungsansprüche ***nach Ablauf von 2 Jahren*** (bisher: sechs Monate).

Wird ein ***Bauwerk*** oder eine Sache, die entsprechend ihrer üblichen Verwendungsweise für ein Bauwerk verwendet worden ist und dessen Mangelhaftigkeit verursacht hat (Baustoffe) verkauft, so verjähren die Ansprüche nach Ablauf ***von 5 Jahren.***

Eine Frist von 30 Jahren gilt, wenn ein Rechtsmangel vorliegt, aufgrund dessen ein Dritter die Sache herausverlangen kann

BEISPIEIE:

Dritter ist Eigentümer oder Inhaber eines Pfandrechts an der Sache.

oder wenn der Mangel bei einem Grundstück in einem sonstigen im Grundbuch eingetragenen Recht besteht.

BEISPIEL:

Grundschuld zugunsten eines Dritten.

Die Verjährung beginnt bei Grundstücken mit der Übergabe, im Übrigen mit der Ablieferung der Sache. Auf die Kenntnis des Mangels kommt es im Gegensatz zu den oben angesprochenen Regeln im allgemeinen Verjährungsrecht nicht an.

Ein Ausnahme besteht aber in den Fällen, in denen der Verkäufer den Mangel kannte, ihn aber arglistig verschwiegen hat. Hier gilt die allgemeine Verjährungsfrist von drei Jahren, die erst mit der Kenntnis des Käufers zu laufen beginnt.

Möglichkeiten der Verkürzung/ Verlängerung der Gewährleistungsfristen

Außerhalb des sogleich darzustellenden Verbrauchsgüterkaufs ist eine Verkürzung der Gewährleistungsfristen jederzeit durch individualvertragliche Vereinbarung mit dem Käufer möglich. Die Gewährleistungsfrist kann ***beliebig*** verkürzt werden, es sei denn, der Verkäufer hat einen Mangel der Sache arglistig verschwiegen oder eine Garantie für die Beschaffeneit der Sache übernommen.

In ***Allgemeinen Geschäftsbedingungen*** kann ebenfalls eine Verkürzung der Gewährleistungsfristen erfolgen. Allerdings kann, soweit es sich um den Verkauf einer ***neuen Sache*** handelt, die *Gewährleistung nur auf ein Jahr verkürzt, nicht gänzlich ausgeschlossen werden.* Beim Verkauf ***gebrauchter*** Sachen kann ein vollständiger Gewährleistungsausschluss auch durch AGB erfolgen, wenn kein Verbauchsgüterkauf vorliegt

Verjährung der Gewährleistungsansprüche im Werkvertragsrecht

Im Werkvertragsrecht ist hinsichtlich der Gewährleistungsansprüche zu unterscheiden. Handelt es sich um eine ***Werkleistung***, deren Erfolg in der ***Herstellung, Wartung*** oder ***Veränderung einer beweglichen Sache*** (z.B. Autoreparatur) oder der Erbringung einer Planungs- oder Überwachungsleistung hierfür besteht, verjährendie Gewährleistungsansprüche ***in 2 Jahren*** ab Abnahme des Werks.

Ist Gegenstand der Werkleistung die ***Errichtung eines Bauwerks*** oder eine, deren Erfolg in der Erbringung einer Planungs- oder Überwachungslesitung für ein Bauwerk (z.B. Bauplanung, Bauüberwachung durch Architekten) besteht, so tritt die Verjährung wie bisher ***in 5 Jahren*** *ein ab Abnahme.*

Für alle anderen Werkleistungen gilt die regelmäßige Verjährungsfrist von 3 Jahren. Die Verjährungsfrist beginnt mit Kenntnis des Mangels.

Im Rahmen von AGB ist eine Verkürzung der Verjährungsfrist ***auf mindestens 1 Jahr zulässig***. Das gilt jedoch nicht, wenn es sich bei der Werkleistung um ein Bauwerk handelt oder sie im Zusammenhang mit einem solchen steht. Die Verdingungsordnung für Bauleistungen (VOB/ B) hat die rechtliche Position des Bestellers gegenüber dem BGB insofern verschlechtert, als sie die Verjährungsfrist auf zwei Jahre verkürzt, wenn die Geltung der VOB ***insgesamt*** vereinbart ist.

Es darf sich in den AGB also nicht die gebräuchliche Formulierung finden: Grundlage der Vereinbarung ist die VOB/ B mit Ausnahme der folgenden Änderungen und Erläuterungen.

Die Verjährung ist so lange gehemmt, wie der Unternehmer im Einverständnis mit dem Besteller den Mangel überprüft oder ihn zu beseitigen sucht. Als Grund für eine Hemmung der Verjährung ist nun erstmals im Gesetz auch der Fall geregelt, dass zwischen den Parteien Verhandlungen über den Gewährleistungsanspruch schweben. Die Verjährung ist so lange gehemmt, bis der eine oder andere Teil die Fortsetzung der Verhandlungen verweigert.

Unterbrochen wird die Verjährung durch Anerkenntnis des Anspruchsgegners und wenn eine gerichtliche oder behördliche Vollstreckungshandlung vorgenommen oder beantragt wird. Bei Unterbrechung der Verjährung beginnt die Verjährungsfrist nach Beendigung der Unterbrechung neu zu laufen.

4.3 Bedeutung der Unterscheidung Verjährungs-/Garantiefrist

Wird im Vertrag eine Garantiefrist vereinbart, müssen Anfang und Ende der Verjährung gleichfalls vereinbart werden. Sonst kann es passieren, dass Ansprüche zwar entstehen, ihre Durchsetzung aber an der Verjährung scheitert.

BEISPIEL:

„Die Verjährung beginnt mit dem Datum der innerhalb der Garantiefrist erhobenen Mängelrüge."

Auf jeden Fall ist ***darauf zu achten, dass sich Garantie- und Verjährungsfrist nicht decken***, weil sonst keine Zeit verbleibt, Ansprüche wegen gegen Ende der Gewährleistungsfrist aufgetretener Mängel auch durchzusetzen.

5. Verbrauchsgüterkauf

Aufgrund der EG-Verbrauchsgüterkauf-Richtlinie hat der Gesetzgeber den Begriff des **Verbauchsgüterkaufs** in das BGB aufgenommen und inhaltliche Regelungen getroffen. Ein Verbrauchsgüterkauf liegt nach § 474 BGB vor, **wenn ein Verbaucher von einem Unternehmer eine bewegliche Sache** (nicht Forderungen und Grundstücke) erwirbt.

Verbraucher ist nach § 13 BGB jede natürliche Person, die ein Rechtsgeschäft zu einem Zweck abschließt, der weder ihrer gewerblichen noch selbstständigen Tätigkeit zugerechnet werden kann. ***Unternehmer*** ist nach § 14 BGB jede natürliche oder juristische Person oder rechtsfähige Personengesellschaft (GbR, OHG, KG), die bei Abschluss eines Rechtsgeschäfts in Ausübung ihrer gewerblichen oder selbstständigen Tätigkeit handelt. Dass der Zweck des Handelns kein taugliches Abgrenzungskriterium ist, zeigt z.B. der Fall, in dem ein Unternehmer seine Firmenfahrzeuge an einen Privaten veräußert. Ob ein Verbauchsgüterkauf vorliegt, ist umstritten. Ebenso verhält es sich mit dem Geschäftsführer einer GmbH, wenn er als Dritter mit der Gesellschaft kontrahiert.

Verjährungs- und Gewährleistungsfristen

Bei einem Verbauchsgüterkauf ist eine Verkürzung der Verjährungsfrist oder eine Beschränkung der Gewährleistungsrechte in nur ganz geringem Umfang möglich. Dies gilt sowohl für eine individualvertragliche Regelung als auch einer Regelung in AGB.

Die Verjährung der Gewährleistungsrechte beim Kauf einer beweglichen Sache kann nicht durch Rechtsgeschäft erleichtert werden, wenn die Vereinbarung zu einer Verjährungsfrist ab dem gesetzlichen Verjährungsbeginn von weniger als zwei Jahren, bei gebrauchten Sachen von weniger als einem Jahr führt.

Beim ***Verkauf gebrauchter Sachen*** ist also ***ein vollständiger Ausschluss der Gewährleistung nicht mehr möglich***. Hier kann nur eine Beschränkung der Gewährleistung auf ein Jahr vereinbart werden.

Beim ***Verkauf neuer Sachen*** besteht die ***Möglichkeit den Schadensersatzanspruch des Käufers aufgrund eines Sachmangels zu beschränken***.

Jedoch darf diese Beschränkung nicht zu einer unangemessenen Benachteiligung des Käufers führen. Ein vollständiger Ausschluss des Schadensersatzanspruchs wegen Mangelhaftigkeit der Sache dürfte daher unzulässig sein. Denkbar ist aber beispielsweise eine Beschränkung der Höhe auf den Wert des Kaufgegenstandes.

Gefahrübergang

Entgegen der bisherigen Rechtslage ist es beim Verbrauchsgüterkauf nicht mehr möglich, eine Vereinbarung zu treffen, wonach in Fällen, in denen die Ware auf Verlangen des Käufers an einen anderen Ort versandt wird, die Leistungsgefahr mit der Übergabe an die Transportperson auf den Käufer übergeht. Wird die Ware bei derartigen ***Versendungskäufen zerstört, hat der Verkäufer nochmals zu leisten***.

Beweislastumkehr/ Mängelvermutung

Voraussetzung eines Gewährleistunsganspruchs aufgrund eines Sachmangels ist immer, dass der Mangel bereits bei Gefahrübergang auf den Käufer vorgelegen haben muss. Hier sieht das Gesetz für den Fall des Verbrauchsgüterkaufs eine Erleichterung vor. Zeigt sich ***innerhalb von sechs Monaten nach Übergabe*** ein Sachmangel wird vermutet, dass dieser bereits bei Gefahrübergang vorlag. Diese Regelung hat zur Folge, dass der Verkäufer im Prozess das Gegenteil beweisen muss, wenn er die Gewährleistungsrechte zurückweisen will. ***Nach Ablauf der ersten sechs Monate*** muss der Käufer – wie schon bisher – beweisen, dass der Fehler schon bei der Übergabe vorlag.

6. Allgemeine Geschäftsbedingungen

Allgemeine Geschäftsbedingungen (AGB) sind für eine Vielzahl von Verträgen ***vorformulierte Vertragsbedingungen***, die eine Vertragspartei (Verwender) der anderen Vertragspartei bei Abschluss eines Vertrages stellt.

6.1 Begriff und rechtliche Besonderheit

Als vorformulierte Vertragsbedingungen ist es gleichgültig, ob die AGB einen äußerlich gesonderten Bestandteil des Vertrages bilden oder in die Vertragsurkunde aufgenommen sind. Allgemeine Vertragsbedingungen erlauben dem Verwender die rechtlichen Regelungen eines Vertrages einseitig festzulegen. Obwohl sie niemals durch einseitige Erklärung Vertragsbestandteil werden, sondern es zur Einbeziehung einer einverständlichen Regelung beider Vertragspartner, also eines Einbeziehungsvertrages bedarf, liegt ihre Besonderheit darin, dass sie, wenn ein Einbeziehungsvertrag zustande kommt, en bloc Vertragsbestandteil werden, häufig ohne dass der Vertragpartner des Verwenders sie gelesen und Einfluss auf sie genommen hat.

Um zu verhindern, dass der AGB-Verwender den anderen Teil unter Abbedingung des dispositiven Rechts unangemessen benachteiligt, hat der Gesetzgeber das am 1.4.1977 in Kraft getretene Gesetz zur Regelung des Rechts der Allgemeinen Geschäftsbedingungen (AGB-Gesetz) geschaffen, das mit der Schuldrechtsreform ohne wesentliche Änderungen in das BGB integriert wurde (§§ 305 bis 310 BGB).

Im Zusammenhang mit der Verwendung von Allgemeinen Geschäftsbedingungen stellen sich ***drei Problemkreise***: erstens die Frage des ***Anwendungsbereichs*** der Regelungen zum Recht der AGB, zweitens die Frage, ob AGB wirksam in den Vertrag ***einbezogen*** wurden und drittens die Frage ihrer ***Wirksamkei***t gemessen an einer unangemessenen Benachteiligung des Vertragspartners des Verwenders. ***Schutz vor missbräuchlichen AGB*** wird durch die ***Generalklausel des § 307 BGB*** und einem Katalog verbotener AGB in §§ 308, 309 BGB gewährt. Gegenüber Kaufleuten besteht dieser Schutz jedoch nur mit

Einschränkungen. Bezieht sich der Vertrag auf die gewerbliche oder selbstständige berufliche Tätigkeit des anderen Teils finden §§ 308 und 309, sowie § 305 Abs. 2 und 3 BGB keine Anwendnung. Auf dem Wege über die Generalklausel des § 307 BGB bekommen Kaufleute aber trotzdem wieder mit den Schutz vor missbräuchlichen AGB zu tun.

6.2 Wirksame Einbeziehung in den Vertrag

Auf Vertragsschlüsse mit Unternehmern findet § 305 Abs. 2 BGB keine Anwendung. Auch zwischen Unternehmern gelten AGB aber nur dann, wenn sie durch rechtsgeschäftliche Einbeziehung Vertragsbestandteil geworden sind. Ausdrücklich können AGB Bestandteil auch dann werden, wenn sie dem für den Vertragsschluss maßgeblichen Schreiben nicht beigefügt sind und der andere Teil die AGB nicht einmal kennt. Der Hinweis die AGB auf Wunsch zu übersenden genügt. Die Einbeziehung durch ***schlüssiges Verhalten*** setzt voraus, dass der Verwender erkennbar ***auf seine AGB verweist*** und der ***Vertragspartner*** ihrer Geltung ***nicht widerspricht***. Widerspricht der andere Teil – was durch einen Hinweis auf die Geltung der eigenen AGB erfolgen kann – kommt kein Einbeziehungsvertrag zustande. Entsprechend unsicher ist auch die Rechtslage.

BEISPIELE: HINWEISE AUF UND ABLEHNUNG VON AGB

Die Bestellung erfolgt „auf der Grundlage der umseitig abgedruckten Einkaufsbedingungen", die Auftragsbestätigung verweist auf die „umstehenden Allgemeinen Lieferbedingungen"; „Wir bestellen bei ihnen auf der Grundlage unserer Einkaufsbedingungen. Ihre Lieferbedingungen gelten nur, wenn und soweit wir sie schriftlich anerkennen" oder, wenn der Einkäufer keine AGB verwendet: „Wir bestellen bei Ihnen auf der Grundlage des Gesetzes. Davon abweichende Lieferbedingungen gelten nur, wenn und soweit wir sie schriftlich anerkennen".

Verwendet der Kaufmann eine derart deutliche Abwehrklausel, und zwar möglichst auf der Vorderseite seiner Formulare, bringt er damit zum Ausdruck, dass er sich unter keinen Umständen – und auch durch konkludentes Handeln nicht – den Bedingungen seines Vertragspartners unterwerfen will. Es liegt ein ***offener Einigungsmangel*** vor, der aber in der Regel die ***Gültigkeit des Liefervertrages nicht berührt***, weil beide Parteien mit der Durchführung des Vertrages zu erkennen geben, dass sie trotz der fehlenden Einigung über die Einbeziehung am Liefervertrag festhalten wollen. Hinsichtlich der AGB ist nach der Rechtsprechung eine Vertragslücke entstanden, die durch das Gesetz geschlossen wird.

6.3 Auslegung und Inhaltskontrolle von AGB

Auslegung

In einer ersten Stufe werden AGB ausgelegt, das heißt streng bei ihrem Wortlaut genommen. Das Prinzip der Auslegung beruht auf folgenden Überlegungen:

Ähnlich wie Gesetze werden AGB abstrakt für eine Vielzahl von Fällen aufgestellt. Ähnlich wie Gesetze sind sie deshalb ***objektiv nach ihrem Wortlaut*** auszulegen; außerhalb des Textes liegende Umstände bleiben dabei zunächst außer Betracht. Zu bedenken ist aber, dass im Unterschied zu Gesetzen AGB vor Abschluss eines gütligen Einbeziehungsvertrages nur Regelungsentwürfe ohne rechtliche Verbindlichkeiten sind. Werden sie in einen Vertrag einbezogen, so geht zunächst die Individualvereinbarung dieses Vertrages vor. § 305 b BGB macht diesen Vorrang der Individualabrede deutlich.

Individuelle Vertragsabreden haben Vorrang vor Allgemeinen Geschäftsbedingungen.

Außerdem wird der Inhalt der AGB durch diese Individualabreden geprägt. Mit der objetiven Auslegung allein ist es also nicht getan. Es ist zusätzlich zu prüfen, welchen Einfluß Sinn und Zweck der Individualabreden auf die Auslegung der AGB-Klauseln haben.

Objektive Auslegung

Für die objektive Auslegung gilt in erster Linie die ***Unklarheitenregel***. Sie ist in § 305 c Abs. 2 BGB festgehalten. Er lautet:

Zweifel bei der Auslegung allgemeiner Geschäftsbedingungen gehen zu Lasten des Verwenders.

Der Verwender also hat das Risiko etwaiger Unklarheiten zu tragen: unklare Klauseln werden gegen ihn ausgelegt.

BEISPIEL:

Kommt der Lieferer seiner Verpflichtung, den Besteller vom Eintritt höherer Gewalt zu unterrichten innerhalb einer Woche nach, kann der Besteller Ansprüche auf Schadensersatz wegen Nichterfüllung nicht stellen. Damit ist nicht etwa gesagt, dass umgekehrt der Besteller Ansprüche auf Schadensersatz dann stellen kann, wenn der Lieferer ihn vom Eintritt höherer Gewalt erst später als nach einer Woche oder gar nicht unterrichtet.

Neben der Unklarheitenregel bringt § 305 c BGB auch das ***Restriktionsprinzip*** zum Ausdruck. Nach diesem Prinzip sind Einschränkungen gesetzlich normierter Rechte des Vertragspartners eng auszulegen. Wesentliche Ausprägung dieses Grundsatzes ist die enge Auslegung von Freizeichnungsklauseln.

BEISPIEL:

Der Hersteller beschränkt seine Haftung für Sachmängel auf Nachbesserung und bei deren Fehlschalgen auf Wandelung oder Minderung. Wird daneben ein Anspruch auf Schadensersatz nicht ausdrücklich ausgeschlossen, bleibt er dem Besteller erhalten.

Auslegung im Licht der Individualvereinbarungen

Immer müssen die Parteien im Auge behalten, dass die vorformulierten Klauseln der AGB abstrakt und generell und daher nicht den Besonderheiten des jeweiligen Individualvertrages angepasst sind. Die Anpassung ist durch Auslegung mit Hilfe der ***Individualabrede*** nachzuholen. AGB-Klauseln, die in Widerspruch zu Individualabreden stehen, sind für das betreffende Geschäft unbeachtlich. Keine Vertragspartei darf also mit einer Hand der Individualvereinbarung etwas geben, was sie mit der anderen Hand ihrer AGB wieder nimmt.

BEISPIEL: FÜR DEN VORRANG VON INDIVIDUALABREDEN

In der Individualvereinbarung haben sich beide Parteien auf einen bestimmten Liefertermin geeinigt. Eine AGB-Klausel, die Lieferfristen als unverbindlich bezeichnet, ist für diesen Vertrag unbeachtlich.

Inhaltskontrolle

Haben die AGB die Auslegung ungeschoren überstanden, wird ihr Inhalt auf kaufmännische Fairness hin überprüft. Weil AGB nicht individuell ausgehandelt, sondern einseitig vorformuliert und dem Vertragspartner aufoktroyiert werden, gelten sie, auch wenn der Einbeziehungsvertrag wirksam zustande gekommen ist, nicht unbesehen, sondern müssen sich richterliche Kontrollen gefallen lassen.

Katalog anrüchiger Klauseln

Die sehr intensive Rechtsprechung zur Inhaltskontrolle ist im Gesetz festgeschrieben und weiterentwickelt worden. § 309 BGB enthält einen Katalog von Klauseln, die dem Endverbraucher gegenüber nicht mehr verwendet werden dürfen.

BEISPIELE:

kurzfristige Preisgleitklauseln, Beschränkung der Gewährleistung.

Katalog verdächtiger Klauseln

In § 308 BGB führt das Gesetz acht Klauseln auf, die im Verkehr mit dem Endverbraucher dem Verdacht der Unzulässigkeit unterliegen. Bei diesen nur relativ unwirksamen Klauseln wird dem Verwender jedoch die Chance gelassen, vor der Kontrollinstanz darzulegen, warum er die Klausel verwendet und dass er dabei seinen Vertragspartner nicht unangemessen benachteiligt.

BEISPIELE:

Vorbehalt eines Rechtes auf Rücktritt ohne sachlich gerechtfertigten Grund; Vorbehalt einer unangemessen langen Nachfrist bei Lieferverzug.

Die Generalklausel des § 307 BGB

Die Generalklausel ***gilt uneingeschränkt*** *für den kaufmännischen Verkehr.* Sie drückt Sinn und Zweck der von den Gerichten ausgeübten Inhaltskontrollen aus. Ihr allgemein gehaltener Wortlaut wird ***durch die Kataloge der §§ 308 und 309 BGB konkretisiert***. Ein Kaufmann also, der eine der in §§ 308 oder § 309 BGB aufgeführte Klausel verwendet, macht sich verdächtig, seinen Vertragspartner unangemessen zu benachteiligen und läuft daher Gefahr, dass diese Klausuel unwirksam ist. Allerdings besteht für ihn die Möglicheit, der Kontrollinstanz nachzuweisen, dass und inwiefern in seinem speziellen Fall eine unangemessene Benachteiligung des Vertragspartners doch nicht vorliegt. Dabei ist auf die im Handelsverkehr geltenden Gewohnheiten und Gebräuche angemessen Rücksicht zu nehmen. Die Generalklausel reicht weiter als die Klauselkataloge und unterwirft auch in diesen nicht verzeichnete Klauseln einer Kontrolle, die sich an ***kaufmännischer Fairness*** orientiert. Das Gesetz regelt darüber hinaus jetzt ausdrücklich in § 307 Abs. 1 Satz 2 BGB, dass eine AGB-Regelung schon deshalb unwirksam sein kann, weil sie nicht klar und verständlich formuliert ist.

6.4 Einwand unzulässiger Rechtsausübung

Hat eine AGB-Klausel die Prüfungsstadien der Auslegung und Inhaltskontrolle passiert, bleibt noch zu untersuchen, ob ihrem Verwender entgegenzuhalten ist, mit Rücksicht auf die besonderen Umstände des Einzelfalles ***verstoße er gegen Treu und Glauben***, wenn er sich diesem Vertragspartner gegenüber auf seine sonst nicht zu beanstandenden Bedingungen beruft. Die Fälle sind nicht häufig, kommen jedoch in Betracht, wenn das vorhergehende Verhalten des Verwenders in deutlichem Gegensatz zu der in Rede stehende Regelung steht.

BEISPIEL:

Der Verwender will sich auf eine Klausel berufen, welche die Haftung für eine Auskunft ausschließt, nachdem er vorsätzlich eine falsche Auskunft gegeben hat.

Dieser letzte Prüfungsgrundsatz ist nicht ausdrücklich in den §§ 305 ff. BGB enthalten, wird aber trotzdem ständig angewendet.

XV. Glossar wirtschaftlicher Fachbegriffe

Glossar wirtschaftlicher Fachbegriffe

A

Abgaben

Sammelbegriff für Pflichtzahlungen von Einzelpersonen und sonstigen Rechtspersonen an Bund, Länder und Gemeinden. Insbesondere gehören zu den A. die ↑ Steuern, deren Rechtsgründung in der Abgabenordnung (AO), auch Grundgesetz des Steuerrechts genannt, zu finden ist, und der ↑ Zoll. Im weiteren Sinne zählen dazu die Gebühren, die bei gewissen Leistungen des Staates an den Bürger erhoben werden, z.B. für das Ausstellen von Urkunden.

Abschreibung

1. Betriebswirtschaftlicher Begriff, der die Verteilung der Anschaffungs- oder Herstellkosten eines abnutzbaren Gegenstandes des Anlagevermögens auf die einzelnen Geschäftsjahre beinhaltet. Durch Gebrauch und Veralterung verliert ein Vermögensgut an Wert. Damit der Unternehmer in die Lage versetzt wird, bei völliger Abnutzung der alten Anlage sich eine neue kaufen zu können (Reinvestition), gibt es die Möglichkeit der A. I.w.S. werden auch Wertminderungen durch sonstige Abwertungsgebote oder -wahlrechte bei Anlage- und Umlaufvermögen erfasst (z.B. A. auf Forderungen).

2. Steuerrecht: a) Für die Bemessung der A. in der Steuerbilanz liefern die Finanzämter sogenannte AfA (Absetzung für Abnutzungs)-Tabellen: Darin sind die Zeiten enthalten, in denen ein Anlagegut abgeschrieben werden darf (betriebsgewöhnliche Nutzungsdauer). Daneben gibt es die AfaA (Absetzung für außergewöhnliche technische oder wirtschaftliche Abnutzung) und im Falle von Bergbauunternehmen usw. die AfS (Absetzung für Substanzverringerung). – b) Abschreibungsmethoden: Die vom Anschaffungswert, vorgenommen werden, oder degressiv (genauer: geometrisch-degressiv), d.h. fallend, immer vom Restbuchwert berechnet werden. – c) Abschreibungsarten: bilanzielle A. und kalkulatorische A. Erstere wählt die steuerlich

kürzeste Abschreibungszeit, um so schnell wie möglich das investierte Kapital durch Steuerersparnis zurückzubekommen. Die Kalkulation hingegen geht vom Wiederbeschaffungswert und von der tatsächlichen Nutzungszeit aus, um reale Preise kalkulieren zu können.

3. Volkswirtschaftlicher Begriff bei der Ermittlung der ↑ Investitionen.

Abwertung

Der Inlandswährung, d.h. Anstieg des ↑ Wechselkurses i.S.d. Preisnotierung (z.B. EUR/$) bzw. Rückgang des Wechselkurses i.S.d. Mengennotierung ($/EUR). Jeder Abwertung der Inlandswährung entspricht somit eine Aufwertung der Auslandswährung. Folgen: Ausländer benötigen weniger eigenes Geld, um eine Einheit der abgewerteten Währung zu erhalten (der EUR wird billiger). Inländer hingegen müssen beim Umtausch in ausländisches Geld mehr eigene Währungseinheiten aufwenden (der $ wird teurer). Die mit der A. der heimischen Währung einhergehende Verteuerung aller Auslandswährungen bedeutet somit z.B. bei ungeänderten Auslandspreisen in Auslandswährung eine Preiserhöhung für Auslandsgüter, gerechnet in Inlandswährung (Verteuerung der ↑ Einfuhren; entsprechend Verbilligung der ↑ Ausfuhren). – Gegensatz: ↑ Aufwertung.

Akkreditiv

Zahlungsversprechen einer Bank. Die Bank (A.-Bank) leistet Zahlungen (bis zu einem bestimmten Betrag) an den im A. genannten Begünstigten für Rechnung eines Dritten (Akkreditivsteller). Zu unterscheiden sind: BAR-A. (Auszahlung des Betrages ohne besondere Gegenleistung des Begünstigten) und Dokumenten-A. Auszahlung des Betrages nur gegen Vorlage bestimmter Dokumente). Üblich im Außenhandel.

Aktie

Ein Wertpapier, das den Aktionär als Anteilsinhaber einer Aktiengesellschaft oder Kommanditgesellschaft auf Aktien ausweist. Die A. verbrieft mehrere Rechte, insbesondere Stimmrecht, Anspruch auf Dividende, Bezugsrecht für neue Aktien und Recht auf Beteiligung am Liquidationserlös. Der Wert der A. kann schwanken. Ihr Kurs hängt im Wesentlichen ab vom erwarteten ↑ Gewinn des Unternehmens sowie vom Vertrauen in das Unternehmen und in die Konjunkturaussichten (↑ Konjunktur).

Aktiengesellschaft

Eine ↑ Handelsgesellschaft mit eigener Rechtspersönlichkeit, daher auch ↑ juristische Person genannt. Rechtsgrundlage ist das Aktiengesetz vom 6. September 1965 mit spät. Änderungen.

Aktienindex

Meßzahl, die die Entwicklung des durchschnittlichen Aktienkurses verdeutlicht.

Bekannte A. sind auf internationaler Ebene der Dow-Jones-Index, auf nationaler Ebene der ↑ Deutsche Aktienindex (DAX).

Aktiva

Die Summe der Vermögensteile, Rechnungsabgrenzungsposten und Bilanzierungshilfen eines Unternehmens, die auf der linken Seite der ↑ Bilanz aufgeführt werden. – Gegensatz: ↑ Passiva.

Allgemeine Geschäftsbedingungen (AGB)

Für eine Vielzahl von Verträgen formulierte Vertragsbedingungen, die eine Vertragspartei der anderen bei Vertragsabschluss stellt. Sie werden umgangssprachlich auch das „Kleingedruckte“ genannt. Das Gesetz will den Vertragspartner schützen, indem es den Verwender der AGB ausdrücklich auffordert, den Vertragspartner auf die AGB hinzuweisen. Geschäftspraktiken, die nur einseitig den Interessen des Herstellers dienen und dem Gebot von Treu und Glauben widersprechen, sind nach den AGB verboten. Inhalt der AGB sind z.B. Erfüllungsort, Gerichtsstand, Haftung, Eigentumsvorbehalt, Lieferungsbedingungen, Zahlungsbedingungen.

Angebot

1. In der Volkswirtschaft diejenige Menge an Gütern und Dienstleistungen, die verkauft werden soll. Anbieter sind die Unternehmen, der Staat und das Ausland (Importe). A. und ↑ Nachfrage bestimmen den Marktpreis. In der Angebotskurve wird grafisch dargestellt, wie bei alternativen Preisen die Angebotsmengen variieren. So unterstellt man, dass bei hohen Preisen viele Waren, bei niedrigen Preisen weniger Waren angeboten werden.

2. Im wirtschaftlichen Bereich bildet das A. eine rechtliche Bindung des Anbietenden, sofern dieser keine Einschränkungen macht: z.B. „freibleibend", „solange Vorrat reicht". Bestellt derjenige, der das A. erhalten hat, so ist ein Kaufvertrag zustande gekommen.

Anlagevermögen

Die Summe der Werte aller Anlagen, die in der Bilanz ausgewiesen sind. Das A. vermindert sich planmäßig um die ↑ Abschreibungen bei abnutzbaren Anlagen. Gegenstände des A. dürfen maximal zum Anschaffungs- oder Herstellungswert bewertet werden (↑ Bewertung). So kommt es, dass z.B. bei Preissteigerungen im Grundstückssektor erhebliche stille Reserven gebildet werden.

Anleihe

Mittel- und langfristiges Gläubigerpapier, mit dem sich die Kapitalsuchenden wie Staaten, Kommunen, Banken und Unternehmen durch die Ausgabe der A. Geld am Kapitalmarkt besorgen. Synonyme Bezeichnungen: Schuldverschreibung oder Obligation.

Aufwendungen

Der Geldwert aller Güter und Leistungen, die in einem Unternehmen verbraucht werden. Vor allem zählen dazu: Verbrauch von Roh- Hilfs-, Betriebsstoffen, Personalausgaben, Abschreibungen, Steuern, Mieten, Versicherungen. Nach dem Industriekontenrahmen werden die A. in den Klassen 6 u. 7 aufgenommen. Im Groß- und Außenhandel sind es die Klasse 4 (betriebl. A.) und die Klasse 2 (neutrale A.). Der Gemeinschaftskontenrahmen der Industrie (GKR) erfasst die betrieblichen A. in der Klasse 4, die neutralen A. in der Klasse 2. Die Kostenrechnung erfasst nur betriebliche A., zwecks Erstellung von Kalkulationsgrundlagen. Die Finanzbuchhaltung muss auch betriebsfremde A. erfassen, um einen ordnungsgemäßen ↑ Jahresabschluss machen zu können.

Aufwertung

A. der Inlandswährung, d.h. Rückgang des Wechselkurses i.S.d. Preisnotierung (z.B. EUR/$) bzw. Anstieg des ↑ Wechselkurses i.S.d. Mengennotierung ($/EUR). Somit entspricht jeder Aufwertung der Inlandswährung eine Abwertung der Auslandswährung. Folgen: Ausländer benötigen mehr eigenes Geld, um eine Einheit der aufgewerteten Währung zu erhalten. Inländer hingegen müssen beim Umtausch in ausländisches Geld weniger eigene Währungseinheiten aufwenden. Die mit der A. der heimischen Währung einhergehende Verbilligung aller Auslandswährungen bedeutet somit z.B. bei ungeänderten Auslandspreisen in Auslandswährung eine Preissenkung für Auslandsgüter, gerechnet in Inlandswährung (Verbilligung der Einfuhren; entsprechend Verteuerung der Ausfuhren). – Gegensatz: ↑ Abwertung.

Ausfuhr

Auch: Export, das Verkaufen von Gütern, Dienstleistungen und Kapital ins Ausland. Festgehalten werden diese Transaktionen in der ↑ Zahlungsbilanz einer Volkswirtschaft. Grundsätzlich bedarf die A. nach dem Außenwirtschaftsgesetz keiner Genehmigung. Von dieser Regelung kann abgegangen werden, z.B. wenn Güter im Inland benötigt werden. Einer Genehmigung bedürfen Güter, die mit Kernenergie oder Rüstungsmaterial zu tun haben. – Gegensatz: ↑ Einfuhr.

Außenfinanzierung

Eine Form der Finanzierung, bei der externe Kapitalgeber dem Unternehmen Kapital zuführen. – Gegensatz: Innenfinanzierung. – Arten der A.: Beteiligungsfinanzierung und Kreditfinanzierung.

außenwirtschaftliches Gleichgewicht

Zielsetzung von Bund und Ländern nach dem Stabilitätsgesetz (§ 1), für den Ausgleich der ↑ Zahlungsbilanz bzw. ihrer Teilbilanzen zu sorgen. Bei Störungen des Gleichgewichts der Leistungsbilanz durch Exportüberschüsse können Preissteigerungen, durch Einfuhrüberschüsse kann Arbeitslosigkeit die Folge sein. (↑ Magisches Viereck).

B

Baisse

(frz. = Fallen, Sinken); Periode sinkender Börsenkurse, sowohl bei Wertpapieren als auch auf Waren- und Frachtmärkten. – Gegensatz: ↑ Hausse.

Besitz

Die tatsächliche Herrschaft über eine Sache; die Person, die einen Gegenstand tatsächlich innehat, wird als Besitzer bezeichnet. Unmittelbarer Besitzer ist derjenige, der die Sachherrschaft ausübt, mittelbarer Besitzer ist derjenige, der vorübergehend den Besitz an einen anderen übertragen hat. ↑ Eigentum.

Beteiligungsfinanzierung

Eine Form der ↑ Außenfinanzierung, bei der sich entweder bisher fremde Personen in eine Gesellschaft einkaufen oder vorhandene Gesellschafter ihre bisherige Beteiligung erhöhen. Klassische Form bei der ↑ Aktiengesellschaft ist die Neuausgabe von Aktien, bei der GmbH die Neuaufnahme von Gesellschaftern, bei Personengesellschaften die Erhöhung der Kommanditeinlagen oder Aufnahme zusätzlicher Vollhafter.

Betrieb

Der Teil eines ↑ Unternehmens, in dem planvoll organisiert Sachgüter produziert oder Dienstleistungen bereitgestellt werden (Produktionsstätte).

Betriebsabrechnung

In der Kostenrechnung ein Verfahren, bzw. periodisch (meistens monatlich) erfolgende Verrechnung aller im Unternehmen anfallenden Kosten auf die Hauptkostenstellen. Ausgangspunkt der B. sind die in der Kostenartenrechnung gesammelten Kostenträgergemeinkosten (↑ Gemeinkosten), die im ersten Schritt den sie verursachenden Hilfskostenstellen und Hauptkostenstellen zugeordnet werden. Anschließend erfolgt eine mehrstufige Kostenverechnung zwischen Hilfs- und Hauptkostenstellen, nach der sämtliche Kostenträgergemeinkosten ausschließlich den Hauptkostenstellen belastet sind. Zumeist mit Hilfe von Zuschlagssätzen werden sie dann auf die Kostenträger übertragen (Kostenträgerrechnung). – Früher wurde die B. mit Hilfe des Betriebsabrechnungsbogens (BAB) manuell erstellt; heute erfolgt die B. EDV-gestützt.

Betriebsergebnis

↑ Gewinn 1.

Betriebsrat

Lt. ↑ Betriebverfassungsgesetz vorgesehene, auf 3 Jahre gewählte Interessensvertretung der Arbeitnehmer, wenn die Belegschaft mindestens 5 Arbeitnehmer ohne Auszubildende umfasst. Betriebsratsmitglieder genießen einen weitergehenden Kündigungsschutz. – Wahl: Wahlberechtigt sind alle Arbeitnehmer und Auszubildende über 18 Jahre, ausgenommen leitende Angestellte. Wählbar sind alle Wahlberechtigten, die mindestens 6 Monate dem Unternehmen angehören. Die Wahl ist geheim, gleich, frei und unmittelbar. Es kann nach Gruppen (Arbeiter/ Angestellte) oder gemeinsam gewählt werden.

Betriebsverfassungsgesetz (BetrVG)

Gesetzlich geschaffene Grundlage von 1972, die die Beziehungen zwischen Arbeitgeber und Arbeitnehmer regelt, so u.a. die Einrichtung des ↑ Betriebsrats und der ↑ Betriebsversammlung. 2001 novelliert zur Regelung der betrieblichen Mitbestimmung. Geltungsbereich für alle Betriebe mit mind. 5 wahlberechtigten Arbeitnehmern, von denen 3 wählbar sind. Das B. regelt hauptsächlich die Mitwirkungsberechtigung und

Mitbestimmungsmöglichkeit des Betriebsrats im Betrieb, die Informationspflicht des Arbeitgebers an den Betriebsrat bei betrieblichen Vorgängen, wenn hierdurch Arbeitnehmerinteressen berührt werden, sowie die Strafbestimmungen bei Verletzungen der festgelegten Verpflichtungen. Weitere Informationen unter www.bma.bund.de.

Betriebsversammlung

Durch den ↑ Betriebsrat vierteljährlich einzuberufende Versammlung der Belegschaftsmitglieder, um Rechenschaft über die Betriebsratstätigkeit abzulegen. Sie wird vom Betriebsratsvorsitzenden geleitet. Der Arbeitgeber ist zu laden. Die B. findet in der Regel während der Arbeitszeit ohne Lohnausfall statt. Im Betrieb vertretene Gewerkschaften und Beauftragte des Arbeitsgebers können teilnehmen.

Bewertung

Zuordnung einer Geldgröße zu einem bestimmten Vermögensgegenstand bzw. zu einer Verbindlichkeit. – Methoden der B.: Einzelbewertung, Gruppenbewertung, Pauschalbewertung, Festwerbewertung. – Der Gesetzgeber hat verschiedene Bewertungsrichtlinien zugelassen, so u.a. nach ohne Lohnausfall Handelsrecht (v.a. Aktiengesetz) und nach Steuerrecht (ohne Lohnausfall Einkommensteuer). –

B. nach Handels- und Steuerrecht:

1. Das abnutzbare Anlagevermögen ist zu fortgeführten Anschaffungs- oder Herstellkosten anzusetzen. Die Abschreibung ist nach einem festgelegten Plan vorzunehmen. Außerplanmäßige Abschreibungen können vorgenommen werden. Sollte sich aber die „Außerplanmäßigkeit“ hinterher als nicht mehr notwendig herausstellen, so muss sie rückgängig gemacht werden.

2. Das nicht abnutzbare Anlagevermögen ist zu Anschaffungskosten zu bewerten. Sollte hierbei einmal eine außerplanmäßige Abschreibung vorgenommen werden, die sich hinterher als nicht notwendig herausstellt, so kann der letzte Bilanzansatz überschritten und eine Zuschreibung durchgeführt werden, jedoch maximal bis zum Anschaffungspreis.

3. Vorräte im Umlaufvermögen werden nach dem Niederstwertprinzip bewertet, das eine B. zum niedrigeren Tagespreis (Börsen- oder Marktpreis) verlangt.

4. Forderungen sind mit dem wahrscheinlichen Wert anzusetzen. Es sind Einzel- und Pauschalwertberichtigungen möglich.

5. Besitzwechsel sind zum Bilanzstichtag mit dem Barwert (Wechselbetrag abzüglich Diskont) anzusetzen.

6. Rückstellungen sind in Höhe des Betrages anzusetzen, der nach vernünftiger kaufmännischer Beurteilung notwendig ist.

7. Verbindlichkeiten sind mit dem Rückzahlungsbetrag anzusetzen.

8. Privatentnahmen und Privateinlagen sind mit dem Tageswert zu bewerten.

BGB-Gesellschaft

↑ Gesellschaft des bürgerlichen Rechts.

Bilanz

(ital. bilancia = Waage); eine kurzgefasste Gegenüberstellung aller Vermögenswerte und Schuldenteile einer Unternehmung am Bilanzstichtag zum Zweck der Erfolgsermittlung oder als Vermögensübersicht. Die Aufstellung mit ihren Bewertungsrichtlinien ist allgemein im HGB geregelt. Vgl. auch ↑ Bilanzgliederung, ↑ Bewertung, ↑ Inventar.

Bilanzanalyse

Das Zerlegen und Aufgliedern der ↑ Bilanz. Der darauf aufbauende Beurteilungsvorgang der Lage und Entwicklung einer Unternehmung wird z.T. als Bilanzkritik ausgegrenzt, überwiegend jedoch einbezogen. Gegenstand der B. ist nicht nur die Bilanz, sondern der gesamte Jahresabschluss, bestehend aus Bilanz, Gewinn- und Verlustrechnung und Anhang, bei Kapitelgesellschaften auch dem Lagebericht. Die Beurteilung der finanziellen und ertragsmäßigen Werte und Entwicklung in der Vergangenheit und für die Zukunft, da Liquidität und Rentabilität bei auf Gewinnerzielung ausgerichteten Unternehmen Existenzvoraussetzungen sind. Die B. umfasst die Analyse der Finanzlage anhand von Kennzahlen und finanzwirtschaftlichen Bewegungsbilanzen sowie die Analyse der Ertragslage aufgrund der Gewinn- u. Verlustrechnung und mit Hilfe spezifischer Kennzahlen. Wichtigste Kennzahlen zwecks B. und nachfolgender Bilanzkritik: Vermögensaufbau (Anlagevermögen zu Umlaufvermögen), Investition (Eigenkapital + langfristiges Fremdkapital zu Anlagevermögen), Finanzierung (Eigenkapital zu Fremdkapitel), Liquiditätsgrad I (Geldmittel zu kurzfristige Verb.), Rentabilität des Eigenkapitals (Reingewinn zu Eigenkapital) ↑ Cashflow.

Bilanzgliederung

Systematisierung der Posten einer ↑ Bilanz. Bei der Aktivseite (Vermögensseite) erfolgt eine Gliederung nach der Dauer der Bindung an das Unternehmen, beginnend mit der langfristigen Bindung (Gebäude). Zunächst werden die Konten des Anlagevermögens erfasst, dann die des Umlaufvermögens, die nach dem Grundsatz der steigenden Liquidität zu gliedern sind. Die Passivposten (Kapital- oder Schuldenseite) sind – abgesehen vom Eigenkapital – nach der Dauer der Verfügbarkeit geordnet, beginnend mit den langfristigen Verbindlichkeiten.

Für Kapitalgesellschaften zwingend und bei zahlreichen anderen Unternehmungen gebräuchlich ist die Gliederung nach §§ 265, 266, 268 ff. HGB:

§ 266. Gliederung der Bilanz. (1) Die Bilanz ist in Kontoform aufzustellen. Dabei haben große und mittelgroße Kapitalgesellschaften (§ 267 Abs. 3.2) auf der Aktivseite die in Absatz 2 und auf der Passivseite die in Absatz 3 bezeichneten Posten gesondert und in der vorgeschriebenen Reihenfolge auszuweisen. Kleine Kapitalgesellschaften (§ 267 Abs. 1) brauchen nur eine vekürzte Bilanz aufzustellen, in die nur die in den Absätzen 2 und 3 mit Buchstaben und römischen Zahlen bezeichneten Posten gesondert und in der vorgeschriebenen Reihenfolge aufgenommen werden.

(2) Aktivseite

A. Anlagevermögen:

I. Immaterielle Vemögensgegenstände

II. Sachanlagen

III. Finanzanlagen

B. Umlaufvermögen:

I. Vorräte

II. Forderungen und sonstige Vermögensgegenstände

C. Rechnungsabgrenzungsposten:

A. Eigenkapital

B. Rückstellungen

C. Verbindlichkeiten

D. Rechnungsabgrenzungsposten.

Bilanzierungsgrundsätze

Richtlinien, nach denen sich ehrenwerte und ordentliche Kaufleute bei der Bilanzaufstellung richten. Die Bilanz soll nach vorsichtigen Einschätzungen der Vermögenslage aufgestellt, nach Handels- und Steuerrecht klar und wahr und nach gleichen Kriterien abgefasst und bewertet werden wie die vorhergehende Bilanz. ↑ Grundsätze ordnungsmäßiger Buchführung.

Boom

↑ Konjunkturphase.

Börse

Platz, an dem regelmäßig ↑ Güter, Geld oder ↑ Wertpapiere gehandelt werden, ohne dass sie direkt in Erscheinung treten. Arten: 1. Warenbörse (Produktionsbörse) für den Handel mit börsengängigen Waren (z.B. Baumwolle, Kaffee, Schweine, Weizen, Zucker).

2. Dienstleistungsbörse für den Handel mit Versicherungsverträgen.

3. Devisenbörse für den Handel mit ↑ Devisen.

4. Wertpapierbörse (Effektenbörse) für den Handel mit ↑ Wertpapieren (↑ Aktien, Schuldverschreibungen).

5. Terminbörse für den Handel mit derivativen ↑ Finanzinstrumenten.

brutto

(ital. gesamt). Gegensatz: ↑ netto.

1. im kaufmännischen Sprachgebrauch Gewichtsangabe einschließlich Verpackung, Preisangabe vor Abzug von Rabatt und Skonto.

2. In der Buchhaltung: (1) die Angabe eines Preises einschl. Mehrwertsteuer; (2) das Buchen des Skontoabzugs, ohne die Mehrwertsteuer zu berichtigen; (3) getrennter Abschluss von Wareneinkaufs- und Warenverkaufskonto zu Gewinn- und Verlust-Konto (übliche Form).

3. In der Lohnabrechnung der Betrag, bei dem noch keine gesetzlichen Abzüge berücksichtigt wurden.

Bruttoinlandsprodukt (BIP)

Wert aller von den Wirtschaftseinheiten innerhalb eines bestimmten Zeitraums sowie der Landesgrenzen des Wirtschaftsgebietes produzierten Waren und Dienstleistungen nach Abzug der als Vorleistungen verbrauchten Güter. Dabei ist gleichgültig, ob In- oder Ausländer an der Erstellung beteiligt waren. Bereinigt um den „Saldo der Erwerbs- und Vemögenseinkommen zwischen Inländern und der übrigen Welt" wird daraus das ↑ Bruttosozialprodukt ermittelt. ↑ Sozialprodukt.

Bruttosozialprodukt (BSP)

Wert aller in einer Periode produzierten Güter und Dienstleistungen einer Volkswirtschaft. Das B. unterscheidet sich vom ↑ Bruttoinlandsprodukt durch den Saldo der Erwerbs- und Vermögenseinkommen zwischen In- und Ausland; d.h., Erwerbs- und Vemögenseinkommen, die inländische Wirtschaftseinheiten aus dem Ausland empfangen, werden einbezogen, nicht jedoch Erwerbs- und Vermögenseinkommen, die im Inland entstehen, aber an das Ausland geleistet werden. Aus dem B. wird nach Abzug der Abschreibungen u. indirekten Steuern (plus Subventionen) das sog. Nettosozialprodukt zu Faktorkosten, kurz ↑ Volkseinkommen, ermittelt. ↑ Sozialprodukt.

Buchführung

Die planmäßige, lückenlose und ordnungsgemäße Aufzeichnung aller Geschäftsvorfälle in zeitlicher und wertmäßiger Art in einer Unternehmung. Die kaufmännische B. ist neben Kostenrechnung, betriebswirtschaftlicher Statistik und Planung das Hauptglied des Rechnungswesens einer Unternehmung. – Wesentliche Aufgaben:

1. Erfolgsermittlung durch Gegenüberstellung von Aufwand und Ertrag in der Gewinn- und Verlustrechnung.

2. Jederzeitiger Überblick über die Vermögenslage und den Schuldenstand. Zusammenfassend vollzieht sich dies einmal im Jahr in der ↑ Bilanz.

3. Festschreibung aller Veränderungen der Vermögenswerte und Schulden.

4. Grundlage für die Kalkulation, um Preisangebote machen zu können, die kostendeckend sind.

5. Grundlage zur Berechnung von betriebswirtschaftlichen Kennziffern, wie z.B. Vermögensaufbau, Wirtschaftlichkeit, Rentabilität; dies lässt im Betriebsvergleich Rückschlüsse auf die eigene Effektivität zu.

6. Gesetzlich vorgeschriebenes Instrumentarium, um bei beweispflichtigen innerbetrieblichen Vorgängen gültige Aussagen vor Gerichten machen zu können, sowie als Grundlage zur Besteuerung des Unternehmens.

Bürgerliches Gesetzbuch (BGB)

In Kraft getreten am 1. Januar 1900. Es regelt die wichtigsten Teile des bürgerlichen Rechts und ist in 5 Bücher eingeteilt. (1) Allgemeiner Teil: Vorschriften, die im gesamten BGB gelten (z.B. über Geschäftsfähigkeit, Willenserklärungen). (2) Schuldrecht: enthält allgemeine Regeln über schuldrechtliche Verträge sowie die wichtigsten Vertragstypen, wie z.B. Kauf-, Miet-, Darlehens-, Werk- und Bürgschaftsvertrag). (3) Sachenrecht (z.B. Besitz, Eigentum). (4) Familienrecht (z.B. Ehe, Vormundschaft). (5) Erbrecht. Die Bestimmungen des BGB sind v.a. im Bereich des Schuldrechts nicht stets zwingendes Recht, sondern großteils dispositiv, sie können also von den Erklärenden in freier Vereinbarung abgeändert werden (Vertragsfreiheit).

Bürgschaft

Eine in Schriftform abgefasste Erklärung, die den Bürgen verpflichtet, bei Nichterfüllung einer Verbindlichkeit durch den Hauptschuldner einzuspringen. Grundsätzlich Schriftform, außer wenn der Bürge Vollkaufmann ist und der Vorgang für ihn im Rahmen seines Handelsgeschäfts abgeschlossen wurde. Grundsätzlich hat der Bürge die Einrede der Vorausklage, d.h., der Gläubiger muss zuerst beim Hauptschuldner das Geld einzutreiben versuchen. Diese Verpflichtung des Gläubigers entfällt bei der selbstschuldnerischen Bürgschaft. Für Vollkaufleute ist eine Bürgschaft im Zweifel immer selbstschuldnerisch, wenn sie im Rahmen ihres Handelsgewerbes abgegeben wurde. – Eine B. ist immer akzessorisch, d.h. abhängig von einer bestimmten Verbindlichkeit. Wird die Verbindlichkeit getilgt, so erlischt die B. automatisch.

Business-to-Business-Marketing

Das Business-to-Business-Marketing dient dem Absatz von Sachgütern, Dienstleistungen etc., die von Organisationen (Unternehmen, Behörden etc.) beschafft werden, um andere Leistungen zu erbringen, die über den mittelbaren oder unmittelbaren Weiterverkauf an Endverbraucher hinausgehen.

Business-to-Consumer-Marketing

Das Business-to-Consumer-Marketing dient dem mittelbarem oder unmittelbarem Absatz von Sachgütern und Dienstleistungen an private Haushalte bzw. Konsumenten.

C

Cashflow

Eine Kennzahl für den finanziellen Überschuss eines Unternehmens. Der Brutto-C. kann verwendet werden für Investitionen, Erhöhung des Netto-Umlaufvermögens, Schuldentilgung, Zinszahlung und Gewinnausschüttung. Der freie C. ist der Überschuss, der den Kapitalgebern des Unternehmens zur Verfügung steht, also den Gläubigern für Schuldentilgung und Zinszahlung sowie den Anteilseignern für Gewinnausschüttung.

Controlling

Eine Teilfunktion innerhalb der Unternehmensführung zur Unterstützung der Steuerung der Unternehmung durch Informationen. Aufgabe des Controllers.

D

Darlehen

Gewährung eines verzinslichen oder zinslosen Kredits durch Hingabe von Geld oder anderen vertretbaren Sachen mit der Maßgabe, Sachen gleicher Art, Güte und Menge zurückzugeben, u.U. zuzüglich Zinsen. Im Sprachgebrauch wird unter D. in der Regel ein langfristig gewährter Kredit verstanden. Der Darlehensvertrag ist formlos und wird durch die hingegebene Sache realisiert. Verspricht eine Bank einem Bankkunden die Gewährung eines Darlehens, so hat der Kunde eine einklagbare Berechtigung hierzu.

Debitoren

(lat. = Schuldner); Bezeichnung für Kunden, die Waren auf Ziel bezogen, d.h. auf Kredit gekauft haben. In der Buchhaltung werden sie unter Forderungen auf Grund von Warenlieferungen und Leistungen ausgewiesen und in der Bilanz unter dem Oberbegriff Umlaufvermögen aktiviert. – Debitorenbuchhaltung ist eine Abteilung im finanzbuchhalterischen Bereich, die sich ausschließlich mit Kundenlieferungen beschäftigt.

Deckungsbeitrag

1. D. im Sinne der Grenzplankostenrechnung: Betrag, der die ↑ fixen Kosten eines Erzeugnisses decken und darüber hinaus einen Gewinn abwerfen soll. Errechnet wird der D. als Differenz aus den Verkaufserlösen und den direkt zurechenbaren Kosten (↑ variable Kosten).

2. D. im Sinne der Einzelkostenrechnung: Überschuss der Einzelerlöse über die Einzelkosten eines Produkts. D. gibt an, wie viel das Produkt unter den jeweiligen Bedingungen zur Deckung der Gemeinkosten und zum Gewinn beiträgt.

3. Zunehmend wird D. auch zur Bezeichnung anderer Bruttogewinne benutzt, z.B. für die Übersetzung von marginal income, marginal revenue, (variable) gross margin, sowie profit contribution.

Deflation

Anhaltender Verfall der Güter- und Faktorpreise, häufig verbunden mit einer Abwärtsbewegung der wirtschaftlichen Aktivität. Wie bei der ↑ Inflation tritt eine Disproportionalität zwischen Güter- und Geldkreislauf auf.

1. Ursachen: a) Nachfragebedingte D.: Das gesamtwirtschaftliche Angebot überragt die kaufkräftige gesamtwirtschaftliche Nachfrage, verursacht durch einen Rückgang der Auslands-, Konsum-, Investitions- oder auch Staatsnachfrage (sog. deflatorische Lücke). b) Geldmenge wächst langsamer als das gesamtwirtschaftliche Angebot.

2. Wirkungen: Preis- und Lohnverfall können weitere Nachfragerückgänge auslösen. Der Realwert bestehender Verbindlichkeiten erhöht sich (im Gegensatz zur Inflation), wobei wirtschaftliche Zusammenbrüche beschleunigt werden. – Gegensatz: ↑ Inflation.

Depot

Ort, an dem Sachen aufbewahrt werden. In der Banksprache der Platz in der Bank, an dem die Kunden Wertgegenstände, speziell Wertpapiere, aufbewahren.

Derivative Finanzinstrumente

Aus anderen Finanztiteln (Basiswerte) abgeleitete Instrumente. Zu den Finanzderivaten zählen Swaps (Tauschgeschäfte), unbedingte Termingeschäfte (Forwards und Futures) und bedingte Termingeschäfte (Optionen). Der Preis eines Finanzderivats hängt vom Preis des zugrunde liegenden Basiswertes ab. Basiswerte können z.B. Aktien, Anleihen, Indizes und Währungen sein.

Devisen

Guthaben (auch Forderungen) an ausländischen Plätzen in ausländischer Währung (= Auslandsguthaben). Insbesondere zählen hierzu Guthaben bei ausländischen Banken sowie in fremder Währung ausgestellte Schecks und Wechsel. Im weitesten Sinne sämtliche kurzfristigen Forderungen in fremder Währung. – Ausländische Geldscheine und Münzen werden auch ↑ Sorten genannt.

Devisenkurs

↑ Wechelkurs.

Diskont

Zinsabzug im Wechselverkehr. Der D. wird beim Ankauf von Wechseln durch die Bank bzw. vom Gläubiger erhoben.

Diversifikation

Ausweitung des Leistungsangebots eines Unternehmens auf (für das Unternehmen) ganz neue Bereiche.

Doppelte Buchführung

Abkürzung: Doppik. Gebräuchliche Form der Buchführung, bei der jeder Geschäftsvorfall immer mind. 2 Konten berührt. Es erfolgt stets eine Soll- und eine Habenbuchung. Die Ermittlung des Periodenerfolges geschieht zweimal: durch die ↑ Bilanz und durch die Gewinn- und Verlustrechnung.

E

Effekten

Vertretbare Wertpapiere, die vorwiegend börsenmäßig handelbar sind. Dazu zählen u.a. Aktien, Anleihen, Pfandbriefe, Kuxe. Gläubigerpapiere wie Anleihen und Pfandbriefe dienen in erster Linie der Kapitalanlage. Aktien hingegen werden darüber hinaus zu Spekulationszwecken verwendet.

Effektivverzinsung

1. E. im Wertpapiergeschäft: der tatsächliche Ertrag von Effekten in Prozenten. Gegensatz: Nominalverzinsung. Zu berücksichtigende Faktoren bei Aktien: Dividende, Kurs beim Kauf bzw. Verkauf; bei Anleihen: Abschlag (Disagio) bei der Ausgabe, Aufschlag (Agio) bei der Rückzahlung, Laufzeit, Zinsertrag, Zeitpunkt und Form der Tilgung, Zinstermine.

2. E. im Ratengeschäft: Der Verkäufer ist beim Abzahlungsgeschäft verpflichtet, im Vertrag die E. anzugeben.

Eigenfinanzierung

Einbringung von Eigenkapital in Form von Geld-, Sach- oder Rechtswerten der Eigentümer entweder als Einzelunternehmer oder Teilhaber (Gesellschafter); auch durch Selbstfinanzierung in Form von nicht ausgeschütteten Gewinnen. Im Gegensatz zur ↑ Fremdfinanzierung besteht nicht der Zwang der Tilgung und der Zinszahlung. Die E. wird hauptsächlich bei langfristigen Anlagefinanzierungen angestrebt. Außerdem steigt die Kreditwürdigkeit. Allerdings müssen bei Beteiligungen die bisherigen Gesellschafter einen Teil ihres Gewinns und ggf. Geschäftsführungsanspruchs aufgeben. ↑ Finanzierung.

Eigenkapital

Kapital einer Unternehmung, das den Einzelkaufleuten oder Gesellschaftern gehört. In der Bilanz des Einzelkaufmanns und der Personengesellschaft ausgewiesen als Differenz zwischen dem Vermögen der Aktivseite und den Verbindlichkeiten der Passivseite auf den Kapitalkonten der Gesellschafter. Bei Einzelkaufleuten und persönlich haftenden Gesellschaftern jährliche Veränderung durch Gewinn oder Verlust. Bei Kapitalgesellschaften (GmbH, AG, KGaA) erscheint in der Bilanz unverändert das Nominalkapital zuzüglich der offenen Rücklagen. Stille Rücklagen, die durch Unterbewertung von Anlagegegenständen entstehen, zählen zum E. im weiteren Sinne. ↑ Kapital.

Eigentum

Die rechtliche Herrschaft über eine Sache.

Einfuhr

Auch: Import. Jeglicher Bezug von Waren, Dienstleistungen und Kapital aus einem fremden in das eigene Wirtschaftsgebiet. Die E. ist Teil des Außenhandels und wird statistisch auf der Passivseite der ↑ Zahlungsbilanz festgehalten (Devisenausgabe für Einfuhren). Einfuhren können in sichtbare (Waren) und unsichtbare (Dienstleistungen) unterteilt werden. Die Einfuhr von Kapital (Kapitalimport) wird auf der Aktivseite der Zahlungsbilanz verbucht (Devisenzuflüsse aus Kapitaleinfuhren). – Gegensatz: ↑ Ausfuhr.

Einkommen

1. Wirtschaftlich: Einer Person oder Gesellschaft in einer Zeitperiode zufließendes Geld auf Grund von Arbeitsleistung (Arbeitseinkommen) und/ oder Vermögensbesitz (Besitzeinkommen). Im ↑ Volkseinkommen (Nettosozialprodukt zu Faktorkosten) werden die Einkommen der an der Erzeugung beteiligten Produktionsfaktoren festgehalten, wobei Arbeit mit Lohn, Boden mit der Grundrente und Kapital mit Zins und Gewinn entlohnt werden.

2. Steuerrechtlich: Der Überschussbetrag, der einer Person in einem bestimmten Zeitabschnitt (Monat, Jahr) zufließt. Hierzu zählen auch Naturalien.

Einkommensteuer

1. Die E. ist eine ↑ Steuer auf das ↑ Einkommen natürlicher Personen.

2. Steuersubjekte: Natürliche Personen. Im Fall von ↑ Personengesellschaften sind nicht diese selbst, sondern ihre Gesellschafter mit den ihnen zugerechneten Anteilen am erzielten ↑ Gewinn einkommensteuerpflichtig. ↑ Kapitalgesellschaften sind als ↑ juristische Personen Steuersubjekte der ↑ Körperschaftsteuer; die anteilige Gewinnausschüttung wird jedoch beim jeweiligen Anteilseigner der E. unterworfen.

3. Steuerpflicht: a) Unbeschränkte Steuerpflicht gilt im Wesentlichen für Personen, die im Inland einen Wohnsitz oder ihren gewöhnlichen Aufenthalt haben. Hierbei unterliegen sämtliche sowohl im Inland als auch im Ausland erzielten Einkünfte der inländischen Einkommensbesteuerung (Welteinkommensprinzip). Mittels internationaler Abkommen sucht man eine Doppelbesteuerung zu vermeiden (Doppelbesteuerungsabkommen). b) Beschränkte Steuerpflicht gilt für natürliche Personen, die im Inland weder einen Wohnsitz noch ihren gewöhnlichen Aufenthaltsort, aber inländische Einkünfte haben. Dazu gehören Einkünfte aus einer im Inland betriebenen Land- und Forstwirtschaft, Einkünfte aus Gewerbebetrieb, etwa wenn für diesen im Inland eine Betriebsstätte unterhalten wird oder ein ständiger Vertreter bestellt ist, Einkünfte aus selbstständiger Arbeit oder Einkünfte aus nichtselbstständiger Arbeit, die im Inland ausgeübt oder verwertet wird (einschließlich der Einkünfte aus inländischen öffentlichen Kassen) usw.

4. Steuerobjekt: Bei der E. ist Ausgangspunkt die „Summe der Einfünfte“ als das Ergebnis von Erbwerbstätigkeiten. Zu den Einkünften i. S. des Einkommensteuergesetzes zählen der (1) Gewinn bei Land- und Forstwirtschaft, bei ↑ Gewerbebetrieb und bei selbstständiger Arbeit sowie der (2) Überschuss der Einnahmen über die – Werbungskosten bei unselbstständiger Arbeit, bei Kapitalvermögen, bei Vermietung und Verpachtung.

Einlagen

1. Handelsrecht: Alle Bar- und Sachleistungen, die ein Gesellschafter in eine Handelsgesellschaft einbringt mit der Absicht, sich zu beteiligen. Bei Kapitalgesellschaften vollzieht sich das durch den Kauf von GmbH-Gesellschaftsanteilen, bei Personengesellschaften in erster Linie durch den vertraglichen Gesellschaftsbeitrag (Voll- oder Teilhaftung).

2. Steuerrecht: Bar- oder Sacheinlagen, die nicht notwendiges Privatvermögen oder persönliche Arbeitskraft sind. Die Bewertung erfolgt mit dem Teilwert, höchstens mit den Anschaffungs- oder Herstellungskosten.

3. Bankbereich: Geldbeträge, die Kunden auf ihrem Konto einzahlen und den Banken kurz-, mittel- oder langfristig zur Verfügung stellen. Unterscheidung in Sichteinlagen (können täglich abgehoben werden) und befristete Einlagen (in Form von Spar- und Termineinlagen).

Einnahmen

Gegenwert für den Verkauf von betrieblichen Leistungen. Dazu gehören die Zahlungseingänge und Forderungszugänge. – Gegensatz: Ausgaben. – Nicht zu verwechseln mit ↑ Ertrag.

Einzelkosten

Begriff aus der Kosten- und Leistungsrechnung. E. sind direkt zurechenbare, d.h. dem zu produzierenden Stück verursachungsgerecht zuzuordnende ↑ Kosten. Im Wesentlichen gibt es 3 Gruppen: Materialien = Rohstoffverbrauch, Fertigungslöhne, Sondereinzelkosten der Fertigung und des Vertriebs. – Gegensatz: ↑ Gemeinkosten.

Einzelunternehmen

Von einer geschäftsfähigen Person, dem Inhaber, gegründetes Unternehmen. Der Name des Inhabers ist gleichzeitig der der Firma. Der Inhaber haftet mit seinem gesamten Vermögen, führt die Geschäfte des Unternehmens und kann Prokura erteilen. Der Gewinn steht ihm allein zu; Verluste trägt er ebenfalls selbst. Auflösung des E. durch freiwillige Aufgabe, Konkurs oder Tod des Inhabers.

Erlös

Gegenwert aus der Veräußerung von Wirtschaftsgütern. In der GuV-Rechnung werden Verkaufserlöse auf der Habenseite festgehalten und ergeben mit dem Verbrauch an Roh- und Hilfsstoffen im Industriebetrieb den Warenrohgewinn. E. werden korrigiert (Erlösschmälerungen), wenn Kunden Waren zurückschicken oder Skonto abziehen. Ein Bonus führt ebenfalls zur Korrektur.

Eröffnungsbilanz

Von jedem Vollkaufmann zu Beginn seines Handelsgewerbes und danach zu Beginn eines jeden Wirtschaftsjahres aufzustellende Übersicht seiner Vermögens- und Schuldenwerte. Der Grundsatz der Bilanzkontinuität besagt, dass die letztjährige Schlussbilanz mit der E. identisch sein muss.

Ertrag

Der von einem Unternehmen erwirtschaftete Buttowertzuwachs; unterteilt in betrieblichen E. und neutrale Erträge (neutrale Aufwendungen/Erträge). Die Buchung erfolgt auf Ertragskonten, und zwar als Zunahme im Haben. Abschluss: Erfolgskonto.

Euro

Europäische Währung, die im Rahmen der Europäischen Wirtschafts- und Währungsunion seit 1. Januar 1999 als supranationale Währung und seit 1. Januar 2002 als Bargeld in den meisten EU-Mitgliedstaaten eingeführt worden ist.

Europäische Union (EU)

1. Überblick: Nach Vollendung von Zollunion und einheitlichem Binnenmarkt stellt die EU eine neue Integrationsstufe auf dem Weg zu „einer immer engeren Union der Völker Europas“ (Art. A EU-Vertrag) dar. Mit der EU wird insbesondere das langfris-

tige Ziel des europäischen Einigungsprozesses stärker sichtbar, über die wirtschaftliche Integration hinaus schrittweise auch eine politische Union anzustreben; der EU-Vertrag lässt offen, ob eine umfassende Union der Völker Europas in Form eines (föderalen) Bundesstaats oder eines Staatenbunds gestaltet werden soll.

2. Vertiefung und Ausweitung der Integrationsziele: a) Allgemein: Vor allem die abzusehende Vollendung des einheitlichen Binnenmarkts stellten die Europäischen Gemeinschaften (EG) vor neue Herausforderungen, denen sie mit Hilfe des bestehenden Rechtsrahmens nicht genügen konnten. Der von den Staats- und Regierungschefs der EG-Staaten am 9./10. Dez. 1991 in Maastricht vereinbarte und am 7.2.1992 unterzeichnete Vertrag über die Europäische Union (EUV) verfolgt die generelle Absicht, die EG mit erweiterten und verbesserten Aktionsmöglichkeiten auszustatten. Nach schließlich erfolgter Ratifizierung durch alle Mitgliedstaaten ist der EUV am 1. 11.1993 in Kraft getreten. – b) Elemente des EUV: Der Unionsvertrag erweitert die wirtschaftlichen Integrationsziele und dehnt den Einigungsprozess auf wichtige nicht-ökonomische Politikfelder (Politische Union) aus. Der EUV hat die drei, um das Ziel der Wirtschafts- und Währungsunion (WWU) erweiterten bisherigen Gemeinschaftsverträge (EGKS-, EWG- und EAGVertrag) zur Grundlage (erste Säule) und ergänzt diese durch zwei weitere, neue (nicht-ökonomische) Integrations-Säulen: um die Grundzüge für die Gemeinsame Außen- und Sicherheitspolitik (GASP; zweite Säule) sowie um die Regeln für die Zusammenarbeit in den Bereichen Justiz und Inneres (dritte Säule). Die Einführung einer sog. Unionsbürgerschaft garantiert den Angehörigen jedes EG-Staats das freie Aufenthaltsrecht in allen Mitgliedsländern sowie bei Kommunalwahlen das aktive und passive Wahlrecht in der gesamten EU.

3. Institutionelle Neuerungen: Die EU verfügt über einen einheitlichen institutionellen Rahmen (Art. C EUV); gleichwohl besitzen die drei (Teil-) Gemeinschaften auch weiterhin eigene (völkerrechtliche) Rechtspersönlichkeit. Die EG-Kommission wurde angesichts ihrer erweiterten Aufgaben in Europäische Kommission umbenannt. Der EG-Ministerrat trägt nunmehr die Bezeichnung Rat (Rat der EU). Die Einflussmöglichkeiten des Europäischen Parlaments auf die Gesetzgebung der Gemeinschaft/Union wurde vor allem in Fragen des Binnenmarkts vergrößert. Ferner wurde ein sog. Ausschuss der Regionen etabliert, der vor Entscheidungen mit bestimmten regionalen Bezügen zu hören ist. Zur besseren Überwindung des wirtschaftlichen Leistungsgefälles innerhalb der Union wurde in Ergänzung der bestehenden Strukturfonds die Errichtung eines sog. Kohäsionsfonds vorgeschrieben. Die sog. soziale

Dimension der EG wird durch den EUV ebenfalls fortentwickelt; allerdings hat sich Großbritannien diesbezüglich das Recht eines sog. opting-out einräumen lassen.

Europäische Wirtschafts- und Währungsunion (EWWU)

Die Realisierung der EWWU und der Einführung einer einheitlichen Währung (Euro) verlief in drei Stufen. Die erste Stufe begann am 1. Juli 1990 und diente primär der Liberalisierung des Kapitalverkehrs und der Koordination der Wirtschafts-, Finanz-, Geld- und Wechselkurspolitik der Mitgliedstaaten. Die zweite Stufe startete am 1. Januar 1994 mit Errichtung des Europäischen Währungsinstituts (EWI) in Frankfurt am Main. Hauptziel dieser Stufe war es, die gesamtwirtschaftliche Stabilität der Staaten zu fördern und anzugleichen. Im Mai 1998 entschied der Europäische Rat, dass elf der damals fünfzehn EU-Mitglieder die Voraussetzungen für die Einführung des Euro erfüllten. Im Juni 1998 hat die Europäische Zentralbank das EWI abgelöst. Mit der dritten Stufe begann ab 1. Januar 1999 eine gemeinsame Geldpolitik mit dem Euro als eigenständige Währung. Die europäische Korbwährung ECU verschwand und wurde im Verhältnis 1:1 gegen den EURO umgetauscht. Seit dem 1. Januar 2002 ist der EURO auch gesetzliches Zahlungsmittel in den Mitgliedstaaten der Europäischen Union (EU), die den EURO eingeführt haben. – Weitere Informationen unter www.ecb.int.

Europäische Zentralbank (EZB)

Wesentliches Element des Eurosystems. Das Eurosystem besteht aus der EZB und denjenigen nationalen Zentralbanken, deren Staaten den Euro eingeführt haben. Der EZB-Rat, der sich aus den Mitgliedern des EZB-Direktoriums und den nationalen Zentralbankpräsidenten zusammensetzt, ist das oberste Beschlussorgan des Eurosystems. Das EZB-Direktorium wird vom Präsidenten geleitet und hat die Aufgabe, die Geldpolitik nach den Leitlinien und Entscheidungen des EZB-Rates umzusetzen. Allein die EZB hat das Recht, die Ausgabe von Banknoten im Eurogebiet zu genehmigen.

Export

↑ Ausfuhr.

Exportquote

Prozentualer Wert der Warenexporte im Vergleich zum Bruttosozialprodukt zu Marktpreisen in einer Periode. Auch: die zum Export freigegebenen Kontingente von Warenmengen oder Warenwert.

F

Factoring

Ein Finanzierungsgeschäft bei dem ein Finanzierungsinstitut (der Factor) die Forderungen, die bei seinem Vertragspartner aus dem Verkauf von Waren angefallen sind, ankauft und das Ausfallrisiko übernimmt. Die Forderung erscheint also nicht mehr in der Bilanz des Factornehmers. Er bekommt sofort Geld und kann somit seinen Kunden Zahlungsziele einräumen, ohne selbst in Liquiditätsengpässe zu kommen. – Formen: In der offenen Form wird der Kunde informiert, dass die Forderung verkauft ist. – In der stillen Form erfährt der Kunde nichts von der Forderungsabtretung, und er bezahlt mit befreiender Wirkung die Rechnung an den Lieferanten, der dann die Zahlung sofort an das Factorinstitut weiterleitet.

Finanzierung

Maßnahmen zur Beschaffung von Geldmitteln, um unternehmerische Vorhaben realisieren zu können. ↑ Innenfinanzierung, ↑ Außenfinanzierung, ↑ Eigenfinanzierung, ↑ Fremdfinanzierung.

Finanzmarkt

Handelsort für Finanzinstrumente. Der F. hat als Hauptaufgaben die Beschaffung und Anlage finanzieller Mittel sowie die Übernahme und Absicherung finanzieller Risiken. – Arten: 1. Geldmarkt für kurzfristige Gelder und Wertpapiere. 2. Kapitalmarkt für mittel- und langfristige sowie unbefristete Finanztitel wie ↑ Anleihen und ↑ Aktien. 3. Terminmarkt für Geschäfte, bei denen der Abschluss (heute) und die Erfüllung (in der Zukunft) mehr als drei Tage auseinander liegen.

Firma

Der Name, unter dem der Vollkaufmann seine Geschäfte betreibt, mit dem er unterschreibt, klagen und verklagt werden kann. (Entspricht nicht dem umgangssprachlichen Gebrauch des Begriffes, wonach mit F. das Unternehmen gemeint ist.) – Arten:

1. Personenfirma: Name des Inhabers. Bei Einzelkaufmann Familienname und mindestens ein ausgeschriebener Vorname. Bei OHG Name mindestens eines Gesellschafters mit einem das Gesellschaftsverhältnis andeutenden Zusatz oder Namen aller Gesellschafter (z.B. Müller OHG, Müller & Co., Müller & Schulze). Bei KG mindestens Name eines vollhaftenden Gesellschafters mit einem das Gesellschaftsverhältnis andeutenden Zusatz. Bei GmbH ist Personen-F. mit Zusatz „GmbH" möglich.

2. Sachfirma: Sie ist vom Gegenstand des Unternehmens abgeleitet. Bei AG erforderlich mit dem Zusatz „Aktiengesellschaft" und bei der Genossenschaft mit dem Zusatz „eG". Bei GmbH möglich mit dem Zusatz „GmbH" (z.B. Südfrüchte-Importgesellschaft mbH).

3. Gemischte Firma: Mischung von Personen- und Sachfirma, z.B. Vereinigte Stahlwerke Fritz Müller AG.

fixe Kosten

Von der Produktionsmenge grundsätzlich unabhängiger Teil der Gesamtkosten. – Zu unterscheiden sind:

1. Absolut-fixe Kosten, auch Kosten der Betriebsbereitschaft: Dieser Teil der Kosten fällt auch bei einem Stillstand der Produktion an.

2. Intervall-fixe Kosten: verändern sich nicht mit jeder (geringen) Veränderung der zugrunde liegenden Bezugsgröße (z.B. Beschäftigung), sondern nur mit großen Veränderungen (z. B. zusätzliche Produktionsschicht). – Gegensatz: ↑ variable Kosten.

Franchise

1. Vertriebs- und Lizenzsystem, bei dem der Gründer seinen Partnern eine Lizenz verkauft. die die Lizenznehmer verpflichtet, rechtlich selbstständig fremde Artikel original zu produzieren. Der Lizenzgeber stellt seine Erfahrungen und Kenntnisse zur Verfügung, hilft beim Aufbau und unterstützt durch Werbemaßnahmen. Er hat außerdem ein Kontrollrecht, v. a., ob der Franchisenehmer nach seinen Richtlinien produziert. Der Franchisegeber hat den Vorteil, dass ihm neue Vertriebskanäle eröffnet werden.

2. Im Versicherungsgeschäft bedeutet F. eine Versicherungsleistung, die nur bei Schäden über eine vereinbarte Schadenshöhe hinaus gezahlt wird. So soll die Verfolgung von Bagatellschäden vermieden und der Versicherte angehalten werden, die Verpackung und den Transport so sorgfältig vorzunehmen, dass keine Schäden entstehen.

Fremdfinanzierung

Zuführung zum Fremdkapital eines Unternehmens. Gegensatz: Eigenfinanzierung. Die Fremdfinanzierung kann durch Kreditfinanzierung und Rückstellungsfinanzierung erfolgen.

Fremdkapital

Die in der Bilanz ausgewiesenen Schulden eines Unternehmens. F. steht auf der Passivseite und gliedert sich in Rückstellungen und Verbindlichkeiten.

G

GATT (Allgemeines Zoll- und Handelsabkommen)

Am 1. Januar 1948 in Kraft getretenes Vertragswerk, das als Zielsetzung den Abbau der Zollschranken und anderer Einfuhrbeschränkungen festlegte. Anfang 1995 wurde das GATT in die Welthandelsorganisation (↑WTO) eingebunden und ein weiteres

Allgemeines Abkommen über die Liberalisierung des Dienstleistungsverkehrs geschlossen.

Geldpolitik

Summe aller Maßnahmen zur Regelung der Geldversorgung unter Beachtung der gesamtwirtschaftlichen Ziele (z.B. Preisniveaustabilität). Die G. des Eurosystems wird von der Europäischen Zentralbank (EZB) und den nationalen Zentralbanken durchgeführt. Als Geschäftspartner treten hauptsächlich Kreditinstitute auf. Das geldpolitische Instrumentarium umfasst:

1. Offenmarktgeschäfte: Wichtig sind vor allem die Hauptrefinanzierungsgeschäfte, mit denen die EZB den Banken kurzfristige Kredite und somit Liquidität zur Verfügung stellt; der Zinssatz für die Hauptrefinanzierungsgeschäfte ist der geldpolitische Leitzins.

2. Ständige Fazilitäten: Im Gegensatz zu den Offenmarktgeschäften geht hier die Initiative von den Banken aus. Mit der Spitzenrefinanzierungsfazilität können sich die Banken Tagesgeld zu einem vorgegebenen Zinssatz bei der Zentralbank besorgen. Die Einlagefazilität ermöglicht es den Banken, Tagesgeld zu einem vorgegebenen Zinssatz anzulegen.

3. Mindestreserven: Die Kreditinstitute müssen einen festgelegten Prozentsatz ihrer kurzfristigen Verbindlichkeiten bei ihrer nationalen Zentralbank anlegen. Die Mindestreserven werden zum Zins des Hauptrefinanzierungsinstrumentes verzinst.

Geldschöpfung

Schaffung zusätzlichen Geldes einerseits durch die Zentralbank (Zentralbankgeldschöpfung), andererseits durch die Geschäftsbanken im Zuge der Kreditvergabe (Giralgeldschöpfung).

Geldwert

Kaufkraft des Geldes, die für eine Geldeinheit käufliche Gütermenge. Kann man z. B. für 100 EUR heute weniger kaufen *als* zu einem früheren Zeitpunkt, ist der G. gesunken; das Preisniveau ist gestiegen (↑ Inflation). Kann man dagegen für 100 EUR eine größere Gütermenge erwerben als zuvor, ist der G. gestiegen; das Preisniveau ist gefallen.

Gemeinkosten

Kostenarten, die dem Produkt nicht direkt zugerechnet werden können. G. werden in der Kosten- und Leistungsrechnung auf die einzelnen Kostenstellen verteilt (Betriebsabrechnung). Der hierfür verwendete Schlüssel ist für die einzelne Gemeinkostenart verschieden, z.B. für Stromkosten die Zählerangaben der Kostenstellen. für Betriebsstoffe die Materialentnahmescheine, für Raumkosten die qm-Zahlen: für Reparaturkosten werden die geleisteten Stunden in den einzelnen Bereichen abgerechnet. Nach der Verteilung werden die Gemeinkostenzuschläge errechnet. die für zukünftige Kalkulationen als Normalgemeinkostenzuschläge dienen. – Gegensatz: ↑ Einzelkosten.

Genossenschaft

Zusammenschluss zur wirtschaftlichen Förderung ihrer Mitglieder. Die G. stellt ein Statut auf und wählt ihre Organe Vorstand und Aufsichtsrat. Die Generalversammlung ist die Versammlung aller Genossen. Jede G. hat sich einem Prüfungsverband anzuschließen, der für eine qualifizierte Rechnungslegung garantiert. Die G. ist eine juristische Person. Sie erhält durch die Eintragung ins Genossenschaftsregister eigene Rechtspersönlichkeit. Im Gegensatz zur AG steht die persönliche Bindung im Vordergrund. Daher sind die Anteile auch grundsätzlich nicht wie Aktien übertragbar.

Rechtsgrundlagen sind das Genossenschaftsgesetz und das HGB.

geringwertige Wirtschaftsgüter

Normalerweise können die Anschaffungskosten von Wirtschaftsgütern nur verteilt auf die Nutzungsdauer steuermindernd geltend gemacht werden. Dies wird als Absetzung für Abnutzung (AfA) oder ↑ Abschreibung bezeichnet.

Eine Ausnahme gilt für geringwertige Wirtschaftsgüter (so genannte GWG). Bislang gilt hier eine 410 EUR-Grenze. Bis zu dieser Höhe können Arbeitnehmer die Anschaffungskosten für Arbeitsmittel in voller Höhe im Jahr der Zahlung als Werbungskosten geltend machen.

Wichtig: Die 410 Euro sind Nettobeträge. Im Ergebnis können daher zum Beispiel Arbeitsmittel, die weniger 475,60 Euro inklusive Mehrwertsteuer kosten, sofort im Jahr der Bezahlung als Werbungskosten abgesetzt werden. Nur teurere Anschaffungen müssen auf die Nutzungsdauer verteilt werden.

Typische Geringwertige Wirtschaftsgüter sind Kleinmöbel, Schreibtischstühle, Bücherschränke, Papierkörbe, Diktiergeräte, beruflich genutzte Software und ähnliches. Voraussetzung für die Sofortabschreibung ist, dass ein geringwertiges Wirtschaftsgut selbstständig nutzungsfähig ist. Das ist nicht der Fall, wenn ein Wirtschaftsgut nur zusammen mit anderen Wirtschaftsgütern genutzt werden. Das ist aus Sicht der Finanzverwaltung zum Beispiel bei einem Monitor der Fall, der ohne Computer nicht selbstständig nutzbar sein soll.

Es ist nicht notwendig, die Anschaffungs- oder Herstellungskosten geringwertiger Wirtschaftsgüter auf Bestandskonten zu verbuchen. Sie können gleich auf Aufwandskonten gebucht werden.

Geschäftsfähigkeit

Die Fähigkeit von Personen, selbstständig Rechtsgeschäfte, z.B. Verträge, abzuschließen und Verbindlichkeiten einzugehen. Juristische Personen sind stets voll geschäftsfähig. Bei natürlichen Personen unterscheidet man 3 Stufen: Geschäftsunfähigkeit gilt für Kinder unter 7 Jahren und dauernd Geisteskranke oder Geistesschwache. Beschränkte G. gilt für Minderjährige zwischen 7 und 18 Jahren und Entmündigte. Für Minderjährige ist die beschränkte G. aufgehoben beim Kauf von Gütern mit dem eigenen Taschengeld und bei der Erledigung von Geschäften, die sich aus einem vom gesetzlichen Vertreter erlaubten eigenen Arbeitsverhältnis ergeben. Volle G. bedeutet uneingeschränkte Möglichkeit des Geschäftsabschlusses, verbunden mit den sich daraus ergebenden Rechten und Pflichten.

Gesellschaft des bürgerlichen Rechts (GbR)

Auch BGB-Gesellschaft. Keine Gesellschaft im handelsrechtlichen Sinn, sondern ein Zusammenschluss von Personen zur Erreichung eines gemeinsamen Zwecks. Rechtsgrundlage ist das BGB. Die G.b.R. führt keine Firma, sondern nennt die Namen aller Beteiligten. Sie ist eine Gemeinschaft zur gesamten Hand in reiner Form, d.h., die Beteiligten müssen einstimmig zusammen handeln (vertraglich anders regelbar), und keiner kann über seinen Anteil frei verfügen. Das eingebrachte Vermögen steht allen gemeinschaftlich zu. Gewinn- und Verlustteilung im Zweifel nach Köpfen, üblicherweise werden aber die Kapitaleinlagen als Grundlage genommen. Aufgelöst wird die Gesellschaft durch Zweckerreichung, durch Kündigung oder durch Tod eines Gesellschafters.

Gesellschaft mit beschränkter Haftung (GmbH)

1. Gesellschaft mit einer körperschaftlich verfassten Organisationsstruktur und einer eigenen Rechtspersönlichkeit (vgl. § 13 I GmbHG). Die GmbH hat ein durch den Gesellschaftsvertrag bzw. die Satzung bestimmtes Stammkapital, das der Summe der von den Gesellschaftern zu leistenden Stammeinlagen entspricht. Für die Verbindlichkeiten der Gesellschaft haftet den Gläubigern nur das Gesellschaftsvermögen. Die GmbH kann zu jedem gesetzlich zulässigen Zweck errichtet werden und gilt unabhängig von dem verfolgten Zweck als Handelsgesellschaft i. S. von § 6 1 HGB, ist also stets Kaufmann.

2. Die Gründung der Gesellschaft erfordert den Abschluss eines Gesellschaftsvertrages in notarieller Form, der von sämtlichen Gesellschaftern zu unterzeichnen ist. Eine Einmanngründung ist gemäß § 1 GmbHG zulässig. Der Gesellschaftsvertrag muss die ↑ Firma, den Sitz und den Unternehmensgegenstand der Gesellschaft, den Betrag ihres Stammkapitals sowie die Höhe der einzelnen Stammeinlagen, ferner für den Fall der Erbringung von Sacheinlagen deren genaue Bezeichnung und den für sie angesetzten Geldwert enthalten. Er trifft in der Praxis darüber hinaus meistens noch Regelungen über die Voraussetzungen der Abtretung der Geschäftsanteile und über die Rechte der Gesellschafter (z. B. bezüglich der Verteilung des erwirtschafteten Gewinns). Die GmbH entsteht als solche erst mit der Eintragung in das Handelsregister (§ 11 I GmbHG).

Gewerbebetrieb

1. Steuerrecht: a) Begriff: Eine gemäß § 2 I 2 GewStG auch für die ↑ Gewerbesteuer geltende Legaldefinition ist in § 15 II EStG enthalten. Begriffsmerkmale sind danach (1) eine Betätigung (Tätigkeit), die ursächlich ist für den wirtschaftlichen Erfolg,

(2) Selbstständigkeit der Tätigkeit, d. h. Handeln auf eigene Rechnung und Gefahr, (3) Nachhaltigkeit der Tätigkeit, d. h. berufsmäßige oder länger dauernde, also fortgesetzte Tätigkeit oder Tätigkeit mit Wiederholungsabsicht, (4) Gewinnerzielungsabsicht, d. h. das Bestreben, durch die Tätigkeit einen wirtschaftlichen Vorteil in Form einer Vermögensmehrung durch gewerbliche Betätigung, (5) Beteiligung am allgemeinen wirtschaftlichen Verkehr, d. h. Auftreten nach außen und Teilnahme am Markt. – b) Negativabgrenzung: Obwohl diese Merkmale auch auf die Landwirtschaft und die selbstständige Arbeit zutreffen, liegt kein *G.* vor, wenn es sich um Ausübung von Land- und Forstwirtschaft (§ 13 EStG) oder um selbstständige Arbeit (§ 18 EStG) handelt, außerdem, wenn die Betätigung als Verwaltung eigenen – Vermögens anzusehen ist sowie bei Vermietung und Verpachtung (§21 EStG). In Grenzfällen ist entscheidend, ob sich die Betätigung noch als Nutzung von Vermögen i. S. einer Früchteziehung aus den zu erhaltenden Substanzwerten darstellt (Folge: Vermögensverwaltung) oder ob die Ausnutzung substanzieller Vermögenswerte durch Umschichtung (Folge: Gewerbebetrieb) entscheidend in den Vordergrund tritt. – c) Steuerliche Folgen: Die Einkünfte werden als gewerbliche Einkünfte qualifiziert und entsprechend besteuert (-> Einkünfte aus Gewerbebetrieb). Obwohl eine rechtliche Bindung an die einkommensteuerliche Qualifizierung nicht besteht, hat diese Einstufung über das Einkommensteuergesetz hinaus Bedeutung, da Gewerbetreibende auch gewerbesteuerpflichtig sind.

Gewerbesteuer

1. Form der Objektsteuer (Realsteuer), die den Ertrag von Gewerbebetrieben besteuert. Bis 1997 erstreckte sich in den alten Bundesländern die Besteuerung auch auf das Gewerbekapital. Die G. ist eine Gemeindesteuer, an der Bund und Länder mit einer Umlage beteiligt sind (Art. 106 VI GG).

2. Steuergegenstand: ↑ Gewerbebetrieb, soweit er im Inland betrieben wird.

3. Steuerbefreiungen: Von der G. sind insbesondere befreit: das Bundeseisenbahn-Sondervermögen, bestimmte Kreditinstitute, die gesamtwirtschaftliche Aufgaben erfüllen (bspw. Deutsche Bundesbank, KfW-Mittelstandsbank – Fusionsprodukt aus der

Kreditanstalt für Wiederaufbau und der Deutschen Ausgleichsbank –, Landwirtschaftliche Rentenbank u. a.), sowie weitere genannte Einrichtungen und Unternehmen, die insbesondere bestimmten öffentlichen Interessen dienen.

4. Bemessungsgrundlage: Die G. richtet sich nach dem Gewerbeertrag, der aus dem einkommen- oder körperschaftsteuerlichen Gewinn aus Gewerbebetrieb abgeleitet wird. Hinzugerechnet werden insbesondere die Hälfte der Dauerschuldzinsen, Gewinnanteile des stillen Gesellschafters, die Hälfte bestimmter Miet- und Pachtzinsen und Verlustanteile an Mitunternehmerschaften. Zu kürzen sind 1,2 Prozent vom Einheitswert des betrieblichen Grundbesitzes, Gewinnanteile an Mitunternehmerschaften, Gewinne aus Anteilen an Kapitalgesellschaften von mindestens 10 Prozent an Nennkapital, auf ausländische Betriebsstätten entfallende Teile des Gewerbeertrags sowie gewisse Spenden. Die zu zahlende G. ist eine Betriebsausgabe und somit bei der Berechnung des Gewinns aus Gewerbebetrieb abzuziehen. Technisch geschieht das durch Bildung einer Gewerbesteuerrückstellung in der Steuerbilanz. Verluste können auf die folgenden Jahre vorgetragen werden. Bei natürlichen Personen sowie ↑ Personengesellschaften besteht ein Freibetrag von 24.500 EUR.

5. Steuertarif: Der Tarif setzt sich praktisch aus den beiden Komponenten „Steuermesszahl“ und „Hebesatz“ zusammen. Steuerpflichtiger Gewerbeertrag *x* Steuermesszahl (grundsätzlich 5 Prozent, bei natürlichen Personen und Personengesellschaften anfangs geringer) ergeben die „Steuermesszahl“, hierüber ergeht ein Gewerbesteuermessbescheid. Steuermesszahl *x* Hebesatz ergibt die festzusetzende G. Die Höhe des Hebesatzes wird von jeder Gemeinde individuell bestimmt.

6. Besteuerungsverfahren: Die Finanzbehörde setzt die Besteuerungsgrundlagen in einem Gewerbesteuermessbescheid fest. Sind mehrere Gemeinden gewerbesteuerberechtigt, so ist eine Zerlegung erforderlich. Jede Gemeinde erhebt die ihr zustehende Steuer in einem Gewerbesteuerbescheid. Der Steuerschuldner hat am 15. Februar, 15. Mai, 15. August und 15. November Vorauszahlungen zu entrichten.

Gewerkschaft

1. Arbeitsrechtliche G.: Freiwilliger Zusammenschluss von Arbeitnehmern zur Interessenwahrung, insbes. zur Verbesserung der Arbeitsbedingungen. Zu den wichtigsten G. gehören die im Deutschen Gewerkschaftsbund (DGB) und im Christlichen Gewerkschaftsbund Deutschlands (CGB) zusammengeschlossenen Industriegewerkschaften (Industrieverbandsprinzip), die Deutsche Angestellten-Gewerkschaft (DAG)

und der Deutsche Beamtenbund (DBB). 2. Bergrechtliche G.: Seit 1. Januar 1986 nicht mehr bestehende Erwerbsgesellschaft, die Bergwerkseigentum erwerben und ausbeuten konnte. Aus der b. G. hervorgegangene Kapitalgesellschaften dürfen die Bezeichnung jedoch weiterführen. Anteile an der b. G. werden Kuxe genannt.

Allgemeine Aufgaben der G.: Verbesserung der wirtschaftlichen und sozialen Lage ihrer Mitglieder durch Lohn- und Gehaltserhöhungen, Arbeitszeitverringerung, Urlaubsverlängerung; Erhöhung des Schutzes vor Arbeitslosigkeit, Konkurs des Arbeitgebers, Arbeitsunfällen; Verbesserung der beruflichen Aus- und Weiterbildung.

Rechtliche Aufgaben: Abschluss von Tarifverträgen; Vorbereitung und Durchführung von Arbeitskämpfen; Vertretung ihrer Mitglieder vor dem Arbeitsgericht. Wirtschaftspolitische Aufgaben: Umverteilung des Einkommens und Vermögens in der Bundesrepublik Deutschland: Erweiterung der Mitbestimmung in den Unternehmen; Mitwirkung bei wirtschaftspolitischen Entscheidungen des Gesetzgebers, z. B. bei Steuergesetzen.

Gewinn

Mehrfach verwendeter Ausdruck:

1. Betriebsgewinn (Betriebsergebnis, Betriebserfolg) ist die positive Differenz zwischen betrieblichen Aufwendungen (Kosten) und Betriebserträgen (Umsatzerlöse und Bestandserhöhungen). Ausgewiesen im Betriebsergebniskonto.

2. Neutraler Gewinn (neutrales Ergebnis, neutraler Erfolg) ist die positive Differenz zwischen betriebsfremden und außerordentlichen Aufwendungen und Erträgen. Ausgewiesen im Abgrenzungssammelkonto/Neutralen Ergebniskonto.

3. Unternehmensgewinn (Unternehmensergebnis, Unternehmenserfolg) ist die Addition des Betriebs- und neutralen Gewinns, ausgewiesen in der Gewinn- und Verlustrechnung.

Gewinn- und Verlustrechnung (GuV)

Neben der ↑ Bilanz Teil des kaufmännischen Jahresabschlusses. In der G. werden alle Aufwendungen und Erträge einer Rechnungsperiode gegenübergestellt, um die Quellen eines Gewinns oder Verlustes erkennen zu können. Sie ist Pflichtbestandteil des Jahresabschlusses von Kaufleuten. – Formen: Die GuV kann in Kontoform (auch als T-Form bezeichnet) oder Staffelform aufgestellt werden. Für die Kapitalgesellschaften ist die übersichtlichere Staffelform vorgeschrieben. Die einmal gewählte Form sowie die Postenbezeichnung und -folge, soweit bei Einzelunternehmen und Personengesellschaften frei wählbar, sind beizubehalten

Grundbuch

1. G. im buchhalterischen Sinn: Enthält alle Geschäftsvorfälle lückenlos in zeitlicher Reihenfolge. Das G. – auch Journal, Tagebuch, Memorial genannt – bildet die Grundlage der gesamten Buchführung und bereitet die Buchungen auf den Hauptbuchkonten vor.

2. G. im Grundstücksrecht: In diesem beim Grundbuchamt (Amtsgericht) geführten öffentlichen Register werden die Eigentumsverhältnisse an einem Grundstück offengelegt. Jegliche Beschränkung des Eigentümers wird festgehalten.

In Abteilung 1 steht der Eigentümer mit vollem Namen oder die Firma. Abteilung 2 führt alle Belastungen und Rechte Dritter auf, die nicht Grundpfandrechte sind, z.B. Nießbrauch. Abteilung 3 weist die Grundpfandrechte aus, wie ↑ Hypothek, Grundschuld und Rentenschuld.

Grundsätze ordnungsmäßiger Buchführung (GoB)

Grundsätze, die sich durch Gesetzgebung (AktG, HGB), durch Rechtsprechung der Gerichte, aus herrschenden Meinungen in der Fachliteratur, aus gesicherten Erkenntnissen der Betriebswirtschaftslehre. Stellungnahmen des Instituts der Wirtschaftsprüfer in Deutschland sowie aus der betrieblichen Praxis entwickelt haben. – Im Einzelnen gehören dazu:

Die Buchführung muss klar und übersichtlich sein. Die Beträge sind in Inlandswährungen anzugeben. Die Eintragungen sind in einer lebenden Sprache vorzunehmen. Sämtliche Geschäftsvorgänge sind fortlaufend, vollständig und richtig aufzuzeichnen.

Keine Buchung ohne Beleg. Keine Radierungen oder durchgestrichene Zahlen (bei EDV-Buchführung müssen Änderungen und Korrekturen automatisch aufgezeichnet werden). Freiräume sind durch Buchhalternasen zu entwerten. Das Kassenbuch ist täglich zu führen. Üblich ist das Führen eines Kontokorrentbuches. Am Jahresschluss sind eine Inventur und eine Bilanz aufzustellen. Bücher. Inventuren und Bilanzen sind 10 Jahre, sonstige für die Besteuerung bedeutsame Unterlagen 6 Jahre aufzubewahren.

Güter

Begriff aus der Wirtschaftstheorie, der Waren und Dienstleistungen umfasst. G. sind Mittel, die zum Zwecke der Bedürfnisbefriedigung bereitgestellt werden. – Arten:

1. Freie und knappe G.: Diese Unterteilung zielt auf die Feststellung, ob ein Gut unbegrenzt zur Verfügung steht (z. B. früher angeblich Luft, Sand in der Wüste), oder ob mit ihm sparsam umgegangen werden muss und ob es daher Gegenstand wirtschaftlicher Betrachtung ist. Knappe G. haben einen Preis, da für sie im Gegensatz zu den freien G. Märkte existieren.

2. Materielle und immaterielle G.: Man trennt zwischen Sachen und nichtkörperlichen (immateriellen) Gegenständen wie Rechte, Lizenzen.

3. Konsum- und Investitionsgüter: Erstere dienen der direkten und unmittelbaren Bedürfnisbefriedigung. Investitionsgüter (Maschinen, Produktionsanlagen) dienen zur weiteren Produktion von Konsum- und Investitionsgütern. 4. Gebrauchs- und Verbrauchsgüter: Erstere sind dauerhafte G., die nach dem Kauf nicht konsumiert (einmalig gebraucht) werden, sondern dem mehrmaligen Gebrauch dienen. Verbrauchsgüter werden konsumiert.

H

Haben

Bezeichnung der Kontenseite. – Gegensatz: ↑ Soll.

1. In der Buchhaltung ist damit die rechte Seite eines Kontos gemeint. Bei Aktivkonten bedeuten Habenbuchungen Abgänge, bei Passivkonten Zugänge. Bei Buchungen auf Erfolgskonten sind Habenbuchungen grundsätzlich Erträge, es sei denn, dass Aufwandskonten korrigiert werden müssen.

2. Im Bankbereich sind Habensalden, die den Kunden mitgeteilt werden, Guthaben der Kunden, d.h. aus der Sicht der Bank Verbindlichkeiten gegenüber dem Kunden, ähnlich den Verbindlichkeiten im Geschäftsbereich, die ebenfalls im Haben ausgewiesen werden.

Halbeinkünfteverfahren

Durch das Steuersenkungsgesetz wurde ab dem Veranlagungszeitraum 2001 das bisherige körperschaftsteuerliche Anrechnungsverfahren durch das sog. Halbeinkünfteverfahren ersetzt. (↑ Körperschaftsteuer) Das Halbeinkünfteverfahren hat die bisherige Besteuerung von Gewinnausschüttungen abgelöst. Damit wurde die volle Erfassung – vor allem der Dividenden-Einnahmen – durch eine hälftige Besteuerung ersetzt. Im Halbeinkünfteverfahren werden die ↑ Gewinne einer Körperschaft unabhängig davon, ob sie ausgeschüttet oder einbehalten werden, in Höhe des jeweiligen Körperschaftsteuersatzes (25 % bzw. für VAZ 2003 26,5 %) endgültig besteuert. Ausgeschüttete Gewinne werden beim Anteilseigner nur zur Hälfte in die Bemessungsgrundlage seiner Einkommensteuer einbezogen.

Das Halbeinkünfteverfahren greift also unabhängig davon, ob Kapitalbeteiligungen dem Privat- oder Betriebsvermögen zuzuordnen sind. Umgekehrt sind auch alle Aufwendungen, die mit den besteuerten Einnahmen in Zusammenhang stehen, nur noch zur Hälfte als Betriebsausgabe oder Werbungskosten absetzbar.

Bei Gewinnausschüttungen einer Körperschaft an eine andere Körperschaft gilt beim Empfänger grundsätzlich eine allgemeine Steuerbefreiung (§ 8b Abs. 1 KStG). Dadurch bleibt es bei einer einmaligen Körperschaftsteuerbelastung in Höhe des jeweiligen Körperschaftsteuersatzes, bis der Gewinn die Ebene der Körperschaften verlässt und an eine natürliche Person ausgeschüttet wird.

Der Gewinn aus der Veräußerung einer Beteiligung an einer inländischen oder ausländischen Körperschaft wird ebenfalls grundsätzlich steuerfrei gestellt (§ 8b Abs. 2 und 4 KStG). Allerdings werden Gewinnminderungen, die im Zusammenhang mit den steuerfreien Beteiligungsveräußerungen stehen, bei der Gewinnermittlung nicht berücksichtigt (§ 8b Abs. 3 KStG).

Handel

Unternehmen der Distribution. Der Einzelhandel beschäftigt sich mit der Verteilung der Waren an den Endverbraucher, der Großhandel mit dem Verkauf an Wiederverkäufer. Im Außenhandel werden grundsätzlich unterschieden: Importgroßhandel, Exportgroßhandel und Transitgroßhandel.

Handelsbilanz

1. H. im Rechnungswesen: eine Bilanz, die nach handelsrechtlichen Bewertungsgrundsätzen aufgestellt wurde (durch § 242 1 HGB vorgeschrieben). Die Steuerbilanz richtet sich nach der H., sofern keine steuerrechtlichen Bewertungsregeln den handelsrechtlichen entgegenstehen.

2. H. im Außenhandel: Eine Gegenüberstellung der Exporte (Aktiva) und der Importe (Passiva). Ist die Handelsbilanz aktiv, so besteht ein Exportüberhang. Umgekehrt verhält es sich bei Importüberschüssen (passive Handelsbilanz). Die H. ist Teil der ↑ Leistungs- bzw. ↑ Zahlungsbilanz.

Handelsgesellschaft

Personenvereinigung mit dem Ziel, unter einheitlicher Firma Handelsgeschäfte zu betreiben. H. sind ins Handelsregister einzutragen. Für sie gilt das HGB. – Arten: ↑ Personengesellschaften (hier steht die Person als bindendes Glied im Vordergrund) und ↑ Kapitalgesellschaften (die kapitalmäßige Beteiligungsabsicht steht im

Vordergrund). – ↑ Genossenschaften sind in Aufgabenstellung und Auftreten im Handelsverkehr den H. gleichzustellen.

Handelsgesetzbuch (HGB)

Das Handelsgesetzbuch (HGB) regelt einen wesentlichen Teil der vom bürgerlichen Recht (vgl. Bürgerliches Gesetzbuch) abweichenden Sonderregeln für Kaufleute. Es gliedert sich in 3 Bücher: Im 1. Buch werden allgemeine Aussagen über den Handelsstand (Kaufmannseigenschaften, Handelsregister, Prokura, Firma, Handlungsgehilfe, Handelsmakler) gemacht. Im 2. Buch werden die Personenvereinigungen der OHG und KG von der Entstehung bis zur Liquidation erläutert. Im 3. Buch sind Handelsgeschäfte im allgemeinen und im speziellen für Kommissionäre, Spediteure, Lagerhalter und Frachtführer behandelt. Zahlreiche Änderungen aufgrund des Bilanzrichtlinien-Gesetzes.

Handelsrecht

Sonderrecht für Kaufleute. Das H. regelt im HGB und in einer Reihe von anderen Gesetzen (Aktiengesetz, GmbH-Gesetz, Wechselrecht, gewerbliche Schutzrechte, Gesetz gegen den unlauteren Wettbewerb) die Tätigkeit des Kaufmanns. In vielen Fällen ist es als Ergänzung zum bürgerlichen Recht anzusehen. Das H. sagt, wer Kaufmann ist, wie er sich zu verhalten hat, welche gesetzlichen Vorschriften für ihn bindend sind und welche er unter Beachtung der Verkehrssitte in beiderseitigem Einverständnis abändern kann.

Handelsregister

1. Amtliches Verzeichnis der Kaufleute (↑ Kaufmann) (↑ Einzelunternehmen und ↑ Handelsgesellschaft; nicht ↑Genossenschaften, sie werden im Genossenschaftsregister erfasst). Das H. gibt Auskunft über Tatsachen, die für den Handelsverkehr bedeutsam sind. Es wird beim Amtsgericht (Registergericht) geführt, ist öffentlich und kann von jedem eingesehen werden. Die Öffentlichkeit des H. zeigt sich auch in der Möglichkeit zur Einsichtnahme in die zum H. eingereichten Schriftstücke, auf Erhalt von Handelsregisterauszügen und bei der Veröffentlichen der Handelsregistereintragungen im Bundesanzeiger und den Tageszeitungen.

2. Eintragung: Die Anmeldung muss durch den Inhaber vorgenommen werden, entweder mündlich zu Protokoll bei Gericht oder schriftlich in öffentlich beglaubigter

Form. In Abteilung A: für Einzelunternehmungen und Personengesellschaften; in Abteilung B: für Kapitalgesellschaften. Unterlassene Eintragungen können erzwungen werden. Einzutragende Tatsachen sind u. a.: Firma, Name des Inhabers, Art des Geschäftes, Sitz der Firma, Errichtung von Filialen, Bestellung und Widerruf von Prokuristen, Vergleichsverfahren, Einleitung des Insolvenzverfahrens. Eingetragen werden bei Kapitalgesellschaften außerdem Aufsichtsrat, Höhe und Veränderungen des Grundkapitals oder Stammkapitals.

3. Zum H. einzureichende Schriftstücke sind Gesellschaftsverträge, Satzungen, Jahresabschlüsse und Lageberichte der Kapitalgesellschaften.

4. Wirkung der Eintragung ins Handelsregister: a) Rechtbezeugende Wirkung (deklaratorisch): Eine bereits eingetretene Rechtswirkung wird nachträglich bestätigt. Z.B.: Bestellung und Abberufung von Prokuristen, Änderung der Rechtsform von Personengesellschaften, Wechsel des Inhabers. b) Rechterzeugende Wirkung (konstitutiv): Eine Tatsache wird erst durch die Eintragung wirksam. Z.B.: Eine Kapitalgesellschaft erlangt Rechtsfähigkeit.

Hausse

(franz. = Ansteigen): Bezeichnung für Perioden steigender Kurse von Wertpapieren oder Waren. – Gegensatz: ↑ Baisse.

Hochkonjunktur

↑ Konjunkturphasen.

Holding-Gesellschaft

Sonderform im Konzernbereich, bei der die Beherrschung der Konzernmitglieder von einer Dachgesellschaft (der Holding) aus erfolgt, die lediglich die angeschlossenen Betriebe verwaltet, ohne selbst Produktions- oder Handelsaufgaben zu übernehmen. Die H.-G. hält die Mehrheit der Aktien der angeschlossenen Gesellschaften und gibt dafür ihrerseits Aktien der H.-G. an die angeschlossenen Unternehmen als

Ausgleich zurück, jedoch nie so viel, dass eine Beherrschung von Seiten der untergeordneten Gesellschaften möglich wäre. Die angeschlossenen Gesellschaften bleiben rechtlich selbstständig, d.h., der Firmenname bleibt nach außen hin bestehen.

Humankapital

Jeder Mitarbeiter im ↑ Unernehmen als Aktivposten, der wie andere Vermögensgüter bewertet wird. Das Humankapital wird immer mehr zu einem entscheidenden Erfolgsfaktor.

Humanpotenzial

Die Gesamtheit menschlicher Arbeitskraft (Mitarbeiter und Führungskräfte mit ihrem Wissen, Können, Verhalten und ihren Wertvorstellungen). Die Potenzialentfaltung vollzieht sich nicht automatisch, sondern hängt von einer Vielzahl von Beeinflussungsfaktoren ab, als deren wichtigster die Interaktion angesehen werden muss.

Human Relations

↑ Öffentlichkeitsarbeit nach innen. Es geht um die Pflege der menschlichen Beziehungen und des Betriebsklimas im ↑ Unternehmen. Die Human Relations stehen in einer engen Beziehung zur Corporate Identity (nach innen) und zur Unternehmenskultur (Corporate Culture).

Human Resource Management

Planung, Realisation und Kontrolle der Prozesse, die kurz-, mittel- und langfristig das notwendige ↑ Humankapital im ↑ Unternehmen sicherstellen. Das Human Resource Management setzt ein integratives ganzheitliches Personalkonzept (Personalmarketing, internes Marketing) voraus, das in die Gesamtunternehmensstrategie eingebunden ist.

Hypothek

(griech. = Unterpfand); ein Grundpfandrecht, mit dem ein Grundstück belastet wird. Die H. wird zur Sicherung einer Forderung gegeben und erlischt bei Tilgung der Schuld. Die H. wird ins ↑ Grundbuch eingetragen. Solange die H. im Grundbuch steht, gilt sie als gewährt, da sich ein Dritter auf Eintragungen im Grundbuch verlassen kann. Ist die H. in Briefform ausgestellt, so genügt für sie die Vorlage des Briefes (Briefhypothek). Wird über die H. kein Brief ausgestellt, spricht man von Buchhypothek, da diese nur im Grundbuch fixiert ist. Eine Sonderrolle spielt die Sicherungshypothek, bei der im Zweifel der Gläubiger das Bestehen der Forderung beweisen muss. Der Hypothekeninhaber kann sich bei Nichtrückzahlung des gewährten Kredits im Wege der Zwangsvollstreckung aus dem Grundstück befriedigen.

I

International Accounting Standards (IAS)

1. Bezeichnung für die vom International Accounting Standards Committee erlassenen Rechnungslegungsstandards (die künftigen Standards werden als International Financial Reporting Standard (IFRS) bezeichnet werden). Jeder IAS befasst sich mit einem abgegrenztem Problembereich. – Ein Abschluss nach IAS besteht aus: (1) ↑Bilanz; (2) ↑ Gewinn- und Verlustrechnung; (3) Eigenkapitalveränderungsrechnung; (4) Kapitalflussrechnung; (5) Erläuterungen (Notes, enthalten für börsennotierte Unternehmen eine Segmentberichterstattung).

2. Entstehung: IAS werden in einem sog. „Due-Prozess“ entwickelt; in diesen Prozess sind die berufsständischen Vereinigungen der Wirtschaftsprüfer, die rechnungslegenden Unternehmen und sonstige interessierte Kreise einbezogen.

3. Maßgebliche Zielsetzung der IAS ist die Vermittlung entscheidungsrelevanter Informationen für einen breit gefächerten Interessentenkreis (v. a. Investoren, Gläubiger, Arbeitnehmer und Öffentlichkeit). Es wird zwar die Bedeutung von Informationen über die künftigen Zahlungsströme hervorgehoben, man geht aber davon aus, dass die verursachungsgemäß den Perioden zugeordneten Aufwands- und Ertragsgrößen nützliche Informationen darstellen. – Als „Overriding Principle“ ist der Grundsatz der Fair Presentation den übrigen Grundsätzen vorangestellt. Dabei wird davon ausgegangen, dass eine Fair Presentation gegeben ist, wenn die einzelnen IAS beachtet und in Ausnahmefällen zusätzliche Informationen geliefert werden. Die Fair Presentation wird gesichert durch die objektivierenden Rahmengrundsätze: (1) Ver-

ständlichkeit, (2) Entscheidungsrelevanz, (3) Vergleichbarkeit und (4) Zuverlässigkeit (wird konkretisiert durch eine richtige, willkürfreie, vorsichtige und vollständige Datenlieferung). – Um diese Zielsetzungen zu erreichen, wird von folgenden grundlegenden Prinzipien ausgegangen: (a) Going-Concern-Prinzip (Prinzip der Unternehmensfortführung); (b) Prinzip der periodengerechten Abgrenzung (vgl. Periodisierungsprinzip); (c) Stetigkeitsprinzip; (d) Wesentlichkeit; (e) Saldierungsverbot; (f) Angabe von vergleichbaren Vorjahresinformationen. Weitere Informationen unter www.iasc.org.uk.

International Accounting Standards Board (IASB)

Kernorgan des ↑ International Accounting Standards Committe, dem die alleinige Verantwortung für die Entwicklung der ↑ International Accounting Standards zukommt (künftig International Financial Reporting Standards (IFRS) genannt).

International Accounting Standards Committee (IASC)

Entwicklung: Das IASC ist eine privatrechtliche Einrichtung; es wurde 1973 von berufsständischen Organisationen aus zehn Ländern, u. a. Deutschland, mit Sitz in London gegründet. Ziel des IASC ist es, Rechnungslegungsgrundsätze zu erarbeiten und deren Akzeptanz zu fördern und dadurch die weltweite Harmonisierung der Rechnungslegung voranzubringen. Dazu arbeitet das IASC eng mit der IOSCO (International Organisation of Securities Commissions) und der IFAC (International Federation of Accountants, internationale Vereinigung der Wirtschaftsprüfer) zusammen.

IFRS

↑ International Accounting Standards (IAS)

Import

↑ Einfuhr

Indossament

(ital. in dosso = auf dem Rücken); ein Übertragungsvermerk auf der Rückseite von Orderpapieren (z.B. Wechseln, Namensschecks, Namensaktien), mit dem der Indossant als derzeitiger Inhaber alle Rechte auf den rechtmäßigen Erwerber überträgt. – Arten: 1. Vollindossament: Übertragungsvermerk ohne Einschränkungen.

2. Blankoindossament: Der Wechsel wird lediglich mit dem Firmenstempel des Absenders und seiner Unterschrift versehen, da er nicht weiß, ob der Empfänger den Wechsel als Zahlungsmittel anerkennt.

3. Rektaindossament: Der Absender möchte nicht, dass der Wechsel noch weitergegeben wird. Zusatz „Nicht an Order".

4. Angstindossament: Der Übersender haftet nur dem Empfänger gegenüber für die Einlösung, nicht für eventuelle Nachmänner durch den Zusatz „ohne Obligo".

5. Inkassoindossament: meistens Anweisung an eine Bank, den Wechsel am Verfalltag dem Bezogenen vorzulegen.

Inflation

Ein Prozess allgemeiner Preissteigerungen. Auswirkungen: Flucht in Sachwerte. Sparer werden durch die Geldentwertung benachteiligt: Schuldner haben Vorteile, da der Realwert der Verbindlichkeiten abnimmt. I. gefährdet die soziale Sicherheit und den Wohlstand. – Gegensatz: ↑ Deflation.

Innenfinanzierung

Beschaffung liquider Mittel durch die eigene Umsatztätigkeit eines Unternehmens. Gegensatz: Außenfinanzierung. Zur I. zählen die Selbstfinanzierung (Einbehaltung von Gewinnen), die Abschreibungsfinanzierung sowie die Rückstellungsfinanzierung. Außerdem umfasst die I. Vermögensumschichtungen, bei denen liquide Mittel z.B. durch den Verkauf von Vermögenswerten freigesetzt werden.

Insolvenz

beschreibt die Zahlungsunfähigkeit eines Unternehmens (↑ Insolvenzverfahren bei Unternehmensinsolvenz) oder einer natürlichen Person (↑ Insovenzverfahren bei Verbraucherinsolvenz), die dann vorliegt, wenn sie endgültig nicht mehr in der Lage ist, seine fälligen Schulden zu begleichen bzw. wenn eine Überschuldung gegeben ist.

Insolvenzordnung

Die neue Insolvenzordnung (InsO) ist am 1. Januar 1999 in Kraft getreten und ersetzt das alte Konkursverfahren. Die neue Insolvenzordnung hat ein für die ganze Bundesrepublik einheitliches Insolvenzrecht geschaffen.

Ziele des Insolvenzverfahrens ist die bestmögliche Befriedigung der Gläubiger. Das Verfahren kann entweder zur Sanierung oder zur Liquidation eines insolventen Unternehmens führen. Ist der Schuldner eine natürliche Person, kann er auf der Grundlage eines speziellen Verbraucherinsolvenzverfahrens von seinen restlichen Verbindlichkeiten befreit werden. (↑ Insolvenzverfahren bei Verbraucherinsolvenz). Weitere Informationen über das Internet: www.dejure.org/gesetze/InsO.

Insolvenzverfahren

Zu unterscheiden ist das Insolvenzverfahren bei Unternehmensinsolvenzen und das Insolvenzverfahren bei natürliche Personen bzw. bei Verbraucherinsolvenzen.

Unternehmensinsolvenzen:

a) Das Verfahren wird auf Antrag des Schuldners oder eines Gläubigers bei Zahlungsunfähigkeit des Schuldners, bei einem eigenen Antrag des Schuldners auch bereits bei erst drohender Zahlungsunfähigkeit eröffnet. Bei juristischen Personen ist auch die Überschuldung Eröffnungsgrund.

b) Bei der Eröffnung wird in der Regel ein Insolvenzverwalter bestellt. Das Gericht kann aber auch den Schuldner verfügungsbefugt lassen; der Schuldner wird dann unter die Aufsicht eines Sachwalters gestellt.

c) Spätestens drei Monate nach der Verfahrenseröffnung entscheidet die Gläubigerversammlung auf der Grundlage eines Berichts des Insolvenzverwalters, ob das Unternehmen liquidiert oder mit dem Ziel einer Sanierung fortgeführt wird.

d) Für die Sanierung des Schuldners steht das neue Rechtsinstitut des „Insolvenzplans“ zur Verfügung, das in vielem dem Reorganisationsplan des Rechts der USA („Chapter XI“) nachgebildet ist. Der Insolvenzplan kann vom Schuldner oder vom Insolvenzverwalter vorgelegt werden; die Gläubiger stimmen in Gruppen über den Plan ab.

e) Die gesicherten Gläubiger sind in das neue Insolvenzverfahren einbezogen. Unter Eigentumsvorbehalt gelieferte bewegliche Sachen dürfen während des ersten Verfahrensabschnitts nicht aus dem Unternehmen abgezogen werden. Zur Sicherung übereignete bewegliche Sachen werden vom Insolvenzverwalter verwertet; aus dem Verwertungserlös entnimmt der Verwalter die Kosten der Feststellung der Sicherheiten, die Verwertungskosten und die Umsatzsteuer. Die Rechte der gesicherten Gläubiger können durch einen Insolvenzplan gekürzt werden.

f) Im Falle der Liquidation des insolventen Unternehmens werden alle ungesicherten Gläubiger mit der gleichen Quote befriedigt. Die Konkursvorrechte des früheren Rechts sind entfallen. Die Arbeitnehmer bleiben durch das Insolvenzgeld geschützt, das Lohnausfälle für die Zeit von drei Monaten abdeckt. Außerdem müssen die Arbeitnehmer bei einer Betriebsstillegung regelmäßig Abfindungsleistungen erhalten („Sozialplan").

Verbraucherinsolvenzen:

a) Der Schuldner hat zunächst eine außergerichtliche Einigung mit seinen Gläubigern zu versuchen. Unterstützt wird er dabei von einer Schuldnerberatungsstelle, einem Rechtsanwalt, Notar, Steuerberater oder einer vergleichbar geeigneten Person.

b) Misslingt dieser Einigungsversuch, folgt das gerichtliche Insolvenzverfahren. In einem ersten Abschnitt versucht das Gericht nochmals, auf der Grundlage eines vom Schuldner vorgelegten Schuldenbereinigungsplans eine Einigung zwischen Gläubigern und Schuldnern herbeizuführen. Dabei hat es auch die Möglichkeit, die Zustimmung einzelner Gläubiger unter bestimmten Voraussetzungen zu ersetzen, wenn der Plan inhaltlich angemessen ist.

c) Kommt auch der Schuldenbereinigungsplan nicht zustande, wird ein vereinfachtes Insolvenzverfahren durchgeführt. Wenn der Schuldner anschließend noch sieben Jahre lang seine Gläubiger bestmöglich befriedigt, wird er von seinen restlichen Verbindlichkeiten befreit.

Internationaler Währungsfonds

↑ IWF

Inventar

Ein mehrfach verwendeter Ausdruck:

1. Zusammenfassender Begriff für sämtliche Einrichtungsgegenstände eines Unternehmens.

2. In der Buchführung ausführliches und lückenloses Bestandsverzeichnis der Vermögensteile und Schulden als Ergebnis der Inventur. Vgl. dagegen ↑Bilanz. 3. Im Erbrecht ein Verzeichnis über den Nachlass.

Inventur

Lückenlose mengen- und wertmäßige Erfassung des Vermögens und der Schulden einer Unternehmung zu einem bestimmten Zeitpunkt durch Zählen, Wiegen und Messen. Nach HGB und Abgabenordnung ist jeder Kaufmann verpflichtet, zum Schluss eines jeden Geschäftsjahres eine I. zu erstellen. – Arten:

1. Stichtags-I: Erfolgt meist zum 31. Dezember oder wenige Tage vor oder nach diesem Stichtag.

2. Verlegte I.: Innerhalb von 3 Monaten vor bzw. 2 Monaten nach dem Stichtag kann die I. durchgeführt werden. Nachteil: Alle Belege bis bzw. vom Stichtag an gelten als I.-Belege und müssen auch so aufbewahrt werden. Grund: Bei einer Prüfung muss man auf den Stichtag (31. Dezember) zurückrechnen können. 3. Permanente I.: Auch als laufende I. bezeichnet. Voraussetzung ist die Bestandsfortschreibung durch Erfassung aller Zu- und Abgänge einzeln nach Tag, Art und Menge in Lagerkarteien sowie eine jährliche Inventurkontrolle der Bestände.

Investition

Anlage von Geld in Produktionsmitteln:

1. Arten: a) Anlageinvestition: gekaufte oder selbst erstellte Anlagen in Form von Bau- und Ausrüstungsinvestitionen (statistisch: Sachanlagen). Reinvestition (Ersatzinvestition): Der Teil der Anlageinvestition, der rechnerisch dem Ersatz des durch Verschleiß oder Veralterung ausgeschiedenen Teils der dauerhaften Produktionsmittel dient. Erweiterungsinvestition: Anlageinvestitionen, die über die ↑Abschreibungen hinausgehen. – b) Vorratsinvestitionen: Veränderung der Vorräte in den Unterneh-

men am Ende der Periode gegenüber dem Bestand am Anfang (können positiv, negativ oder null sein).

2. Die I. wird volkswirtschaftlich je Periode ausgewiesen als: a) Bruttoinvestition: Summe aus Anlagezugängen (Bruttoanlageinvestition) und Lagerbestandsänderungen. – b) Nettoinvestition: Errechnet durch Subtraktion der volkswirtschaftlichen Abschreibungen von den Bruttoinvestitionen. Positive Nettoinvestitionen erhöhen den Bestand des volkswirtschaftlichen Produktionspotentials und erlauben damit, in der nächsten Periode – potenziell – mehr Güter und Einkommen zu schaffen (sog. Kapazitätseffekt; ↑ Wachstum; Wohlstandserhöhung).

3. I. in den Unternehmen bezeichnet man als private I. Die des Staates als öffentliche I. (Gesundheit, Bildung, Verkehr, Umwelt, Freizeiteinrichtung u. a.).

Investitionsrechnung

Methoden, mit deren Hilfe die Vorteilhaftigkeit eines Investitionsvorhabens geprüft und rechnerisch bestimmt wird. Aufgrund des Ergebnisses der I. wird dann eine Entscheidung für oder gegen die geplante Investition getroffen. Verfahren: statistische und dynamische Methoden.

IWF

Internationaler Währungsfonds, International Monetary Fund (IMF), internationale Organisation zur Schaffung geordneter Währungsbeziehungen zwischen den Mitgliedsländern mit Sitz in Washington, D. C.

1. Entstehung: Errichtet am 27. 12. 1945 zusammen mit der Weltbank auf der Grundlage des am 22. 7. 1944 vereinbarten BrettonWoods-Abkommen; Änderungen 1969 und 1978, um den geänderten Weltwährungsbedingungen Rechnung zu tragen. –

2. Ziele: Erleichterung eines ausgeglichenen Wachstums des Welthandels. Zu diesem Zweck: Förderung der Zusammenarbeit auf dem Gebiet der internationalen Währungspolitik, mit der Herstellung der Konvertibilität der Währung und Errichtung eine multilateralen Zahlungssystems mit Beseitigung von Devisenverkehrsbeschränkun-

gen, Errichtung eines finanziellen Beistandsystems für Länder zur Behebung von Zahlungsbilanzungleichgewichten.

3. Aktivitäten: a) IWF gewährt bei Zahlungsbilanzproblemen finanzielle Hilfen, deren Umfang sich an der Quote des betreffenden Landes orientiert. Ein automatisches Ziehungsrecht hat ein Land im Rahmen der sog. Reservetranche. Weitere Kreditansprüche von je 25 % seiner Quote werden nach Auflagen vergeben, wobei sie mitzunehmender Inanspruchnahme strenger werden. Zusätzlich gibt es Sonderfazilitäten. – b) Ursprünglich galten fixe Wechselkurse, die nach Goldparität oder Dollarparität festgelegt waren (BrettonWoods-System). Nur bei fundamentalem Ungleichgewicht der Zahlungsbilanz konnten Paritäten nach Konsultation mit dem IMF verändert werden. Seit der 2. Änderung des IWF-Abkommens (1978) sind die Mitglieder in der Wahl ihres Wechselkurssystems frei, verboten sind jedoch Wechselkursmanipulationen. Der IWF überwacht die Wechselkurspolitik der Mitgliedsländer.

4. Bewertung: Der IWF hat zur Linderung von Währungskrisen beigetragen. Wegen fehlender Disziplin des Reservewährungslandes USA geriet es ab 1970 in Schwierigkeiten, die zum Aufheben der festen Wechselkurse führte. Mit der Weltbank hat der IWF zur Überwindung des Problems der Auslandsverschuldung der Entwicklungsländer beigetragen. – Weitere Informationen unter www.imf.org.

J

Jahresabschluss

Der J. umfasst im ↑ Einzelunternehmen und in ↑ Personengesellschaften ↑ Bilanz und ↑ Gewinn- und Verlustrechnung (GuV), in der Kapitalgesellschaft zusätzlich den Anhang. Daneben ist ein Lagebericht zu erstellen. Der J. hat ein den tatsächlichen Verhältnissen entsprechendes Bild der Vermögens-, Finanz- und Ertragslage zu vermitteln. Der J. ist nach den ↑ Grundsätzen ordnungsmäßiger Buchführung, d. h. insbesondere unter Beachtung der ↑ Bilanzierungs- und Bewertungsgrundsätze (↑ Bewertung) aufzustellen. Der J. ist bei mittelgroßen und großen Kapitalgesellschaften und den unter das Publizitätsgesetz fallenden Unternehmen in den ersten drei Monaten des folgenden Geschäftsjahres, bei kleinen Kapitalgesellschaften in den ersten sechs Monaten, bei ↑ Genossenschaften in den ersten fünf Monaten aufzustellen. Bei Einzelunternehmen und Personengesellschaften ist der J. innerhalb einer einem ordnungsmäßigen Geschäftsgang entsprechenden Zeit, d. h. i.d.R. innerhalb eines Jahres, zu erstellen. Im Hinblick auf § 18 KWG wird oft auf eine Verkürzung dieser Fristen gedrungen seitens des kreditgewährenden Instituts.

juristische Personen

1. Begriff: Personenvereinigung oder Zweckvermögen, die selbst Träger von Rechten und Pflichten ist.

2. Arten: Zu unterscheiden sind j. P. des Privatrechts (z. B. rechtsfähige Vereine, ↑ Kapitalgesellschaften, eingetragene ↑ Genossenschaften, Stiftungen) und j. P des öffentlichen Rechts (Körperschaften des öffentlichen Rechts [etwa Bund, Länder, Gemeinden, Industrie- und Handelskammern], Anstalten des öffentlichen Rechts [z.B. kommunale Sparkassen, Kreditanstalt für Wiederaufbau] und Stiftungen [z.B. Stiftung Preußischer Kulturbesitz]).

3. Rechtsfähigkeit: J. P. kommt als Rechtssubjekten eigene Rechtsfähigkeit unabhängig von ihren Mitgliedern, Trägern oder Gründern zu; sie können auch klagen oder verklagt werden. Gerichtlich wie außergerichtlich werden sie durch Organe (z.B. Vorstand) vertreten. Bei privatrechtlichem Handeln haften j. P für einen durch ihre Organe einem Dritten in Ausführung ihrer Tätigkeit verursachten Schaden (für Vereine und andere privatrechtliche Körperschaften: § 31 BGB); dies gilt gemäß § 89 BGB auch für j. P des öffentlichen Rechts.

Just-in-time-Prinzip

System zur flexiblen Produktionssteuerung nach dem Prinzip „Produktion auf Abruf“. Merkmale: Vernetzung der erzeugenden und verbrauchenden Produktionsstufen; flexibler Personal- und Betriebsmitteleinsatz. Materialbestände können reduziert werden, außerdem wird eine höhere Terminreue erreicht.

K

Kalkulation

Kostenaufstellung zur Berechnung der Selbstkosten, zur Ermittlung des Angebotspreises und zur Kontrolle der Preisfestsetzung. Die K. ist ein Teilgebiet der Kosten- und Leistungsrechnung (↑ Kostenrechnung). In der Vorkalkulation wird ein Angebotspreis auf der Basis eines vergangenheitsorientierten geschätzten Kostensatzes ermittelt. Beim so ermittelten Preis finden Konkurrenzangebote keine Beachtung, sondern nur das eigene Kostengefüge. Wird vom Marktpreis ausgegangen, da man Konkurrenzangebote unterbieten will, muss man einen Endpreis zugrunde legen und prüfen, ob Kosten im Preis gedeckt sind und darüber hinaus ein Gewinn erwirtschaftet werden kann. Die Nachkalkulation überprüft nach Fertigstellung einer Rechnungseinheit oder am Ende einer Periode, ob die kalkulierten Kosten tatsächlich in der geschätzten Höhe angefallen sind.

Kapital

1. K. in der Volkswirtschaft: Neben Boden und Arbeit der dritte ↑ Produktionsfaktor. Das K. wird auch als derivativer oder abgeleiteter Faktor bezeichnet, d.h., er ist durch die ursprünglichen (originären) Faktoren geschaffen worden. Man unterscheidet Geldkapital und Sachkapital (Realkapital), die einer Volkswirtschaft für Investitionen zur Verfügung stehen.

2. K. in der Betriebswirtschaft: Bezeichnet in der Bilanz die Quellen, woher das Geld gekommen ist (Passivseite). Das aufgebrachte K., das auf der Aktivseite in Form von Vermögensteilen seinen Niederschlag findet, wird auf der Passivseite in Eigenkapital und Fremdkapital unterteilt. Zum Eigenkapital einer U. mit starrem Grund- und Stammkapital (AG und GmbH) gehören auch die ↑ Rücklagen. Bei Personengesellschaften verändern sich dagegen die Kapitalkonten der Gesellschafter mit dem jährlichen Gewinn oder Verlust und mit den Entnahmen der persönlich haftenden Gesellschafter (Komplementäre). Fremdkapital sind die von unternehmensfremden Personen zur Verfügung gestellten Mittel. Je nach Verfügungsdauer unterscheidet man langfristiges und kurzfristiges Fremdkapital. Auch ↑ Rückstellungen sind Fremdkapital, da die Verbindlichkeit in ihrer Art, nicht jedoch der Höhe und der Fälligkeit nach, feststeht.

Kapitalerhöhung

Maßnahmen der Finanzierung durch Eigenkapitalerhöhung von außen.

1. Bei Personengesellschaften vollzieht sich die K. üblicherweise durch Aufnahme von neuen Gesellschaftern (↑ Beteiligungsfinanzierung).

2. Kapitalgesellschaften bedürfen bei der K. der Zustimmung der Hauptversammlung (AG) bzw. der Gesellschafterversammlung (GmbH), da eine Satzungsänderung vorliegt (3/4-Mehrheit).

Kapitalgesellschaft

↑ Handelsgesellschaft, bei der die kapitalmäßige Beteiligung im Vordergrund steht. K. besitzen ein sog. „Sondervermögen", d.h. ein Kapital, mit dem sie als juristische Person haften, nicht als Einzahler (Aktionäre, Gesellschafter) dieses Geldes. Nach innen und außen wird die K. durch ihre gesetzlichen Vertreter repräsentiert. Bei der AG ist es der Vorstand, bei der GmbH der Geschäftsführer. Arten: ↑ Aktiengesellschaft, ↑ Gesellschaft mit beschränkter Haftung, ↑ Kommanditgesellschaft auf Aktien. In der Haftungsart besteht bei der Kommanditgesellschaft auf Aktien insofern eine Besonderheit, als der Komplementär, der Befugnisse wie der Vorstand bei der AG besitzt. im Gegensatz zu diesem voll haftet. Die rein kapitalmäßigen Beteiligungsabsichten wie bei der AG sind bei der GmbH dadurch abgeschwächt, dass das persönliche Element etwas stärker hervortritt, z.B. durch die Erschwerung der Übertragung von GmbH-Anteilen an Dritte (notariell). – K. unterliegen einer speziellen Einkommensteuerart, der ↑ Körperschaftsteuer.

Kapitalherabsetzung

Verminderung des haftenden Grundkapitals einer Kapitalgesellschaft. – Nach Aktienrecht unterliegt die K. besonderen Regelungen, je nachdem, ob es sich um die ordentliche K., die vereinfachte K. oder die K. durch Einziehen von Aktien handelt. – Grundsätzliche Arten: 1. Nominelle K.: Herabsetzung des Kapitals, uni Verluste auszugleichen. Das kann einmal durch Herabsetzen der Nennbeträge aller Aktien oder durch Zusammenlegen von Aktien geschehen. Letztere Maßnahme ist nur erlaubt, wenn durch die Herabsetzung der Mindestnennbetrag nicht eingehalten werden kann. Buchhalterische Behandlung: Grundkapital an Sanierungskonto. Sanierungskonto an Gewinn- und Verlustkonto. 2. Effektive K.: Ein Teil des Kapitals wird an die Anteilseigner zurückgezahlt oder in die Rücklagen gelegt (seltener). Buchung: Grundkapital an Bank (Bankminderung durch Auszahlungen).

Kartell

Vertragliche Absprache von Unternehmen über bestimmte Verhaltensweisen im Wettbewerb. Die Unternehmen bleiben rechtlich und wirtschaftlich selbstständig, wobei die wirtschaftliche Handlungsweise durch den Vertrag koordiniert wird.

Kaufmann

Gemäß § 1 I HGB ist der Kaufmann eine Person, die ein Handelsgewerbe betreibt. Unter Gewerbe versteht man eine selbstständige und dauerhafte Tätigkeit mit der Absicht, Gewinn zu erzielen. Mitglieder freier Berufe (z. B. Ärzte, Rechtsanwälte, Steuerberater, Künstler) betreiben kein Gewerbe und sind deshalb keine Kaufleute. Auch wissenschaftliche Tätigkeit ist kein Gewerbe. K. ist danach grundsätzlich jeder Gewerbebetreibende, dessen Geschäftsbetrieb nach Art oder Umfang kaufmännische Einrichtungen erfordert (§ 1 HGB). Dann besteht Eintragungszwang in das Handelsregister unter einer ↑ Firma (§ 29 HGB), wobei die Eintragung nur rechtsbekundende (deklaratorische) Wirkung besitzt. Die Sonderform Minderkaufmann für bestimmte ↑ Kleingewerbetreibende ist zum 1.7.1998 abgeschafft worden. Seither können sich jetzt Kleingewerbetreibende als Kaufleute freiwillig in das Handelsregister eintragen lassen, sind dann aber uneingeschränkt Kaufleute (§ 2 HGB). Ihre Kaufmannseigenschaft erwerben sie daher erst mit der Eintragung (konstitutive Wirkung). Handelsgesellschaften sind gemäß § 6 HGB Formkaufleute, also Kaufleute kraft ihrer Rechtsform. Dies gilt grundsätzlich für Personenhandelsgesellschaften (OHG oder KG) ebenso wie für Kapitalgesellschaften. Diese gelten ohne Rücksicht auf Art und Umfang ihres Gewerbebetriebes immer als Kaufleute. Die Eintragung ins Handelsregister ist Voraussetzung für ihre Entstehung.

Kleingewerbetreibender

Person, die ein Handelsgewerbe betreibt und einen Gewerbebetrieb führt, der nach Art oder Umfang einen in kaufmännischer Weise eingerichteten Geschäftsbetrieb nicht erfordert. Der K. kann aber durch freiwillige Eintragung der ↑ Firma in das ↑ Handelsregister erreichen, dass er Kaufmann wird. Für Kleingewerbetreibende gelten die Vorschriften des Handelsgesetzbuches grundsätzlich nicht.

Kommanditgesellschaft (KG)

↑ Personengesellschaft, die mit mind. zwei Personen gegründet werden muss (ein Vollhafter = Komplementär und ein Teilhafter = Kommanditist). Die KG hat kein eigenes Grund- oder Stammkapital, sondern nur die einzelnen Kapitalkonten der Gesellschafter. Im Gesellschaftsvertrag werden die Richtlinien der Geschäftspolitik festgelegt. Das im HGB begründete Recht kann durch Vertrag in vielen Fällen anders geregelt werden.

Kommanditgesellschaft auf Aktien (KGaA)

Eine Kapitalgesellschaft (juristische Person), die Elemente der ↑ Kommanditgesellschaft (KG) enthält. Der Komplementär haftet unbeschränkt, hat dafür Vertretungs- und Geschäftsbefugnis. Die Kommanditaktionäre sind reine Kapitalgeber und haften nur mit ihrer Einlage.

Konjunktur

(lat. conjungere = verbinden); Oberbegriff für einen Zustand wechselnder Wirtschaftstätigkeit, meist gemessen anhand des Produktionsausstoßes der Gesamtwirtschaft (Sozialprodukt), die anhand der ↑ Konjunkturphasen, in Wellenlinien verlaufend, dargestellt wird. Mehrere Konjunkturtheorien versuchen, eine gesetzmäßige Erklärung des innerhalb von gewissen Zeiträumen vorkommenden ständigen Auf und Ab einer Volkswirtschaft zu finden.

Konjunkturphasen

Aufteilung des Konjunkturverlaufs in die Abschnitte Aufschwung (Expansion), Hochkonjunktur (Boom), Abschwung (Rezession) und Tiefstand (Depression). Alle Abschnitte zusammengenommen ergeben den Konjunkturzyklus. Graphische Darstellung der K. in Kurven mit oberen und unteren Wendepunkten.

Konjunkturpolitik

Gesamtheit aller Maßnahmen zur Steuerung der Konjunktur, um Schwankungen größeren Ausmaßes im Auslastungsgrad der Produktionsfaktoren zu verhindern, insbesondere zur Verhinderung konjunktureller Arbeitslosigkeit (Beschäftigungspolitik). Bei dieser Aufgabe soll die Bundesbank durch ihre ↑ Geldpolitik den Staat hilfreich unterstützen. Nach dem Gesetz zur Förderung der Stabilität und des Wachstums" (Stabilitätsgesetz) vom 8. Juni 1967 sollen Bund und Länder durch geeignete fiskalpolitische Maßnahmen (Fiskalpolitik) versuchen, die angestrebte Verwirklichung der Ziele des ↑ Magischen Vierecks zu erreichen. – Konzepte:

1. Antizyklische K.: Der Staat greift stabilisierend ein. In einer Abschwungphase werden z.B. Mehrausgaben trotz geringerer Steuereinnahmen getätigt (deficit spending), in einer Boomphase weniger Ausgaben bzw. Investitionen trotz höherer Steuereinnahmen. Problem: Wirkungsverzögerungen (Lags) können bei antizyklisch beabsichtigter K. die Konjunkturausschlage sogar verstärken („prozyklische K."); prozyklische Wirtschaftspolitik; Vernachlässigung der Angebotsseite und deren Bedeutung für die Konjunktur.

2. Verstetigung der K.: Ausmaß und zeitliche Wirkung staatlicher Maßnahmen werden als nicht präzise genug vorhersehbar angesehen, so dass auch nicht gesagt werden kann, ob die K. antizyklisch oder prozyklisch wirkt. Der Staat stabilisiert dann den Wirtschaftskreislauf durch Ordnungspolitik. Geldwertstabilitäts- und solide Haushaltspolitik. Bevorzugt werden Maßnahmen der angebotsorientierten Wirtschaftspolitik.

Konkurs

Das alte Konkursverfahren zur zwangsweisen Auflösung eines Unternehmens wurde mit Inkrafttreten der neuen ↑ Insolvenzordnung (InsO) durch das Insolvenzverfahren ersetzt.

Konzern

Zusammenschluss von Unternehmen, bei dem die rechtliche Selbstständigkeit der Mitgliedsfirmen nach außen bestehen bleibt, die wirtschaftliche Selbstständigkeit aber aufgegeben wird. Nach der Art der Beherrschung unterscheidet man Gleichordnungskonzern und Unterordnungskonzern. – Nach produktionstechnischem Aspekt wird unterschieden: 1. Horizontale K.: Unternehmen gleicher Produktionsstufe (Chemie) schließen sich zusammen.

2. Vertikale K.: Zielen in erster Linie auf die Sicherung aufeinanderfolgender Produktionsstufen. Von der Rohstoffbasis bis zum Vertrieb soll alles in einer Hand sein.

3. Mischkonzern (anorganischer K.): Unternehmen verschiedenster Art, z.B. Bank, Versicherung, Reiseunternehmen, schließen sich zusammen. – Die Bildung von Zusammenschlüssen unterliegt im Aktiengesetz besonderen Vorschriften, so v. a. über die Rechnungslegung, insbes. der Konzernbilanz (konsolidierte Bilanz), der konzernweiten Gewinn- und Verlustrechnung und des Konzerngeschäftsberichtes.

Körperschaftsteuer

Die Körperschaftsteuer ist eine im Körperschaftsteuergesetz geregelte, besondere Form der ↑ Einkommensteuer. Körperschaftsteuerpflichtig sind ↑ Kapitalgesellschaften (AG, GmbH) oder andere juristische Personen. Die Körperschaftsteuer zählt wie die Einkommensteuer zu den direkten Steuern, d.h. sie wird direkt beim Steuerpflichtigen erhoben. Körperschaftsteuer und Einkommensteuer bestehen nebeneinander, Bemessungsgrundlage zur Errechnung der Einkommensteuer, z.B. bei einer Kapitalgesellschaft, ist deshalb der erwirtschaftete Gewinn. Für Einkünfte ab dem Kalenderjahr 2001 gilt das so genannte ↑ Halbeinkünfteverfahren, das das vormalige Anrechnungsverfahren ersetzt. Zunächst unterliegt der Gewinn einer Kapitalgesellschaft einer endgültigen Körperschaftsteuer von 25 % (2003: ausnahmsweise 26,5 %). Ausschüttungen unterliegen bei natürlichen Personen als Empfängern nur zur Hälfte der Einkommensteuer (Halbeinkünfteverfahren). Damit wird die doppelte Besteuerung von Gewinnausschüttungen in pauschalierter Form vermieden. Bei Kapitalgesellschaften sind die erhaltenden Dividenden von der Körperschaftsteuer berfreit.

Kosten

Betrieblicher Güterverbrauch materieller und immaterieller Art zur Erstellung und zum Absatz von Sach- und/ oder Dienstleistungen. K. werden üblicherweise aus dem Aufwand hergeleitet. Dazu zählen jedoch nicht solche Aufwendungen, die als neutral angesehen werden, wie außerordentliche (Brand) oder betriebsfremde Aufwendungen (Spenden). K. können auch rein kalkulatorisch sein, d.h. ihr Wertansatz in der Kalkulation ist anders als in der Finanzbuchhaltung (Anderskosten), oder sie sind nicht als Aufwand verbucht (Zusatzkosten). Man unterscheidet nach der Abhängigkeit von der Beschaffung ↑ fixe Kosten (unabhängig von der Leistungserstellung) und ↑ variable Kosten: nach der Zurechenbarkeit auf die einzelne Leistung ↑ Einzelkosten und ↑ Gemeinkosten.

Kostenrechnung

Teilbereich des Rechnungswesens, in dem Kosten erfasst, gespeichert, den verschiedenen Bezugsgrößen (z.B. Produkten) zugeordnet und für spezielle Zwecke ausgewertet werden. Zur K. gehören die Kostenartenrechnung (welche Kosten sind entstanden?), die Kostenstellenrechnung (an welcher Stelle sind die Kosten entstanden?) und die Kostenträgerrechnung (welches Produkt hat welche Kosten verursacht?).

Kredit

(lat. credere = glauben); Überlassung von Geld oder Sachgütern mit der Auflage der späteren Rückgabe oder Rückzahlung. Der K. wird normalerweise mit einem Zins belegt.

Kreditfinanzierung

Eine Form der Außenfinanzierung. Das Unternehmen erhält Fremdkapital von Außenstehenden wie Banken, Lieferanten und Anleihengläubigern. Den Kapitalgebern stehen keine unternehmerischen Entscheidungsrechte zu; dafür haben sie in der Regel das Recht auf Verzinsung und Rückzahlung.

Kreditinstitut

Nach § 1 Kreditwesengesetz alle Unternehmungen, die Bankgeschäfte betreiben, wenn der Umfang dieser Geschäfte einen in kaufmännischer Weise eingerichteten Geschäftsbereich erfordert. Bei den K. werden Banken und Sparkassen unterschieden, wobei Sparkassen meistens öffentlich-rechtlichen Charakter haben, d.h., bei Verlusten haften die Städte, Kreise oder Länder.

Kurs

Börsenpreis für Wertpapiere. Devisen und vertretbare Waren. Er ist das Ergebnis von Angebot und Nachfrage.

L

Leasing

(engl. to lease = mieten, vermieten); das mietweise Überlassen von Investitions- und Gebrauchsgütern (Sonderform: Mietkauf).

1. Leasingverträge kommen in zwei Formen vor: a) Beim operativen Leasing wird ein im Verhältnis zur üblichen Nutzungsdauer des Leasingobjekts kurzfristiger Mietvertrag geschlossen, der dem Leasingnehmer eine ständige Modernisierung seiner Ausstattung ermöglicht. b) Beim Finanzierungsleasing wird das Leasingobjekt über längere Zeiträume – i.d.R. ohne Kündigungsmöglichkeiten – vermietet. Finanzierungsleasing (engl. Finance-Leasing) stellt somit eine Alternative zum Kauf auf Kredit dar. Es kann insbesondere hinsichtlich steuerlicher Effekte vorteilhaft sein, u.a. weil die Leasingraten bei üblichen Leasingverträgen in voller Höhe als Betriebsausgaben absetzbar sind, da das Leasingobjekt beim Leasinggeber bilanziert wird.

2. Im Lesingvertrag sind zu regeln: a) Grundmietzeit und evtl. Kündigungsrechte; b) Vereinbarungen etwaiger Verlängerungs- oder Kaufoptionen; c) Höhe der Leasingrate; d) Vereinbarung der Risikoübernahme bei Vernichtung/ Entwertung durch Leasingnehmer oder -geber; e) Vereinbarungen bezüglich Wartung/ Pflege des Leasingegenstandes.

Leistungsbilanz

Bezeichnung für die ↑ Handelsbilanz, Übertragungsbilanz und Dienstleistungsbilanz. Teil der ↑ Zahlungsbilanz.

Liquidität

(lat.: liquidus = flüssig).

1. Im volkswirtschaftlichen Bereich ist die L. die Versorgung der Wirtschaft mit Zahlungsmitteln. Die Bundesbank regelt die Liquiditätsversorgung im Rahmen ihrer wichtigsten Aufgabe, der Sicherung der Geldwertstabilität, durch potentialorientierte Geldmengenpolitik.

2. Betriebswirtschaftlich bedeutet L. die Zahlungsbereitschaft und Zahlungsfähigkeit eines Unternehmens.

Man unterscheidet innerhalb einer Bilanz drei Liquiditätsgrade. Beispiel:

Aktiv	Bilanz Passiv
Anlagevermögen	Eigenkapital
Umlaufvermögen	langfristiges
1. Vorräte 1,0 Mio.	Fremdkapital
2. Forderungen 0,4 Mio.	kurzfristiges
3. Geldmittel 0,1 Mio.	Fremdkapital 0,5 Mio.

Liquiditätsgrad I:

Geldmittel ./. kurzfr. Fremdkapital

0,1 Mio. ./. 0,5 Mio. = 20 %

Die kurzfristigen Schulden können also zu 20 % aus Barmitteln gedeckt werden.

Liquiditätsgrad II:

Geldmittel + Forderungen ./. kurzfr. Fremdkapitel

0,5 Mio. ./. 0,5 Mio. = 100 %

Würden die gesamten Forderungen eingehen, könnten die Schulden zu 100 % bezahlt werden.

Liquiditätsgrad III:

Geldmittel + Forderungen + Vorräte ./. kurzfr. Fremdkapital

1,5 Mio. ./. 0,5 Mio = 300 %.

Logistik

In der Betriebswirtschaft die Gesamtheit aller Transport-, Lager- und Umschlagsvorgänge in und zwischen Unternehmen einschließlich der zugehörigen Steuerungs- und Regelabläufe. Weiterhin die Bezeichnung der wirtschaftswissenschaftlichen Teildisziplin, die sich mit der Beschreibung, Erklärung und Gestaltung dieser Prozesse beschäftigt.

Lohnsteuer

Die Lohnsteuer ist keine eigene Steuerart, sondern eine besondere Erhebungsform der ↑ Einkommensteuer. Der Abzug von L. wird bei den Einkünften aus nichtselbstständiger Arbeit durchgeführt, indem der Arbeitgeber monatlich die Einkommensteuer bei der Lohnauszahlung an den Arbeitnehmer einbehält und bis zum 10. des Folgemonats an das Finanzamt abführt. Die L. entsteht in dem Zeitpunkt, in welchem der Arbeitslohn dem Arbeitnehmer zufließt. Sie ist schwerpunktmäßig eine Vorauszahlung auf die Einkommensteuer. Dies wird dadurch erreicht, dass unter bestimmten Voraussetzungen eine nachträgliche Veranlagung verpflichtend ist (§ 46 II EStG) oder der Arbeitnehmer die Veranlagung selbst beantragt. Der Antrag erfolgt durch Abgabe der Einkommensteuererklärung bis zum Ablauf des auf den Veranlagungszeitraum folgenden zweiten Kalenderjahres. Kommt es nicht zu einer Veranlagung, gilt die einbehaltene L. als Definitivsteuer. In bestimmten Fällen ist eine Erstattung zu viel gezahlter L. durch einen Lohnsteuer-Jahresausgleich durch den Arbeitgeber möglich. Bei Beschäftigungen, die kurzfristig, im geringen Umfang und gegen geringen Lohn erfolgen, darf der Arbeitgeber auf Antrag die L. nach bestimmten %-Sätzen auf die Bruttobezüge pauschal abführen (§§ 40a, 40b EStG; sog. pauschalierte L.). Die pauschal besteuerten Bezüge und die pauschalierte L. selbst bleiben bei einer Einkommensteuerveranlagung bzw. dem Lohnsteuer-Jahresausgleich des Arbeitnehmers vollständig außer Ansatz.

M

Magisches Viereck

Volkswirtschaftlicher Ausdruck für den Versuch, die 4 gesamtwirtschaftlichen Hauptziele der Wirtschaftspolitik: Vollbeschäftigung, Wirtschaftswachstum, Geldwertstabilität, außenwirtschaftliches Gleichgewicht gleichzeitig zu erfüllen. Das ist nicht möglich, da die einzelnen Zielbündel zur Zielerreichung einander ausschließendes Konfliktpotenzial mitumfassen, was mit dem Attribut „magisch" zum Ausdruck gebracht wird.

Markenartikel

Markenartikel sind gekennzeichnet durch Markierung (Namen, Symbole etc.), gleich bleibende oder verbesserte Qualität, breite Verfügbarkeit, Kommunikationsanstrengungen und relativ stabiles Preisniveau.

Marketing

Der Begriff „Marketing" ist vor allem durch die folgenden Facetten gekennzeichnet:

Planung und Durchführung von Maßnahmen der Produkt-, Preis-, Kommunikations- und Vertriebspolitik mit dem Ziel der vorteilhaften Gestaltung von Austauschbeziehungen (vor allem) von Unternehmen

Ausrichtung des gesamten Unternehmens auf die Erfordernisse des Engpasssektors Absatzmarkt.

Marketing-Mix

Die Kombination aufeinander abgestimmter Marketing-Maßnahmen aus Produkt-, Preis-, Kommunikations- und Vertriebspolitik für ein bestimmtes Produkt und einen bestimmten Markt bezeichnet man als Marketing-Mix.

Markt

Mit dem Begriff Markt werden drei unterschiedliche Bedeutungsinhalte verbunden:

Markt als räumlich und/ oder zeitlich fixierte Institution zur Ermöglichung und Organisation von Austauschvorgängen

Markt als Aufeinandertreffen von Angebot und Nachfrage mit den entsprechenden Austauschprozessen

Markt als Menge potenzieller Kunden, auf die ein bestimmtes Angebot ausgerichtet wird.

Marktanteil

Mengen- oder wertmäßig gemessener Anteil (in %) eines Anbieters an dem entsprechenden Marktvolumen.

Marktanalyse

Zeitpunktbezogene Beobachtung der Merkmale eines bestimmten ↑ Marktes, um die Marktstruktur zu einem bestimmten Zeitpunkt erkennen zu können.

Marktforschung

Marktforschung ist die systematische Sammlung und Analyse von Informationen über Märkte sowie Wirkungen bisheriger oder geplanter Marketing-Maßnahmen unter Verwendung geeigneter Methoden der Datenerhebung und -analyse.

Marktpotenzial

Maximal erreichbare Absatzmenge bzw. maximal erreichbarer Umsatz, wenn alle potenziellen Kunden im Rahmen der vorhandenen Kaufkraft den entsprechenden Bedarf decken würden.

Marktsegmentierung

Marktsegmentierung ist die Aufteilung eines heterogenen Gesamtmarkts in relativ homogene Käufergruppen mit dem Ziel der differenzierten Ansprache dieser Gruppen.

Marktvolumen

Absatz einer Produktart bzw. einer Branche für eine Periode und ein Absatzgebiet, gemessen mengenmäßig oder wertmäßig.

Marktwirtschaft

Verkehrswirtschaft: Wirtschaftssystem des Wettbewerbs auf offenen Märkten. Freie Entscheidungen und das Eigennutzstreben sollen zu höchstmöglichem Gemeinwohl und optimaler Güterversorgung führen. Im Rahmen des klassischen Liberalismus (lassez-faire) führte die reine M. zur Verarmung weiter Bevölkerungskreise (soziale Frage) und zur Monopolisierung, die den Wettbewerb außer Kraft setzte. Die M. wurde über den Ordoliberalismus fortentwickelt zur ↑ Sozialen Marktwirtschaft. – Gegensatz: ↑ Zentralverwaltungswirtschaft.

Mehrwertsteuer (MwSt)

↑ Umsatzsteuer.

Miete

Das entgeltliche Überlassen zum Gebrauch einer Sache. Rechtsgrundlage ist der grundsätzlich formfreie Mietvertrag. Mietverträge über Grundstücke und über Wohnraum über mehr als ein Jahr bedürfen der Schriftform. Der Mieter ist lediglich zur Benutzung berechtigt, nicht aber, um selbst einen Ertrag (Fruchtgenuß) daraus zu erzielen. Weitervermietung oder Untervermietung sind nur mit Genehmigung des Vermieters erlaubt. Der Vermieter hat die Mietsache in einem gebrauchsfähigen Zustand zu erhalten, z.B. notwendige Reparaturen vorzunehmen. Der Mieter hat den Mietzins (m) zu zahlen und die gemietete Sache pfleglich zu behandeln. Beim Auszug muss der Mieter die Wohnung in einem bewohnbaren Zustand verlassen. Veränderungen, die der Mieter in der Wohnung vorgenommen hat, sind auf Verlangen des Vermieters zu beseitigen, es sei denn, die Veränderung war nach allgemeiner Auffassung werterhöhend, z.B. Einbau eines Wannenbades. In diesem Fall könnte der Mieter sogar einen Teil der Kosten vom Vermieter zurückfordern. — Steuerlich bedeutet die M. für den Vermieter Einkünfte aus Vermietung und Verpachtung. Für Unternehmungen sind Mietzahlungen abzugsfähige Betriebsausgaben.

Mitbestimmung

Die aktive Teilnahme von Arbeitnehmern an Entscheidungsprozessen auf Ebene des Betriebs und des Unternehmens. Die betriebliche M. ist m ↑ Betriebsverfassungsgesetz von 1972 geregelt. Für die M. auf Unternehmensebene gelten die folgenden gesetzlichen Grundlagen: 1. Das Montanmitbestimmungsgesetz von 1951 regelt die Zusammensetzung des Aufsichtsrates und die Stellung des Arbeitsdirektors bei Unternehmen der Montanindustrie mit mehr als 1.000 Arbeitnehmern. Aufsichtsrat muss paritätisch zusammengesetzt sein, d.h. gleiche Anzahl von Arbeitnehmern und Anteilseignern, 4 Arbeitnehmer, 4 Anteilseigner und 3 Neutrale. Der Arbeitsdirektor sitzt als Arbeitnehmervertreter im Vorstand. Durch Ergänzungsgesetze sind im Montanbereich erhebliche Erweiterungen durchgeführt worden. 2. Das Mitbestimmungsgesetz von 1976 lehnt sich hinsichtlich paritätischer Mitbestimmung stark an das Montanmitbestimmungsgesetz an.

Monopol

Marktsituation, bei der nur ein Anbieter (Angebotsmonopol) oder Nachfrager (Nachfragemonopol) existiert.

N

Nachfrage

Das Streben nach Gütern zur Deckung der Bedürfnisse. N. setzt Kaufkraft voraus. ↑ Angebot und N. bestimmen den Marktpreis. Je nach Elastizität der Nachfrage ergeben sich unterschiedliche Nachfragekurven. Die gesamtwirtschaftliche Nachfrage setzt sich aus der Konsumgüter-, Investitions-, Staatsnachfrage und dem Außenbeitrag (Exporte abzüglich Importe) zusammen.

netto

(ital. = rein). – Gegensatz: ↑ brutto. 1. In der Buchhaltung: a) „Wareneinkauf 5.000 EUR n." bedeutet, dass noch keine Mehrwertsteuer in Ansatz gebracht wurde. b) Buchung einer Barzahlung einer Schuld „abzüglich Skonto" in der Nettoform bedeutet, dass die anteilige Mehrwertsteuer durch den Skontoabzug sofort zu korrigieren ist. c) Verbuchen der Nettolöhne bedeutet Einbehalten der gesetzlichen Abzüge. 2. Im kaufmännischen Sprachgebrauch: a) „Nettogewicht", d.h. ohne Verpackung. b) „Nettopreis" ist ein Preis, von dem keine Abzüge mehr gemacht werden dürfen (z.B. Rabatte, Skonto).

O

Offene Handelsgesellschaft (OHG)

Charakterisierung: Personenhandelsgesellschaft (↑ Personengesellschaft) mit mindestens zwei Gesellschaftern, deren Zweck auf den Betrieb eines Handelsgewerbes unter einer gemeinsamen ↑ Firma gerichtet und bei der jeder Gesellschafter ein (auch mit seinem Privatvermögen) persönlich haftender Gesellschafter ist (§ 1051 HGB). Die unbeschränkte Haftung für die Verbindlichkeiten der Gesellschaft bedeutetet grundsätzlich eine hohe Kreditwürdigkeit; sie ist jedoch auch der Grund für die abnehmenden Neugründungen in der Rechtsform der OHG. – Die fortbestehende rechtliche Bedeutung der in §§ 105-160 HGB und ergänzend in §§ 705 ff. BGB (vgl. § 105 III HGB) geregelten OHG besteht zunächst in ihrer Auffangfunktion: Jedes gemeinschaftliche Betreiben eines Handelsgewerbes, das nicht von einer ↑ Kommanditgesellschaft (KG), einer ↑ Kapitalgesellschaft oder einer sonstigen rechtsfähigen Körperschaft ausgeht, erfolgt zwingend in der Rechtsform OHG, selbst wenn dies den Beteiligten nicht bekannt ist bzw. ihrem Willen sogar widerspricht. Die OHG ist ferner nach der Konzeption des ↑ Handelsgesetzbuchs (HGB) der Grundtyp für die Gesellschaftsform der KG, die sich insbesondere in der Mischform der ↑ GmbH & Co. KG einer größeren Beliebtheit erfreut: § 161 11 HGB erklärt die für die OHG geltenden Vorschriften weitgehend für auch auf die KG anwendbar.

Öffentlichkeitsarbeit

Bewusstes, legitimes und kontinuierliches Bemühen eines ↑ Unternehmens bzw. einer Institution um Aufbau und Pflege von Vertrauen in der Öffentlichkeit (bzw. in Teilöffentlichkeiten) auf der Grundlage einer systematischen Einstellungsforschung. Das bedeutet Arbeit *in* der Öffentlichkeit, Arbeit *für* die Öffentlichkeit und Arbeit *mit* der Öffentlichkeit. Im Wesentlichen geht es um die Imagefestigung oder um den Ausgleich der Differenz zwischen tatsächlich vorhandenem und gewünschtem Image.

ökonomisches Prinzip

Wirtschaftlichkeitsprinzip, nach dem mit gegebenen Mitteln ein höchstmöglicher Erfolg (Maximumprinzip) oder ein angestrebter Erfolg mit den geringsten Mitteln (Minimumprinzip) erzielt werden soll.

Oligopol

Marktsituation, in der nur wenige, relativ große Anbieter oder Nachfrager existieren. Hauptmerkmal: Reaktionsverbundenheit der Oligopolisten.

Organschaft

Das Steuerrecht unterstellt zunächst die Selbstständigkeit einer Kapitalgesellschaft. Daraus ergeben sich die Fragen von Steuerpflicht und Steuerschuldnerschaft bei Körperschaft- und Gewerbesteuer. Für die Umsatzsteuer wird die selbstständige Kapitalgesellschaft ggf. zum Unternehmer. Dieser normalen Betrachtungsweise wird nicht gefolgt, wenn es an der wirtschaftlichen Selbstständigkeit der Kapitalgesellschaft in besonderem Ausmaß fehlt. Als Organschaft wird eine Situation bezeichnet, in der die rechtlich selbstständige Kapitalgesellschaft in einem Unterordnungsverhältnis zu einem anderen Unternehmen steht. Im Vergleich zum sie beherrschenden Unternehmen (Organträger) nimmt sie als Organ(gesellschaft) die Stellung eines unselbstständigen Betriebsteils bzw. einer betrieblichen Abteilung ein. Steuerlich wird die wirtschaftliche Einheit aus Organträger und Organgesellschaft(en) (Organkreis) unterschiedlich berücksichtigt. Sie ist ausschließlich bei Einkommen-, Körperschaft-, Gewerbe- und Umsatzsteuer von Bedeutung.

Eine körperschaftsteuerliche Organschaft setzt voraus, dass dem Organträger im Rahmen einer finanziellen Eingliederung die Mehrheit der Stimmrechte an der Organgesellschaft zusteht. Ferner muss sich die Organgesellschaft dazu verpflichtet haben, ihren ganzen Gewinn an den Organträger abzuführen (Gewinnabführungsvertrag). Organträger können nur inländische Unternehmen sein. Als Folge einer bestehenden Organschaft wird das Einkommen des Organs dem Organträger zugerechnet. Die Einkommensermittlung erfolgt getrennt bei Organ und Organträger. Im Zuge der Veranlagung des Organträgers erfolgt bei ihm eine Zusammenrechnung sämtlicher im Organkreis erwirtschafteter Einkommen. Zwar verbleibt es bei der subjektiven Steuerpflicht des Organs. Wegen der Gewinnabführung an den Organträger ist das Organ allerdings regelmäßig einkommenslos. Vorteile bietet die Organschaft durch die sofortige Verrechnung von im Organkreis anfallenden Gewinnen und Verlusten. Ohne Wirkung bleibt ferner der ansonsten geltende beschränkte Abzug von Betriebsausgaben in Zusammenhang mit teilweise steuerfrei vereinnahmten Dividenden.

Unter gleichen Voraussetzungen wie bei der Körperschaftsteuer kommt es zur gewerbesteuerlichen Organschaft. Dadurch gilt das Organ als Betriebsstätte des Organträgers und seine persönliche Steuerpflicht erlischt. Getrennt ermittelt werden weiterhin die Gewerbeerträge aller Mitglieder des Organkreises und schließlich beim Organträger zusammengerechnet. Gewerbesteuermessbescheid und Gewerbesteuerbescheid ergehen gegen den Organträger. Als vorteilhaft erweist sich wiederum die sofortige Verrechnung von im Organkreis anfallenden Gewinnen und Verlusten.

Die umsatzsteuerliche Organschaft beruht auf finanzieller, wirtschaftlicher und organisatorischer Eingliederung der Organgesellschaft in das Unternehmen des Organträgers. Damit verliert die Organgesellschaft ihre Selbstständigkeit und ist kein Unternehmer mehr. Einziger Unternehmer im Organkreis ist der Organträger. Alle Umsätze, die Organgesellschaften mit Dritten tätigen, werden dem Organträger zugerechnet. Er ist Steuerschuldner für alle Umsätze des Organkreises. Ihm steht der entsprechende Vorsteuerabzug zu. Umsätze innerhalb des Organkreises gelten als nicht steuerbare Innenumsätze. Nur den Organträger treffen Erklärungspflichten für Voranmeldungen und Jahreserklärungen, die sich auf den gesamten Organkreis beziehen.

Kostenvorteile ergeben sich aus der umsatzsteuerlichen Organschaft aus organisatorischen Vereinfachungen und der Vermeidung von Bewertungsproblemen bei innerkonzernlichen Umsätzen. Finanzierungs- und Liquiditätsvorteile stehen dagegen eher im Hintergrund.

P

Passiva

Bezeichnung der rechten Seite der Bilanz. Die Passivseite zeigt die Mittelherkunft des Unternehmens. Unterteilt wird in Eigenkapital (Grund- und Stammkapital, Rücklagen) und in Fremdkapital (Rückstellungen, langfristige Verbindlichkeiten, kurzfristige Verbindlichkeiten). Die Wertberichtigungen auf der Passivseite sind lediglich Korrekturposten zur Aktivseite. – Gegensatz: ↑ Aktiva.

Personengesellschaft

Zusammenschluss mehrerer Personen zu einer Gesellschaft, die auf der fortgesetzten Mitgliedschaft der einzelnen Gesellschafter beruht. P. sind z. B. die ↑ Gesellschaft bürgerlichen Rechts (BGBGesellschaft, GbR), die ↑ offene Handelsgesellschaft (OHG), die ↑ Kommanditgesellschaft (KG) und die ↑ stille Gesellschaft. Da die OHG und die KG Handelsgewerbe i. S. von § 1 II HGB betreiben, werden sie auch als Personenhandelsgesellschaften bezeichnet. – Gesetzliche Regelungen über P. sind v. a. im ↑ Bürgerlichen Gesetzbuch(BGB) und im ↑ Handelsgesetzbuch (HGB) enthalten. Die Vorschriften über die GbR finden auch auf die OHG, die KG und die stille Gesellschaft Anwendung, soweit das HGB keine Sonderregelungen trifft. – Die P ist im Gegensatz zur ↑ Kapitalgesellschaft keine ↑ juristische Person und auch nicht wie diese körperschaftlich organisiert. Es ist Aufgabe der Gesellschafter, für die Gesellschaft tätig zu werden und deren Geschäfte zu führen. Bei den P. gilt daher der Grundsatz der Selbstorganschaft (↑ Organschaft). OHG und KG sind jedoch den juristischen Personen angenähert. So können sie z. B. unter ihrer ↑ Firma Rechte erwerben und Verbindlichkeiten eingehen sowie vor Gericht klagen und verklagt werden. – Die Gesellschafter einer P. sind stärker an die Gesellschaft gebunden als die einer Kapitalgesellschaft. lhnen obliegen daher z. B. besondere Treuepflichten. Das Vermögen einer P. ist Gesamthandsvermögen, über das die Gesellschafter nur gemeinsam verfügen können (vgl. § 719 I BGB). Neben dem Gesellschaftsvermögen haften die Gesellschafter persönlich und (mit Ausnahme der Kommanditisten einer KG) unbeschränkt mit ihrem Privatvermögen für die Schulden der Gesellschaft. Zur Zwangsvollstreckung in das Vermögen einer OHG oder einer KG müssen die Gläubiger anders als die einer GbR grundsätzlich zuvor einen Vollstreckungstitel gegen die Gesellschaft selbst erwirken. Einem ausgeschiedenen Gesellschafter steht grundsätzlich ein Abfindungsanspruch zu, sofern der Gesellschaftsvertrag keine abweichende Regelung trifft. Und nach der Auflösung der Gesellschaft hat eine Auseinandersetzung unter den Gesellschaftern über das Gesellschaftsvermögen zu erfolgen, sofern nicht das ↑ Insolvenzverfahren eröffnet worden ist (§ 730 I BGB).

Planwirtschaft

Gängige Bezeichnung für eine Wirtschaftsordnung, in der der Wirtschaftsprozess von einer Zentralinstanz auf der Grundlage ihre Planes koordiniert wird. Dies impliziert jedoch, dass das Wirtschaften in anders gearteten Wirtschaftsordnungen nicht auf Plänen beruht, was logisch falsch ist. Daher sind zur Beschreibung der gemeinten Wirtschaftsordnungen Bezeichnungen wie z.B. ↑ Zentralverwaltungswirtschaft vorzuziehen.

Polypol

(griech.: poly = viel); Marktsituation, bei der viele relativ kleine Anbieter und Nachfrager vorhanden sind (atomistische Konkurrenz) bzw. die Marktteilnehmer in ihrem Verhalten nicht davon ausgehen, dass sie den Marktpreis als einzelne beeinflussen können (Preis = Datum).

Preisindex für die Lebenshaltung

(lat. index = Anzeiger), in einem Wert ausgedrückte Preisentwicklung, bezogen auf das Basisjahr, das mit 100 angesetzt ist. Untersucht werden die P.i.d.L. vier verschiedener Haushalte, wobei der bekannteste der 4-Personenhaushalt mit mittlerem Einkommen ist. Das Statistische Bundesamt ermittelt die Werte auf der Basis eines Warenkorbs, der repräsentativ für die Kaufgewohnheiten der Bürger ist. Die Preissteigerungen dieser Waren werden Jahr für Jahr mit dem Basisjahr verglichen. – Weitere Informationen unter www.destatis.de.

Produktion

Fertigung, Erzeugung, Herstellung von Sachgütern bzw. Diensten.

Produktionsfaktoren

Einsatzgrößen, die für die Leistungserstellung notwendig sind.

1. Zu den P. im betriebswirtschaftlichen Bereich zählen die menschliche Arbeit (inkl. Unternehmensleitung), die Betriebsmittel und die Werkstoffe. Als abgeleitete (derivative) Faktoren werden Planung und Organisation angesehen.

2. P. in der Volkswirtschaft sind Boden, Arbeit und Kapital, wobei das Kapital aus Boden und Arbeit abgeleitet (derivativ) ist. Als ursprünglich (originär) werden dagegen die Faktoren Boden und Arbeit bezeichnet.

Produktivität

Messzahl für die Ergiebigkeit wirtschaftlicher Tätigkeit. Gebräuchliches Messopfer ist die Arbeitsproduktivität.

1. Volkswirtschaftlich das Verhältnis von Inlandsprodukt zur eingesetzten Menge des Faktors Arbeit. 2. Betriebswirtschaftlich das Verhältnis des Produktionsergebnisses zur eingesetzten Arbeitskraft (Arbeitsstunden).

Prokura

Eine besonders umfangreiche Art der Handlungsvollmacht Der Prokurist ist zu allen gerichtlichen und außergerichtlichen Geschäften ermächtigt, die ein Handelsgewerbe mit sich bringt Das bedeutet, dass die Befugnisse des Prokuristen grundsätzlich unbegrenzt sind, außer: Der Prokurist darf keine Grundstücke veräußern oder belasten, keine Bilanz unterschreiben, einem anderen keine P erteilen, nicht Konkurs anmelden oder in anderer Weise den Betrieb stilllegen. Der Prokurist hat so zu unterschreiben, dass er der Firma seinen Namen und einen die P. andeutenden Zusatz, z.B. ppa, beifügt. – Die P ist ausdrücklich zu erklären und zum Handelsregister anzumelden. Interne Beschränkungen gelten nicht nach außen. Wird z.B. dem Prokuristen versagt, Wechsel zu unterschreiben, gilt das Dritten gegenüber nicht: eine eventuelle Wechselzeichnung hätte volle Wirkung. – Die P erlischt durch Widerruf, durch Tod des Prokuristen, durch Konkurs des Unternehmens oder durch Beendigung des Dienstverhältnisses. Der Tod des Firmeninhabers löscht die P nicht. Die Aufhebung ist eine eintragungspflichtige Tatsache im Handelsregister. Wird der Widerruf nicht eingetragen, so ist grundsätzlich der gute Glaube eines Dritten geschützt, d.h., Geschäfte, die der ehemalige Prokurist noch abschließt, haben volle Wirkung.

R

Rechtsfähigkeit

Die Fähigkeit, Träger von Rechten und Pflichten zu sein, d.h. eigenständige Verbindlichkeiten eingehen und Rechte geltend machen zu können.

relativer Marktanteil

Marktanteil eines Anbieters in Beziehung gesetzt zum Marktanteil des größten Anbieters (Marktführers) oder der drei größten Anbieter

Rendite

Der jährliche Gesamtertrag eines angelegten Kapitals, meist in Prozent des Kapitals ausgedrückt.

Rentabilität

In Prozenten ausgedrücktes Verhältnis zwischen einer Ergebnisgröße und Bezugsgröße. – Arten: 1. Eigenkapitalrentabilität = Gewinn : Eigenkapital, 2. Gesamtkapitalrentabilität = (Gewinn + Fremdkapitalzinsen) : (Eigenkapital + Fremdkapital). 3. Umsatzrentabilität = Gewinn : Umsatz. 4. Betriebsrentabilität = Betriebsergebnis : betriebsnotwendiges Kapital. 5. Return-on-Investment = Gewinn : Gesamtkapital.

Rezession

↑ Konjunkturphasen.

Rücklagen

In der Bilanz offen ausgewiesene Reserven, die neben dem Grundkapital zum Eigenkapital zählen. Bei Aktiengesellschaften müssen in die gesetzliche Rücklage (Kapitalrücklage) so lange 5 % des Jahresüberschusses eingestellt werden, bis 10 % des Grundkapitals erreicht sind. Darüber hinaus können freiwillige Rücklagen durch nicht ausgeschüttete Gewinne gebildet werden, deren Höhe sich entweder nach der Satzung oder nach dem Gesetz bestimmt (Gewinnrücklage).- Von stillen R. oder stillen Reserven spricht man, wenn durch Unterbewertung der Aktiva oder Überbewertung der Passiva die wahren Vermögenswerte verschleiert werden.

Rückstellungen

Verpflichtung der Unternehmung, die dem Grunde nach besteht, aber in ihrer Höhe und im Zeitpunkt der Fälligkeit noch nicht bekannt ist. – Beispiel: Buchungssatz per 31. Dezember für einen schwebenden Prozess, bei dem wir mit 5.000 EUR Prozesskosten rechnen: Prozesskosten an Rückstellungen 5.000 EUR. R. müssen gebildet werden: für drohende Verluste aus schwebenden Geschäften für ungewisse Verbindlichkeiten (z.B. Prozesskosten, für unterlassene Instandhaltung und Abraumbeseitigung: für Gewährleistungen).

S

Schulden

↑ Rückstellung. ↑ Verbindlichkeiten.

Skonto

(ital.: sconto = Abzug); Preisnachlass durch den Lieferanten, wenn der Kunde innerhalb einer bestimmen Frist zahlt, z.B. „zahlbar innerhalb 10 Tage mit 3 % Skonto oder 30 Tage netto“ (ohne Abzug).

Soll

Bezeichnung der Kontenseite. – Gegensatz: ↑ Haben.

1. In der Buchhaltung die linke Seite eines Kontos. Bei Aktivkonten bedeuten Sollbuchungen Zugänge, bei Passivkonten Abgänge. Bei Buchungen auf Erfolgskonten sind Sollbuchungen grundsätzlich Anwendungen, es sei denn, dass Ertragskonten korrigiert werden müssen.

2. Im Bankbereich sind Sollsalden, die dem Kunden mitgeteilt werden, Schulden der Kunden, d.h. aus der Sicht der Bank Forderungen an Kunden.

Sorten

Ausländische Banknoten und Münzen. Sie werden häufig zu den Devisen im weiteren Sinne gezählt. Sorten werden jedoch im Gegensatz zu Devisen (i.e.S.) nicht amtlich gehandelt. Im Handel zwischen Kreditinstituten des In- und Auslandes werden im Freiverkehr Bankenkurse nach Angebot und Nachfrage festgesetzt.

Soziale Marktwirtschaft

Wirtschaftsordnung auf der Grundlage des Systems der (freien) ↑ Marktwirtschaft bzw. des Ordoliberalismus, die wirtschaftliche Leistungsfähigkeit und soziale Gerechtigkeit bei einem hohen Maß an individueller Freiheit gewährleisten will. Die Einführung der S.M. in der Bundesrepublik Deutschland auf der Grundlage wissenschaftlicher Arbeiten der liberalen Wirtschaftstheoretiker Böhm, Eucken, von Hayek, Müller-Armack, Röke und Rüstow ist wesentlich das politische Verdienst von Ludwig Erhard.

Sozialprodukt

Wert, der von einer Volkswirtschaft innerhalb eines Zeitraums (meist ein Jahr) erstellten Güter und Dienstleistungen. Gesamtergebnis volkswirtschaftlicher Tätigkeit und Maß für die wirtschaftliche Leistungsfähigkeit einer Volkswirtschaft. – Kritik: Als Indikator für den Wohlstand einer Nation nur beschränkt tauglich (Nichterlassung mancher Tatbestände, wie z.B. Umweltschäden etc.). Im Gegensatz zu dem ↑ Bruttoinlandsprodukt werden das ↑ Bruttosozialprodukt und das ↑ Volkseinkommen nach dem Inländerkonzept ermittelt. Danach werden alle wirtschaftlichen Tätigkeiten der Inländer erfasst, egal ob sie inner- oder außerhalb der Landesgrenzen erfolgten.

Staatshaushalt

Budget, Haushaltsetat: Gegenüberstellung von Soll-Einnahmen- und Soll-Ausgaben des Staatssektors in einem Haushaltsplan, getrennt aufgestellt von Bund, Ländern und Gemeinden.

Stagflation

Begriff, der sich aus den Wörtern Stagnation und Inflation zusammensetzt. Bedeutung: Stillstand des Wirtschaftswachstums bei gleichzeitiger Geldentwertung.

Stagnation

(lat.-nlat. stagnare = stocken). Stockung, Stauung, Stillstand. Phase stillstehenden Wirtschaftswachstums, d.h. die Wachstumsraten betragen Null.

Steuern

Einmalige oder regelmäßge Geldleistungen, die der Steuerpflichtige im Unterschied zu Gebühren oder Beiträgen ohne Anspruch auf eine Gegenleistung einem öffentlichen Finanzwesen zu entrichten hat. Zur Deckung der notwendigen Ausgaben benötigen Bund, Länder und Gemeinden ↑ Abgaben (vor allem Steuern), die sie aufgrund ihrer Finanzhoheit von den Steuerpflichtigen erheben. Bundestag, Landtage und Stadt- und Gemeinderäte berechtigen die Finanzämter, Geld von den Bürgern (Steuerschulden) einzuholen, und erstellen gleichzeitig Haushaltspläne, die die Verwendungszwecke der staatlichen Einnahmen vorschreiben. – Steuern werden verwendet für folgende Aufgaben: Soziale Sicherheit (z.B. Sozialversicherungszuschüsse, Arbeitsbeschaffung, Gesundheit, Fürsorge, Jugendpflege, Kriegsopferversorgung, Kindergeld, Wohngeld), Bau- und Wohnungswesen (Straßenbau, Wohnungsbau, öffentliche Gebäude), Wirtschaftsförderung (Subventionen gefährdeter Wirtschaftszweige, Zuschüsse an die Landwirtschaft, Infrastrukturmaßnahmen, Förderung wirtschaftlich schwacher Gebiete) und andere Bereiche (Verteidigung, Bildung, öffentliche Sicherheit und Ordnung, Wiedergutmachung, Gesetzgebung und Verwaltung).

Stille Gesellschaft

Personengesellschaft, bei der sich eine Person an dem Handelsgewerbe eines anderen in der Weise beteiligt, dass die geleistete ↑ Einlage in das Vermögen des tätigen Gesellschafters übergeht und der stille Gesellschafter dafür (zumindest) am ↑ Gewinn des Unternehmens teilnimmt (§§ 230 1, 231 II HGB). Die st. G. ist eine reine Innengesellschaft ohne eigenes Gesellschaftsvermögen, die nach außen als Gesellschaft nicht in Erscheinung tritt und keinen Publizitätsanforderungen unterliegt (keine Kennzeichnung in der > Firma, keine Eintragung in das ↑ Handelsregister). Sie erschöpft sich folglich in rein rechtsgeschäftlichen Beziehungen zwischen den Beteiligten auf der Grundlage des geschlossenen Gesellschaftsvertrages. Die st. G. ist daher i.d.R. für den Geschäftsinhaber ein Instrument der mittelfristigen Geldbeschaffung und für den stillen Gesellschafter eine Kapitalanlagemöglichkeit. Dessen Einlage kann allerdings auch in der Einbringung von Sachen, Rechten oder der eigenen Dienstleistung bestehen. Die st. G. selbst ist keine , Handelsgesellschaft, jedoch muss gemäß § 230 I HGB der nach außen tätige Geschäftsinhaber ein Handelsgewerbe betreiben, also – Kaufmann sein. In Betracht kommen natürliche Personen und ↑ juristische Personen, aber auch eine ↑ offene Handelsgesellschaft oder eine ↑ Kommanditgesellschaft; stiller Gesellschafter kann darüber hinaus eine ↑ Gesellschaft bürgerlichen Rechts oder eine ↑ Erbengemeinschaft sein. Zur Geschäftsführung und organschaftlichen Vertretung des Handelsgewerbes ist der stille Gesellschafter grundsätzlich nicht befugt (vgl. §233 II HGB). Ihm steht lediglich gemäß § 233 I HGB ein Kontrollrecht über den ↑ Jahresabschluss zu.

Subvention

(lat. = Hilfeleistung); Unterstützungszahlungen des Staates an Unternehmen (im Gegensatz zu der Finanzhilfe an Haushalte; Transfers). S. werden eingeteilt in Finanzhilfen (S. im engeren Sinne) und Steuervergünstigungen. Die im Subventionsbericht der Bundesregierung ausgewiesenen S. erfassen nicht alle S. Wichtigste Arten sind Erhaltungssubvention (z.B. Landwirtschaft), Erziehungssubvention und Anpassungssubvention (Stabilisierung neuer Wirtschaftszweige). Da S. häufig kritisiert und als zu hoch erachtet werden, gab es in der Vergangenheit Maßnahmen zu ihrer Reduzierung (z.B. Subventionsabbaugesetz von 1981).

U

Überschuldung

Das Vermögen des Schuldners deckt die – Schulden nicht mehr. Die Ü. einer juristischen Person ist ein Insolvenzgrund (§ 19 I InsO). Für ↑ Kapitalgesellschaften (↑ Aktiengesellschaft, ↑ Gesellschaft mit beschränkter Haftung) und ↑ Genossenschaften sowie für ↑ Personengesellschaften, bei denen keine natürliche Person unbeschränkt haftet (GmbH & Co. KG, ↑ Offene Handelsgesellschaft (OHG), deren Gesellschafter nur Kapitalgesellschaften sind), besteht Insolvenzantragspflicht. Ü. von ↑ Einzelunternehmungen und Offenen Handelsgesellschaften liegt vor bei Ausweis des ↑ Eigenkapitals auf der Aktivseite der Bilanz (negatives Kapitalkonto), von Kapitalgesellschaften bei Ausweis eines Jahresfehlbetrages auf der Aktivseite, der das auf der Passivseite ausgewiesene Eigenkapital übersteigt (Unterbilanz). Die Feststellung der Ü. erfolgt durch einen Überschuldungsstatus, bei dem Liquidationswerte oder Fortführungswerte anzusetzen sind. Die Bewertung von ↑ Aktiva und ↑ Passiva hat dabei zunächst unter der Annahme der Liquidation des Unternehmens zu erfolgen (sog. rechnerische Ü.). Sie kann danach durch die Bilanzierung zu Fortführungswerten korrigiert werden, wenn ein Bestand des Unternehmens überwiegend wahrscheinlich ist. Lässt sich dadurch die Ü. beseitigen, entfällt der Insolvenzgrund.

Umlaufvermögen

Sammelbegriff für einen Teil der Vermögensseite (Aktiva) der ↑ Bilanz. Das U. ist nicht dazu bestimmt, dem Unternehmen länger zur Verfügung zu stehen, sondern soll sich nach Möglichkeit schnell umschlagen (umlaufen). Nach dem Bilanzgliederungsgrundsatz soll das U. nach steigender Liquidität gegliedert sein. – Grobgliederung: 1. Waren (Vorräte). 2. Forderungen, 3. Geldmittel. Zusammen mit dem Anlagevermögen bildet das U. die Aktivseite der Bilanz.

Umsatzsteuer

1. Steuer auf Lieferungs- und Leistungsumsätze, die auf jeder Wirtschaftsstufe erhoben wird und den jeweiligen Umsatzmehrwert (Mehrwertsteuer) erfasst. Die U. ist eine – indirekte Steuer, eine Verkehrsteuer, eine Gemeinschaftsteuer von Bund, Ländern und Gemeinden, die den Konsum des Endverbrauchers belasten soll.

2. Steuersubjekt ist i. d. R. der Unternehmer, d.h. nach § 2 I UStG jeder, der eine gewerbliche oder berufliche Tätigkeit selbstständig, nachhaltig und mit Einnahmen-(nicht notwendig Gewinn)erzielungsabsicht ausübt.

3. Steuerbare Umsätze: Der U. unterliegen ein Haupt-, zwei Ersatz- und zwei Importtatbestände: (1) Lieferungen und sonstige Leistungen, die von einem Unternehmer im Inland im Rahmen seines Unternehmens gegen Entgelt ausgeführt werden; (2) die Entnahme von vorsteuerabzugsberechtigten Gegenständen für unternehmensfremde Zwecke sowie andere unentgeltliche Zuwendungen; (3) die Verwendung von vorsteuerabzugsberechtigten Gegenständen für unternehmensfremde Zwecke und die unentgeltliche Erbringung einer anderen sonstigen Leistung; (4) Einfuhr von Gegenständen in das Inland oder die österreichischen Gebiete Jungholz und Mittelberg (Einfuhrumsatzsteuer); (5) innergemeinschaftlicher Erwerb im Inland gegen Entgelt. Importe aus Nicht-EG und aus EG-Staaten werden mithin unterschiedlich behandelt.

4. Steuerbefreiungen: Steuerfrei sind insbes. Ausfuhrlieferungen und innergemeinschaftliche Lieferungen (Exporttatbestände), ausländische Beförderungsleistungen, die meisten Umsätze von Kreditinstituten, Grunderwerbe, Versicherungsleistungen, Vermietungen von Grundstücken, Leistungen von Heilberufen (Arzt, Zahnarzt, Krankengymnast usw.) sowie kulturelle und bildende Leistungen.

5. Bemessungsgrundlage ist grundsätzlich das vereinbarte Entgelt ohne die darauf entfallende U. Gegenstandsentnahmen werden mit den Wiederbeschaffungskosten des Gegenstandes, Leistungsentnahmen mit den entstandenen Kosten bewertet.

6. Umsatzsteuersätze: Der Regelsteuersatz beträgt zur Zeit noch 16 Prozent der Bemessungsgrundlage für jeden steuerpflichtigen Umsatz. Er ermäßigt sich auf 7 Prozent für Gegenstände, die in der Anlage zu § 12 11 § 1 UStG bezeichnet sind (z. B. bestimmte Lebensmittel und Getränke, land- und forstwirtschaftliche Erzeugnisse, Bücher, Zeitungen, Zeitschriften, bestimmte Kunstgegenstände und Sammlungsstücke) sowie für weitere Umsätze.

Unternehmen

Rechtliche Wirtschaftseinheit, in der die Gewinnung von Rohstoffen oder die Herstellung oder Weiterverarbeitung von Gütern erfolgt oder Dienstleistungen erbracht werden (Unternehmensfunktionen). Im Gegensatz dazu ist der ↑ Betrieb eine Produktionsstätte, d.h. die technisch-organisatorische Wirtschaftseinheit. Ein U. kann also mehrere Betriebe umfassen. U. und der Begriff Unternehmung werden i.d.R. synonym verwendet.

US-GAAP

Rechnungslegungsregeln des US-amerikanischen Rechtskreises. Der Begriff US-GAAP ist gesetzlich nicht definiert. Er kann als Oberbegriff für sämtliche Regeln und Verfahren verstanden werden, die nötig sind, um der anerkannten US-Rechnungslegungspraxis zu entsprechen. Ihre Bedeutung erlangen die US-GAAP aufgrund der Anerkennung durch die Securities and Exchange Commission (SEC, amerikanische Wertpapieraufsichtsbehörde). Die Kompetenz zur Formulierung materieller Rechnungslegungsgrundsätze, dh. zur Formulierung der US-GAAP, delegierte die SEC auf privatrechtliche Organisationen, errichtet durch die berufsständischen Vereinigungen der Wirtschaftsprüfer Seit 1973 ist dies das Financial Accounting Standard Board (FASB).

Die US-amerikanische Rechnungslegung wird vom Leitprinzip der Fair Presentation beherrscht. Der Jahresabschluss soll insbesondere den Investoren entscheidungsrelevante Informationen zur Verfügung stellen. Entscheidungsrelevant sind solche Informationen, die es den Investoren ermöglichen, ihre Schätzungen der künftigen Zahlungsströme zu verbessern. Weitere Informationen unter www.sec.gov.

V

variable Kosten

Der Teil der Kosten, der sich mit dem Beschäftigungsgrad verändert. – Gegensatz: ↑ fixe Kosten. – Unterscheidung: 1. Proportionale (lineare) Kosten verändern sich gleichlaufend mit dem Beschäftigungsgrad (z.B. Kosten für Rohstoffe). 2. Unterproportionale (degressive) Kosten steigen zwar auch, aber nicht so stark wie der Beschäftigungsgrad.

3. Überproportional (progressiv) steigen die Kosten, wenn sie, z.B. durch Überstundenzuschläge, stärker zunehmen als der Beschäftigungsgrad.

Verbindlichkeiten

Begriff der Bilanzierung: alle am Bilanzstichtag bestehenden Schulden eines Unternehmens, die nach Grund, Höhe und Fälligkeit feststellen.

Verbraucherinsolvenz

↑ Insolvenzverfahren

Verein

Freiwilliger Zusammenschluss von Personen, die unter gemeinschaftlichem Namen einen bestimmten Zweck verfolgen. Der V. ist unabhängig vom Wechsel seiner Mitglieder.

1. Rechtsfähiger V.: Zusammenschluss von mind. 7 Personen zur Erreichung eines gemeinsamen Zwecks gemäß schriftlicher Vereinssatzung. Der V. wird beim Vereinsregister durch den Vorstand angemeldet. Zu unterscheiden: a) Nichtwirtschaftlicher V. (Ideal-V., z.B. Ruderverein). Die Rechtsfähigkeit erlangt der V. durch die Eintragung ins Vereinsregister; der Name des V. erhält den Zusatz „eingetragener Verein

(e.V.)". – b) Der wirtschaftliche V. richtet seinen Geschäftsbetrieb auf Gewinnerzielung. Seine Rechtsfähigkeit erlangt er durch staatliche Verleihung. 2. Nichtrechtsfähiger V.: Es werden die Regelungen über die ↑ Gesellschaft des bürgerlichen Rechts angewandt.

Vergleich

Vertrag zwischen Schuldner und Gläubiger, durch den der Streit beider im Wege gegenseitigen Nachgehens beigelegt wird. – Arten:

1. Außergerichtlicher V.: V. ohne Einschaltung eines Gerichts.

2. Vergleichsverfahren (gerichtlicher V.): entweder in Form des Prozess-V. oder als Vergleichsverfahren zur Abwendung eines Konkurses.

Verkaufsförderung

Unter dem Begriff Verkaufsförderung wird eine Vielzahl unterschiedlicher Marketing-Maßnahmen zusammengefasst, durch die Absatzmittler und Vertriebsmitarbeiter beeinflusst oder Konsumenten in der Einkaufssituation zum Kauf veranlasst werden sollen.

Verkehrswert

Wertansatz, der den jederzeit erzielbaren Verkaufswert ausdrückt. Wichtig ist der V. bei der Absicherung von Krediten (gemeiner Wert).

Verlust

Begriff des kaufmännischen Rechnungswesens. Der V. wird normalerweise zweifach festgestellt: einmal in der Gewinn- und Verlustrechnung, wenn die Aufwendungen die Erträge übersteigen, und zum anderen in der Bilanz, wenn die Passivseite die Aktivseite übersteigt. Bei Personengesellschaften und Einzelunternehmen wird der V. aus der Gewinn- und Verlustrechnung direkt an das Kapitalkonto gebucht und reduziert somit das Eigenkapital. Bei Kapitalgesellschaften wird er auf der Aktivseite der Bilanz ausgewiesen.

Vermögen

1. Die einer Privatperson gehörenden, in Geld bewertbaren Sachwerte oder reinen Geldwerte.

2. Das V. einer Unternehmung ist die Ausstattung mit Bar- und Sachmitteln und steht auf der Aktivseite der Bilanz. Die Aktivseite gliedert sich in ↑ Anlagevermögen und ↑ Umlaufvermögen. Zieht man von der Vermögensseite die Verbindlichkeiten der Passivseite ab. erhält man das Reinvermögen. 3. Volkswirtschaftlich spricht man von Produktivvermögen (Produktivkapital) als demjenigen V., das der gewerblichen Wirtschaft für Produktionszwecke zur Verfügung steht (Maschinen, Rohstoffe, Werkzeuge).

Verzugszinsen

Von einem im Verzug befindlichen Schuldner zu zahlende Zinsen. Gesetzliche V. nach dem BGB unter Privatpersonen betragen 4 %, unter Kaufleuten nach HGB 5 %. Verträge können höhere V. vorsehen. Steuerlich unterliegen die V. der Umsatzsteuer.

Volkseinkommen

Summe aller von Inländern im Laufe einer Periode aus dem In- und Ausland bezogenen Erwerbs- und Vermögenseinkommen (Löhne. Gehälter. Zinsen, Mieten. Gewinne usw.). ↑ Sozialprodukt.

Volkswirtschaft

Die Gesamtheit aller wirtschaftlichen Beziehungen eines Staates, hauptsächlich die Käufe und Verkäufe zwischen Unternehmen, privaten Haushalten, Staat und Ausland. Merkmale einer (marktwirtschaftlichen) V. sind Arbeitsteilung, Austausch über Märkte, funktionierendes Geldwesen, Außenhandel, klimatische Verhältnisse. Rohstoffvorkommen und eine staatliche Rechtsordnung.

W

Wachstum (= Wirtschaftswachstum)

Prozentuale Veränderung des ↑ Sozialproduktes in der Zeit. Ein angemessenes reales Wachstum zu schaffen, ist eine Zielsetzung innerhalb des ↑ Magischen Vierecks und der Aufgabe der Wachstumspolitik. Voraussetzung sind ausreichende Wachstumsfaktoren. – Formen: Man unterscheidet quantitatives (mengenmäßiges) Wachstum, d.h. mehr Produktion und Sozialprodukt. und qualitatives Wachstum durch technischen Fortschritt und im weitesten Sinne auch Bildungs-, Umwelt- und sozialpolitisch motivierte Investitionen. Die in der letzten Zeit immer häufiger gestellte Forderung nach einer Reduzierung (Nullwachstum) bzw. nach „qualitativem Wachstum" hat folgende Hintergründe: Einerseits befürchtet man, dass das ökologische Gleichgewicht durch eine rapide Verschmutzung der Umwelt gefährdet wird, zum anderen ist man der Meinung, dass die Lebensqualität durch die starke Arbeits- und Umweltbelastung bedroht wird, obwohl der Lebensstandard vielleicht steigen kann.

Währung

1. Gesetzliches Zahlungsmittel eines Landes. 2. Die Währungsordnung wird auch Geldordnung oder Verfassung des Geldwesens genannt.

3. Für den Außenwert einer W. ist deren Kaufkraft maßgebend. Der Wechselkurs spiegelt auch das Vertrauen des Auslandes in eine W. und somit in die volkswirtschaftliche Stabilität dieses Landes wider.

Wechsel

1. Wesen: Eine Urkunde (Wertpapier), in der sich der Bezogene verpflichtet, an einem bestimmten Termin (Fälligkeit) zu zahlen. Solange der Wechsel noch nicht akzeptiert ist, wird er als Tratte bezeichnet, nach der Akzeptierung als Akzept. Wird er als Zahlungsmittel weitergegeben, spricht man von einer Rimesse. Gewöhnlich zieht der Aussteller auf den Schuldner einen Wechsel, indem er ihm einen ausgefertigten Wechsel zur Akzeptierung schickt. Zieht der Aussteller den Wechsel auf sich selbst, so sind Aussteller und Bezogener identisch (Solawechsel). Grundsätzlich ist der W.

bei Sicht fällig. Üblicherweise schreibt der Aussteller jedoch einen bestimmten Termin vor, an dem der W. zur Einlösung vorgelegt werden soll.

2. Formale Erfordernisse des W. (man spricht auch von den 8 gesetzlichen Bestandteilen): a) Ausstellungsort und -datum, b) das Wort W. im Text, c) Verfalltag, d) Wechselempfänger (Remittent), e) Wechselbetrag in EUR und Buchstaben (im Zweifel zählt der Betrag in Worten), f) der Bezogene, g) der Zahlungsort und h) die Unterschrift des Ausstellers. 3. Verwendung: a) als Zahlungsmittel, indem er an andere indossiert (übertragen) wird; b) als Wertaufbewahrungsmittel, uni ihn selbst am Verfalltag dem Bezogenen vorzulegen; c) zum Diskont an die Bank, um von der Bank Barmittel zu erhalten. 4. Einlösung: Die auf der Rückseite des Wechsels vermerkten Personen, die den W. übertragen haben, heißen Indossanten. Am Verfalltag oder an den beiden folgenden Werktagen ist der W. dem Bezogenen vorzulegen. Löst der Schuldner den W. nicht ein, ergeht eine Notifikation (Benachrichtigungspflicht). Rechtsgrundlage: Wechselgesetz. 5. Arten: a) Sichtwechsel: fällig bei der Vorlage. b) Nachsichtwechsel: fällig an einem bestimmten Termin nach der Vorlage, z.B. „zahlen Sie 30 Tage nach Sicht“. c) Datowechsel: Der Ausstellungstag bestimmt die Fälligkeit, z.B. „Zahlen Sie heute in 2 Monaten“. d) Der Tagwechsel (Tageswechsel) ist die übliche Form, in der der Verfalltag kalendermäßig genau bestimmt ist. z.B. „Gegen diesen Wechsel zahlen Sie am 22. März 20..“

Wechselkurs

Das Austauschverhältnis zwischen zwei Währungen. Der W. ist der Preis für die Einheiten einer anderen Währung. So wird bei der so genannten Mengennotierung angegeben, welche Menge der fremden Währung für eine Einheit der heimischen Währung zu zahlen ist (z.B. 1,05 $ für 1). Die so genannte Preisnotierung stellt fest, wie viel der heimischen Währung für eine Einheit der fremden Währung zu zahlen ist. Üblich ist die Mengennotierung.

Werbung

Als Werbung bezeichnet man nicht persönliche Kommunikation mit potenziellen Kunden über Medien (Print, TV etc.) oder Mailings, die von einem identifizierbaren Auftraggeber bezahlt wird.

Wertberichtigung

Eine indirekte Abschreibung auf Gegenstände des Anlagevermögens oder auf Forderungen. Die W. erscheint auf der Passivseite der Bilanz als Korrekturposten zum entsprechenden Aktivposten. Seit Inkrafttreten des Bilanzrichtlinien-Gesetzes dürfen W. zumindest bei Kapitalgesellschaften nicht mehr in der Bilanz ausgewiesen werden, so dass nur noch die direkte Abschreibung relevant ist.

Wertpapiere

Urkunden, die ein Recht über ein Vermögen bescheinigen, das ohne diese Urkunde nicht geltend gemacht werden kann. Die Vorlage des Papiers ist also Voraussetzung. Der Schuldner kann dann mit befreiender Wirkung leisten. Bei Order- und Inhaberpapieren ist zusätzlich die Übergabe des Wertpapiers notwendig. – Einteilung: Anleihen, ↑ Aktien, Genusscheine und Investmentzertifikate.

Wirtschaftlichkeit

Messzahl dafür, mit welchen wirtschaftlichen Mitteln ein wirtschaftliches Ziel erreicht wurde. Durch Gegenüberstellung von Aufwand und Ertrag zeigt sich, ob ökonomisch gearbeitet wurde, d.h., ob die vorhandenen Produktionsfaktoren richtig und ausreichend koordiniert eingesetzt wurden. Maximumprinzip. Minimumprinzip.

Wirtschaftsjahr

Auch: Geschäftsjahr, bestimmter Zeitraum, der i.d.R. 12 Monate umfasst und zu dessen Schluss jeder Vollkaufmann Inventar, Bilanz, Gewinn- und Verlustrechnung und evtl. einen Geschäftsbericht aufzustellen hat.

Wirtschaftskreislauf

Darstellung der ökonomischen Leistungen und Gegenleistungen von Wirtschaftssubjekten in Form eines Kreislaufs. Beim einfachen W. vollzieht sich zwischen zwei Wirtschaftssubjekten ein Waren-Geld-Tausch. Die Volkswirtschaft fasst nun viele Wirtschaftssubjekte zu sogenannten Wirtschaftsektoren zusammen. Der erweiterte W.

zeigt daher alle Güter- und Geldströme zwischen den vier Sektoren Unternehmen, privater Haushalt, Staat. Banken und Ausland.

Wirtschaftspolitik

Gesamtheit aller Maßnahmen des Staates (aber auch der Zentralbank und Tarifparteien) zur Beeinflussung von Ablauf und Struktur der Wirtschaft, um damit die gesetzten ökonomischen Ziele (T Magisches Viereck) zu erreichen. – Bereiche:

1. Ordnungspolitik: V. a. Entscheidung über Fragen des Wirtschaftssystems.

2. Prozesspolitik: Beeinflussung des Wirtschaftsablaufs, daher auch Ablaufpolitik genannt.

3. Konjunktur- und Wachstumspolitik: Maßnahmen zur Stabilisierung des Wirtschaftsablaufs. ↑ Konjunkturpolitik, Wachstumspolitik.

4. Geldpolitik: Oft der Konjunkturpolitik untergeordnete, sonst aber selbstständige Politik zur Regulierung der Geldmenge und Beeinflussung des Preisniveaus. (↑ Geldpolitik). 5. Sektorale und regionale Wirtschaftspolitik: Maßnahmen zur Förderung einzelner Wirtschaftszweige oder Regionen. – Außerdem: Umwelt-, Finanz-, Energiepolitik etc.

Wirtschaftswachstum

↑ Wachstum.

WTO (Welthandelsorganisation)

Hat zum 1. Januar 1995 das ↑ GATT (General Agreement on Tariffs and Trade = Allgemeines Zoll- und Handelsabkommen) abgelöst. Die WTO umfasst die 3 Teilbereiche GATT (Warenhandel), GATS (General Agreement on Trade in Service = Dienstleistungen) und TRIPS (Agreement on Trade-Related Aspects of lntellectual

Property Rights = geistige Eigentumsrechte) und soll Handelsstreitigkeiten schlichten. – Ziele: Weltweiter Freihandel durch Abbau der Zölle und anderer Handelsschranken sowie die Beseitigung sonstiger Diskriminierungen im internationalen Warenaustausch (bisherige GATT-Ziele); Liberalisierung des Agrar- und Dienstleistungshandels sowie Schutz des geistigen Eigentums (zusätzliche WTO-Ziele). Die letzte Ministerkonferenz der WTO-Ministerversammlung 2001 vereinbarte neue internationale Verhandlungen zur Liberalisierung insbesondere im Agrar- und Dienstleistungsbereich. Die Verhandlungen sollen spätestens 2005 abgeschlossen sein. – Weitere Informationen unter www.wto.org.

Z

Zahlungsbilanz

Eine systematische Darstellung der Werte aller ökonomischen Transaktionen zwischen Inländern und Ausländern in einer Periode. – Die Z. setzt sich aus der ↑Leistungsbilanz und der Kapitalbilanz bzw. aus fünf Teilbilanzen zusammen. Formal ist die Zahlungsbilanz immer ausgeglichen, da nach dem Prinzip der doppelten Buchführung die Einnahmen und Ausgaben sich stets ausgleichen, d.h., die Summe der Salden aller Teilbilanzen ist Null. Demgegenüber sind die einzelnen Teilbilanzen der Z. lediglich zufällig ausgeglichen, da die Entscheidungen über zahlungsbilanzwirksame Transaktionen jeweils von verschiedenen Wirtschaftssubjekten getroffen werden. So wird z.B. ein Leistungsbilanzüberschuss durch ein Kapitalbilanzdefizit ausgeglichen. – Im Zusammenhang mit der Z, ist der stets formale Ausgleich zu unterscheiden von der Frage nach dem ↑außenwirtschaftlichen Gleichgewicht, einem der wirtschaftspolitischen Hauptziele. Bei der Realisierung dieses Zieles kann es sich folglich nur um die Salden einer oder mehrerer zusammengefasster Teilbilanzen handeln.

Zentralverwaltungswirtschaft

Auch: Planwirtschaft: Wirtschaftsordnung, in der die innerhalb einer Gesellschaft ablaufenden Wirtschaftsprozesse von einer staatlichen Zentralinstanz geplant und koordiniert werden. Private Wirtschaftssubjekte haben keine Entscheidungskompetenzen. Dementsprechend gibt es weder Wettbewerb, freie Preisbildung oder Arbeitsplatz- und Konsumwahl noch Privateigentum an Produktionsmitteln. Theoretisch ist nur eine Planungsinstanz vorhanden. Den Betrieben werden Produktionsquoten vorgegeben, die erfüllt werden müssen. Durch den langen Planungszeitraum und die Beschäftigungsgarantie für Arbeitnehmer wird häufig an den Bedürfnissen der Nachfrager vorbeiproduziert Kurzfristige Veränderungen, z.B. im Konsumentenverhalten oder durch einen stärkeren Bedarf an Ersatzteilen, können erst im folgenden Planungszeitraum berücksichtigt werden. – Es muss unterschieden werden zwischen den idealtypischen Z. und den tatsächlich existierenden, realtypischen Z., die noch gewisse Elemente der ↑Marktwirtschaft aufweisen. Im Gegensatz zur kommunistischen Z. wies z.B. die nationalsozialistische Planwirtschaft auch private Produktionsmittel auf.

Zins

Der Preis für überlassenes Geld oder Kapital, also auch für Vermögenswerte wie Wohnungen und andere Gegenstände (Miete, Pachtzins).

Zoll

Steuerähnliche Abgabe an den Staat bei der Ein- oder Ausfuhr von Gütern in das Zollin- oder -ausland. Im Rahmen des Protektionismus spielt der Schutzzoll eine wichtige Rolle, da er inländische Produzenten vor ausländischer Konkurrenz schützen soll. Der Z. wird gewöhnlich als Wertzoll erhoben, d.h., die Höhe der zu leistenden Zollabgabe wird berechnet aus einem bestimmten Prozentsatz, der auf den Wert einer Ware erhoben wird. Im Gegensatz dazu wird bei dem sog. Mengenzoll ein bestimmter Wert pro importierter Ware (oder pro Gewicht) als Zoll berechnet.

Stichwortverzeichnis

A

Abgaben 701
Abgabenordnung 461
Abmahnung 630
Absatzmittler 563
Absatzwege 563
Abschlussbuchungen 361, 378
Abschreibung 386–89, 701
  bilanzielle 263
  kalkulatorische 263
  kalkulatorische 287
Abschreibungsmethode 288
  degressive 288
  lineare 288
  variable 288
Abteilung 130
Abverkauf alter Ware 627
Abweichungsanalyse 265
Abwertung 702
Abzinsung 227
Abzugskapital 295
Abzugsverfahren 423
Akkordlohn 197
Akkreditiv 702
Aktie 702
Aktienarten 241
Aktiengesellschaft (AG) 42, 70–82, 703
  Die Kleine 72–82
  Mustersatzung zur Kleinen 73–82
Aktienindex 703
Aktivierungsverbote 384
Alkoholsteuern 451
Allgemeine Geschäftsbedingungen (AGB) 688, 693, 703
  individuelle Vertragsabreden 695
  Inhaltskontrolle 695
  rechtliche Auslegung 695
    anrüchige Klauseln 697
    objektive Auslegung 695
    subjektive Auslegung 696
  rechtliche Besonderheiten 693
Amortisationsvergleichsrechnung 225
Ampelkonto 187
Angebot 637, 704
Angestelltenbegriff 36
Anhang 391
Anlagevermögen 704
Anleihe 704 Schuldverschreibung
Annahme
  unter Abwesenden 639
  unter Anwesenden 639
Annuitätenmethode 231
Anschaffungskosten 385
Antrag
  Aufforderung zur Abgabe eines 638
  Bindung an den 638
  Erlöschen des 638
  Schweigen auf einen 639

Arbeitsbewertung 190
Arbeitsentgelt 189
Arbeitsstrukturierung 179
Arbeitsteilung *Siehe* Spezialisierung
Arbeitsvertrag 173
Arbeitszeitmanagement 181
Arbeitszeugnis 209
Assessment Center 172
Auftragsbestätigung 643
Aufwand 260
  Neutraler Aufwand 261, 262
  Zweckaufwand 260, 262
Aufwandskonten 364
Aufwendungen 362, 378, 382, 385, 704
Ausbildung zum Kaufmann 15–17
Ausnutzen fremder Leistungen 629
Außendienst-Promotions 555
Außenhandelskaufmann/ -kauffrau 7–10
Austauschprozesse 515

B

B2B-Märkte 493
Bankkaufmann/ -kauffrau 12–13
  Kenntnisse und Fertigkeiten 12
Banner 561
Barwert 228
Bedarfsplanung 498
Behinderung einzelner Mitbewerber 629
Beibehaltungswahlrecht, handelsrechtliches 388
Bekanntheitsgrad 559
Beleg 361, 371–72
Berechtigungsscheine zum Bezug von Waren 628
Beschaffungsmarketing 473
Besitz 706
Bestandsbewertung 341
Bestandskonten 363
Bestätigungsvermerk 395
Bestellmenge, gewinnoptimale 499
Besteuerungsverfahren 465
Beteiligungsfinanzierung 706
Betrieb 707
Betriebsabrechnung 707
Betriebsabrechnungsbogen (BAB) 302
Betriebsergebnis 261, 333, 707
Betriebsnotwendiges Kapital 292
Betriebsnotwendiges Vermögen 293
Betriebsvermögen 384, 416, 426, 445, 447
Betriebswirt, staatlich geprüfter 17
Beweislastumkehr 692
Bewertung 708
Bezugsgröße 313, 328
Bilanz 361, 362, 368, 383, 361–63, 398, 453, 709
Bilanzanalyse 397–400, 709
Bilanzgliederung 402, 710
Bilanzierungsgrundsätze 711
Börse 711
Break Even-Analyse 349
Bruttoinlandsprodukt (BIP) 712
Bruttosozialprodukt (BSP) 712
B-to-C-Marketing 517

Buchführung 357, 713
  doppelte 368, 717
  ordnungsgemäße Grundsätze der 383
Buchführungspflicht 358
Buchungssatz 365
Budgetierung 107, 110
Bürgschaft 657, 714
  Ausfallbürgschaft 658
  gewöhnliche 658
  selbstschuldnerische 659
Button 561

C

Cashflow 715
Cashflow-Analyse 398
Controlling 715

D

Darlehen 656, 715
Darlehensvertrag 656
  Verbraucher 656
Debitoren 369, 371, 715
Deckungsbeitrag 340, 716
Deckungsbeitragsrechnung 341
Deflation 716
Delegation 118
Depot 717
Devisen 717
Dezentralisierung 487
Dienstvertrag 655
Differenzierung, Marketingstrategie der 537
Differenzierungsschwerpunkt 539
Direktmarketing 565
Diskontierung *Siehe* Abzinsung
Dissens
  offener 640
  versteckter 641
Distributionspolitik 563
Diversifikation
  laterale 549
  vertikale 549
Diversifikation 547, 548
  horizontale 548
Doppelbesteuerung 411, 457
Dreieck, strategisches 535
Drucksachen 29, 30

E

E-Commerce 566
Effekten 718
Effektivität 98
  organisatorische 119
Effizienz 98
  organisatorische 119
Eigenfinanzierung 718
Eigenkapital 383, 399, 719
Eigenkapitalkonto 364, 367
Eigenkapitalspiegel 391
Eigentum
  juristisches 384
  wirtschaftliches 384
Eigentumsübertragung 649
Eigentumsvorbehalt 649
  verlängerter 650
Einfuhr 719

Eingriff in den eingerichteten und ausgeübten Gewerbebetrieb 623
Einheitsbilanz 383
Einigungsmangel
offener 640
versteckter 641
Einkaufsnetzwerke 495
Einkommen 719
zu versteuerndes 420
Einkommensteuer 415, 720
Erhebung der 422
Ermittlung des zu versteuernden Einkommens 420
persönliche und sachliche Steuerpflicht 415
Systematik der Einkunftsarten 416
Tarif 422
Techniken zur Einkunftsermittlung 416
Veranlagung 422
Einkunftsarten 417
Einlagen 721
Einnahmen 721
Einrede der Vorausklage 659
einstweilige Verfügung auf Unterlassung
einer wettbewerbswidrigen Handlung 629
Einzelhandelskaufmann/ -kauffrau 10–11
Kenntnisse und Fertigkeiten 10
Einzelkosten 721
Einzelunternehmen 41, 43, 721
Electronic Procurement 492
Elektronischer Marktplatz 493
Entgeltabrechnung 198
Erbschaftsteuer
Bemessungsgrundlage der 447
Berechnung der 449
Erhebung der 449
Festsetzung der 449
Erfolgskonten 364
Erfüllung 648
Erfüllungsverweigerung 672
Erlös 722
Ermittlungsverfahren 423
Eröffnungsbilanz 722
Ersatz des Verzögerungsschadens 672
Erstbegehungsgefahr 630
Ertrag 261, 366, 722
neutraler Ertrag 264
Ertragskonten 366
Ertragsteuer 415, 433
Europäische Union (EU) 722
Europäische Wirtschafts- und Währungsunion (EWWU) 724
Europäische Zentralbank (EZB) 724
Exportquote 725

F

Factoring 248, 725
echtes 663
unechtes 664
Fälligkeit 671
Fertigerzeugnisse 386
Fertigungsgemeinkosten 385
Festwertverfahren 377
Finanzderivate 717

Finanzierung
  Abschreibungsfinanzierung 252
  Aktienfinanzierung 241
  Außenfinanzierung 236
  Eigenfinanzierung 236
  Fremdfinanzierung 236
  Innenfinanzierung 236
  Rückstellungsfinanzierung 253
  Selbstfinanzierung 251
Finanzierungsförderungen 85–87
Finanzierungsleasing 662
Finanzmarkt 725
Firma 726
  Angaben auf Drucksachen 29, 30
Firmennamen 29
Fixkosten 726
  Bereichsfixkosten 346
  Kostenstellenfixkosten 346
  Produktfixkosten 346
  Produktgruppenfixkosten 346
  Unternehmensfixkosten 346
Fixkostendeckungsrechnung 345
Fixkostenproportionalisierung 337
Förderdarlehen 86–87
Forderungen 369
Formalisierung 118
Formerfordernis 638
Franchise 727
Franchise-Vertrag 661
Franchising 88
  Förderung der Franchise-Nehmer 89
Fremdfinanzierung 727
Fremdkapital 727

G

Garantie 685
  Garantiefrist 689
  Haltbarkeitsgarantie 685
  Verjährungsfrist 685
Garantieleistungen 546
GATT 727
Gebietskörperschaften 409
Gebrauchsgüterkauf
  Gewährleistungsfristen 691
  Verjährungsfrist 691
Gefahrübergang 692
  beim Kauf 651
  beim Verbrauchsgüterkauf 651
  beim Werkvertrag 653
Gemeinkosten
  Primäre Gemeinkosten 303
  Sekundäre Gemeinkosten 303
Gemeinkostenzuschlagssatz 323
Generally Accepted Accounting Principles (US-GAAP) 393, 401, 402
Genfer Schema 194
Genossenschaft 42, 729
geringwertige Wirtschaftsgüter 729
Gesamtkostenverfahren 368
Geschäftsaufgabe 627
Geschäftsbesorgungsvertrag 659
Geschäftsvorfälle 357, 361
Gesellschaft des bürgerlichen Rechts (GbR) 731
Gesellschaft mit beschränkter Haftung (GmbH) 42, 51, 56–57, 731

Mustervertrag für die Mehrpersonen-GmbH 62
Notarvertragsmuster für die Einpersonen-GmbH 58
Gewährleistung beim Kauf 651
Gewährleistungsanprüche
Verjährung beim Werkvertrag 654
Gewährleistungsansprüche 682
beim Dienstvertrag 656
beim Werkvertrag 688
Verjährung 686, 688
Verjährung beim Mietvertrag 655
Verjährung der 651
Gewährleistungsausschluss 652, 680
Gewährleistungsfristen 687
Gewährleistungsrechte
beim Kauf 651
beim Mietvertrag 654
beim Werkvertrag 653
Gewerbeanmeldung 33
Gewerbebetrieb 731
Einkünfte aus 416
Gewerbesteuer 427, 433, 439, 441, 732
Anrechnung auf die Einkommensteuer 430
Besteuerungsverfahren 430
Ermittlung der Höhe 428
Steuergegenstand 427
Steuerpflicht 427
Gewerkschaft 733
Gewinn 260, 734
Gewinn- und Verlustkonto 366
Gewinn- und Verlustrechnung (GuV) 367, 735
Gewinneinkunftsart 416
Gewinnvergleichsrechnung 224
Gleitzeit 182
Global Sourcing 490
Globalzession 664
GmbH & Co. KG 51–53
Mustervertrag 52–53
Großhandelskaufmann/ -kauffrau 7–10
Grundbuch 369, 735
Grunderwerbsteuer
Bemessungsgrundlage 440
Besteuerungsverfahren 440
Steuerbefreiungen 439
Steuergegenstand 439
Steuersatz 440
Steuerschuldner 440
Grundnutzen 543
Grundsätze ordnungsmäßiger Buchführung (GoB) 381, 735
Gruppenbewertung 377
Güter 736
GWB, Gesetz gegen Wettbewerbsbeschränkungen 621

H

Habenseite 363
Halbeinkünfteverfahren 737
Handeln im geschäftlichen Verkehr 622
Handeln zu Zwecken des Wettbewerbs 622

Handelsbilanz 738
Handelsfachwirt/ -fachwirtin 19–24
Kenntnisse und Fertigkeiten 21–23
Handelsgesellschaft 738
Handelsgesetzbuch (HGB) 27, 739
Handels-Marketing 517
Handelsrecht 739
Handelsregister 28, 30, 31, 739
Eintragung 31
Handelsvertreter 566
Händler-Promotions 555
Hauptabschlussübersicht 367
Hauptbuch 369
Herstellungskosten 385
High-Involvement-Hierarchie 556
Holding-Gesellschaft 740
Human Relations 607, 611, 615
Human Resource Management 741
Human Resources 159
Hypothek 741

I

Ikeaklausel 677
Image 559
Imparitätsprinzip 382
indirekter Vertrieb 565
Indossament 743
Industriefachwirt 7
Industriekaufmann/ -kauffrau 5–7,
Kenntnisse und Fertigkeiten 5
Inflation 744
Information 611
innerbetriebliche 607–15
Informationsmittel, betriebliche 614
Informationsquellen, betriebliche 614
Informationswege, betriebliche 612
Innenfinanzierung 744
Innerbetriebliche
Leistungsverrechnung 307
Innovation 512
Innovationsmanagement 480
Inputfaktoren 471
Insolvenz 744
Insolvenzverfahren 745
Insonvenzmasse, Verkauf von Waren der 627
International Accounting Standards (IAS) 742
International Financial Reporting Standards (IFRS) 393, 401–3, 743
Internationaler Währungsfond (IWF) 748
Internationales Steuerrecht
Außensteuergesetz 460
Einkunftsabgrenzung 459
Grundlagen 456
Methoden zur Reduzierung der
Doppelbesteuerung 457
Internet 566
Internet-Werbung 561
Interne-Zinsfuß-Methode 230
Inventar 372, 376
Inventur 372, 376, 378, 747
Investition 215, 747
Ist-Portfolio 532
IuK-Systeme 490

J

Jahresabschluss 749
Jahresarbeitszeit 186
Journal *Siehe* auch Grundbuch
Jubiläumsverkäufe 626

K

Kalkulation 317, 751
Kalkulationssatz 313
Kalkulationsverfahren
  Bezugsgrößenkalkulation 328
  Divisionskalkulation 319
  Zuschlagskalkulation 322
Kannibalisierung 542, 552
Kapazitätserweiterungseffekt 252
Kapital 751
Kapitalbedarf 235
Kapitalbindung 294
Kapitalflussrechnung 391
Kapitalgesellschaft 752
Kapitalgesellschaften 54–82
  Eingruppierung 54
Kapitalvermögen, Einkünfte aus 416
Kapitalwertmethode 228
Kartell 753
Kassenbuch 369
Kauf 648
Käufermarkt 482, 505
Kaufmann 1–92, 753
  als Ausbildungsberuf 5–25
  angestellter 35–37
  beauftragter 37
  nach dem HGB 27–34
  Nichtkaufleute 31
  per Handelsregister 30
  selbstständiger 38
kaufmännischer Angestellter 35
kaufmännisches Bestätigungsschreiben 642
  Schweigen auf 643
  unwidersprochen gebliebenes 644
  verspäteter Widerspruch 644
Kaufmannseigenschaft 32
Kaufmannstatbestand 28
Kausalabgaben 409, 410
Kennzahlen 392, 397
Kennzahlenrechnungen 397
Kleingewerbetreibender 754
Kommanditgesellschaft (KG) 41, 46, 754
  Vertragsmuster 47–49
Kommanditgesellschaft auf Aktien (KGaA) 42, 754
Kommunikation 553
Kommunikationspolitik 553
Kompetenzportfolio 478
Konfiguration 118
Konjunkturpolitik 755
Konkurrentenschutz 622
Konkurrenzvorteil, komparativer 537
Kontakthäufigkeit 562
Kontenabschluss 366
Kontenplan 370
Kontenrahmen 370
Konto 363–66
Kontokorrentvorbehalt 650
Kontrolle 97

Konzern 756
Konzernvorbehalt 650
Koordination 118
Körperschaftsteuer 423, 756
  Bemessungsgrundlage 424
  Entstehung 426
  Gewinnausschüttung 425
  Organschaft 426
  persönliche Steuerpflicht 423
  Tarif 424
  Veranlagung 426
Kosten 261, 757
  Anderskosten 262, 263
  Einzelkosten 272
  Fixkosten 271, 344
  Gemeinkosten 272, 279, 303
  Grundkosten 262
  Herstellkosten 318
  Istkosten 270
  Kalkulatorische Kosten 262
  Normalkosten 270
  Opportunitätskosten 262, 263, 293, 297
  Plankosten 271
  Selbstkosten 318
  Variable Kosten 271
  Zusatzkosten 262, 263
Kostenarten 282
  Kalkulatorische Abschreibung 287
  Kalkulatorische Wagnisse 290
  Kalkulatorische Zinsen 263, 292
  Kalkulatorischer Unternehmerlohn 263, 296
  Kostenartenplan 282
  Materialkosten 283
  Personalkosten 285
Kostenartenrechnung 274, 280
Kosteneinsparungspotenzial 471
Kostenführerschaft 538
Kostenrechnung 757
Kostenrechnungssystem 269
  Istkostenrechnung 270
  Normalkostenrechnung 270, 273
  Plankostenrechnung 271, 273
  Teilkostenrechnung 272, 337
  Vollkostenrechnung 272
Kostenschwerpunkt 539
Kostenstellen 298
  Hauptkostenstellen 301
  Hilfskostenstellen 302
Kostenstellenhierarchie 299
Kostenstellenplan 301
Kostenstellenrechnung 274, 297
Kostenträger 317
Kostenträgerrechnung 274, 316
Kostenträgerstückrechnung 274
Kostenträgerzeitrechnung 274, 332
Kostenvergleichsrechnung 222
Kreditfinanzierung 757
Kreditoren 369
Kreditsicherheiten 242
Kundendienst 545
Kundenfang 629
Kundenwünsche 510, 525
Kurzfristige Ergebnisrechnung 332

L

Lagebericht 391

Lagerauslastung 499
Lagerhaltung 497
Lagerkapazität 499
Land- und Forstwirtschaft 417
 Betrieb der 444
 Einkünfte aus 416, 417
Leasing 248, 758
 Finanzierungsleasing 662
 Herstellerleasing 662
 Null-Leasing 662
 Operatingleasing 662
Leasing-Vertrag 661
Leistung 261, 264
 Andersleistungen 264
 Grundleistungen 264
 Kalkulatorische Leistung 264
 Zusatzleistungen 264
Leistungsbilanz 759
Leistungsverflechtung 308
Leitungsspanne 131
Lieferantenevaluation 478
Liquidität 759
Liquiditätsziel 217
Lizenzvertrag 660
 Know-how-Lizenzvertrag 660
 Patentlizenzvertrag 660
Local Content 491
Lohnsteuer 760
Losgröße 483
Low-Involvement-Hierarchie 557

M

Mahnung 671
Management, kundenorientiertes 484
Manager 37
 Begriff des 37
Mangel
 offener 680
 verdeckter 651
 versteckter 680
Mängelrüge, unverzügliche 680
Mängelvermutung 652, 692
Marke 512, 546
Markenmanagement 478
Marketing 714, 761
Marketing, vertikales 565
Marketing-Audit 570
Marketing-Dreieck 535
Marketing-Kontrolle, strategische 570
Marketinglogistik 564
Marketing-Mix 512, 542
Marketing-Mix-Kontrolle 571
Marketing-Orientierung 506
Markt 515, 762
Marktanteil 521
 relativer 522, 772
Marktareal 527
Marktausweitung 547
Marktbehinderung 629
Marktdurchdringung 547
Marktforschung 512
Marktführer 522
Marktpotenzial 520
Marktsegment 524
Marktsegmentierung 511, 525
Marktvolumen 520
Marktwachstum 520
Marktwirtschaft 763

soziale 774
Maschinenstundensatz 314
Maßgeblichkeit, Grundsatz der 383
Materialbewertung 284
Materialentnahmeschein 284
Mediaplanung 562
Mietvertrag 654
Minderung 679
Mineralölsteuer 451

N

Nacherfüllungsanspruch beim Kauf 678
Nacherfüllungsfrist 671
Nachfristsetzung 671
Nachschieben neuer Ware 627
Nebenpflichten
Verletzung von 683
Nichtkaufleute 31
nichtselbstständige Arbeit 416, 419
Niederstwertprinzip 388
Normstrategie 531

O

Obligation *Siehe* Schuldverschreibung
OEM, *Original Equipment Manufacturer* 475
OES, *Original Equipment Supplier* 475
Offene Handelsgesellschaft (OHG) 41, 44–46, 766
Mustervertrag 44
Offenlegung 395
Öffentlichkeitsarbeit 554, 766
Ökosteuern 451
Opportunitätskosten 497
Organigramm 127
Organisation 117, 119, 123, 127, 133, 134, 145, 146, 149
Ablauforganisation 117
Aufbauorganisation 117, 123, 133, 145, 577, 591
Organisationsbegriff 117
Organschaft 767

P

Passivierungsverbot 384
Pay-back-Systeme 624
Personalbedarfsplanung 164
Personalbeschaffung 169
Personalbeurteilung 193
Personaleinsatz 175
Personaleinsatzplanung 176
Personalentlohnung 189
Personalentwicklung 201
Personalentwicklungscontrolling 206
Personalfreisetzung 209
Personalkennzahlen 165
Personalkosten 285
Fertigungslohn 285
Gehaltskosten 285
Hilfslohn 286
Lohnkosten 285
Sozialkosten 285
Personalmanagment 159
Personalplanung 161
Personalwesen 157

Personalwirtschaft 157
Personengesellschaft 44–53, 769
Plakatwerbung 561
Plan 97
Planung 97, 113
~sarten 99
~sprozess 98
Anlagen~ 109
Begriff der ~ 98
Beschaffungs- 108
Bilanz~ 109
Ergebnis~ 109
F&E~ 109
Finanz~ 110
Investitions~ 110
Liquiditäts~ 110
Marketing~ 107
operative ~ 107
Personal~ 109
Produktions~ 108
rollierende ~ 100
strategische ~ 103
Verwaltungs~ 108
Planungskalender 101
Planungsrechnung 498
Planwirtschaft 770
Platzkostenrechnung 326, 329
Portfolio-Ansatz 531
Potenzialanalyse, strategische 479
Prämienlohn 197
Preis 550
Anschaffungspreis 285
Festpreis 284
Istpreis 285
Tagespreis 285
Wiederbeschaffungspreis 285
Preis-Absatz-Funktion 552
Preisangabenverordnung 631
Preisindex für die Lebenshaltung 770
Preisnachlässe 626
Preispolitik 550
Preisuntergrenze 341
Prinzipien
Kapitalerhaltung 261
Marginalprinzip 340
Objektivitätsprinzip 296
Substanzerhaltung 287
Versicherungsprinzip 290
Verursachungsprinzip 278
Privatkonto 367
Privatvermögen 416
Produkt 543
Produktdifferenzierung 547
Produktelimination 547
Produktinnovation 547, 548
Produktionsfaktoren 471, 771
Produktionsorientierung 505
Produktionsprogrammplanung 338, 498
Produktivität 771
Produktlinie 547, 552
Produktpolitik 546
Produktvariation 547
Produktverpackung 546
Profilvergleichsmethode 176
Prokura 771
Prüfungen
externe 372

Public Relations 554

R

Rabattgesetz, Aufhebung des 626
Rating 243
Räumungsverkauf 626
  wegen einer Zwangslage 627
Realisationsprinzip 382
Rechnungszwecke 259, 264, 277
  Bestandsbewertung 266
  Dokumentation 265
  Entscheidungsunterstützung 266, 268, 349
  Kalkulation 277, 280
  Kontrolle 265
  Preisbeurteilung 268
  Preisbildung 267
  Steuerung 265
  Verhaltenssteuerung 268
  Wirtschaftlichkeitskontrolle 266
Rechtsbruch 629
Rechtsquellen der Besteuerung 411
Rechtsschutz in Wettbewerbssachen 629
Reichweite des Werbeträger-Kontaktes 562
Reisender, Außendienstmitarbeiter 566
Rentabilität 217, 772
Rentabilitätsvergleichsrechnung 224
Richtlinien, einkaufsbezogene 489
Rückgriffsansprüche gegen den Lieferanten 681
Rücklagen 773
Rückstellungen 253, 384, 389, 773
Rücktritt vom Kaufvertrag 678
Rügeobligenheiten 651

S

Sachkonten 367
Sachmangel
  beim Kauf 677
  beim Werkvertrag 682
Sachziel 260
Saldenlisten 369, 371
Saldo 363, 366
Schadenersatz 666, 667, 668, 670, 679
  Abtretung des Ersatzanspruchs 668
  Aufwendungen 668
  Herausgabe des Ersatz 668
  Verschulden 668
Schichtarbeit 184
Schlussbilanz 363, 366
Schneeballsystem 628
Schnittstellen
  außerbetriebliche 473
  innerbetriebliche 479
Schuldnerverzug, Rechtsfolgen des 674
Schuldverschreibung 248
Schutzschrift 630
Selbstbedienung 546
selbstständige Arbeit 416, 419
Selbstständigkeit 39–92
Service 545
Sicherheitsziel 217
Solidaritätszuschlag 423, 425
Soll-Ist-Vergleich 265

Sollseite 363, 366
Sommer-und Winterschlussverkauf 626
Sonderangebote 626
Sonderausgaben 421, 424
Sonderposten mit Rücklageanteil 385
Sonderveranstaltungen 626
sonstige Einkünfte 416, 420
Sozialprodukt 774
Speditionskaufmann/ -kauffrau 13–15
  Kenntnisse und Fertigkeiten 14
Spezialisierung 118
Splittingtarif 422
Standardisierung 118
Standorte, betriebliche 499
Stelle 123
  Assistenz~ 124
  Ausführungs~ 124
  Dienstleistungs~ 124
  Leitungs~ 124
  Stabs~ 124
Stellenbeschreibung 125, 126
Steueraufkommen 409, 410
Steuerbelastungsvergleich 457, 459
Steuerbilanz 389
Steuerhoheit 410
Steuern 775
  direkte 409
  indirekte 409
Steuerpflicht
  persönliche 415
  sachliche 415
Steuerung 97
Steuerverwaltung 412
Stille Gesellschaft 41, 239, 776
Stromsteuer 451
Stufenleiterverfahren 310
Substanzbesteuerung 443, 446, 450
Substanzsteuern 410
Subvention 776
Systemintegratoren 477
Systemlieferant 476

T

Tabestandsmäßigkeit, Prinzip der 409
Tages-, Wochen- und Monatsangebote 626
Tarifvertrag 196
Teilwert 388, 389
Teilzeitarbeit 182
Telearbeit 179
Testat 395
T-Konto 363
Treu und Glauben 698

U

Überschuldung 777
Überschusseinkunftsarten 416
Umlaufvermögen 777
Umsatzkostenverfahren 333, 368
Umsatzsteuer 778
  Bemessungsgrundlage 435
  Besteuerungsverfahren 436
  Funktionsweise 433
  innergemeinschaftlicher Warenverkehr 438
  Steuergegenstand 434

Steuersätze 435
Vorsteuerabzug 436
Unabhängigkeitsziel 217
unbestellte Ware 639
Unmöglichkeit
anfängliche 667
der Leistungserbringung 666
nachträgliche 669
Unterlassungserklärung, strafbewehrte 630
Unternehmen 779
Unternehmensanalyse 105
Unternehmensformen 40–43
Unternehmensgründung 83–92
Anmeldung des Unternehmens 84
durch Franchising 88
Eintritt in bestehende Unternehmen 90–92
Finanzierung 84–87
Förderungen 84–87
Standortwahl 83
Unternehmensplanung 93, 155
Unternehmensstandort 83
US-GAAP 779
UWG, Gesetz gegen den unlauteren Wettbewerb 621

V

Value Added 485
Verbindlichkeiten 369
Verbraucherdarlehensvertrag 656
Verbraucherinsolvenz 780
Verbraucher-Promotions 555
Verbrauchsgüterkauf 652, 691
Verbrauchsteuern 410, 433
Verbundvorteile 488
Verein 780
Verfahrensentscheidung 351
Vergleich, juristischer 781
vergleichende Werbung 628
Verhaltensorientierung 511
Verjährung
bei Arglist 652
der Garantie 652
Verjährungsfrist 689
Verkäufe außerhalb der Geschäftsräume 626
Verkäufermarkt 482, 505
Verkaufsförderung 555
Verkaufsorganisation 566
Verkaufsorientierung 507
Verkehrsteuern 439
Verlust 781
Verlustabzug 420, 425
gewerbesteuerlicher 428
Verlustausgleich 420
Vermietung und Verpachtung 416, 458
Einkünfte aus 419
Vermögen 782
Verpflichtungsgeschäft 648
Verteilungsschlüssel
kostenstellenbezogen 304
kostenträgerbezogen 313
Vertrag
Bürgschaft 657
Darlehensvertrag 656
Dienstvertrag 655

Franchise-Vertrag 661
Geschäftsbesorgungsvertrag 659
Kaufvertrag 648
Leasing-Vertrag 661
Lizenzvertrag 660
Mietvertrag 654
Pachtvertrag 655
Werkvertrag 652
Zustandekommen 637, 638
Vertragsstrafe 675
Vertragstypen 647
Vertrauensarbeitszeit 188
Vertrieb, direkter 565
Vertriebspolitik 563
Vertriebssystem 563, 564
Verzug 671
Verzugszinsen 782
Vorsichtsprinzip 382, 385, 389
Vorsteuerabzug 433

W

Wahrheitsgrundsatz 627
Warenverkehr, innergemeinschaftlicher 438
Wechsel 783
Weiterbildung zum/ des Kaufmann 17–25
Werbeaussagen des Verkäufers 651, 677
Werbewirkung 562
Werbeziel 559
Werbung 554
Werbungskosten 416, 417, 419
Werkvertrag 652
Abnahme 682
Gewährleistungsansprüche 688
Kostenvoranschlag 682
Mängelhaftung 682
Wertaufhellungsprinzip 382
Wertberichtigung 785
Wertminderungen 387
Wertschöpfung 472
Wettbewerbsabsicht 623
Wettbewerbsverhältnis 622
wettbewerbswidriges Verhalten 630
Widerrufsrecht des Verbrauchers 657
Wirtschaftsgüter, geringwertige 387
Wirtschaftskreislauf 785
Wirtschaftspolitik 786
Wirtschaftswachstum 783
WTO (Welthandelsorganisation) 786

Z

Zahlungsbilanz 787
Zeitlohn 197
Zeitungsanzeige 561
Zentralisierung 487
Zentralverwaltungswirtschaft 787
Ziel-Portfolio 532
zu versteuerndes Einkommen 420
Zulieferpyramide 475
Zusatznutzen 543
Zuschlagsteuern 423